Stürner

Markt und Wettbewerb über alles?

Rolf Stürner

Markt und Wettbewerb über alles?

Gesellschaft und Recht im Fokus neoliberaler Marktideologie

Verlag C.H. Beck München

Dr. Rolf Stürner

o. Professor an der
Albert-Ludwigs-Universität Freiburg
Richter am OLG Karlsruhe

Verlag C.H. Beck im Internet:
beck.de

ISBN 978 3 406 56884 8

Wilhelmstraße 9, 80801 München

Druck und Bindung: Druckhaus „Thomas Müntzer“ GmbH,
Neustädter Str. 1–4, 99947 Bad Langensalza

Satz: Jung Crossmedia Publishing GmbH, Lahnau

Gedruckt auf säurefreiem, alterungsbeständigem Papier
(hergestellt aus chlorfrei gebleichtem Zellstoff)

Vorwort

Dieses Buch ist das Ergebnis des Versuchs eines Rechtswissenschaftlers, einen Blick hinter den Vorhang zu tun, vor dem der juristische Harlekin seine Sprünge macht. Die moderne Rechtswissenschaft, wie sie vor allem in Deutschland gegenwärtig betrieben wird, verleitet sehr leicht zu dogmatischer und systematischer Selbstgenügsamkeit und wird damit mehr oder weniger unreflektiert zum willigen Vollstrecker mächtiger Zeitströmungen, die sie ihrerseits selbst kaum beeinflusst. Die letzten 30 Jahre gesellschaftlicher Entwicklung stehen in Deutschland, Europa und sogar weltweit stark unter dem Einfluss einer ökonomischen Theoriebildung, die im gewinnmaximierenden Wettbewerb den Schlüssel zur Menschheitsbeglückung gefunden zu haben wähnt. Dabei ist sie zur gegenwärtig wahrscheinlich wirkungsmächtigsten Ideologie erstarkt mit einer durchaus missionarischen Neigung, Mensch und Gesellschaft an die Erfordernisse ihrer Modellbildung anzupassen. Wirtschaftswissenschaftler rufen ihre Wissenschaft zur „Königin der Sozialwissenschaften" aus, und dies nicht ohne Grund, wenn man beobachtet, wie die Öffentlichkeit der westlichen Zivilisation den Erkenntnissen wirtschaftswissenschaftlicher Begutachtung und ihren Prognosen gläubig lauscht – immer bis sie neueste Entwicklungen eines Besseren belehren.

Die Rechtswissenschaft hat in Forschung und Lehre nicht nur die Aufgabe, die gestaltenden Kräfte der Zeit zu einem funktionsfähigen Ganzen zusammenzuführen. Sie muss ihrerseits bei der Gewichtung des Einflusses dieser Zeitströmungen mitwirken und mitgestalten, um auf diese Weise selbst formenden Einfluss zu behalten. Dies aber setzt voraus, dass sie sich fortlaufend aller Grundlagen der Rechtsordnung zu vergewissern versucht, damit sie mithelfen kann, die Gesellschaft vor fehlsamen Einseitigkeiten und vor der Missachtung historischer Erfahrungen zu bewahren. Die vorliegende Arbeit versucht eine solche Analyse der gegenwärtigen gesellschaftlichen und rechtlichen Entwicklung und ist dabei bemüht, den Erkenntnisstand von Ökonomie, Geschichte sowie Geistes- und Sozialwissenschaften mitzuverarbeiten, um zu einem Gesamtbild zu kommen, das Empfehlungen für eine künftige Rechtsentwicklung in Europa und Deutschland erlaubt. Dabei mahnt die Vielfalt möglicher Erkenntnisquellen zur Bescheidenheit; vor falschem Ehrgeiz zur gesellschaftspolitischen Modellbildung sollte die Rechtswissenschaft ihre historische Erfahrung mit der Begrenztheit wissenschaftlicher Erkenntnis schützen. Vieles bleibt bei allem Bemühen um objektive Erkenntnis im Bereich subjektiver Wertung, die allerdings offenzulegen ist. Die Ergebnisse der Untersuchung verlangen nach Ausgewogenheit und Kontinuität künftiger Entwicklung und wenden sich vor allem gegen den Geltungsanspruch einzelner Theorien und ihrer Modelle und somit auch einzelner Wissenschaften. Die neuere politische Diskussion in Europa und Deutschland widmet sich teilweise durchaus Überlegungen, die Thesen dieser Arbeit entgegenzukommen scheinen.

Wichtige Anstöße verdankt die Arbeit nicht nur der gutachtlichen Beschäftigung mit dem Recht der Finanzmärkte, sondern der Begegnung mit der U.S.-amerikanischen Rechtskultur, wie sie vor allem regelmäßige Forschungs- und Gastprofessorenaufenthalte an der Harvard Law School und die Mitarbeit im American Law Institute ermöglicht haben. Die Kollegen Peter L. Murray, Arthur R. Miller, Arthur von Mehren †, Detlef Vagts und Reinier Kraakman, Harvard Law School, waren dabei ebenso wichtige Gesprächspartner wie Geoffrey Hazard und Lance Liebman, American Law Institute. Das Gespräch mit Mitarbeitern meines Instituts war trotz oder gerade wegen der Vielfalt vertretener Auffassungen für die Entstehung der Arbeit von grundlegender Bedeutung, wobei ich besonders Dr. Christoph Kern, LL.M. (Harvard) und den früheren Mitarbeitern Dr. Jens Bormann, LL.M. (Harvard) und Dr. Michael Breyer, LL.M. (Harvard) für viele Anregungen und tatkräftige Mithilfe bei der Vergewisserung über den Stand U.S.-amerikanischer Forschung zu danken habe. Auch wenn man den Ergebnissen moderner U.S.-amerikanischer rechtswissenschaftlicher Forschung nicht immer zuzustimmen vermag, hat doch ihre Einbeziehung von Grundlagenwissenschaften Vorbildfunktion.

Es ist wenig sinnvoll, eine solche Arbeit ohne Berücksichtigung empirischer Daten und praktischer Politik zu schreiben. Denn oft ist die politische Umsetzung und Wirkung wissenschaftlicher Modellbildung für Gesellschaft und Recht wesentlicher als das reine, originäre Modell selbst. Neben wissenschaftlicher Empirie sind deshalb auch die Berichte und Kommentare führender Tageszeitungen und Zeitschriften wie F.A.Z., SZ, Die Zeit, Die Welt, Financial Times, Spiegel, Focus etc. berücksichtigt und teilweise um ihrer gegenwartspolitischen Bedeutung willen kritischer Würdigung unterzogen. Die Fußnoten sind darum durchaus habhaft und zur besseren Lesbarkeit des Textes am Ende geschlossen angefügt.

Zu danken habe ich allen Mitarbeitern und Mitarbeiterinnen meines Freiburger Instituts für ihre Geduld und viele Handreichungen. Einige haben besondere Hilfe in technischen Dingen geleistet. Meine Sekretärin, Victoria Marini, hat die zahlreichen Schichten des entstehenden Manuskriptes mit viel Geduld, Übersicht und Einfühlungsvermögen betreut. Die Kontrolle der Nachweise wäre ohne die stete Mithilfe von Friederike Bauer nicht möglich gewesen, der Eva Thörner, Maria Jüling und Maria Berentelg zu Seite gestanden haben.

Wer den Versuch eines Gesamtüberblicks wagt, läuft stets Gefahr, in Einzelheiten zu irren, vor allem in Bereichen, die nicht Gegenstand seiner laufenden Beschäftigung sind. Man muss dies aber in Kauf nehmen, wenn überhaupt etwas Ganzes entstehen soll – auch hier kann die amerikanische Rechtskultur Vorbild sein. Trotzdem bitte ich die Leser insoweit um Nachsicht. Dabei hoffe ich auf die Leserschaft nicht nur von Juristen, sondern auch von Ökonomen und Geisteswissenschaftlern sowie allen, die an grundlegenden gesellschaftlichen und politischen Fragestellungen interessiert sind.

Freiburg, im Juli 2007
Rolf Stürner

Inhaltsverzeichnis

Einleitung. Umbruchsituation und Deregulierungsdruck

Die deutsche Politik hat das letzte Jahrzehnt etwas getaumelt und mit ihr die deutsche Wirtschaft. Die Gesellschaft ersehnte einen Neuaufbruch und gleichzeitig fürchtete sie ihn. Der zwischenzeitliche Aufschwung der Wirtschaft hat an dieser eher grundlegenden Befindlichkeitsstörung nur wenig geändert. Denn die Artikulation des Willens zur Veränderung erschöpft sich im Bekenntnis zum Mehr an Markt und Wettbewerb. Antworten auf die Frage nach den Grenzen marktmäßiger Selbststeuerung bleiben ebenso unklar wie Antworten auf die Frage nach wirksamem Schutz vor zerstörenden Kräften des Marktes. Die U.S.-amerikanische Hegemonie in Wirtschaft, Politik und Recht lässt den Ruf nach einer Orientierung am „amerikanischen Modell" lauter werden, dem sich auch die Europäische Union mehr und mehr zu öffnen scheint. Die deutsche gesellschaftliche, wirtschaftliche und rechtliche Kultur hat sich aber über Jahrzehnte der Nachkriegszeit als eine geglückte Synthese aus Marktwirtschaft und sozialstaatlicher Sicherung verstanden, individuelle Entfaltungsfreiheit und soziale Gleichheit als die spaltenden Grundthemen des 20. Jahrhunderts schienen in dieser gesellschaftlichen Grundverfassung versöhnt. Man dünkte sich so im Fortschreiten der Geschichte einen Schritt weiter als stärker marktwirtschaftlich oder sozialistisch orientierte Modelle. In diesem etwas diffusen Grundgefühl – nicht nur im wirtschaftlichen Erfolg, wie ihn die Deutsche Mark verkörperte –, wurzelten Selbstwertgefühl und neue nationale Identität. Der globale und europäische Angriff marktdominierten Denkens auf dieses synthetische Gesellschaftsmodell musste so zu einer grundlegenden Erschütterung des gesellschaftlichen Selbstverständnisses führen, die sich in einem hektischen Deregulierungsaktionismus der Wirtschafts- und Gesellschaftspolitik und einem Vertrauensverlust der Volksparteien in der Gunst der Wähler widerspiegelt.

Ein erster Abschnitt der Überlegungen soll sich einer Analyse verschiedener Rechtsbereiche widmen, um die Breite der Entwicklung aufzuzeigen. In einem zweiten Abschnitt sollen die inneren Ursachen des gegenwärtigen Siegeszugs des Wettbewerbsdenkens analysiert werden. Ein dritter und vierter Abschnitt sollen sich der Frage stellen, ob sich beim Abschied von überkommenen Organisations- und Steuerungsformen nicht doch mehr Vorsicht empfiehlt, als dies gegenwärtiger Stimmungslage teilweise entspricht.

A. Die Bundesrepublik Deutschland unter Deregulierungsdruck – Analyse der jüngeren deutschen Rechtsentwicklung

I. Die Liberalisierung des Angebotswettbewerbs

1. Abbau präventiver inhaltlicher Regulierung

Im Wettbewerb der Kaufleute und Unternehmen galten ursprünglich strengere präventive Regeln zur Erhaltung fairen Wettbewerbs, welche die Freiheit im Kampf um den Kunden beschränkten; z.B. Rabatt- und Zugaberegelung[1], Verbot vergleichender Werbung[2] etc. Markenunternehmen konnten ganz ursprünglich ihren Absatz preisbindend gestalten[3] und vielfach in Vertriebssystemen mehr oder weniger monopolisieren[4]. Alle diese Reglementierungen, die nach ihrem Selbstverständnis auch Preisklarheit und qualitative Transparenz bewirken sollten, gerieten und geraten unter deregulierenden Druck zugunsten weitgehender Gestaltungsfreiheit jedes Marktteilnehmers, der nach seinen Absatzbedürfnissen Rabatte gewähren[5], vergleichend werben[6], Preise festsetzen[7] und endlich jedwede Ware verkaufen können soll[8]. Eine ähnliche Entwicklung bahnt sich auf dem Gebiet handwerklicher Leistungen an, wo sich der persönliche Qualifikationsnachweis mehr und mehr kritische Würdigung gefallen lassen muss und ein Abbau von Qualifikationsvoraussetzungen ansteht[9].

2. Abnehmerinformation und Ausbau repressiver Schutzformen als tragende Gestaltungselemente der Gegenwart

Wo präventive Regulierungsmechanismen abgebaut werden, kann der Schutz vor unlauteren Angebotspraktiken nur noch repressiv über Unterlassungs- und Schadensersatzklagen erfolgen. Es ist kein Zufall, dass Hand in Hand mit der Liberalisierung des Angebotswettbewerbs das Haftungsinstrumentarium zugunsten des Verbrauchers ausgebaut wird und den präventiven Qualitätsschutz ersetzt[10]. Nicht untypisch ist auch die Tendenz des nationalen und europäischen Rechts zur Vermehrung von Informationspflichten[11], die nicht vor schlechter Qualität als solcher schützen, sondern nur den Qualitätsvergleich des informierten Verbrauchers ermöglichen. Insgesamt trägt der Verbraucher das Auswahlrisiko und das Risiko der Verwirklichung repressiver Sanktionen, das auf Dauer nach Möglichkeiten kollektiver Rechtsverfolgung verlangt[12].

II. Die Deregulierung der Finanz- und Kapitalmärkte und die Unternehmenskultur – Corporate Finance and Governance

1. Das traditionelle deutsche Grundmodell regional und sozial integrierten Unternehmertums und seine Finanz- und Kapitalmarktstruktur

Das Bild des traditionellen deutschen Finanz- und Kapitalmarktes und seiner korrespondierenden Unternehmenskultur wird nicht selten mit dem Schlagwort der „Deutschland AG“ charakterisiert, deren Grundzüge Gewinnstreben mit durchaus paternalistischer Stetigkeit und sozialer Verantwortung für die Region zu verbinden versuchten[13]. Der börsenbestimmte handelbare Wert von Unternehmensanteilen war ursprünglich von eher untergeordneter Bedeutung. Nur wenige Großbanken und Großunternehmen refinanzierten sich in hohem Maße über Fremdaktionäre[14], wobei sie dann noch die überschaubaren Verhältnisse nationaler Börsen zunächst vorzogen. Die verflochtene Unternehmenskultur dieser Großunternehmen war durch „Überkreuzbeteiligungen" und durch Aktienbesitz von Geschäftsbanken oder Landesbanken, überwachende Aufsichtsratsmandate von Repräsentanten kooperierender Unternehmen[15] und von Bankenvertretern und Depotstimmrechten der Banken als Vertreter von Kleinaktionären gekennzeichnet. Neben die Aktie trat die Industrieanleihe als wichtige Finanzierungsform großer Unternehmen. Die Masse mittlerer Unternehmen beschaffte sich ihr Kapital von Banken, die ihrerseits das Kapital von Sparern zur Refinanzierung der Kredite benutzten[16]. Die Aktie oder gar andere Risikopapiere waren keine sehr verbreitete Anlageform des durchschnittlichen privaten Kapitalanlegers. Er zog Spareinlagen und Lebensversicherungen oder Anleihen vor. Sie wälzen auf den Anleger keine schwer überschaubaren unternehmerischen Risiken ab. Das Risiko der Bank- oder Versicherungsinsolvenz ist durch Aufsicht, Großkredit- und Kapitalunterlegungsvorschriften[17] sowie gemeinsame Schutzfonds[18] oder Gewährträgerhaftung weithin ausgeschaltet, und bei qualifizierten Anlageformen sorgen bis in die Gegenwart Deckungsmassen für zusätzliche Sicherheit[19]. Ein Großteil des Sparvolumens des durchschnittlichen Anlegers war und ist bis heute bei öffentlichen Sparkassen oder Genossenschaftsbanken regionalen Geschäftsbereichs gebunden, die sich als Geldgeber des Mittelstandes profilieren[20]. Die dieser Finanzstruktur entsprechende Unternehmenskultur war eher national oder sogar regional geprägt und war durch eine relativ starke Identität der Region mit ihren Banken und Unternehmen gekennzeichnet[21], die man teilweise auch als Marktzutrittschranke für ausländische Anleger wahrnahm. Dieser

Identität entsprach die Bereitschaft der regionalen Banken zu gemeinsamer langfristiger Planung, die sich nicht in erster Linie an kurzfristigen Gewinnerwartungen orientierte[22]. Dieses Wirtschaftsmodell mit seinen regional integrierten und integrierenden Universalbanken war über lange Jahrzehnte nicht ohne eindrucksvollen wirtschaftlichen Erfolg und fand noch Mitte der neunziger Jahre ausländische Resonanz bis in die U.S.A.[23]

2. Die Deregulierung des Kapitalmarktes

Es war nicht basisdemokratische Kritik[24], die dieses Modell ins Wanken brachte oder doch in seiner Bedeutung redimensionierte. Es war die Deregulierung des Kapitalmarktes[25]. Sie setzt voraus, dass eine große Zahl von Anlegern vermehrt unternehmerische Risiken zu tragen bereit ist, die auf sie ausgelagert werden, dafür aber auch höhere Gewinnchancen hat, die sie zur Risikoübernahme motivieren. Wegbereiter dieser Entwicklung war zunächst vor allem der Immobilienmarkt[26] mit seinen Publikumsgesellschaften und Immobilienfonds. Die Immobilie als Objekt einer Risikoübernahme schien – teilweise durchaus trügerisch – genügend überschaubar. In den neunziger Jahren eroberte die in- und ausländische Aktie Terrain als Anlageform des Durchschnittsbürgers[27]. Seine Teilhabe an unternehmerischen Risiken wird durch Aktienfonds oder Investmentfonds mit gemischten Wertpapieren[28] und ihre ausgleichende Risikogewichtung zwar abgepuffert, aber nicht beseitigt[29]. Die Technik der Asset Backed Securities[30] erlaubt die Verbriefung von Außenständen jedweder Art, die mit solchen Deckungsmassen und ihren Einkünften verknüpften Obligationen entsprechen – oft in Klassen aufgeteilt – in ihren Gewinnerwartungen den Risiken in umgekehrter Proportion[31]. Risiken des Werteverfalls versucht man in vielen Bereichen durch Derivatgeschäfte[32] zu bewältigen, indem man potentielle Gewinn- und/oder Verlustmargen auf

Dritte überträgt, die im schlechten Fall nur spekulieren und im günstigsten Fall ihrerseits die unterschiedlichen Risiken auszubalancieren versuchen. Die neuen Finanzprodukte sind nicht gesetzlich standardisiert, sondern individuell gestaltet und in Prospekten beschrieben. Gerade bei den neu auf den Markt kommenden Dach-Hedge-Fonds für Verbraucheranleger[33] bleibt die Risikoverteilung für den Verbraucher undurchschaubar – hoffentlich nicht auch für die Initiatoren[34].

Der Gedanke der Auslagerung von Risiken gegen Gewinnteilhabe entwickelt für Unternehmen deshalb große Attraktivität, weil er eine sehr kostengünstige Finanzierung unternehmerischer Aktivität erlaubt[35]. Unternehmen im deutschen Wirtschaftsraum haben in den letzten Jahrzehnten vermehrt den internationalen[36] und deutschen Aktienmarkt zur Kapitalschöpfung genutzt. Auch alle anderen Formen risikoauslagernder Unternehmensfinanzierung erfreuen sich steigender Beliebtheit. Selbst im mittelständischen Dienstleistungsbereich beginnen GmbH-Konzerne handwerkliche Betriebsformen abzulösen, an deren Spitze eine rein gewinnorientierte Holding-Gesellschaft steht. Die „private equity" entwickelt einen internationalen Markt für den Handel mit mittleren und kleineren Unternehmen[37]. Ihr Wert orientiert sich an dem Gewinn, den diese Unternehmen nach rein gewinnorientierten Restrukturierungsmaßnahmen abwerfen. Die alten Finanzierungsformen über Bankkredite oder Anleihen sind nicht etwa voll verdrängt, wohl aber ist ihr Anteil eher stagnierend oder gar rückläufig[38]. Der Steuergesetzgeber fördert die letzten Jahre die Geldanlage auch des gewöhnlichen Anlegers in Aktien oder Fonds, indem er Sparzinsen im Ergebnis höher besteuert (Herabsetzung der Freibeträge[39]) als Aktien (steuerfreier Veräußerungsgewinn nach einem Jahr[40]) oder Fonds (z. B. Auslandsversteuerung bei Immobilienfonds[41]): er begünstigt die Spekulation am Kapitalmarkt und bestraft „risikoscheues" Sparerklientel der Banken. Vollrisikoaverse Geldanlagen, wie z. B. Bankeinlagen, sind denn auch eher rückläufig[42], obwohl z. B. Aktien- oder Rentenfonds zumindest kurzfristig eine eher gemischte Bilanz zu präsentieren vermögen[43]. Auch der Versuch zur Vermehrung der Rentabilität seither sicherer, aber wenig ertragreicher Geldmarktfonds geht mit einer nicht immer transparenten Risikoerhöhung einher[44]. Die risikoneutrale steuerliche Gleichbehandlung aller Anlageformen steht an[45].

3. Folgen für die Unternehmens- und Bankenkultur

a) Das Unternehmen als handelbares Gut des gewinnorientierten Kapitalanlegers

Die Unternehmenskultur ändert sich, wenn eine größere Vielzahl durchschnittlicher Anleger unmittelbar oder mittelbar über Fonds an unternehmerischen Risiken oder Chancen partizipiert[46]. Wer als durchschnittlicher Anleger nur über eine relativ schmale Kapitalbasis verfügt und kaum zeitliche Reserven hat, muss eine – gemessen an der Entwicklung eines Unternehmens – kurzfristige Gewinn- und Verlustperspektive zum Maßstab seines Handelns erheben. Daraus können vor allem unter den Bedingungen weltweiter Kommunikation und Kapitalanlage Wertbewegungen entstehen[47], die auch gut gewichtete Fonds und größere institutionelle Anleger kaum abpuffern und auffangen können, wenn sie ihrerseits wiederum ähnlich agierenden Anlegern verantwortlich sind. Die Bedeutung ganz oder teilweise „verbriefter" Unternehmen im Kapitalmarkt reduziert sich stärker als vorher auf eine kurz- oder allenfalls mittelfristige ökonomische Bewertung[48], die notwendigerweise gesellschaftliche, soziale oder regionale Funktionen eines Unternehmens ausblendet, falls nur bei anderweitiger Kapitalanlage höherer Gewinn winkt. Dieser Effekt verstärkt sich bei fortschreitender Internationalisierung der Kapitalmärkte[49]. Wo sich die Verbindung des größeren Teils der Kapitalgeber mit einem Unternehmen auf Gewinninteressen reduziert, werden Übernahmen leichter[50], und das Unternehmen mit seiner Belegschaft wird mehr als vorher zum handelbaren Gut, was nicht ohne Einfluss auf das Unternehmens- und Gesellschaftsrecht selbst bleibt[51]. Der permanente Zwang zur Gewinndokumentation verändert die Koordinaten der Unternehmenspolitik selbst[52] – Durststrecken sind zu vermeiden, der Stellenwert der gewinnmäßig positiven Außendarstellung steigt[53].

b) Die Banken im Banne der Risikoauslagerung und des raschen Geldes

Die großen Geschäftsbanken haben sich ihrerseits der neuen anlegerorientierten Unternehmenskultur angepasst. Das Investmentgeschäft ihrer Kapitalanlagetöchter ist für die bloß beratende Bank weniger risikoträchtig als die Paarung aus Einlage- und Kreditgeschäft, nicht aber unbedingt weniger einträglich[54]. Die großen Geschäftsbanken sind mehr als früher selbst von der Bewertung durch die Kapitalmärkte und dem Marktverhalten gestreuter Fremdaktionäre abhängig[55]. Ihre Geschäftsstrategie muss sich folgerichtig *auch* an kurz- und mittelfristigen Gewinnerwartungen ausrichten – die Neigung zur Trennung von Unternehmensbeteiligungen mit ihren volatilen Wertbewegungen wächst[56]. Inwieweit solche Gewinnerwartungen zur Erweiterung spekulativer Geschäftsfelder, z.B. im Bereich von Derivatgeschäften, geführt haben, wäre näherer Untersuchung wert. Die bankmäßige Kreditierungspraxis orientiert sich ihrerseits vermehrt an konkret zu beurteilenden kurz- und mittelfristigen Gewinnerwartungen des Kreditschuldners[57], der langfristige Kredit gerät unter Druck[58], und standardisierte Kreditwürdigkeitskriterien wie z.B. Immobiliarsicherheiten verlieren an Gewicht. Eine längerfristige Geschäftsstrategie, wie sie z.B. in der Förderung der wirtschaftlichen Entwicklung einer ganzen Region liegen könnte, kann schwerlich noch zentrales Anliegen solcher Bankenkultur sein[59]. Die öffentlichen Banken haben ihre regionale Geschäftswidmung teilweise aufgegeben und ihre Geschäftsfelder mehr und mehr den Geschäftsbanken angenähert, eine

Entwicklung, die sich im Verlust der Gewährträgerhaftung als Folge widerspiegelt[60]. Die Genossenschaftsbanken – eigentlich von ihrer Gründungsidee her stärker der Dienstleistung und der Befriedigung örtlicher Kreditbedürfnisse gewidmet als dem Gewinninteresse der Kapitaleigner[61] – befinden sich im Schlepptau der Geschäftsbanken.

4. Die Verengung der Kultur des Unternehmensmanagements auf Wertverwirklichung

Die Veränderungen in der Unternehmens- und Bankenkultur sind nicht ohne Folgen für das Verhältnis des Managements zu seinem Unternehmen geblieben. Das Verständnis des Unternehmens als im Interesse der Aktionäre handelbares Gut droht, nunmehr auch die Beziehung des Managements zum Unternehmen zu bestimmen. Die Bezüge sind nicht nur gewinn-, sondern auch aktienkursabhängig, wenn etwa – oft in zeitlich gestreckter Form – größere Mengen Aktien des Unternehmens Teil des Entgelts sind[62]. Gute Verkaufsstrategie bei Übernahmen wird teilweise zusätzlich durch Sonderprämien belohnt[63]. Der Marktgedanke scheint sich dabei so weit durchzusetzen, dass der nachhaltige hohe Aktienkurs und die Wertverwirklichung zugunsten der Aktionäre mit dem Unternehmenswohl auch dann gleich gesetzt werden, wenn diese Wertverwirklichung die Selbstaufgabe herbeiführt. Der Vorstand, der sein eigenes Unternehmen möglichst preisgünstig beerdigt, ist keine Zukunftsvision, sondern vielleicht schon Wirklichkeit[64].

5. Deregulierte Kontrolle durch gewinnorientierte Kontrolleure

Die marktmäßige Bewertung von Unternehmen, wie sie der gegenwärtigen Unternehmenskultur in hohem Maße zugrunde liegt, bedarf geeigneter Informations- und Kontrollmechanismen zum Schutze vor Bewertungsmanipulationen. Die hoheitliche Aufsicht – heute durch die Bundesanstalt für Finanzdienstleistungsaufsicht – spielt im Marktgeschehen eine eher marginale Rolle, kann sie doch nur schwere Verstöße nachträglich ahnden und gravierenden Fehlentwicklungen vorbeugen[65]. Marktbestimmend wirken vielmehr eher gleichgeordnete Kontrollmechanismen, deren Träger ihrerseits den Gesetzen des Marktes unterliegen[66]: Finanzanalysten, Rating-Agenturen, Wirtschaftsmedien, Wirtschaftsprüfer. Ihre Gewinnorientierung und kapitalmäßige Verflechtung, die mit ihrer Bewertungskompetenz durchaus kollidieren können, ist erst allmählich Gegenstand kritischer Fragen und rechtlicher Folgerungen[67] ebenso wie ein deutlicher Trend zur Oligopolisierung insbesondere bei Rating-Agenturen und Wirtschaftsprüfung. Die Wirtschaftsmedien öffnen ihren redaktionellen Teil nicht selten der Stellungnahme von Kommentatoren, deren Neutralität durchaus zu Bedenken Anlass geben kann[68]. Die Bedeutung der Berichte über die Finanz- und Kapitalmärkte im Programm der Medien hat quantitativ und qualitativ stark zugenommen: Berichte über den Markt und sein Geschehen finden ein durchaus andächtiges breites Publikum, wie es einem inzwischen nahezu religiösen Charakter einer Marktideologie adäquat erscheint.

6. Förderung der Risikokapitalanlage des informierten Anlegers als Reaktion des Rechts

Das europäische und deutsche Recht versucht, mit Hilfe von gesetzlichen Vorschriften Markttransparenz herzustellen und für die korrekte Information der Marktteilnehmer zu sorgen. Die Rechtssetzung steht insoweit durchaus im Dienste des Marktgedankens, sie reglementiert nicht etwa das Marktgeschehen inhaltlich, sondern will nur für faire Spielregeln sorgen. Dabei zeigt die europäische und deutsche Entwicklung der letzten drei Jahrzehnte[69] eine überaus eindrucksvolle Vermehrung von Vorschriften, die der Förderung von Rahmenbedingungen zur Beschaffung von Risikokapital bestimmt sind und gleichzeitig Transparenz- und Informationspflichten formulieren. Nur wenige wichtige Stichworte zum Bereich der Risikokapitalschöpfung seien genannt: „kleine AG"[70]; Erleichterung börslicher Kapitalbeschaffung durch Aufbau eines diversifizierten und wettbewerbsorientierten Börsenwesens und Kostensenkung; Verbreiterung des Angebots vor allem im Investmentbereich; Ausweitung des Kapitalangebots für nicht börsennotierte Unternehmen durch Liberalisierung des Rechts der Unternehmensbeteiligungsgesellschaften[71]; Erleichterung der Verbriefung von Außenständen[72] oder notleidender Kredite[73]. Im Bereich der Unternehmenstransparenz bestimmen verschärfte[74], periodische[75] und anlassbezogene[76] Publizitätserfordernisse das Gesamtbild[77]; aber auch höhere Anforderungen an die Abschlussprüfung[78] und an die Unabhängigkeit der Abschlussprüfer in Gestalt der Inhabilität der Unternehmensberatung und Unternehmensprüfung[79]. Vorstand und Aufsichtsrat einer AG werden verstärkte Verhaltenspflichten zur Wahrung der Unternehmenstransparenz anempfohlen, die sich vor allem auf wechselseitige Information und Vergütungsgrundsätze beziehen[80]. Transparenz der Kapitalmärkte sollen Prospektpflicht und Prospekthaftung[81], Regeln gegen Kursmanipulation[82], Regeln zur Verhinderung und Überwachung von Insidergeschäften[83] und Verhaltensregeln für Wertpapierdienstleistungsunternehmen[84] ebenso garantieren wie neue Verhaltens- und Informationsregeln für Übernahmen[85]. Die neue „Markets in Financial Investments-Richtlinie" der EU (MiFID) soll insoweit europäische Vereinheitlichung fördern[86]. Alle diese Vorschriften bedeuten zwar auch eine Verstärkung präventiver aufsichtsrechtlicher Kontrollpflichten und eine Erweiterung schadensersatzrechtlicher Sanktionsmöglichkeiten[87]. Wichtig ist jedoch, dass die Neuerungen die Handelbarkeit von Unternehmen und Beteiligungen auf der Basis wahrer Information fördern wollen und außer dem „nachhaltigen Unternehmenswert" andere „Unternehmensinteressen“ kaum erwähnen oder gar definieren[88]. Besonders deutlich wird dies in Übernahmefällen, wo vor allem der Vorstand eine Abwehr mit Interessen jenseits der Wertverwirklichung schwerlich rechtfertigen kann[89]. Wo andere Interessen, wie etwa Folgen für Arbeitnehmer und Standorte, Erwähnung finden[90], geschieht dies zur Information der kapitalistischen Akteure und hat den Charakter eines Hilfsdatums ihrer Marktbewertung. Der deutsche Gesetzgeber mag angesichts der eher zurückhaltenderen EU-Übernahmerichtlinie vielleicht etwas über das Ziel hinausgeschossen sein[91].

III. Die Deregulierung öffentlichen Unternehmertums

Öffentliches Unternehmertum ist ganz allgemein einer im Grunde genommen atemberaubenden Abwertung ausgesetzt. Dies gilt im Bereich öffentlicher Daseinsvorsorge, im Bankenbereich und vollends im produktiven Bereich. Eine Sonderstellung nehmen bisher noch Institutionen sozialer Sicherung, staatlicher Ausbildung und der Bereich der Medien ein, wenngleich auch hier die Deregulierungsdiskussion deutliche Spuren zu hinterlassen beginnt.

1. Deregulierung und Privatisierung der Daseinsvorsorge und nichthoheitlicher Verwaltungsaufgaben

Die Deregulierung und Privatisierung wichtiger Bereiche herkömmlicher Daseinsvorsorge[92] hat vor allem im Bereich der Telekommunikation[93], der Post[94], der Energieversorgung[95] und des Verkehrs[96] in den letzten beiden Jahrzehnten eindrucksvolle Fortschritte gemacht[97]. War die Versorgungsaufgabe ursprünglich öffentlichen Unternehmen[98] mit Gebietsmonopolen anvertraut, deren Angebote standardisiert waren, ist es mehr und mehr der Bürger, der zwischen unterschiedlichen Angeboten auswählen soll, wobei Durchleitungs- und Zugangsrechte zu Nutzern die Wirkung fortbestehender Netzmonopole praktisch aufheben können[99]. Das nationale Recht, das diese Form der Deregulierung vollzog, erfüllte dabei zweifellos Vorgaben des europäischen Gemeinschaftsrechts, das bei Leistungen der Daseinsvorsorge zwischen marktbezogenen und nicht marktbezogenen Tätigkeiten unterscheidet[100] und marktbezogene Leistungen den Regeln der offenen Marktwirtschaft mit freiem Wettbewerb unterwirft[101]. Andere Bereiche staatlicher nichthoheitlicher Verwaltungsaufgaben ziehen nach: rettungsdienstliche Leistungen[102], Privatisierung und Mautfinanzierung des Straßenbaus[103], bauliche Erschließung[104] und andere Projektvorhaben[105] (Flughäfen, Parkhäuser, Kulturzentren etc.), regionale Verkehrsunternehmen[106], Toto-Lotto-Gesellschaften[107] etc. Auf die einzelnen denkbaren Organisationsformen soll hier nicht näher eingegangen werden[108]. Jedenfalls besteht Einigkeit darüber, dass der Trend zur privatrechtlichen Organisation stets die Frage nach der Marktbezogenheit aufwirft und damit die Frage nach der Geltung europäischer und nationaler Regeln zum Wettbewerbsrecht, Beihilferecht und Vergaberecht[109]. Wenn man sich von der Privatisierung flexiblere und kostengünstigere Versorgung verspricht und öffentliche Monopole nicht durch private Monopole ersetzen will, ist diese Entwicklung konsequent. Ein gewisser Einbruch regulativer Elemente ist dort zu beobachten, wo das europäische und nationale Recht privaten Unternehmen bestimmte Grundversorgungspflichten auferlegt und weitere Maßnahmen zur Qualitätssicherung trifft (Universaldienstmodell[110], Gewährleistungsverwaltungsrecht[111]).

2. Bankgeschäfte als öffentliche Daseinsvorsorge?

a) Öffentliche Banken

Öffentliche Banken verstanden ihre Geschäfte ursprünglich als Form regionaler Wirtschaftsförderung und gleichzeitig als Daseinsvorsorge im Sinne risikoloser Geldanlage[112]. Dieser Grundgedanke rechtfertigte die Gewährträgerhaftung der öffentlichen Hand[113]. Mit der Ausdehnung des Geschäftskreises auf praktisch alle Bankgeschäfte, wie sie vor allem bei Landesbanken deutlich sichtbar geworden ist[114], entfernten sich die öffentlichen Banken teilweise so weit von ihrem daseinsvorsorgenden und strukturfördernden Auftrag, dass sie voll unter das europarechtliche Regime wettbewerblicher oder beihilferechtlicher Vorschriften gerieten und die EU – nicht ohne Anstöße durch die deutschen Wettbewerber aus dem Bereich der Privatbanken – das Ende der Gewährträgerhaftung verordnete[115]. Die Finanzierung des Wegfalls der Gewährträgerhaftung zwingt entweder zu verstärktem Einsatz öffentlichen Kapitals oder zu einer Organisation, die privates Kapital zulässt – mit der drohenden Folge einer schleichenden Angleichung dieses Bankensektors an die Geschäftsbankkultur oder seiner Übernahme durch Geschäftsbanken[116]. Diese Tendenz förderte die EU durch das Verlangen, die Begrenzung der Bezeichnung „Sparkasse“ (§ 40 KWG) auf Institute in öffentlichem Eigentum aufzuheben[117].

b) Genossenschaftsbanken

Im Bereich der Genossenschaftsbanken – der dritten Säule des deutschen Bankensystems – wird der Konflikt zwischen gemeinwirtschaftlicher Grundlegung und Gewinnstreben ebenfalls deutlicher. Eigentlich sind für solche Banken von ihrer Gründungsidee her die Kreditversorgung der Genossen zu besonders günstigen Bedingungen und die regionale Bankdienstleistung für Genossen die oberste Maxime, der

Rendite der Anteilseigner hingegen kommt kaum Gewicht zu[118]. Die Genossenschaftsbanken haben indessen ihre Konditionen im Darlehensbereich mehr und mehr an Gewinnerwartungen orientiert, wie sie für Geschäftsbanken üblich sind, und wie die öffentlichen Banken sich praktisch allen Bereichen des Bankgeschäfts geöffnet[119]. Die Bankdienstleistung, deren Breite sie wie die öffentlichen Banken von den Geschäftsbanken noch unterscheidet, gerät unter den Druck von Ertragserwartungen, die zwischen den verschiedenen Säulen des Bankensystems immer weniger differenzieren. Dieser Trend wird vom Internationalen Währungsfonds unterstützt[120], der mit überraschender Klarheit die Ertragsstärke von Banken zum Maßstab der Stabilität eines Bankensystems erhebt und Privatisierung verordnet. Öffentliche Interessen will er durch eng abgegrenzte öffentliche Interventionen gewahrt sehen, wie sie etwa den Grundversorgungspflichten eines Gewährleistungsverwaltungsrechts im Bereich der Daseinsvorsorgen auch sonst entsprechen.

3. Öffentliches Unternehmertum im produktiven Bereich

Öffentliche Beteiligungen an Unternehmen des produktiven Bereiches sind in Deutschland – anders als etwa in Frankreich[121] – eher die Ausnahme. Von der Regelung des Art. 15 GG hat Deutschland nie Gebrauch gemacht[122]. Der wichtigste Beispielsfall öffentlicher Einflussnahme im produktiven Bereich ist die VW AG, an der das Land Niedersachsen und die Bundesrepublik Aktien halten; zusammen mit Stimmrechtsbeschränkungen, Entsenderechten zum Aufsichtsrat und Mehrheitsregelungen für Grundsatzbeschlüsse gewährt dieser Aktienbesitz der öffentlichen Hand eine Handhabe vor allem gegen Sitzverlegungen und Produktionsverlagerungen[123]. Die Rechtsprechung des EuGH zum Verhältnis von sog. „goldenen Aktien“ und Freiheit des Kapitalverkehrs (Art. 56ff. EGV)[124] lässt solche und ähnliche Gestaltungen zumindest zweifelhaft erscheinen[125], wenngleich die EU-Übernahmerichtlinie insoweit eher Spielraum für nationale Gestaltungen geschaffen hat, die Vorzugsrechte zulassen[126]. Der Deregulierungsbedarf ist in diesem Bereich in Deutschland eher gering, der geringe Einfluss der öffentlichen Hand durchaus auffällig, zumal der Anteil rüstungswichtiger Unternehmen verhältnismäßig gering ist, für deren Übernahme Deutschland erst jetzt schärfere Genehmigungspflichten im Außenwirtschaftsgesetz[127] zu schaffen beginnt.

4. Soziale Sicherung

a) *Öffentlichrechtliche Umlagesysteme und private kapitalgedeckte Versicherungen*

Die soziale Sicherung in Gestalt der Rentenversicherung, der Krankenversicherung und der Unfallversicherung als öffentlichrechtlich verfasstes Umlagesystem[128] steht zwar bisher grundsätzlich unangetastet. Es verbindet Elemente der paritätischen Beteiligung von Arbeitgebern und Arbeitnehmern und der Solidarität unter Arbeitnehmern mit dem Gedanken staatlicher Gewährleistung. Aber dieses System befindet sich im Rückbau, weil das Umlagesystem aus mehreren Gründen überlastet erscheint: dem Versagen homogener menschlicher Reproduktion[129], der höheren Lebenserwartung unter gesteigerten medizinischen Kosten, der Verschärfung eines mehr und mehr weltweiten Absatz- und Kapitalmarktwettbewerbes. Leistungskürzungen sind die Folge[130]. Der Bürger wird auf zusätzliche kapitalgedeckte individuelle Absicherung verwiesen. Dabei ist letztlich noch offen, inwieweit solche Zusatzabsicherung ins öffentlichrechtliche System integriert wird und inwieweit sie rein privatrechtlicher Organisation anvertraut werden soll[131]. Die Mehrbelastung der Versicherten wäre auch im öffentlichenrechtlichen System denkbar, z. B. durch Aufgabe der Symmetrie von Arbeitgeber- und Arbeitnehmeranteilen und das Angebot freiwilliger Höherversicherung auf Kosten nur des Arbeitnehmers bzw. Versicherten. Die Präferenz der öffentlichen Diskussion galt aber bisher eher einer privatversicherungsrechtlichen zweiten Säule[132], auch soweit eine öffentlichrechtliche „Bürgerversicherung" als Basis erörtert wurde[133]. Man misstraute der Wirtschaftlichkeit und Flexibilität eines ohne Gewinnstreben arbeitenden öffentlichen Versicherungsträgers und setzte lieber auf das Gewinnstreben privater Anteilseigner als Motor der Wirtschaftlichkeit. Nach der Wahl, die zur großen Koalition führte, bahnt sich im sog. Gesundheitsfonds[134] ein eigenartiger, etwas bürokratischer Kompromiss an, der wenig Freunde hat[135].

b) Wettbewerb bei Leistungserbringung

Auch das System der Leistungserbringung, das bis heute durch das Sachleistungsprinzip geprägt ist, steht unter Deregulierungsdruck. Es ist beherrscht von einem Abrechnungssystem, das zwischen den Verbänden der gesetzlichen Krankenkassen und den Vereinigungen der Kassenärzte, der Apotheker und der Krankenhäuser im Rahmen gesetzlicher Vorgaben vereinbart wird[136]. Innerhalb dieses rahmenvertraglich geregelten Abrechnungssystems besteht nur ein beschränkter oder teilweise überhaupt kein Preiswettbewerb[137], den man ursprünglich als der Materie inadäquat betrachtet hat. Die privatrechtliche Organisation von Kliniken in öffentlicher Trägerschaft gilt manchen als geeignetes Instrument, das Preisbewusstsein auf Seiten der Klinikträger zu steigern[138], ebenso der teilweise Abbau des vollen Sachleistungsprinzips, der die Versicherten zur Eigenbeteiligung oder sogar – teilweise privaten – Zusatzabsicherung zwingt[139]. Diese sehr langsame Entwicklung erfolgt unter weithin nationalem Rechtsetzungsregime ohne den Druck einer deregulierenden EU[140]. Sie verdient deshalb bei der Ursachenanalyse ganz besondere Beachtung.

5. Universität, Forschungs- und Bildungsinstitutionen

a) Öffentliche Organisation und Freiheitlichkeit

Nach herkömmlicher Vorstellung, wie sie vom Bundesverfassungsgericht im Rahmen seines verfassungsrechtlichen Verständnisses der Freiheit von wissenschaftlicher Forschung und Lehre mitgeprägt ist[141], muss „der Staat für funktionsfähige Institutionen eines freien Wissenschaftsbetriebs sorgen und durch geeignete Maßnahmen sicherstellen, dass das individuelle Grundrecht der freien wissenschaftlichen Betätigung so weit unangetastet bleibt, wie das unter Berücksichtigung der anderen legitimen Aufgaben der Wissenschaftseinrichtungen und der Grundrechte der verschiedenen Beteiligten möglich ist". Im Ausgangspunkt sind Stätten von Wissenschaft und Forschung damit als Raum freien Denkens und Lehrens begriffen, deren frei machende Wahrheit[142] nicht in das gängelnde Korsett konkreter Zwecksetzung gepresst sein soll. Die Ausbildung zu beruflich verwertbaren Fertigkeiten ist diesem Grundverständnis ebenso Sekundärzweck wie das wirtschaftlich oder industriell unmittelbar verwertbare Forschungsergebnis. Diesem Grundverständnis entspricht die traditionelle öffentlichrechtliche Organisation von Universitäten als Körperschaft und die Bedeutung des Kollegialitätsprinzips für die Beschlussfassung ihrer Entscheidungsgremien[143].

b) Dienstleistung für den zahlenden Abnehmermarkt

Das letzte Jahrzehnt geraten aber akademische Bildungs- und Forschungseinrichtungen in den Sog eines Dienstleistungsdenkens, das stärker den Abnehmermarkt über ihre Ausrichtung entscheiden lassen soll. Dieser Nachfragemarkt soll an Universitäten eine möglichst diversifizierte und dynamisierte Produktpalette von verwertbaren – möglichst patentierbaren und handelbaren – Forschungsergebnissen und zertifizierten bzw. standardisierten Lehrangeboten schaffen, die sich im Wettbewerb um zahlende Abnehmer und Studenten zu bewähren hat. Gütemaßstab ist das Kapital, das der Abnehmermarkt für Forschung und Lehre einzusetzen bereit ist. Ähnlich wie auf den Kapital- und Finanzmärkten sollen Ranking-Agenturen, Evaluationsinstitutionen und Zertifikationsstellen informieren[144] und ergänzende Vergleichsparameter dort schaffen, wo der ökonomische Nachfrageerfolg Qualität nicht gültig ausweisen kann – immerhin wird diese Möglichkeit noch gesehen. Eine Änderung der Organisationsstrukturen geht mit diesem Umdenken einher. Kollegiale Entscheidungsstrukturen werden teilweise durch eher monokratische und hierarchische Elemente oder durch fremdbesetzte Gremien ersetzt. Vorbild ist dabei nicht selten die Aktiengesellschaft, wie z. B. im neuen Landeshochschulgesetz für Baden-Württemberg[145], das typischerweise nicht mehr zwischen Hochschultypen nach der Art ihrer Forschung und Ausbildung differenzieren will. Auch im Bereich allgemeinbildender Schulen findet der Gedanke der Nachfrageorientierung und des Wettbewerbs verstärkte Resonanz, wenngleich hier seine ökonomische Krönung, namentlich die Höhe des einwerbbaren Schulgeldes als Qualitätsmaßstab, anders als bei Hochschulen[146] noch nicht vor dem Durchbruch steht. In der öffentlichen Diskussion beanspruchen Modelle der Privatuniversität oder der Privatschulen einen Bonus, dem eine gesicherte empirische Basis fehlt[147].

Ähnlich wie bei den sozialen Sicherungssystemen handelt es sich um keine Entwicklung, die unter dem Einfluss weltweiten Dienstleistungshandels oder der Dienstleistungsfreiheiten der EU stünde, wie sie Kommission und EuGH verstehen; denn diese supranationalen Systeme ordnen bisher die nationalen Bildungssysteme nichtkommerziellen kulturellen Handlungsweisen zu[148]. Der Drang zur marktorientierten Strukturierung ist hier eher ein Ergebnis echter oder vermeintlicher U.S.-amerikanischer Vorbildfunktion. Allerdings sollte man immer im Auge behalten, dass die nationale Dienstleistungs- und Marktorientierung auf Dauer Marktregeln der WTO und der EU auf den Plan rufen können[149], die dann ihre Eigendynamik entwickeln und den Weg zurück verschließen.

6. Organisation der Medien

Die Medienlandschaft war ursprünglich zweigeteilt: öffentlichrechtlich organisierte Daseinsvorsorge mit Gebietsaufteilung und Monopolcharakter bei Funkmedien, privatrechtlich-marktwirtschaftliche Gestaltung bei Printmedien.

a) Öffentlichrechtliche Organisation von Funkmedien und Schutz der Information vor geschäftsmäßiger Vermarktung

Im Bereich der Funkmedien treten neben die früheren öffentlichrechtlichen Monopole die privaten Funkgesellschaften (duales System), und neue elektronische Medien verstärken den Bereich privatrechtlich organisierter Information[150]. Es existieren drei verschiedene Grundformen der Finanzierung: öffentlichrechtliche Gebühr unabhängig von tatsächlicher Inanspruchnahme, Bezahlung bei Inanspruchnahme aufgrund vertraglicher Vereinbarung, für den Verbraucher unentgeltliche Werbefinanzierung; mehr oder weniger regulierte Hybridformen kommen hinzu und prägen die Realität. Es versteht sich von selbst, dass angesichts dieser völlig unterschiedlichen Rahmen- und Produktionsbedingungen von einem Markt mit auch nur einigermaßen gleichen Wettbewerbsbedingungen keine Rede sein kann. Die klassische Rechtfertigung für teilweise öffentlichrechtliche Gestaltung mit Zwangsabgaben liegt in der Bedeutung der Funkmedien für Demokratie und Kultur, welche die Information von gewöhnlichen handelbaren Wirtschaftsgütern trennt[151]. Während nun aber das BVerfG den Versorgungsauftrag der öffentlichrechtlichen Medien in einer Weise breit fasst, die auch „Unser Charlie“ oder „Forsthaus Falkenau“ etc. mit kultureller Weihe fast bis zur Lächerlichkeit umkleidet[152], tendiert die EU-Kommission zu einer deutlichen Verkleinerung dieses nicht marktunterworfenen Segments[153], wird in ihren Deregulierungsbestrebungen aber durch die Regierungen der Nationalstaaten bisher weithin abgeblockt[154]. Der Gedanke weiterer Deregulierung unter den Vorzeichen eines Universaldienstleistungsmodells oder eines Gewährleistungsverwaltungsrechtes, wie er andere Bereiche der Daseinsvorsorge prägt, hat sich hier noch viel weniger als im Bankenbereich durchgesetzt, wo der öffentliche Sektor immerhin einem nicht reglementierten Absatzwettbewerb stand halten muss.

b) Gewinnorientiertes Marktmodell der Printmedien

Im Bereich der Printmedien herrscht nicht reglementierter Wettbewerb, der allerdings zu bedenklichen Monopol- und Oligopolbildungen neigt[155]. Medienwettbewerbsrechtliche Maßnahmen gegen diese Entwicklung[156] haben ihre Grenzen[157], wo nach deregulierenden Anordnungen der Markt keine Anbieter mehr lockt und so zu Tode reguliert wird. Gehört die regionale Versorgung mit Printmedien zur Daseinsvorsorge, die eine Subventionierung rechtfertigt[158]? Reichen Regeln über Höchstbeteiligungen an Presseunternehmen zum Schutz der Pressefreiheit aus, um eine schädliche Wirkung von Monopolen auszuschalten? Läge eine regulierende Beschränkung des Finanzierungsanteils aus Werbung nicht im Interesse eines Qualitätswettbewerbs und wirtschaftlicher Autonomie der Printmedien[159]?

Der Bereich der Medien mit seiner tiefen Gespaltenheit zeigt in eindrucksvoller Weise die Vor- und Nachteile regulierter und deregulierter Modelle auf und scheint vor reinen Lehren deutlich zu warnen.

IV. Rechtsberatende Berufe und Wirtschaftsprüfer sowie andere freie Berufe

1. Die Unabhängigkeit freier Berufe vom Mandantenmarkt

Das Recht der rechts- und wirtschaftsberatenden Berufe war ursprünglich stark von der Vorstellung geprägt, die persönliche und wirtschaftliche Unabhängigkeit von Rechtsanwälten („Organ der Rechtspflege"), Notaren oder Wirtschaftsprüfern sei ein zentrales Anliegen der Allgemeinheit[160]. Dieser Status war durch ein relativ dichtes Netz von Verhaltens- und Organisationsregeln des Standesrechtes reglementiert, z. B. Rechtsberatungsmonopol, Werbeverbote, Vorschriften gegen gemeinschaftliche Berufsausübung, Lokalisationspflichten, Regeln guter beruflicher und kollegialer Praxis, Regeln über beschränkte instanzielle Zulassung etc. Die relative Unabhängigkeit gegenüber dem eigenen Mandanten kam auch im Gebührenrecht zum Ausdruck, das durch ein System der Pauschalierung und das Verbot erfolgsorientierter Honorierung[161] Art der Erledigung und Gewinnstreben in gewisser Weise entkoppelte. All dies ist schon zerbrochen oder beginnt zu zerbrechen.

2. Die Unterwerfung unter die Regeln des gewinnorientierten Dienstleistungsmarktes

Europäische und nationale Gesetzgebung und Rechtsprechung[162] gehen mehr und mehr davon aus, der gemeinwohlbegründete Unabhängigkeitsstatus sei ein schlecht verschleiertes zünftisches Monopol, das die freien Berufe auf Kosten der Allgemeinheit und der Mandanten wirtschaftlich ohne kompetitive Leistungskontrolle bereichere. Im Zentrum steht nunmehr der Wettbewerb um die Dienstleistung für den Mandanten[163], dessen Erfolg am Gewinn gemessen wird und auch – anders als die Erfüllung der Rolle unabhängiger Beratung – eher gemessen werden kann. Die Folgen dieses Dienstleistungsdenkens sind bekannt: Abbau der Vorschriften über Lokalisation oder beschränkte instanzielle Zulassung[164], Abbau der Vorschriften über gemeinsame Berufsausübung[165], Zulassung der Anwalts-GmbH und -AG[166], Öffnung nationaler Grenzen im Rahmen der EU und sogar weltweit[167], Abbau des Werbeverbots[168], Vertragsfreiheit bei Honorarvereinbarungen oft mit dem Ergebnis eines Stundenlöhnertums[169] auf hohem Niveau, „Beauty-Contests" um Mandate[170], Prozessfinanzierungsgesellschaften auf Erfolgsbasis[171] und künftig wohl sogar direktes Erfolgshonorar[172], Ökonomisierung der inneren Struktur von Großkanzleien mit wirtschaftlicher Erfolgskontrolle und Hierarchisierung[173], Fachbeiträge in Zeitschriften und Beiträge in Tageszeitungen als Marketing-Maßnahmen[174], Aufweichung des Rechtsberatungsmonopols[175], Hinterfragung der Sinnhaftigkeit notarieller Mitverantwortung für Vertragsgestaltung[176], Abbau staatsferner, aber hoheitlich organisierter Selbstverwaltung[177]. Die Deregulierung geht allerdings einher mit Tendenzen zur Oligopolisierung bei der höheren und mittleren Anwaltschaft[178] und ganz ausgeprägt bei Wirtschaftsprüfungsgesellschaften[179]. Dies stellt nicht nur neue Fragen nach Unabhängigkeit und Interessenkollisionen, die man mit Konstruktionen relativer „innerer" Unabhängigkeit („Chinese Wall", innere Segmentierung) zu beantworten versucht[180]. Im Bereich der „freien" Berufe ist ein Heer zumindest wirtschaftlich abhängiger Arbeitnehmer entstanden, die vor allem unter angelsächsischem Einfluss mehr und mehr in eine Unternehmenshierarchie eingebunden sind[181].

3. Modell für andere freie Berufe?

Die Entwicklung der rechtsberatenden Berufe könnte sich als Modell für andere freie Berufe darstellen, z. B. Apotheker, Architekten etc. So gibt es eine gegenwärtige intensive Diskussion um die „Deregulierung" des Apothekerwesens auf der Basis europarechtlicher Dienstleistungsfreiheit[182].

V. Die Entwicklung des Arbeitsrechts

1. Abschirmung des Arbeitnehmers vom Markt als traditioneller Ausgangspunkt

Der Interessengegensatz zwischen marktabhängigem Unternehmer bzw. Arbeitgeber und sozial schwächerem Arbeitnehmer ist bisher in der Weise ausbalanciert gewesen, dass der Unternehmer Erfolg und Misserfolg am Markt oder Marktschwankungen nur sehr stark abgepuffert an den Arbeitnehmer weitergeben konnte – von der Endkatastrophe einer Insolvenz einmal abgesehen. Die Arbeitsbedingungen werden in Tarifverträgen relativ uniform ausgehandelt[183], und Kündigungsschutzvorschriften[184] des Individualarbeitsrechts und die betriebliche Mitbestimmung beschränken flexible Reaktionen auf Marktentwicklungen. Inwieweit Wettbewerbsschwächen deutscher Unternehmen und hohe Arbeitslosigkeit hierdurch mitverursacht sind, mag zwar im Einzelnen umstritten sein, gewisse Negativwirkungen entsprechen jedoch durchaus einer communis opinio.

2. Neue Marktorientierung und Wettbewerb unter Arbeitnehmern

Die Entwicklung des kollektiven und individuellen Arbeitsrechts könnte dahin gehen, dem Arbeitgeber in größerem Umfange als bisher die Weitergabe von Marktrisiken an die Arbeitnehmer zu gestatten[185]: Flexibilisierung des Kündigungsschutzes, Öffnungsklauseln in Tarifverträgen[186], kostenneutrale Tarifabschlüsse in Höhe der Produktivitätssteigerungen[187], Entlastung des Arbeitslosenversicherungssystems durch Zusammenlegung von Sozialhilfe und Arbeitslosenhilfe und andere Anreize zur Arbeitsaufnahme auch unter verschlechterten Bedingungen[188]. Die Grundtendenz möglicher Reformbewegungen scheint klar: Wettbewerb zwischen Arbeitnehmern um Arbeitsstellen und Lohnhöhe auf nationaler und vor allem internationaler Ebene. Die stark ausgebaute deutsche Mitbestimmung könnte zwischen den Mahlsteinen europäischer Niederlassungsfreiheit zerrieben werden: sie droht schlicht abgewählt zu werden, soweit sie sich nicht im Unternehmensertrag positiv niederschlägt[189] und auf diese Weise marktmäßige Attraktion entfaltet, was bisher weniger der Fall zu sein scheint. Wenn man Arbeitsstunden und Arbeitsproduktivität als Wachstumsquellen begreift, so könnte die Arbeitsstundenzahl deutscher Arbeitnehmer zu tief liegen[190] und für größere Flexibilisierung sprechen.

VI. Die steuerrechtliche Deregulierungsdiskussion

1. Senkung der Staatsquote und Aufgabe der Steuerungsfunktion

Die steuerrechtliche Diskussion[191] ist einmal von Vereinfachungs- und Senkungsplänen beherrscht[192]. Von der Senkung verspricht man sich eine Entlastung von Unternehmen und Verbrauchern, die zu einer Steigerung von privaten Investitionen und Konsumausgaben führen soll. Die Absenkung der Steuerquote verwirklicht den Grundgedanken einer Verlagerung der Investitionsentscheidung vom Staat auf den Bürger. Zum anderen soll aber auch Steuergleichheit in weit größerem Umfang als bisher durch Abbau von Steuersubventionen bzw. Ausnahmetatbeständen herbeigeführt werden[193]. Mit diesem Abbau verlöre der Staat ein gewichtiges wirtschaftspolitisches Subventions- und Steuerungsinstrument, z. B. bei der Förderung der Bildung von Sparkapital, der Förderung von Wohnungseigentum, bei Förderung von Arbeitsplatzmobilität, bei der Investitionsförderung etc. Auch diese Schmälerung staatlicher Steuerungsfunktion ist teilweise bewusst gewollt, weil staatliche Fehlsteuerungen beklagt werden.

2. Zweifel an einer endgültigen Entsolidarisierung

Wo die distributive Gerechtigkeit einem eher formalen Gleichheitsdenken weicht, ist der einzelne stärker auf sich selbst und seine Behauptung im Wettbewerb verwiesen mit bemerkenswerten sozialen Konsequenzen. Beispielsweise verdanken viele Eigenheime ihre Entstehung steuerlichen Förderungsmaßnahmen und wären ohne Subventionierung mit Mitteln des reinen Marktes nie entstanden. Die Zögerlichkeit der Steuerpolitik[194] spiegelt Zweifel wider, ob es wirklich weise erscheint, distributive Gerechtigkeit und wirtschaftliche Steuerung als Zwecke des Abgabensystems zu verabschieden. Im Hintergrund steht letztlich der Streit um die rechtsethische Begründung der Einkommensteuer: Solidarbeitrag zur Finanzierung der Gemeinschaft – so der herkömmliche Ansatz – oder Abschöpfung des Anteils der Rechtsgemeinschaft an der Entstehung individuellen Einkommens – so der eher individualistische und an ökonomischer Bewertung orientierte Ansatz der „Markteinkommenstheorie“[195].

VII. Ökonomisierung staatlichen Handelns

Insgesamt ist in allen Bereichen staatlichen Handelns eine Ökonomisierung des Denkens zu beobachten. Die Rentabilität des Kapitaleinsatzes beginnt immer stärker die Vermutung richtigen Handelns für sich zu beanspruchen, andere Erwägungen materieller Gerechtigkeit verlieren an Gewicht.

1. Weitergabe der Feinsteuerung an den Markt

Dies wird deutlich sichtbar, wo die öffentliche Hand eine unmittelbare Steuerung durch Vergabeentscheidungen oder Verbote vermeidet und die genaue Allokation hoheitlich vergebener Positionen dem investierenden Markt überlässt. Dieses Modell verwirklicht sich bei der Versteigerung von UMTS-Lizenzen[196] ebenso wie – europaweit und nach U.S.-amerikanischem Vorbild – beim Handel mit Verschmutzungszertifikaten[197]. Staatliches Handeln beschränkt sich auf die Festlegung von Marktparametern und überlässt die Feinaufteilung den Kräften des Marktes und damit den Rentabilitätserwägungen der Kapitalinvestoren. Erste Erfahrungen mit Fehlentscheidungen bei der Ersteigerung von UMTS-Lizenzen geben zu größerer Bedächtigkeit bei der Festlegung der Marktparameter und Spielregeln für den Handel mit Verschmutzungszertifikaten Anlass[198]. Die Übertragung dieses Modells auf den Bildungsbereich („Bildungsgutscheine") und den Sozialbereich („Sozialsparkonten") ist offen[199].

2. Dienstleistungscharakter hoheitlichen Handelns und Kosten-Nutzen-Analyse

Das „neue Steuerungsmodell", wie es Verwaltung und Rechtsprechung zu erfassen beginnt[200], stellt den Dienstleistungs-

und Produktcharakter hoheitlichen Handelns und damit die Kosten-Nutzen-Analyse stärker als vorher in den Mittelpunkt[201]. Es kämpft dabei allerdings mit der Schwierigkeit, dass oft weder Qualität noch Preis der Produkte von Verwaltung und Rechtsprechung der Bewertung eines echten Abnehmermarktes ohne weiteres unterliegen können[202]. Künstlich geschaffene Anreizsysteme (Qualitätsvereinbarungen, Qualitätszirkel etc.) müssen deshalb teilweise den Abnehmermarkt ersetzen mit der Gefahr des Umschlags in fast planwirtschaftliche Lächerlichkeit. Die fehlende Möglichkeit, den Effekt hoheitlichen Handelns ökonomisch brauchbar zu bewerten, setzt auch der Sinnhaftigkeit von Bemühungen um kaufmännische Buchführung[203] und Ablösung der Kameralistik im Bereich der Verwaltung[204] Grenzen. Wo die stärker rechtsgebundene und persönlich unabhängige Entscheidung der Organwalter zugunsten von Dienstleistungs- und Effizienzerwägungen an Gewicht verliert, hat das Berufsbeamtentum schlechte Karten und gerät unter Rechtfertigungsdruck[205]. Unabhängigkeit von Lehrern oder Professoren mag rasche und effiziente Anpassung an einen Abnehmermarkt behindern. Die Frage bleibt allerdings, ob man sich solche Anpassung uneingeschränkt wünschen soll – mit allen Schwächen, die auch solche Systeme der Marktabhängigkeit haben können: sie spiegeln – wie angloamerikanische Rechtskulturen zeigen – nicht selten die soziale Schichtung in sehr starken Qualitätsunterschieden wider, weil die Marktmacht der Abnehmer unterschiedlich stark ist[206].

3. Der Staat als Unternehmen

Die Krönung der Ökonomisierung staatlichen Handelns ist erreicht, wo man den Staat selbst als Unternehmen betrachtet, das an wirtschaftlichen Ergebnissen gemessen wird[207]. Man kann sich zunächst schwer der Erkenntnis verschließen, dass Bruttosozialprodukt, durchschnittliches Prokopfeinkommen, Handelsbilanz, Devisenkurs, Staatsquote, Staatsverschuldung und Außenhandelsbeziehungen in der internationalen Wahrnehmung, wie sie vor allem durch Weltbank, IWF, OECD oder WTO geprägt ist, stärkeres Gewicht haben als Fragen sozialer Schichtung, sozialer Gerechtigkeit und sozialer Sicherung, die eher annexweise als Wirtschaftsfaktor zu Buche schlagen mögen[208]. Das Ranking von Staaten durch Rating-Agenturen bewertet zusätzlich die Kreditwürdigkeit und damit die Handlungsfreiheit bei Kreditaufnahme und Ausgabe öffentlicher Obligationen zur Refinanzierung[209]. Andere Beurteilungskriterien für die Güte staatlichen Handelns unterliegen zwar ebenfalls der Wertung vor allem durch die UN und mit ihr verbundene Sonderorganisationen (z. B. International Labour Organization, Food and Agriculture Organization, Industrial Development Organization etc.)[210] oder rein private Organisationen wie Amnesty International oder Human Rights Watch, ihr Gewicht ist aber verglichen mit dem wirtschaftlichen Ranking ungleich geringer – von extremen Verstößen gegen nichtwirtschaftliche Standards einmal abgesehen. Es gibt bereits Vorschläge, einen insolventen Staat ähnlich wie ein Unternehmen einem Reorganisationsverfahren zu unterziehen, sei es auf vertraglicher Basis im Rahmen von Geschäftsbedingungen für Staatsanleihen oder ganz generell auf der Basis eines weltweit akzeptierten Model Law[211]. In solchen Erwägungen zeigen sich Fokussierung oder Reduktion des Staatszweckes auf wirtschaftlich-utilitaristische Komponenten[212].

VIII. Deregulierung des Rechts

1. Flexibilisierung der Rechtsgeltung – der Normadressat als Abnehmer mit Wahlmöglichkeit

Schon die herkömmliche Privatautonomie überlässt die Rechtsgeltung in gewissen Grenzen marktangepasster Auswahl[213]. Im Völkervertragsrecht entspricht ebenso wie im Europarecht das Wahlrecht des Völkerrechtssubjekts[214] oder Mitgliedstaats[215] zwischen verschiedenen Alternativen durchaus gängiger Praxis. Im internationalen Privatrecht beherrscht die Rechtswahl der Parteien weite Bereiche der Rechtsanwendung[216]. Insgesamt erfährt allerdings gegenwärtig der Trend zur Flexibilisierung der Rechtsgeltung eine deutliche Verstärkung. Innerhalb der Union kommt es zu einem Wettbewerb rechtlicher Institutionen, soweit EU-Rechtsformen neben nationale Rechtsformen treten[217] oder das Herkunftslandsprinzip die EU-weite Geltung einzelnen nationalen Rechts zur Folge hat[218]. Niederlassungs- und Dienstleistungsfreiheiten betonen den Charakter des Rechts als Marktparameter stärker als vorher. Zusätzlich ersetzen und prägen immer häufiger Verpflichtungsvereinbarungen oder Verpflichtungserklärungen sowie nationale oder internationale private Standards[219] staatliche Normen, z. B. in so verschiedenen Gebieten wie Corporate Governance[220], Umweltrecht[221], Medienpersönlichkeitsrecht[222] oder Rechnungslegung[223].

2. Abschied vom staatlichen Rechtsdurchsetzungsmonopol[224]

Im Bereich der Rechtsdurchsetzung tritt neben die althergebrachte Schiedsgerichtsbarkeit mit ihrer lockereren und oft an internationalen Standards orientierten Rechtsbindung[225] immer häufiger die stark interessenorientierte Mediation[226], die den „binären Schematismus“ von Recht und Unrecht noch stärker vermeidet. Rechtsinhalt und Rechtsgeltung werden so sichtbarer und stärker als bisher zum aushandelbaren Gut.

IX. Individualisierung und Ökonomisierung als Grundkoordinaten der Entwicklung

Wer versucht, Grundkoordinaten der Entwicklung von Recht und Gesellschaft auf den verschiedensten Feldern zu beschreiben, kommt zu überraschend übersichtlichen Ergebnissen. Entscheidungsprozesse erfahren eine Individualisierung, individuelle Dispositionsmöglichkeiten eine bemerkenswerte Verbreiterung. Damit verbunden sind die Abkehr vom rechtlich vorgegebenen Inhalt zugunsten variabler Gestaltung und die verstärkte Risikoauslagerung auf das Individuum. Wettbewerbliche Durchsetzungsfähigkeit wird dabei zum Höchstwert und zum obersten Maßstab. Nachfrageverhalten bestimmt die Wertigkeit, womit die Ökonomisierung aller Wertmaßstäbe einhergeht. Die Regeln für den Nachfragewettbewerb schaffen Informationspflichten über Produkte und Dienstleistungen und Verhaltenspflichten zur Verhinderung ungerechtfertigter Informationsvorteile, die Durchsetzung pflichtgemäßen Verhaltens erfolgt unter der Ägide ökonomischer Wertigkeit durch repressive schadensersatzrechtliche Sanktion. Staatliches hoheitliches Handeln hat nur noch Komplementärfunktion, die Bedeutung gleichgeordneter kompetitiver Kontrollinstitutionen wächst. Die Neigung zur Bildung privater Oligopole ist unverkennbar. Die Bedeutung der Rechtsordnung als durchzusetzende Lebensordnung nimmt zugunsten des flexiblen Ad-hoc-Kompromisses ab.

B. Die Ursachen des Siegeszuges des Markt- und Wettbewerbsdenkens

I. Die U.S.-amerikanische politische Kultur und ihr emanzipatorisches Grundpostulat

1. „Pursuit of Happiness" als Staatszweck

Die Gesellschaft westlicher Zivilisation vollendet mit der Fortschreibung des Individualisierungsprozesses letztlich den Ausgang des Individuums aus seiner Unmündigkeit[227] als mehr oder weniger absolut gesetztes emanzipatorisches Grundpostulat. Die Gründungsväter der USA erhoben in der Declaration of Independence von 1776 die Freiheit zu einem selbst und damit nicht allgemein definierten Individualglück, dem „pursuit of happiness", zum zentralen Staatszweck[228] und bauten darauf Gesellschaft, Wirtschaft und Staat konsequent und folgerichtig auf[229]. Eine Gesellschaft, die den „pursuit of happiness" im Sinne selbstdefinierter Selbstverwirklichung in das Zentrum ihrer Staatlichkeit stellt, sieht die Aufgabe der gesellschaftlichen Grundverfassung und den Zweck der Rechtsordnung folgerichtig im dienstleistenden Nutzen für möglichst viele Bürger. Weil individueller Nutzen als Basis selbstdefinierten Individualglücks qualitativ nicht fassbar ist, bleibt nur seine materielle Grundlegung als Maßstab aller Dinge. Der von Individualentscheidungen gesteuerte Markt entscheidet über Wertigkeit. Die Bedeutung ökonomischer Analyse zur Effizienzsteigerung des Rechts ist moderner methodischer Ausdruck dieses Grundverständnisses[230].

Dem individualistischen Grundansatz entspricht der Staatsaufbau eines Bundesstaates mit verbleibenden weitreichenden einzelstaatlichen Kompetenzen, nicht nur in Rechtsprechung und Verwaltung, sondern auch in der Gesetzgebung[231].

2. Die U.S.-amerikanische Wettbewerbsgesellschaft

Der Wettbewerb um materielle Güter als Basis des „pursuit of happiness" ist bei diesem Ansatz Quelle wirtschaftlicher, technischer und wissenschaftlicher Kreativität[232]. Die staatliche Gemeinschaft setzt für diesen Wettbewerb Regeln, greift aber zur Ausbalancierung von Ungleichheiten nur maßvoll ein. Die Konflikte der Massengesellschaft und der Industrialisierung versuchten die USA zwar teilweise auch nach kontinentaleuropäischem Muster durch administrative Reglementierung zu lösen[233] und schufen dazu eine Vielzahl regulierender und dabei oft konkurrierender agencies, boards und commissions, wie sie noch heute existieren und wirken[234]. Das Vertrauen in solche Reglementierung durch Regierung und Parlament ist aber gering geblieben. Auch Gewerkschaften konnten dauerhaft nie einen hohen Organisationsgrad erreichen[235]. Es ist inzwischen stärker die private Initiative, die in class actions schlagkräftige Abhilfe schafft und dabei in der „jury" ein eher basisdemokratisches Rechtsprechungsorgan als adäquate Institution vorfindet[236]. Es wäre falsch, die Geschichte von Regulierung und Deregulierung in den USA als lineare Entwicklung zu beschreiben, bekanntermaßen lösen sich Epochen stärkerer oder schwächerer Reglementierungsversuche ab[237]. Das Grundniveau der Regulierung ist indessen relativ niedrig geblieben[238]. Die letzten Jahrzehnte waren eher eine Epoche der Deregulierung mit hoher wirtschaftlicher Blüte: höchstes Prokopfeinkommen, niedrige Arbeitslosenquote, hohe Innovationskraft in Wissenschaft und Technik, attraktiver Kapitalmarkt[239]. Gewisse Anzeichen sprechen dafür, dass die USA auch neuerdings aufgetretene Regelverletzungen oder strukturelle Fehlentwicklungen nicht zum Anlass für inhaltliche Reglementierung nehmen werden, sondern sich von einer Intensivierung von Verhaltens- und Informationsregeln oder Selbstverpflichtungen und strenger Sanktionierungspraxis mehr Effektivität versprechen. Dies gilt etwa im Bereich der Bilanzpublizität und Wirtschaftsprüfung ebenso wie im Bereich des Wertpapierhandels[240] oder bankmäßiger Betreuung mittlerer und kleiner Unternehmen oder sozial schwacher Bevölkerungsschichten[241].

3. Rechtsethische und rechtssoziologische Grundlagen der „Competitive Society"

Ob die U.S.-amerikanische „Competitive Society" sich als Grundmodell westlicher Zivilisation empfiehlt, lässt sich einigermaßen zutreffend nur beurteilen, wenn man zuerst ihre rechtsethischen und rechtssoziologischen Voraussetzungen zu analysieren versucht hat.

a) Dominanz utilitaristischer Staatsphilosophie

Die Grundvorstellung vom Gemeinwohl, dem sich das Staatswesen verpflichtet weiß, war in der amerikanischen Geschichte wie auch in England überwiegend utilitaristisch geprägt. Dauernden Einfluss hatten die *Hobbes'sche* Vorstellung von der Gerechtigkeit als individueller und kollektiver Existenzsicherung, die sich nicht zuletzt im Genuss erworbenen Vermögens manifestiert[242], und die *Bentham'sche* Staatszielbestimmung größtmöglichen Glücks für die größtmögliche Zahl von Menschen[243]. Die utilitaristische schottische Moralphilosophie *David Humes* und *Adam Smiths*[244] hat die Leitvorstellung vom „pursuit of happiness" vorgeprägt[245], wie sie in *Jeffersons* Text der Unabhängigkeitserklärung formuliert ist. Im 19. Jahrhundert erhielt dieser Grundansatz unter dem Einfluss des englischen Philosophen *Herbert Spencer* eine stark unternehmerfreundliche Ausformung[246]. Die spätere Entwicklung war vom Pragmatismus des „legal realism" und der „sociological jurisprudence" beherrscht, mit dem sich Namen wie *Holmes, Roscoe Pound* und später *Llewellyn*[247] verbinden und der mit seiner Orientierung an der wirtschaftlichen und sozialen Wirklichkeit der überkommenen gesellschaftlichen Gemeinwohlvorstellung stets ihr Gewicht ließ. Die moderne vernunftrechtliche Theorie der Gerechtigkeit von *John Rawls* zeigt ähnlich vorteilsorientierten Pragmatismus[248], und *Posners* ökonomische Analyse des Rechts mit ihrem wohlstandsmaximierenden Grundansatz[249] lässt sich als konsequente moderne Ausformung des Staatsdenkens der Gründerväter deuten. Man tut der U.S.-amerikanischen Rechtskultur und Gesellschaft kein Unrecht, wenn man ihren wohlstandsorientierten Utilitarismus als ein starkes Kontinuum betrachtet[250], das anderen Staatszielbestimmungen kaum eine Chance zur Gestaltung gesellschaftlicher Realität gelassen hat.

b) Die Herrschaft des Marktes

Vor diesem rechtsphilosophischen Hintergrund, der staatliches Recht letztlich als Rahmung individuellen Glücksstrebens begreift, konnte sich ein stark marktorientiertes Wirtschaftsrecht hervorragend behaupten. Im U.S.-Antitrustrecht fand der Gedanke staatlich kontrollierter Kartellbildung zwar – nicht zuletzt als Folge der Roosevelt-Ära – zeitweise Anklang, ein staatsgelenktes „abuse"- oder „control"-Modell[251] konnte sich aber ebensowenig durchsetzen wie das Konzept des „workable competition", das für den funktionsfähigen Markt normative Kriterien zu entwickeln versuchte[252]. Die letzten Jahrzehnte sind vom Durchbruch der Chicago-School gekennzeichnet, die in der Effizienzsteigerung des einzelnen Unternehmens den Angelpunkt allgemeiner Wohlfahrt sieht und für ihre Verwirklichung möglichst alle Freiheit lässt, um sich auf die Bekämpfung künstlicher Marktzutrittsschranken zu beschränken[253]. Es ist der Markt selbst, dessen Selbstheilungskräfte weithin die Parameter effektiver Vermehrung des Wohlstandes schaffen und ineffektive Marktstrukturen (z. B.

auch ineffektive Oligopole etc.) wieder zerfallen lassen. Diese Regeln des freien Marktes möglichst ohne Marktzutrittsschranken hat das U.S.-Recht schon Mitte des 20. Jahrhunderts gegen herkömmliches Standesrecht[254] auf die freien Berufe auszudehnen begonnen, was sich vor allem im Recht der Honorierung[255] und der Praxisorganisation[256] rasch auszuwirken begann. Die Marktwirkung im Sinne eines Zwangs zur Effizienzsteigerung potenziert sich bei großen einheitlichen Währungsräumen und verlangt dann folgerichtig auch Arbeitnehmern volle Marktorientierung im Sinne einer räumlichen Mobilität und Flexibilität ab[257]. Allerdings zeigen wirtschaftswissenschaftliche Statistiken, dass das U.S.-amerikanische Marktmodell zwar insgesamt hohe Werte schafft, ihre Verteilung aber nur wenige begünstigt, sodass der individuelle Erfolg der Teilnahme am Marktgeschehen sehr unterschiedlich ausfällt. So haben die USA zwar weltweit das höchste Pro-Kopf-Einkommen, die Verteilung dokumentiert aber die größte Spreizung zwischen arm und reich[258]. Steuerliche Maßnahmen haben diesen Effekt die letzten Jahre eher verstärkt[259]. Überraschenderweise ist der Anteil von Aktionären an der Bevölkerung nicht signifikant höher als in anderen entwickelten Industriestaaten[260].

Es gibt keine Volkswirtschaft, die über Jahrhunderte das reine Modell des freien Marktes hätte durchhalten können. Nicht nur die bekannte Epoche des New Deal mit ihren interventionistischen Elementen[261] ist in diesem Zusammenhang zu erwähnen, sondern auch staatliche Förderung im Straßenbau, Wohnungsbau, im Bildungswesen und in Wissenschaft und Forschung[262]. Wo – wie z. B. in den Asbest-Fällen – die Mechanismen der Marktgesellschaft und der „competitive society" versagen, greift auch der U.S.-Gesetzgeber zu eher interventionistischen administrativen Maßnahmen, wie z. B. der Bildung gesetzlicher Entschädigungsfonds, um eine jahrzehntelang rollende Lawine von Strafschadensprozessen und Insolvenzen zu bremsen[263]. Staatliche Subventionsintervention wirkt indessen bis heute am nachhaltigsten im militärischen Bereich, der gegenüber dem zivilen industriellen Komplex kaum oder gar nicht abgrenzbar erscheint (sog. „military Keynesianism")[264]. Auf feine oder gröbere Dosen solchen Interventionismus spielt das bekannte Zitat *Adlai Stevensons* an, wenn er ausführt: „... we seem to produce two kinds of economics. One is a highly refined, triple-distilled product which is roughly 200 proof *laissez faire*. This is bottled exclusively for export. We never drink it at home. For home consumption we have a much milder drink, a mixture of many ingredients[265]."

Indessen, übertriebene Schlüsse sollte man aus diesen Einfallstellen eines staatlichen Interventionismus und Keynesianischen Gedankenguts[266] nicht ziehen[267]. Es entspricht gängigem Wissen, dass selbst in Bereichen klassischer Daseinsvorsorge[268] wie Bildung[269], medialer Grundversorgung[270] oder sozialer Grundsicherung (Altersversorgung, Krankenversicherung)[271] die unmittelbare oder auch nur mittelbare Aktivität der öffentlichen Hand ungleich geringer ist als in Kontinentaleuropa.

c) *Der Markt als Teil gesellschaftlicher Identität*

Die Herrschaft des Marktes mit all ihren Ungleichheiten können vorherrschende staatsphilosophische oder wirtschaftstheoretische Strömungen zwar teilweise erklären oder begründen, letztlich aber bedarf ein solches System gesellschaftlicher Integration. Es kann nur überleben, wenn es Teil gesellschaftlicher Identität ist. Gerade dies aber ist in den USA der Fall, was letztlich mehrere Gründe hat. Der Hauptgrund dürfte im starken Einfluss kalvinistisch-puritanischer Frömmigkeit liegen, ursprünglich im kulturell englisch geprägten Nordosten, später und heute aber auch in den übrigen U.S.-Staaten mit ihrer teilweise naiven evangelikalen christlichen Religiosität[272]. Diese Religiosität ist teilweise geneigt, im äußeren wirtschaftlichen Erfolg, wie ihn rastlose wirtschaftliche Tätigkeit schafft, den Segen religiöser Erwählung dokumentiert zu sehen[273]. Es liegt auf der Hand, dass solche Gläubigkeit der Anerkennung der Marktgesetze und ihrer differenzierenden Ergebnisse günstig ist und die Chance zum Reichtum ebenso billigt wie den Reichtum selbst. In einer solchen Gesellschaft, die bis heute stärker religiös orientiert ist als die europäische Gesellschaft[274], ist der soziale Unterschied kein Mangel, den es zu überwinden gälte, er ist vielmehr der Ansporn zum Aufstieg, zum „to be successful". Die Ansammlung von Kapital bei einer kleineren wirtschaftlichen Elite lässt Raum zu Spenden und Wohltätigkeit großen Stils, welche die Gesellschaft nicht etwa als Rückführung übertriebener Gewinnschöpfung wahrnimmt, sondern als Wohltat, die das soziale Ansehen des Spenders zu steigern in hohem Maße geeignet ist. Dem Einfluss puritanischer Religiosität verwandt erscheint mit gewichtigen Einschränkungen[275] ein zweiter, mehr und mehr bedeutsamer Faktor, der die gesellschaftliche Akzeptanz des Marktdenkens förderte, nämlich die weithin geglückte Integration des Judentums. Das christliche Europa hatte durch die frühe Diskriminierung und Verfolgung jüdischer Immigranten und eigene strukturelle Erstarrung jüdische Aktivität mit wachsender Gewichtung gerade auf besonders zukunftsträchtige und entwicklungsfähige Bereiche gelenkt, nämlich Handel und Bankwesen, industrielle Fertigung, freie Berufe und Wissenschaft[276]. Das Bekenntnis zur religiösen Neutralität und zum individuellen „pursuit of happiness" machte die USA trotz verbliebener europäischer antisemitischer Restelemente[277] zu einem mehr und mehr attraktiven jüdischen Einwanderungsland, so dass vor dem 1. Weltkrieg etwas mehr als 2,5 Millionen Juden in den USA lebten, die ganz überwiegend in Handel und Industrie oder freien Berufen arbeiteten und sie zu einem gewichtigen wirtschaftlichen, politischen und sozialen Faktor werden ließen[278]. Die nationalsozialistischen Massenmorde haben jüdische Zuwanderung und jüdischen Einfluss verstärkt und die USA zur Heimat sehr leistungsstarker jüdischer Eliten werden lassen, die zum kompetitiven Gesellschaftsmodell und seiner Festigung wesentlich beitragen[279]: wer zur Migration und Behauptung über Jahrhunderte gezwungen ist, weiß Freiheit zur Leistung stärker zu nutzen als sesshafte Population. Dieser Gesichtspunkt weist auf einen anderen und allgemeineren Grund für die tiefe Integration des Marktdenkens in das Lebensgefühl der amerikanischen Gesellschaft: der Gedanke des „fresh start" für immer neue Immigranten, die in das Einwanderungsland strömen. Die USA sind bis heute Einwanderungsland geblieben, zwischen 1970 und 2000 hat sich die Einwohnerzahl von 200 auf 280 Millionen erhöht, zwischen 1910 und 1970 von 100 Millionen auf 200 Millionen verdoppelt[280]. Solche Zuwanderung ist gesellschaftlich nur integrierbar, wenn sie den Neuanfang zu den Bedingungen des jeweiligen Bedarfs akzeptiert; der „fresh start" von unten ist konstitutive Spielregel und als gemeinsame Biographie ein Stück gemeinsamer Identität, Teil des „American dream"[281] mit seiner Chance zum Aufstieg von ganz unten nach ganz oben.

d) *Optimismus*

Die gesellschaftliche Identifikation mit dem Marktgedanken verbindet sich mit einem kaum verwundbaren Zukunftsoptimismus. Markt kann nur bejahen, wer sich selbst für durchsetzungsfähig hält und auf die Zukunft vertraut. In der Tat sind Amerikaner von einem stärkeren Zukunftsoptimismus beseelt als andere Nationen[282]. Dies spiegelt sich zunächst einmal auch in einer stabilen Regenerationsrate mit etwa 2 Kindern pro Frau[283] im gebärfähigen Alter wider, die sich auf ethnische Gruppen zwar nicht gleichmäßig verteilt, aber doch eine nur langsame Veränderung der ethnischen Anteile prognostizieren lässt[284]. Dabei prallt man auf der Suche nach der Motivation neben dem Zukunftsoptimismus auf die Familie als natürliches soziales Netz, das in der Marktgesellschaft seine Bedeutung nicht oder weniger verloren hat als in sozialstaatlich strukturierten Gesellschaften. Der amerikanische Optimismus verzeiht Fehlschläge oder Fehlleistungen der Vergangenheit und sucht stärker die positive Gestaltung der Zukunft, an der sich das persönliche und gesellschaftliche Selbstbewusstsein aufrichtet. Man kann diesen Effekt anhand vieler Phänomene darstellen. Den „bürgerlichen Tod" des kaufmännischen Bankrotts[285] verwandelt das U.S.-Insolvenzrecht mit seiner Entschuldungs-, Rehabilitations- und Reorganisationsmöglichkeit in eine Auferstehung zu neuem wirtschaftlichem Leben[286]. Den Makel der Sklaverei[287], die den Bürgerkrieg unter der Formel „separate but equal"[288] in vielen Formen sozialer Diskriminierung überlebte, beseitigte die amerikanische Rechtskultur endgültig erst mit der Entscheidung Brown v. Board of Education of Topeka, Kansas, im Jahre 1954[289]. Die amerikanische Öffentlichkeit feierte den 50-jährigen Jahrestag dieser Entscheidung 2004 nicht etwa rückwärtsgewandt als Gedenktag nationaler Scham, sondern vielmehr als zukunftsweisenden Erfolg[290] mit Signalwirkung nicht nur für die amerikanische Gesellschaft, sondern sogar auch für die Schulsysteme anderer Länder zum Abbau sozialer Schichtung[291]. Dies alles, obwohl die Gleichstellung der schwarzen Amerikaner bis heute in der sozialen Realität nicht vollendet ist[292]. Das Schicksal der Indianer, die entgegen durchaus menschenrechtswahrender Entscheidungen des Supreme Court *John Marshalls*[293] und damit wider besseres Wissen systematisch verdrängt, verfolgt und teilweise ermordet worden waren[294] und erst 1924 Staatsbürgerrechte[295] und ab 1968 volle soziale Rechte erlangten[296], empfindet das amerikanische öffentliche Bewusstsein trotz sorgfältiger historischer Aufarbeitung nicht als im eigentlichen Sinne belastenden Geburtsfehler der amerikanischen Demokratie mit ihrer menschenrechtlichen Grundlegung. Auch hier richtet sich der Blick eher auf künftige weltweite Verwirklichung der Menschenrechte als missionarische Aufgabe, wie sich dies z. B. in internationalen Human Rights-Prozessen[297] oder im Menschenrechtsbericht des U.S.-Außenministeriums manifestiert[298]. Diese Form eines Optimismus, der auch zu durchaus eindrucksvollen Verdrängungsprozessen in der Lage scheint[299], erlaubt der U.S.-amerikanischen Gesellschaft große Einfachheit im Denken und Handeln nach innen und außen, die nur selten und relativ kurzfristig – wie etwa nach dem Vietnam-Debakel[300] – Erschütterung erfährt. Auch die gegenwärtige Krise der USA, wie sie sich in außenpolitischen, militärischen und rechtspolitischen Fehlentscheidungen und neuen geopolitischen Herausforderungen manifestiert, wird letztlich stärker als zu bewältigende Herausforderung denn als Bedrohung empfunden[301].

e) *Patriotismus*

Freiheit zum pursuit of happiness nach geglückter Revolution gegen die englische Krone[302], kompetitive Gesellschaftsstruktur, Offenheit für den American dream, Bewährung der verfassungsmäßigen Ordnung über mehr als zweihundert Jahre, wirtschaftlicher Erfolg – all dies gibt den amerikanischen Bürgern das Gefühl der Einmaligkeit ihres Staatswesens und damit eines American Exceptionalism[303]. The „world's greatest nation" und Bannerträger von Freiheit und Menschenrechten zu sein, darin manifestiert sich der unverhohlene Nationalstolz vieler Amerikaner, die von einer Vorbildfunktion ihrer gesellschaftlichen Grundverfassung für die gesamte Welt ausgehen[304]. Vor diesem Hintergrund erscheint es auch konsequent und verständlich, wenn sich die USA zu streng obligatorischen völkerrechtlichen Abkommen, die ihre Souveränität oder gar Gerichtsbarkeit einschränken könnten, nur zögerlich oder überhaupt nicht entschließen[305]. Natürlich wäre es – wie stets – völlig falsch, ein eindimensionales Bild U.S.-Amerikas zu zeichnen und sein kritisches Potential zu unterschlagen. Die Akademiker, Wissenschaftler, Künstler, Schriftsteller, Journalisten und alle Intellektuellen der USA entwickeln ein kritisches Potential, das der europäischen Entwicklung auf vielen Gebieten vorauseilt und keinen denkbaren Gedanken zur U.S.-amerikanischen Gesellschaft ungedacht lässt. So ist auch die Ära *George W. Bush* von der Kritik der Intellektuellen begleitet[306], die in Veröffentlichungen *Michael Moores* ihren ebenso publikumswirksamen wie bizarren Ausdruck[307] findet. Man muss sich aber immer klar machen, dass Stellung und Funktion der amerikanischen Intellektuellen der notwendigen Unruhe einer Uhr vergleichbar sind, die zwar erst Bewegung und Dynamik schafft, aber nicht die Zeit anzeigt[308]. Letztlich haben auch amerikanische Intellektuelle am Lebensgefühl des „American Exceptionalism" teil, weil ihnen dieses Land trotz einer McCarthy-Ära[309] und trotz ähnlicher gegenwärtiger Tendenzen letztlich doch am zuverlässigsten über zwei Jahrhunderte Freiheit gewährt und Schwächephasen aus eigener Kraft überwunden hat[310].

f) Präsentationskultur und Selbstpräsentation

Zur Soziologie der „competitive society" gehört hoher Stellenwert der Präsentation. Dies gilt zunächst im Bereich des Rechtswesens nach innen und außen. Im jury-trial kommt es nicht nur auf das gute Argument an, sondern vor allem auch auf seine gute Präsentation[311]. Gesetzgebung findet faktisch nicht nur im Congress statt, sondern auch in Gestalt einer Modellgesetzgebung durch privat organisierte Gremien wie das American Law Institute, wo es für die Durchsetzung eines Projekts wesentlich ist, Persönlichkeiten mit Gewicht zu gewinnen und in einer Art „law marketing" durch viele Werbeveranstaltungen die wesentlichen Interessengruppen zu überzeugen und einzubinden[312]. Auch nach außen wird amerikanisches Recht in großem Stil und strategisch geschickt plaziert, nicht allein unterstützt durch öffentliche Gelder, sondern auch durch große „law firms" oder private Stiftungen[313] und über die Mechanismen internationaler Finanzorganisationen wie Währungsfonds, Weltbank oder WHO[314]. Verbreitet ist die Tendenz, mit dem Produkt auch die Maßstäbe für seine günstige Evaluation und damit die Spielregeln für künftigen Wettbewerb mitzuvermarkten. Die U.S.-amerikanischen Finanzprodukte sind für Anleger nicht sicherer und attraktiver als Finanzprodukte anderer Rechtsordnungen; es ist den U.S.-amerikanischen Anbietern aber gelungen, in den Rating-Agenturen ihre Bewertungskriterien durchzusetzen und damit einen Anpassungsdruck auf andere Rechtsordnungen auszuüben[315]. Im universitären Bereich beherrschen Evaluationskriterien die Ranking-Tabellen, die der typischen „Elite-Universität" günstig sind und damit den selbst tragenden Effekt ihres Erfolgs und ihrer Dominanz im Markt verstärken[316]. Auch wenn man in Staaten-Rankings Pro-Kopf-Einkommen, Pro-Kopf-Produktivität, Wachstum und Schaffung neuer Stellen als Evaluationskriterien stark gewichtet[317], aber z.B. die Gleichmäßigkeit der Vermögensverteilung in der Bevölkerung und den Abbau von Arbeitsplätzen als Kriterium gänzlich unbeachtet lässt oder schwach bewertet, kann man damit der Weltöffentlichkeit ein bestimmtes Gesellschaftsideal wie selbstverständlich aufprägen[318]. Andere Kulturräume unterschätzen vielfach die Bedeutung solcher Aktivitäten, die amerikanischem Lebensgefühl vorgegeben sind und in ihrer Notwendigkeit völlig selbstverständlich erscheinen.

Selbstpräsentation eigener Leistungsfähigkeit und „uniqueness" ruft in diesem gesamtgesellschaftlichen Kontext nicht etwa Unbehagen hervor, sondern ist eher Normalität. Man sagt, wenn man der Beste ist und war[319], und auch Rechtsfakultäten betonen dies in ausreichender Häufigkeit[320]. Die soziale Verträglichkeit hoher Studiengebühren rechtfertigt man mit einer Stipendienkultur, die dem hohen Darlehensanteil mit seiner Verschuldungswirkung und ihren sozialen und strukturellen Folgen weniger Aufmerksamkeit schenkt[321]. Über das Gute, das man tut, über „Pro-Bono"-Tätigkeit redet man – und wird hierzu in vielerlei Fragebögen und Auswertungen geradezu gezwungen[322], will man nicht hintangesetzt sein. Auch das kollektive Bewusstsein neigt im Rahmen nationaler Einschätzung nicht zur Bescheidenheit. Gemeinsame Werte westlicher Zivilisation werden vereinnehmend zu „American Values“[323], die Geschichte der Menschenrechte und Verfassungen beginnt dann im amerikanischen Bewusstsein stark vereinfacht nicht etwa mit den griechischen Stadtstaaten, den Bauernkriegen[324], frühen Verfassungsentwürfen und Revolutionsbewegungen Europas, sondern mit der amerikanischen Verfassung und der amerikanischen Bill of Rights[325]. Ähnlich werden die amerikanischen Rules of Evidence rechtskulturell zur „fresh creation“ der Common Law Lawyers und lassen Prozessgeschichte im 17./18. Jahrhundert in gewisser Weise neu beginnen[326]. In dieser Form vor allem kollektiver Selbstpräsentation vermischen sich Realitätsbezug und Überakzentuierung eigener „uniqueness“ in eigenartiger Weise[327], und obwohl diesen Effekt viele amerikanische Wissenschaftler und Intellektuelle in nüchterner Betrachtung völlig durchschauen[328], bleibt solche Art der Selbstpräsentation doch tief in das Lebensgefühl auch der gebildeteren Schicht eingebettet[329]. Es ist für U.S.-amerikanische Juristen deshalb durchaus nicht abwegig, in der Weltgeltung U.S.-amerikanischer Verfahren gegen Kartelldelikte oder Korruptionspraktiken internationaler Großunternehmen oder gegen organisierte Menschenrechtsverletzungen den Anfang einer zukunftsträchtigen Organisation der sich allmählich bildenden zivilisierten Weltgesellschaft zu sehen[330].

g) *Raum und Ressourcen*

Die „competitive society“ U.S.-Amerikas ist mit reichhaltigen Ressourcen ausgestattet, die als notwendige materielle Grundlage ihrer Funktionsfähigkeit zu betrachten sind. Dies gilt einmal für den Raum, der dieser Gesellschaft zur Verfügung steht. Er beträgt das über 30-fache Deutschlands bei einer 3,5-fachen Einwohnerzahl. Die großen Wanderungsbewegungen der Industrialisierung[331] von Ost nach West und neuerdings von Nord-Ost zum „Sunbelt“ können bei einer solchen Bevölkerungsdichte spontan und besiedlungspolitisch relativ ungeplant erfolgen, sie lassen entindustrialisierte

Regionen verbraucht und unsaniert („rust belt“) zurück und besiedeln unverbrauchtes Gebiet neu[332]. Die räumlichen Ressourcen sind so die ökonomisch billige Basis wirtschaftlicher Dynamik und Flexibilität. Reiche landwirtschaftliche Produktion und beachtliche eigene Rohstoffvorkommen ergänzen das Gesamtbild einer Volkswirtschaft, die Risiken tragen und Fehlschläge verkraften kann. Ohne Weite und Reichtum des Landes wäre die Fähigkeit des American Exceptionalism[333] schwerlich gegeben, die starken sozialen und wirtschaftlichen Schwankungen einer individualisierten Gesellschaft ohne Zusammenbrüche auszuhalten[334].

4. Nationalstaatliche Organisation

Die USA sind im Wesentlichen Nationalstaat geblieben, und ihre wirtschaftliche Organisation ähnelt eher einer Nationalökonomie im traditionellen Sinne. Viele Staaten der Gegenwart antworten auf die Entregionalisierung und Globalisierung von Handel und Wirtschaft mit dem Modell des sog. „offenen Staates“[335], der wesentliche Teile seiner Souveränität zugunsten internationaler Organisationen oder gar Integrationsgemeinschaften aufgibt. Sichtbarer Ausdruck solcher Entwicklungen sind etwa der Staatenverbund der EU mit seinem Europäischen Gerichtshof, die Europäische Menschenrechtskonvention mit ihrem Gerichtshof für Menschenrechte, der Internationale Strafgerichtshof oder auch die WTO mit ihrem Schiedsgericht. Solche Souveränitätsübertragung[336] findet ihren Ausdruck in Öffnungsklauseln der Verfassung, mit der Folge unmittelbarer Geltung völkerrechtlicher Bestimmungen, die in der Normenhierarchie oder faktisch Vorrang vor nationalem Recht haben[337]. Gegenüber solchen Tendenzen sind die USA sehr zurückhaltend geblieben. Zwar formuliert Art. 6 ihrer Verfassung die traditionelle Vorstellung des Common Law von völkerrechtlichen Verträgen als „the supreme law of the land“. Die USA beurteilen jedoch die Qualität völkerrechtlicher Verträge als „self executing“ sehr vorsichtig[338]. Vor allem werden Durchgriffswirkungen von Entscheidungen internationaler Streitschlichtungsinstitutionen letztlich verneint oder stark abgepuffert, eine Erfahrung, die Partnern der USA im Rahmen der NAFTA[339] oder auch der WTO[340] durchaus geläufig ist. Die USA verstehen dabei ihre Souveränität letztlich als Schutzschild für ihre Bürger und Unternehmen, denen Art. 3 der Verfassung den amerikanischen Richter mit einem „due process“ garantiert[341]. Die Abneigung der USA, sich dem Internationalen Gerichtshof in Den Haag[342] und dem Internationalen Strafgerichtshof zu unterwerfen[343] oder in einem Haager Gerichtsstands- und Vollstreckungsübereinkommen Teile ihrer Souveränität in internationalen vermögensrechtlichen Streitsachen aufzugeben[344], muss auch vor diesem Hintergrund gesehen werden.

Dem nationalstaatlichen Ansatz entspricht der Erhalt und Ausbau nationalökonomischer Steuerungsfähigkeit. Die USA sind letztlich und im Wesentlichen Herr ihrer Geldpolitik, ihrer Finanzmarktregeln, ihrer Steuergesetzgebung, ihres Arbeitsrechts und ihrer Außenwirtschaftsgesetzgebung[345] geblieben. Extraterritoriale Anwendung von U.S.-Recht vor allem gegenüber Unternehmen, die in den USA wirtschaftliche Tätigkeit entfalten, erlaubt Einwirkungen auf wirtschaftliches Verhalten[346] und Organisationsformen außerhalb der USA, z.B. im Bereich der Unternehmensorganisation und Wirtschaftsprüfung[347], der Bilanzierung[348] oder des Anwaltsrechts[349]. Gerade das Zusammenspiel von Außenpolitik, Außenwirtschaftspolitik und Außenwirtschaftsgesetzgebung mit seinen Sanktionen gegen in- und ausländische Unternehmen schafft zuweilen das Instrumentarium zu weltweiter wirtschaftspolitischer Regulierung, die so keine Parallele kennt. Während andere Staaten oder Staatenverbindungen wie die EU eher reagieren als agieren[350], behalten die USA das Gesetz des Handelns[351].

Das Festhalten an nationalstaatlicher Grundprägung mit der Folge weithin fortbestehender nationaler Herrschaft über Recht und Markt der Region erlaubt den USA eine Regulierung des Außenwettbewerbs, der letztendlich nur in verträglicher Dosierung Einlass in die USA findet[352]. Weltweiter Wettbewerb zwischen Kapitalgebern und Unternehmen aller Nationen unter völliger Aufgabe eines staatlichen Schutzschildes für amerikanische Wettbewerber entspricht weniger amerikanischer Vorstellung[353]. Denn der weltweite Wettbewerb bleibt ein Wettbewerb der Nationen und Systeme mit dem Ziel, das U.S.-amerikanische Modell zum Siege zu führen[354]. Das Erfordernis innerer Gegnerfreiheit verbietet volle Öffnung oder Gleichschaltung[355].

II. Die Krise der offenen deutschen Gesellschaft in einem heterogenen Europa

1. Die Ambivalenz des Staatszwecks in der europäischen und deutschen Geschichte

Der kontinentaleuropäische und der deutsche Weg verliefen anders als die U.S.-amerikanische Entwicklung[356]. Ein Neuanfang der Staatlichkeit allein aus der bürgerlichen Freiheit zum „pursuit of happiness" war niemals möglich. Der Absolutismus hatte auf fast allen Territorien einen starken und straff organisierten Zentralstaat etabliert, und auch in Deutschland ist die Bundesstaatlichkeit Ergebnis absolutistischer Kleinstaaterei und später Deregulierung, nicht aber einer aus bürgerlicher Freiheit entwickelten Einzelstaatlichkeit. Individuelle Freiheit hat sich letztlich als Abwehrrecht gegenüber den verwaltenden Strukturen vordemokratischer Verfassung entwickelt. Der Absolutismus des 18. Jahrhunderts definierte den Staatszweck auf der Basis des Machtanspruchs des absoluten Herrschers und seines Interesses an Sicherheit, friedlichem Handel und blühender Wirtschaft; erst im aufgeklärten Absolutismus begann die Verantwortung für das allgemeine Wohl das Verständnis des Staatszwecks stärker zu prägen[357]. Die Entwicklung in England[358], Frankreich[359] und später den deutschen[360] und vor allem süddeutschen Staaten[361] war letztlich darauf ausgerichtet, neben diesem überkommenen Staatszweck der Wahrung des allgemeinen Wohls die Wahrung bürgerlicher Freiheiten als gleichberechtigten Staatszweck zu etablieren. Dieser verfassungsrechtliche Konstitutionalismus war in den einzelnen Staaten mehr oder weniger und vor allem schwankend erfolgreich. Sein grundlegender Dualismus – nämlich die Betonung der Wahrung des allgemeinen Wohls neben der Wahrung individuellen Freiraums[362] – blieb aber bis weit ins 20. Jahrhundert erhalten[363]. Das „allgemeine Wohl" erfuhr dabei sehr wechselnde Füllung, die von wohlfahrtsstaatlichen[364] und sozialistischen Vorstellungen[365] bis zur Entartung in Nationalismus[366], Kommunismus[367] und Faschismus[368] unter völligem Freiheitsverlust und Kriminalisierung[369] reichte. Noch in der zweiten Hälfte des 20. Jahrhunderts ist im Staatsverständnis der europäischen Staaten dieser Dualismus nachweisbar, und er setzt sich in den Verträgen von Amsterdam und Nizza[370] und im europäischen Verfassungsentwurf fort[371], insbesondere wenn dort in der Grundrechtscharta unter dem Titel „Solidarität" soziale Grundrechte festgeschrieben sind[372]. Dieses europäische Grundverständnis des Staatszwecks relativiert die Bedeutung der Individualentscheidung als Grundbaustein staatlicher Ordnung und betont stärker die Notwendigkeit kollektiven und solidarischen Handelns, das Einordnung und Anpassung individueller Entscheidung voraussetzt[373]. Es liegt von vorneherein auf der Hand, dass sich dieses Grundverständnis mit offener Staatlichkeit nur schwer in Einklang bringen lässt, weil es eines höheren Grads an Regulierung bedarf.

2. Die formierte kontinentaleuropäische und deutsche Gesellschaft

Die kontinentaleuropäische und deutsche Gesellschaft spiegelt in ihrer Grundstruktur das stärkere Gewicht kollektiven und solidarischen Handelns deutlich wieder. Die hierarchische Verwaltung des absolutistischen Staates, wie sie vor allem von Frankreich aus Kontinentaleuropa prägte[374], erfuhr zwar mehrfach Anpassung. Zunächst führte das Erstarken bürgerlicher Freiheiten des 19. Jahrhunderts vor allem zu wirtschaftlicher Liberalisierung und einer Erweiterung wirtschaftlicher Freiräume[375]. Der Gedanke der Rechtsstaatlichkeit, der sich mit dem Gedanken bürgerlicher Freiheitsrechte verband, förderte die Verrechtlichung der Verwaltung[376] und drängte die Verwaltung unter eine immer engmaschigere gerichtliche Kontrolle[377]. Die fortschreitende Demokratisierung vor allen im 20. Jahrhundert stärkte in vielen Bereichen Selbstverwaltungsstrukturen[378]. Dabei blieb die Bedeutung kollektiver Organisation groß. Diese gilt traditionsgemäß für die soziale Sicherung[379], für die das deutsche Modell Europa prägte, aber auch für den Bankenbereich[380] und neue Aufgabenfelder. Das letzte Jahrhundert ließ neben der traditionellen Ordnungsverwaltung die Bedeutung der Planungsverwaltung[381] und der Leistungsverwaltung[382] zur öffentlichen Daseinsvorsorge wachsen. Der Europäer und Deutsche vertraute und vertraut der Gesetzgebung und Verwaltung – oft in einer Art Hassliebe[383]. Die Gewerkschaften und Arbeitgeberverbände erreichten einen hohen Organisationsgrad oder bewirkten doch einen hohen Grad an kollektiver Gestaltung der Arbeitsverhältnisse[384]. Forschung und Ausbildung sowie Kulturförderung waren gemeinsame öffentliche Aufgabe. Man kann nicht sagen, dass diese „formierte“ freie Gesellschaft ohne Erfolg war und ist[385]. Ihre Arbeitslosigkeit war zwischen 1950 und 1980 niedriger als etwa in den USA[386]. Vielen stark deregulierenden Staaten wie etwa Großbritannien oder Neuseeland gelang es zunächst bis zum Ende des letzten Jahrhunderts nicht, ein höheres pro-Kopf-Einkommen zu schaffen[387]. Die Exportkraft der deutschen Wirtschaft blieb nach wie vor beeindruckend und zeigt dauerhafte Stärken im weltweiten Wettbewerb um das überzeugendere Produktangebot[388].

Der Grad der Kollektivierung des Wirtschafts- und Arbeitslebens fiel in der Bundesrepublik Deutschland wesentlich ausgewogener aus als etwa in Großbritannien[389] oder Frankreich. In beiden Ländern gab es Epochen weitreichender Verstaatlichung wichtiger Industriezweige[390] und z. B. in England des Gesundheitssystems[391] sowie stark dominierende Gewerkschaften hoher Streikbereitschaft[392]. In England leitete die Ära Thatcher unter dem Druck wirtschaftlicher Stagnation ein völliges Umdenken ein, das bis heute die starke Orientierung am Modell der „competitive society" betont[393], obwohl manche Bereiche der Gesellschaft wie etwa das Gesundheitswesen[394] nach wie vor einen hohen Regulierungsgrad aufweisen[395]. In Frankreich verebbte die „Planification"-Welle der siebziger Jahre[396], ohne Gesellschaft und Wirtschaft endgültig gestalten zu können[397], wenngleich die staatliche Beteiligung an Banken und Unternehmen bis heute relativ hoch geblieben ist[398] und die in „grandes écoles" ausgebildete Elite ein persönliches Netzwerk bildet, das Staatsverwaltung, Bankwesen und Industrie verklammert[399]. Das oft diskutierte schwedische Modell mit seiner ursprünglich stark staatssozialistischen Ausrichtung[400] ist in den letzten Jahrzehnten ebenfalls einer deutlichen Tendenz zur Deregulierung erlegen. Dabei sollte man allerdings beachten, dass das Wirtschafts- und Sozialmodell dieses großflächigen Staates mit relativ geringer Bevölkerungszahl für Europa eher untypisch und daher im Guten wie im Bösen nur sehr beschränkt aussagekräftig war und ist. Europäische Staaten wie Irland[401], Spanien[402] und die neuen osteuropäischen EU-Mitglieder[403] hatten und haben die historische Chance zum „fresh start" aus niedrigerem wirtschaftlichen Niveau und teilweise auch aus durchaus totalitärer Grundverfassung. Nachdem das deutsche Modell, das bis in die neunziger Jahre durchaus Vorbildcharakter entwickeln konnte, durch höhere Arbeitslosigkeit[404] und geringeres Wachstum an Attraktivität trotz andauernder Exporterfolge verloren hat, orientieren sich diese Staaten stärker am Modell der „competitive society". In der Phase des Neuanfangs ist es auch leichter zu verwirklichen als das deutsche Hybridmodell. Das letzte Jahrzehnt brachte für die Bundesrepublik Deutschland die geschilderte Deregulierungswelle, die in weiten Bereichen die formierte deutsche Gesellschaft aufzurollen begonnen hat. Allerdings bleibt festzuhalten, dass verglichen mit England und Frankreich die deutsche Entwicklung in den letzten fünfzig Jahren eher kontinuierlich verlief, radikale Ausschläge vermied und dabei mit gewisser Zuverlässigkeit relativ erfolgreich war, was bei vielen Daten selbst noch für das letzte Jahrzehnt der Verunsicherung gilt[405]. Vergleiche mit erfolgreicheren kleinen Staaten sollte man eher mit Vorsicht ziehen, weil solche Einheiten in vielfältiger Form ein „Rosinenpicken"[406] erlauben, das größeren Staaten verwehrt ist. Ob man angesichts zahlreicher Unterschiede von einem „europäischen Sozialmodell"[407] sprechen kann, das man dem Modell der U.S.-Gesellschaft in Geschlossenheit antipodisch gegenüber stellen könnte, erscheint zweifelhaft[408]. Aber es ist sicher nicht falsch, das Ringen um die Bedeutung der Solidarität für die Gestaltung der Gesellschaft als europäisches Charakteristikum zu begreifen, das in wesentlich stärkerem Ausmaß kollektive Organisationsformen hervorgebracht hat[409] als in den USA.

3. Ethische und soziologische Rahmenbedingungen der formierten Gesellschaft und ihrer rechtlichen Verfassung

a) Dominanz idealistischer und gesellschaftsgestaltender Staatsphilosophie

Die rechts- und sozialphilosophischen Grundlagen des europäischen Gesellschaftsmodells stehen in gewisser Weise in einem Gegensatz zur staatsphilosophischen Grundlegung des U.S.-amerikanischen Modells. Natürlich ist die rechtsphilosophische Kultur Europas und Amerikas historisch bedingt zutiefst miteinander verflochten, sodass jeder Kulturkreis kaum einen rechtsphilosophischen Gedanken hervorgebracht hat, der nicht beim anderen Resonanz oder Entsprechung fände. Es ist aber nicht zu übersehen, dass Utilitarismus und Individualismus in Europa zunächst nicht den gesellschaftsprägenden Einfluss gewinnen konnten wie in den USA. Vielmehr prägten in Europa und vor allem auch Deutschland staatsphilosophische Strömungen die Gesellschaft[410], die allgemeinverbindliche, überindividuelle Maßstäblichkeit suchten[411]. Der existierende Staat als „göttliche Idee" und die „Aussöhnung" des „objektiven und subjektiven Willens" zum „ungetrübten Ganzen" bei *Hegel*[412] sind hierfür ebenso Ausdruck wie ein Rechtspositivismus[413], der dem Staat das Unrecht letztlich nicht zutraute[414] und bis in die Zeit des Nationalsozialismus – natürlich ohne jede innere Intention – eher unheilvollen Einfluss übte. Auch die Vorstellung der historischen Rechtsschule vom Recht als „Emanation des Volksgeistes"[415] wählt einen durchaus mehr kollektivistischen als individuellen Grundansatz[416]. Die Überzeugung, Recht und Gerechtigkeit entweder in wissenschaftlichen dogmatisierenden Systemen oder gar in Kodifikationen einfangen zu können, vertraut stärker auf die abstrakte Regel als auf den konkreten Rechtsspruch der richterlichen individuellen Persönlichkeit im individuellen Rechtsstreit zweier Parteien, der im Zentrum U.S.-amerikanischen Rechtsdenkens steht[417]. Auch in der modernen Naturrechtslehre mit all ihren Spielarten[418], wie sie teilweise nach dem 2. Weltkrieg Wiederbelebung erfuhr[419], begegnen deutliche Versuche teilweise enger überindividueller, kollektiver Wertschöpfung, die dem „pursuit of happiness" (übergesetzliche) homogene Rahmung zu geben bemüht war[420]. Der stärkste rechtsphilosophische Anstoß zur Kollektivierung des „pursuit of happiness" ging aber ohne Zweifel von marxistischen und sozialistischen Rechtstheorien aus[421], die in den wichtigsten europäischen Staaten bis weit ins 20. Jahrhundert die Diskussion um die gerechte Gesellschaft bestimmt haben[422]. Hinzu kommt, dass die im Bereich der katholischen Kirche entwickelte Soziallehre[423] durchaus prägenden Einfluss auf das öffentliche politische Bewusstsein gewinnen konnte. So standen in Europa das Ringen um ein homogenes Menschenbild und Fragen der Verteilungsgerechtigkeit stärker im Zentrum einflussreicher rechts- und staatsphilosophischer Strömungen als in den USA. Der historische Rationalismus[424], der im Ergebnis starke Adhäsionen zur angloamerikanischen Rechtsphilosophie zeigt, sieht denn auch teilweise im Schritt vom offenen Kant'schen kategorischen Imperativ zum Versuch eines geschlossenen Systems vor allem bei *Hegel* den großen europäischen Sündenfall, der als Akt der Verführung den Weg frei machte für die Entartungen des Faschismus und des Kommunismus. Die letzten Jahrzehnte des 20. Jahrhunderts brachten in Europa eine Abkehr vom geschlossenen System und die Hinwendung zum „offenen System" mit einer Betonung eher prozeduraler Theorien der Gerechtigkeit[425]. Man mag darin ein Anzeichen dafür sehen, dass die ursprünglich stärker „formierte" Gesellschaft einem fortschreitenden Individualisierungsprozess ausgesetzt ist, der Inhalte durch Konsens zu ersetzen geneigt scheint[426].

b) Der normativ gestaltete Markt

Es wäre durchaus fehlsam, der formierten deutschen und europäischen Gesellschaft westlicher Zivilisation die Marktorientierung abzusprechen. Im Gegensatz zu den USA hat aber vor allem Deutschland sehr darauf geachtet, dass zwischen den Marktteilnehmern ein gewisses Maß an Gleichgewichtigkeit bestanden hat, das wirtschaftliche Vormachtstellungen zu bändigen versuchte. Das lässt sich auf vielen Gebieten nachweisen. Im Kartellrecht liegt – anders als etwa in den USA[427] – die Betonung nicht allein auf der Erhaltung der Freiheit des Marktzutritts, Kontrolle von Kartellen und wettbewerbsbeschränkenden Vereinbarungen, Kontrolle missbräuchlicher Verhaltensweisen marktstarker Unternehmen[428]. Vielmehr hat die Fusionskontrolle zumindest zunächst einmal selbständiges Gewicht behalten in dem Bestreben, nicht nur die Ausübung von Marktmacht zu kontrollieren, sondern auch schon ihre Entstehung[429]. Natürlich stand hinter einer solchen Konzeption stärker als in den USA die Überzeugung, dass es für den funktionierenden Markt normative Leitbilder und wünschenswerte Korrelationen zwischen Marktstruktur, Marktverhalten und optimalen Marktergebnissen gibt, auch wenn gerade namhafte deutschsprachige Autoren[430] gegen diese Vorstellung das Modell eines eher selbststeuernden Marktes gestellt haben und damit zunächst in den USA mehr Mitstreiter fanden[431] als in Deutschland und Kontinentaleuropa. Im gemeineuropäischen Kartellrecht spielt die Fusionskontrolle im Sinne einer Verhinderung der Marktbeherrschung[432] zwar nicht die gleiche Rolle wie im deutschen Kartellrecht, hat aber immerhin einen Stellenwert, der wohl höher ist als im modernen U.S.-Kartellrecht[433].

Das Bestreben, gleichgewichtige Marktteilnehmer durch normative Regelungen zu schaffen, ist auch insbesondere auf dem Gebiet des herkömmlichen kollektiven Arbeitsrechts[434] und Sozialrechts[435] zu beobachten. Es ist nicht der einzelne Arbeitnehmer, Arzt oder Apotheker, der dem mächtigen Arbeitgeber oder Sozialversicherungsträger beim Aushandeln von Konditionen gegenübersteht, vielmehr versucht man, durch Bündelung der Kräfte schwächerer Individuen ein Gleichgewicht herzustellen, das einen funktionierenden Markt zwischen den Tarif- und Sozialpartnern erst ermöglichen soll. Es tritt auch nicht der Patient dem Arzt gegenüber, sondern – so die Grundidee – der Sozialversicherungsträger als demokratisch legitimierter Repräsentant der Patienten den Vereinigungen der Ärzte oder Apotheker. Es geht an dieser Stelle zunächst einmal nicht darum zu beurteilen, ob diese Form des normativ gesteuerten Marktes den erwünschten Zweck erfolgreich verwirklicht hat oder ob aufkommende Kritik[436] nicht ganz oder teilweise gerechtfertigt erscheint. Wichtig ist der klare Blick auf den Grundgedanken des „künstlichen", normativ verordneten Marktgleichgewichts, wie er hier vom Gesetzgeber in Deutschland besonders sorgsam umhegt ist und in Reformdiskussionen nicht unbeachtet zugeschüttet werden sollte[437]. Es versteht sich von selbst, dass diese Bündelung der Kräfte wirtschaftlich und sozial schwächerer Bürger den Druck des Marktes auf den einzelnen Arbeitsmarktteilnehmer zur Flexibilisierung und Mobilisierung abfedert und puffert, sodass auch im größeren europäischen Währungsraum nicht die Mobilität im Sinne einer fortlaufenden Anpassung an die Kapitalallokation entsteht, wie sie den USA eigen ist[438]. Zwar fehlt der EU ein geschlossenes System gewerkschaftlicher Organisation, vielmehr treten die nationalen Gewerkschaften als Anbieter auf dem Arbeitsmarkt zueinander in gewisser Weise in Konkurrenz, innerhalb der traditionellen Kernstaaten der EU allerdings wegen des beschränkten Lohngefälles nur in sehr eingeschränkter Form; erst der Beitritt osteuropäischer Staaten hat diesen Effekt sichtbar gemacht.

Der Gedanke der Gleichgewichtigkeit beschränkt bei Ausübung rechtsgeschäftlicher Privatautonomie auch ganz allgemein die inhaltliche vertragliche Gestaltungsfreiheit des wirtschaftlich oder intellektuell überlegenen Marktteilnehmers.

Massenverträge, wie sie typischerweise der stärkere Vertragsteil gebraucht, unterliegen nach gemeineuropäischem und implementierendem nationalen Recht[439] inhaltlicher Regulierung und Kontrolle. Auch hier vertraut der normativ gestaltete Markt europäischer Tradition nicht allein individueller Durchsetzungsfähigkeit bei der Vertragsanbahnung oder in Individual- oder Gruppenklagen, vielmehr bevorzugt er gesetzlich organisierte verbandsmäßige oder gar behördliche Rechtswahrnehmung. Man setzt – anders als die Rechtsordnung der USA, die Vertragskontrolle kaum oder nur ansatzweise kennt[440] – bei der Bildung adäquater Vertragsbedingungen nicht auf Konditionenwettbewerb und damit marktmäßige Selbststeuerung, sondern gestaltet inhaltlich und versucht wiederum durch Bündelung individueller Kräfte in Verbänden eine Gleichgewichtigkeit zwischen AGB-Verwender und Verbraucher zu schaffen.

Es ist bereits dargelegt, dass das Recht der freien Berufe objektive Zulassungsvoraussetzungen mit zahlreichen Berufsausübungsregelungen kannte und noch kennt[441], insbesondere auch Gebührenordnungen, die den Wettbewerb auf den schmalen Bereich fachlicher Leistungsfähigkeit bei garantiertem Mindeststandard beschränken sollen. Der Grundgedanke dieser Regulierung ist präventive Vorsorge zur Garantie einer Mindestqualität, die marktmäßiger Disposition entzogen sein soll – zum Schutz der Allgemeinheit und des Geschäftspartners. Zur Mindestqualität der Leistung des freien Berufes gehört dabei auch ein ausreichendes Maß an Unabhängigkeit[442] gegenüber dem Mandanten und Klienten, die der ganz freie Markt durchaus zerstören könnte und neuerdings schon zerstört. Beim Handwerk begegnet dieser Gedanke – eher auf Deutschland beschränkt – vor allem in Gestalt subjektiver Zulassungsvoraussetzungen (Meisterprüfung, Gesellenprüfung und Lehre etc.)[443].

Es entspricht dem Grundcharakter einer Gesellschaft eher normativ ausgestalteten Marktdenkens, dass der Bereich staatlich organisierter Daseinsvorsorge breiter angelegt ist als in einer „competitive society", aber auch in Quantität und Qualität dem Bürger wesentlich mehr bietet. Für die traditionelle Organisation der sozialen Sicherung, des Bildungswesens, des Bankwesens, der Energieversorgung und des Transport- und Informationswesens ist dies bereits ausgeführt[444]. Auch bei staatlich organisierter Daseinsvorsorge ist Wettbewerb um den Kundenmarkt nicht vollkommen ausgeschlossen, falls der Bürger zwischen verschiedenen Angeboten der öffentlichen Hand die Wahl hat, wie dies z. B. bei höheren Schulen und Universitäten, öffentlichen Sparkassen oder öffentlichen Funkmedien der Fall ist. Der Wettbewerb ist dabei aber nicht allein am Abnehmerhorizont ausgerichtet, sondern zugunsten einer überindividuellen Zwecksetzung stärker an normativ vorgegebenen Qualitätsmerkmalen (Bildungsstandards, Sicherheit der Geldanlage, Objektivität der Information), sodass die schwächere Nachfrage nicht ohne weiteres und vor allen Dingen allenfalls zeitlich gestreckt zur Anpassung oder zum Wegfall des Angebots führt. In einigen Bereichen stehen neben dem öffentlichen Angebot private Konkurrenten (Versicherungswesen, Medien), die zwar zur Wahrung bestimmter Qualitätsstandards (Sicherheit der Versorgung, Objektivität der Berichterstattung) stärkerer Regulierung unterliegen, aber immerhin die Ausrichtung am Abnehmermarkt mit unterschiedlicher Intensität verstärken. Vor allem im Bereich der Energieversorgung, des Transport- und Informationswesens entsprach der mehr oder weniger marktfreie Zustand öffentlicher Monopole der Realität, die aber inzwischen gerade in diesen Bereichen durch Deregulierungsvorgaben des europäischen Gemeinschaftsrechts tiefgreifend verändert wird[445].

Insgesamt bleibt festzuhalten, dass das Konzept des normativ gestalteten Marktes, wie es für die formierte europäische Gesellschaft kennzeichnend ist, in dem Bestreben nach Gleichgewichtigkeit der Marktteilnehmer, nach qualitativer Gestaltung des Wettbewerbs sowie nach abschirmender Sicherheit im Bereich der Daseinsvorsorge die Präferenzen einer idealistischen und gesellschaftsgestaltenden Staatsphilosophie widerspiegelt. Die „Verteilungsgesellschaft" – so ihre abschätzige und kritische Benennung – ist also kein flüchtiges Zufallsphänomen einer ihr weltwirtschaftlich günstigen Nachkriegsepoche, sie wurzelt vielmehr tief in der Geistes- und Ideengeschichte vor allem des Kontinents. Der formierten Gesellschaft ist auch bei durchaus ansehnlicher wirtschaftlicher Gesamtleistung eine Einkommensverteilung geglückt, die ohne Nivellierung innovations- und leistungsstimulierender Unterschiede eine signifikante Spreizung zwischen arm und reich vermieden hat[446]. Sie wählt damit teilweise andere Präferenzen als die „competitive society". Neueste Daten zeigen allerdings, dass mit einer beginnenden stärkeren Hinwendung zum Modell eines weniger normativ gestalteten Marktes die Spreizung deutlich zunimmt[447].

c) Gesellschaftliche Identität zwischen Markt und sichernder Solidarität

Die kontinentaleuropäische und deutsche Gesellschaft hat sich – anders als die U.S.-amerikanische Gesellschaft – mit der Marktidee nie voll identifiziert. Dazu fehlten einige einer solchen Entwicklung günstigen Voraussetzungen.

Zunächst einmal war die kontinentaleuropäische Religiosität eher darauf angelegt, Distanz zum wirtschaftlichen Erfolg als Ausdruck göttlicher Segnung zu suchen. Dies gilt vom verbreiteten Katholizismus mit seinem priesterlichen und mönchischen Enthaltsamkeits- und Armutsideal ebenso wie vom Protestantismus lutherischer Prägung[448]. Die Distanz zu erfolgreichem modernem Wirtschaften zeigt sich u. a. im zählebigen Zinsverbot[449], aber auch in starker theologischer Relativierung weltlicher Güter[450]. Zwar hat der lutherische Protestantismus ein durchaus modernes Berufsethos entwickelt mit entsprechenden gesellschaftlichen Konsequenzen für Ausbildung und unternehmerische Initiative[451], er hat die Religiosität aber nie mit der gleichen Unmittelbarkeit in den Dienst weltlichen Gewinnstrebens gestellt wie Puritanismus oder Calvinismus[452]. Ihr Anteil an der kontinentaleuropäischen Bevölkerung war indessen wie auch der Anteil pietistischer Gruppen[453] oder Evangelikaner viel zu klein, um eine U.S.-Amerika vergleichbare Breitenwirkung zu erzielen. Die Vorstellung, Zinsgewinn, Spekulationsgewinn oder sonstiger hoher Gewinn, der über Entgelt für „redliche" Arbeit zum eigenen Lebensunterhalt hinausgehe, sei mit christlicher Moral unvereinbar[454], hat die deutsche und europäische Gesellschaft über lange Epochen wesentlich geprägt. Rechtlichen Niederschlag findet diese Grundhaltung beispielsweise eindrucksvoll in der Tatsache, dass sich das deutsche Recht bis in die jüngste Zeit schwer damit getan hat, Börsentermingeschäfte als normale Produkte des modernen Finanzmarktes zu akzeptieren[455].

Der moderne säkulare Antipode traditioneller Religiosität mit ihrer eingeschränkten Marktidentifikation waren die bereits erwähnten[456] sozialen und sozialistischen Bewegungen, die in Deutschland und ganz Europa den freien Markt nur zögerlich akzeptierten. Die in der Nachkriegszeit entwickelte „soziale Marktwirtschaft"[457] ist nichts anderes als der Ausdruck einer Gesellschafts- und Wirtschaftsethik, die den Ausgleich zwischen dem freien Markt mit seiner gewinnorientierten Selbststeuerung und dem Verteilungsgedanken sozialer und christlicher Tradition suchte[458] und dabei stets nach einer Rechtfertigung des Gewinns in Form einer sozialen Proportionalität verlangte. Die deutsche und europäische Gesellschaft identifizierte sich in unterschiedlicher nationaler Ausprägung anders als die amerikanische Gesellschaft nicht mit dem Markt, sondern mit einem vermeintlichen goldenen Schnitt zwischen Markt und Solidarität[459].

Es liegt auf der Hand, dass in diesem Gesellschaftsmodell gebändigter Gewinnerzielung großer Reichtum die erwünschte soziale Proportionalität sprengte und gemischter Bewertung unterlag. Man könnte von einer Art „kritischen Bewunderung" sprechen[460]. Wer aus dieser – vergleichbar mit den USA ohnehin schon kleineren und weniger extrem vermögenden – Schicht durch Spenden und Stiftungen Gemeinnützigkeit pflegte, erntete nicht die gesellschaftliche Verehrung und Anerkennung, die etwa in den USA Unsterblichkeit verschafft. Vielmehr überwiegt in Kontinentaleuropa das Gefühl, dass eigentlich nur etwas zurückgegeben werde, was der gesellschaftlichen Wertschöpfung ohnehin zu Unrecht – weil ohne Rücksicht auf soziale Proportionalität – abgenommen worden sei. So konnte sich in Kontinentaleuropa eine Stifter- und Sponsoring-Kultur nie voll entwickeln, und bis heute haftet dem Sponsoring der Geruch des Almosens und Brosamens vom Tisch des ungerechtfertigt Reichen an[461].

War schon die traditionelle kontinentaleuropäische Religiosität wenig geeignet, Geschäftstüchtigkeit und Erfolg im freien Markt ethisch uneingeschränkt zu legitimieren, so hat sich die Situation durch die nahezu radikale Säkularisierung, wie sie Europa anders als die USA die letzten Jahrzehnte durchlebte[462], nicht etwa im Sinne besserer Akzeptanz des Marktdenkens verändert. Vielmehr ist eher eine noch größere Distanzierung eingetreten. Die europäische traditionelle Religiosität hatte – vor allem in Deutschland – immerhin einen Bestand an „mittelstandsbürgerlichen Tugenden“ bewahren helfen (Ordnung, Zuverlässigkeit, Arbeitsdisziplin, Fleiß), der einem marktwirtschaftlichen Ansatz nicht ungünstig war, weil er sich zur Rechtfertigung leistungsbedingter sozialer Unterschiede in gewissem Umfange eignete, wobei gerade diese Tugenden Leistungsmaßstab waren[463]. Der fleißige, zuverlässige, disziplinierte Marktteilnehmer oder Arbeitnehmer hatte systembedingten Erfolg[464], der im Lebensgefühl der Gesellschaft um dieser Tugenden willen moralisch gerechtfertigt war – allerdings immer nur im Rahmen leistungsbedingter Differenzierung. Spekulation als Gewinnquelle, wie sie der eigentlich freie Markt erlaubt und herausfordert, war in dieser offiziellen Moral eher verpönt. Die Emanzipationsbewegung der späten sechziger und siebziger Jahre hat diese Tugenden als formale Kategorien abgewertet und ihre Eignung zum Missbrauch durch den Nationalsozialismus betont[465]: es waren Tugenden, mit denen man „auch ein KZ“[466] verwalten konnte. Die faszinierendste literarische Verarbeitung dieser Gesellschaftskritik findet sich in der Lenz’schen „Deutschstunde“[467]. Der Angriff der „Achtundsechziger“ auf diese überkommenen, missbrauchten bürgerlichen Ordnungsprinzipien hat die folgenden Jahrzehnte in Erziehung, Ausbildung und gesellschaftlicher Entwicklung nachhaltig geprägt. Die Ausbildung zur „Mündigkeit“ und „Kritikfähigkeit“ war zentrales Anliegen[468]. Diese Grundströmung zu einer etwas diffusen Emanzipationsgesellschaft hat eher das reflektorische Element gestärkt[469] als Produktivität und wirtschaftliche Leistungsfähigkeit, wie man sie auch immer bewerten mag.

Während in U.S.-Amerika der Gedanke des „fresh start“ durch fortlaufende Immigration der Identifikation mit der „competitive society“ förderlich war[470], hatte Kontinentaleuropa seine Migrationsbewegungen des 20. Jahrhunderts in anderer Form zu bewältigen. Zunächst einmal waren die großen Migrationsbewegungen, die der 2. Weltkrieg verursachte, zwangsweise Vertreibungen oder Umsiedlungen[471], die nicht vom Gedanken des Aufbruchs in eine bessere Welt geprägt waren. Die deutschen und polnischen Vertriebenen kamen in zerstörte Gebiete, die selbst Not litten. Zwar war Eigeninitiative notwendig, die aber ohne die Solidarität einer weitreichenden Ausgleichsgesetzgebung[472] nicht erfolgreich hätte sein können. Die gelungene Integration in Westdeutschland war so gleichermaßen das Ergebnis solidarischer Hilfe wie des Überlebenswillens der Vertriebenen. Sie stärkte deshalb – ganz anders als in den USA – eher das Grundverständnis des Staates als Solidargemeinschaft. Etwas anders mögen die Koordinaten der späteren Zuwanderungsbewegung aus der DDR und anderen, wirtschaftlich schwächeren europäischen Staaten und der Türkei zu beurteilen sein. Ein Teil dieser Zuwanderer war durchaus von Eigeninitiative und Willen zum Neuanfang beseelt, einen anderen Teil lockten indessen eher die Segnungen der Solidargemeinschaft oder der vorübergehende Verbleib zur Kapitalansammlung. Prägende Kraft im Sinne der Veränderung gesellschaftlicher Grundstimmung konnte die Zuwanderung aber nie entfalten. Auch nach der Wiedervereinigung blieb in der früheren DDR die marktwirtschaftliche Neumotivation ein durchaus beschränkter Faktor, der Gedanke des Ausgleichs und des Transfers überwog und verführte zum Start auf zu hohem Niveau[473].

d) Die Verunsicherung Europas und Deutschlands

Anders als die Bevölkerung der USA ist die Gesellschaft der meisten europäischen Staaten und insbesondere Deutschlands eher verunsichert.

aa) Die deutsche politische und soziale Irritation

Zukunftsoptimismus ist kein Kennzeichen gegenwärtiger deutscher Grundverfassung, mögen auch abhängig von kurzfristigeren Wirtschaftswachstumsprognosen auf niedrigerer Basis neuerdings Stimmungsaufhellungen zu verzeichnen sein[474]. Die eher depressive Grundstimmung spiegelt sich in einer niedrigen Geburtenrate wider, die für Deutschland gegenwärtig um 1,34 Kinder pro Frau in gebärfähigem Alter liegt[475]. In dieser Entwicklung schlägt sich nicht nur eine vielleicht nicht immer ausreichende soziale und steuerliche Förderung nieder[476], sie ist auch Indikator eines gegenwartsbezogenen Hedonismus ohne zukunftsträchtige Vitalität[477]. Die Wunden, die der völlige Zusammenbruch politischer und humaner Kultur während der Zeit des Nationalsozialismus hinterlassen hat, sind weder vernarbt noch verheilt. Narben müssen und sollen zur stets erfahrbaren Erinnerung bleiben, unverheilte offene Wunden gefährden auf Dauer die Belastbarkeit eines Organismus. Der Versuch, in wirtschaftlicher Kraft und sozialstaatlicher Ausgewogenheit eine neue Identität zu finden, die ein in einer gemeinsamen wertestiftenden Vergangenheit wurzelndes nationales Selbstbewusstsein ersetzen könnte, war von Anfang an fragwürdig[478]. Die Bewegung der „Achtundsechziger" und ihrer geistigen Urheber und Befürworter hat diese Schwäche der Väter und Mütter erkannt und unbarmherzig bloßgestellt[479] – worin übrigens keine Leistung lag, die der Aufbauarbeit auch nur entfernt ebenbürtig gewesen wäre[480]. Sie hat sich dabei aber in zynischer Kritik und ergebnislosem Diskurs erschöpft, ohne der Gesellschaft irgendwelche Maßstäbe für einen neuen Aufbruch zu vermitteln. Ihr kraftloses politisches Scheitern, wie es zuletzt die rot-grüne Koalition mit ihren perspektivlosen Selbstverwirklichern an der Spitze dokumentiert[481], ist adäquater Ausdruck dieser Erschöpfung einer etwas nörglerischen politischen Selbsterfahrungsgruppe[482]. Die geistigen und ethischen Wurzeln des deutschen Gesellschaftsmodells der 2. Hälfte des 20. Jahrhunderts waren zuletzt mehr hinterfragt und nörgelnd zerredet oder schlicht vergessen als erläutert und lebendig gehalten[483]. So musste die Begegnung mit dem einfach strukturierten, aggressiv vermarkteten angloamerikanischen Modell der kompetitiven Gesellschaft zu weiteren Verunsicherungen beitragen, zumal ein Hybridmodell wie das deutsche Gesellschaftsmodell immer schwerer zu erläutern und vermarkten ist als eindimensionale Modelle, die nur geringen Erklärungsaufwandes bedürfen und sich deshalb für missionarische Zwecke besser eignen[484]. Auf diese Weise hat die deutsche Gesellschaft vielfach den Glauben an ihre überkommenen Institutionen verloren und sich im wirtschaftlichen und rechtlichen Bereich aufrollen lassen. Sie ist Ambos, nicht Hammer, zukunftsgestaltender Optimismus hat weder eine säkulare noch gar eine religiöse Grundlage. Wo dies auf literarischer[485] oder eher populärwissenschaftlicher[486] Ebene erkannt wird, erfolgt der hilflose Aufruf zur Vitalität und zur Rückkehr zu alten Werten[487]. Wie dies im Sinne politischen Handelns geschehen soll, bleibt dabei leider offen. Man kann aber einen depressiven Patienten nicht aus der Depression mit dem Aufruf zum Frohsinn führen, er bedarf eines verhaltenstherapeutischen Konzepts. Die Menschen spüren einerseits, dass die sozialen Absicherungen des deutschen Gesellschaftsmodells die Zukunft nicht mehr in gewohnter Weise sichern können. Andererseits schlägt sich nur eine Minderheit auf die Seite der Gewinner eines neoliberalen Marktmodells[488]. Die Mehrheit verweigert sich innerlich und zunehmend auch äußerlich. Sie wähnt sich im freien sozialen Fall, wie ihn der freie weltweite Wettbewerb der Arbeitnehmer um die für globale oder europäische Kapitalanleger rentabelsten Produktionsstätten und Arbeitsplätze letztlich zur Folge hätte. Politik, Wirtschaftswissenschaftler, Arbeitsrechtler und Sozialrechtler geben in ihren Augen keine Antwort auf die Frage, wo die Absenkung des Arbeitnehmerstandards im europaweiten und weltweiten freien Markt enden soll. Dort, wo deutsche Arbeitnehmer so viel besser sind als weltweit oder europaweit andere Arbeitnehmer, um Kapitalanleger anzuziehen?[489] Dass dies auf Dauer nicht die richtige Antwort sein kann, weil sie die wesentliche Frage nach der Beteiligung der Arbeitnehmer an der Wertschöpfung wiederum „dem Markt" und damit der Volatilität von Kapitalanlagen überlässt, merkt jeder Bürger – auch ohne die nur allzu voyeuristischen und wirren medialen Diskussionsrunden. Es mehren sich Fälle, in denen fremde Kapitalanleger tatsächlich deutsche Betriebe schließen[490] – nicht weil sie Verluste bringen und dem weltweiten Angebotswettbewerb nicht standhielten, sondern allein weil den Kapitalanlegern die Rendite nicht hoch genug ist. Bei deutschen Arbeitgebern oder überwiegend deutschen Kapitalgebern ist oft sehr schwer zu unterscheiden, ob der Angebotswettbewerb zu Stellenstreichungen oder Auslagerungen zwingt oder der Kapitalmarktwettbewerb um die höhere Rendite[491], für die es ein Maß nicht gibt[492]: 10 % oder 25–30 %? So fühlen sich Arbeitnehmer als Spielball kapitalistischer Spekulation. Alte, längst überwunden geglaubte Frontstellungen bilden sich neu[493], was zur weiteren Verunsicherung wesentlich beiträgt, weil gleichzeitig ein Gefühl schaler Antiquiertheit überwiegt.

bb) Das Lebensgefühl der alten EU-Staaten

Die Staaten der alten Europäischen Union zerfallen in zwei Gruppen. Eine Gruppe teilt weithin die deutsche Grundbefindlichkeit tiefer Erschütterung während der Epoche des Faschismus und missglückter gesellschaftlicher Kontinuität. Dazu gehören Portugal, Spanien, Italien[494], Griechenland und Österreich – alle diese Staaten haben übrigens auch eine ähnlich niedrige Geburtenrate wie Deutschland[495]. Die andere Gruppe kann auf eine freilich nicht völlig ungebrochene, aber doch eher kontinuierliche gesellschaftliche und politische Entwicklung zurückblicken, so etwa Frankreich, Dänemark, Schweden, die Niederlande, Belgien, Luxemburg, Irland, Finnland und Großbritannien. Diese Staaten waren zwar alle in die Katastrophe des 2. Weltkriegs involviert und kennen auch die Pendelschläge des 20. Jahrhunderts zwischen eher sozialer oder liberaler Grundverfassung[496], aber der völlige Zusammenbruch eigener politischer Kultur ist ihnen erspart geblieben. Es ist auffallend, dass in diesen Ländern die Geburtenrate eher befriedigt[497], vermutlich auch weil die größere Kontinuität des Grundkonsenses über die Wertekoordinaten humaner Gesellschaft eine optimistischere Zukunftserwartung zulässt. Immerhin leiden wichtige Staaten wie Frankreich, die Niederlande oder Großbritannien bis heute unter ihrem Abstieg als Kolonial- oder Weltmacht[498] und verknüpfen teilweise mit ihrer europäischen Zukunft unklare Erwartungen, die zwischen traditionellen Führungsansprüchen und Integrationswillen hin- und herschwanken. Dabei gibt es über ein wünschenswertes gesamteuropäisches Wirtschafts- und Sozialmodell in den einzelnen Staaten sehr unterschiedliche Vorstellungen: während etwa Großbritannien stärker dem Konzept einer Freihandelszone zuneigt und dabei nicht selten die Rolle des europäischen Türöffners für angloamerikanische Marktstrategien spielt[499], betont etwa Frankreich stärker ein Modell sozialer Solidarität mit ausreichender Berücksichtigung regionaler und nationaler Teilmärkte[500]. Dabei artikuliert sich in Frankreich – deutlich bei der Ablehnung des Europäischen Verfassungsvertrags – stärker und aktiver politischer Widerstand gegen ein neoliberales Marktmodell als etwa in Deutschland. Als optimistischer darf man die französische Grundbefindlichkeit insoweit trotzdem schwerlich betrachten. So präsentieren sich weder die Einzelstaaten der „alten" EU noch die „alte" EU insgesamt als Bannerträger zukunftsträchtiger Ideen, es überwiegt das Bild gesellschaftlicher und politischer Zerrissenheit.

cc) Neokapitalistischer Aufbruch der „neuen" EU-Staaten?

Die neuen EU-Staaten Polen, Slowakei, Ungarn, Malta, Zypern und die Baltischen Staaten (Estland, Litauen, Lettland) stehen vor der Frage, wie sie ihr altes gesellschaftliches Modell mit teilweise totalitären Regierungsformen in eine marktwirtschaftlich orientierte, demokratische Gesellschaft überführen[501]. Bisher schwanken die Rezepte[502] zwischen einem aggressiven Neoliberalismus, der auf Lohndumping gegenüber etablierten EU-Staaten, Flat-Tax-Systeme[503] und stark gespreizte Einkommensverteilung setzt, und eher gemäßigten Modellen sozialer Marktwirtschaft. Die Aufbruchphase in eine marktwirtschaftliche Orientierung ist zunächst einmal erfahrungsgemäß durchaus neokapitalistisch geprägt, Fragen gerechter sozialer Verteilung stellen sich erst in einem Folgestadium, das einen gewissen Grad an wirtschaftlichem Erfolg erkennen lässt. So bestehen zu den alten EU-Staaten durchaus starke Interessengegensätze, soweit es um soziale Fragen geht. Während eher neokapitalistische Strömungen in den alten EU-Staaten die neuen EU-Mitglieder sogar als vorbildliche Modelle anpreisen – so geschehen insbesondere bei der Flat Tax[504] –, sehen andere in den neuen EU-Staaten subventionierte Konkurrenten um Produktionsstandorte und Arbeitsplätze[505]. Das richtige Maß bei der Einschätzung der Bedeutung dieser Neumitglieder für die EU insgesamt findet sich schwer, was nicht ohne Rückwirkung auf das Selbstverständnis dieser Staaten bleibt. Einen optimistischen Schub hat ihr Beitritt der EU insgesamt sicher nicht gebracht. Auch die Staaten selbst sind bisher zu starken Schwankungen im Anpassungsprozess ausgesetzt, als dass man ihnen ungebrochene Aufbruchstimmung zusprechen könnte.

dd) Die zaudernden und zerteilten Europäer

So zeigt sich Europa durchaus noch zerteilt und deshalb nach innen und außen zaudernd. Es ist keine optimistische Aufbruchsgesellschaft, welche der Welt mit der Intensität der U.S.-Amerikaner ihr Gesellschaftsmodell und ihre Maßstäbe aufprägen will[506]. Dies ist eine Analyse, keine Bewertung. Wenn man die kompetitive Weltgesellschaft als Ideal anstrebt, wird allerdings ein missionarisches Defizit zum Wettbewerbsnachteil. Falls man diesem Modell eine Rahmung zur Erhaltung regionalen Eigenlebens aufprägen wollte, muss der zaudernde europäische Ausgangspunkt kein Nachteil sein.

e) Patriotismus

Dem Gefühl des amerikanischen Patriotismus in seiner eigenartigen Verbindung mit dem „American Exceptionalism" haben die Deutschen und letztlich auch die Europäer nichts oder wenig entgegenzusetzen. Am ehesten ist vielleicht noch Großbritannien vom Gefühl des Aristokratentums innerhalb der Völkerfamilie getragen[507]. Dies wird sehr deutlich bei der – allerdings innenpolitisch durchaus umstrittenen – Entscheidung der *Blair*-Regierung, die USA im Irak-Krieg aktiv zu unterstützen, um die Freiheit in der Welt zu verteidigen und Demokratie in den Irak zu tragen. Selbst in der Berufung auf Gott – für die Kontinentalen in dieser Form eine etwas naive politische Argumentation – schien es der britische Premierminister mehr und mehr dem U.S.-Präsidenten gleichzutun[508]. In der Tat erlaubt die Ungebrochenheit der englischen demokratischen Entwicklung[509] ein Nationalgefühl, das nationale Identität mit freiheitlicher Demokratie gleichsetzt[510] und insoweit amerikanischem Patriotismus ähnelt[511]. Wie in den USA findet dabei allerdings auch gegenüber Epochen fundamentaler Menschenrechtsverletzungen – zu denken ist an die Besetzung Irlands[512], deren Folgen bis heute nicht voll bewältigt sind, oder an koloniale Herrschaftsübung in Drittländern[513] – ein eindrucksvoller Verdrängungsprozess statt[514].

Der deutsche Patriotismus ist durch Wilhelminismus und Nationalsozialismus so schwerwiegend missbraucht und geschädigt, dass auch seine Erholung im Rahmen der Wiederaufbauarbeit der Nachkriegszeit eine Wende zu dauerhaftem nationalem Selbstbewusstsein nicht mehr einleiten konnte[515]. Die übrigen kontinentalen „alten" EU-Mitglieder teilen entweder dieses Schicksal zumindest teilweise (z. B. Italien, Spanien, Österreich) oder sind doch in ihrem durchaus fortlebenden Nationalgefühl angesichts vergangener Entartungen zum Nationalismus mit seinen verhängnisvollen Folgen deutlich gebremst, was insbesondere für Frankreich trotz aller nationaler Theatralik zutreffen dürfte[516].

Im Grunde gilt nationaler Patriotismus in den kontinentaleuropäischen Kernstaaten als fragwürdiges Phänomen der Vergangenheit, europäischer Patriotismus ist das neue Ideal, das sich zunächst mit einer ausgeprägten Bereitschaft zur supranationalen Öffnung verbunden hat. Allerdings hat sich Europa als „Wertegemeinschaft" zwar staatstheoretisch etabliert, den Enthusiasmus seiner Bürger aber nicht dauerhaft wecken können[517]. Es fehlt die identitätsstiftende Geschichte gemeinsamer gleichgerichteter – nicht gegenläufiger – Erfahrungen ebenso wie die gemeinsame Sprache als Mittel spontaner Verständigung. Nach wie vor ist die EU der Verbund von Nationalstaaten, die sich im Rat bzw. Ministerrat[518] und im national kontingentierten Europäischen Parlament wieder finden[519]; nur die Kommission ist von ihrer Grundidee her ein eher supranational strukturiertes Gebilde[520], das aber unter der nationalen Gewichtung bei seiner Besetzung leidet[521]. Auch der EuGH rekrutiert seine Richter nach nationalstaatlichen Kriterien[522]. Das demokratische Element der EU zeigt starke Mediatisierungstendenzen, was bei rund 500 Millionen Bürgern einer konstruktiven Notwendigkeit häufig entspricht[523]. Der Fokus der EU-Aktivitäten liegt auf Marktfreiheiten[524], die vor allem der EuGH in der Vergangenheit durchaus technokratisch[525] und weithin ohne Rücksicht auf regionale Traditionen durchgesetzt hat, im Glauben an den integrierten Markt als Promotor europäischer Einigung[526]. Obwohl der Gedanke der Solidarität sowohl die europäische Geistesgeschichte als auch die europäischen Verträge durchaus prägt, ist ihre praktische europäische Umsetzung nur in wenigen Feldern wirklich aktuelle Politik, z. B. in der Agrarpolitik[527] oder der Subventionspolitik gegenüber unterentwickelten Regionen[528]. Es überwiegt insoweit im Übrigen die bloße europäische Programmatik, alltäglich ausgleichende Solidarität ist die Domäne der Nationalstaaten geblieben[529]. So wenig wie aber im nationalen Bereich der wirtschaftliche Erfolg allein Identität stiften und Patriotismus begründen kann – so die deutsche Erfahrung –, ist dies auf europäischer Ebene der Fall. Ganz im Gegenteil: gerade weil außer der Idee des „Marktes" nichts oder wenig bleibt, entwickelt sich in Europa als Abwehr gegen Härten des europäischen Marktes ein neuer wirtschaftlicher nationaler Patriotismus, der Identität und soziale Wärme nicht in Europa sucht, sondern bei der Nation und ihrer wirtschaftlichen Stärke[530]. Moderner europäischer Patriotismus setzt einen weitreichenden Gleichklang von wirtschaftlicher, sozialer und geistesgeschichtlicher Identität voraus, die europäische Ökonomie allein kann ihn nicht schaffen, sie mag ihn allenfalls als wichtigen Erfolgsparameter erkennen und kalkulieren.

f) Selbstbewusstsein und Distanz zur Präsentation

Die Selbstpräsentation ist der kontinentaleuropäischen Sozialkultur durchaus nicht in derselben Weise vorgegeben wie den U.S.-Amerikanern.

Es waren ursprünglich vor allem die europäischen Nationalstaaten, die eine kollektive Präsentationskultur pflegten und dabei mit der Krise des Nationalismus spätestens nach dem 2. Weltkrieg Akzeptanz verloren. Wer seine eigene Geschichte nicht als „unique" erleben kann, weil sie auch oder sogar überwiegend eine Geschichte äußeren Scheiterns oder politischer Katastrophen ist, wird mit kollektiver Selbstpräsentation seine Schwierigkeiten haben. Diese Distanz zur kollektiven Präsentation wirkt in vielen Bereichen globaler Gestaltung hemmend. So ist es – ähnlich wie beim Patriotismus – einzig England, das sein Rechtssystem und sein Gerichtssystem mit dem Bewusstsein präsentiert, der amerikanischen Rechtskultur insoweit mindestens ebenbürtig zu sein[531].

Die deutsche Rechtskultur tut sich bei der Präsentation schwer. Zunächst einmal spielt bei der Präsentation die sprachliche Unterlegenheit gegenüber dem „native speaker" des angloamerikanischen Rechtskreises eine durchaus tragende Rolle, was weniger mit sprachlichen Fähigkeiten deutscher Juristen zu tun hat als mit grundlegenden Schwierigkeiten bei der Transformation rechtlicher Vorstellungen in eine fremde Rechtssprache. Die Zwischentöne fehlen, man spielt auf steinerner Geige[532]. Zum anderen besteht durchaus eine verbreitete Neigung der angloamerikanischen Rechtskultur, die Katastrophen der deutschen Rechtskultur als Argument zu benutzen, die deutsche Herkunft einer rechtlichen Gestaltung zum „kiss of death" werden zu lassen[533]. Die deutsche Rechtskultur ist auch nicht oder doch weniger als die angloamerikanische von präsentationsgewohnten Anwälten[534] getragen, sondern eher von Richtern und Professoren mit traditionsgemäß zurückhaltenderer Gestik. Law Marketing entwickelt sich in Europa erst langsam. Gesetzgebung ist traditionell Sache der Ministerialverwaltungen und Parlamente, wenngleich vor allem in der Berliner Republik private Einflussnahme in durchaus kritischem Umfang angewachsen ist. Eher neutrale private Institutionen zur Vorbereitung der Rechtsetzung wie das American Law Institute kennt Europa nicht oder kaum[535]. Die Vermarktung deutschen Rechts in Asien und Ostasien, wie z. B. in Japan oder auch China als traditionsreicher Einflusszone deutschen Zivil- und Zivilprozessrechts, erfolgt zögerlich unter spärlichem Einsatz öffentlicher Gelder[536]. Die deutsche Wirtschaft betrachtet den Mitexport deutschen Rechts nicht als wichtige Marktstrategie, deren Verfolgung sich voll auszahlen würde, sondern sie sieht im Recht des Investitionsortes eher eine „Standortbedingung", der man sich anpasst[537]. Mit der Übernahme international tätiger deutscher Kanzleien durch angloamerikanische law firms und der Beratung deutscher Exporteure durch diese Großkanzleien gerät der deutsche Beratungsmarkt auch mehr und mehr in den Sog angloamerikanischer Denkmuster, sodass die Anwaltschaft als Träger eines Rechtsexports mehr oder weniger wegzufallen beginnt[538]. Es kann nicht überraschen, dass sich im Bereich der Rating-Agenturen und der Wirtschaftsprüfung dasselbe Bild wiederholt. Deutsche und kontinentaleuropäische Standards werden hier erst gar nicht offensiv und damit voll wirksam präsentiert – der Welt gewaltigster Exporteur und drittstärkste Wirtschaftsmacht schweigt in der weltöffentlichen Diskussion und bringt ihr know how – oft mediatisiert durch Repräsentanten der Ministerialbürokratie – in sachlicher Bescheidenheit allenfalls in Beratungsgremien ein[539]. Bei Hochschulrankings hat Deutschland zusammen mit anderen kontinentaleuropäischen Staaten nie den Versuch gemacht, offensiv eigene Bewertungskriterien mit weltweitem Geltungsanspruch zu entwickeln[540], z.B. nicht nur die gegenwärtige Forschungsstätte von Nobelpreisträgern und erfolgreichen Wissenschaftlern, sondern auch ihren Ausbildungsplatz mitzubewerten, was das Bild universitärer Leistungsfähigkeit durchaus verschoben hätte[541]. Soziale Ausgeglichenheit, Exportfähigkeit, originäre Wertschöpfung einer rohstoffarmen Volkswirtschaft – solche für Deutschland und andere kontinentaleuropäischen Staaten wichtigen Leistungskriterien erfahren bei Staatenrankings keine adäquate Würdigung[542], weil die betroffenen Staaten die Bedeutung solcher Selbstdarstellung unterschätzen und unterschätzt haben[543].

Die kritische Distanz zur eigenen Geschichte, die eine weltweite missionarische Vorreiterrolle ausschließt, ist in Europa sicher sehr unterschiedlich ausgeprägt. Sie findet sich am wenigsten in Großbritannien und nur mit Maßen in Frankreich. Großbritannien betont durchaus mit Berechtigung seine demokratische Kontinuität[544], Frankreich seine revolutionäre Schlüsselrolle auf dem Kontinent[545]. So weit, gemeinsame zivilisatorische Errungenschaften der westlichen Welt als „britische" oder „französische" Werte zu beschlagnahmen, wie dies in U.S.-Amerika durchaus häufig begegnet, gehen Staaten und Gesellschaften des europäischen Kulturkreises allerdings selten oder nie. Das deutsche Geschichtsbewusstsein ist überwiegend von einer auf die Epoche des Nationalsozialismus ausgerichteten finalen Selbstkritik geprägt[546]. Bemerkenswerte deutsche Beiträge zur Entwicklung der modernen globalen Kultur sehen sich dabei weniger in ihrem Eigengewicht als vor dem Hintergrund dieser Katastrophe nationaler politischer Kultur gewürdigt: die Reformation als eine Wiege der Aufklärung und damit auch der modernen Demokratie[547]; die Bauernkriege mit ihrem frühen neuzeitlichen Versuch zur politischen Artikulation moderner Menschenrechte[548]; die Entwicklung des 19. Jahrhunderts zur konstitutionellen Monarchie mit teilweise fortschrittlichen demokratischen Elementen, die z. B. beim Wahlrecht englischer Verfassungslage noch nicht entsprachen[549]; die frühe Organisation sozialer Sicherungssysteme mit weltweiter Vorbildfunktion bis in die Gegenwart[550]; die kodifikatorischen Leistungen des Zivilrechts und Prozessrechts mit weitreichender Rezeption in vielen Teilen der Welt[551]; die Leistungen der deutschen Geisteswissenschaften und Künste in Musik[552] und Dichtung[553]; die Leistungen der Naturwissenschaften vom Kaiserreich bis zur Gegenwart, wo z. B. die Max-Planck-Gesellschaft bis heute neben U.S.-amerikanischen Spitzeninstitutionen einen Spitzenplatz belegt[554]; die Leistungen der deutschen Wirtschaft als exportstärkste oder besonders exportstarke Nationalökonomie[555], die um ihres „regulierten Produktionskapitalismus" willen allerdings Ähnlichkeiten mit trotz aller Umbrüche verbliebenen Strukturen des späten, wirtschaftlich leistungsstarken Kaiserreichs nicht verleugnen kann[556]. Deutsches Geschichtsbewusstsein hat es noch nicht gelernt, die alles verdunkelnde Brille finaler Betrachtungsweise abzulegen und das wachsame Auge nüchtern auf die Gesichtspunkte zu konzentrieren, die primär für die politische und ethische Katastrophe deutscher politischer Kultur verantwortlich waren: Militarismus vorwiegend preußischer Genese mit obrigkeitsstaatlichen Folgen für die Gesamtgesellschaft[557], Paarung von Nationalismus mit Antisemitismus[558] und hegemoniale Ambitionen innerhalb Europas im Rahmen der „Reichsidee", die dann Quelle staatskrimineller Unterwerfungs- und Vernichtungsstrategien innerhalb Europas waren[559]. Die Gegenwart gibt nach Jahrzehnten insgesamt bewährter Demokratie und nach einer Wiedervereinigung im Rahmen „friedlicher Revolution" guten Grund zu ausgewogenerer Erinnerung ohne verdrängendes Vergessen und erlaubt ein angemessenes nüchternes Nationalbewusstsein im europäischen Kontext[560], das für die Zukunft an die richtigen Traditionen anknüpft. Deutsche Studenten in U.S.-Spitzenuniversitäten sind von der Selbstpräsentation der Gastgeber nicht selten so erschlagen, dass sie nicht erwidern oder richtigstellen, wenn die USA zuweilen zur Wiege nahezu aller tragenden Entwicklungen der Moderne erklärt werden. Falls man als deutscher Gastprofessor in Hörsälen in Harvard, New York oder Duke in aller Nüchternheit auf europäische und deutsche Beiträge zur Entwicklung der modernen westlichen Zivilisation verweist, ohne deshalb die Schwächen und Katastrophen der eigenen politischen Kultur zu verharmlosen, bewirkt man nicht selten überraschte Nachdenklichkeit. U.S.-Amerikaner sind es von Europäern oft schon nicht mehr gewohnt, dass auch nur der Versuch gemacht wird, ihnen auf gleicher Augenhöhe gegenüberzutreten[561]. Dies wirkt sich vor allem auch auf die Außenansicht sehr nachteilig aus, wie sie von Entwicklungs- und Schwellenländern wahrgenommen wird[562].

Ein immer noch ungefestigtes nationales Bewusstsein gepaart mit einer deutlichen Schwäche bei der ausgewogenen Sicht und Bewertung eigener Geschichte auch in ihrer kriminellen Phase und ihrer Folgewirkungen zeigte sich eindrucksvoll bei den Verhandlungen über eine Kompromisslösung für die sog. Slave-Laborer-Fälle[563]. Es ist der deutschen Seite weder in den Verhandlungen noch in der Weltöffentlichkeit gelungen, die Gründe für ihre beschränkte Bereitschaft zu weiterer materieller Kompensation verständlich zu präsentieren[564]. Vor allem der U.S.-amerikanische Richter *Debevoise* gab letztlich eine ausgewogenere Darstellung aller moralischen, wirtschaftlichen und rechtlichen Zusammenhänge als die deutsche Seite[565]. Der Unmut der Vertreter der deutschen Industrie, der bis zum emotionalen Vorwurf U.S.-amerikanischer „dictatorship" reichte[566], hatte seine Ursache in dem Unbehagen über ein Herausgreifen einzelner Firmen aus dem verbrecherischen Gesamtzusammenhang des Nationalsozialismus, das sich in der Weltöffentlichkeit mit dem Eindruck unmoralischer Kontinuität bis in die Gegenwart vermengte, um dann – haftungsrechtlich mehr als fragwürdig – zu einer Einzelhaftung vor allem wirtschaftlich erfolgreicher Firmen zu führen. In Wirklichkeit war aber die Kriminalität einzelner Firmen Teil eines gesamtstaatlichen Falls in die Barbarei, sodass der Einzelzugriff etwas den Charakter eines moralischen Abschiebens kollektiver Verantwortlichkeit trug. Immerhin wurde diese Schwäche historischer Analyse und Bewertung später erkannt, und es wurde ihr durch die Beteiligung der Bundesrepublik am Fonds Rechnung getragen. Die Zurückhaltung bei der Entschädigung osteuropäischer und vor allem russischer und polnischer Opfer wurzelte letztlich in dem Empfinden, dass die Zwangsarbeit einer halben Million deutscher Gefangener und die Vertreibung von ca. 14 Millionen deutscher Bürger unter sehr unmenschlichen Bedingungen, wie sie als Sanktion des deutschen Angriffskrieges und deutscher staatlich organisierter Kriminalität von den Alliierten vor allem durch die Festlegung der Oder-Neiße-

Grenze unmittelbar veranlasst war[567], zwar nicht deutsches Einzelunrecht an vielen Millionen osteuropäischer Opfer deutscher Barbarei in irgendeiner Weise aufwiegen konnten und sollten, aber eine angemessene Berücksichtigung wenigstens des Wertetransfers als Folge der Zwangsarbeit, Landumverteilung und Vertreibung nicht ohne Berechtigung wäre. Dieser Gedanke, den Bundeskanzler *Helmuth Kohl* noch offen vertreten hatte, scheint so unglücklich präsentiert worden zu sein, dass ihn der sehr verdienstvolle und bemühte Mediator *Stuart E. Eizenstat* als Versuch missverstand, deutsche Entschädigungsforderungen zur Aufrechnung geltend zu machen[568]. Grund für diesen Mangel angemessener deutscher Artikulationsfähigkeit war auch die Verdrängung des Vertreibungsschicksals in der deutschen Geschichtsschreibung und Öffentlichkeit während der letzten 30 Jahre aus Angst vor einem neu erwachenden Revanchismus[569] mit der Folge, dass gerade diese Zurückhaltung der Fähigkeit zu einer Verarbeitung der Zusammenhänge[570] nicht gerade förderlich war. Eine nüchterne Darstellung der Zusammenhänge wäre durchaus geeignet gewesen, die Auseinandersetzung um die Höhe des Fonds rascher dem sinnvollen Ergebnis zuzuführen, das schließlich erreicht werden konnte[571].

Der europäischen und insbesondere deutschen Verunsicherung bei kollektiver Selbstpräsentation entspricht eine lange Tradition *individueller* Zurückhaltung bei der Selbstdarstellung, die man sicher nach Epochen politischen Missbrauchs gerade in Deutschland durchaus ambivalent zu bewerten hat. In der abendländischen Tradition kontinentaler Prägung war angemessene Bescheidenheit bzw. Selbstbescheidung stets eine Tugend, die Neigung zum Auftritt und zur Selbstdarstellung ein Laster. Bescheidenheit als Tugend wurzelt in der Vorstellung gefestigter Selbstgewissheit einer Persönlichkeit, die Selbstvermarktung nicht nötig hat und der die Resonanz der Umgebung weniger wichtig ist als die eigene Autonomie bei der Wahrheitssuche[572]. Schon den großen Leitfiguren griechischer Philosophie wie z. B. Sokrates, deren Ausstrahlung die relativ breite humanistische Bildung des Bürgertums in Kontinentaleuropa bis weit ins 20. Jahrhundert lebendig hält, war die Überzeugungskraft des Arguments selbst wesentlicher als seine strategische Vermarktung. Die innere Sicherheit des Menschen, der das rechte Maß einhält, war Teil antiker Tugenden wie „megalopsychia", „sophrosyne" (Aristoteles)[573], der mittelalterlichen „magnanimitas" (Thomas von Aquin) oder der générosité bei Descartes[574] und den Helden Corneilles und Racines. Das Humanitätsideal, wie es vor allem Lessings „Nathan der Weise" geprägt hat, setzt auf die Güte des schlichten Tuns[575], nicht auf Erfolg durch Vermarktung. Die christliche Religion hat bescheidenes Dienen (Mönchstum, Ordensschwestern) zum Ideal erhoben, das für sich selbst spricht, ohne nach Bewunderung zu streben[576]. Im katholischen und protestantisch lutherischen Lebensraum ist die Demut als Ideal neben die Bescheidenheit getreten und hat sie in gewisser Weise gestützt und ergänzt[577]. Das Preußentum hat Bescheidenheit als Tugend in sein Pflichtverständnis integriert und sie dabei vor allem beim Beamtentum gesellschaftspolitisch instrumentalisiert[578] mit durchaus ambivalenten historischen Folgewirkungen. Die kleinbürgerliche Version dieser Grundhaltung drückt sich in dem früher viel gebrauchten Albumsvers aus: „Blüh wie das Veilchen im Moose, so sittsam, bescheiden und rein, nicht wie die stolze Rose, die immer bewundert will sein." Reichtum und wirtschaftlichen Erfolg zu zeigen, gilt in diesem Wertesystem als dümmlich und unfein[579]. Wissenschaftlichen Erfolg misst die Umgebung unaufgefordert, nicht die eigene Bewertung oder die selbstinszenierte Fremdevaluation.

Mit der Verunsicherung der formierten Gesellschaft, der Individualisierung und der Entwicklung zur kompetitiven Gesellschaft gewinnt auch im kontinentalen Raum die Selbstdarstellung oder die selbstinszenierte Fremddarstellung an Boden. Den Calvinisten und ihnen verwandten religiösen Strömungen war stets das Gotteslob die willkommene Rechtfertigung und Brücke zur Darstellung eigenen Erfolgs als sichtbare göttliche Segnung[580]. Für die kontinentale Kultur ist der Wandel zur kompetitiven Selbstdarstellung in gewisser Weise ein Umbruch. „Angeben" und „sich nach vorne drängen", ursprünglich Schwächen und Laster, wandeln sich zur Tugend. Viele durchaus leistungsfähige Persönlichkeiten in Wirtschaft und Gesellschaft finden sich damit schwer ab. Der Auftritt der Chefbankiers und Unternehmensführer der Nachkriegszeit war – in Rückerinnerung an traditionelle Werte nach Zeiten nationalen Getöses – eher unauffällig und leise, dasselbe gilt für den erfolgreichen Wissenschaftler. Die kompetitive Gesellschaft verlangt mediale Vermarktung des Erfolgs[581] und oft sogar bereits ungewissen, künftigen Erfolgs[582]. Die psychologische Versuchung, hierbei zu weit zu gehen (Schönung wirtschaftlicher Aussichten, Manipulation wissenschaftlicher Ergebnisse), ist groß. In Kontinentaleuropa beginnen sich seit dem Abschied von der Bescheidenheit als Tugend und dem Aufkommen einer europäischen Präsentationskultur die Manipulationsskandale zu vermehren. Die Präsentationskultur schafft – von Thomas Mann für die moderne Welt seherisch erahnt – nicht nur das Wirkungsfeld für Führungspersonen, die wie etwa Joseph „zum Überblick geboren" und nicht zur Kärrnerarbeit bestimmt sind, sondern auch die Bühne für Felix Krulls; der Abschied von der Solidität ist ihr in gewisser Weise wesensimmanent[583].

g) *Enger Raum und knappe Ressourcen*

Den Kontinent charakterisieren – wiederum anders als die USA – enger Raum und Ressourcenknappheit. Die materiell-gegenständliche Grundlage gesellschaftlicher Entwicklung ist deshalb grundlegend verschieden. Große Wanderbewegungen einer dynamischen Industrialisierung können im Europa kleiner Rhythmen keine verwüsteten Rust-Belt-Regionen hinter sich lassen, um in anderen Gebieten neue, blühende Industriezweige zum Leben zu erwecken[584], wobei dann der industriellen Verlagerung die Mobilität großer Massen von Arbeitnehmern zu entsprechen hätte[585]. Man stelle sich etwa vor, dass weite Teile Deutschlands zum Rust-Belt würden, um von neuen blühenden Industrien in Polen, Irland oder Ungarn abgelöst zu werden mit entsprechender Migration. Für den U.S.-Amerikaner ist eine solche Entwicklung ein normales Phänomen wirtschaftlicher Vitalität[586], den Kontinentaleuropäern fehlt hierzu bereits die räumliche Ressource, aber auch die Offenheit regionaler sozialer Struktur und die Möglichkeit gleichförmiger großflächiger Kommunikation in einer gemeinsamen Muttersprache. So ist Europa stärker auf Restrukturierung und Sanierung bestehender Einheiten und Standorte angewiesen als der amerikanische Kontinent. Marktfreiheiten stoßen insoweit rasch an faktische Grenzen, sollen sie sich nicht in zerstörerischer Kraft erschöpfen.

Der kleinere Raum verlangt auch nach stärkerer normativer Regulierung, als dies beim versteckten oder offenen Vorbild der USA notwendig ist. Ungeplanter Konsum von Land, der erst an Naturschutzgebieten oder National Parks endet, müsste sich in Europa auf engerer Fläche noch wesentlich verhängnisvoller auswirken als in den USA mit ihren großen Gebieten aus nicht selten teilweise zerstörter Natur- und Wildlandschaft. Die explosive industrielle Entwicklung der deutschen Nachkriegszeit hat die zerstörerischen Folgen unregulierter Umweltbelastung in einer Weise sichtbar werden lassen[587], die unbekümmerte Deregulierungsdiskussionen der Gegenwart eigentlich auf vernünftige Dimensionen zurückführen müsste[588]. Die eher gartenmäßige Ordnung der Landschaft im dicht besiedelten Zentraleuropa[589] ist ein Phänomen, das denkenden U.S.-Amerikanern stets ins Auge fällt, vor dem Hintergrund einer hohen Besiedlungsdichte – 80 Millionen Deutsche auf einer Fläche, wie sie einem etwas verkleinerten Montana entspricht – aber rasch einleuchtet. So setzt der Raum einer Individualisierung und Deregulierung in Europa rascher Grenzen als in anderen Gebieten der Welt[590]. Die nationalsozialistische Besetzung der Lebensraumproblematik mit all ihren verhängnisvollen Primitivitäten hat vor allem in Deutschland, aber auch in Europa, nüchternes Nachdenken über diese Zusammenhänge erschwert.

Der enge europäische Lebensraum zwingt zur Kontinuität und zum langsamen Wechsel, zum Gleitflug statt zum Sturzflug und damit zur Vermeidung rascher Extremlösungen. Die Weite des U.S.-amerikanischen Lebensraums lässt rascheres und unbekümmertes Manövrieren zu, weil sie eher individuelles Abweichen erlaubt. Das U.S.-amerikanische Selbstbewusstsein, das sich nicht zuletzt auf eine Revolution stützt, wie es sie in Europa mit tragendem Erfolg so nie gab, stellt wie die fremde Bewunderung freiheitlicher Entwicklung oft zu wenig in Rechnung, dass die räumliche Distanz zum alten kolonialen Regime und die Weite des Raumes eine herausragende und erleichternde Rolle spielten[591]. Wenn man dies mitberücksichtigt, war das kriegerische Geschehen dieser Tage nicht heroischer als europäische, weniger erfolgreiche Revolutionen oder Revolutionsversuche. Wenn der König tausende von Kilometern entfernt ist, revolutioniert es sich leichter, als wenn er mit seiner bewaffneten Macht vor der Haustür sitzt. Dieser Unterschied räumlicher Distanzierungsmöglichkeit zum „Alten", die bessere Möglichkeit auch räumlichen Aufbruchs zum Neuen, ist zwischen den USA und Europa in gewandelter Form geblieben, und er ist so fundamental, dass seine Missachtung zu reichlich blauäugigen Denkmodellen mit verhängnisvollen Fehleinschätzungen führen kann. Wer beispielsweise glaubt, die Idee des Sozialismus und der Solidarität lasse sich in Europa durch ein individualisierendes Marktmodell verdrängen, stellt den schon räumlich begründeten Zwang zur Vermeidung allzu großer Ungleichheiten nicht in Rechnung[592].

4. Der offene europäische Staatenverbund und das offene Deutschland

Wie schon an anderer Stelle angedeutet, ist Deutschland ein offener Staat mit der Folge einer nur begrenzten Möglichkeit zur aktiven Nationalökonomie. Umgekehrt kann die EU bisher nicht oder nur eingeschränkt „europäische" Ökonomie betreiben, weil Kompetenzen hierfür nicht ausreichen und die Interessen der EU-Staaten viel zu unterschiedlich[593] sind. Die Behauptungsfähigkeit im weltweiten Wettbewerb um Märkte leidet unter dem Abbau nationalstaatlicher Organisation, weil wirtschaftliche Steuerungsmöglichkeit und politische Verantwortlichkeit zu sehr auseinander fallen.

a) *Das Ideal des offenen Staates und der Abschied von der Nationalökonomie*

Die Bundesrepublik Deutschland hat sich wie alle anderen EU-Staaten in einem Staatenverbund weiter Teile ihrer Souveränität begeben. Zur Kompetenz der EU gehören vor allem wirtschaftspolitisch besonders wichtige Aufgabenfelder: Freiheit des Warenverkehrs[594], Dienstleistungsverkehrs[595] und Kapitalverkehrs[596]; Kartellrecht und Kontrolle nationaler Subventionen[597] mit Vergaberecht[598]; Währungs- und Geldpolitik[599]; Außenhandelsbeziehungen[600]. Im Rahmen dieser Kompetenzen und einer allgemeineren Rechtsangleichungszuständigkeit[601] findet auf vielen Gebieten des Rechts, vor allem des Verbraucherschutzes, des Banken- und Versicherungsrechts, des Fernabsatzrechts, des internationalen Privat-, Zivilprozess- und Vollstreckungsrechts, des Gesellschaftsrechts, des Rechts der Telekommunikation und der Energieversorgung, etc. über den nationalen Gesetzgeber hinweg eine liberalisierende europäische Rechtsharmonisierung in Verordnungen und Richtlinien statt. Nicht selten dehnt die EU aber auch die Rechtsgeltung nationaler Entscheidungen und Rechtsregeln ohne weiteren Transformationsakt auf das Territorium anderer EU-Staaten aus (Herkunftslandprinzip), z. B. die automatische Geltung von Titeln über „unstreitige" Forderungen[602] oder das fremde Gesellschaftsstatut (englische „limited")[603], ferner nationale Entscheidungen über Produktzulassung[604] oder – hochstreitig – Dienstleistungsregeln[605]. Auf Einzelheiten ist hier nicht einzugehen, es bleibt aber festzuhalten, dass der nationalen Regierung und dem nationalen Gesetzgeber zur wirtschaftspolitischen Steuerung nur noch geringer Spielraum verblieben ist[606], z. B. im Steuerrecht, bei der Arbeitsmarktgestaltung oder sozialrechtlichen Lohnnebenkosten[607]. Aber auch hier beginnen die übrigen EU-Staaten wettbewerbliche Parameter zu setzen, die den Bewegungsspielraum einschränken[608]. Die Haushaltspolitik bewegt sich im Rahmen oder Korsett der EU-Referenzwerte[609], über deren Sinnhaftigkeit sich – auch wenn man die deutsche, amerikanische[610] oder jüngste japanische[611] Wirtschaftsgeschichte als Maßstab anlegt – trefflich streiten lässt. Nationalstaatliche Steuerung wird – so der Grundgedanke – durch selbststeuernde, autonome Entwicklungen des europäischen Marktes ersetzt, was weithin den Abschied von einer Nationalökonomie bedeutet.

b) Fehlen einer „Euroökonomie"

Der Europäischen Union ist indessen die Entwicklung einer „Euroökonomie" nur sehr eingeschränkt gelungen und überhaupt möglich[612]. Das liegt zunächst einmal daran, dass die Organe der Union in wesentlichen Fragen aktiver Wirtschaftspolitik, wo den Nationalstaaten eine schlagkräftige Kompetenz inzwischen weithin fehlt, ihrerseits keine wirklich umsetzbare Kompetenz haben, sondern auf den Kooperationswillen von nunmehr 25 Staaten angewiesen sind. Die Koordination der Wirtschaftspolitik, der Beschäftigungspolitik und der Sozialpolitik[613] ist letztlich nur in Appellvorschriften geregelt, soweit sie über den Rahmen der äußersten

Referenzwerte hinausgeht. Die gemeinsame Währungsunion ist auf einige Kernstaaten beschränkt[614], Großbritannien, Dänemark und viele Schwellenländer verbinden mit ihr allein die Macht der Fakten oder das Bestreben nach Erfüllung der Konvergenzkriterien. Zum anderen aber sind die wirtschaftlichen Daten der Unionsstaaten so unterschiedlich[615], dass sich eine einheitliche aktive Wirtschaftspolitik von selbst verbietet. Dies wird besonders deutlich, wenn man etwa den Entwicklungsstand von Staaten wie Polen als Neustarter, Irland als Aufstiegsland und etablierten Volkswirtschaften wie Deutschland vergleicht[616]. Schon der Versuch zur gemeinsamen Währungs- und Geldpolitik[617] schafft hier schwere Spannungen[618], eine gemeinsame aktive Wirtschaftspolitik im Bereich der Beschäftigung oder öffentlicher Daseinsvorsorge in Gestalt gleichförmiger Maßnahmenkataloge ist schwer denkbar[619]. Wo sie differenziert nach Staaten erfolgen müsste, sind die zentralen Entscheidungsträger der EU letztlich überfordert[620]. Dies zeigt sich bei der Verwaltung der Struktur- und Regionalfonds durch die EU, deren Effizienz sich sehr unterschiedlich gestaltet[621]. Eine EU-Mittelstandsförderung unter Verteilung von Risikokapital[622] steht deshalb ebenso unter eher negativen Vorzeichen wie ein „Globalisierungsfonds" für arbeitslose Arbeitnehmer[623].

c) *Auseinanderfallen von wirtschaftlicher Steuerungsmöglichkeit und politischer Verantwortlichkeit*

Nach alldem ist die wirtschaftspolitische Steuerungsfähigkeit der Nationalstaaten und der EU außerordentlich beschränkt – eine Folge sehr komplexer Kompetenzverteilung[624]. Dies lässt sich nur aus dem Gedanken rechtfertigen, dass möglichst wenig gesteuert werden soll, um „Marktgesetzen" Geltung zu verschaffen. In der Realität misst aber der Wahlbürger die politische Kompetenz einer Regierung nicht zuletzt, wenn nicht hauptsächlich, an der Wirtschaftslage. Er sieht sich jedoch kaum in der Lage, das EU-Entscheidungsgeflecht[625] zu beeinflussen. Auf diese Weise entstehen im „offenen Staat" ein Demokratiedefizit und eine Legitimationskrise, wie sie oft beschrieben sind[626], aber in der Wirtschafts- und Sozialpolitik besonders deutlich werden. Im deutschen föderalen System ist dieses Phänomen bekannt, um Abhilfe wird im Rahmen der Föderalismusreform heftig gerungen[627]. In der EU ist ein durchdachter Versuch zur Bereinigung letztlich nie erfolgt, sogar der insoweit durchaus halbherzige Anlauf des Verfassungsentwurfs[628] ist vorläufig gescheitert, was vor dem geschilderten Hintergrund allerdings recht nachvollziehbar erscheint. Wesentliche Neuanstöße sind von einem mehr oder weniger modifizierten Inkrafttreten als reformiertes EU-Vertragswerk, wie es die Verhandlungen des Rates in Brüssel vom Juni 2007 nach den Schlussfolgerungen des Vorsitzes vorsehen, noch nicht zu erwarten. Auf Dauer aber ist ein allzu starkes Auseinanderfallen von wirtschaftlicher Steuerungsfähigkeit und politischer Verantwortlichkeit schwer durchhaltbar, Unruhen in Frankreich[629] und auch einzelne Streikbewegungen in Deutschland[630] im Frühjahr 2006 deuten dies ebenso an wie die Distanz weiter Teile der EU-Wahlbürger zum Verfassungsentwurf und fortschreitenden Integrationsprozess.

d) *Weltweiter Wettbewerb nationaler oder regionaler Ökonomien*

Das Konzept europäischer und deutscher Wirtschaftspolitik orientiert sich nach alldem stark am Gedanken eines weltweiten Marktes, auf dem sich der einzelne Marktteilnehmer durchzusetzen hat[631]. Dabei tritt die Tatsache zu sehr in den Hintergrund, dass in den meisten Regionen der Welt die nationalökonomische Grundverfassung kräftig fortlebt, was zu einem Wettbewerb zwischen den einzelnen Nationalökonomien um den besseren Erfolg führt. Für die USA ist dies bereits aufgezeigt, es gilt aber in ausgeprägter Form auch für Japan[632] oder Russland[633] und für Schwellenländer wie China[634] und Indien[635] oder Brasilien[636]. Es liegt auf der

Hand, dass weltweiter Wettbewerb unter individuellen Marktteilnehmern und paralleler Wettbewerb unter Nationalökonomien[637] zu Systemwidersprüchen führen kann. Die Nationalökonomie erstrebt Investitionen im eigenen Land und möglichst hohe Gewinnbeteiligung ihrer Bevölkerung. Wie weit die Stärkung eigener Wettbewerber (Bildungsinvestitionen, Forschungsförderung, Militärindustrie mit Staatsaufträgen, steuerliche Förderung[638], Zollpolitik, staatliche Beteiligung und Unternehmensmitgestaltung, direkte Subventionen[639]) mit den Regeln fairen Wettbewerbs unter individuellen Marktteilnehmern vereinbar ist, bleibt weithin umstritten und ist letztlich eine Frage des rechten Maßes. Dass im Versagensfall aber der zeitlich absehbare nationalökonomische Vorteil die Entscheidungen politisch Verantwortlicher stärker bestimmt als der Dienst an weltweiten Marktregeln, entspricht historischer Erfahrung, vielleicht auch einer Grundgesetzlichkeit menschlicher Natur, die es einzukalkulieren gilt. Denn wirtschaftlicher Erfolg bedeutet auch politische Macht und Herrschaft über andere[640]. Selbst die Europäische Union macht diese Erfahrung, wenn es um den Kampf um nationale industrielle Champions[641] geht und dabei ein Aufleben des „Wirtschaftspatriotismus“ zu beobachten ist[642].

5. Die Bilanz eingeschränkter Ausrichtung und Vorbereitung auf die Marktgesellschaft

Wenn man versucht, eine Bilanz der deutschen und kontinentaleuropäischen Befindlichkeit zu ziehen, muss dies zwiespältig ausfallen. Einerseits zeigt die Analyse eine starke Aufbruchsbewegung zur angloamerikanisch inspirierten kompetitiven Marktgesellschaft, andererseits weisen viele wirtschafts-, sozial-, kultur- und geisteswissenschaftliche Koordinaten auf einen höheren Regulierungsgrad und eine größere Bedeutung rechtlich organisierter Solidarität, als dies dem angloamerikanischen kompetitiven Gesellschaftsmodell entspricht. Aus dieser Spannungslage entsteht ein diffuses Krisengefühl[643]. So stellt sich die Frage nach den richtigen Parametern des künftigen deutschen und europäischen Wegs.

6. Die Offenheit reformierter Europäischer Verträge

Auf der Ebene der EU spiegelt auch die laufende Reformdiskussion um die Fortentwicklung der Union das zwiespältige Verhältnis zum einheitlichen Markt und seiner Marktgesellschaft wider[644]. Man betont die Bedeutung von Marktfreiheiten und unverfälschtem Wettbewerb, erwägt aber die Abstufung des Wettbewerbs als Staatsziel zum eher instrumental verstandenen Protokollinhalt, erwähnt ausdrücklich den organisatorischen Spielraum der Mitgliedstaaten bei der Gestaltung der Daseinsvorsorge und kündigt Bemühungen um eine Koordination sozialer Sicherung an. Man stärkt auf einigen Gebieten EU-Kompetenzen, um gleichzeitig Mitwirkungsrechte nationaler Parlamente in Gestalt von Anhörungs- und Äußerungsbefugnissen auszubauen und auf diese Weise den Subsidiaritätsgedanken neu zu beleben. Die Brüsseler Tagung zum Fortgang des EU-Reformprozesses favorisiert notgedrungen Texte eher antithetischen Inhalts und lässt damit viele entscheidende Kernfragen offen, teilweise gewährt sie in wichtigen Fragen Opt-Out Befugnisse und Sonderrechte. Wie sich das Schicksal der EU-Vertrags- und Verfassungstexte auch immer gestalte – die tatsächliche Entwicklung wird von der Frage bestimmt sein, wie stark das Wettbewerbsdenken oder der Gedanke der Solidarität die europäische Gesellschaft prägen werden. Nicht Texte, sondern ihre Implementierung durch Ideologien und wirtschaftliche sowie technische Entwicklungen gestalten die Welt. Gerade deshalb lohnt weiteres Nachdenken.

C. Die Grenzen des Marktes

I. Marktidee und Marktideologie im Spannungsfeld von Freiheit und Gleichheit als den Grundantinomien menschlicher Gesellschaft

Freiheit und Gleichheit sind Grundantinomien menschlicher gesellschaftlicher Organisation. Freiheit ist letztlich immer auch die Möglichkeit zur Ungleichheit. Die einzelnen Grund- und Menschenrechte lassen sich als Emanation oder spezielle Erscheinungsformen eines allgemeinen Freiheitsgrundrechts und des allgemeinen Gleichheitssatzes begreifen[645]. Es ist die unterschiedliche Zuordnung von Freiheit und Gleichheit, die letztlich die konkrete Gestalt moderner Gesellschaftsformen bestimmen. Wo Freiheit völlig überwiegt, entstehen auf Dauer starke Ungleichheit und soziale Spannung. Wo Gleichheit überwiegt, verliert die Gesellschaft an Dynamik, weil die individuelle Initiative leidet. Das Ringen um den goldenen Schnitt ist das Grundproblem moderner Gesellschaften, wobei der modische Begriff der Solidarität letztlich das notwendige Maß an Ausgleich zwischen Freiheit und Gleichheit bezeichnen soll. Zur Gleichheit gehört dabei auch die Teilhabe an politischer und wirtschaftlicher Macht.

Die beschriebene Grundantinomie menschlicher gesellschaftlicher Organisation legt den Kompromiss als Voraussetzung des Gelingens nahe. Dabei steht der Markt für die Freiheit, die Regulierung für Gleichheit durch organisierte Solidarität. Die kompetitive Gesellschaft versucht das Marktmodell zu verabsolutieren, indem sie entweder von vorneherein auf die stets wieder gleichmachende Macht des Marktes vertraut oder Gleichheit allein durch organisatorische Mechanismen bewirken will, die wieder gleich machenden Wettbewerb stimulieren. Die Idee wird zur Ideologie, wo sie sich zum geschlossenen System zu entwickeln droht und dabei die Wirklichkeit zu verfehlen beginnt. Eine solche Entwicklung gilt es zu bekämpfen – nicht weil die Idee des Wettbewerbs und des freien Marktes nicht sehr vieles für sich hätte, sondern weil sie mehr und mehr den Charakter einer Ersatzreligion annimmt. Es ist zudem nicht gerade wahrscheinlich, dass die Menschheit am Ende des 20. Jahrhunderts ein Gesellschaftsmodell gefunden haben soll, das die grundlegende Antinomie von Freiheit und Gleichheit in einer neuen Marktgesellschaft auflöst. Wo es um mehr als um Akzentverschiebungen geht, besteht vielmehr der Verdacht ideologischer Verengung[646], die nicht das letzte Wort der Menschheit sein wird.

Die folgenden Überlegungen werden sich zunächst einmal systemimmanenten Schwächen und Fehlern des kompetitiven angelsächsischen Modells widmen (sub II). Es folgen eine Würdigung seines Verhältnisses zu den Grundwerten humaner westlicher Zivilisation (sub III) und zu menschlichen Grundbedürfnissen (sub IV). Schließlich enden die Überlegungen mit einem Abschnitt zu den Folgerungen, die für ein deutsches und europäisches Gesellschaftsmodell zu ziehen sind (sub D.).

II. Systemimmanente Schwächen und Fehlleistungen des Modells einer kompetitiven Marktgesellschaft

1. Das Informationsmodell: Risikoauslagerung und Information

a) Risikoauslagerung

Wettbewerb und kompetitive Gesellschaft setzen die Auslagerung und den Verbleib möglichst vieler Risiken beim Individuum oder bei individuellen Einheiten voraus. Denn nur so entsteht Motivation zur möglichst innovativen und fallangepassten Risikobewältigung, die ihrerseits Motor marktmäßiger Entwicklung ist. Natürlich entspricht dieser Grundansatz dem Weltbild eines Individualismus, dem die selbstgesteuerte Lebensgestaltung einen Höchstwert bedeutet. Diese Risikoauslagerung begegnet – um die Ergebnisse der vorausgegangenen Analyse noch einmal auf den Punkt zu bringen[647] – bei der Kapitalanlage und Vermögensbildung (Risikopapiere wie Aktien, Fondsbeteiligungen, etc. statt Sparanlage oder Obligationen[648]), der Liberalisierung des Angebotswettbewerbs für Waren und Dienstleistungen (Abbau präventiven inhaltlichen Schutzes vor „schlechten" Angeboten), beim Rückzug der öffentlichen Hand aus der Daseinsvorsorge (Ersetzung durch Angebote gewinnorientierter Anbieter bei erhöhtem Auswahlrisiko im Bereich öffentlicher Banken, der Alterssicherung und Krankenversicherung, der Rechtsberatung, der Ausbildung), bei der Weitergabe wettbewerblicher Risiken auf Arbeitnehmer („Mobilitätszwang", Wettbewerb unter Arbeitnehmern), beim Abbau von Subventionen und differenzierenden Belastungsmerkmalen im Steuerrecht (individuelle persönliche und wirtschaftliche Gestaltung als Eigenrisiko) und nicht zuletzt beim Abschied von der normorientierten Entscheidung und ihrer Sicherheit zugunsten flexibler und mediativer Lösungsmuster, welche die Parteien eigener Initiative und Geschicklichkeit überlässt („private" Rechtssetzung, Mediation, etc.).

b) Information als Katalysator und solidarischer Restbestand

Das Informationsmodell versteht die Information des einzelnen über die Risiken des Angebots zunächst einmal als notwendigen Marktkatalysator, weil nur die Information überhaupt ein Abwägen zulässt und die Wettbewerbssituation erzeugt[649]. Fehlende Information, falsche Information oder ungleiche Information sind gewichtige Störfaktoren dieses Modells, denen die Rechtsordnung folgerichtig den Kampf ansagt. Ihr Regulierungsbedürfnis – oft sogar ihre Regelungswut – verlagert sich von Inhalten auf Informationen über Inhalte[650]. Gleichzeitig begreift das Informationsmodell die Information letztlich als solidarischen Akt, weil sie Gleichheit mit Hilfe der Rechtsordnung herbeiführt, also die berühmte Hilfe zur Selbsthilfe gewährt und deshalb das Prinzip strenger Subsidiarität staatlichen Eingriffs nicht verletzt. Die vielfach auf Information reduzierte Solidarität der Rechtsordnung mit dem einzelnen ist gleichzeitig ein wesentliches Element ethischer Rechtfertigung[651] eines Modells, das im übrigen bemüht ist, die Antinomie zwischen Egoismus und Altruismus zu versöhnen, indem es dem Egoismus altruistische Wirkung[652] zuschreibt oder doch die altruistische Funktion des wirtschaftlichen Egoismus stark betont[653]. Darauf wird noch zurückzukommen sein.

c) Die Bedeutung der modernen Informationstechnologie

Natürlich hat die moderne Informationstechnologie die Entwicklung weg von inhaltlicher Regulierung hin zur Risikoauslagerung auf den einzelnen massiv beschleunigt. Zunächst einmal erlaubt sie die abrufbereite, frei zugängliche Speicherung ungeheurer Datenmengen, die eine rasche Abgleichung zulässt – zumindest theoretisch und im etablierten Lebensgefühl der Abnehmer[654]. Zum anderen aber eignet sie sich im internationalen Handel als Türöffner für das Herkunftslandsprinzip: fremde Produkte mit ihren fremden rechtlichen Rahmenbedingungen werden zumindest vordergründig marktverträglich, weil aufgrund umfassender und leicht zugänglicher Information vergleichbar[655]. Wenn man Risikoauslagerung auf den informierten Abnehmer als Marktkatalysator begreift, so führt die Unterschiedlichkeit des Angebots (z. B. Lebensversicherungen, Gesellschaftsformen, Finanzprodukte) zu einem erwünschten Innovationsschub, der nicht nur die privaten Anbieter, sondern auch die Staaten mit ihren rechtlichen Rahmenbedingungen erfasst[656].

d) Die begrenzte Leistungsfähigkeit des Informationsmodells: der informierte Betrogene

Die Leistungsfähigkeit des Informationsmodells ist indessen begrenzt. In der Realität schafft es oft eher die schädliche und durchaus kalkulier- und nutzbare Illusion, informiert zu sein, als einen tatsächlich befriedigenden Informationsstand. Dies hat vielfältige Ursachen[657].

Einmal ist die Datenmenge auf vielen Gebieten so groß, dass sie schon rein quantitativ nicht verarbeitbar ist[658]. Wenn z. B. die Preise telefonischer Zeiteinheiten stark nach Netzgebieten und Zeiten diversifiziert sind, bedarf der Abnehmer datenverarbeitender Unterstützung, um optimal zu wählen. Auch sie hat aber ihren Preis, sodass sich optimale Auswahl oft nicht lohnt, was sich der „Markt" durchaus zunutze macht[659].

Zum anderen kann der Anbieter dem Abnehmer durch raschen zeitlichen Wechsel des Angebots die Wahl der Alternative abschneiden, wenn sich der Abnehmer erst einmal auf ein Angebot eingestellt hat. Wenn z. B. eine Tankstelle die Preise geschickt wechselt, so dient die ursprünglich niedrigere Preisgestaltung als Motivation zur Abnahme, auch wenn der Preis inzwischen leicht höher gesetzt ist. Der Abnehmer wird die Tankstelle anfahren und tanken, obwohl der Preis maßvoll gestiegen ist, weil sich weiteres Abfahren anderer Tankstellen nicht lohnt, die im übrigen den Preis inzwischen ebenfalls gewechselt haben könnten[660]. Der Abnehmer weiß um die Volatilität der Preise, ist aber nicht in der Lage, sein Wissen marktgerecht umzusetzen.

Eine weitere Schwäche des Informationsmodells liegt im grundsätzlich segmentarischen Charakter beschaffbarer Information. Man kann dies am Beispiel des Wertpapiermarktes gut darstellen. Wer in Immobilienfonds investiert oder Luxemburger Wertpapiere kauft, mag im Prospekt auf die Wertehaltigkeit der Immobilien oder auf günstige steuerliche Luxemburger Gestaltung verwiesen sein. In diesen Informationen steckt aber meist oder immer eine Wertung, oft mit Prognosecharakter. Die Zuverlässigkeit der Bewertungs- und Prognosebasis ist eine Frage der Gewichtung von Tatsachen sowohl bei ihrer Auswahl als auch ihrer Zuordnung[661]. Schon bei Fremdevaluation ist so recht eigentlich objektive Vergleichbarkeit kaum gegeben, vor allem wenn die evaluierende Institution oder Person bei verschiedenen Produkten nicht identisch ist. Oft stammen die Informationen vom Anbieter selbst, dessen Horizont auch ohne die leiseste Absicht einer Manipulation notgedrungen eine objektive Perspektive vermissen lässt, weil sich Rollenkonflikte nur beschränkt verarbeiten lassen. Wie soll man die Wahrscheinlichkeit einer Krise des Immobilienmarktes in einer deutschen Großstadt oder die Wahrscheinlichkeit einer Änderung steuerlicher Parameter gewichten und wie diese Gewichtung bei der Information textlich verarbeiten? Hier bleibt eine Varianz vertretbarer Objektivität, deren Streuung die Information in vielen Fällen fragmentarisch erscheinen lässt, ohne dass deshalb der Bereich objektiver Information schon verlassen wäre[662]. Man mag versuchen, durch Standardkriterien volle Objektivität zu schaffen, wie dies z. B. allgemein im Verbraucherrecht[663], im Bankenbereich durch die Baseler Regelwerke[664] geschehen ist, von Rating-Agenturen in Ranglisten[665] zumindest in internen Richtlinien versucht wird oder Gegenstand von „Ad hoc-Mitteilungen“ im Aktien- und Wertpapierhandel ist[666]. Nur werden solche Standardraster dem Einzelfall wenig gerecht und führen zu einem Flexibilitätsverlust der Informationsgestaltung, für innovative Produkte verfehlen sie regelmäßig ihr Ziel. Inhaltliche Standardisierung kann zur ungewollten Fehlinformation mutieren. Ein gutes jüngeres Beispiel sind die Hedge-Fonds[667] oder Derivatprodukte[668] des Finanzmarktes. Die statistischen Informationen über diese Produkte waren und sind nicht falsch, aber insoweit unvollständig, als teilweise das Risikenszenario nicht voll nachgezeichnet ist und der Risikoeintritt dann doch überraschen muss.

Wesentlich ist aber letztendlich, dass der Abnehmer die Information oft so recht eigentlich nicht verstehen und einordnen kann, weil ihm dazu entweder die Fachkenntnisse oder die Zeit oder beides fehlen[669]. Man kann dies anhand des Konditionenwettbewerbs bei Versicherungsprodukten und Finanzmarktprodukten leicht erklären[670]. Die Produktbeschreibung, wie sie sich aus Prospekten und Vertragsbedingungen ergibt, ist schon einem eingearbeiteten Fachmann häufig erst nach mehrstündiger oder gar mehrtägiger gründlicher Lektüre in dem Sinne verständlich, dass er eine kompetente Einschätzung der Risikoverteilung leisten und einen Vergleich mit konkurrierenden Produkten sinnvoll anstellen kann. Einem nicht vorbefassten Fachmann ist dies nur in sehr allgemeiner Form möglich, ein Laie hat selbst bei gutem intellektuellem Niveau keine Chance[671]. Wer etwa den Prospekt eines synthetischen Wertpapiers liest, wird sich leicht und rasch davon überzeugen können, dass es sich dabei um eine verschlüsselte Information handelt, die nur einem sehr kleinen Kreis von Spezialisten überhaupt zugänglich ist[672] – keinesfalls den zahlreichen Anlageberatern der Finanzdienstleister[673]. Auch die zutreffende Einordnung von Ad hoc-Informationen ist bei normalem know how unmöglich, wenn man z. B. die volatile Entwicklung der Gewinnsituation ausgewählter Unternehmen betrachtet, die sich binnen zweier Jahre vollständig ändern kann[674].

Im Ergebnis ist die Information als Basis marktgerechten Verhaltens nach alldem eher systemimmanentes Postulat als Realität, soweit man auf das Wissen der Akteure abstellt, welche die Risiken eines Produktes tragen sollen. Sie werden nur allzu leicht zu Adressaten von für sie unverarbeitbaren Informationen, die den Anschein sachgerechter Entscheidungsbasis schaffen und dabei eher die Fehlvorstellung aufgeklärter Korrektheit fördern als kritische Bewertung[675]: Der Abnehmer wird zum „informierten Betrogenen". Hilflos wirkt der Versuch, die Situation des Abnehmers durch zeitlich befristete Widerrufsrechte zu verbessern[676].

e) Die Doppelzüngigkeit der Information in der Marktgesellschaft: Information und Werbung

Die Fragwürdigkeit der Information als sachgerechte Basis marktgerechten Verhaltens, wie sie markttheoretischen Ansätzen entspricht, zeigt sich besonders deutlich, wenn man die zwei verschiedenen Zungen unternehmerischer Aufklärung berücksichtigt, nämlich rechtlich bindende Information und Werbung. Werbung folgt immer dem Grundsatz „advertising is maximizing"[677]. Die Signale der europäischen und deutschen Gesetzgebung und damit der jüngeren Entwicklung auf dem Werbemarkt sind insoweit außerordentlich diffus: einerseits schafft das UWG für Werbung unter europäischen Vorgaben neue Freiräume[678], andererseits will der europäische Gesetzgeber Haftung für Werbung, die Eigenschaften eines Produkts „erwarten" lässt[679]. Im Ergebnis bleibt genügend Raum zur Verführung weg von der Entscheidungsbasis nüchterner, rechtlich bindender Information[680]. Wer Wertpapiere verkauft, ist nicht gehindert, in seiner Werbung das Segment eines Schaubildes gewinnträchtiger Jahre zu zeigen, das längerfristige teilweise verlustreiche Schwankungen unterschlägt[681]. Zur Eigenschaftshaftung führen solche Darstellungen sicher nicht, die schwer verständliche, rechtlich bindende Risikobeschreibung des Prospekttextes verblasst.

So ist die sachliche Information des Marktes als Entscheidungsbasis eher Fiktion als Realität[682], obwohl das offizielle gesetzgeberische Dogma am entscheidungsfähigen, wohlinformierten Abnehmer als Ausgangspunkt privatrechtlicher Gestaltung festhält.

f) Der Versuch zur Verstärkung der Individualinformation durch Rating-Agenturen, Evaluationsinstitutionen und Medien – „Information as a Business" und seine Grenzen

Die beschriebenen Schwächen eines individuellen Informationsmodells hat der Markt natürlich selbst auch erkannt. Er schafft in Rating-Agenturen und anderen Evaluationsinstitutionen, wie z. B. Stiftung Warentest, Verbraucherberatungen, Finanzmarktberichterstattung in Medien, und in Gestalt verwaltender Fonds Institutionen, die dem Abnehmer durch fachmännische Analyse und Informationsverarbeitung die eigene Information erleichtern oder gar ersparen sollen[683]. Wenn man von einem intellektuellen Übergewicht der Anbieterseite mit gutem Grund ausgeht, so liegt der Gedanke nahe, der Anbietermacht die gebündelte Kraft der individuellen Abnehmer als informationelles Gegengewicht entgegenzustellen[684], das dann „gegnerfrei" organisiert sein müsste. Dem ist aber überwiegend oder doch sehr oft durchaus nicht so. Zwar gibt es auch „neutrale" bzw. „gegnerfrei" organisierte Evaluationsinstitutionen, wie z. B. die Stiftung Warentest der Bundesrepublik Deutschland[685] oder Verbraucherverbände[686]. In wichtigen Märkten tummeln sich aber private Institutionen unterschiedlicher Kapitalgeber, deren Neutralität oder Abhängigkeit sich wegen fehlender Transparenz der Beurteilung der Marktteilnehmer weithin entzieht. Dies gilt einmal für die wichtigsten Rating-Agenturen des Finanzmarktbereichs (z. B. Moody's, Standard and Poor's[687], neuerdings Fitch), die durch den Entzug des „Triple A" Unternehmen und Staaten in Bedrängnis bringen können. Es ist dies aber in noch höherem Maße für Investmentbanken richtig, die mit ihren Verkaufs- oder Kaufempfehlungen breite Marktwirkung erzielen, vor allem wenn sie in den Finanzmarktteilen von Zeitungen veröffentlicht werden. Auch öffentliche Äußerungen der Repräsentanten von Anlagefonds aller Art tragen den Charakter fachmännischer Marktinformation. Der Finanzmarktteil führender Tageszeitungen, wie z. B. der F.A.Z., ist nicht nur das Forum von Wirtschaftsjournalisten, deren Unabhängigkeit insoweit der abgeschwächten Kontrolle des Deutschen Presserates unterliegt[688]. Er ist sehr oft Beiträgen aus Bankkreisen und aus dem Kreis anderer Finanzdienstleister oder Stellungnahmen aus Kreisen der Anwaltschaft, Wirtschaftsprüfungsgesellschaften oder Anlageberatung geöffnet, deren Interessenorientierung sich nur schwer verbergen lässt[689]. Auch im Bereich der Funkmedien erfolgen Bewertungen der Marktbewegungen nicht selten durch Gastkommentare interessierter Bankkreise. Die Finanzdienstleistungsaufsicht ist bereits mit der Überwachung der Überwacher personell und inhaltlich überfordert und kann gegenüber evaluierenden und emittierenden Marktteilnehmern praktisch erst eingreifen, wenn es zu eher kriminellen Verhaltensformen kommt oder Zusammenbrüche unmittelbar drohen[690].

So dominiert letztlich in vielen wichtigen Bereichen ein Modell gleichgeordneter Kontrolle durch private Institutionen, welche ihre Tätigkeit ihrerseits zur Gewinnschöpfung nutzen. Der Markt kontrolliert den Markt. Dies mag durchaus Vorteile haben, wenn z. B. eine Rating-Agentur erfahrenes und branchenkundiges Personal beschäftigt und gleichzeitig ihren Konkurrenten und Wettbewerber kontrolliert oder wenn ein Kommentator den anderen korrigiert. Wenig befriedigend ist dabei aber die sehr unklare Motivationslage, die nicht selten im Kampf um Kunden, Märkte[691] oder Einschaltquoten zu finden sein mag: Rating-Agenturen werden von den bewerteten Unternehmen oder Produktemittenten selbst bezahlt und brauchen Aufträge, die Art ihres Ratings muss eigene Marktstrategien berücksichtigen[692], sie sind selbst auf zuarbeitende Wirtschaftsprüfer oder Anwaltsfirmen angewiesen, die ihrerseits Bezahlung verlangen[693]. Der Finanzmarktteil einer großen Tageszeitung oder das Wirtschafts- und Finanzmarktmagazin eines Funkmediums muss darauf achten, dass sich dort ein Publikum wieder findet, das seinerseits den Finanzmarkt wesentlich mitgestaltet, auch er braucht einen gewissen Grad an Akzeptanz bei den Akteuren und kann schwer gegen den modischen „main stream" mit seinen rasch wechselnden Anlagephilosophien anschwimmen[694]. Es wäre falsch, den marktmäßig orientierten Evaluationsmechanismen eine präventive Kontrollfunktion absprechen zu wollen; ihre Einbindung in den Markt lässt aber deutliche Grenzen plausibel erscheinen[695], und eine echte Evaluation der Effizienz der Evaluatoren ist nur schwer möglich. Man kann allerdings nicht behaupten, dass das private Rating der Kapital- und Finanzmärkte oder die Finanzmarktberichterstattung durch besonders weitsichtige Prognosen aufgefallen wären, meist erfolgen Hinweise, wenn es für den Anleger ohnehin schon zu spät ist[696]. Rating-Agenturen kontrollieren nicht die Verität von Angaben der Auftraggeber. Sie handeln in „good faith". Eine Kosten-Nutzen-Analyse der durchaus kostenträchtigen privaten Rating-Verfahren, die im Endeffekt der Anleger bezahlt, ist schwer durchführbar[697], es reicht für ihren wirtschaftlichen Erfolg, wenn „der Markt" an ihr Ritual glaubt: „information as a business".

Bemerkenswerterweise ist es um Neutralität der Evaluation bei Waren wesentlich besser bestellt als bei Finanzprodukten und Finanzdienstleistungen. Der Evaluationsmarkt der Warengüter ist weniger lukrativ und wird deshalb eher gemeinnützig arbeitenden Institutionen oder klassischen Medien überlassen, wohingegen sich im attraktiven Finanzmarkt eher gewinnorientierte Agenturen oder Anlageberater finden. Gleichzeitig ist die Evaluation von Waren aller Art weniger aufwendig und folgt exakteren Methoden und Verfahren, wohingegen die Bewertung von Finanzprodukten gesicherte Methoden weniger kennt und bewertender Spekulation viel

Spielraum lässt. So ergibt sich das unbefriedigende Bild, dass im für den Abnehmer finanziell übersichtlicheren und weniger existentiellen Bereich des Warenmarktes die evaluierende Information besser geordnet ist und effektiver arbeitet als im Finanzmarktbereich, der die Abnehmer wesentlich stärker in existentielle Krisen zu stürzen vermag als der Warenmarkt.

Im Ergebnis vermag die institutionelle Evaluation die geschilderten Defizite des Informationsmodells nur eingeschränkt zu kompensieren. Es bleibt deshalb die Frage, ob in manchen Bereichen inhaltliche Regulierung das Informationsmodell nicht zumindest dann ergänzen muss, wenn Abnehmer betroffen sind, die Risiken weder erkennen noch ausbalancieren können[698].

g) *Haftung als Sanktion unzureichender Information und die Kollektivierung des Rechtsschutzes: Law as a Business sowie Private Law Enforcement und ihre Grenzen*

Die dem Informationsmodell adäquate Sanktion ist „private law enforcement", d. h. Rechtsverfolgung durch Private im öffentlichen Interesse oder Gruppeninteresse vor allem bei Massenschäden geringer individueller Höhe[699]. Es ist schon schwierig, inhaltliche Vorgaben für Marktprodukte präventiv oder repressiv durch administrative oder strafprozessuale Maßnahmen durchzusetzen. Wo die Freiheit des Marktes jede inhaltliche Produktdiversifikation zulässt und die Information des Abnehmers zum rechtlichen und ethischen Angelpunkt des Gesamtsystems wird, bleibt angesichts der Informationsschwemme nur die repressive private Rechtsverfolgung als wesentliche Sanktionsform, administrative und strafrechtliche Sanktionen müssen sich notwendigerweise auf besonders schwere Verstoßformen konzentrieren. Die Leistungsfähigkeit der Maschinerie privater Rechtsverfolgung ist schwer abzuschätzen, jedenfalls aber nicht über deutliche Kritik erhaben. Private law enforcement erfordert ein Heer von Rechtsanwälten, die informationsgeschädigte

Mandanten anwerben und dabei durch eine attraktive Gewinnmöglichkeit motiviert sind. Sie verlangt kollektive Rechtsschutzformen, die dem Individualrecht des einzelnen Bürgers nur in sehr schematisierter Form gerecht werden können. Oft bleibt festzustellen, dass die Anwaltschaft der eigentliche Gewinner dieses Systems ist und dem informationsgeschädigten Bürger nur wenig bleibt. Die Motivation zum private law enforcement setzt auf Formen erhöhten Schadensersatzes[700]. Nur wenige aufwendige Massenverfahren können aber mit all ihren Kompliziertheiten urteilsmäßig zu Ende geführt werden, fast alle müssen verglichen werden und werden verglichen, soll das System gerichtlichen Rechtsschutzes nicht überfordert sein[701]. Diese Vergleichspraxis macht indessen Sanktionen für Unternehmen kalkulierbar, sie fallen letztlich vielfach im Wege kostenmäßiger Umlage beim Abnehmer an. Es lässt sich schwer leugnen, dass die Rechtsdurchsetzungskosten des privatsanktionierten Informationsmodells höher sind als die Kosten inhaltlich präventiver Regulierung. Inwieweit die größere Marktdynamik inhaltlicher Freiheit diese Kosten kompensiert oder gar überkompensiert, muss offen bleiben[702], wobei selbst bei Überkompensation die Frage nach der Verteilung und Verlagerung von Gewinnen bleibt.

Zwei Begleiterscheinungen des Informationsmodells und seiner Durchsetzung durch private Rechtsverfolgung verdienen noch besondere Erwähnung: einmal der circulus vitiosus, wie er durch die Vermehrung von Informationen als Folge der informationsbegründeten Haftung entsteht; zum anderen die Kollektivierung des Rechtsschutzes als Folge übertriebener Individualisierung des informationsgestützten Marktangebots. Wo die Haftung an verfehlte Information knüpft, wie sie ex post beurteilt wird, versuchen Anbieter durch Vermehrung von immer weniger sinnvoll verarbeitbarer Information die Haftung zu vermeiden. Man kennt diesen Prozess von Warnungen in Arzneimittelbeschreibungen oder von technischen Hinweisen etwa der Art, dass Parabolrückspiegel die

Entfernungsperspektive verändern können. Die Fortentwicklung weiterer Informationspflichten dient oft dazu, objektive Qualitätsanforderungen versteckt zu formulieren, die das Marktmodell möglichst freier inhaltlicher Produktgestaltung nicht zulässt. Dies erweist sich aber als Sackgasse, wenn der Anbieter die Informationsmenge entsprechend vermehrt[703]. Die inhaltliche und qualitative Diversifikation des Produktangebots als Ausdruck eines Individualisierungsprozesses des Abnehmermarktes schlägt im Schadensfall plötzlich in einen Zwang zur Kollektivierung um, weil der individualisierenden Angebotspalette individualisierende Rechtsschutzformen nicht gegenüber stehen. Vielmehr muss sich der mündige und eigenverantwortliche Abnehmer plötzlich in ein Rechtswahrnehmungskollektiv einreihen, das ihm weithin den eigenen Entscheidungsspielraum nimmt[704]. Beide Phänomene weisen auf deutliche Grenzen eines Modells, das inhaltliche Freiheit der individuellen Entscheidung nach Information anvertraut.

Bisher hat deutsches und europäisches Recht allerdings eine rechtliche Deregulierung des inhaltlichen Angebots vollzogen, ohne auf der Sanktionsseite adäquate Gegengewichte zu schaffen[705]. Auf diesem weniger vertrauten Terrain waltet Vorsicht in Gestalt sehr eingeschränkter Gruppenklagen[706] oder abschöpfender Verbandsklagemodelle[707], die eher als Ergänzung administrativer oder strafrechtlicher Sanktionen taugen, aber auf Dauer dem Bedarf nach massenhafter Sanktion nicht genügen[708] – falls man weiter auf das Informationsmodell setzt. Wenig wirksam ist das „Widerrufsmodell" mit seiner Überlegungsfrist, das in aller Regel nur zum Tragen kommt, wenn der Anbieter über die Widerrufsmöglichkeit nicht oder fehlerhaft informiert hat, ganz unabhängig davon, ob die Information über sein Produkt korrekt war[709].

2. Die Volatilität der Kapitalanlage und der Unternehmensstrategie im Marktmodell und ihre Folgen

a) *Die Interessenlage des „Fremdaktionärs" bzw. des fremden Kapitalgebers*

Man spricht bei Aktiengesellschaften vom „Fremdaktionär", wenn es sich um einen Anteilseigner handelt, den nur die finanzielle Investition und ihre Rentabilitätserwartung mit dem Unternehmen verbinden. Die Bedeutung eines Unternehmens für die Wirtschafts- und Sozialstruktur einer Region als Eigenwert blendet er aus und berücksichtigt sie nur im Rahmen seiner Rentabilitätserwartung[710]. Seine persönliche Identität mit einem Unternehmen liegt in der Gewinnschöpfung[711]. Dieser Effekt einer fragmentierten „corporate identity" steigert sich mit der räumlichen, kulturellen und sozialen Distanz des Kapitaleigners zur Region, wo das Unternehmen arbeitet[712]. Bisher war diese Form der Identität hauptsächlich von Aktiengesellschaften bekannt[713]. Die neuere Entwicklung der „private equity"[714] greift beim Einsatz gewinnorientierten Fremdkapitals immer mehr auf mittelständische[715] oder kleinere Unternehmen zu („Heuschrecken")[716] und erfasst inzwischen auch bisher nicht kapitalistisch organisierte Bereiche wie Kliniktrügerschaft oder Trägerschaft von Mietwohnungen[717]. Es ist verfehlt, die Interessenlage des Fremdeigners von vorneherein moralisch abzuwerten, aber man muss sie sich in ihrem Ausgangspunkt nüchtern klar machen, um keinen falschen Erwartungen zu huldigen[718] und daraus resultierende Enttäuschungen zu erleben[719]. Der Fremdeigner wird stets das Risiko nachhaltiger Kapitalanlage gegen das Risiko kurzzeitigen Wechsels abwägen, der sichere Gewinnmitnahmen zulässt[720]. Er wird also eher auf kurze oder mittlere Sicht fahren und eine nachhaltige Unternehmenspolitik nur eingeschränkt unterstützen, wenn sich zwischenzeitlich lukrativere Anlageformen anbieten[721].

Dies gilt vor allem für den international orientierten Fremdaktionär, wie er heute immer mehr die Regel ist[722]. Ihm fehlt jede Identifikation mit dem Unternehmen und seiner Region, die zugunsten langfristigerer Strategien den Ausschlag geben könnte[723]. So trägt schon der Fremdanteilseigner als solcher in das Unternehmen ein volatiles Element, das eine langfristige Unternehmensplanung stören kann[724]. Nicht umsonst zeigen Erhebungen, dass Unternehmen mit langfristig engagierten Kapitaleignern, wie z. B. häufig[725] Familienunternehmen[726], über längere Distanz erfolgreicher wirtschaften[727] als Unternehmen mit Fremdanteilseignern, die weder der Geschäftsart des Unternehmens noch seiner Region und Tradition in irgendeiner Weise verbunden sind[728]. Es ist deshalb nicht falsch, den Fremdanteilseigner einer eher volatilen Unternehmensstrategie zuzuordnen mit Tendenzen zur Fehlallokation unternehmerischer Entscheidung[729].

b) Der Kleinanleger als Fremdeigner und die Fehlallokation unternehmerischer Entscheidung

Dieser Effekt verstärkt sich bei Streuung des Kapitals in den Händen von Kleinanlegern. Mit der Entwicklung zur Risikoauslagerung auf Kleinanleger im „Investment Banking" einher geht die unmittelbare oder mittelbare Eignerschaft von Kleinanlegern an großen und mittleren Unternehmen. Der Kleinanleger ist notgedrungen auf kurzfristige Planung festgelegt, weil sein Kapital für eine langfristig planende Anlage weder die nötigen quantitativen noch zeitlichen Voraussetzungen[730] erfüllt. Einmal verfügt sein Kapital nicht über genügend Breite, um Risiken zu streuen und auszubalancieren. Zum anderen muss er sein Kapital zeitlich verfügbar halten, weil die knappe Kapitaldecke den unvorhergesehenen Kapitalbedarf, wie er immer wieder auftritt, sonst nicht befriedigen kann. Mit der kurzfristigen Planung des Kleinanlegers harmoniert die kurzfristige Gewinnerwartung. Sie ist aber mit kontinuierlicher Unternehmensführung und langfristiger Unternehmensstrategie nur beschränkt vereinbar, weil sie eine Marktlage voraussetzt, die dem Unternehmen die gleichzeitige Bereitstellung notwendiger Investitionsmittel und Mittel zur attraktiven Gewinnausschüttung erlaubt. Dies ist aber meist nicht der Fall, vielmehr wechseln zyklisch Phasen überwiegender Investition[731] und Umstrukturierung mit Phasen der Konsolidation und verstärkten Ausschüttung[732].

Ist der Kleinanleger schon von seiner Kapitalstruktur her als Träger kontinuierlicher unternehmerischer Entscheidung nur sehr beschränkt geeignet, so verstärkt sich der daraus entstehende Effekt einer sehr volatilen Beziehung zum Unternehmen durch seine beschränkten Informationsmöglichkeiten, die sich ganz in den geschilderten, nicht sehr zuverlässigen Quellen der Fremdinformation erschöpfen. Die meisten Kleinanleger sind ohne unternehmerische Kenntnis und Erfahrung. Selbst wo langfristig höhere Gewinnerwartungen begründet sein mögen und die kurzfristige Ausschüttung am Maßstab nachhaltigen Wirtschaftens das schlechtere Geschäft ist, wird der Kleinanleger schon aus Misstrauen in fremde Information den kurzfristigen Gewinn bevorzugen[733]. Und schließlich ist angesichts der vorgegebenen Informationsparameter dieses Misstrauen nicht ungerechtfertigt.

Die Leitung eines Unternehmens mit vielen Kleinaktionären wird die Volatilität ihrer Entscheidungen in Rechnung stellen müssen, weniger in Gestalt von Aktivitäten im Rahmen von Entscheidungsorganen als vielmehr in Gestalt von Verkaufsentscheidungen, die den Goodwill des Unternehmens schädigen und die Entscheidungsfreiheit der Unternehmensleitung begrenzen[734]. So wird die Volatilität der Eigner zur Volatilität der Unternehmensstrategie[735], die teilweise Fehlallokation unternehmerischer Entscheidung ist die Folge.

c) *Die schwindende und beschränkte Pufferfunktion intermediärer Unternehmen als Anteilseigner*

Der Versuch, die Volatilität der Entscheidung vor allem des Kleinanlegers zu „puffern“, indem man anteilshaltende unternehmerische Einheiten zwischenschaltet, insbesondere Fondsgesellschaften aller Art wie Aktienfonds, Investmentfonds, Sanierungsfonds, Dachfonds etc., hat vom Grundgedanken her zunächst einmal durchaus Vorzüge. Einmal verbreitert er die Anlagemöglichkeit des Kleinanlegers – allerdings bei oft abgeschwächtem Informationsstand. Zum anderen aber verortet er die unternehmerische Entscheidung wieder eher an einer sachverständigeren Institution[736], die den steten Wechsel der Kleinanleger auffangen und langfristigeren Planungen folgen kann. Indessen wird diese „Pufferfunktion“ wiederum dadurch beeinträchtigt, dass das zwischengeschaltete, anteilshaltende Unternehmen selbst der Volatilität seiner Anteilseigner ausgesetzt sein kann[737], sodass auch hier die Orientierung an kurzfristigen Entscheidungen durchschlägt[738]. Manche Fonds haben es sogar Großanlegern ermöglicht, durch häufigen Verkauf oder Kauf von Fondsanteilen in den Finanzmärkten Preisunterschiede zu verursachen, die der Anleger spekulativ ausnützen konnte („Market Timing“)[739].

Soweit Finanzdienstleister, Banken oder produzierende Unternehmen selbst Anteile an anderen Unternehmen oder zwischengeschalteten Einheiten halten, um unternehmerische Kontinuität im Interesse ihres eigenen Unternehmens zu wahren – das System der geschilderten Deutschland AG[740] –, geraten sie ebenfalls unter Druck, wenn sie wiederum selbst von rein gewinnorientierten Eignern und ihren Investitionsentscheidungen abhängen. Denn natürlich verändert ein Werteverfall die Bilanz des anteilshaltenden Unternehmens in durchaus unvorteilhafter Weise[741]. Voll gewinnorientierte Geschäftsbanken mit Fremdaktionären[742] oder Unternehmen, die von Fremdaktionären mitbeherrscht sind, können deshalb in einem regionalen Markt oder sogar weltweiten Markt die beschriebene Kontinuitätsfunktion nur sehr beschränkt oder oft gar nicht wahrnehmen[743].

d) Hohes Risiko kurzfristiger Unternehmensstrategie

Im Ergebnis muss die Entscheidung für ein Finanzierungssystem mit fremden Anteilseignern immer mit der Bereitschaft einhergehen, das Risiko einer sehr kurzfristigen Unternehmensstrategie zu tragen[744]. Die vollziehenden Organe der Unternehmen können beim Eintritt dieses Risikos nicht umlenken, die Parameter sind ihnen vorgegeben[745]. Es ist deshalb sinnlos, wenn Politiker, Medien oder Gewerkschaften[746] an Unternehmensführer appellieren, außer dem Dienst an den oft kurzfristigen Interessen der Fremdanteilseigner noch andere Gesichtspunkte nachhaltiger Investition oder regionaler Wirtschafts- und Sozialstruktur zu beachten[747]. Sie sind nach ihrer Funktion im System als willige Vollstrecker der Fremdanteilseigner definiert[748]. Ihre Spielräume sind klein, sie haben gemessen am finanziellen Ganzen eher Almosencharakter[749]. Man kann dies am Beispiel von DaimlerChrysler sehr schön klar machen. Die Identifikation dieses Hauses mit seiner Region hat sich früher in hohem regionalen Beschäftigungsgrad und steuerlichen Erträgen und anderen Zuwendungen niedergeschlagen, der Weltkonzern der Fremdanteilseigner intendiert Rationalisierung und Gewerbesteuerersparnis und weiß sich der Region und ihrer Struktur nicht mehr verbunden als anderen Produktionsstätten, wie es sie weltweit gibt[750] – nämlich nur, soweit es sich gewinnmäßig rechnet. Der Unverstand der Politik und der öffentlichen Meinung besteht darin, diese Entwicklung zu beklagen, ohne sehen zu wollen, dass es zu ihr keine Alternative gibt, wenn Fremdeigner die Handlungsparameter bestimmen[751].

3. Der Kapitalmarktwettbewerb und die Verdrängung leistungsfähiger regionaler Anbieter: Zerstörung regionaler Wirtschafts- und Sozialstrukturen?

a) *Europaweiter und globaler Angebotswettbewerb und Kapitalmarktwettbewerb*

Die Marktidee denkt sich überstaatliche Räume, in denen einzelne Anbieter nicht nur um den höheren Absatz im Angebotswettbewerb stehen, sondern auch um den höheren Gewinn für die Kapitaleigner der einzelnen Anbieter. Es kommt im Idealfall zur europaweiten oder gar weltweiten Paarung von Angebotswettbewerb und Kapitalmarktwettbewerb. Die Marktidee will auf allen Gebieten dem niedrigsten Angebot für den Abnehmer mit dem höchsten Gewinn für den Eigner des Anbieters zur Durchsetzung verhelfen. Sie sieht darin den höchstmöglichsten Nutzen für alle Beteiligten, den Verbraucher wie den Kapitalisten. Gerade darin mag aber ein bedenklicher Systemfehler liegen, falls man die Ungleichmäßigkeit der Kapitalverteilung in Rechnung stellt. Dieser Systemfehler erklärt auch, warum ein solches europa- oder weltweites Marktsystem zur steten Spreizung des Einkommensabstandes zwischen arm und reich führt, wie es seit dem Vormarsch dieser Marktidee in immer mehr Staaten zu beobachten ist[752].

b) *Die Funktion des Angebotswettbewerbs und seine Rechtfertigung*

Wenn der Kapitaleigner europaweit oder weltweit den Gesetzen des Marktsystems folgt, so muss er seine Waren- oder Dienstleistungsangebote am Ort größter Gewinnmaximierung produzieren. Das bedeutet, dass die Produktionsstätte mit ihren Mitarbeitern zunächst einmal dem europa- oder weltweiten Angebotswettbewerb standhalten muss. Das Produkt muss Qualität (Innovation, Verarbeitungsqualität) und Preisgestaltung so kombinieren, dass es genügend Abnehmer findet, um rentabel und mit gewissem Gewinn produziert zu werden. Schon dieser Angebotswettbewerb impliziert nicht nur einen Wettbewerb um organisatorischen, wissenschaftlichen und technologischen Fortschritt, er setzt auch die Koordinaten für die Gewinnschöpfung des Kapitaleigners und der beteiligten Arbeitnehmer sowie mittelbar der staatlichen Gemeinschaft mit ihren Abgabesystemen. Es gibt Produktionsformen, die in bestimmten Regionen bereits am Angebotswettbewerb scheitern, weil sie weder für das eingesetzte Kapital noch für die beteiligten Arbeitnehmer einen Gewinn lassen, der mit anderen regionalen Produktionsformen konkurrieren kann und damit dem wirtschaftlichen Grundstandard der Region gerecht wird. Erst wenn es gewinnbringendere andere Produktionsformen nicht mehr gibt, muss sich die Region auf einen anderen Grundstandard festlegen mit der Folge, dass verdrängte Produktionsformen oder neu entstehende Produktionsformen dem Angebotswettbewerb wieder standhalten. Diese Form europaweiten und weltweiten Wettbewerbs kennt natürlich Abstieg und Aufstieg und damit Härten, aber sie ist zur Erhaltung der regionalen Leistungsfähigkeit und zum technischen und wirtschaftlichen Fortschritt der Menschheit im Grundsatz unabdingbar notwendig. Es macht auch keinen Sinn, die Auswirkungen dieser Form des Wettbewerbs auf Dauer durch Abschirmung jedweder Art (Teilmärkte durch Schutzgesetze, Kündigungsschutz gegen Rationalisierungen zur Erhaltung angebotsmäßiger Wettbewerbsfähigkeit[753], Lohnfestlegung durch Gesetzgebung oder undifferenzierte Tarifverträge mit kurzen Arbeitszeiten[754] etc.) abhalten zu wollen; dies kann allenfalls vorübergehend eine hilfreiche Maßnahme sein, um ruckartige Veränderungen abzufedern („Aus Sturzflug mach Gleitflug“). Insoweit ist auch die oft gehörte These zutreffend, man müsse so viel „besser“ sein, wie man mehr verdienen wolle[755].

c) *Die fragwürdige Auswirkung des Kapitalmarktwettbewerbs: Unternehmensstilllegung trotz bestandenen Angebotswettbewerbs und Dominanz des Kapitals*

Ein europaweiter oder gar weltweiter Kapitalmarkt, der auf Wettbewerb um den besseren Ertrag angelegt ist und den freien Kapitalverkehr in allen Bereichen menschlicher Produktivität zum Ideal erhebt, beginnt die vom Angebotswettbewerb bestimmten Parameter indessen noch einmal deutlich zu verschieben. Während nämlich der Angebotswettbewerb für die Gewinnverteilung zwischen Kapitaleigner, Arbeitnehmer und staatlicher Gemeinschaft regionalen Spielraum lässt, greift das Ideal freier Beweglichkeit des Kapitals unmittelbar in diese Gewinnverteilung ein[756]. Man kann sich dies an einem einfachen Beispiel unmittelbar klar machen.

Im Lande A werden PKWs produziert, deren Qualität und Preis europaweiten oder weltweiten Absatz erlaubt. Der Roherlös wird – ganz vereinfacht – so verteilt, dass der Kapitaleigner 8 %, die Arbeitnehmer 12 % und der „Staat“ 10 % des Produktpreises erhalten. Wenn in einem anderen Land B die Erlösquote für den Kapitaleigner auch bei Berücksichtigung von Transformationskosten günstiger ausfällt, z. B. 10 % oder 12 % bei sonst gleichem Standard beträgt, so verhält er sich dauerhaft nur marktgerecht, falls er sich dorthin bewegt. Ist der Kapitalgeber von „Fremdanteilseignern“ beherrscht, so müssen seine Organe den Transfer vollziehen, wollen sie nicht demissioniert werden[757].

Für die Region, aus der die Produktion verschwindet oder zu verschwinden droht, ist damit eine abweichende Erlösverteilung weithin verunmöglicht. Sie muss sich der Gewinnspanne anpassen, die der Eigner des frei beweglichen Kapitals europa- oder weltweit mit Erfolg einfordern kann. Die Marktmacht frei beweglichen Kapitals kann alles dominieren, was die regionale Gesellschaft an struktureller Regulierung zur Gestaltung ihrer sozialen, wirtschaftlichen und politischen Kultur geschaffen hat[758]: Kündigungsschutz[759] und Tarifverträge, Sozialsysteme[760], Steuersysteme[761], Kapitalmarktkontrollrecht[762], arbeitsrechtliche Mitbestimmung[763] etc. Es entspricht dem Wesen des überregionalen und überstaatlichen freien Kapitalverkehrs, dass er die Mechanismen regionaler staatlicher Willensbildung und damit auch die demokratische Selbstbestimmung zu überspielen in der Lage ist[764] und zu einer Art Angebotswettbewerb um Kapital zwischen Staaten führt[765]. Dieser Effekt verstärkt sich, wenn immer weitere Bereiche menschlicher Produktivität mit frei beweglichem Kapital organisiert werden, das von überregionalen Eignern gehalten wird (z. B. Handwerksbetriebe, Universitäten, Schulen, Krankenhäuser, etc.)[766]. Mit der vollzogenen Investition kann sich zwar eine Bindung an die Region verknüpfen, die das Machtpotential angelegten Kapitals beschränkt. Dies muss aber nicht der Fall sein, wenn der Wert des Unternehmens wie oft nicht in örtlichen Produktionseinrichtungen, Immobilien oder persönlichkeitsgebundenem Know-how liegt, sondern in Entwicklungswissen, das auch andernorts bei höheren Gewinnspannen verwertbar bleibt. Hinzu kommt die Möglichkeit der Übernahme zur Ausschaltung eines Konkurrenten im Angebotswettbewerb zugunsten einer Produktionsstätte mit höherer Gewinnspanne.

Es liegt in der Natur der Sache, dass ausgleichende Mechanismen bisher kaum entwickelt sind. Zum funktionierenden „idealen" Markt, wie er zwischen Eignern frei beweglichen Kapitals und Arbeitnehmern existieren müsste, gehört die Freizügigkeit des Arbeitnehmers, die bessere Verdienstquelle aufzusuchen. Ganz abgesehen davon, dass solche Freizügigkeit ein Gleichgewicht in absehbarer Zeit nur in elitären Bereichen[767] herstellen könnte, ist sie als Massenphänomen ausgesprochen folgekostenträchtig und soziokulturelle sowie politische Illusion. Gleiches gilt für die überregionale Bündelung der Marktmacht der Arbeitnehmer in Gewerkschaften, die bisher selbst in Europa erst vorsichtige übernationale Gehversuche wagen[768]: zu groß ist meist die Diskrepanz der Interessen. Eine europäische oder gar internationale Einigung auf bestimmte staatlich garantierte arbeits- und sozialrechtliche Grundstandards ist zumindest auf hohem Niveau[769] weder wünschenswert noch realistisch; ebenso wenig realistisch ist eine Einigung auf steuerliche Standards[770]. Vielmehr hat man sich darauf einzustellen, dass dem freien Kapitalverkehr ein einheitlicher Ordnungsrahmen nicht gegenübersteht und man andere Mechanismen gebrauchen muss, um Kapital regional zu binden. Dazu gehören Staatsbeteiligungen an Banken oder privaten Unternehmen oder/und Bildung eines persönlichen Netzwerkes staatlicher und wirtschaftlicher Elite (französisches Modell), wechselseitige Beteiligungen regionaler Unternehmen[771] und Banken (Deutschland AG), „goldene Aktien" bzw. Anteile mit Vorrechten für regionale Anteilseigner, Belegschaftsaktien[772]. Darauf wird später noch einmal zurückzukommen sein.

d) *Hohes Risiko einer Spreizung der Einkommensverteilung*

Im Ergebnis bleibt festzuhalten, dass ein großräumiger Angebotswettbewerb zwar Parameter für die Gewinnschöpfung innerhalb regionaler Strukturen setzt, aber der einzelnen Region Spielräume für die Erlösverteilung zwischen Kapitaleigner, Arbeitnehmer und staatlicher Gemeinschaft lässt[773]. Hingegen greift ein überregionaler Markt freien Kapitalverkehrs tief in die regionalen Verteilungsmodalitäten und damit in die sozialen, wirtschaftlichen und politischen Strukturen ein[774]. Das Gewicht des fremden Kapitaleigners mit reinem Gewinninteresse steigt, das Gewicht regionaler Gestaltung samt ihrer demokratisch legitimierten Entscheidungen sinkt. Mit dem Gewicht des überregional orientierten Kapitaleigners steigt auch sein Einkommen[775] auf Kosten der regionalen Akteure (Arbeitnehmer[776], Staat). Dabei muss man betonen, dass der fremde Kapitaleigner nur die Rolle spielt, die das System des europaweiten oder weltweiten freien Kapitalverkehrs ihm zuordnet. Abweichende Verhaltensformen sind „pro bono"-Aktivitäten des Privatbereichs, die dem Marktsystem als solchem nicht oder nur sehr eingeschränkt immanent sind. Wenn man diesem System huldigt – und dies ist in weiten Kreisen der Ökonomie, der Politik und der veröffentlichten Meinung der Fall –, ist es inkonsequent, sich darüber zu beklagen, dass die Akteure die ihnen zugedachte Rolle konsequent durchhalten. Die positive Seite des freien Kapitalverkehrs bleibt natürlich der Investitionsanreiz für fremdes Kapital[777], den Kapitalbindungsmechanismen unter Umständen schwächen. Vielleicht liegt die richtige Lösung im Versuch zur ausgewogenen Balance.

4. Das Geschäft mit Risiken und seine beschränkte Beherrschbarkeit – Risikoauslagerung, Risikoübernahme und Risikostreuung

Es gehört – wie dargelegt – zum Wesen des freien Marktes und der kompetitiven Gesellschaft, dass auch das Geschäft mit Risiken möglichst uneingeschränkt möglich sein soll[778], sofern der Vertragspartner über Risiken eines Produktes nur ausreichend informiert ist. Das Geschäft mit Risiken begegnet zunächst einmal in Gestalt der Risikoauslagerung und Risikoübernahme zwischen institutionellen Investoren wie Banken und Versicherungen, z. B. bei Absicherung gegen Zinsänderungsrisiken, Währungsrisiken oder Kursschwankungen von Wertpapieren. Nun gibt es immerhin Versuche, die Risikobelastung von Finanzprodukten mathematisch zu erfassen[779]. Es ist aber bereits problematisch, das Zusammenspiel von Risiken mehrerer oder einer Vielzahl von Risikoprodukten eines einzelnen Trägers, z. B. einer Bank oder eines Fonds, zu kalkulieren[780]. Die Insolvenz des Long-Term Capital Management, eines hedge fund, im Jahre 1998 gibt hiervon beredtes Zeugnis. Obwohl dieser „fund" auf den Risikomanagementlehren der Nobelpreisträger *M. Scoles* und *R. Ch. Merton* aufbaute und beide im board of directors waren, kam es vor allem im Derivatbereich zu hohen Verlusten, die der Wahrscheinlichkeitsrechnung entsprechende Balance verschiedener Risikowerte verwirklichte sich nicht in nützlichem Zeitrahmen[781]. Nur eine Intervention der U.S.-Federal Reserve Bank of New York über 3,625 Milliarden US-$ konnte einer befürchteten Kettenreaktion vorbeugen. In der Tat ist weder die Risikoneigung eines einzelnen Trägers noch gar eines Gesamtsystems mit vielen Risikoträgern ausreichend zuverlässig mathematisch erfassbar[782]. Es fragt sich, ob das Verbot oder die Beschränkung bestimmter Risikogeschäfte und damit der Markteingriff nicht vor der Tatsache gerechtfertigt erscheinen könnten, dass sie teilweise weniger dem gemeinen Wohl als vielmehr spekulativer Gewinnhäufung bei einzelnen dienen[783], die dann die Risiken auf andere auslagern.

Die letzte Feststellung führt zum vielfach zu beobachtenden Versuch vieler institutioneller Anleger, Risiken auf die Masse der „Endabnehmer“ auszulagern und damit zu streuen[784]. Diese Technik, die auf den ersten Blick eine Stabilisierungsfunktion für sich haben mag, weil sie einzeln schwer tragbare, aber innovationsnotwendige große Risiken partikuliert, streut und damit minimiert[785], hat indessen auf Dauer nicht nur das sozialpolitische Argument wachsender Spreizung der Einkommensverteilung gegen sich. So wie das Meer bei zu starker Umweltbelastung plötzlich kippen kann, ist auch die Masse der Endabnehmer nur beschränkt belastbar, der massenhafte Risikoeintritt kann die bereits geschilderte Volatilität verstärken und damit die Risikoverwirklichung durch Kettenreaktionen noch unberechenbarer machen, als sie sich ohnehin schon darstellt[786].

Die wirtschaftswissenschaftliche Theoriebildung zu den Ursachen und zum volkswirtschaftlichen Nutzen oder Schaden der Spekulation mit Risiken[787] zeigt ambivalente Ergebnisse, die letztlich alles offen lassen: effiziente Verteilung von Risiken[788]; effiziente Verteilung von Informationskosten zwischen ursprünglich uninformierten und informierten Marktteilnehmern mit günstigen Wirkungen auf die Markteffizienz[789]; Spekulation als Nullsummenspiel zwischen

Marktteilnehmern verschiedener Preisentwicklungserwartung mit volkswirtschaftlich sinnlosem Transaktionskostenanfall (Kapitalmärkte als „kostspielige Casinos")[790]; Spekulation als Ergebnis „unvollständiger" Dienstverträge zwischen Spekulant und Portfolio-Manager[791]. Man kann sich des Eindrucks nicht erwehren, dass jede dieser Theorien einen wichtigen Aspekt des Geschäfts mit dem Risiko erfasst, sich aber insgesamt kein wissenschaftlich wirklich erhärtbares Gesamtbild ergibt, das politisch umsetzbar über common-sense-Erwägungen hinausgeht und dabei die Gefahr zerstörender Risikoverwirklichung ausschließen kann[792].

Alles in allem erweist sich das *unbeschränkte* Geschäft mit dem Risiko als Systemfehler freier Märkte[793]. So übertrieben die kontinentale und deutsche Aversion gegen diese Formen von Finanzgeschäften waren, so unbedacht erscheint eine Vollliberalisierung. Es ist z. B. widersprüchlich, den Gläubigern von Banken durch Kapitalunterlegungsvorschriften bei Bankaktiva – auch aus Derivaten[794] – eine Eigenkapitalsicherheit zu schaffen, um dann andererseits bei Verbriefungstransaktionen – oft unter dem Namen der Bank – einer breiten Masse von Gläubigern diese Sicherheit zu nehmen und das Risiko der Referenzmasse voll auszulagern, vor allem wenn etwa die Referenzmasse ihrerseits wieder ganz oder teilweise aus Derivatforderungen bestehen sollte. Wo solche Finanzierungspraktiken in großem Umfange Schule machen, sind im Falle breiterer Risikoverwirklichung kaum steuerbare Kettenreaktionen absehbar[795].

5. Der simulierte Wettbewerb – Umschlag in die Planwirtschaft?

Es gibt bekanntermaßen Gebiete, in denen der Wettbewerb um die Gunst des Nachfragers und Abnehmers zu Ergebnissen führt, die zumindest langfristig nicht tragbar sind, weil zunächst einmal nichts oder das falsche Produkt nachgefragt wird und ein kurzfristiges Umsteuern zu einer späteren Korrektur nicht möglich ist. Dafür gibt es vielfältige Beispiele. Im Bereich der Wissenschaft und Forschung mögen Endprodukte angewandter Naturwissenschaften oder Geistes- und Sozialwissenschaften noch am ehesten einem funktionierenden Nachfragemarkt überantwortet werden können, dem die Finanzierung und Gestaltung überlassen bleibt (z.B. Medikamente[796], Halbleiter in verschiedenen Anwendungsfeldern, Finanzprodukte, Lernmethoden, Sprachausbildung, etc.). Bei sozial- und geisteswissenschaftlicher oder naturwissenschaftlicher Grundlagenforschung gibt es dagegen keinen Nachfragemarkt, der sich für zweckfreie Wahrheitssuche interessiert und in sie in großem Stile investiert[797]. Ähnlich ist es bei der Ausbildung von Kindern, Jugendlichen und Studenten, also der Ausbildung volkswirtschaftlich geeigneten „Humankapitals". Einen funktionierenden Nachfragemarkt können die auszubildenden Kinder, Jugendlichen und ihre Eltern nur sehr eingeschränkt bilden[798]; oft fehlt es an der Fähigkeit zur sachgerechten Bewertung dieser Investition auf die Zukunft, meist aber schlicht am Kapital[799]; auch die künftigen Arbeitgeber bilden keinen Nachfragemarkt in frühen Phasen der Ausbildungskette, allenfalls an ihrem Ende zeigt sich investives Interesse, wenn – die Berufsakademien sind dafür gute Beispiele – das fertige, am Abnehmer ausgerichtete Endprodukt zur Ausbildung ansteht[800]. Auch wenn man die menschliche Regeneration als Reproduktion von Humankapital am Marktgedanken misst – und viel weiter reicht der politische Verstand gegenwärtig in der Tat teilweise nicht –, stößt man auf dasselbe Phänomen: es gibt keinen Abnehmermarkt, der an menschlicher Reproduktion unmittelbares Interesse hätte, dieses Interesse erwacht erst sehr spät für den erwachsenen Menschen als Arbeitskraft, vorher übersieht die Kurzsichtigkeit „des Marktes" das längerfristige Abnehmerinteresse. Im Gesundheitswesen scheitert der Qualitäts- und Kostenwettbewerb um den Patienten an mehreren Faktoren[801]: beschränkte Mobilität des Patienten und Notwendigkeit einer

Garantie örtlicher Versorgung, eingeschränktes Urteilsvermögen der Patienten als „Abnehmer", beschränkte Finanzkraft des einzelnen Patienten bei Nachfragen nach hochwertiger Leistung. „Marktlose" Situationen ergeben sich auch in Verwaltung und Rechtsprechung, wenn man sie als Dienstleistungen an den Bürger begreift: Gesetzesbindung, teilweise fehlendes Nachfrageinteresse, notwendige örtliche Monopolisierung und fehlende Überregionalität, Auseinanderfallen der Qualitätsmaßstäbe von „Abnehmer" und „Anbieter".

Wo der Nachfragemarkt als Instrumentarium kostengünstiger Qualitätsförderung ausfällt oder versagt und auch durch verbandsmäßige Bündelung der Individualinteressen funktionierend nicht hergestellt werden kann[802], bleibt zunächst einmal nur das Vertrauen auf nicht kompetitive Motivationsformen, also etwa auf das Berufsethos von Forschern und Lehrern oder medizinischem Personal, Beamten und Richterschaft, aber auch auf das menschliche Ethos elterlicher Verantwortungsbereitschaft. Wenn solche Motivationsformen fehlen oder nicht ausreichen, wobei die Ausbreitung vorteilsgebundenen Marktdenkens der Ausbildung solcher Motivationsformen nicht günstig scheint, versucht die Marktgesellschaft regelmäßig, durch künstliche Anreize einen Markt zu simulieren[803]. Die Evaluatoren bringen dann ihre eigenen Evaluationskriterien mit oder legen von Kommissionen „künstlich" geschaffene Kriterien an[804]. Die hieraus resultierende Steuerungswirkung schränkt die Freiheit der handelnden Personen und die Pluralität der geschaffenen Produkte ein. Professoren forschen nur noch „interdisziplinär" und in koordinierenden Großvorhaben, auch wo Individualforschung auf Dauer überlegene Ergebnisse erzielen könnte; sie produzieren Massen an Literatur und Publikationen[805], Tagungen, Auslandskontakten, Habilitanden, Doktoranden und erfolgreichen Examenskandidaten, auch wo minimierende Qualitätsauslese anstünde; sie folgen Modethemen auch soweit das zu Erforschende getan, das zu Sagende gesagt und der innovative Wert denkbar gering bleibt; sie produzieren Skripte, Vorlesungspapiere, power-point-charts, redundante Repetitionsveranstaltungen und Lernbücher, die ein Konsumverhalten begünstigten statt Eigenarbeit einzufordern, nur um modischen studentischen Bewertungskriterien standzuhalten[806]. Primäre Bildungssysteme wie Grund- und Hauptschulen, Realschulen, Gymnasien sehen sich gezwungen, ihre Bildungspläne und erwünschtes Individualverhalten der Erzieher den Kriterien internationaler Studien („Pisa") und ihrer Tests anzupassen[807], selbst wenn sich solche Tests an bloßen Fertigkeiten oder primitiven formalen Kriterien ausrichten, traditionelle musische und menschliche Bildung – weil kaum bewertbar – außen vor lassen, um so einem Ausbildungsideal – oder besser „Abrichtungsmodell"? – zu folgen, das geeignetes Humangut für globalen Produktionswettbewerb schaffen soll[808]. Bei der Orientierung vieler universitärer „Bachelor"-Studiengänge ist eine ähnliche Ausrichtung an produktionsgebundenen Fertigkeiten zu beobachten, die sehr kurzlebig sein können und sich nicht unbedingt an lebenslangen Bedürfnissen der Absolventen messen lassen. Die menschliche Regeneration droht mehr und mehr in Anreizsysteme eingegliedert zu werden, die Kinder als familiäres Beiwerk zur selbstentfaltungs- und verdienstorientierten Doppelverdienerehe in einer Humankapital benötigenden Produktionsgesellschaft zu betrachten geneigt sind: Anreize zum gleichmäßigen Verdienst und zu gleichmäßiger Erziehungsbelastung durch Abschaffung, Modifikation oder Ergänzung des Splitting in der Einkommensteuer, weitgehendes „Outsourcing" und „Professionalisierung" der Kindererziehung mit einem durchaus beabsichtigten Kolchosierungseffekt durch investive und steuerliche Begünstigung überindividueller Erziehungsorganisation[809]. Sollten sich solche Zielvorgaben durchsetzen, gerieten andere Modelle individueller Familienorganisation unter Druck und würden verdrängt, weil sie durch das Raster der Anreizplanung fielen[810]. Im Gesundheitswesen soll „Qualitätskontrolle" anhand von Standards und Richtlinien ein Anreizsystem schaffen, das wiederum Gefahr läuft, dem Einzelfall wenig gerecht zu werden, wenn Verweildauer in Kliniken, Zahl der Verordnungen bestimmter Behandlungsformen in Relation zum „Patientengut“ („Budgetierung“), Letalitätsquote, empfohlene Behandlungspläne etc. maßgebliche Kriterien sind; im Extremfall führt dies – wie bereits häufig – zur Behandlungsverweigerung oder -verschiebung, wenn die Planquote schon erzielt ist: der moribundus muss in die Klinik transportiert werden, deren Letalitätsquote noch nicht erfüllt ist, der ältere Herzpatient wird zur Blutkontrolle und Medikamentierung ins nächste Quartal oder Jahr geschoben. Das neue Steuerungsmodell in Verwaltung und Rechtsprechung versucht, den Raum der Freiheit und Unabhängigkeit, den Gesetzesbindung notwendigerweise lässt, durch Budgetierung, mengenmäßige Zielvereinbarungen und „Qualitätszirkel“ vor Missbräuchen zu bewahren. Wer auf dieser Basis Wettbewerb und Vergleichbarkeit herstellen will, muss in Kauf nehmen, dass formale statistische Kriterien (Entscheidungsmenge, kostengünstige „Produktion“, Qualitätsurteil nach Aufhebungsquoten oder Adressatenbewertung) das Verhalten steuern und zu entsprechenden Anpassungen führen, ohne Inhalte zu ändern oder gar zu verbessern[811].

Zusammenfassend bleibt festzustellen, dass die Simulation von Wettbewerb auf Gebieten, die seither eher individueller freier Gestaltung und Verantwortung ohne wettbewerblichen Kostenminimierungs- und Durchsetzungszwang anvertraut waren, die Gefahr einer planwirtschaftlichen Steuerung in sich trägt, die Pluralismus durch Uniformismus ablöst und so eigentlich gerade das Gegenteil marktorientierter Strategien bewirkt, nämlich die Abkehr von der Individualisierung. Mancher Geisteswissenschaftler, der flächendeckende DFG-finanzierte Reihen gleichförmigen Inhalts betreut und produziert hat, ähnelt bereits dem „Helden der Arbeit“ sozialistischer Zeit mit seinem Übersoll an Planerfüllung standardisierter Vorgaben.

6. Regulierende Administration zur Deregulierung – Elemente notwendiger staatlicher Wirtschaftsplanung?

Eine Tendenz zum Umschlag des Marktmodells in staatliche Wirtschaftsplanung lässt sich auch dort beobachten, wo versucht wird, Monopole aufzubrechen. Dabei kann es sich um Monopole oder Oligopole handeln, die dem freien Markt entwachsen sind; wie bereits an anderer Stelle ausgeführt, entspricht die Oligopolisierung oder gar Monopolisierung von Anbietern einem Marktgesetz („Marktbereinigung"), dessen Wirkungsweise sich in der Computer- und Softwarebranche ebenso beobachten lässt wie im weltweiten Wasser-, Energie-[812] oder Telekommunikationsmarkt oder beim Flugzeugbau und der Stahlproduktion. Monopole können aber auch die Folge der Privatisierung öffentlicher Daseinsvorsorge sein. Wo Regulierungsbehörden[813] versuchen, Unternehmen zu entflechten[814], die Preise allgemein[815] oder für Durchleitungsrechte[816] zu kontrollieren und gar festzulegen oder Grenzen für koppelnde Marktstrategien zu entwickeln, ist der Abstand zur staatlichen Wirtschaftsplanung oft sehr gering – mit dem Potential für alle Fehlentwicklungen, das man planwirtschaftlichen Ansätzen entgegenhält. Nicht umsonst wehrt sich deshalb die „reine Lehre" der Marktverfechter gegen solche Eingriffe. Ein deutliches planungswirtschaftliches Element ist die subventionierte Gegengründung von Wettbewerbern des Monopolisten, wie sie etwa Staaten der EU – übrigens sehr erfolgreich – den damaligen U.S.-amerikanischen globalen Oligopolisten Boeing und McDonnell Douglas in Gestalt der Airbus-Gruppe entgegengestellt haben[817]. Innerhalb der EU richten sich Ausschreibungszwänge öffentlicher kommunaler Aufträge und EU-Beihilfen für strukturschwache Gebiete nicht selten in ihrer praktischen Auswirkung gegen regionale Produktions- oder Dienstleistungsmonopole oder entsprechende Oligopole; in jüngster Zeit zeigt sich dies beim Zwang zur Vergabe öffentlicher kommunaler Aufträge an „fremde Anbieter"[818] und beim subventionierten Aufbau z. B. von Industrien der Informationstechnologie oder des Automobilbaus in strukturschwachen Gebieten neuer EU-Staaten[819] besonders deutlich.

Dieses Wechselspiel zwischen Regulierung und freiem Markt, das keiner einzigen Wirtschaftskultur fremd ist, zeigt die Grenzen des Marktsystems besonders deutlich auf, nämlich seine selbstzerstörerischen Kräfte, die des administrativen Gegengewichts bedürfen[820]. Dabei stellt sich einmal die Frage regionaler Flexibilität, die Großeinheiten wie die EU nicht immer sehr befriedigend beantworten, sondern eher zu großflächigen Planungen ohne regionale Feinsteuerung neigen und dabei der einzelnen Region viel an Auf und Ab zumuten. Erst wenn ein ziemlicher Tiefpunkt erreicht ist, kann eine öffentlich organisierte Gegensteuerung einsetzen. Zum anderen aber wirkt die Koppelung von gewinnorientierter Privatisierung und regulierender Verwaltung oft reichlich umständlich und aufwendig bei fragwürdiger Effizienz[821], sodass beim Vergleich zur unmittelbar gesetzesgebundenen und öffentlich organisierten herkömmlichen Daseinsvorsorge die Kosten-Nutzenanalyse[822] nicht immer zugunsten dieser organisatorischen Doppelung ausfallen muss[823].

7. Die Gewährleistungsverwaltung und die Volatilität privaten Kapitals

Der Rückzug aus der öffentlichen Organisation der Daseinsvorsorge und Leistungsverwaltung führt zu einem grundsätzlichen Paradigmenwechsel. Es ist nicht mehr eine öffentliche Institution, die im Dienste der Allgemeinheit steht und durch Umlagen aller Art (Gebühren, Abgaben) und ohne Gewinnabsicht die Daseinsvorsorge finanziert und organisiert, es ist das Interesse des privaten Kapitaleigners am Gewinn[824], das zur befriedigenden Dienstleistung motiviert. Der Staat bestimmt nur noch durch Gesetzgebung oder Vertrag die Rahmenbedingungen privater Dienstleistung. Die öffentliche Hand investiert selbst kein Kapital und macht nicht selten Investitionen zur Verbesserung eigener Liquidität rückgängig[825], indem sie sächliche Investitionen an private Kapitaleigner verkauft oder vermietet oder privatisierte Verwaltungsbereiche in ihrer Gesamtheit auf dem Kapitalmarkt veräußert[826]. Dieses Modell setzt im Einzelfall zunächst einmal voraus, dass es ausreichend konkurrierende Investoren gibt, die der öffentlichen Hand die Durchsetzung ihrer Rahmenbedingungen erlauben. Falls eine Monopolisierung eintritt[827] oder die ursprünglich gewählte Kapitalanlage verglichen mit anderen Anlageformen an Attraktivität verliert, kann der Investor der öffentlichen Hand samt dem Gesetzgeber die Bedingungen diktieren, vor allem wenn es sich um überregionale Fremdanteilseigner handelt, die nationalstaatlichem Zugriff nicht unterliegen[828]. Der Rückzug des Kapitals lässt sich so vorbereiten, dass die Insolvenzdrohung schwerer wiegt als vertragliche oder gesetzliche Gewährleistungspflichten[829]. Man kann dies am Beispiel privatisierten Mietwohnungsbaus[830] leicht erläutern: wenn die Gewinnlage den Kapitaleigner nicht mehr befriedigt, wird er nicht mehr weiterinvestieren, wobei es vom allgemeinen Kapitalmarkt abhängt, welche Gewinnspanne er erwartet[831]. Vielmehr wird das Trägerunternehmen versuchen, entweder die von der öffentlichen Hand festgelegten Rahmenbedingungen in seinem Sinne zu verbessern oder eine Amortisation der Investition durch Ausgabensenkung bis hin zur teilweisen Verflüssigung der Unternehmenssubstanz zu erreichen, um dann das Unternehmen zu liquidieren – mit oder ohne Insolvenz[832].

Bei zwar öffentlichrechtlich konditionierter, aber gleichwohl privatrechtlicher Organisation der Altersversorgung steigt die Abhängigkeit vom überregionalen und globalen Kapitalmarkt. Meist sieht man bei sinkender Bevölkerungszahl und sinkender Zahl beitragspflichtig aktiver Arbeitnehmer in der privaten kapitalgedeckten Alterssicherung die Alternative der Wahl. Private Rentenversicherer, die oft als AG organisiert sind[833], sehen sich aber bekanntlich vor der Aufgabe, aus der Verwaltung des anvertrauten Kapitals einen Gewinn zu erwirtschaften, der für Kapitalanleger lohnend erscheint. Daneben muss die Kapitalverwaltung den Renditeerwartungen der Versicherten gerecht werden, also mindestens Kaufkraftschwund und Sparzins wertmäßig decken. Die Erfahrungen der jüngeren Vergangenheit haben gezeigt, dass sich solche Erwartungen durchaus nicht immer erfüllen lassen. Bei einer schrumpfenden regionalen oder nationalen Volkswirtschaft, wie sie bei Bevölkerungsrückgang und Überalterung als Menetekel an die Wand gemalt ist, fehlen Anlagemöglichkeiten in überschaubaren Wirtschaftsräumen mit gesicherten Rahmenbedingungen. Davon unabhängig verlangen global agierende Fremdaktionäre Renditen internationalen Standards. Die Kapitalanlage der Versicherer gerät damit in den Sog globaler Anlagebedingungen und muss sich notgedrungen Anlageformen höheren Risikos zuwenden, wie sie aus wenig gesicherten Rahmenbedingungen anderer Wirtschaftsräume[834] und aus der Atmosphäre des Gambling internationaler Kapitalmärkte mit ihrer Volatilität folgen[835]. Die öffentlichrechtliche Konditionierung der Anlage durch EU-Richtlinien und nationale Vorschriften des Versicherungsaufsichtsgesetzes vermag wenig gegen die Macht der Kapitalströme, wenn sie aufsichtsrechtlich hoch bewertete Anlageformen plötzlich aushöhlen oder ganz wegspülen. Die Öffnung der Deckungsmassen von Pfandbriefen und der Deckungsstöcke von Versicherungen in den letzten Jahrzehnten für neue Finanzprodukte höherer Risikoklasse[836] zeigt deutliche Reaktionen der Versicherungsmärkte ebenso wie die Herabsetzung der Überschuss- bzw. Gewinnbeteiligung von Versicherten[837]. Die Schieflage der deutschen „Mannheimer Leben" und der japanischen Lebensversicherer Kyoei Life, Chiyoda Mutual Life und Tokio Mutual Life[838] sind Lehrbeispiele für Insolvenzfälle als Folge volatiler Kapitalmärkte und risikofreudiger Anlage. Bekannt sind die Desaster U.S.-amerikanischer betrieblicher Fonds und außerbetrieblicher Rentenfonds, die zwar wie im Falle Enron teilweise Folge betrügerischer Manipulationen sind, aber doch weithin auch schwer kalkulierbarer Volatilität der Kapitalmärkte[839]; für Großbritannien sind ähnliche Phänomene des Wertverfalls privater, kapitalanlageorientierter Altersversorgungsfonds betrieblicher oder außerbetrieblicher Art bekannt[840]. Man muss gerade im Bereich der Altersversorgung sehen, dass der Schritt weg vom öffentlichrechtlichen Umlagesystem zur kapitalgedeckten privaten Organisation nicht ohne weiteres die Unsicherheiten beseitigt, die eine schrumpfende Volkswirtschaft verursacht. Man mag Fälle betrügerischer Insolvenz durch öffentlichrechtliche Rahmenvorschriften und Aufsicht vermeiden oder minimieren können, die Risiken der Kapitalanlage bleiben[841]. Dies gilt auch dann, wenn eine öffentliche Versicherung auf Kapitaldeckung ganz oder teilweise umstellen würde.

Die für den Mietwohnungsbau und die Alterssicherung aufgezeigten Schwachpunkte eines Rückzugs des Staates aus der Daseinsvorsorge im Sinne einer bloßen Gewährleistung sind weithin verallgemeinerungsfähig. Der Staat entmachtet sich, indem er sich investiven Eigentums begibt und sich der Volatilität eines globalen Kapitalmarktes aussetzt, den ausschließlich Gewinnstreben mit oft sehr kurzfristigem Anlageverhalten bestimmt[842]. Der starken Position der Kapitaleigner kann der Gewährleistungsstaat wenig entgegensetzen – spätestens bei der Insolvenzdrohung wird dies deutlich[843]. Dem Staat bleibt dann zur Erhaltung einer Infra- oder Sozialstruktur nur die umlagefinanzierte Übernahme nicht mehr ausreichend gewinnträchtiger oder anlagerisikogeschädigter Bereiche[844]. Auf dieses – allerdings sehr kostspielige – Auffangnetz weisen denn auch Vertreter der Privatisierung öffentlicher Daseinsvorsorge gelegentlich unverhohlen hin[845].

Man muss kein überzeugter Gegner jedweder Privatisierung sein[846], um zu erkennen, dass die Privatisierung der Daseinsvorsorge langfristig nicht weniger Probleme schafft als löst. Dies liegt vor allem daran, dass die Bedeutung öffentlicher Kapitaleignerschaft gerade für die Durchsetzung staatlicher

Grundentscheidungen verkannt wird, die im globalisierten freien Kapitalmarkt eher steigt als sinkt. Vor dem Hintergrund problematischer privater Organisation der Daseinsvorsorge ist der Hinweis auf die „Staatsquote" in Ländervergleichen als Maßstab wirtschaftlicher Leistungs- und Innovationsfähigkeit mehr als fragwürdig. Natürlich führt die private, kapitalgedeckte Organisation vieler Bereiche der Vorsorge zu einer deutlichen Senkung der Staatsquote. Dabei handelt es sich aber um eine rein kategorisierungsbedingte „Verbesserung" und um keine Steigerung tatsächlicher Wertschöpfung[847].

8. Das Marktmodell und die verfehlte Realität: die Erotik der Macht und der unsteuerbare Machtmissbrauch

Das Marktmodell neigt dazu, von einem Menschenbild auszugehen, das die menschliche Realität verfehlt. Es setzt mehr oder weniger ein marktadäquates Gewinnstreben voraus, das auch bei stets wachsender Kapitalkumulation beim einzelnen Kapitaleigner und seinen Organwaltern den Zweck weiterer Kapitalakquisition in fortgesetzter marktgerechter Anlage sieht und auf diese Weise den Marktgesetzen dient. Damit ist aber die Psychologie menschlichen Gewinnstrebens teilweise verkannt. Es dient bis zu einem gewissen Grade der Sicherung eigenen Lebensstandards und folgt insoweit notgedrungen Marktgesetzen. Wo dieser Grad überschritten wird, beginnt indessen die innere Widmung umzuschlagen, falls sich – was vorkommt – die Erotik des Geldes nicht völlig verselbständigt[848]. Der Kapitaleigner entdeckt dann etwas noch Faszinierenderes als Folge der Kapitalkumulation, nämlich die Macht über andere. Er wird zum Gott, der über Schicksale entscheidet und darin tiefe Befriedigung empfindet. Bestenfalls geriert er sich als Wohltäter, der verehrt sein will, wie etwa neuerdings Bill Gates[849] oder Warren Buffet[850]. Im schlechteren Falle nützt der Kapitaleigner seine Macht, um andere zu beherrschen. Viele mächtige private Kapitaleigner tun beides nebeneinander[851]. Auch bei den Organwaltern großer Kapitaleigner werden Machtrausch[852] und der Wille zur Herrschaft über andere unverhohlen sichtbar, wenn die Kapitaleigner dazu Spielraum lassen. Obwohl z. B. Übernahmen unter gleich starken Konkurrenten oder die Konstruktion von „Weltkonzernen" erfahrungsgemäß nur in wenigen Fällen vor den Maßstäben marktgerechter Vernunft als sinnvoll und dauerhaft erfolgreich bewertet werden können[853], lassen sich doch Unternehmen vielfach dazu verführen[854]. Die beteiligten Kapitaleigner und Arbeitnehmer werden dann zu Schachfiguren nicht etwa eines Spiels um Gewinnmaximierung im Dienste der Effizienz- oder Kreativitätssteigerung[855], sondern sie sind zugunsten eines verselbständigten Verdrängungs- und Vernichtungswillens instrumentalisiert[856]. Man mag argumentieren, der potentielle Wille zum Regelverstoß sei jedem Handeln in Freiheit immanent und bedürfe wie im Kleinen so auch im Großen der Sanktion. Nur nimmt die Sanktionsmöglichkeit in umgekehrter Proportion zum Machtzuwachs ab. Niemand fällt Microsoft[857] oder Mittal wirklich in den Arm. Die Lehre vom Selbstzerfall marktwidrig kumulierter Macht ist so richtig wie die Tatsache, dass sich Leben und Tod nicht trennen lassen, sie hat aber angesichts hoher kollektiver oder gar existenzvernichtender individueller Opferfolgen bis zum Verfall wenig Tröstliches.

Im weltweiten „freien" Markt begegnet die Gefahr des Einsatzes von Kapital zur marktfremden Machtübung in verstärkter Form. Als Wettbewerber und Akteure treten hier nicht nur privatrechtlich organisierte Unternehmen auf, sondern auch die Staaten selbst, die Staatsanleihen ausgeben, fremde Währungen und Staatsanleihen als Reserven halten, durch Gesetzgebung Handelsströme[858] oder Investitionen anziehen[859] oder abstoßen[860], nationalstaatliche Monopole oder Oligopole bei der Produktion von Rohstoffen[861], Agrarprodukten oder anderen Gütern anstreben. Es ist bereits reichlich unrealistisch anzunehmen, dass sich die privaten Akteure des globalen Wettstreites an wettbewerbliche Grundregeln halten oder auch nur halten können, wenn es um Aufträge, Übernahmekämpfe und den Versuch zur Marktbeherrschung geht – ganz abgesehen davon, dass es solche Grundregeln bisher letztlich gar nicht oder nur sehr eingeschränkt gibt. Bei Staaten und staatlich beherrschten Unternehmen spielt darüber hinaus die politische Willensbildung eine Rolle, die vielfach nicht auf regelhaften Wettbewerb unter Gleichen[862] gerichtet ist, sondern auf die Dominanz der eigenen staatlichen und sozialen Struktur oder gar die Durchsetzung des Herrschaftsanspruchs des eigenen Systems[863], z. B. über Beteiligungen staatlicher Fonds an Unternehmen in „offenen", marktwirtschaftlich orientierten Staaten, die sich dann praktisch nur durch Kontrollen und Verbote wehren können[864]. Die westliche Zivilisation unterliegt dabei der gefährlichen Illusion, der Marktgedanke und die Lockung des Wohlstandes verbänden sich mehr oder weniger automatisch mit der Entwicklung zu rechtsstaatlichen[865] Demokratien[866], die dann Marktregeln folgen[867]. Die nächsten Jahrzehnte kann indessen davon keine Rede sein[868]. Vielmehr ist davon auszugehen, dass sich im islamischen und asiatischen Raum politische Hybridkulturen schwer prognostizierbarer ideologischer[869] und religiöser[870] Ausrichtung herausbilden werden, die mit dem demokratischen System westlicher Zivilisation politisch konkurrieren[871] und dabei Machtstellungen im Markt instrumentalisieren werden[872]. Wenn man die jüngere Geschichte der gefestigten westlichen Demokratien analysiert, so spricht wenig dafür, dass in diesen Hybridkulturen eine kontinuierliche Entwicklung zu erwarten ist, die es bisher ja auch in Afrika oder Mittel- und Südamerika so nicht gibt; vielmehr ist mit periodischen „Ausreißern" zu rechnen, die einem Rückfall in totalitäre Systeme gleichkommen[873].

Die Mechanismen der UN und ihrer Unterorganisationen können ebenso wie die Weltbank, der Internationale Währungsfond oder die World Trade Organization[874] solche Machtmissbräuche letztlich nicht verhindern oder wirksam sanktionieren[875]. Einmal spiegeln diese Organisationen dazu zu sehr selbst in ihrer inneren Struktur die Verwerfungen, die sie ausbalancieren und regulieren sollen; auch sind ihre Empfehlungen und Prognosen oft anmaßend doktrinär oder gar falsch, wenn sie in Details einzelner Staaten eingreifen[876]. Zum anderen fehlen im Ernstfall Sanktionsmöglichkeiten, wenn einzelne Staaten offen gegen Ordnungsprinzipien dieser Organisation rebellieren – allzu viele Verstöße verlangen nach dem weltpolizeilichen Einsatz militärischer Gewalt oder nach gemeinsamer wirtschaftlicher Sanktion. Endlich aber sind diese Sanktionssysteme häufig einfach für die wesentlichen Akteure viel zu kostenträchtig, sodass der Gedanke einer Regulierung des globalen Marktes an marktmäßige Grenzen stößt.

9. Die Spiegelung der Systemmängel im Modell der WTO

Die WTO ist – ähnlich wie die Weltbank und der IWF – vielfältigen Totalanfeindungen der sog. Globalisierungsgegner ausgesetzt. Sie gehen mit Sicherheit ebenso zu weit wie die Totalanfeindung des Marktmodells in seiner globalen Gestalt, deren institutioneller Ausdruck die WTO ist[877]. Allerdings sollte man klar sehen, dass der Ausbau der globalen Marktfreiheiten, wie ihn sich die WTO zum Ziel gesetzt hat, nicht nur die Vorteile freier Märkte weiter fortschreiben, sondern unvermeidlich auch die Wirkung vieler Systemfehler und Systemschwächen verstärken wird, wie sie bereits beschrieben sind: die Betonung freier Produktgestaltung auf Kosten inhaltlichen Präventivschutzes[878] verbunden mit dem Gedanken einer alles rechtfertigenden, aber häufig nutzlosen Information; die Volatilität der Kapitalanlage verbunden mit kurzatmiger Unternehmensstrategie; die Verdrängung sozial ausgewogener und trotzdem leistungsfähiger regionaler Strukturen im Rahmen globaler gewinnorientierter Kapitalanlage[879] mit der Folge einer Entmachtung des demokratischen Gesetzgebers und sich immer weiter ausbreitender

Spreizung der Einkommensverteilung; die globale Ausdehnung der Geschäfte mit Risiken und die letztendliche Risikoauslagerung auf Endabnehmer zu ihrer Sozialisierung und unauffälligen Distribution; die globale Zentralisierung der Entscheidung über Regulierungsmaßnahmen[880] mit der Folge fehlender Flexibilität und eines Verlustes an regionaler demokratischer Selbstbestimmung; die Entmachtung des demokratisch legitimierten Gemeinwesens im Rahmen einer Privatisierung von öffentlichen Gütern und Verwaltungsleistungen zugunsten privater überregionaler und gewinnorientierter Kapitalgeber; die Anfälligkeit gerade „offener" Staaten und Volkswirtschaften gegenüber Formen des Machtmissbrauches durch private Kapitalgeber oder andere Staaten[881].

Wer möglichst alles freiem globalen Markt unterstellen will, ohne das rechte Maß einzuhalten, begibt sich in die Hand der Kapitalströme und ihrer gewinnorientierten Gestaltungskraft ebenso wie in die Hand sich in anderen Regionen der Welt bildender Monopole oder Oligopole. Er nimmt den Verlust politischer Selbstbestimmung und Gestaltungsfähigkeit in Kauf. Es ist gedankenlos, die Freiheit globalen Handels mit Agrarprodukten zu fordern, ohne bemerken zu wollen, dass sich mit der konkurrenzbedingten Reduktion europäischer Agrarproduktion die Abhängigkeit von Drittstaaten und ihrer Produktion vermehrt[882]. Es ist blauäugig, weltweite Dienstleistungsfreiheit anzustreben, ohne die Klassenbildung im Bildungswesen oder die völlige Änderung anwaltlicher[883] oder notarieller sowie handwerklicher Kultur in Rechnung stellen zu wollen, deren „soziale" Kosten unkalkulierbar bleiben – selbst für mathematisierende ökonomische Analysten. Das Scheitern der Doha-Runde[884] erklärt sich nicht zuletzt aus einem Zögern, dem berechtigte Bedenken zugrunde liegen[885].

III. Abschied des Marktmodells von den traditionellen Idealen der Humanität?

1. Der Marktmensch[886]

Der Marktmensch der kompetitiven Gesellschaft gestaltet seinen Lebensentwurf am Ideal der Gewinnmaximierung. Er wählt die Ausbildung, die besserer Verdienstmöglichkeit entspricht, seine Eltern sind dabei schon vom Kindergartenalter oder Krippenalter an darauf bedacht, sie oder ihn schneller und besser zum Ziel zu bringen als andere. Er sucht bei Einkauf großer oder kleiner Güter und bei der Auswahl von Dienstleistern das beste und billigste Angebot – am besten übers Internet und mit Hilfe spezieller Auswahlsysteme. Beruflich bewegt er sich europa- oder weltweit dorthin, wo er insgesamt am besten verdient. Bildungsinvestitionen misst er an der Chance späterer Rentabilität – vom Kindergarten[887] bis zum Studium. Er läuft investive Risiken bei Innovationen, die er möglichst anhand empirischer Datenentwicklungen oder Wahrscheinlichkeitsrechnungen kalkuliert oder kalkulieren lässt, wobei die Grenze zum Gambling und Spekulantentum zerfließt, weshalb Insolvenz auch kein Makel ist. Seine Altersversorgung und Krankenversicherung organisiert er kapitalgedeckt, er setzt auf die Gewinnorientierung weltweit nachkommender Generationen, die das eingesetzte Kapital stetig vermehrt oder im Wert erhält. Die Begrenzung eigener gewinnorientierter Entfaltung folgt aus der gewinnorientierten Entfaltung der Wettbewerber. Regeln einer Kollision orientieren sich ihrerseits an maximaler überindividueller Gewinnschöpfung. Güter sind dort am besten alloziert, wo ihr Inhaber zur besten Gewinnschöpfung befähigt ist. Die Unterstützung des Erfolglosen durch Zuwendungen (Quersubventionen) ist grundsätzlich systemschädlich, die Selbstbehauptung ist die Quelle sozialer Distribution. Der

Zwang zur Selbstbehauptung führt zur permanenten Selbstpräsentation.

Es gibt Bereiche überkommener menschlicher Kultur und Kreatürlichkeit, die der Marktmensch schwer einordnen und integrieren kann: Freude an der eigenen Körperlichkeit, musische Kreativität und ihre Pflege (Dichtung, Musik, bildende Kunst), Wahrnehmung eigenen Bewusstseins mit der ihr immanenten Sinnfrage (Philosophie), Umgang mit irrationaler menschlicher Emotionalität, Einsicht in Vergänglichkeit und Sterben. Der typische Umgang mit diesen Elementen menschlicher Natur ist ihre Instrumentalisierung zu Marktzwecken[888]: körperliche Fitness zur Leistungserhaltung, Muse als entspannendes Durchatmen zur Leistungssteigerung (z. B. abendliche Oper oder Konzert für „Führungskräfte"), Psychohygiene als Basis andauernder Belastungsfähigkeit und Moral als Akt ökonomischen Kalküls, spontane Emotionalität als Akt leistungssteigernder Entspannung oder als kanalisierungsbedürftige Form marktfähiger Kreativität. Selbst die Sinnfrage findet im finanziellen Erfolg als sichtbare Form göttlicher Segnung ihre marktdienliche Einordnung. Man muss auch zur Kenntnis nehmen, wie unverhohlen die Marktgesellschaft sogar die Frage menschlicher Regeneration instrumentalisiert. Solange kreatürliche Lebensbejahung, Erfüllung menschlicher Emotionalität und Bereitschaft und Bedürfnis liebender Zuwendung und Sorge als Mutter oder Vater die Motivation bestimmten, wurde den neuerdings immer stärker marktbestimmten Gesellschaften Kontinentaleuropas das Kind immer fremder[889]. Erst die Wiederentdeckung von Eltern[890] und Kindern als Humankapital und Produktivitätsfaktor führt zum Umdenken und dem Versuch, mit marktmäßigen Mitteln finanziellen Anreizes[891] die Regenerationsquote wieder zu erhöhen[892]. Störend ist dabei natürlich nicht die verbesserte Förderung von berufstätigen Frauen und Familien mit Kindern[893], sondern die zutiefst utilitaristische, inhumane Motivation, die gar nicht mehr weiter auffällt. Die bessere Regenerationsquote in der Marktgesellschaft der

USA führen marktorientierte Analysten wesentlich darauf zurück, dass in den USA das soziale Netz die Familie als Wirtschafts- und Notgemeinschaft weniger ersetzt habe und deshalb das Gefühl für notwendige Regeneration besser erhalten geblieben sei[894].

2. Moderne „Business Ethics“ als Gewinnstrategie[895]

Die auf Gewinnorientierung verengte utilitaristische Ethik des Marktmenschen wird besonders deutlich bei der Diskussion um „corporate governance“ und „business ethics“[896]. Hier erscheint der Gedanke offenbar unvermarktbar, dass es „business ethics“ geben könnte, die nachhaltig gewinnmindernd wirken könnten[897]. Vielmehr versucht man, „business ethics“ dadurch schlagkräftig durchzusetzen, dass man ihre Befolgung zum Kriterium kapitalmarktmäßiger Beurteilung erhebt – oft im Wege der Selbstpräsentation – und auf die Belohnung des Kapitalmarktes setzt: Ethik als geldwertes Erfolgsrezept[898]. Es ist nicht nur beachtlich, dass diese Rechnung allenfalls mäßig aufgeht, weil ihr der erfolgreiche Marktmensch zu misstrauen scheint[899]. Es ist vielmehr mit dieser Integration der Wirtschaftsethik in die Gewinnstrategie eine Minimierung kantianischer Gesinnungsethik auf Spielregeln für nutzenmaximierende Individuen vollzogen[900]. Scharf, aber nicht ohne Berechtigung erscheint deshalb die Bemerkung, das Persönlichkeitsprofil des erfolgreichen Managers zeige verblüffende Ähnlichkeit mit dem typischen Wirtschaftsstraftäter[901]. Ethik pervertiert zur ästhetisierenden Garnierung eines Profitmaximierungskonzepts[902].

3. Das Humanitätsideal der Selbstbestimmung und Selbstbescheidung, das berufliche Ethos und seine Zerstörung

Man muss kein Philosoph sein, um zu erkennen, dass das Persönlichkeitsideal des Marktmodells mit dem Humanitätsideal traditioneller Ethik in einen unauflösbaren Widerspruch gerät[903]. Das Selbstbestimmungsideal christlicher und humanistischer Ethik ist durch eine ausgewogene Balance zwischen Autonomie und Bindung gekennzeichnet, dem Aufruf zur Mündigkeit steht der kategorische Imperativ gegenüber[904]. Aus diesem Grundentwurf folgt eine Gesinnungsethik, die das Handeln im öffentlichen, beruflichen und privaten Bereich wesentlich mitbestimmt[905]. Zunächst einmal verkürzt sich die Selbstbestimmung nicht in nahezu primitiver Form dahin, der Erotik des Geldes zu erliegen. Wirtschaftliche Gestaltungsfreiheit mit Verdienst- und Gewinnmöglichkeit ist Teil der Selbstbestimmung, die aber stets ideelle Komponenten gleichermaßen mitbeinhaltet: im öffentlichen Leben der Einsatz für die Allgemeinheit ohne Gewinnabsicht, im öffentlichen Dienst als Beamter, Richter oder Angestellter nicht bloß Streben nach gewinnbringender Effizienz im allgemeinen oder eigenen Interesse, sondern die persönliche Identifikation mit der Aufgabe, Gerechtigkeit zu verwirklichen; in freien Berufen wie Arzt, Anwalt, Notar oder Wirtschaftsprüfer die Identifikation mit dem Bedürfnis, menschliches Leiden zu heilen oder zu lindern, Recht zu schaffen und zu erhalten und Unrecht oder Unkorrektheit abzuwehren; in künstlerischen oder technischen Berufen die originäre Freude an Kreativität, Innovation und Ästhetik; im Bereich der Wissenschaft die Neugierde nach Erkenntnis und Wahrheit, welche die Persönlichkeit bis zum Erkenntnisgewinn beherrscht; selbst im Bereich des kaufmännischen Berufs und der Banken das Bedürfnis nach Zufriedenheit des anderen Teils im Sinne einer Tauschgerechtigkeit ganz unabhängig vom Schielen nach neuer oder fortdauernder Geschäftsbeziehung[906]. Bei Unternehmensführern ist es oft die Freude am wohl arbeitenden Organismus des Unternehmens oder an Nutzen und Ästhetik des neuen Produkts, die motivieren, und nicht bloß der Reiz raschen Geldes. In dieser Form der Selbstbestimmung liegt zum anderen zugleich ein Maß an Selbstbescheidung, das die Bildung eines Berufsethos erlaubt. Ein auf Gewinnmaximierung angelegtes Menschenbild verbannt oder marginialisiert dieses Berufsethos, es wird im Dienste des Gewinnstrebens instrumentalisiert oder zum Gegenstand bloß privater Intention und Wohltätigkeit. Dies aber stellt die Tradition auf den Kopf: man verdient nicht, um zu leben und sich an erfüllter beruflicher Tätigkeit zu freuen, sondern man lebt und arbeitet, um zu verdienen[907]. Der Eigenwert beruflicher Tätigkeit als Form menschlicher Selbstbestimmung und Bindung hat in vielen Bereichen ein Berufsethos entstehen lassen, das ohne Zweifel stets in einem Spannungsverhältnis zur Realität des Broterwerbs und Gewinnstrebens gestanden hat. Das Ideal hat gleichwohl die Berufsethik und ihre Verrechtlichung mitgestaltet und die Gesellschaft geprägt. Die Reduktion des Berufsverständnisses auf Gewinnstreben hat zur Folge, dass gewinnorientierte Anreizsysteme kantianische Gesinnungsethik und Berufsethos als Motivation abzulösen beginnen[908]. Was nicht in Profit ausdrückbar ist, beginnt aus den rechtlich organisierten, vom Marktdenken beherrschten Wirkungsmechanismen ausgeklammert zu werden. Die Win-Win-Situation wird zum einzig verbleibenden offiziellen Ethos, die verabsolutierte Marktidee zur Ideologie. Darin läge – sollte die westliche Zivilisation dieser Grundlegung folgen – eine echte Kulturrevolution[909].

Es ist für die gesellschaftliche Entwicklung nicht ohne Bedeutung, wenn die Produktion von Win-Win-Situationen mehr und mehr zum einzigen allgemeinverbindlichen Maßstab normativ gebundenen Handelns zu werden droht. In der Nische privater Mildtätigkeit und Wohltat, des privaten Übersolls oder Geschenks, kann das andere Modell schwer überleben, es droht ein breit einsetzender Mentalitätswandel. Ihm sind alle Institutionen nicht gewachsen, die auf ein von Gewinnmaximierung abweichendes Ethos setzen. So erlebt man in vielen Bereichen das traurige Schauspiel, dass Institutionen öffentlich organisierter Daseinsvorsorge oder nicht streng gewinnorientierte Berufsfelder nicht etwa deshalb unter Druck geraten, weil ihre Leistungen organisations- oder strukturbedingt schlechter wären als die Resultate streng gewinnorientierter Unternehmen oder Berufe. Vielmehr entzieht man mit der Zerstörung des zugehörigen Ethos solchen Institutionen den kongenialen ethischen Grundkonsens, die Aggression des marktorientierten Gesellschafts- und Lebensentwurfes gegen das nicht profitbestimmte berufliche und soziale Ethos führt zur inneren Lähmung durch gewinnorientierten Missbrauch. Wenn Unternehmen wie Allianz, DaimlerChrysler oder Siemens Sozialsysteme in großem Stile als Gewinnmaximierungsinstrumente einsetzen, indem sie zur Dividendensteigerung für ihre Kapitaleigner und nicht etwa zur Behebung von Unternehmenskrisen Arbeitnehmer auf Kosten der Sozialsysteme „freisetzen“, so tritt zur Logik des gewinnmaximierenden Marktes der Abschied von einem Ethos, das solches Handeln eigentlich verbietet[910]. Mehr noch, die Marktideologie schafft eine offizielle ethische Rechtfertigung des gewinnmotivierten Übergriffs und verweist Bedenken in den Bereich privater Menschenfreundlichkeit. Auch wo z. B. Rechtsanwälte, Wirtschaftsprüfer oder handwerkliche Berufe in den Bann reinen Gewinndenkens geraten und nur noch die Schadensersatzdrohung oder der Geschäftsrückgang zu dienstleistender Qualität motivieren, verlieren Formen institutioneller Qualitätsgarantie ihre Überzeugungskraft[911], weil auch sie nur vor dem Hintergrund eines gewinnunabhängigen beruflichen Ethos dauernde Rechtfertigung erfahren können.

IV. Sicherheit und Regionalität als menschliche Grundbedürfnisse und ihr dialektisches Verhältnis zur Mobilität des Marktes

Während das Marktmodell Wettbewerbsbereitschaft und Mobilität des Menschen betont, der den Bewegungen des Kapitals folgt, weist der analytische Blick auf die menschliche Natur auch auf Sicherheit und regionale Bindung als menschliche Grundbedürfnisse[912].

1. Sicherheitsbedürfnis und Ethos

Viele bedeutende Schöpfungen menschlichen Geistes verdanken einer Atmosphäre der Sicherheit ihre Entstehung, die sich nicht selten mit äußerlicher Immobilität und Regionalismus paart. *Kants* bis heute weltweit einflussreiches philosophisches Gebäude entstand auf sicherem Professorenlehrstuhl in ostpreußischer Abgeschiedenheit, fern vom geschäftigen Lärm anderweitiger Philosophie in den Zentren Europas[913]. *Joseph Haydn* hat der sicheren Position auf Esterhaz und ihrer Abgeschirmtheit hohe Bedeutung für seine „originale" Entwicklung zugeschrieben[914]. *Goethes* Produktivität hat unter der Sicherheit seiner Weimarer Position nie gelitten, er hielt sie vielmehr selbst für eine Voraussetzung künstlerischen Schaffens[915]. Es gibt viele schöpferische Menschen, die unter Konkurrenzdruck schlechtere Ergebnisse erzielen, weil ihnen die notwendige Freiheit zum Atmen fehlt[916]. Wenn in der Gegenwart die These aufgestellt wird, deutschen Universitäten fehle für die Exzellenz der Wettbewerbsdruck, wie er durch Evaluationen und Rankings entstehe, Ordinarienuniversität und professorale Verbeamtung seien die Quellen leistungsunfähiger Geruhsamkeit, so widerspricht dies jeder historischen Erfahrung im In- und Ausland. Es war die Zeit verbeamteter

Ordinarien und ihrer Vormachtstellung in der Ordinarienuniversität, welche hohe Zahlen an Forschern mit Weltrang in Natur- und Geisteswissenschaften hervorbrachte. Die U.S.-amerikanischen Universitäten schaffen für ihre Mitglieder mit der „tenure" einen weithin abgesicherten Status. Vieles spricht dafür, dass Unabhängigkeit, freie Zeiteinteilung und wirtschaftliche Sicherheit Kreativität zu wecken vermögen, wohingegen sich die permanente Notwendigkeit zur Selbstbehauptung lähmend auswirken kann[917]. Es gibt sicher *auch* die wettbewerbliche Motivation, die es anderen gleichtun oder besser sein will. Beide Ausgangspunkte menschlicher Kreativität verdienen Würdigung und Beachtung, die Fokussierung auf Wettbewerb verliert aber die notwendige Balance beider widerstreitenden Gestaltungsprinzipien[918]. Diese Beobachtung gilt nicht nur für die Kreativität der Qualitätselite, sie hat ihre Entsprechung auf niederer Ebene. Die Grenze zwischen Wettbewerb unter abhängigen Angestellten und Arbeitern und Mobbing kann allzu leicht zerfließen, wenn der fortgesetzte wertende Vergleich ein Arbeitsverhältnis prägt[919]. Es ist bereits an anderer Stelle darauf hingewiesen, dass die permanente kapitalmarktmäßige Bewertung eines Unternehmens die Unternehmensführung zu kurzatmigem Aktionismus zwingt, der mit den Belangen sinnvoller langfristiger Planung und Entwicklung oft nicht übereinstimmt[920]. Es tritt hinzu, dass auch Führungspersönlichkeiten der Wirtschaft wie andere Menschen unter der Deformation ständigen Jagens und Gejagtwerdens an Fähigkeit zu souveräner und kreativer Gestaltung nicht gerade gewinnen[921]. Sie folgen nicht selten unter dem Druck permanenten und vergleichenden Wettbewerbs den Modeströmungen wechselnder Unternehmensphilosophien, die zwischen Diversifikation mit „Synergieeffekten"[922] und Beschränkung bzw. „Konzentration" auf das Kerngeschäft unter „Outsourcing", „Offshoring", „Supply-Chaining" oder „Insourcing"[923] schwanken. Viele erfolgreiche Unternehmerpersönlichkeiten konnten sich nur in einer Kontinuität entwickeln, die jenseits kurzfristiger Gewinnerwartung auf persönlichem Vertrauen der Kapitaleigner gründet und langfristige, kreative Gestaltung erst erlaubt[924]. Das Sicherheitsbedürfnis gerade von Führungskräften, das bei gewöhnlichen Arbeitnehmern oder öffentlichen Bediensteten als marktwidrig und wettbewerbsfeindlich kritisiert wird, artikuliert sich nicht selten in der Garantie hoher Abfindungssummen und Gehaltsfortzahlungsvereinbarungen ebenso wie in der Höhe der Bezüge selbst, die Rücklagenbildung erlaubt[925].

Sicherheit und die mit ihr verbundene relative Unabhängigkeit sind nicht nur als dialektische Gestaltungsprinzipien neben notwendigem Wettbewerb Voraussetzung kreativer Leistungsfähigkeit, sie befähigen auch zur Entwicklung eines beruflichen Ethos. Tagelöhnermentalität ist hierfür nicht die richtige Basis. Eine kleine Parabel beschreibt das unterschiedliche Berufsethos abhängiger Arbeiter in bis heute gültiger Form. Man frage Steinmetzen, was sie machen, und bekommt drei Antworten: „Ich behaue einen Stein." – „Ich verdiene hier mein Geld." – „Ich baue mit an einem Dom." Die letzte Antwort entspricht neuzeitlicher „corporate identity" und stellt neben Gewinnorientierung des Arbeitnehmers ein selbständiges berufliches Ethos, das aber seinerseits eines gewissen Grades persönlicher Autonomie bedarf, wie er ohne ein Stück wirtschaftlicher Sicherheit nicht möglich ist[926]. So bleibt festzuhalten, dass Volatilität des Kapitals und übersteigerter Mobilitätszwang menschliche Grundbedürfnisse zu wenig beachten und sich dabei durchaus kreativitäts- und leistungsmindernd auswirken können. Die Identität der Arbeitnehmer mit „Daimler" als sicherem Arbeitgeber hat durch die volle Öffnung für Fremdaktionäre und die verstärkte permanente Verlagerungsdrohung gelitten, weil sie bei Arbeitnehmern wie bei Arbeitgebern und ihren Managern ebenfalls einen Mentalitätswechsel zur Gewinnrealisierung auf Zeit herbeigeführt hat. Der Qualitätsabstieg ist langsam aber sicher gefolgt – kein Zufall[927]. Das „Outsourcing" – nicht selten ins ferne Ausland – vor allem von Dienstleistungen in vielen Bereichen der Wirtschaft (z. B. Call-Center für Beratung und Mängelbehebung etc.) führt zur Erledigung durch ein Personal, das sich nicht an einer stetigen Entwicklung einer größeren Einheit, persönlicher Identifikation und Zukunftserwartung orientiert, sondern sich mit fragmentarischer Erledigung in persönlich austauschbarer, genormter Form begnügt[928]. Der Volatilität unternehmerischer Investition entspricht die Volatilität des Arbeitnehmers und seiner Leistung[929].

2. Regionale Bindung

Dem Bedürfnis menschlicher Natur nach äußerer Sicherheit entspricht ihr Bedürfnis nach Vertrautheit und regionaler Bindung, das man als eine Art Sicherheitsbedürfnis menschlicher Emotion und Psyche umschreiben kann. Auch hier begegnen ähnlich wie bei den Phänomenen Sicherheit und Mobilität Dialektik und Antagonismus zwischen Regionalbindung und Mobilität. Ein gewisser Grad an Mobilität ist das eine, Bindungsfähigkeit an eine Region und ihre Kultur das andere.

Menschliche Erfahrung im Fühlen und Denken wurzelt in der Kenntnis einer sinnlich erlebbaren Umwelt. Dies gilt für den werdenden Menschen im Mutterleib ebenso wie für das heranwachsende Kind[930], und es ist eine Illusion zu glauben, der erwachsene Mensch könne diese Grundlegung seiner natürlichen Konstitution ablegen. Die menschliche Natur bedarf neben der Erfahrung notwendiger Selbstbehauptung auch der Erfahrung von Vertrauen und Verlässlichkeit, ohne ausgeglichene Balance entsteht ein Psychopath[931]. Diese Erfahrungen sind spontan emotional und kreatürlich, weit davon entfernt, in das Schema individueller Gewinnschöpfung eingepasst zu sein. Vertrauen und Verlässlichkeit als Gegenstand einbettender menschlicher Emotionalität setzen eine erfahrbare und vertraute Umgebung voraus. Die volle Lösung mag der Weg weniger Persönlichkeiten sein, die eine regionale Bindung so recht eigentlich nicht kennen und in durchaus selbstbewusstem Weltbürgertum die gesamte Welt zu ihrer gleichermaßen erfahrbaren Umgebung erklären[932]. Die Gefühlswelt und Sinnenwelt der meisten Menschen ist dies nicht. Die meisten Menschen suchen Vertrauen und Verlässlichkeit in Freundschaft, Ehe, Familie, Gemeinde und Staat ebenso wie im Kreis der Arbeitskollegen[933]. Nur Gemeinsamkeiten können solche Beziehung schaffen, die über gemeinsames Gewinnstreben hinausgehen, wie gemeinsames emotionales Erleben, gemeinsame Sprache, gemeinsames Schicksal in Politik und Wirtschaft, gemeinsame Wertvorstellungen. Die öffentliche Erörterung moderner Migration hat zunächst teilweise die multikulturelle Gesellschaft ohne regionale Charakteristik idealisiert, um erst relativ spät die Bedeutung regionaler Integration und Identifikation zu entdecken. Sie hat beispielsweise nur die Vielfalt der Ingredienzien des „Melting Pot“[934] USA bewundert, ohne den Mechanismen regionaler Integration (Sprache, gemeinsame Geschichte und Werte, „the world's greatest nation“, Vorherrschaft neuenglischer politischer Kultur etc.) ausreichend Beachtung zu schenken. Die Gegenwart der USA zeigt, dass ein Schwinden dieser Integrationsfaktoren den gewohnten Grad gesellschaftlicher Homogenität im Sinne regionaler Charakteristik in Frage stellt und zu genau den gleichen Diskussionen führt, die in Deutschland erst beginnen[935]: Kenntnis der Sprache und Geschichte der Region, Identifikation mit ihren Traditionen und Zukunftsaufgaben, Mitwirkung bei der Selbstverwaltung als notwendige Integrationsfaktoren. Integration ist mit einem gewissen Grad an regionaler Bindung weithin identisch[936].

Die Bindung an eine Region und ihre Menschen mit ihren Lebensformen als Wesenselement menschlicher Natur darf als Quelle menschlicher Kreativität und Einsatzfreude in Gesellschaft und Wirtschaft[937] nicht unterschätzt oder gar vernachlässigt werden[938]. Auch Demokratie ohne die kommunale Einheit mit ihrer ganz persönlichen Vertrauensbasis ist nicht denkbar, das Subsidiaritätsprinzip ist so besehen jedem wohl arbeitenden demokratischen Gebilde wesenseigen, menschliche Anonymität ohne gefühlte Verantwortlichkeit gegenüber anderen und ohne Vertrauen der anderen ist der Feind demokratischer Kultur und schwächt eine Gesellschaft[939]. So ist es in Europa die Anonymität von Kommission und Ministerrat, wie sie fehlender vertrauensbildender gesamteuropäischer Öffentlichkeit entspricht, welche eine europäische Demokratie so recht eigentlich verhindert oder doch verstümmelt[940]. Es bleibt deshalb bei einem Europa der Nationen oder doch Regionen. Der Verfassungsentwurf, der in modifizierter Form als reformiertes EU-Vertragswerk in Kraft treten soll, versucht das demokratische Defizit der EU als Ganzes zu mildern, indem er die nationalen Parlamente stärker in das Gesetzgebungsverfahren einbindet[941]. Letztlich zeigt sich darin die richtige Erkenntnis, dass die europäische Demokratie stärker in den Nationalstaaten wurzelt als in der EU und ihrer Gesamtverfassung und dass den Nationalstaaten damit nach wie vor unverzichtbares Gewicht bei der gesellschaftlichen Gestaltung zukommt. Reichlich naiv erscheint jeder Ansatz, der die natürliche Folge einer Entsprechung im Bereich der Wirtschaft leugnet[942]. Zur Regionalbindung der Menschen gehört auch ihre Identität mit regionalen Produktionsformen und Unternehmen[943]. Die Sozialstruktur und Wirtschaftskultur einer Region ist von diesen Unternehmen geprägt, und die Bevölkerung prägt ihrerseits die Kultur regionaler Unternehmen. Der Grad innerbetrieblicher Mitbestimmung und die Art des Umgangs zwischen Management und Belegschaft sind ein Kulturgut, ein Stück Identität mit der Region[944]. Die Verlässlichkeit des Managements von Unternehmen wie Daimler, Robert Bosch, Audi, VW, Thyssen, Toyota, General Motors oder von Großbanken wie der Deutschen Bank, Dresdener Bank etc. bindet mittlere und kleinere Unternehmen ebenso an die Region wie Arbeitnehmer[945]. Umgekehrt ist die emotionale und damit regional geprägte Beziehung der Unternehmen untereinander und der Arbeitnehmer zum Unternehmen ein bindendes Element für die Unternehmensführung, die in der Region mit der Belegschaft arbeitet[946]. Vor diesem Hintergrund überrascht es überhaupt nicht, dass dem Europa des freien Kapitalverkehrs, der Freizügigkeit und der Dienstleistungsfreiheit ein Wirtschaftspatriotismus begegnet, der die Region und damit die eigene Identität gegen Übergriffe und Veränderungen verteidigt. Diese Identifikation darf man nicht *nur* unter dem negativen Vorzeichen eines regionalen Protektionismus sehen[947]. Sie ist auch Ausdruck einer Präferenz für die Überschaubarkeit wirtschaftlichen Geschehens und Ausdruck des Willens zu seiner aktiven Mitgestaltung[948], die menschliche Grundbedürfnisse befriedigt und Kreativität und Originalität weckt[949]. So steht die anonyme „open access"-Gesellschaft mit ihren unpersönlichen Austauschbeziehungen, die nach Auffassung vieler Ökonomen allein der Komplexität offenen Wettbewerbs erfolgreich gerecht wird, [950] in krassem Gegensatz zur traditionellen Gesellschaft mit ihren von persönlicher Vertrautheit geprägten Elementen. Wo dies nicht in Rechnung gestellt ist, erdenkt man sich eine utopische Welt[951], deren Realisierung die jeder Ideologie eigenen Spuren nutzloser menschlicher Opfer hinterlassen wird.

V. Der Schritt zur Marktideologie – Eifernde Protagonisten des Marktmodells zwischen Ersatzreligion und spießbürgerlichem Materialismus

1. System und Ideologie

Jede Wissenschaft bildet Systeme, die versuchen, eine Vielzahl von Phänomenen in logische Struktur zu bringen, kausale Zusammenhänge darzustellen und vergangene und zukünftige Entwicklungen zu erklären, zu prognostizieren und vielleicht sogar zu gestalten. Solche Systeme intendieren allerdings eine eher segmentarische Analyse und Prognose, weil sie Welt und Gesellschaft unter restriktiven Bedingungen untersuchen und dabei ihre Ausgangspunkte und Beschränkungen offen legen. Die verfehlte volle Erfassung aller Phänomene und damit der vollen Realität liegt bei ihnen als Defizit in wissenschaftlicher und intellektueller Redlichkeit offen zu Tage („... mit Worten lässt sich trefflich streiten, mit Worten ein System bereiten ...“[952]). Für den Bereich gesellschaftswissenschaftlicher Systembildung hat vor allem *Luhmann* die Zergliederung in unterschiedliche Funktionssysteme betont[953] und damit auch auf eine Gesamtdeutung gesellschaftlicher Prozesse und der sie bestimmenden oder von ihnen bestimmten Menschen letztlich verzichtet. Anders aber z. B. die neue politische Ökonomie[954] und manche ihrer Protagonisten, die das individualistische Verständnis gesellschaftlicher Zusammenhänge[955] und damit das selbstdefinierte Glücksstreben des Einzelnen zum methodischen Ausgangspunkt wählen. Sie glauben dabei an das Ideal eines Marktes, in dem das Individuum die eigene Wohlfahrt immer auch durch einen Beitrag zur Wohlfahrt anderer erhöht. Sie lehren damit die Versöhnung der uralten Antinomie von Egoismus und Altruismus[956], die als Gesellschaftskonzeption sicherlich utopische Züge trägt und Gefahr läuft, wesentlich mehr zu sein als ein „Referenzpunkt“ ordnungspolitischer Forderungen und Leitbilder.

Wenn man es als ein charakteristisches Merkmal einer Ideologie betrachtet, die Realität teilweise auszublenden oder in verkürzter Weise zu integrieren, um auf diese Weise ein stimmiges System künftiger Menschheitsbeglückung zu entwerfen[957], so sind ideologische Züge der modernen ökonomischen Bewegung unverkennbar. Hier lassen sich als Ergebnis der vorausgegangenen Analyse eine Vielzahl verdächtiger Faktoren aufzählen: die Verdrängung der typischen Schwächen individueller Information als marktadäquate Entscheidungsgrundlage; die Idealisierung der Volatilität der Kapitalanlage zum weltweiten Wohlfahrtskatalysator; die Blindheit gegenüber den Gefahren eines unkontrollierten Outsourcing von Risiken und unkontrollierter Risikostreuung; die fehlende Einsicht in die Gefahr planwirtschaftlicher Tendenzen simulierten Wettbewerbs[958]; die Blauäugigkeit des Kapitaltransfers an mächtige Partner im Rahmen der Gewährleistungsverwaltung ohne Beachtung möglicher Abhängigkeit von künftigen Inhabern volatilen Kapitals; die Unterschätzung der Wirkungen weltweiten Machtmissbrauchs durch kapitalkräftige private oder öffentliche Institutionen; der völlige Realitätsverlust bei der Beurteilung der Möglichkeiten weltweiter Ordnungspolitik und ihrer Durchsetzung durch Institutionen wie etwa die WTO, den IWF oder die Weltbank; der plumpe Versuch zur Systemintegration von Ethik und Ethos, Kultur und Bildung sowie familialer Sozialisation als gewinnmaximierende Elemente; die verkürzende Deutung der Organisation von menschlichem Vertrauen und eines Mindestmaßes an gesellschaftlicher Homogenität als Transaktionskosten minimierender nützlicher Faktor[959]; die Reduktion demokratischer Willensbildung auf die Herstellung von Mehrheitsentscheidungen unter dem Topos einer Transaktionskostenminimierung bei Ausblendung denkbarer übergeordneter Gemeinwohlerwägungen[960]; die Reduktion der Rechtsfindung im gerichtlichen Verfahren auf Entscheidungsökonomie[961].

Nun ist natürlich auch insbesondere den Vertretern der neuen politischen Ökonomie der historische Kontext ihres Denkens und die begrenzte Leistungsfähigkeit ihres Systemdenkens nicht entgangen[962]. „Die Neue Politische Ökonomie redet nicht über etwas Neues, sondern sie redet auf neue Art über etwas, über das auch schon andere etwas gesagt haben. Aber: Indem die Neue Politische Ökonomie neu über Altes redet, sagt sie auch etwas Neues". Und: „Wollte also die Neue Politische Ökonomie von sich behaupten, sie sei nicht eine, sondern die Theorie der Politik, so wäre dies dumm-anmaßend. Wollten aber ihre Kritiker behaupten, sie sei nicht eine, sondern keine Theorie der Politik, so wäre dies dummherablassend."[963] Allerdings bleibt der Geltungsanspruch ordnungspolitischer ökonomischer neokapitalistischer Modelle und der „Neuen Politischen Ökonomie" – von manchen ihrer Vertreter im laufenden Text wie ein Eigenname groß geschrieben – dennoch gewaltig und ihre öffentliche Akzeptanz beachtlich[964]. Man verweist auf die Zahl ihrer Nobelpreisträger – allerdings ohne auf den teilweise etwas selbstreferentiellen und wenig kompetitiven Charakter des Auswahl- und Vergabesystems einzugehen[965] (*von Hayek*[966], *Arrow*[967], *Becker*[968], *Coase*[969], *Buchanan*[970]) – und auf die Übertragung gedanklicher Ansätze auf Rechtsphilosophie[971], Staatstheorie[972], Gesellschaftstheorie[973], die ökonomische Theorie des Rechts[974] und die Moralphilosophie[975]. Der politische Einfluss dieser Bewegung ist gewaltig, mögen ihre Thesen den Markt politischer Ideen auch nur sehr vergröbert oder gar verzerrt erreichen. Es gibt gegenwärtig keine Gesamtkonzeption, welche die westliche Zivilisation stärker prägen würde[976]. Es sind gerade ihre in Medien und politischer Diskussion stark vereinfachte Grundregeln, welche den Charakter eines geschlossenen Weltbildes und Handlungskonzeptes annehmen und damit zur Ideologie werden[977]. Allerdings zeigt sich auch bereits deutlich die typische Schwäche einer Ideologie, nämlich der stete Hinweis auf fremde Vorbilder geglückter Umsetzung, wie etwa die USA oder Großbritannien[978], ohne bemerken zu wollen, dass die Realität dieser Staaten in vielen Bereichen jeder Idealisierung widerspricht[979], vor allem was die Führungsmacht USA betrifft: Finanzskandale (Enron, Arthur Andersen, Worldcom, Refco[980]), Leistungsbilanzdefizit von 500 Milliarden Dollar jährlich[981] oder mehr, Abstieg der Mittelschicht und Unterschicht[982], fehlende gesundheitliche Absicherung von über 40 Millionen U.S.-Bürgern, Rückentwicklung der Automobilindustrie, undramatische langsame Normalisierung des Wachstums[983], verschlechterte Innovationsprognose[984] und Hypothekenmarktkrise[985].

2. Die Neue Politische Ökonomie und der Markt als Ersatzreligion

Unter dem Einfluss der neuen politischen Ökonomie hat das öffentliche Leben auch bereits Formen der Ritualisierung internalisiert, die Züge einer Ersatzreligion tragen. Dies gilt in der veröffentlichten Meinung einmal für die Letztverbindlichkeit marktmäßiger Dezision, die wie ein unabwendbares Schicksal nicht hinterfragt wird. „Der Markt" oder „die Märkte" werden ein bestimmtes Verhalten akzeptieren oder nicht verzeihen, sie regieren als anonyme Wesen gottgleich mit ihrer berühmten „unsichtbaren Hand", ihr Wirken gilt per se als Rechtfertigung wirtschaftlichen und politischen Geschehens[986], die moderne und verflachte Form einer Theodizee. „Die Märkte" korrigieren sich selbst, stehen über dem menschlichen Eingriff und sind auf Dauer stärker als der Mensch, obwohl sie Folge menschlichen Handelns sind. Die Börsenberichte, Finanzmarkt- und Wirtschaftsberichte erfahren in den Medien eine Pflege, die ihrer Bedeutung für die Individualentscheidung des Hörers und Lesers kaum entspricht. Unter den Analysten und Journalisten hat sich eine Art Hohepriestertum der Marktdeutung entwickelt, das die Rolle modernen Prophetentums wahrnimmt. Es ordnet mit seinen Deutungen die Marktphänomene in das Weltganze ein und verschafft so dem Einzelnen Teilhabe an einem vermeintlich sinnhaften Gesamtgeschehen mit Belohnung und Missbilligung, um so das Bedürfnis nach einem Über-Ich zu befriedigen. Die Kommunikation durch Börsenberichte in den Funkmedien scheint in ihrer zeitlichen Periodik religiöse Gebets- und Andachtsrituale herkömmlicher Tradition zu ersetzen. Auch die für traditionelle religiöse Hierarchien nicht untypische doppelte Moral hat sich bereits herausgebildet. So predigt man dem gemeinen Mitglied der Marktgesellschaft Mobilität im Gefolge des Kapitals bei Verdienstspannen im Wettbewerb mit Schwellenländern – so will es „der Markt".

Die Priesterkaste mit ihren hohen Bezügen[987] entkommt der Volatilität des Kapitals und darf ihrem Sicherheitsbedürfnis huldigen – auch so will es „der Markt“.

Natürlich lässt sich der Markt als Ersatzreligion leichter in Gesellschaften etablieren, in denen schon die traditionelle Religiosität geldwerten Erfolg als sichtbares Zeichen göttlicher Segnung zu betrachten geneigt war. Hier fällt die Versöhnung der modernen Marktgesellschaft mit der Tradition leicht. Die Akzeptanz in den USA und England ist deshalb größer als auf dem Kontinent mit seiner traditionellen religiösen Distanz zum Reichtum. Gleichwohl ist die Ausbreitung marktmäßigen Rechtfertigungsdenkens auch auf dem Kontinent bemerkenswert, wenn z.B. Gewinn- und Verdienstrankings[988] zum Eckstein gesellschaftlichen Ansehens werden.

3. Später Sieg eines spießbürgerlichen Materialismus?

Nicht ohne Interesse ist das Menschenbild, das dem Modell der neuen politischen Ökonomie zugrunde liegt. Es ist ein Mensch, der sich der Gewinnmaximierung und optimalen Kostenallokation als wesentlicher Motivation verschreibt, soweit es um den „öffentlichen Raum“ geht, und allenfalls noch im „privaten Raum“ die Unverwechselbarkeit und Unaustauschbarkeit der kommunizierenden Individuen anerkennt und zu durchleben bereit ist. Die Folge ist eine eigenartige Persönlichkeitsspaltung mit durchaus schizophrenen Zügen. Dem Funktionär und willigen Vollstrecker der Marktregeln steht der Privatmann gegenüber, der für seine verbliebenen Gefühle spontaner Menschlichkeit und sein Bedürfnis nach aktiver unmittelbarer menschlicher Zuwendung immer weniger Raum findet.

Diese Form der Persönlichkeitsspaltung, bei der die öffentliche Rolle nicht selten die Unterwerfung unter menschlich missbilligte Regeln abverlangt, begegnet in allen Gesellschaften sich verfestigender offizieller Ideologie. Theodor Fontane beschreibt sie für die verkrustete preußische Stoa des Beamtentums und Offizierskorps[989] ebenso wie Siegfried Lenz für die spießbürgerliche Pflichtattitüde des Polizeibeamten im Dritten Reich[990], Bert Brecht für die rührseligen Emotionalitäten des unbarmherzigen Kapitalisten[991] wie für die Anfälle von Menschlichkeit des betrunkenen Großgrundbesitzers[992] mit seinen Standes- und Herrschaftsattitüden. Allerdings sind Idealisierungen einer Etikette, die spontane Menschlichkeit durch starre Regeln angeblich höheren Gemeinwohls verdrängen, immer Zeichen gesellschaftlicher Fehlentwicklungen und bevorstehender Umbrüche und zumindest teilweiser Zusammenbrüche, weil sie Exzesse idealisieren, die das menschliche Zusammenleben pervertieren.

Die gegenwärtige Situation ist teilweise durch die zusätzliche Besonderheit geprägt, dass das neben der marktideologischen Etikette des „öffentlichen Raums" stehende individuelle Glücksstreben vielfach im Hedonismus eine Selbstverwirklichungsform gefunden hat, die sich stärker als in der Vergangenheit am privaten Lustgewinn orientiert. Dabei huldigt sie „Glücklichmachern" wie Kinobesuch, Partys, Freunde treffen, gut Essen, Sex haben[993]. Kinder erzeugen in dieser Welt eher negative Effekte für das Glücksempfinden. Dieser „private Raum" orientiert sich zwar nicht unmittelbar an der Egozentrik der Gewinnmaximierung, wohl aber an der Egozentrik einer Lustmaximierung, die notwendigerweise einer materiellen Konsumbasis bedarf, wie sie den genießenden „Bourgeois" auszeichnet. So wirkt auch der „private Raum" mit seinem idealisierten hedonistischen Glücksstreben eher stabilisierend für die Ideologie der Gewinnmaximierung im „öffentlichen Raum". Dabei entwickelt sich eine neue Form des gelebten Materialismus, in dem sich in Europa weltanschauliche Reste sozialistischer Teilhabeideologien und kleinbürgerlicher Neokapitalismus in eigenartiger Weise vermengen. Zuwendung für andere, die sich nicht an Geldwert und Tauschgerechtigkeit orientiert, hat in diesem Lebensgefühl kaum noch Raum: Soziales Engagement und Nächstenliebe äußern sich in erster Linie in Geldzuwendungen und begünstigen mit ihren Aktionen professionalisierte Organisationen, die ihrerseits durch „leistungsorientiert" bezahltes Personal soziale Arbeit verrichten[994]. Die unmittelbare menschliche Aufopferung und Zuwendung, wie sie teilweise Ordensregeln und beruflichem wie privatem Ethos entsprochen haben, sind nicht länger ein unangefochtenes offizielles Ideal, sie erscheinen „unnötig" und „ineffizient", weil sie sich nicht am Prinzip individueller Gewinnmaximierung orientieren – weder an materieller Verdienstschöpfung noch an persönlichem Lustgewinn, es sei denn, man deutet persönliche Aufopferung zum Epikuräertum um[995]. Im Bereich der Erziehung von Kindern wird dieser Effekt auch für den besonders deutlich, der gleiche Teilhabe von Frau und Mann an Familie und Beruf für richtig hält. Eine starke gesellschaftliche Grundtendenz geht dahin, die unmittelbare persönliche Zuwendung auf die Geburt und Nachsorge der frühen Lebensphase zu beschränken und sie im Übrigen weitgehend gegen Bezahlung professionalisierten Dritten zu überlassen. Schon die frühe Phase mit der Notwendigkeit unmittelbaren persönlichen Einsatzes wird dabei als eher unerwünschte Unterbrechung definiert. Das Mutterideal mit seinen Zügen bedingungsloser Selbstaufgabe wird als kritikwürdiges Instrument familiärer Herrschaft und Ausbeutung fortlaufender Abwertung überantwortet, das Ideal des fürsorgenden Vaters im Gefolge dieser Abwertung von vornherein schwer beschädigt. So entpuppt sich das Glückstreben des „privaten" Raums mehr und mehr als ein Massenphänomen durchaus egozentrierten Charakters, als Zwillingsschwester des Gewinnschöpfungsmodells im öffentlichen Raum. Es bleibt der Eindruck eines vorwärts marschierenden Materialismus, der in seinen hedonistischen Zügen durchaus spießbürgerliche Lebensmuster verwirklicht: Gewinnstreben und Lustgewinn als akzeptierte Leitmotive menschlichen Daseins.

Gegen diese mächtige Entwicklung mit ihren medial vermittelten Leitfiguren anzuschwimmen, ist schwer möglich.

Dennoch gibt es viele Bereiche, in denen altruistische Ideale den öffentlichen und privaten Sektor prägen: Wehrdienst, ziviler Ersatzdienst, ehrenamtliche fremdnützige Tätigkeit im Verein, ehrenamtliche soziale Dienste in Vereinigungen und Kirchen, fortlebender altruistischer oder gemeinwohlbezogenes Ethos im Unternehmertum und in vielen Berufen der Wirtschaft sowie des öffentlichen Dienstes und in der Familie. Dieser Grundbestand ist das fortlebende Gewissen der Gesellschaft. Es misst den propagierten Regelkanon der modernen Gegenwart an alten überkommenen Maßstäben spontaner Zuwendung, menschlicher Solidarität und eines Gemeinwohldenkens, das über die Summe individueller Gewinnschöpfung hinausreicht. So bleibt angesichts der Herrschaft eines im Kern spießbürgerlichen Materialismus und Konsumententums, mag es sich noch so weltläufig gebärden, wenigstens das schlechte Gewissen über die Zukunft der menschlichen Gesellschaft. Wer die Geschichte Europas, der USA und der Dritten Welt ergebnisoffen analysiert, wird sich schwerlich mit dem Gedanken zufrieden geben, dass ordnungspolitisch gebändigte Gewinnmaximierung gepaart mit privatem Hedonismus die Zukunft der Menschheit definieren werden. Und dies berechtigt zum Optimismus.

D. Folgerungen für die Zukunft

I. Falsches Prophetentum

Der Versuch einer Bilanz sollte zunächst einmal die Ratgeber und Ratschläge ausschließen, denen man aus guten Gründen und in Kenntnis aller aufbereiteten Tatsachen und Argumente besser nicht oder nur sehr eingeschränkt folgt. Dazu zählt alles, was ideologisch-systematische Züge trägt oder aus Angst geboren ist: Verabsolutierung wirtschaftstheoretischer Modelle, voller Einstieg in die neokapitalistische Competitive Society U.S.-amerikanischer Prägung, aber auch Protektionismus und Antiamerikanismus oder der Appell zur moralischen Aufrüstung.

1. Beschränkter Nutzen systemtheoretischer Modelle

a) Unhaltbarer Geltungsanspruch

Soweit die Wirtschaftswissenschaften aufgebrochen sind, der Menschheit den Gang der Welt prognostisch zu erklären, um darzutun, „was die Welt im Innersten zusammenhält“, ist größte Skepsis angezeigt[996]. Nur wenige erheben bei näherem Besicht diesen Anspruch, aber viele sonnen sich in Europa und den USA im Glanze seines Lichts, weil es dabei im Wissenschafts- und Politikbetrieb natürlich auch um Machtpositionen geht, um Gewicht, Fördermittel, politischen Einfluss.

b) Beschränkte Leistungsfähigkeit

Dabei haben sich aber die prognostischen Fähigkeiten der Wirtschaftswissenschaften und ihrer aufwendigen Institute ebenso wie ihre Ratschläge als sehr fehlsam, manchmal auch kläglich falsch erwiesen. Es ist z. B. nicht sehr eindruckvoll, wenn die Institute oder der Rat der Wirtschaftsweisen ihre Wachstumsprognose heben oder senken, um ein wenige Monate altes Analyseergebnis zu korrigieren, dessen Unrichtigkeit zum Zeitpunkt der Korrektur bereits jeder Leser einer anspruchsvolleren Tageszeitung mühelos erahnt[997]. Wetterbegleitende Wetterberichte haben eher Unterhaltungswert. Es fragt sich auch, ob sich hoher wissenschaftlicher Geltungsanspruch wirklich einlöst[998], wenn mit professoraler Wissensgebärde prognostiziert wird, dass in umlagefinanzierten Versicherungssystemen bei sinkender Zahl von Beitragszahlern und gleichzeitig höheren Kosten (medizinischer Fortschritt und gestiegene Lebenserwartung) entweder die Leistungen fallen oder die Beiträge steigen oder sich die Zeit der Beitragszahlung verlängert (Lebensarbeitszeit) oder dass kombiniert alles zusammen zu geschehen hat. Hochrechnungen bis zum Jahre 2040 wirken dabei eher gespenstisch und entbehren jeder wissenschaftlichen Solidität, weil ihre Grundannahmen völlig hypothetisch sind – so wenig wie im Jahre 1957 oder 1960 die heutige Realität versicherungswesentlicher Daten vorhersehbar war, ist sie es heute für das Jahr 2040. Selbst kapitalgedeckte Versicherungen, deren Parameter wesentlich übersichtlicher sind und die deshalb deutlich bessere Prognosen erlauben, mussten relativ kurzfristige Korrekturen anbringen, weil sie die Entwicklungen der Kapitalmärkte falsch eingeschätzt hatten[999]. Insgesamt sollte man also den „wissenschaftlichen" Weissagungen etwas nüchterner gegenüberstehen – sie sind im Rahmen von Erwägungen des gesunden Menschenverstandes ein Stück Vergewisserung und vermögen segmentarische Feinarbeit auf gezielte Fragestellungen zu leisten[1000]; die Welt und ihren Gang erklären oder gar prognostizieren können sie nicht, und wo sie dies versuchen, fangen sie Licht in Gefäßen ein.

c) *Die bekannten Versuchungen der Modellbildung und des Systemdenkens*

Die Entwicklung dominanter U.S.-amerikanischer Wirtschaftswissenschaften sowie Rechts- und Sozialwissenschaften hin zu einem Systemdenken, das ein stimmiges Wirtschafts- und Gesellschaftsmodell mit individualistischem Grundansatz als Zukunft der Menschheit und gleichsam beglückende Endphase geschichtlicher Entwicklung propagiert, trägt zwar einerseits in der Rechtskultur des „legal realism“[1001] durchaus bemerkenswerte revolutionäre Züge, ist aber andererseits ein nur allzu bekanntes Phänomen der Menschheitsgeschichte. In gewisser Weise zeigt es erstaunliche Ähnlichkeit mit der deutschen Entwicklung des 19. und angehenden 20. Jahrhunderts, die in Philosophie, Rechts-, und Sozialwissenschaften vielfach durch eine Hinwendung zum System mit seiner gedanklichen Stimmigkeit geprägt war und damit durchaus weltweite Ausstrahlung hatte[1002]. Der Vorwurf gegen die Begriffsjurisprudenz, eine mathematisierende Gerechtigkeit einer nur teilweise erfassten Wirklichkeit aufprägen zu wollen, hat in der deutschen Rechtskultur den Geltungsanspruch des Systemdenkens redimensioniert[1003], ohne es voll zu beseitigen. Es ist vielfach bis heute geeignet, Vergleichbarkeit besser zu erkennen und Abwägungen zu verfeinern, aber es hat nicht mehr das letzte Wort, es ist eher zu einem Topos der Rechtssetzung und Rechtsfindung geworden, der Berücksichtigung verdient, aber den Vorgang der Rechtsfindung und rechtlichen Gestaltung der Wirklichkeit nicht voll ausmacht. Die Wirtschaftswissenschaften und die Vertreter von „law and economics“ werden diese Redimensionierung ihres Geltungsanspruchs zu vollziehen und zu verinnerlichen haben, und nur auf diesen Punkt konzentriert sich die vorgetragene Kritik, die z. B. dem deutschen Rechtswissenschaftler längst gängige Weisheit ist[1004]. Wenn Menschen sich aus aktiver Tätigkeit zurückzuziehen beginnen und dabei aufhören, schlechte Vorbilder zu sein, beginnen sie, gute Ratschläge zu geben. So ist es zwar beruhigend zu hören, dass bejahrte Nobelpreisträger der Wirtschaftswissenschaften nach Jahrzehnten der Orientierung am Modell des „homo oeconomicus" die Berücksichtigung „des Menschen" anmahnen[1005], aber doch beunruhigend zu sehen, wie systembildende Hyperaktivität mit entsprechenden Geltungsansprüchen nach wie vor die Realität aktiver jüngerer Wissenschaftler in den USA und Europa prägt. Die studierende Jugend vor allem amerikanischer Spitzenuniversitäten[1006] wird mit solcher zur Ideologie erstarrter Doktrin geradezu verführt, und deutsche Spitzenuniversitäten wie Heidelberg[1007] suchen in fantasieloser Adaption ihr wissenschaftliches Heil, wenn sie ganze Fakultäten auf diesen Kurs programmatisch einschwören.

d) Der ambivalente Einfluss ökonomischer Stochastik

Soweit Erkenntnisse exakter oder experimenteller Wissenschaften Eingang in ökonomische Theoriebildung finden, ändert sich dieses Gesamtbild wenig[1008]. Darin liegt keine Überheblichkeit gegenüber diesen Wissenschaften, deren prominente Vertreter dies teilweise selbst so sehen. Wahrscheinlichkeitsrechnungen über die Realisierung von Risiken erfassen die Wirklichkeit immer nur so fragmentarisch, wie dies ihren vorgegebenen Grunddaten entspricht. Dabei sind die Grunddaten eines Spiels in Spielbanken wesentlich einfacher zu erfassen als die Daten brauchbaren Risikomanagements im Gesamtsystem des nationalen oder weltweiten Kapital- oder Warenmarkts, wo es nicht um einzelne Risiken eines Risikoträgers geht, sondern um Interaktionen einer mehr oder weniger unüberschaubaren Zahl von Akteuren. Wo bei der Wertentwicklung von Finanzprodukten oder selbst von einfachen Aktien der Anschein berechenbarer Stetigkeit erweckt wird oder auch nur der Anschein überlegener persönlicher Geschicklichkeit des Beraters – möge er sogar wie die Mitinitiatoren des Long Term Capital Management Nobelpreisträger sein –, entsteht eine Situation, wie man sie vom Spieler einer Spielbank kennt, der trotz klarer und entmutigender Wahrscheinlichkeitsrechnung bei sogar feststehenden Daten an die Verlässlichkeit seines persönlichen Anlagesystems oder -instinkts glaubt. Das heißt natürlich nicht, dass ökonomische Stochastik oder Wahrscheinlichkeitsrechnung keine Hilfestellung zu bieten vermögen; sie bleiben aber in ihren nüchtern gewürdigten Ergebnissen häufig so weit unter wirklich brauchbarer prognostischer Zuverlässigkeit, dass ihr Verunsicherungseffekt eigentlich regelmäßig größer sein müsste als ihr aktivierbarer beruhigender Informationsgewinn. Wenn über Stabilisierungs- oder Sicherungsmaßnahmen für den Kapital- oder Finanzmarkt zu entscheiden ist, können solche stochastischen Modelle Gesichtspunkte für eine Gesamtabwägung liefern, aber kein schlüssiges Gesamtkonzept kreieren, so wenig wie ökonomische Theorien zuverlässig realisierbare Gesamtkonzepte für erfolgreiche wirtschaftspolitische Gestaltung zu entwerfen vermögen.

e) *Sozialpsychologische und spieltheoretische Erkenntnisse und ihre Einwirkung auf ökonomisches Modelldenken*

Auch Erkenntnisse der Sozialpsychologie oder der Spieltheorie auf empirischer oder hypothetischer Basis können das Verständnis realer oder spekulativer Handlungsabläufe und ihre Prognose verbessern[1009]. Sie haben denn auch viel zur realitätsbezogenen Verfeinerung ökonomischer Theoriebildung beigetragen, insbesondere Illusionen über die Rationalität menschlicher Entscheidung als bestehende Realität oder erreichbares Endstadium eines Lernprozesses zerstört. Ihr Beitrag zum Fortschritt der Erkenntnis liegt aber letztlich ähnlich wie der Erkenntnisgewinn mathematischer Modelle in einer Relativierung der Bedeutsamkeit ökonomischen Systemdenkens und ökonomischer Modellbildung, auch wenn dies gar nicht oder nur ungern zur Kenntnis genommen wird[1010]. Die Erkenntnisse wissenschaftlichen Sachverstandes werden zu abzuwägenden Topoi politischer Pragmatik.

f) Keine Entthronung demokratischer Willensbildung durch wirtschaftstheoretische Wohlfahrtsmodelle

Mit der Erkenntnis, dass die individualistische Wohlfahrtsökonomie kein stimmiges Modell der Menschheitsbeglückung zu entwerfen vermag, sondern nur eine – vielleicht durchaus gewichtige – Stimme im Konzert politischer Willensbildung darstellt, ist auch ihre Legitimation zur Begrenzung oder gar teilweisen Ablösung demokratischer Willensbildung in Frage gestellt[1011], wenn nicht verneint. Die individualistische Wohlfahrtsökonomie setzt auf eine Welt regelhafter individueller Gewinnmaximierung mit der Folge gemeinen Wohlstandsgewinns, wobei sie nicht nur die Realität der Gegenwart, sondern auch der Zukunft verfehlt. Den homo oeconomicus[1012] gibt es nicht – weder in seiner reinen noch modifizierten Form. Dies zeigt zunächst einmal der Blick in Staaten und Kulturen außerhalb der westlichen Zivilisation; in der islamischen Kultur ist gerade nicht individualistische Gewinnmaximierung zentraler Orientierungspunkt gesellschaftlicher Grundverfassung. Biologistische Überlegenheitsgefühle verbinden sich in eigenartiger Weise mit missionarischer Grundhaltung, oft auch in säkularisierter Form. Solche Staaten und Kulturen lassen sich nicht in ein weltweites System individualistischer Gewinnmaximierung mit gemeinem Wohlstandsgewinn eingliedern – ein Umstand, der vor allem Angloamerikanern etwas schwer näher zu bringen zu sein scheint. Aber auch innerhalb der westlichen Zivilisation entspricht der homo oeconomicus nicht überall kultureller Tradition, eher im angloamerikanischen als im kontinentaleuropäischen Raum. Auch wo dieses Menschenmodell wie in Angloamerika stärkere Adhäsion zur Realität hat als in Kontinentaleuropa, erweist es sich doch mit seiner Aufteilung menschlicher Aktivität in einen gewinnmaximierenden rational gesteuerten öffentlichen Raum, einen auch freier Emotionalität gewidmeten Privatbereich und einen der Pro-Bono-Tätigkeit gewidmeten dritten Sektor als Form realitätsfremder Persönlichkeitsspaltung, die auch doktrinär verordnete Lernprozesse nicht zum Bildungsideal werden hochstilisieren können, weil das ganzheitliche Wesen menschlicher Natur verkannt ist. Hinzu kommt die personale Ethik christlich-humanistischer Tradition, die eben gerade nicht in individueller Gewinnmaximierung mit mittelbarem Altruismus, sondern in unmittelbarer persönlicher Selbstaufgabe für den Nächsten die Krönung menschlicher Gesittung sieht, und zwar in voller täglicher Hingabe und nicht als Sonntagserlebnis im „dritten Bereich". In diesem Koordinatensystem hat eine Kulturrevolution, die den Menschen als gewinnmaximierende Schachfigur in das Modell einer Wohlfahrtsökonomie einfügt, keine echte Chance, und als Abkömmling christlicher-humanistischer Tradition wird man sagen dürfen: Gott sei Dank.

Weltweite oder EU-weite Wohlfahrtsökonomie individualistischer Prägung darf mit ihrem Regelsystem nach alldem nicht die demokratische Willensbildung überspielen, Politik und Gesellschaft müssen diesen Herrschaftsanspruch zurückweisen, vor allem wenn er von ausführenden Organen überregionaler Organisationen wie der EU-Kommission, der WTO oder des IWF im Sinne einer unverrückbaren Maßstäblichkeit unter dem Beifall wissenschaftlicher und wirtschaftspolitischer Promotoren formuliert wird[1013]. Gerade solche Organisationen mit ihrer stark mediatisierten demokratischen Legitimation unterliegen der fortlaufenden Versuchung doktrinärer Bevormundung auf der Basis vermeintlicher wirtschaftswissenschaftlicher Erkenntnis, weil ihnen eine andere Legitimation nicht bleibt. Demgegenüber ist auf allen Ebenen die politische Willensbildung zu stärken, welche den eher topischen Charakter des individualistischen wohlfahrtsökonomischen Modells argumentativ angemessen berücksichtigt und integriert. Dabei hat die demokratische

Entscheidung nicht nur die eher banale Funktion einer technokratisch begründeten Gewaltübertragung an die Mehrheit – so *Schumpeter*[1014] –, sie stimuliert die Auseinandersetzung der Ideen mit der auf Dauer besseren Richtigkeitsgewähr, deren Tragfähigkeit den Vergleich mit den Modelllösungen einer oft arroganzgeneigten wissenschaftlichen Kaste nicht zu scheuen braucht. Man muss Äußerungen einzelner führender Vertreter von Law and Economics bzw. der Institutionenökonomie zur Todesstrafe oder zur Legitimation von Angriffskriegen gehört haben, um über ihre gedankliche Schlichtheit zu erschrecken.

2. Die verführerische Attraktivität des amerikanischen Modells einer neokapitalistischen „Competitive Society"

Obwohl es unvoreingenommener Analyse keineswegs standhält, die USA als ein Land oder eine Rechtskultur zu betrachten, welche die Regeln eines neoliberalen Kapitalismus voll umsetzt oder auch nur ihre volle Umsetzung wirklich anstrebt[1015], hat sich die amerikanische Gesellschaft in Realität und Selbstverständnis doch am stärksten den Grundideen solcher Modelle angenähert[1016]. Die politische, wirtschaftliche und militärische Führungsrolle vor allem der letzten zwei Jahrzehnte ließ die USA zu einem oft idealisierten Modell werden, das die „variety of capitalism"[1017] mehr und mehr dominierte[1018]. Die Vorstellung qualitativer Gleichwertigkeit unterschiedlicher kapitalistischer Modelle (Competitive Society and Adversarialism, Rhineland-Capitalism, Swedish Welfare State Modell, French/Japanese Network Model etc.) wurde allmählich abgelöst durch eine Rangordnung mit den USA als „Lode Star" – oft auch aufgrund von Rankings mit selbstreferentiellen Kriterien. Dabei stellte man wenig in Rechnung, dass dieses Lode-Star-Gefühl relativ jung war – noch Anfang der neunziger Jahre konnte Clinton mit Modellen des „Rhineland-Capitalism" erfolgreich Wahlkampf führen. Die politischen Umbrüche in Europa und eher stagnierende – durchaus nicht so recht eigentlich krisenhafte – kontinentaleuropäische Wirtschaftsdaten ließen Rezepturen als sinnvoll erscheinen, wie sie der Wirtschaftskultur gegenwärtiger Blüte entsprachen, ohne dass man dem wahrscheinlich durchaus zyklischen Charakter solcher Blüten allzu viel Beachtung schenkte. Hinzu kam eine zunächst erfolgreiche britische Transformation zu einer stärker kompetitiven Gesellschaft, die allerdings verglichen mit Deutschland stärkere Verkrustungen zu beseitigen hatte[1019] und an eine ohnehin schon verhältnismäßig finanziell-kommerziell orientierte Wirtschaftsstruktur anknüpfen konnte[1020]. Natürlich orientiert sich jede Wirtschaftskultur am Erfolg anderer Wirtschafts- und Gesellschaftsmodelle, sodass eine Ausrichtung an Angloamerika bis heute nahe liegt, wenngleich die Attraktivität dieser Wirtschaftskultur unter dem wahrscheinlichen, durchaus undramatischen zyklischen Auf und Ab der Dollar- und Eurozone gegenwärtig etwas leiden könnte[1021]. Es gibt aber ganz unabhängig von der zyklisch bedingten schwankenden Ausstrahlung des angloamerikanischen Modells vor allen Dingen zwei Gesichtspunkte, die zu höchster Vorsicht mahnen. Einmal die weniger kompetitive deutsche und europäische Gesellschaft. Zum anderen die fehlende globale Stärke der europäischen und deutschen Wirtschaft, die überwiegend in kleineren Einheiten agiert als andere Regionen der Welt und von einer kampfbereiten National- oder Euroökonomie nicht oder nicht mehr eingerahmt erscheint.

Wenn Ökonomie und Politologie der „competitive society" U.S.-Amerikas und mit Einschränkungen neuerdings Englands die deutsche „co-ordinated market economy" gegenübergestellt haben[1022], so liegt darin nicht nur die Beschreibung unterschiedlicher äußerer Strukturierung, wie sie sich in Überkreuzbeteiligung von Unternehmen, stärkerer verbandsmäßiger Organisation im Bereich der Wirtschaft, des Arbeitslebens und der Sozial- und Gesundheitsorganisation zeigt oder auch in der starken Rolle staatlicher Daseinsvorsorge[1023]. Vielmehr ist diese formierte Gesellschaft Ausdruck einer unterschiedlichen menschlichen Sozialisation, die ihre vom angloamerikanischen Raum verschiedene philosophische[1024], religiöse[1025] und kulturelle[1026] Grundlegung hat – teilweise durchaus auch raum- und ressourcenbedingt[1027]. Es wäre falsch zu behaupten, Wettbewerb sei dem Kontinentaleuropäer fremd; aber man muss sehen, dass es seinem Lebensgefühl weniger entspricht, ihn voll zu Ende zu führen, um dann dem Verlierer sozusagen in der Armenküche des „dritten Sektors" Pro-Bono-Aktivitäten zugute kommen zu lassen. Die Rigidität des „Hire and Fire" oder des „Fresh Start" nach „Bankruptcy" ängstigt ihn und beleidigt sein Solidaritätsgefühl, er empfindet sie als Aggression. Aus diesem Lebensgefühl erklärt sich auch die Zukunftsangst der jüngeren Generation. Mit markigen Worten und Aufrufen zu mehr Wettbewerb lässt sich fast jahrhundertealte menschliche Sozialisation gar nicht umsteuern, selbst wenn man dies wollte. Die Versuche einer Vereinnahmung der primären Bildungsinstitutionen und selbst der Gymnasien und Hochschulen im Sinne einer ökonomisierten Wettbewerbsorientierung[1028] wirken vor diesem Hintergrund technokratisch und verkrampft; sie werden wenig Erfolg zeitigen, weil sie die Freiheit zum Durchatmen rauben, die den kontinental sozialisierten Menschen auch und vor allem der Elite in der Vergangenheit durchaus zu ansprechenden Leistungen befähigt hat und die nur unter negativen Vorzeichen zu sehen historischer Erfahrung nicht entspricht. Es empfiehlt sich deshalb eher ein geduldiges Anknüpfen an kontinentale regionale Traditionen, deren Institutionen sich verbessern und anpassen lassen. Die ursprüngliche Leistungsfähigkeit vieler Institutionen, wie z. B. der Sozialsysteme und Bildungseinrichtungen, hat auch unter dem Einbruch egozentrierten Vorteilsdenkens gelitten, das für ihre Funktionsfähigkeit die völlig inadäquate Ideologie darstellen musste und sich in Gestalt einer Gewinnmaximierung ohne Markt als zerstörerische Perversion des Marktdenkens gebärdete[1029]. Die Empfehlung zu einer Art Kulturrevolution und zum „Neubau der Bundesrepublik“ nach marktökonomischer Architektur wirkt vor diesem Hintergrund gefährlich demagogisch, weil sie mit ungewissem Ausgang zerschlägt statt sorgsam weiterentwickelt. Es ist dabei immer mehr üblich geworden, die erfolgreiche Aufbauphase der Bundesrepublik mit der Nähe zur Marktgesellschaft zu identifizieren, das letzte Viertel des 20. Jahrhunderts mit Formen der Entartung zum Sozialstaat. Damit wird die notwendigerweise stark regulierte[1030] Wirtschaft und Gesellschaft dieser Aufbauphase grob verzeichnet. Richtig an dieser Darstellung ist nur, dass alle mit weniger zufrieden waren, weil man allgemein von niedrigerem Niveau aus startete.

Der Neokapitalismus im Sinne eines weltweiten freien Kapitalverkehrs mit möglichst offenen Staaten oder Staatenverbindungen begünstigt folgerichtig zu Ende gedacht zumindest auf mittlere Sicht die Regionen der Welt, die ausreichend viele mächtige Kapitaleigner und Großinvestoren beherbergen. Dies ist – wenn man die Ranking-Listen von Großunternehmen, Großbanken und Finanzinvestoren betrachtet – in Kontinentaleuropa gerade nicht oder weniger der Fall. Die Schwerpunkte liegen insoweit in den USA und Teilen Asiens, wobei sich das Bild noch einmal negativ zuungunsten von Kontinentaleuropa verändert, falls man Formen des modernen Staatskapitalismus vor allem Asiens miteinbezieht – man denke z. B. an China oder Russland[1031]. Die Gefahr der Übernahme wichtiger Teilbereiche der Wirtschaft bis hin zum Verlust regionaler Steuerungsfähigkeit in wesentlichen Bereichen des Wirtschafts- und Geschäftslebens liegt auf der Hand. Dies gilt nicht nur bei Übernahme von Großunternehmen, auf die sich das öffentliche Interesse richtet. Es ist dies auch richtig – heute schon Realität – für den „High-End-Bereich“ der rechts- und wirtschaftsberatenden Berufe und die konzernähnliche Beherrschung von Mittelstandsbetrieben durch Kapitalinvestoren. Wenn manche „Globalisierung“ gleichsetzen mit „Amerikanisierung“, so ist damit nicht nur auf die Anpassung an ein neokapitalistisches Wirtschaftsmodell angespielt, sondern auch auf die vielfältige Präponderanz amerikanischen Kapitals. Die verzerrende Imitation des U.S.-Kapitalismus durch staatskapitalistisch organisierte Großunternehmen müsste eigentlich auch für den wohlmeinendsten Anhänger weltweiter Kapitalverkehrsfreiheit deutlich werden lassen, welche Machtfülle sich in konzentriertem Kapital vereint und wie sehr solche Konzentrationen nach einer Bändigung verlangen, welche weder die Weltgemeinschaft der Staaten (IWF, WHO, Weltbank, IAO etc.) noch der Markt selbst mit seinen Selbstregulierungskräften leisten können. Die Ausdehnung kapitalistischer Übernahme auf neue Felder wie Verkehrswesen, Gesundheitswesen, Bildungswesen oder Energieversorgung müsste die Machtkonzentration in Händen weniger, oft anonymer Eigner verstärken. Dabei ist es eine Illusion zu glauben, ihr Gestaltungswille sei allein gewinnmaximierend bestimmt, was schon für sich selbst schlimm genug wäre. Er entwickelt darüber hinaus auch macht- und gesellschaftspolitischen Ehrgeiz, der sich regionaler Beeinflussung oder gar Kontrolle weithin entzieht. Ein Kontinentaleuropa wirklich offenen Kapitalverkehrs wäre auf Dauer ein Wimbledon[1032], bei dem die fremden Spieler und nicht der Eigner des Stadions oder Spielfeldes die Spielregeln bestimmen. Jede andere Vorstellung entbehrt nicht bedenklicher Naivität.

3. Die Versuchung des Protektionismus

Die fehlende Eignung des amerikanischen Modells des Neokapitalismus und die Gefahren seiner weltweiten Adaption oder verzerrenden Imitation erkennen, heißt indessen nicht, der Versuchung eines neuen Protektionismus zu erliegen, um diese Gefahren abzuwehren. Wenn Kritikern des Neokapitalismus entgegengehalten wird, Protektionismus sei die einzig bleibende realistische Alternative, so liegt darin eine pauschale und undifferenzierte Vereinfachung, die nicht selten in durchaus aggressiver Form als Totschlagsargument gegen Kritik benutzt wird. Natürlich muss sich Europa ebenso wie Deutschland dem weltweiten Wettbewerb um die besseren Produkte und Ideen stellen und kann und darf sich nicht gegen bessere Qualität abschirmen. Es bleibt aber die zentrale Frage, inwieweit die volle Öffnung den Wettbewerb um die besseren Produkte und Ideen nicht behindert und beschränkt, weil sie keinen Raum für unterschiedliche Organisationsformen des Kapitalismus lässt. Damit eng zusammen hängt die weitere Frage, ob völlig unabhängig vom wirtschaftlichen Erfolg menschliche Würde nicht neben Freiraum zum Handeln auch in gewissem Umfang einen wettbewerbsfreien Raum voraussetzt, dessen Organisation staatliche Gestaltungsaufgabe bleibt mit weitreichenden Folgen für die gesellschaftliche und wirtschaftliche Grundverfassung[1033]. Beide Fragen verlangen nach ausgewogener Differenzierung, wenn man versucht, die Trennungslinie zwischen gestaltendem Kapitalismus mit seinen vielfältigen Erscheinungsformen und falschem Protektionismus zu ziehen.

Die moderne Ökonomie geht mehr oder weniger bewusst immer noch vom Modell der Volkswirtschaft aus, wenn sie Produktivität und Wachstum misst und vergleicht[1034]. Falls man Individualisierung und Globalisierung radikal zu Ende denkt, wären eigentlich zuvörderst Unternehmen mit ihrer Gewinnschöpfung für Kapitaleigner und Arbeitnehmer zu vergleichen, die auf einem globalen Spielfeld unter annähernd gleichen Bedingungen spielen. Der Vergleich zwischen Volkswirtschaften trägt indessen der Tatsache Rechnung, dass die Produktivität der einzelnen Einheit von den rechtlichen, sozialen und kulturellen Rahmenbedingungen abhängt, welche die rechtlich verfasste staatliche Gemeinschaft gestaltet. Es wetteifern also nicht nur – bildlich gesprochen – Einzelspieler, sondern gleichzeitig und parallel Mannschaften. Wer einer Seite die Freiheit nimmt, die eigene Mannschaft selbst aufzustellen und ihr Zusammenspiel zu gestalten, und ohne Gegnerfreiheit Übergriffe einer Mannschaft auf die andere gestattet, zerstört die Wettbewerbsgleichheit. Wettbewerb auf zwei Ebenen, wie er gegenwärtig zwischen individuellen Marktteilnehmern und Volkswirtschaften bzw. Verbindungen von Volkswirtschaften gleichermaßen stattfindet, verlangt zwar einerseits gleiche Regeln für alle Einzelspieler, muss aber andererseits den einzelnen Volkswirtschaften oder ihren Verbindungen genügend Gestaltungsspielraum und damit geschützte Eigensphäre lassen, um im Wettbewerb überhaupt bestehen zu können und damit dem Wettbewerb fortschrittschaffenden Sinn zu geben. Die Nutzung dieses Gestaltungsspielraums und die Notwendigkeit gegnerfreier Organisation als Protektionismus zu verteufeln, heißt die Notwendigkeit des Wettbewerbs zwischen Volkswirtschaften oder größeren verbundenen Einheiten verneinen. Dabei wäre aber verkannt, dass der Wettstreit um die bessere Gestaltung nicht nur auf der Ebene individueller Marktteilnehmer zu besserer Erkenntnis führt, sondern auch auf der Ebene regionaler Organisation, die für den Fortschritt der Menschheit nicht weniger bedeutsam erscheint als verbesserte individuelle Organisation. Diese Erkenntnis lässt die notwendige Abkehr von falschem Protektionismus, der die Gleichheit der Spielregel für den einzelnen Spieler zerstört, als unverrückbaren Grundsatz unangetastet, erlaubt aber regionale Organisation als im Endeffekt wettbewerbsfördernde Gestaltungsform, deren Fortfall dem Wettbewerb der Regionen in wesentlichen Bereichen empfindlich schaden müsste[1035]. Mag auch die Grenzlinie zwischen wettbewerbsfördernder regionaler Organisation und wettbewerbsschädlicher Begünstigung der Einzelakteure im Einzelfall schwer zu ziehen sein, die Einordnung als Protektionismus sollte man nicht pauschal für beide Formen der Förderung vornehmen und mit dieser Undifferenziertheit dazu beitragen, der Kritik am Protektionismus ihre Überzeugungskraft zu nehmen[1036].

Jeder Staat und jede Region kennt gesellschaftliche Bereiche, die sie dem Angebots- oder Kapitalmarktwettbewerb mit seinen Investitionsanreizen entziehen. Es sind dies letztlich immer Gebiete, in denen die Subjektstellung des einzelnen Menschen unter freiem Wettbewerb zu leiden hätte, weil der schwächere Teil zum Objekt des besseren und überlegenen Marktteilnehmers würde. Hochstreitig ist natürlich die Dimension dieses Bereiches. Einigkeit wird darin bestehen, dass z. B. neben schiedsgerichtlichen oder mediativen Konfliktlösungsmodellen ein Kernbestand staatlichen Gerichtsschutzes zu bewahren sein wird, der konkurrenzlos das letzte Wort hat. Schon das Ausmaß dieses öffentlichen Monopols ist indessen streitig mit gültig schwer zu bestimmender Grenzziehung. Sie fällt in anderen elementare persönliche Grundbedürfnisse befriedigenden Gebieten noch wesentlich schwerer, wie z. B. Gesundheitsvorsorge, Rechtsberatung, Bildung etc.[1037] Die etablierte westliche Rechtskultur lässt insoweit bisher den einzelnen Staaten und Staatenverbindungen einen Beurteilungsspielraum, ob sie solche Räume hoheitlich oder wettbewerbsunterworfen organisieren. Marktwidriger Protektionismus ist dann nur im Falle wettbewerbsunterworfener Grundorganisation der anzulegende Kontrollmaßstab[1038]. Natürlich liegt in dieser Enthaltsamkeit ein Zugeständnis mit der Folge, dass eine bestimmte Toleranzschwelle stets beachtet bleiben muss. Wo sie überschritten wird, beginnt der missbilligenswerte Protektionismus.

Immerhin zeigt der kurze Versuch einer Analyse des Protektionismusarguments, dass es klare Maßstäbe kaum hergibt. Man sollte es für Übertreibungen regionaler Organisation mit verdichtender Abschottung und für klare Fälle der Flucht in die hoheitliche Organisation aufbewahren. Es ist ein wertendes Argument, das auf ein schädliches Übermaß verweist und den Verlust der Balance anzeigt – nicht mehr, aber auch nicht weniger. Über die Schädlichkeit protektionistischer Grundhaltung sollte Einigkeit bestehen, ohne dass das Wissen um die Relativität und Komplexität dieses Arguments verloren geht und seine Primitivierung zur Entwertung führt.

4. Arroganz und Bequemlichkeit des Antiamerikanismus

Geistige Verwandtschaft mit der Versuchung eines falschen Protektionismus zeigt die Versuchung des Antiamerikanismus[1039]. Das Wesen des modernen Antiamerikanismus besteht in einer a-limine-Ablehnung der „competitive society" mit ihrer Marktstruktur sowie einer emotionalen Aversion gegen unbestreitbare amerikanische Erfolge und ihre strategische, selbstbewusste Vermarktung. Er richtet sich gegen die Vormachtsstellung der USA und die Pax Americana, die bei weltweit reisenden U.S.-Bürgern nicht selten ein Lebensgefühl gedeihen lassen, wie es dem „Civis Romanus sum" des Römers entspricht und Neidgefühle anderer weckt, zuweilen auch fremdes Selbstbewusstsein kränkt. Die Überzeugung von eigenem „exceptionalism" war noch nie geeignet, sich nur Freunde zu schaffen[1040]. Der moderne Antiamerikanismus sieht im amerikanischen Gesellschaftsmodell den entarteten Abkömmling feinerer europäischer Gesittung, die „Cowboy"-Rechtskultur mit ihrem „lausigen Rechtssystem". Die Amerikaner erscheinen als die großen Vereinfacher und Utilitaristen, gleichermaßen unfähig zu höherer philosophischer oder geistlicher Erkenntnis wie zur verfeinerten Lebensführung – Billy Graham als theologische Leitfigur und der „Hamburger" essende Texaner als Prototyp kulinarischer Kompetenz. U.S.-amerikanisches Lebensgefühl in den Augen dieser Kritiker ist mehr oder weniger von der Gewissheit geprägt, dass alle übrigen Kulturkreise darauf warten, in einer Bekehrung zum amerikanischen Individualismus mit seinem „Pursuit of Happiness" ihre Erlösung zu erleben, und die U.S.-Politik verbindet – so der Vorwurf – mit diesem Missionarismus militärische Gewalt und geschäftliche Eigeninteressen – das Yankeetum, wie es bereits in Puccinis „Madame Butterfly" textlich und musikalisch glossiert erscheint, und der Dollarimperialismus, wie er die Emotionen der Vietnam-Antikriegsbewegung und der Friedensbewegung geweckt und geschürt hat und heute in abgewandelter Form Objekt der Kritik an der Nahostpolitik oder Entwicklungspolitik geblieben ist.

Wie oft bei bequemen Vorurteilen speist sich die Abneigung durchaus aus Elementen, die ein Stück Wahrheit verkörpern, was allerdings nichts daran ändert, dass es gefährliche Halbwahrheiten sind. Nichts von allem, was den modernen Antiamerikanismus ausmacht, kann und darf beim Versuch einer zutreffenden Analyse U.S.-amerikanischer Gesellschafts- und Wirtschaftskultur unberücksichtigt bleiben[1041]. Zur verzerrten Karikatur darf das Bild der Führungsmacht westlicher Zivilisation deshalb nicht werden. Sie übersieht vor allem zwei Gesichtspunkte, die Stärke und Vorbildfunktion der USA ausmachen: das doppelte Gesicht freiheitlicher Kultur und die Stabilität eines gesellschaftlichen Organismus, dessen Kraft sich an der Bewältigung freiheitsbedingten Störpotentials fortlaufend bewährt.

Zunächst einmal begegnet dem europäischen traditionellen Bildungsbürgertum und den europäischen Intellektuellen in den USA und ihrer zweihundertjährigen Geschichte alles, was sie selbst charakterisiert. Die Geistesgeschichte des 20. Jahrhunderts ist eine Geschichte wechselseitiger europäischer und U.S.-amerikanischer Befruchtung. Es gibt keine wesentliche zeitgeschichtliche Strömung in Philosophie, Kunst oder Wissenschaft ohne transatlantische Entsprechung. Angesichts dieser Interdependenz ist Antiamerikanismus nicht selten eine Form versteckter Selbstablehnung, eine Art Geschwisterhass, der sich am ähnlichen, aber erfolgreichen Spiegelbild des eigenen Ich entzündet. Es gibt vereinzelt immer wieder die Jury, die Ähnlichkeit mit einer Lynchparty haben mag, es gibt aber auch die richterliche Hochkultur, deren Rechtsprechung die Entwicklung aller demokratischen Staatsgebilde wesentlich geprägt hat. Es gibt die unter publizistischem Rummel halb öffentlich vollzogene Todesstrafe, es gibt aber ebenso Einzelstaaten mit konsequenter Gegnerschaft gegenüber staatlicher Hinrichtung. Es gibt die naive evangelikale Bewegung, es gibt aber auch intellektuell reflektierte Religiosität. Es gibt gegenwärtig eine weit verbreitete Identifikation mit dem Neokapitalismus, es gibt aber gleichermaßen Epochen sozialen Aufbruchs wie z. B. die Roosevelt-Ära, die jederzeit wiederkehren können, oder Epochen antiökonomischen Protests, wie die Easy Rider- oder Blumenkinderära. Es gibt Tendenzen zu etwas totalitärem Sicherheitsstreben, wie etwa die Feindstaatengesetzgebung der Weltkriege, die McCarthy-Ära oder die jüngste Bush-at-War-Epoche mit Phänomenen wie Guantanamo; es gibt aber ebenso ihre Bewältigung durch Gesellschaft und Rechtsprechung, die zur Beachtung rechtsstaatlicher Grundprinzipien anhält. Der Basispunkt der Amplituden der Veränderungskurve liegt bei der U.S.-amerikanischen Gesellschaft anders als in Europa, er ist im Ausgangspunkt stärker zur individuellen Freiheit hin orientiert, was zeitweilig stärkere Ausschläge in die Gegenrichtung nicht ausschließt. Eine nüchterne Gesamtanalyse gibt aber für Achtung und Wertschätzung dieser Gesellschaft mit ihrer politischen und wirtschaftlichen Kultur durchaus guten und zwingenden Anlass.

Der Europäer bewundert an den USA letztlich Kontinuität und Stabilität einer Freiheitlichkeit, die trotz aller Schwankungen die USA – sicherlich nicht immer uneigennützig – zur Zufluchtstätte und zum Helfer bei europäischen Krisen werden ließ und zu überragenden Leistungen in Wissenschaft, Technik und Finanzinnovation befähigte. Er denkt allerdings weniger daran, dass diese Art der Freiheitlichkeit ihre Stabilität aus der permanenten Bewältigung von Störpotential schöpft, das sich fortlaufend neu bildet und seinerseits nicht selten Gegenstand der geschilderten europäischen Kritik ist. Homogene Systeme mit innerer Stimmigkeit mögen Effizienzvorteile haben, solange sie Störpotential a limine abstoßen und fernhalten können; gelingt dies nicht oder weniger, entwickeln sie eine Neigung zum Absturz, weil sie sich mit abwehrender Verarbeitung und Isolation des fremden eingedrungenen Störvirus sehr schwer tun. Das eher offene U.S.-

amerikanische Gesellschaftssystem lebt mit permanenter Störung und entwickelt gerade deshalb imponierende stabilisierende Abwehrmechanismen. So liegt in der europäischen Kritik vieler zuweilen bizarrer Phänomene der U.S.-Gesellschaft und ihrer Kultur durchaus Wahrheit, aber der isolierte Blick verliert das Verständnis des Gesamtzusammenhangs und kommt auf diese Weise zu einer letztlich arroganten Fehleinschätzung. Um bei der Gegenwart zu bleiben: wer sich über die Akzeptanz der Bush-Administration mit ihren Simplifizierungstendenzen und zuweilen totalitären Anklängen kritisch und überheblich ereifert, vergisst die sicher nachfolgende Selbstbewältigung und Ausschaltung unliebsamer Störfaktoren gepaart mit einer historischen Zuverlässigkeit, die andere Kulturen so bisher nicht kennen. Die großen politischen Katastrophen des 20. Jahrhunderts haben ihren Ausgangspunkt in Europa genommen, das in seinem Streben nach der perfekten gesellschaftlichen Ordnung Ideologien verfiel und statt des Himmelreichs die Hölle schuf.

Hinter europäischem Antiamerikanismus verbirgt sich der Wunsch nach gleicher Stabilität und freiheitlicher Kontinuität verbunden mit der Erkenntnis, dass dem Europäer die bloße Imitation nicht möglich und deshalb ein nachahmendes Gleichziehen von vorneherein zum Scheitern verurteilt ist. Es ist so besehen eine Form des Ärgers über die bisherige Unfähigkeit zum gleichwertigen eigenen Weg. Wer sich der eigenen Bestimmung gewiss ist, beharkt nicht das Geschwister, nur weil es die eigenen Vorstellungen variiert und dabei auch noch erfolgreich ist. Europäischer Antiamerikanismus ist nichts anderes als die bequeme und arrogante Ersatzbefriedigung für fehlende eigene Sinngebung und Gestaltung. Die deutliche Ablehnung eines Antiamerikanismus hat nichts mit unreflektierter Bewunderung zu tun, sie weiß vielmehr um die tragende Bedeutung des transatlantischen Dialogs und um die Tatsache, dass die USA und das moderne Europa Zwillingsschwestern sind, von denen sich eine allerdings das bisher glücklichere Schicksal gewählt hat.

5. Der Appell zum moralischen Aufbruch

Aufbruch- und Appellliteratur hat in Zeiten der Erschütterung und Neuorientierung stets Konjunktur – so auch gegenwärtig. Es gibt „Ruck"-Reden und Aufrufe zum anpackenden Selbstvertrauen durch die Bundespräsidenten[1042], man beschwört die Aufbruchstimmung der Gründungsjahre der Bundesrepublik und ermahnt zur Selbstverantwortung, indem man ihre Vorzüge und die mit ihr verbundenen Tugenden preist. Dabei verbindet sich mit solchen Aufbruchsappellen nicht selten der Hinweis auf traditionelle mittelstandsbürgerliche Tugenden[1043], wie sie neokapitalistisch eingefärbt auch der Thatcherismus hochgehalten hat: Freiheit und Selbstverantwortung, Fleiß und finanzielle Eigenständigkeit, Zuverlässigkeit, Ausdauer, heile traditionelle Familie mit elterlicher Verantwortung etc. All dies ist nicht falsch. Das Pathos des verordneten moralischen Aufbruchs klingt allerdings hohl, wenn es der Lebenspraxis der Eliten einer Gesellschaft nicht oder allenfalls noch zu einem kleinen Teil entspricht. So war die vorausgehende politische Karriere der meisten Bundespräsidenten – auch etwa Herzogs oder Köhlers –, was die Umsetzung innovativer Ideen angeht, eher unauffällig und stark von einem Main-Stream-Denken im Dienste politischen Vorwärtskommens geprägt, sodass der spätere Griff nach politischer Aufbruchsmoral durchaus überraschend wirken musste. Viele führende Politikerinnen und Politiker der Parteien und Repräsentanten der Wirtschaft und Kultur sind wie auch oberste Richter zu einem guten Teil weit davon entfernt, die verkündeten Tugenden einzulösen – eine Feststellung, die ohne jeden individuellen moralischen Vorhalt getroffen sei und letztlich nur statistische Wahrheiten wiedergibt. Zerbrochene oder gebrochene Ehen, verbreitete Kinder- und Familienlosigkeit, selbstverwirklichender Lebensentwurf, ausgeprägter Hang zur eigenen finanziellen Absicherung, materieller Erfolg als Maß der Dinge – all dies lässt den Hinweis auf die besseren Tugenden zukunftsorientierter Gesellschaft diffus und wenig überzeugend erscheinen[1044]. Wo das traditionelle Ethos bereits vom Hedonismus verdrängt ist, bewirkt seine Beschwörung wenig, wo es noch lebendig ist, wird die moderne Prophetenpose nur allzu leicht zum Ärgernis, weil sie theoretisierend schulmeistert anstatt konkret und praktisch umzusetzen. „Leicht beieinander wohnen die Gedanken, doch hart im Raume stoßen sich dic Sachen“[1045]. Es geht nicht um große Entwürfe und gesellschaftliche Erweckung, sondern um die praktische politische Vernunft im Detail. Der Aufruf zum Aufbruch überzeugt auf Dauer nur in sehr konkreter Gestalt. Darin liegt keine Schwäche, sondern eine Stärke gegenwärtiger Gesellschaft, die zum geduldigen Anknüpfen an gewachsene Traditionen und Verhältnisse zwingt und sich dem Rausch einer alles lösenden gesellschaftlichen Heilsbotschaft verweigert. Die Enthaltsamkeit vieler Wähler ist die Antwort auf das Auseinanderklaffen zwischen politischer Aufbruchgebärde und den tatsächlichen Möglichkeiten nüchternen politischen Handelns.

II. Parameter und Eckpunkte praktischer politischer Vernunft in Europa und Deutschland und ihre Folgen für das Recht

Es widerspräche völlig dem Charakter und den Ergebnissen der Gesamtanalyse, wie sie zu präsentieren der Versuch unternommen ist, nunmehr gleichsam ein Rezept oder auch nur ein geschlossenes Konzept für die weitere Entwicklung erarbeiten zu wollen. Aber es ergeben sich doch einige Grundlinien, die für die Entwicklung von Recht und Gesellschaft eine etwas andere Akzentsetzung empfehlen, als dies der breiten öffentlichen Meinung und dem vorwiegenden Trend entspricht. Sie sollen nunmehr dargestellt sein, nicht ohne ihre Auswirkung auf wichtige Felder der Rechtsentwicklung zu erläutern.

1. Die Tradition staatlich organisierten Ausgleichs zwischen Kapitalismus und Solidarität und das europäische und deutsche Zukunftsmodell

a) *Fortbestehender gesellschaftlicher und wirtschaftlicher staatlicher Gestaltungsauftrag*

Der Versuch einer breit angelegten Analyse der europäischen und deutschen gesellschaftlichen Entwicklung, der neben ökonomischen Faktoren rechtsethische und rechtssoziologische Rahmenbedingungen ebenso zu erfassen versucht wie äußere Gegebenheiten, führt zu dem wenig überraschenden Ergebnis, dass die europäische und deutsche Gesellschaft eine ausgewogene Balance zwischen individueller Freiheit und solidarischer Bindung dem rein individualistischen Grundansatz vorgezogen hat und bis heute vorzieht. Dabei handelt es sich nicht nur um eine Balance vordergründiger Technizität, sondern um ein Element gesellschaftlicher Kultur, das tief im Lebensgefühl zumindest der Kontinentaleuropäer verankert ist[1046]. Dieses Gesellschaftsmodell bejaht die bewegende Kraft des Kapitalismus, es verhindert und mäßigt aber seine hierarchisierende Grundtendenz, indem es die Macht des Kapitals bändigt. Die neokapitalistische Vorstellung einer Welt mit offenen Staaten und frei beweglichem Kapital vermindert die regulierende Effizienz einzelner Staaten oder Staatenverbindungen, weil das frei bewegliche Kapital privater Eigner in den meisten Fällen die Allokation mit höchster Gewinnmaximierung wählt und damit einzelne Staaten oder staatenähnliche Verbundsysteme auf Kosten solidarisch-distributiver Organisation zu eignerbegünstigender gewinnoptimierender gesellschaftlicher Gestaltung zwingen kann, soll nicht Kapitalabwanderung mit noch eingreifenderen Folgen drohen[1047]. Eine Gesellschaft, die von vorneherein den Akzent auf gewinnmaximierende individuelle Freiheit setzt, verarbeitet diese Entwicklung leichter, wenngleich auch bei ihr irgendwann die Verträglichkeitsgrenze erreicht ist. Eine Gesellschaft, welche die solidarische Bindung stärker betont, ist früher betroffen und in ihren Grundstrukturen in Frage gestellt. Man kann alles für verfehlt erklären, was die Attraktivität privater gewinnmaximierender Kapitalanlage stört, und staatlicher Gestaltung wie Arbeitnehmerverhalten die volle Einpassung in die globalen Marktgegebenheiten empfehlen, wie sie gewinnmaximierendem Kapitaleignerverhalten entfließen. Der Gewinn des Arbeitnehmers und der an den Staat abzuführende Abgabenanteil bestimmt sich dann nach dem Marktwert, den der globale Wettbewerb den einzelnen regionalen Organisationsmodellen und ihrer Arbeitnehmerschaft zuspricht. Und man kann ein solches Modell ethisch rechtfertigen, wenn man optimale globale Gewinnmaximierung und Transaktionskostenminimierung zum entscheidenden Gradmesser menschlichen Fortschritts und zum Maßstab aller Dinge erklärt. Will man dem Gedanken staatlich organisierter Solidarität seinen Eigenwert lassen und für die staatliche Gemeinschaft und ihre Arbeitnehmerschaft eine Teilhabe am Gewinn sichern, der höher ist, als es freier globaler Kapitalbewegung durch Privateigner entspricht, so dürfen Staaten und Staatenverbindungen ihre selbständigen Steuerungsmechanismen nicht aufgeben. Sie müssen vielmehr Instrumente entwickeln oder fortentwickeln, die dem freien Kapitalverkehr eingepasst sind und ihn beeinflussen oder seine Wirkungen mäßigen, ohne ihn lahmzulegen. Nicht nur ein Mindestmaß an regionaler Gestaltungsfreiheit bleibt dadurch erhalten. Diese Einflussnahme vermag auch die Volatilität gewinnmaximierenden Kapitals zu bremsen und zu dämpfen, um auf diese Weise der Region wirtschaftliche Kontinuität zu sichern. Es ist fehlsam, an die alleinige Weisheit staatlicher Regulierung zu glauben; es ist aber ebenso fehlsam wie naiv, sich der Weisheit der „unsichtbaren Hand“ eines von Rationalität wie von unvorhersehbarer Irrationalität gleichermaßen beherrschten Marktes[1048] anzuvertrauen. Die richtige Balance ist gefragt. So spiegelt sich die ethische Dialektik zwischen Freiheit und Bindung in der Organisation wirtschaftlicher Kultur wider. Der staatliche oder staatengemeinschaftliche Gestaltungsspielraum für eine Region endet, wo die Produkte den Angebotswettbewerb nicht mehr bestehen. Denn dann beginnen Werte verteilt zu werden, die es gar nicht gibt. Dies kann kreditierend oder subventionierend nur für eine Übergangszeit oder zur politisch motivierten Erhaltung von Produktionskapazitäten sinnvoll sein.

b) Die Verfassungslage

Die deutsche Verfassung und der Grundrechtskatalog des Verfassungsentwurfes der Europäischen Union sehen den Menschen und die ihn repräsentierende gewählte Staatsgewalt als Gestalter des Marktes, nicht den Markt als Gestalter des Menschen. Sowohl Art. 14 Abs. 2 GG als auch Art. II-17 Satz 3 EU-Verfassungsentwurf gehen von der Gemeinwohlbindung des Gebrauchs von Eigentum aus und dabei vom Gestaltungsauftrag der Europäischen Union und des deutschen Gesetzgebers. Läge das Gemeinwohl allein im gewinnmaximierenden Gebrauch, in der Verwirklichung des selbstdefinierten „personal well-being", wie dies die reine Lehre des Neoliberalismus mit ihrem Patentrezept zur Versöhnung von Eigennutz und Gemeinwohl teilweise verkündet[1049], so hätten sich die Verfassungsgeber die Formulierung einer gesetzlich auszufüllenden oder ausfüllbaren Gemeinwohlbindung ersparen können. Die Verfassungen setzen vielmehr voraus, dass eigennütziger Eigentumsgebrauch dem Gemeinwohl widerstreiten kann. Man nimmt mit Interesse zur Kenntnis, dass die Gemeinwohlbindung dem deutschen Grundrecht immanent ist, während sie beim Europäischen Verfassungsgeber zwar erwähnt ist, aber zum Gegenstand gesetzgeberischer Ermessensentscheidung abgestuft wird. Die verstärkte Marktdominanz des Gesellschaftsmodells der Union[1050] prägt die vorsichtigere Formulierung. Ob der Markt „mit freiem und unverfälschtem Wettbewerb" die Zielbestimmungen der Europäischen Union auch in Zukunft voll wird prägen können, erscheint nicht zweifelsfrei, nachdem diese Zielbestimmung in Art. I-3 Abs. 2 Verfassungsentwurf zum Protokollinhalt abgestuft werden soll[1051]. Es bleiben jedoch genügend viele andere Bestimmungen, die den Wettbewerb als grundlegende Gestaltungsstruktur festschreiben, sodass sich an der freiheitsorientierten wettbewerblichen Grundverfassung der EU kaum etwas ändern dürfte[1052]. Der U.S.-amerikanische Verfassungstext kennt nur Eigentumsgarantie und als Ausnahme – immerhin – Enteignung in öffentlichem Interesse, nicht aber die Bindung an das Gemeinwohl beim Gebrauch[1053]. Nicht ohne Grund hat die Gemeinwohlbindung des Eigentums vor allem beim Kampf um die Mitbestimmung eine – allerdings zweifelhafte – Rolle gespielt[1054]. Eigentlich hätte es nahe gelegen, bei der Konzeption des Corporate Governance Kodex 2003 die Gemeinwohlbindung wenigstens ernsthaft zu erörtern oder gar einzubringen[1055]. Mit der deutschen Verfassungslage ist ein Kodex der Unternehmensführung eigentlich nur vereinbar, wenn er neben die Gewinnmaximierung für Anteilseigner eine Gemeinwohlbindung erkennbar stellt, die sich nicht in Gewinnmaximierung erschöpft.

Man mag auf den ersten Blick bezweifeln, ob die Gemeinwohlbindung des Eigentums – von vielen Verfassungsrechtlern zwar stets zutreffend aber eher kurz und etwas phantasielos behandelt[1056] – wirklich ein Angelpunkt gesellschaftlichen Grundverständnisses ist. Der Ansatz des „Eigentums an Produktionsmitteln" ist eine Fragestellung, die auch Ausgangspunkt kommunistischer und sozialistischer Denkmodelle war und ist[1057], unter deren politischer Umsetzung zu leben sich meist und selbst bei gemäßigten westeuropäischen Varianten mehr oder weniger als Katastrophe erwiesen hat. Unter diesem Eindruck ist die gesellschaftspolitische Diskussion vor allem um Art. 15 GG mit seiner Sozialisierungsermächtigung verstummt[1058], und die Vereinbarkeit dieser Vorschrift mit den Marktfreiheiten der Europäischen Union ist offen[1059], auch wenn der EuGH Allgemeinwohlbindungen des Eigentums eher großzügig bejaht[1060] und die EU nach wie vor die Unversehrtheit und Unantastbarkeit der nationalstaatlichen Eigentumsordnungen garantiert[1061]. Die Frage nach dem Eigentum an Produktionsmitteln ist von sozialistischen Systemdenkern zwar in ihrer grundlegenden Bedeutung richtig erkannt, aber dann falsch gestellt und falsch beantwortet worden. Dies ändert aber nichts daran, dass dem Eigentum und dem Einfluss auf Gebrauch des Eigentums für eine gesellschaftliche Grundverfassung maßgebliche Bedeutung zukommt[1062]. Alle Freiheitsrechte lassen sich nur auf räumlicher Grundlage wahrnehmen. Es gibt keine Freiheit ohne Essen und Wohnen, und es gibt keine Teilhabe aller an gesellschaftlicher Gestaltung, wenn das Eigentum weniger diese gesellschaftliche Gestaltung ausschöpft. Das Bundesverfassungsgericht hat diese Grundwahrheit stets gesehen und die Bedeutung des Eigentums als räumliche und gegenständliche Grundlage freier persönlicher Entfaltung betont[1063] mit der Folge sich verdichtender Gestaltungsbefugnisse bei abnehmendem personalen Bezug des Eigentums[1064]. So entspricht die Erkenntnis der grundlegenden Bedeutung des Eigentums für die Verwirklichung persönlicher Freiheit unbestreitbarem Grundwissen rechtlicher und gesellschaftlicher Kultur[1065]. Wenn man von der Subjektstellung des Menschen und dem Primat persönlicher Selbstentfaltung in Gleichheit ausgeht, so wird deutlich, dass eine Eigentumsordnung im Dienste dieser Aufgabenstellung stehen muss, also die notwendigen räumlichen, gegenständlichen und materiellen Voraussetzungen für Freiheit und Gleichheit zu schaffen hat.

c) Die Umkehrung der Fragestellung – vom Schutz vor staatlichen Übergriffen zum staatlichen Schutz vor Übergriffen

Der Nationalstaat mit seiner volkswirtschaftlichen Grundverfassung war durch die Gewaltunterworfenheit der Eigentümer von Grundvermögen, Produktionsgütern und Kapital gekennzeichnet. Sie ermöglichte die Regulierung im Sinne einer Balance zwischen Kapitalismus und Solidarität, wobei die relative Übersichtlichkeit des Wirkungsfeldes der bewegenden Kräfte eine Regeldurchsetzung ohne weiteres erlaubte. Die oft wiederholte These, das Grundgesetz sei wirtschaftspolitisch neutral und lasse dem Gesetzgeber vom freien Markt bis zur Sozialisierung jedweden Spielraum[1066], hat dabei die Verfassungslage verzeichnet, ohne allerdings je praktisch ausgetestet worden zu sein. Das Grundgesetz verlangt eine Balance zwischen Grundfreiheiten und Solidarität, die jedem Bürger eine gegenständliche Grundausstattung zur Wahrnehmung seiner Freiheitsrechte zu verschaffen mag. Extremlösungen nach der einen oder anderen Richtung lässt es nicht zu. Gegen das Modell einer sozialisierten Wirtschaft hat dies die verfassungsrechtliche Interpretation mit guten Gründen aus der Gesamtheit der Freiheitsrechte erschlossen, die in einer Sozialisierung ersticken müssten[1067]. Die Bemühung um eine Grenzziehung in Abwehr sozialistischer oder stark gemeinwirtschaftlicher Vorstellungen erklärt sich aus der sozialisierungsfreundlichen Atmosphäre Nachkriegseuropas[1068] und dem ständigen Druck durch den Block sozialistischer Staaten mit außen- und innenpolitischen Folgen. Die umgekehrte Fragestellung nach verfassungsmäßigen Schutzpflichten[1069] des Staates vor einem rigorosen Kapitalismus, der die Freiheitsrechte des Eigentümers auf Kosten anderer voll austestet, war für den deutschen Nationalstaat mit seiner zugehörigen Volkswirtschaft in der 2. Hälfte des 20. Jahrhunderts kein Thema, weil es die historische Realität verfehlt hätte: der regulierende Zugriff auf die Kapitaleigner entsprach wirtschaftlicher oder rechtlicher Realität. Erst global vagabundierendes Kapital lässt für den offenen Staat die Frage aktuell werden, ob nicht neue und ausgewogene Regulierungs- und Schutzmechanismen einem Verfassungsauftrag entsprechen, die Balance zwischen Freiheit und Solidarität unter gewandelten Verhältnissen zu gewährleisten. Zugespitzt gefragt: Wäre eine reale Wirtschaftsordnung wirklich noch verfassungsgemäß, die das Kapital wesentlicher Großunternehmen und weiter Bereiche mittelständischer Unternehmen sowie das Kapital privatisierter Bereiche der Daseinsvorsorge in Händen halten lässt, die sich ihrerseits dem Einfluss des Gesetzgebers in wesentlichen Teilen entziehen könnten mit der Folge, dass sich die Balance stark zugunsten des Kapitals verschiebt und für staatlich organisierte inhaltliche Bindung des Eigentums oder gar freiheitswahrende Solidarität kein oder wenig Spielraum bleibt? Man wird diese Frage mit einem klaren Nein zu beantworten haben, falls man das Verfassungsgefüge sozialer Ausgewogenheit nicht zerbrechen will. Die Fragestellung kompliziert sich dadurch, dass der europäische Gesetzgeber neben dem nationalen Gesetzgeber diesen Schutzauftrag zu erfüllen hat und die Regeln der WTO noch hinzutreten, sodass notwendig Lücken und Verwerfungen auftreten können[1070].

d) *Erfolg durch Kontinuität*

Wenn man erkannt hat, dass Europa und Deutschland in Gestalt ihrer unterschiedlichen Kapitalismusformen ihrer jeweiligen Geistesgeschichte, ihrer regionalen Sozialisation, ihrer individuellen nationalen Geschichte und ihren räumlichen und ressourcenmäßigen Gegebenheiten Rechnung zu tragen versuchen, so spricht schon das Gewicht dieser Parameter gegen ein rasches Umdenken. Hinzu tritt die Tatsache, dass die Grundvorstellung ausgewogener Balance zwischen Markt und Solidarität wohlüberlegte verfassungsmäßige Ausformung erfahren hat und auch deshalb nicht einfach einem stärker neokapitalistischen Grundkonzept weichen sollte. Wesentlich aber bleibt, dass sich der Vorwurf des Versagens als sehr schwer haltbar erweist, falls man die Bilanz der letzten fünfzig Jahre zieht[1071] und vor allem die rasche Wendung der deutschen Entwicklung und der Entwicklung des „Eurolandes" seit dem Jahre 2006 mitberücksichtigt[1072]. Die gesellschaftliche und wirtschaftliche Struktur des „Eurolandes" hat sich zwar – wie schon sehr breit dargelegt[1073] – teilweise etwas anzupassen begonnen, jedoch ist in den für die Produktivität für besonders wesentlich erklärten Bereichen wenig so recht eigentlich Revolutionäres geschehen: die Anlage deutscher Kleinanleger in Risikowerten mit der Folge einer Verbreitung verfügbaren deutschen Risikokapitals stockt[1074]; die Deregulierung öffentlichen Unternehmertums im Bereich der Daseinsvorsorge entwickelt sich eher verhalten[1075]; die öffentlichen Banken und die Genossenschaftsbanken verteidigen das angefeindete „Drei-Säulen-Modell"[1076]; die Reform der sozialen Sicherungssysteme ist stark zukunftsgerichtet und verändert die Lohnnebenkosten gegenwärtig nicht erheblich[1077]; die Universitäten und Schulen sind zwar in reformerischer Mühle, Wirkung kann dieser Aktivismus bisher aber nicht zeitigen; der Arbeitsmarkt ist etwas flexibilisiert, aber nicht neokapitalistisch dereguliert, Flächentarifverträge und Kündigungsschutz sowie Mitbestimmung leben mehr oder weniger modifiziert fort[1078]; die beschworene Verschlankung des Staates und seiner Verwaltung, ihre Umstellung auf neue Steuerungsmodelle ist – erfreulicherweise – kaum begonnen; die Besteuerung ist erst ansatzweise und nicht grundsätzlich refomiert[1079]; Mediation und Schiedsgerichtsbarkeit haben die staatliche Gerichtsbarkeit nicht verdrängt – ganz im Gegenteil erscheint das gut arbeitende Gerichtssystem eher als Vorzug in Staatenrankings[1080]. Trotzdem sinkt die Arbeitslosenquote[1081], steigt die Produktivität, blüht der Export[1082] und entwickelt sich der Inlandsabsatz befriedigend[1083]. Die Staatsverschuldung sinkt[1084]. Die Prognosen der radikalreformerischen Institute korrigieren sich – nach ihrem eigenen Ausgangspunkt – eigentlich grundlos. Noch behauptet niemand ernsthaft, die gegenwärtige kurzzyklische Besserung sei der stärkeren Streukapitalisierung der Dax-Gesellschaften oder dem Einsatz von Private Equity-Kapital der überwiegend fremden Finanzinvestoren zu verdanken oder etwa den jüngeren Maßnahmen der EU zur Deregulierung der öffentlichen Auftragsvergabe, der Kommunikationsmärkte, der

Energiemärkte und der Dienstleistungsmärkte oder ihren Bemühungen um Rechtsangleichung im Verbraucherrecht und die Durchsetzung des Herkunftslandsprinzips im Gesellschaftsrecht. Vielmehr liegt es nahe, die Ursache der Besserung kurzfristig im veränderten ausländischen und inländischen Abnehmermarkt zu sehen, dem die Angebote vor allem der deutschen Wirtschaft in besonderer Weise entsprechen. Der gegenwärtige Aufschwung des Jahres 2006 gehört weder einem langen noch einem mittleren Zyklus an[1085], die sich unter gegenwärtigen Bedingungen weltweit und nicht regional auf Europa oder gar Deutschland beschränkt herausbilden, für die eher grundlegende Veränderungen technischer, finanzpolitischer oder bevölkerungspolitischer Art ausschlaggebend sind und an denen Deutschland und Europa sicher teilhaben. Vielmehr handelt es sich um einen Kurzzyklus von einigen Jahren[1086] mit regionalem Charakter. Kurze regionale Zyklen der Wirtschaft, wie sie innerhalb größerer und breiter Zyklusbewegungen existieren, sind maßgeblich durch Veränderungen der Investitions- und Konsumbereitschaft bestimmt, die zwar ihrerseits eingeschränkt rationalen Kriterien folgen, aber weit davon entfernt sind, rational gesteuert kontinuierlich abzulaufen. Vielmehr sind sie stark vom zeitlichen Rhythmus des Sparens und Ausgebens geprägt, der oft sehr naiver psychologischer Motivation unterliegt, wie Gefühlen der Sicherheit, der Zukunftsangst etc. Auf eine Investitions- und Konsumphase folgt, wenn das finanzielle Polster abgespeckt ist, das Gefühl eines Sicherheitsverlustes, das mit vorsichtigerer Ausgabepraxis und thesaurierender Kapitalansammlung besänftigt wird. Wenn genügend Kapital wenig ertragbringend festliegt und sich der Mangel an Investitionen im wirtschaftlichen und häuslichen Alltag deutlich bemerkbar macht, folgt wieder eine Ausgabe- und Investitionsphase. Diese Analyse kurzer Konjunkturzyklen erklärt natürlich nur Einiges, aber doch Wesentliches. Um in langen oder mittleren Zyklen mithalten zu können und um kurze Zyklen auszunutzen gilt es, dem Angebotswettbewerb bei der Produktion von Waren, Gütern und Dienstleistungen standzuhalten, wie dies für die deutsche Wirtschaft über Jahrzehnte aufgrund kontinuierlicher schrittweiser Änderungen möglich war und ist. Die Gesamtstruktur birgt ausreichendes Reform- und Entwicklungspotential. Verfehlt erscheint es, bei jedem konjunkturellen Tief im Rahmen kurzer Zyklen die Gesamtstruktur für abbruchreif zu erklären und sich an der Ankündigung von neokapitalistischen Totalreformen und „Grausamkeiten" emotional aufzurichten. Sanfte und geduldige Anpassung des eigenen Modells ist dem ungeduldigen Aufbruch und „Ruck" allemal vorzuziehen. Dabei bleiben immer die Gesellschaft und ihre Menschen mit ihrer gewachsenen Gesamtstruktur zu berücksichtigen, vor Mensch und Gesellschaft umformenden Modellen neokapitalistischer Denkschule ist ebenso zu warnen wie vor früheren Formen sozialistischer Menscheitsbeglückung[1087]. Geduldige Anpassung muss eigene Stärken beachten, die in Deutschland im Sektor der Produktion hochwertiger Güter liegen und in einem System der Koordination zwischen Kapital und Arbeit. Notwendige Änderungen und Anpassungen kann man dabei mit Selbstbewusstsein angehen. Die Empfehlungen einiger Wirtschaftstechnokraten der Weltbank oder des IWF sollte man mit viel Gelassenheit zur Kenntnis nehmen. So liest es sich merkwürdig, wenn etwa der IWF trotz erheblicher seitheriger Fehleinschätzungen den Mut aufbringt, Deutschland in Jahren blühenden Produktexports eine weitere Deregulierung der Produktmärkte vorzuschlagen[1088]. Wenn man eine Vorstellung davon hat, wie solche Empfehlungen derartiger Institutionen zustande kommen und wer sie schreibt – nämlich oft theoretisierende Autoren ohne jede eigenen breiteren praktischen Erfahrungen und ohne jede Kenntnis regionaler Gegebenheiten, dafür oft unter doktrinärem oder durchaus fremdbestimmtem interessierten Einfluss –, liest man derartige Berichte mit großer innerer Zurückhaltung. Auch Zukunftsvisionen eines Umbaus der produktionsorientierten deutschen Wirtschaft in eine Dienstleistungsgesellschaft oder – nach englischem Vorbild – eine finanziell-kommerziell orientierte Ökonomie taugen als Anregung zu maßvoller Diversifikation und zur Wachsamkeit gegenüber weltweiten Gewichtsverlagerungen, sie bestimmen aber nicht das Bild der Gegenwart.

2. Die Bedeutung demokratisch legitimierter Organisationsgewalt für die Ausgestaltung von Marktfreiheiten

a) Selbstbestimmung und Regulierung

Wenn man den staatlichen Auftrag zur Ausgestaltung von Marktfreiheiten anerkennt und dabei gleichzeitig die Unterschiedlichkeit der Kapitalismusformen weltweit und auch innerhalb Europas berücksichtigt, so erhellt, dass einzelne Staaten und Regionen einen unterschiedlichen Regulierungsbedarf haben, und zwar sowohl was den Inhalt als auch was den Regulierungsgrad angeht. Der Regulierungsbedarf ist bei der voll individualistisch organisierten Gesellschaft geringer als bei der traditionellen „formierten" Gesellschaft Kontinentaleuropas. Wer den Staaten und Regionen ihre Organisationsgewalt nimmt, beraubt sie auch ihrer Selbstbestimmung und nivelliert die unterschiedlichen Kapitalismusformen. Diese Entwicklung droht innerhalb der Europäischen Union ebenso wie etwa durch die WTO. Wer Selbstbestimmung einfach mit Marktfreiheiten gleichsetzt, wird in der Regulierung den Feind der Freiheit sehen und die Tendenz begrüßen, sich in großen Wirtschaftsräumen oder gar – eher utopisch – weltweit auf ein gemeinsames Mindestmaß an Regulierung zu einigen. Wer der Regulierung freiheitsgestaltende Bedeutung zumisst, wird diesen Verlust an gestaltender einzelstaatlicher oder regionaler Kompetenz als Freiheitsverlust betrachten. Jedwede rechtliche Ausgestaltung freiheitlichen Handelns im Interesse der Freiheit anderer und der Allgemeinheit ist nicht nur Freiheitsverlust, sondern gleichzeitig – um die Worte Rudolf von Jehrings abgewandelt aufzunehmen – die „geschworene Feindin der Willkür, die Zwillingsschwester der Freiheit". Das Demokratieprinzip lebt von dem Grundgedanken, es sei die Freiheit der gewählten Vertreter der Bürger, Inhalt und Dichte der Regulierung freiheitlichen Handelns zu bestimmen. Große Einheiten anerkennen im Subsidiaritätsprinzip die Notwendigkeit, demokratische Legitimation möglichst unmittelbar in der kleineren Einheit zu schaffen. Dabei entspricht der Vielfalt bei der Gestaltung individueller Freiheit die einzelstaatliche und regionale Vielfalt bei der Ausgestaltung freiheitlicher Ordnung. Wo für hunderte von Millionen – so der Grundgedanke – einheitliches Recht gilt, erschlägt der Uniformismus die Individualität des einzelnen, der sich in der rechtlichen Gestaltung der Gesellschaft nicht mehr wiederfindet, weil er sie individuell überhaupt nicht mehr beeinflussen kann. Nur wo überschaubare Einheiten verantwortlicher Gestaltungsfähigkeit existieren, haben Individualismus und Vielfalt eine gesicherte Zukunft. Die Spiegelung des Individualismus in organisatorischer Vielfalt rechtfertigt sich wie der Individualismus selbst nicht nur aus ökonomischen Erwägungen, nämlich dem Gedanken freiheitlichen Wettbewerbs und der damit verbundenen gesellschaftlichen Flexibilität, sondern ideel viel gewichtiger aus der umfassenden Subjektstellung der menschlichen Persönlichkeit mit der Folge möglichst breiter Selbstbestimmung für *alle* Bürger unabhängig von finanziellem und wirtschaftlichem Vermögen in allen Lebensbereichen.

b) Die ausgewogene Grundverfassung der Europäischen Union und die Notwendigkeit der Verhinderung einer drohenden Entgleisung in den marktökonomischen Dirigismus

Der Text der europäischen Verträge lässt zunächst einmal durchaus eine Auslegung und Praxis zu, die den einzelnen Staaten genügend Spielraum unterschiedlicher Organisation der Marktfreiheiten zugesteht. Den Marktfreiheiten und

Kompetenzen der EU stehen das Subsidiaritätsprinzip (Art. 2 Abs. 2 EUV, Art. 5 EGV), die Achtung der nationalen Identität der Mitgliedstaaten (Art. 6 Abs. 3 EUV) und die Unantastbarkeit der nationalen Eigentumsordnung (Art. 295 EGV) ebenso gegenüber wie das Demokratieprinzip (Art. 6 Abs. 1 EUV), zu dem das parlamentarische Gesetzesinitiativrecht gehört, wie es bisher nicht dem Europäischen Parlament (Art. 251, 252, 192 EGV), sondern nur nationalen Parlamenten zusteht. Der wohl bloß vorerst gescheiterte Europäische Verfassungsentwurf, der nunmehr in die Europäischen Verträge inkorporiert werden soll, betont wiederum das Subsidiaritätsprinzip, dessen Verstärkung in Gestalt von Informations- und Anhörungsrechten nationaler Parlamente über Protokolle hinaus durch Einführung eines neuen Artikels geplant ist[1089]. Besondere Erwähnung im Verfassungsentwurf erfahren nach wie vor die Achtung der nationalen Identität der Mitgliedstaaten und ihrer kulturellen und sprachlichen Vielfalt (Art. I-3 Abs. 3 Satz 4, Art. I-5 Abs. 1 Satz 1), die Unberührtheit der Eigentumsordnung (Art. III-331) und das Demokratieprinzip (Art. I-2), allerdings wiederum ohne Gesetzesinitiativrecht des Europäischen Parlaments (Art. I-33), sodass auch künftig das volle Gewicht parlamentarisch-demokratischer Gesetzgebungslegitimation bei den Nationalstaaten läge und nicht beim „hinkenden" Parlamentarismus der Europäischen Union. Nichts zeigt die weit fortgeschrittene Mediatisierung des Bürgers in der EU deutlicher an als die exekutivlastige Gesetzgebungsmaschinerie der EU.

aa) Rechtliche Mischkultur versus einzelstaatliche Regelungskompetenz

Obwohl die EU-Verfassungstexte die genaue Balance zwischen Marktfreiheiten und einzelstaatlicher Regelungskompetenz nicht festlegen, droht unter dem Diktat absolut gesetzter Marktfreiheiten die Zerstörung einzelstaatlicher Organisationskompetenz, wenn man dem einzelnen EU-Bürger auf dem Gebiet der gesamten Union möglichst sein individuelles Recht lässt und damit eine rechtliche Mischkultur schafft, die das nationale Recht aushebelt. Wie sehr die gleichen textlichen Ausgangspunkte insoweit Grundlage einer völlig gegensätzlichen Auslegung und Praxis sein können, zeigt die bedenkliche Entwicklung des europäischen Gesellschaftsrechts. Noch 1988 schien dem EuGH die Niederlassungsfreiheit (Art. 43, 48 EGV) nicht unvertretbar beeinträchtigt, wenn unter nationalem Recht des Herkunftsstaates bei Verlegung des Tätigkeitsschwerpunktes einer Gesellschaft von einem Mitgliedstaat in den anderen ein Statutenwechsel zur Anpassung an das Recht des neuen Sitzstaates notwendig war[1090]. Dieses Ergebnis war für den EuGH Jahre später nicht mehr tragbar für den Fall, dass der Zuzugsstaat die Anpassung an sein Recht verlangte[1091] oder dass eine Gründung von vorneherein in einem anderen Mitgliedstaat als dem der tatsächlichen Aktivität erfolgte[1092]. Im Ergebnis kann ein Mitgliedstaat also heute nicht mehr das Recht gesetzgeberisch regeln, dem eine in seinem Land schwerpunktmäßig tätige Gesellschaft unterliegt[1093]. Das Bedenkliche an dem Vorgang ist, dass sich die Mitgliedstaaten bisher aus guten Gründen nur sehr beschränkt auf europäische Lösungen einigen konnten oder wollten[1094], der EuGH aber dann die Marktfreiheiten dazu nutzte, um den einzelstaatlichen demokratisch voll legitimierten Gesetzgeber zu entmachten. Natürlich liegt in diesem Vorgehen des EuGH im Ergebnis ein schwerwiegender Eingriff in Regelungen über die Mitbestimmung, die Kapitalaufbringungs- und Kapitalerhaltungsvorschriften und die innergesellschaftlichen Kontrollmechanismen, der sich nur mühsam oder gar nicht durch nationale Rechtsanwendung im Sinne von Sonderanknüpfungen ausbalancieren lässt[1095]. Der EUGH wählt nicht die Interpretation der Grundfreiheiten, die auf eine Koordination unterschiedlicher nationaler Rechtskulturen setzt, sondern er wählt die multikulturelle Einheitslösung. Es sollen in jedem einzelnen Mitgliedstaat im Ergebnis alle Rechtskulturen nebeneinanderstehen in der Erwartung, dass aus der erzwungenen Mischkultur eine Einheitslösung entsteht. Jedenfalls aber soll die einzelstaatlich und regional segmentierte rechtskulturelle Vielfalt um der Marktfreiheiten willen zerschlagen werden. Einen ähnlichen, früheren Durchbruch des multikulturellen Grundansatzes hat der EuGH beim Warenverkehr eingeleitet, wo sich die Zulässigkeit EU-weiten Vertriebs grundsätzlich nach den Regeln des Herkunftslandes richten soll[1096] und nur – oft schwer abgrenzbar – die allgemeinen Vertriebsmodalitäten des Vertriebsstaates zu beachten sind[1097]. In gewisser Weise zeigen sich gemäßigte parallele Gestaltungsprinzipien in anderen Bereichen, wie z. B. im Recht der rechtsberatenden Berufe, wo unter dem Eindruck der Rechtsprechung des EuGH[1098] eine zeitlich abgepufferte Freizügigkeit im Sinne der Geltung der Herkunftslandregeln für die Berufszulassung eingeführt ist[1099], für die Berufsausübung aber grundsätzlich zunächst einmal das Recht des Staates der Aktivität gilt. Dieser gemäßigte Ansatz, wie er sich auch sonst im europäischen Berufsrecht findet[1100], scheint sich nunmehr trotz stärker dem Herkunftslandprinzip zuneigender Tendenzen des EuGH[1101] im Rahmen der neuen Dienstleistungsrichtlinie[1102] und in der geplanten Verordnung über das auf Schuldverträge anwendbare Recht (Rom I) für Verbraucherverträge[1103], also insbesondere auch im Internethandel mit privaten Abnehmern, durchzusetzen. Ein eher gegenläufiger Trend des europäischen Gesetzgebers wird beim Europäischen Vollstreckungstitel sichtbar, wo die unkontrollierte Anerkennung fremder Titel jede Koordination zwischen den Rechtsordnungen des Herkunfts- und Geltungsstaates vermissen lässt[1104]. Die europäische Entwicklung hat bei der Frage der Zuordnung des Rechts des Herkunftslands zum Recht des Aufnahmelands ihre goldene Regel noch nicht gefunden. Entscheidend ist die Intensität der Einwirkung einer Aktivität auf die rechtliche Ordnung der einzelnen Mitgliedstaaten, falls man „fremdes" Recht anwendet. So spricht bei Warenlieferungen oder Dienstleistungen über die Grenze eine Vermutung für möglichst weitreichende Geltung des Rechts des Herkunftslandes. Wo hingegen sich die Aktivität personell und sächlich intensiv auf die Ressourcen einzelner Mitgliedstaaten stützt, ist die Verflechtung mit der gesellschaftlichen und wirtschaftlichen Struktur des Aufnahmestaates so eng, dass eine Vermutung zugunsten gerechtfertigter Regelungskompetenz streiten sollte, die nicht schon für sich selbst als Beschränkung der Marktfreiheiten wahrgenommen werden darf. Für diesen Grundsatz gilt es zu streiten, falls ihn EuGH oder EU-Recht nicht akzeptieren. Marktfreiheiten bedeuten insoweit Offenheit für die Aufnahme und Integration von Aktivitäten aus anderen Mitgliedstaaten. Abzuwehren ist eine aus Marktfreiheiten abgeleitete weitergehende Verpflichtung zur Aufgabe eigener rechtlicher Organisation. Die Gegenwehr gegen eine am Herkunftslandprinzip orientierte Dienstleistungsrichtlinie war deshalb – aller Kritik zum Trotz – vollkommen richtig und der Fortexistenz wirtschaftlicher Pluralität in Europa förderlich. Dem Versuch zur Zerstörung nationalen Gesellschaftsrechts durch den EuGH wäre z. B. durch ein gesamteuropäisches internationales Gesellschaftsrecht zu begegnen[1105], das für tatsächlich wirksame nationale Gestaltungen neben europäischen Gesellschaftsformen Raum lässt[1106]. Entsprechendes gilt für ähnliche Konflikte auf anderen Gebieten[1107].

bb) Europäischer Unitarismus und Zentralismus versus einzelstaatliche Regelungskompetenz

Wenn man Marktfreiheiten als Freiheit zu möglichst ungehinderten Aktivitäten begreift, so trifft jede mitgliedstaatliche Regulierung die Vermutung rechtswidriger Beschränkung, sei es, dass sie überhaupt unnötige Transaktionskosten, sei es, dass sie unnötig hohe Kosten verursacht. Wenn dabei die EU-weiten Marktfreiheiten Maßstab sind, so liegt die Entscheidungskompetenz über die Verletzung von Marktfreiheiten gesetzgeberisch, administrativ und justitiell bei den Organen der EU, einzelstaatliche Regelungen geraten sozusagen automatisch unter Rechtfertigungszwang. Setzt man die Messlatte genügend tief, so gibt es kaum eine Regelung, die Marktfreiheiten nicht berührt oder berühren kann. Die EU kann sich damit praktisch in alles einmischen, falls sie dies nur will, und die Gewichtung zwischen egalitär verstandenen Marktfreiheiten und mitgliedstaatlicher Eigenstruktur genügend zugunsten konformer Ausgestaltung der Marktfreiheiten verschieben. Art. 94ff. EGV bzw. Art. III-64ff. Verfassungsentwurf mit ihren Vorschriften über die Rechtsangleichung schaffen das verfahrensmäßige Instrumentarium. Nachdem „Konvergenz der Wirtschaftsleistung der Mitgliedstaaten" (Art. 99 Abs. 3 EGV bzw. Art. III-71 Abs. 3 Verfassungsentwurf) zu den wirtschaftspolitischen Zielen der EU-weiten „offenen Marktwirtschaft mit freiem Wettbewerb" (Art. 98 Satz 2 EGV bzw. Art. III-69 Abs. 1 Verfassungsentwurf) gehört, läuft eigentlich jede mitgliedstaatliche Organisation verbesserter regionaler Leistungsfähigkeit und ihrer Förderung Gefahr, sich den Anfeindungen der Unionsorgane auszusetzen. In welchen wesentlichen gesellschaftlichen Bereichen sich nationale Identität wiederfinden soll, bleibt dann durchaus offen.

Nun ist sicher jeder Text darauf angewiesen, nach Maßstäben praktischer Vernunft angewandt und ausgelegt zu werden. Und warum sollten die Organe der Union nicht in der Lage sein, den richtigen Ausgleich zwischen EU-weiten Marktfreiheiten und regional unterschiedlicher Strukturierung zu finden? Allerdings spielen hier Institutionenökonomie und Neokapitalismus bzw. Neoliberalismus als mächtige Gegenwartsströmungen eine durchaus gefährliche Rolle, vor allem in ihrer populistischen Gestalt, wie sie öffentliche Meinung und Politik erreichen. Hier besteht die Tendenz, der möglichst EU-weiten unregulierten Aktivität und auf niedrigem Niveau der möglichst weitflächig gleichen Regulierung den stärksten wettbewerblichen Anreiz und damit die größte Innovationskraft und den höchsten Grad an Gewinnmaximierung zuzuschreiben. Die Berücksichtigung organisierter mitgliedstaatlicher oder regionaler Profilierung verlangt differenziertere und kompliziertere Überlegungen, die schwerer vermittelbar sind und eine über ökonomische Wertung hinausgehende Gesamtschau voraussetzen. So mag es zu erklären sein, dass die EU auf vielen Gebieten alter mitgliedstaatlicher Rechtstraditionen grundlegenden Einfluss zu nehmen versucht, deren unmittelbare Betroffenheit bei Abfassung der Vertragstexte schwer denkbar schien. Es wird auch ein ausgeprägter Trend zur Detailregelung verständlich, auch auf Gebieten, wo Rahmenvorgaben genügen könnten. Wenn sich die Mitgliedstaaten insoweit nicht wehren, wird ihnen die Luft zum eigenen Atmen genommen – und dies zum Schaden gemeineuropäischer Pluralität. Die Notwendigkeit verstärkter Kompetenzwahrung zur Erhaltung mitgliedstaatlicher Organisationsgewalt soll an einigen Beispielen erläutert werden. Dabei wird auch sichtbar werden, dass es nicht nur die Organe der Union selbst sind, die den Unitarismus vorantreiben. Vielmehr ist diese unitaristische Bewegung von vielen mitgliedstaatlichen Politikern und Wirtschaftskreisen sowie von Wissenschaftlern mitgetragen, die in unitaristischer Grundstruktur die moderne und leistungsfähige Zukunft sehen, in mitgliedstaatlicher Kompetenz dagegen die leistungshemmende Vergangenheit.

(1) *Die Enge des Beihilferechts und des Vergaberechts als Zwangskorsett für nationale Wirtschaftspolitik*

Ein zentraler Bereich mit unglücklichen unitaristischen Tendenzen ist das Beihilferecht der EU. Dabei fallen zunächst einmal die direkten Beihilfen der EU selbst in Gestalt der Europäischen Fonds (Regionalfonds, Kohäsionsfonds, Ausrichtungs- und Garantiefonds für die Landwirtschaft, Sozialfonds, Solidaritätsfonds)[1108] und programmgebundener Fördermittel (z. B. Kultur, Gesundheit, Forschungsförderung, Umwelt etc.)[1109] in Höhe von rund 213 Milliarden Euro in den Jahren 2000–2006 ins Auge. Daneben treten primär- und sekundärrechtliche Vorschriften zur möglichst vollständigen Überwachung einzelstaatlicher Beihilfen, die inzwischen einer schematisierenden Quotelung unterliegen[1110]. Nur allgemeine Fördermaßnahmen ohne Selektivität oder

Spezifizität, die also nicht bestimmten Unternehmen oder Produktionszweigen gelten, sind im Rahmen wirtschaftspolitischer mitgliedstaatlicher Kompetenz kontrollfrei erlaubt. Das Ergebnis ist eine stark planifikatorische und zentralistische Förderpolitik bei allen Maßnahmen mit drohenden wettbewerbsverfälschenden, grenzüberschreitenden Folgen[1111]. Es besteht im Ergebnis eine Vermutung gegen die Zulässigkeit aktiver und sektoral gezielter mitgliedstaatlicher Wirtschaftspolitik. Die Entscheidung über solche Maßnahmen liegt letztlich bei der Kommission, die ihrerseits breites Ermessen hat, das dann aber der Prüfung durch den EuGH – auch auf Konkurrentenklage – zugänglich ist[1112]. Die Rechtslage befremdet zunächst insoweit, als allgemeine, aber nicht selektive, und damit oft nur beschränkt effiziente Förderung grundsätzlich „EU-frei" erlaubt ist, über gezielte und damit besser wirksame Förderung dagegen zentral und damit fern von den Betroffenen entschieden wird. Dahinter verbirgt sich ein Grundwiderspruch der EU: man will Wettbewerb, aber auch Gleichheit durch Subvention; man will Wettbewerb unter Staaten, aber auch Gleichförmigkeit des wirtschaftlichen Niveaus (Art. 99 Abs. 3 bzw. Art. III-71 Abs. 3: „Konvergenz der Wirtschaftsleistungen"). Aus diesem Widerspruch kann man sich nur befreien, indem man für Ungleichheit unter Staaten ausreichend Raum lässt und die Balance zwischen Markt und Subvention zunächst einmal regional entscheidet, um die Zentrale erst bei schweren störenden Gewichtsverlagerungen zu bemühen. Natürlich ist es nicht so, dass die europäische Politik dieses Problem nicht erkannt hätte. Nach dem Muster der Dezentralisierung des Kartellrechts[1113] hat sie in Freistellungsverordnungen Kompetenzen für kleinere und mittlere Unternehmen, Ausbildungsbeihilfen und geringfügige Beihilfen auf die Mitgliedstaaten zurückübertragen[1114]. Die neuen Regionalbeihilferichtlinien weisen allerdings mit ihrer zentralgesteuerten Schematisierung und Bürokratisierung wieder in die andere und falsche Richtung. Die Bundesrepublik Deutschland hat gegen sie aus gutem Grunde lange Widerstand geleistet. Sie müsste ihr volles politisches Gewicht gegen Planifikations- und Dirigismustendenzen einsetzen. Koordination des Beihilferechts ist gefragt, nicht Zentralisation. Der mit Freistellungsverordnungen und mitgliedstaatlicher Primärkompetenz verfolgte Ansatz sollte ausgebaut und gestärkt werden, die Gefahr europäischer Marktstörungen durch Übertreibungen in die andere Richtung erscheint eher gering[1115].

Die Entwicklung im Bereich der staatlichen Bedarfsdeckung mit einem Nachfragevolumen von immerhin über 250 Milliarden Euro[1116] ist ähnlich wie das Beihilfewesen von EU-weitem Wettbewerbsdenken geprägt, das zumindest für Vergaben jenseits eines bestimmten Schwellenwertes[1117] (5 Millionen Euro für Bauaufträge, 200 Millionen Euro bei Dienstleistungs- und Lieferungsaufträgen mit Ausnahmen insbesondere für „Sektorenauftraggeber")[1118] sich voll an der Wirtschaftlichkeit des Angebots orientiert, falls Mindesteignungskriterien erfüllt sind (Fachkunde, Leistungsfähigkeit, Zuverlässigkeit)[1119]. Andere Ziele staatlicher Steuerung, z. B. sozial-, wirtschafts- oder regionalpolitische Zwecke, sind nur in ganz beschränktem Rahmen als Sekundärzwecke berücksichtigungsfähig[1120] und bedürfen wiederum besonderer Rechtfertigung unter EU-weit anerkannten Topoi, wie z. B. Gleichstellungs- und Antidiskriminierungspolitik oder Minimierung von Umweltfolgekosten[1121]. Die Beschäftigung von Langzeitarbeitslosen als Zuschlagskriterium nähert sich am ehesten regionaler Strukturförderung als Sekundärzweck[1122], jedoch dürfte der Zweck regionaler Arbeitsbeschaffung allgemein nicht mehr durchsetzbar sein, ebenso wenig der Zweck gleichmäßiger saisonaler Beschäftigung innerhalb einer Region. Damit sind regionale Steuerungszwecke angefeindet oder aufgegeben, die bisher ganz offen wesentliche Gesichtspunkte einer Vergabe waren[1123]. Der Grundgedanke ist wie bei der Beihilfe die Minimierung regionaler Steuerungsmöglichkeit und ihre Zentralisierung bei der EU mit EU-weiten Kriterien. Man nimmt dafür z. B. in Kauf, dass kleinere regionale Unternehmen bei der Vergabe von Aufträgen durch „leistungsfähigere" überregional arbeitende Großunternehmen verdrängt werden mit der möglichen Folge regionaler Strukturzerstörung und Arbeitslosigkeit, die zunächst regional zu finanzieren ist, um erst ab einem bestimmten Schwellenwert regionalen Zerfalls durch „erlaubte" Beihilfen wieder öffentlichen Steuerungsmechanismen zugeführt zu werden. Auch hier zeigt sich wie beim Beihilfewesen eine Tendenz zu einem zentralen Dirigismus, der sich aus Primärnormen des EU-Rechts[1124] in dieser Form nicht zwingend herleiten lässt und in seinen Schwellenwerten zu tief ansetzt. Das örtliche Unternehmen, das im Preiswettbewerb mit überregionalen Unternehmen nicht voll mithalten kann, aber zur Beschäftigung in der Gemeinde und zur Gemeindestruktur wesentlich beiträgt[1125], verdient nicht die Abwertung, die dem neuen Vergaberecht eigen ist. Die Rigorosität dieses Vergaberechts fordert zum Unterlaufen geradezu heraus, zumal die Beurteilung der „Zuverlässigkeit" überregionaler Wettbewerber regionalen Behörden ausgesprochen schwer fallen muss; denn „Zuverlässigkeit" beurteilt sich auch nach erlebter Erfahrung, die insoweit nicht existiert. Die zögerliche Umsetzung des EU-Vergaberechts durch die Bundesrepublik hatte gute Gründe, und man fragt sich, warum das politische Gewicht nicht stärker für den Erhalt von Spielräumen regionaler Steuerung eingesetzt worden ist und künftig eingesetzt wird.

(2) Das schädliche Entweder-Oder bei der Organisation öffentlichen Unternehmertums

Ein dicht benachbarter Bereich, der in ähnlicher Weise wie die Beihilfen für Unternehmen der mitgliedstaatlichen Organisationskompetenz entzogen und bis ins Detail europäischem Dirigismus anheim fallen könnte, ist der Bereich öffentlichen Unternehmertums und insbesondere der Daseinsvorsorge. Die EU stellt die Mitgliedstaaten tendenziell vor die Wahl, entweder flächendeckend hoheitlich nach strengem Kostendeckungsprinzip gewinnlos zu organisieren und dabei Wettbewerb praktisch auszuschließen oder sich bei unternehmerischer Organisation dem EU-Wettbewerbs- und Beihilferecht in modifizierter Form zu unterwerfen[1126]. Diese Modifikation lässt dann aber ebenfalls kaum Raum für mitgliedstaatliche Gestaltung. Bei immer strengerer Überwachung verlangt sie für jede Form offener oder versteckter Subventionierung eine Art rechtfertigender Abrechnung, die eine Vermischung gewinn- und gemeinwohlorientierter Aktivität eines Unternehmens möglichst ausschließen soll[1127]. Gestaltende Sonderrechte öffentlicher Eigner laufen Gefahr, ohne strenge Rechtfertigung der Kapitalverkehrsfreiheit und anderen Marktfreiheiten zum Opfer zu fallen. Hinzu kommt das Bestreben, durch Liberalisierungsrichtlinien weite Teile der Daseinsvorsorge in unternehmerische Gestaltung zu zwingen. Auf diese Weise verlieren Mitgliedstaaten nach und nach jeden sinnvollen Spielraum, Mischmodelle zwischen nichtunternehmerischer und unternehmerischer Gestaltung zu entwickeln, die den Bedürfnissen struktureller regionaler Gestaltung gerecht werden. Im Bereich der Energieversorgung ist ein Mitgliedstaat praktisch seiner Gestaltungsmöglichkeit ledig, sobald er privates Kapital überhaupt beteiligt[1128]. Im Bereich der Banken[1129] oder der Funkmedien[1130] erstrebt die Kommission eine ähnliche Entwicklung. Selbst in Bereichen ohne eigentliche EU-Kompetenz, wie z. B. dem Gesundheitswesen[1131] oder der Ausbildung[1132], mag Privatisierung auf Dauer ähnliche Strangulierung mitgliedstaatlicher Gestaltung zur Folge haben. Für den eindeutig produktiven Bereich gibt es bei Fortsetzung dieser Entwicklung nur noch das Entweder/Oder des Mehrheitsbesitzes bzw. Sperrbesitzes oder den vollen Gestaltungsverlust[1133]. Die EU und vor allem ihre Kommission und der EuGH neigen hier bei der Ausübung ihrer Kompetenzen zu schädlichen Übertreibungen, die der Text der Verträge (Art. 16, 86 EGV) und auch geplante zukünftige Textfassungen (Art. III-6 und III-55 Verfassungsentwurf) so nicht zwingend verlangen. Er ließe auch abgestufte Formen der Privatisierung zu, bei denen private Anleger wohlinformiert ihr Kapital in noch stärkerem Maße binden als bei nichtöffentlichen Unternehmen. Auf Dauer wird sich die von den Unionsorganen ertrotzte Kompetenzausdehnung mit ihrer Monokultur als eher nachteilig erweisen, weil sie die Teilhabe des Staates an wirtschaftlicher Gestaltung phantasielos auf ein zeitgenössisches und eng definiertes Modell festlegt[1134]. Die Mitgliedstaaten und Deutschland müssen sich gegen solche Tendenzen auch hier energisch wehren – und zwar auch und gerade im gemeineuropäischen Interesse[1135]. Inzwischen ist die Gefahr des EU-Übergriffes selbst auf sehr sanfte und modifizierte staatliche Gestaltung, wie sie z. B. das VW-Gesetz durchaus verkörpert, so groß geworden, dass energische mitgliedstaatliche Gegenwehr auf breiterer und grundsätzlicher Basis empfehlenswert erscheint, selbst wenn man in einzelnen Bereichen öffentlichen Engagements, wie z. B. im Bereich der Funkmedien[1136], das Gemeinwohlargument für in gewissem Umfange missbraucht erachtet.

(3) Der Zugriff auf ursprünglich marktferne Bereiche

Auch in anderen Bereichen könnten vermeintliche Markterfordernisse Anlass zu stark umformenden Eingriffen geben, die von ursprünglicher Vielfalt wenig übrig lassen, falls man nur bereit ist, Marktfreiheiten genügend weite Ausstrahlung zu geben (Art. 94 ff. EGV bzw. Art. III-64 ff. Verfassungsentwurf). Man kann dem gesamten Recht der freien Berufe[1137] oder der handwerklichen Berufe[1138] unter dem Topos der Niederlassungs- und Dienstleistungsfreiheit seine mitgliedstaatliche Struktur nehmen (objektive Zulassungsvoraussetzungen, Kammernsysteme, Gebührenordnungen etc.), und man kann weitere Teile der kontinentalen und deutschen vorsorgenden Rechtspflege (Notariat, Registersysteme, Gebührenordnungen) unter erheblichen Druck bringen[1139]. Die Signale der EU sind hier durchaus widersprüchlich und zwiespältig[1140]. Man kann selbst in wirtschaftsfernen Rechtsgebieten die Marktfreiheiten für eine Angleichung bemühen. So ist es bereits geschehen oder geschieht es gerade für das internationale Privatrecht und internationale Verfahrensrecht[1141] im Bereich des Familien- und Erbrechts[1142], wo das Ergebnis sinnvoll, aber der Weg über eine Verordnung unter Bezug auf Marktfreiheiten bereits etwas missbräuchlich erscheint. Für weitergehende Vereinheitlichungsbestrebungen des materiellen Rechts dieser Gebiete[1143] wirkt dann allerdings der Gedanke gestörter Freizügigkeit endgültig etwas weit hergeholt, der mögliche Verlust mitgliedstaatlicher rechtskultureller Kompetenz dagegen umso bedrohlicher. Man könnte mit gleichen Argumenten die europäische Vereinheitlichung der Schulsysteme und Lehrpläne zum Vorteil mobiler Arbeitnehmer und ihrer Familien fordern. Damit würden dem primären und sekundären Bildungsbereich die Gestaltungsformen aufgedrückt, die im universitären Bereich durch den von der EU mitgetragenen sog. „Bologna"-Prozess zu einer beschwerlichen formal-bürokratischen Vereinheitlichung geführt haben (Bachelor/Master, European Credit Transfer System), ohne das Niveau mitgliedstaatlicher Ausbildung zu verändern oder gar zu verbessern[1144]. Vielmehr zwingen solche Maßnahmen mitgliedsstaatliche Ausbildungstraditionen hoher Qualität in ein Prokrustesbett, das abgesenkte Ausbildungsstandards zum Maßstab erhebt. Wenn sich die EU nicht zu einer technokratischen Vereinheitlichungsmaschinerie entwickeln soll, die den Mitgliedstaaten selbst in marktfernen Bereichen wie ein Rasenmäher gleiche Größen verordnet, ist im Interesse weiteren Gedeihens der EU härtester Widerstand und Rückbesinnung auf Sinn und Zweck regionaler mitgliedstaatlicher Traditionen angezeigt.

(4) Unangemessene Regelungsdichte und enge gerichtliche Kontrolle

Weder der EU-Gesetzgeber noch der EuGH zeigen durchweg ein gesundes sicheres Judiz, wo es um die überzeugende Abgrenzung von gemeineuropäischen Grundregeln und Details geht, die man besser den Mitgliedstaaten überlassen sollte. Der EU-Gesetzgeber sollte eigentlich unmittelbar geltende und damit insoweit erschöpfende Verordnungen und Richtlinien mit Zielvorgaben unterscheiden[1145], die den Mitgliedstaaten die Wahl der Form und Mittel im Einzelnen überlässt (Art. 249 Abs. 2 und 3 EGV). Der EU-Gesetzgeber entwickelt aber die durchaus bedenkliche Neigung, in Richtlinien Detailregelungen vorzugeben, die praktisch nur eine mehr oder weniger wörtliche Umsetzung erlauben[1146], wofür vor allem die Richtlinien zum Verbraucherschutz mit ihrem unübersichtlichen Regelungsdickicht ein gutes Beispiel sind[1147]. Im deutschen BGB hat ihre wirre Übersystematik tiefe und zerstörende Spuren hinterlassen. Natürlich zwingt dieses Richtlinienrecht dann den EuGH ebenfalls zum Detail, wobei wohltuende Zurückhaltung eher die Ausnahme[1148] und der Hang zum kleinlichen Perfektionismus häufig ist. Jüngere Beispiele sind hierfür etwa das Verbot der Überprüfung sprachlicher Fähigkeiten eines Rechtsanwalts im Aufnahmestaat, wenn diese in der Richtlinie nicht ausdrücklich vorgesehen ist[1149], oder die Überprüfung einer Grundbuchberichtigungsgebühr nach Verschmelzung als indirekte Besitzwechselsteuer[1150] im Sinne des Richtlinienrechts. Wie weit selbst das Primärrecht der EU zu kleiner Münze geschlagen werden kann, wird an dem Unwillen des EuGH deutlich, dem Mitgliedstaat Griechenland die Regelungskompetenz für die Beschränkung des Aufbackens importierten gefrorenen Brotes auf Bäckereibetriebe zuzugestehen[1151], um auf diese Weise einen fallgebundenen unberechenbaren Schlingerkurs bei der Begrenzung des Herkunftslandsprinzips im Warenverkehr durch örtliche Vertriebsbedingungen fortzusetzen. Eine Absenkung der Regelungsdichte des Gesetzgebers und des gerichtlichen Kontrollmaßstabs auf grundsätzliche Fragen der Marktfreiheiten wäre in weiten Bereichen allzu detaillierten EU-Vorgaben entschieden vorzuziehen.

(5) Das Modellgesetz – ein zukunftsträchtiges europäisches Stiefkind

Das Bedürfnis nach Rechtsharmonisierung ohne kleinliche Beeinträchtigung mitgliedstaatlicher Organisationsgewalt, die durchaus innovative und zukunftsoffene Züge tragen kann und demokratischer Grundstruktur mit ihrer mitgliedsstaatlichen und regionalen Ausgangsbasis[1152] sehr förderlich erscheint, ließe sich auf vielen Feldern in optimaler Weise durch Modellgesetze befriedigen. Dieses Vorgehen hat sich in den USA sehr bewährt[1153]. Es vertraut auf die Vernunft der demokratischen Gesetzgeber der Einzelstaaten bei zunächst völlig freiwilliger Annahme und Umsetzung in einzelstaatliches Recht. Wenn und soweit eine Umsetzung nicht oder nur vereinzelt erfolgt, ist entweder nach Auffassung der Einzelstaaten Harmonisierungsbedarf nicht gegeben oder aber die Qualität des Modellgesetzes vermag nicht zu überzeugen. Beide Gesichtspunkte wiegen für das demokratisch-individualistische Grundverständnis der U.S.-amerikanischen politischen Kultur so schwer, dass auf vielen Gebieten Bundesgesetzgebung viel stärker die Ausnahme ist als gemeineuropäische Gesetzgebung innerhalb der EU, sie ist in U.S.-amerikanischem Verständnis eher die ultima ratio. Wichtige Bereiche sind durch Modellgesetze geregelt, z. B. weite Teile des Kaufrechts, Mobiliarsachenrechts und Handels- sowie Wertpapierrechts im Uniform Commercial Code; die Einzelheiten der Urteilsanerkennung zwischen den Einzelstaaten im Uniform Enforcement of Foreign Judgments Act (sog. Sister State Act) und gegenüber dem Ausland im Uniform Foreign Money Judgments Recognition Act; Einzelheiten familiengerichtlicher Zuständigkeit und Anerkennung im Uniform Child Custody Jurisdiction and Enforcement Act sowie im Uniform Interstate Family Support Act etc. Das Uniform Law mit seiner Empfehlungswirkung hat nicht nur den Vorteil möglicher flexibler Anpassung[1154] an einzelstaatliche Bedürfnisse, es nützt auch die innovatorischen Kräfte einzelner Staaten, die sozusagen als Experimentiergebiet neue Lösungen sofort umsetzen und erproben können, um im Falle der Bewährung Vorbild für die Änderung des Uniform Law zu sein.

Innerhalb der EU wäre es bisher undenkbar, marktwichtige Rechtsgebiete wie z. B. die Urteilsanerkennung innerhalb der EU nur in groben Zügen einheitlich zu regeln und alle Einzelheiten einem Modellgesetz zu überlassen. Man wählt die Verordnung oder mindestens die Richtlinie aus Misstrauen gegen menschliche Vernunft, auf die aber die Marktordnung im Grundsatz durchaus zu vertrauen bereit ist – welch ein Widerspruch! Die Abweichung vom U.S.-amerikanischen Vorbild erklärt man mit der stärkeren Konvergenz des Rechts der U.S.-Einzelstaaten, die das Common Law als Klammer zusammenhalte. Dieses Argument ist allerdings ambivalent. Es kann sinnvoller dazu benutzt werden, der EU gerade wegen stärkerer mitgliedstaatlicher Divergenzen mehr Behutsamkeit bei der Angleichung zu empfehlen. Der Vergleich mit den USA zeigt auch, dass das Argument der Rechtsangleichung als Voraussetzung eines funktionierenden gemeinsamen Marktes zwar Gewicht hat, aber Stringenz oder gar Rigidität durchaus nicht oder doch nicht in allen Bereichen verlangt. So ist etwa das Produkthaftpflichtrecht innerhalb der EU wesentlich stärker vereinheitlicht[1155] als in den USA, wo das Haftungsrecht der Einzelstaaten in Voraussetzungen und Rechtsfolgen durchaus erhebliche Unterschiede kennt[1156].

Die Europäische Union macht inzwischen erste Anläufe, Rechtsharmonisierung durch Prinzipien oder Modellgesetze zu erreichen. Dies gilt vor allem für Vorarbeiten an einem Europäischen Zivilgesetzbuch[1157]. Art. 249 Abs. 1 und 5 EGV bzw. Art. I-32 Abs. 1 Satz 1 und 6 Verfassungsentwurf (Empfehlung) gestatten die Erarbeitung von Modellgesetzen auf Initiative von Unionsorganen. Allerdings steht die Entwicklung einer Kultur europäischer Modellgesetze erst ganz am Anfang mit bisher eher ungünstigen Vorzeichen. Einmal befürchtet man bei jeder derartigen Aktivität die Entgleisung zur bindenden EU-Gesetzgebung in Gestalt von Verordnungen oder Richtlinien. Zum anderen fehlt die klare Organisation solcher Aktivitäten, die entweder von privaten und teilweise konkurrierenden Gruppen von Wissenschaftlern ausgehen oder von Arbeitsgruppen unter der Protektion oder Aufsicht der Kommission ohne volle Unabhängigkeit. Die Gründung eines unabhängigen European Law Institute nach U.S.-amerikanischem Vorbild wäre ebenso wünschenswert wie eine deutliche Verbreiterung des Anwendungsfeldes von Modellgesetzen auf Kosten der dirigistischen und inflexiblen EU-Gesetzgebung[1158]. Mehr Mut zur Freiheit für mitgliedstaatliche Gesetzgebung und zum Wettbewerb zwischen EU und Mitgliedstaaten um die bessere Ausgestaltung der Marktfreiheiten!

(6) Die Notwendigkeit eines echten Europäischen Verfassungsgerichtshofs und des Abschieds von der Eigendynamik einer „Vollendung des Binnenmarktes"

Der EuGH hat sich über Jahrzehnte vorwiegend als „Motor der Einigung" verstanden[1159] und dabei die „Vollendung des Binnenmarktes" ähnlich wie die Kommission hauptsächlich als Angleichungsarbeit definiert. Der „Effet utile" als verfassungsrechtlicher Maßstab ist Ausdruck dieses Verfassungsdenkens[1160], das in der „variety of capitalism" in Europa letztlich den Gegner sieht und nicht die Balance zwischen Einheit und Vielfalt sucht, sondern die Einheit im Sinne eines Großraums formaler Rechtsgleichheit. Dabei hat sich der EuGH vertragsfortbildende Kompetenzen angemaßt, die den Hang zum europäischen Unitarismus entscheidend verstärkt haben, vor allem durch die Lehre von der teilweise unmittelbaren Wirkung von Richtlinien in Mitgliedstaaten[1161] und die Doktrin von der Haftung der Mitgliedstaaten für korrekte Anwendung des Unionsrechtes[1162]. Die Mitgliedstaaten haben diesen Ausbau europäischer Zentralgewalt mit seinem Drohpotential gegen die einzelnen Mitgliedstaaten hingenommen – letztlich auch der französische Conseil d'Etat[1163] und das BVerfG mit seiner halbherzigen „Solange“-Rechtsprechung[1164]. Als Hüter mitgliedstaatlicher Kompetenzen und Freiheitsräume ist der EuGH hingegen weniger in Erscheinung getreten – eher sanft und ansatzweise unter den häufig erwähnten, aber selten wirklich praktizierten Begrenzungsprinzipien der Subsidiarität[1165] und Verhältnismäßigkeit[1166], deutlich aber eher singulär in seiner ersten Entscheidung zur fehlenden EU-Kompetenz für eine Tabakwerberichtlinie[1167] – hier allerdings möglicherweise an einem eher unwürdigen Objekt. Einen breiteren Trend zur Distanzierung von seinem Selbstverständnis als „Motor der Integration“ sollte man in solchen vereinzelten Judikaten allerdings nicht sehen[1168].

Das historisch gewachsene Selbstverständnis des EuGH als Gericht der Gemeinschaft in engem Wortsinne macht ihn in den Augen kritischer Beobachter ungeeignet, über die Kompetenzverteilung zwischen EU und Mitgliedstaaten zu wachen und dabei die Rolle eines echten Europäischen Verfassungsgerichtshofes zu übernehmen. Der Vorschlag zur Schaffung eines Europäischen Gerichtshofs für Kompetenzkonflikte soll seinem Mangel in organisatorisch klarer und einer echten Gewaltenteilung adäquaten Weise abhelfen[1169]. Dabei könnte auch dem empfindlichen Mangel demokratischer Legitimation europäischer Richter (Auswahl durch Regierungen nach Staatenproporz) ebenso Rechnung getragen werden[1170] wie dem bisher überwiegend recht unpolitischen Persönlichkeitsprofil der Richterschaft, das einem echten Verfassungsgericht nicht adäquat ist und zum ökonomisch-technokratisch orientierten Entscheidungsstil wesentlich beigetragen hat. Der Europäische Gerichtshof für Kompetenzkonflikte könnte beim EuGH angesiedelt sein, müsste aber seine Richterschaft nach demokratischer Wahl durch den Rat und das Parlament mit 2/3 Mehrheit aus Richtern des EuGH und der obersten nationalen Gerichte rekrutieren.

Der EuGH ist allerdings nur die Galionsfigur eines von den Vertragstexten durchaus so nicht vorgegebenen unitaristischen Verständnisses der Europäischen Union, das sich nicht nur aus der geschilderten weltanschaulichen Dominanz der Institutionenökonomie und neoliberaler Markttheorien[1171] in ihrer simplifizierenden populärwissenschaftlichen Form speist[1172], sondern auch aus der fehlenden europäischen Erfahrung mit echter Bundesstaatlichkeit. Die Mehrzahl der europäischen Mitgliedsstaaten kennt in ihrer neueren Geschichte nur den Zentralstaat[1173] und als Alternative den Staatenbund, nicht aber die Bundesstaatlichkeit als Zwischenform intensiveren koordinierten staatlichen Zusammenwirkens. Die deutsche Bundesstaatlichkeit setzt ihre Schwerpunkte eher im Bereich von Rechtsprechung und Verwaltung, anders als in den USA[1174] sind die Gesetzgebungskompetenzen der Länder politisch nicht sehr bedeutsam[1175]. Die Vorstellung eines deutschen Bundesstaates mit eigenem Zivil- und Strafprozess der Länder ist deutschem politischen Horizont so fremd wie deutscher neuerer Rechtsgeschichte – Ausdruck einer stark am französischen Vorbild zentralstaatlich orientierten Bundesstaatlichkeit. Trotz der insoweit abweichenden U.S.-amerikanischen Entwicklung und einer deutschen Geschichte demokratischer Instabilität bis in die zweite Hälfte des 20. Jahrhunderts hat man in Deutschland noch nicht verinnerlicht, wie sehr diese unitaristische Reichsidee und ihre verfassungsmäßige Ausgestaltung nach innen die demokratische Entwicklung gestört hat, ohne dass – wie das U.S.-amerikanische Beispiel zeigt – stärkere staatliche Eigenständigkeit der Bundesländer ein Hemmnis für die Entwicklung eines starken nationalen Binnenmarktes gewesen wäre[1176]. Für die Europäer ist der konsequent durchorganisierte Bundesstaat deshalb eher Utopie als Realität, und so schwanken sie einem zentralstaatlich organisierten Bundesstaat auf allen Gebieten entgegen, in denen sich die Integrationsbewegung überhaupt noch fortsetzt. Außenpolitik und Verteidigungspolitik und teilweise Währungspolitik – in den USA ausschließlich Bundessache[1177] – widersetzen sich bundesstaatlicher Integration und verharren auf dem Niveau eines Staatenbundes. Umso stärker – fast als eine Form der Ersatzbefriedigung – fällt die

Integrationsaktivität in zunächst weniger öffenlichkeitswirksamen Bereichen wie in der Wirtschafts- und Rechtspolitik aus und beginnt dort, die zentralistische Bundesstaatlichkeit Deutschlands nachzuvollziehen[1178], schon weil man nichts Besseres wirklich kennt und wagt. Eine klare gemeinsame Vorstellung über Gestalt und Umfang wünschenswerter Integration fehlt, man betont den Weg und seine Einzigartigkeit[1179]. Dabei wird der Nebel verfassungsutopischen Wähnens für eine Weiterfahrt immer gefährlicher. Wenn das BVerfG weder von einem Bundesstaat noch von einem Staatenbund, sondern von einem Staatenverbund ausgeht[1180], so zeigt dies ein Unbehagen, für das „ein Wort zur rechten Zeit" sich einstellt, eben weil „Begriffe fehlen"[1181]. Die Europäische Union ist ein Gebilde mit völlig unterschiedlicher Integrationsdichte, wobei wichtige Bereiche seiner Handlungsfähigkeit (Außenpolitik, Sicherheit) kaum integriert[1182] oder nur teilintegriert sind (Währung)[1183], während andere Bereiche bereits Züge einer Überintegration (Recht, Binnenwirtschaft) zeigen, die weiter zu steigern sich eher verhängnisvoll auswirken wird. Die vorläufig abgelehnte Europäische Verfassung hat diese Entwicklung einfach fortgeschrieben bzw. festgeschrieben[1184]. Die Völker der Mitgliedstaaten lehnten ihn deshalb in einem dumpfen Gefühl des Unbehagens vielfach ab, Kommission und einige mitgliedstaatliche Regierungen versuchen nunmehr in äußerlich etwas modifizierter Form auf dem eingeschlagenen Weg der „Vollendung des Binnenmarktes" fortzufahren, weil ihnen zur an sich notwendigen bewussten und endgültigen Gestaltung Kraft und Phantasie fehlen. Wenn der Weg fortschreitender marktmäßiger Integration in einer bestimmten Entwicklungsphase richtig war, so bedeutet dies nicht, dass er für alle Zukunft richtig bleibt. Im gegenwärtigen Stadium ist die Wiederentdeckung und Gewährung notwendigen Freiraums für die Mitgliedstaaten in der Rechts- und Wirtschaftspolitik notwendig[1185], und im Gegenzug ist die verstärkte außenpolitische und sicherheitspolitische Integration voranzutreiben. Nur so wird sich die Europäische

Union in richtiger Balance festigen und bewähren. Diese Forderung ist weder antieuropäisch noch verlangt sie den völlig abwegigen Schritt zurück zum Nationalstaat. Sie ist das Ergebnis nüchterner Bilanz.

c) *Behutsame und flexible Fortentwicklung des Welthandelsrechts durch Netzwerke*

Das Welthandelsrecht ist von einer „Konstitutionalisierung" des Welthandels noch weit entfernt[1186]. Wichtige Märkte und Welthandelspartner folgen gar nicht oder nur sehr eingeschränkt marktwirtschaftlichen Regeln. Marktwirtschaftlich orientierte Akteure wie die USA oder die EU können deshalb auf keine freihandelsbedingte Arbeitsteilung vertrauen, sondern müssen politische Abhängigkeiten befürchten, wenn sie sich für weltweite Marktfreiheiten voll öffnen. Die Vorstellung einer Welt ohne diese Gefahren ist und bleibt Utopie, sodass schon deshalb die wirtschaftliche Integration zu einem weltweiten Markt weit hinter dem Grad an Öffnung zurückbleiben muss, wie sie für Staatenverbindungen wie die EU denkbar ist[1187]. Auch hier stellt sich aber auf Dauer die Frage nach der Dichte möglicher Regulierung und der Strenge ihrer Durchsetzung. Die Regulierung kann nur auf einer flexiblen und eher informationellen Basis erfolgen, und die Durchsetzung muss sich mit elastischer mittelbarer Sanktionierung begnügen. Nur so bleibt den einzelnen Akteuren und ihren Untergliederungen genügend Raum zur Selbstbestimmung und Eigenorganisation, die ihrer eigenen Kultur und Struktur entspricht. Die Vorstellung einer WTO mit einem Netz von abstrakten Welthandelsregeln[1188], die eine Art Welthandelsgericht konkretisiert und tatsächlich durchsetzt, ist in geradezu abschreckender Weise von realitätsfernem ökonomischem Modelldenken geprägt und letztlich reichlich unpolitisch; die Zukunft wird auch zeigen, wie weltfremd die Hoffnung ist, über Welthandelsregeln eine Demokratisierung totalitärer Systeme zu erreichen. Noch ist die WTO mit ihren bisherigen Regelwerken und ihrem „Dispute Solution Body" mehr ein Forum für Verständigung unter einem Regime elastischer Regeln als eine Staatenorganisation mit einer Verfassung und durchsetzbaren Rechtsregeln. Ihrem Wirtschaftsvölkerrecht lässt sich natürlich Rechtsqualität so wenig absprechen wie dem Völkerrecht überhaupt[1189]. Aber es teilt mit dem Völkerrecht die Abhängigkeit von der fortdauernden Rechtsüberzeugung und dem fortdauernden Konsens der beteiligten Staaten, die letztlich den Geltungsgrund für die Rechtsregeln schaffen[1190]. Der Handelsnachteil als Sanktion ist ein beschränkt taugliches Instrumentarium, weil er sich nur allzu leicht als Bumerang erweist[1191].

Aus der Realität des Welthandelsrechts folgt alles andere als seine Geringschätzung, es ist und bleibt ein unverzichtbares und zukunftsträchtiges Instrument. Man sollte aber bei seiner Handhabung dreierlei beachten. Der erste wichtige Gesichtspunkt ist das Fehlen voller Verlässlichkeit. Das bedeutet, dass nationale bzw. regionale Sicherheitsreserven auch unter Subventionierung notwendig bleiben, z. B. im Energiebereich eigene Kohle[1192] und Atomkraft[1193] und im Versorgungsbereich eigene Agrarproduktion[1194]. Der Ruf nach totalem Abbau entsprechend weltweiten Marktgesetzen ist kurzsichtig und naiv. Der zweite wichtige Orientierungspunkt ist vorsichtige Zurückhaltung bei der Öffnung zu Lasten gesellschaftlicher und kultureller Grundstrukturen, z. B. zu Lasten einer ausgewogenen europäischen und nationalen Medienstruktur[1195], zu Lasten einer öffentlichen Organisation der Bildungsstrukturen (Schulen, Universitäten), zu Lasten der Organisationsstrukturen der Anwaltschaft[1196], des Notariats oder des Handwerks oder zu Lasten der nationalen oder europäischen Organisation der Daseinsvorsorge. Im Bereich des Warenverkehrs mag es zwar vor allem bei Fragen der Produktsicherheit[1197], der Umweltverträglichkeit und der Produktionsbedingungen für Arbeiter zu Konflikten kommen können[1198], die unmittelbare Eingriffswirkung bei Öffnung der gesellschaftlichen Kernbereiche vor allem des Medien- und Dienstleistungswesens ist aber ungleich größer und einmal in Gang gesetzt kaum noch beherrschbar. Wenn z. B. das Krankenhauswesen voll Gegenstand privatisierter Dienstleistung und Öffnung würde oder das Universitäts- und Schulwesen, hätte dies auf Dauer eine unsteuerbare und in ihren Folgen kaum abschätzbare Umwälzung grundlegender regionaler Strukturen der Daseinsvorsorge und ihrer Verzahnung mit finanziellen Sicherungssystemen zur Folge. Man kann dies als überzeugter Marktverfechter wollen, gibt dann aber entgegen dem hier vertretenen Standpunkt die organisatorische Gestaltung und Selbstbestimmung in anonyme Hände. Der dritte unverzichtbare Gesichtspunkt, der nicht aus den Augen verloren werden sollte, ist die Notwendigkeit ausreichender Differenzierung weltweiter Handelsvereinbarungen. Der Unterschiedlichkeit der einzelnen Staaten in wirtschaftlichem Entwicklungsstand und innerer Struktur muss eine starke Diversifikation des Regelwerkes entsprechen, sodass es sich fragt, ob der Gedanke einheitlicher oder gar vereinheitlichter Grundregeln ausreichend trägt[1199] oder ob nicht einem Netzwerk bilateraler, zeitlich befristeter Vereinbarungen die nähere Zukunft gehören müsste und gehören wird[1200]. Die praktische Vernunft spricht für flexible Diversifikation und gegen die Utopie eines welthandelsrechtlichen Unitarismus, was sinnvolle Koordination nicht ausschließt, sondern als Aufgabe der WTO bleibt. Ähnlich wie bei der gegenwärtig von stärkerer Nachdenklichkeit geprägten Fortentwicklung der EU muss eine Denkpause kein Schaden sein und könnte sich der Gedanke als bitterer Irrtum erweisen, weltweiter Fortschritt im Sinne verbesserter menschlicher Lebensverhältnisse sei mit möglichst voller Integration des Welthandels schlicht identisch[1201]. Die Bedeutung der Region als Träger der Organisationsgewalt über koordinierte Teilmärkte wird bleiben und nicht weniger Katalysator des Forschritts sein als weltweite Marktfreiheiten.

3. Regionale Bindung und Widmung des Kapitals

a) Notwendigkeit regionaler Bindung

Wenn man nicht bereit ist, wettbewerbsorientierten Kapitalismus per se als überlegenes Instrument zur Verwirklichung menschlicher Solidarität zu akzeptieren, das die Antinomie von Egoismus und Altruismus versöhnen soll[1202], und folglich an der Notwendigkeit demokratischer und staatlicher Organisation eines Ausgleichs zwischen Eigennutz und Gemeinwohlbindung festhält[1203], und wenn man gleichzeitig von der Vorteilhaftigkeit koordinierter Koexistenz unterschiedlicher regionaler Kapitalismusformen überzeugt ist[1204], so erhellt daraus die Bedeutung regionaler Bindung und Widmung des Kapitals. Denn – dies ist ausführlich dargelegt – wo Kapital von privaten Eignern weltweit allein unter dem Topos der Profitmaximierung frei bewegt wird und auch bewegt werden soll[1205], wo aber auch Machtübung und Machtmissbrauch den Kapitaleinsatz ebenso motivieren[1206] wie Fehlinformationen[1207], bestimmt zuvörderst die profitmaximierend gestaltende[1208] oder volatil zerstörende[1209] Kraft der Kapitalströme die Geschicke einer Region; für die rechtliche Organisation durch Staat und Gesellschaft bleibt kaum Selbstbestimmung[1210], vielmehr nur Anpassung. Nun ist sicher richtig, dass auch demokratische Selbstbestimmung sich nicht wettbewerbsfrei vollziehen kann, sondern stets in bestimmte wettbewerbliche Parameter eingebunden bleibt. Dies gilt voll für den Angebotswettbewerb bei Waren und Dienstleistungen – wer nichts Absetzbares anbietet[1211], kann und soll auf Dauer in arbeitsteiliger Wirtschaft nicht überleben –, und es gilt eingeschränkt auch für den Kapitalmarktwettbewerb mit seinem Gewinnmaximierungstopos; denn wo der Anreiz zum Mehrgewinn fehlt, leidet unternehmerische Innovation. Es kann nach alldem nicht darum gehen, die Kapitalverkehrsfreiheit zu beseitigen oder unmittelbar zu reglementieren – ein unsinniger und rückwärts gerichteter Gedanke. Nur wo nicht die wirtschaftliche Investition im Vordergrund steht, sondern unmittelbare politische Machtübung durch Investitionen fremder Staatsunternehmen oder staatlicher Fonds[1212], ist vor allem in sensiblen Bereichen eine Kontrolle mit Verbotsmöglichkeit angezeigt[1213], die sich am U.S.-amerikanischen Vorbild orientieren könnte[1214]. Um einer Gesellschaft, die im Angebotswettbewerb mit Gewinn wirtschaftet, einen Spielraum der Verteilung zwischen Kapitaleigner, Staat und Arbeitnehmerseite zu lassen[1215], bedarf es aber sanfter Formen einer in die Kapitalverkehrsfreiheit eingepassten Bindung und Widmung. Die Kapitalverkehrsfreiheit wäre sonst eine Freiheit ohne wesentliche immanente Bindung, die gesellschaftlicher und staatlicher Gestaltung unterliegt[1216].

b) Deutsche Unternehmensführer und der „Ausverkauf"

Die Gefahr des „Ausverkaufs" verbunden mit einer regionalen Entmachtung sehen inzwischen auch die Führer börsennotierter deutscher Unternehmen mit internationalen Kapitaleignern[1217]. Manche verlautbarte Reaktion scheint aber überraschend phantasielos und skurril auszufallen, wenn es darum geht, regionale Bindungsmechanismen im Rahmen der Kapitalverkehrsfreiheit zu entwickeln. Der Rat, den Börsenwert hochzuhalten[1218], ist gut gemeint, übersieht aber, dass dies generell und vor allem bei internationaler Börsennotierung und internationalen Kapitalanlegern volle Huldigung an Ausschüttung und Gewinnmaximierung voraussetzt und deshalb den erwünschten Spielraum zu staatlicher und gesellschaftlicher Gestaltung gerade nicht schafft. Im Übrigen hat die jüngste Vergangenheit gezeigt, dass selbst hohe Börsenwerte auch den „Tüchtigen" vor feindlichen Übernahmen nicht schützen. Es gibt auch kein Unternehmen ohne zyklische Erfolgsentwicklung, sodass in Schwächephasen immer Veränderungen der Kapitaleignerschaft drohen, von ökonomisch unbegründeten Marktirritationen ganz abgesehen. Rührend sind die Hinweise von Managern auf fehlende nationale Ehrungen wie Ehrenlegion in Frankreich oder „Sir“ in England[1219]. Ernst zu nehmen sind die Hinweise auf die Notwendigkeit national orientierter Konzernbildung und Bankenkonzentration im Rahmen europäischer und weltweiter Konsolidierung[1220], die aber nur das Ziel und nicht den Weg beschreiben.

c) *Bindungsmodelle und freier Markt*

Wenn man sich dem Weg zuwendet, der zu beschreiten sein könnte, so sind menschlicher Vorstellung Grenzen gesetzt. Es gibt nichts, was nicht schon gedacht und versucht worden wäre: Überkreuzbeteiligungen großer Unternehmen und Banken einer Region; staatliche Eignerschaft an Unternehmen und Banken einer Region oder doch ausreichende staatliche Beteiligung; persönliche Verbindung zwischen Unternehmensführern und Unternehmensführern und Politikern im Sinne einer Elitenbildung; genossenschaftliche Unternehmensmodelle; Arbeitnehmerbeteiligungen am Unternehmenskapital; Familienunternehmertum mit regionaler Tradition; Stiftungen als Unternehmensträger. Auf den ersten Blick kann man erkennen, dass keines dieser „Bindungsmodelle“ mit den Vorstellungen vom agierenden Marktmenschen[1221] voll übereinstimmt. Alle sind darauf angelegt, ein Zugeständnis im Dienste der Menschen einer bestimmten verfassten Gesellschaft zu machen, und zwar ganz unabhängig von einem quantifizierbaren späteren Vorteil, der eintreten mag oder auch nicht. Alle setzen Gewinnmaximierung und Wettbewerbsfähigkeit voraus, stellen aber den Dienst an den Menschen der Region als selbständigen Unternehmenszweck neben die Gewinnschöpfung und begreifen ihn nicht nur als Reflex. Dieser Dienst besteht nicht in der Bedienung des „dritten Sektors“ mit Wohltätigkeitseinrichtungen, sondern in der aktiven Integration möglichst vieler Menschen in den regionalen Wirtschaftsprozess[1222]. Dahinter tritt der Gedanke zurück, ob man irgendwo in der Welt mit gleichem Kapital zumindest vorübergehend mehr verdienen könnte, ohne dass deshalb die Gewinnorientierung völlig aufgegeben wäre. Die monistische Ausrichtung des Unternehmenszwecks, wie sie im Corporate Governance Kodex in ihrer Verabsolutierung als einem erschütternden Zeugnis ideologischer Unkultur begegnet[1223], ist all diesen Bindungsmodellen fremd. Unternehmensführer können in ihnen ganzheitlich denken und fühlen, die Schizophrenie neokapitalistischer Orientierung[1224] – „Fire" zur Gewinnerhöhung von 15 % auf 25 % am Tage und karitative Suppenküche am Abend – bleibt ihnen erspart.

Die Bindungsmodelle gehen weiter davon aus, dass europaweiter oder weltweiter Wettbewerb allein zwischen einzelnen Unternehmen oder besser gesagt Unternehmen in Vereinzelung weder der Realität anderer Regionen entspricht, noch auch nur wünschenswert erscheint[1225]. Unternehmen sind immer nur im Verbund mit einer regionalen Struktur überhaupt leistungsfähig und damit wettbewerbsfähig. So tritt neben individuellen Wettbewerb ein Wettbewerb zwischen unterschiedlichen regionalen oder staatlichen Strukturen, deren Ausdruck diese Bindungsmodelle sind. Die Entwicklung solcher regionaler Strukturen muss zwar im Wettbewerb mit anderen Regionen um bessere Produkt- und Dienstleistungsangebote und Kapitalinvestitionen erfolgen, Bindungsmodelle dämpfen und puffern aber die Volatilität der Kapitalströme, wie sie das allein zur individuellen Gewinnmaximierung investierte Kapital häufig auszeichnet[1226], und tragen damit zu kontinuierlicher Investition und Entwicklung bei.

Wenn man dem Neokapitalismus und Neoliberalismus um ihrer Entgleisung zum reinen System willen ideologische Verengung zu attestieren hat, sollte ein „Gegenmodell" nicht dem gleichen Fehler verfallen. Bindungsmodelle können sinnvollerweise das neokapitalistische System nur ergänzen, nicht aber ersetzen oder verdrängen. Sie müssen folglich neben allein gewinnmaximierende Unternehmensstrukturen treten. Hinzu kommt, dass jedes Bindungsmodell wie das rein gewinnmaximierende Unternehmensmodell Stärken und Schwächen hat, weshalb die Festlegung auf eine Bindungsstruktur von vorneherein verfehlt erscheint. Vielmehr muss eine gewisse Pluralität garantiert bleiben, was die Erarbeitung von Präferenzen für Deutschland und andere EU-Mitgliedstaaten nicht ausschließt.

d) *Wiederbelebung traditioneller deutscher Bindungsmodelle und der Bereitschaft zu ihrer Verteidigung*

Von den erwähnten Bindungsmodellen entsprechen wechselseitige oder ringförmige Beteiligungen, öffentliche Banken, Genossenschaftsunternehmen sowie Familienunternehmen und ihre stiftungsmäßige Perpetuierung wesentlich stärker deutscher Tradition als elitäre Personenverflechtung und Arbeitnehmerbeteiligung. Alles in allem ist die Wiederbelebung oder Stärkung und Verteidigung herkömmlicher Modelle mehr zu empfehlen als der Aufbruch zu neuen Formen der Kapitalbindung.

(1) *Bindung durch Heranbildung einer personellen Wirtschaftselite*

Der deutsche Wirtschaftsraum kannte und kennt insoweit eine Wirtschaftselite mit personellen Verflechtungen, als vor allem Vorstands- und Aufsichtsratsposten mit gewissen Einschränkungen[1227] in personeller Geschlossenheit besetzt sein können – in den Augen vieler ein abzubauender und kritikwürdiger Überrest der Deutschland AG[1228]. Der personelle Austausch zwischen Politik und Wirtschaft, wie er etwa in den USA dominiert, ist in Deutschland eher unüblich und wird durchaus kritisch gesehen[1229]. Insgesamt dominiert die Kritik an personeller Überkreuzverflechtung, die § 100 Abs. 2 Nr. 3 AktG für identische Vorstands- und Aufsichtsratsmitglieder verbietet, und besteht Misstrauen gegen Mehrfachmitgliedschaften bei Interessenkollisionen, die vorwiegend vor dem Hintergrund des Shareholder-Value-Dogmas beurteilt werden[1230]. Zahlenmäßige Beschränkung (§ 100 Abs. 1 Nr. 1, Abs. 2 AktG) bewirkt weitere Mäßigung personeller Verflechtung[1231]. All diese Begrenzungen, über deren Berechtigung man im Einzelnen geteilter Meinung sein kann, lassen aber noch genügend Raum für konzertierte Aktionen einer nationalen oder regionalen Elite, die sich einer Region und ihrer Gesellschaft verbunden weiß. An dieser Voraussetzung fehlt es indessen in Deutschland stärker als in anderen Volkswirtschaften, vor allem weil es keine nationalen Elitehochschulen für Führungskräfte gibt, die eine gemeinsame Ausbildung oder doch ein gemeinsamer Ausbildungsstil verbindet, wie z. B. in Frankreich die Grandes Ecoles[1232] oder in England, Amerika oder der Schweiz Elitefakultäten. Zusammen mit dem eher schwach ausgeprägten Patriotismus[1233] lässt dieses Defizit die Bedeutung personeller Verflechtung geringer erscheinen als in anderen Ländern, ohne dass dem durch patriotische Appelle oder andere Ad-Hoc-Maßnahmen abzuhelfen wäre. Auf patriotische Rücksichtnahme oder Kooperation unter Unternehmensführern aus personeller Verbundenheit sollte man also angesichts fehlender gewachsener Traditionen nicht setzen, wenn es um Kapitalbindungsmodelle geht. Andererseits besteht aber kein Anlass, vor den Maßstäben eines ebenso weltfremden wie idealisierten Modells gesamteuropäischen oder gar weltweiten Wettbewerbs zwischen individuellen Unternehmen persönliche Verflechtungen zwischen Unternehmensführungen nur unter negativen Vorzeichen zu sehen und zu bekämpfen und darüber ihre Bedeutung für die regionale Bindung von Kapital zu vernachlässigen. Selbst aus der Sicht der ökonomischen Analyse kann Homogenität der wirtschaftlichen Führungselite Transaktionskosten ersparen und nicht nur durch profitmaximierungsfremde Motivation Störpotential entfalten. Für den Erhalt eines Spielraums regionaler oder nationaler Volkswirtschaftspolitik leistet sie hiervon unabhängig gewichtige

Dienste, falls sich ihre Entgleisung zu Nepotismus und Kastenbildung verhindern lässt. Gemeinsame regionale Identifikation unternehmerischer Führungselite[1234] verdient deshalb durchaus positive Würdigung, sie setzt aber ein Mindestmaß an persönlicher Verflechtung voraus.

(2) Kapitalbindung durch Arbeitnehmerbeteiligung

Arbeitnehmerbeteiligung am Kapital von Unternehmen ist in Deutschland verglichen mit anderen europäischen Staaten schwach ausgeprägt und gegenwärtig wieder in Diskussion[1235]. Im Vordergrund steht dabei zunächst der Gedanke der Gewinnbeteiligung[1236], der dann allerdings die Beteiligung am unternehmerischen Risiko gegenübersteht. Eine ins Gewicht fallende kapitalbindende Wirkung entfaltet dieses Modell nur, wenn die Kapitalbeteiligung der Arbeitnehmerseite[1237] eine Sperrminorität erreicht und es sich nicht um Vorzugsaktien ohne Stimmrecht handelt[1238]. Voraussetzung ist ferner, dass die Arbeitnehmer die Aktien bzw. Unternehmensanteile halten und nicht an betriebsfremde Dritte weiterveräußern, was die Gesellschaft durch Vinkulierung (z. B. bei AG vinkulierte Namensaktien[1239]) oder auch durch in zulässigem Rahmen vereinbarte Vorkaufsrechte verhindern kann. Ein anderer Weg zur Arbeitnehmerbindung ist die mittelbare Beteiligung durch Anteile an einer Beteiligungsgesellschaft. Für mitarbeiterbeteiligende Gestaltungen eignen sich neben der AG auch die GmbH oder die eingetragene Genossenschaft. Die seitherige steuerliche Förderung (§ 19a EStG) war und ist wahrscheinlich nicht ausreichend, um dem Modell der Mitarbeiterbeteiligung ausreichend Attraktivität zu sichern[1240].

Obwohl das Kapitalbindungsmodell der Mitarbeiterbeteiligung gerade auch im Zusammenhang mit den Globalisierungsfolgen durchaus erörtert wurde[1241], lag doch der Schwerpunkt auf dem Gedanken der Gewinnbeteiligung gepaart mit entsprechendem Lohnverzicht, mit anderen Worten auf dem Gedanken der Risikoweitergabe an den Arbeitnehmer. Damit präsentierte sich dieses Modell als Element einer durchaus neokapitalistischen Neustrukturierung der Gesellschaft[1242]. Es geriet deshalb in die kritische Schusslinie der Gewerkschaften, die es zunächst nicht favorisierten. In der Tat steckt für den gewöhnlichen Arbeitnehmer in der lohnersetzenden Beteiligung ein hohes Risiko, weil gerade in der Krise eines Unternehmens Lohneinbußen und Werteverfall der Anteile zusammentreffen und aus der Sicht des Arbeitnehmers folglich die Risikostreuung in Gestalt anderweitiger Geldanlage empfehlenswert erscheint. Ob ein überregionales Fondsmodell („Deutschlandfonds") insoweit hilfreich sein könnte, erscheint eher zweifelhaft, weil es die Identifikation der Arbeitnehmer mit ihrem Unternehmen nicht berücksichtigen kann[1243]. Eine kapitalbindende Wirkung greift nur bei Vereinbarung von Verfügungsbeschränkungen, deren Zulässigkeit im Einzelnen zweifelhaft ist und die jedenfalls viele Ausnahmen zulassen müssen. Die Kapitalseite wird sich im Übrigen gegen ein Erreichen oder gar Überschreiten einer Sperrminorität der Arbeitnehmerseite mit allen Sachgründen wehren, die im Streit um innerbetriebliche Mitbestimmung eine Rolle spielen. Als wirksames Mittel der Kapitalbindung hätte im Ergebnis nur eine Arbeitnehmerbeteiligung mit fallangepassten Beschränkungen bei lohnersetzender Gewinnbeteiligung und Stimmrechten eine Realisierungschance, sozusagen eine goldene Arbeitnehmeraktie gegen Ausverkauf und Übernahme. Ob sie wie „goldene Aktien" der öffentlichen Hand unter den Beschuss der etwas eifernden Rechtsprechung des EuGH zur Kapitalverkehrsfreiheit geraten würde[1244], bliebe abzuwarten, würde doch die Abwägung zwischen Kapitalverkehrsfreiheit und sozialem Schutz der Arbeitnehmer[1245] eine Nagelprobe für das Gewicht neokapitalistischer Marktgläubigkeit der EuGH-Richter darstellen. Eine Beteiligungsgesellschaft der Arbeitnehmer könnte zwar das Problem der Fluktuation und möglicher Volatilität auch des Arbeitnehmerkapitals lösen, würde aber im Übrigen die angesprochenen Probleme allenfalls verlagern.

Im Ergebnis bleiben für das Modell der Mitarbeiterbeteiligung zu viele Fragezeichen, als dass es als Mittel der Kapitalbindung echte Breitenwirkung entfalten könnte. Es ist allerdings davon auszugehen, dass Anteilsbesitz in Arbeitnehmerhand vor Aufkäufen und Übernahmen zwar nicht voll schützt, die Abläufe aber doch kompliziert und die Risiken für sog. „Heuschrecken“ erhöht. Bei kleinen und mittleren Unternehmen können Arbeitnehmergesellschaften oder -genossenschaften im Allgemeinen wohl nicht als Konkurrenten der Aufkäufer auftreten – dazu ist der organisatorische Gründungsanlauf zu zeitraubend und kompliziert; aber sie könnten doch verstärkt als Auffanggesellschaften agieren, wenn das Unternehmen – mit oder ohne vorausgehendem Aufkauf durch einen ausbeinenden Finanzinvestor – notleidend geworden ist.

(3) Wechselseitige und ringförmige sowie einfache Beteiligungen oder „Die Wiederbelebung der Deutschland AG“

Die wechselseitige und ringförmige Beteiligung von Unternehmen war das geschilderte Charakteristikum der sog. Deutschland AG[1246] und war stark verbreitet. Der gegenwärtige Stand ist statistisch schwer erfassbar. Klar ist aber, dass die Wirtschaftspolitik am Ausgang des letzten Jahrhunderts versucht hat, solchen Strukturen den Todesstoß zu versetzen. Einmal gerieten sie schon dadurch unter Druck, dass die Volatilität der Aktienwerte das Halten fremder Aktien für börsennotierte Aktiengesellschaften zu einem immer größeren bilanziellen Risiko werden ließ. Dies gilt selbst für einfache Beteiligungen großer Geschäftsbanken an Unternehmen[1247]. Die stark vom idealisierenden Gedanken der Aktionärsdemokratie und später vom neuen Marktdenken beeinflusste gesellschaftsrechtliche communis opinio sah in solchen Beteiligungen ein Grundübel, weil sie eine Verselbständigung der Verwaltungen einer Gesellschaft auf Kosten der Herrschaft der Anteilseigner („Verwaltungsstimmrechte“)[1248] erlaubt.

Qualifizierte wechselseitige Beteiligungen sind deshalb gesetzgeberisch bekämpft worden[1249], einfache wechselseitige Beteiligungen unterliegen Offenlegungspflichten mit Stimmrechtsausschlusssanktionen[1250].

Nun sind die Überlegungen, die gegen wechselseitige Beteiligungen sprechen, sicher nach wie vor von Gewicht. Sie geben aber der Notwendigkeit zu wenig Raum, im Interesse kontinuierlicher Unternehmenskultur die Volatilität des Unternehmenskapitals zu dämpfen und dabei Kapital in einer Volkswirtschaft zu halten[1251]. Die intermediäre Wirkung der Unternehmensverwaltungsstimmrechte kann man nur dann unter überwiegend negativen Vorzeichen sehen, wenn man langfristige Unternehmenspolitik gegen flukturierenden Aktionärswillen von vornherein als weltfremd verteufelt und dabei ihre häufig durchaus nachhaltige gewinnmaximierende Funktion verkennt[1252] und wenn man die soziale Funktion eines Unternehmens für eine Region völlig vernachlässigt[1253]. Einem Rigorismus neokapitalistischen Systemdenkens sollte man sich aber nicht unterwerfen. Die Gefahr einer Übertreibung der Toleranz gegenüber einem Missbrauch von Verwaltungsstimmrechten besteht schon deshalb nicht, weil die gesellschafts- und aufsichtsbehördlichen Kontrollbefugnisse[1254] laufend verbessert worden sind und weil Fehlsteuerungen den Wert der Beteiligungen schrumpfen lassen, was eine börsennotierte AG bereits mittelfristig schwer durchhält und was auch für nicht börsennotierte Halter von Beteiligungen langfristig keine Perspektive ist. Als Instrumentarien regionaler Kapitalbindung taugen regional orientierte Beteiligungen aller Art in idealer Weise. Man sollte deshalb Unternehmer, die sich zum „Neubau“ einer Deutschland AG entschließen, nicht kritisieren, sondern ermutigen[1255]. Sie haben die Bedeutung regionaler Identifikation für ihre Unternehmenskultur erkannt und rücken deshalb zu Recht von ideologisierenden Übertreibungen europa- oder weltweiten neokapitalistischen Marktdenkens ab. Darin liegt eine Rückkehr zur Berücksichtigung der Realität vielfältiger Wirtschaftsstruktur und politischer Kultur bereits innerhalb der EU und verstärkt im weltweiten Wirtschaftsraum. Soweit hierbei das richtige Maß eingehalten ist, bleibt die Politik schlecht beraten, wenn sie es an Verteidigungsbereitschaft innerhalb der EU fehlen lässt, sollte die Kommission diese Form volkswirtschaftlicher und damit nationaler Clusterbildung attackieren. Soweit regionale Beteiligungen fremde Übernahmeversuche abwehren sollen, gibt es dafür erste Anzeichen[1256]. Deutschland sollte sich hier nicht auf einem marktideologischen Altar opfern, dem in Europa Frankreich und in Ostasien Japan[1257] niemals ihre uneingeschränkte Anbetung gezollt haben – bei durchaus beeindruckenden wirtschaftlichen Erfolgen.

(4) Die Festigung der Stellung von Familienunternehmen

Unternehmen im Familienbesitz sind von der Volatilität des Kapitals, wie sie typischerweise der Fremdaktionär bzw. Fremdanteilseigner verursacht, nicht oder weniger betroffen und deshalb eher zu einer unternehmerischen Langzeitstrategie in der Lage als Unternehmen mit hoher Zahl von Fremdanteilseignern[1258]. Hieraus folgt häufig eine stärkere Verbundenheit mit der Region und ihren Traditionen. Der neuralgische Punkt dieser Unternehmensart ist die Unternehmensnachfolge, und zwar sowohl in steuerlicher als auch in personeller Hinsicht. Alle Versuche zur steuerlichen Erleichterung einer Kontinuitätswahrung im Erbschaftssteuer-[1259], Unternehmenssteuer- bzw. Einkommensteuerrecht[1260] sind zu begrüßen, soweit dabei der Gesichtspunkt unternehmerischer Kapitalbindung ausreichend beachtet ist. Allerdings mögen auch solche Pläne, die nach der Art der Unternehmensträger differenzieren und damit faktisch häufig regionale bzw. heimische Kapitaleigner begünstigen, in das Visier EU-rechtlicher Beihilfekontrolle geraten können[1261], sodass auch hier wie immer mitgliedsstaatliche Standfestigkeit beim Kampf um genügend mitgliedstaatlichen Freiraum notwendig sein wird. Die personelle Problematik der Unternehmensnachfolge leitet über zur Frage stiftungsrechtlicher Perpetuierung eines am Dienste an der Region orientierten unternehmerischen Willens.

(5) Stiftungslösungen

Eine andere Form regionaler Kapitalbindung ist die unternehmensverbundene Stiftung im Sinne einer Funktionsstiftung. Sie hält Unternehmensanteile – oft eine Sperrminorität – mit der Intention, die Unternehmensführung über den Stiftungszweck an den Intentionen des Stifters auszurichten und unerwünschte Veränderungen zu verhindern. Es ist hier nicht der Ort, auf Einzelgestaltungen näher einzugehen und ihre stiftungs- und gesellschaftsrechtliche Zulässigkeit im Detail zu erörtern (offene und verdeckte Unternehmensselbstzweckstiftungen, Doppelkonstruktionen etc.)[1262]. Zu den traditionellen Bedenken gegen ein „ewiges" Überleben des Kapitaleignerwillens treten heute die Bedenken einer an Gewinnmaximierung orientierten Corporate Governance, die sich durch solchen Einfluss konterkariert sieht und die institutionalisierte Beschränkung der Marktfreiheiten betont, wie sie in einer von der Person des Kapitaleigners unabhängigen, nicht nur gewinnorientierten Zweckwidmung eines Unternehmens liegt. Nirgends wird der Grundkonflikt deutlicher als in der Diskussion um das Stiftungsrecht mit seiner unterschiedlichen landesrechtlichen Genehmigungspraxis[1263]. Die überzeugten Marktverfechter plädieren natürlich für die strikte Trennung von gewinnmaximierendem Unternehmen und der gemeinnützigen Anlage eines auf diese Weise erzielten Gewinns. Sie bestehen puristisch auf der Trennung des geschäftlichen Sektors und des „dritten Sektors", stellen also – wie schon dargestellt – auch hier plastisch gesprochen die gestiftete Suppenküche für entlassene Arbeitnehmer neben das gewinnbringende Unternehmen[1264], das sich personell so schlank hält, wie es *höchste* Gewinnmaximierung verlangt. Wo geringe Gewinnentnahmen durch die kapitalhaltende Stiftung eine Kapitalthesaurierung im Unternehmen erlauben, die vermehrte Investitionen und damit einen Wettbewerbsvorsprung vor

Konkurrenten mit streng gewinnmaximierenden Eignern zur Folge haben, ruft diese „Wettbewerbsverzerrung" natürlich die EU-Marktwächter auf den Plan: ihr Hebel ist der mögliche Beihilfecharakter gemeinnützigkeitsrechtlicher Privilegierung des Stiftungsträgers als Kapitaleigner[1265].

Es ist nicht ohne Interesse festzustellen, dass durchaus erfolgreiche deutsche Großfirmen und zahlreiche mittlere Firmen die Nachfolgeproblematik und das Problem kontinuierlicher Zweckwidmung unternehmerischer Aktivität nach wie vor durch Stiftungslösungen zu bewältigen versuchen[1266]. Dabei richtet sich der hinter solchen Gestaltungen liegende Wille ganz unverhohlen auf den Versuch, sich aus der Hektik und Anonymität eines volatilen internationalen freien Kapitalverkehrs völlig unabhängig von einzelnen Kapitaleignern herauszuhalten, um auf diese Weise eine langfristigere Planung und regionalen Unternehmenserhalt zu ermöglichen[1267]. Wenn die „Deutsche Schutzvereinigung für Wertpapierbesitz" hier einen Verstoß gegen „Aktionärsdemokratie" anmahnt, so bleibt etwas offen, wem genau dieser Schutz gelten soll. Dem deutschen Kleinaktionär nützt die starke Volatilität des Kapitalmarktes nichts, er gehört nicht zu den Gewinnern. Zu den Gewinnern zählen vielleicht bereits eher die Schutzvereinigungen selbst, denen diese Volatilität genügend Spielfeld lässt und die vom volatilen Gesamtsystem leben. Für die deutsche wirtschaftliche Gesamtstruktur bedeutsame Unternehmen wie Bosch, VW, Thyssen Krupp etc. verwirklichen Stiftungsmodelle[1268] und haben bei insgesamt hoher Leistungsfähigkeit dem Angebotswettbewerb standgehalten. Ob ohne diese Konstruktionen nicht Zerschlagungsprozesse eingesetzt hätten, wie sie die deutsche Pharmabranche kennzeichnen mit durchaus negativen Folgen für die gesamte deutsche Wirtschaftsstruktur, muss offen bleiben, erscheint aber nicht unwahrscheinlich. Der oft begegnende Versuch, solchen Konstruktionen wegen ihres heftig kritisierten nischenschaffenden Charakters größere Skandalträchtigkeit zuzuschreiben, überzeugt wenig. Skandalen, z. B. bei VW, stehen durchaus ebenbürtige bei Siemens oder DaimlerChrysler gegenüber. Die Dimensionen der jüngsten Skandale U.S.-amerikanischer Großfirmen haben sie bei weitem nicht erreicht.

Insgesamt spricht wiederum vieles dafür, Stiftungslösungen mit strukturerhaltender Funktion eher zu fördern als zu bekämpfen und EU-Übergriffe abzuwehren. Auch solche Unternehmen müssen dem Angebotswettbewerb standhalten und gehen völlig zu Recht dann unter, wenn sie dies nicht leisten. Aus der Kapitalmarktfreiheit eine „Pflicht" zur gewinnmaximierenden Widmung von Kapital abzuleiten, um gewinnmaximierende Eigner vor dem Wettbewerb mit Kapitaleignern zu schützen, die satzungsmäßig nur dem Angebotswettbewerb und nicht dem Gewinn verpflichtet sind, erscheint in ähnlicher Weise als abzulehnende ideologisierende Freiheitsbeschränkung wie eine völlig abwegige Pflicht natürlicher Personen zur gewinnoptimierenden Kapitalanlage. Die Gesellschaft braucht im Gegenteil Persönlichkeiten, die Kapital gerade nicht nur gewinnmaximierend anlegen und eben dadurch Mitarbeitern motivierende Sicherheit bieten[1269]. Das Modell des „Marktmenschen"[1270] darf nicht in der Weise umgesetzt werden, dass es zum rechtlichen Diktat im wirtschaftlichen Bereich führt und Freiheiten in ganz massiver Weise beschränkt. Gerade dies ist aber der Fall, wenn man entsprechende private Kapitalwidmung rechtlich bekämpft[1271]. Frühere Diskussionen der unternehmenstragenden Stiftung konnten das Problem der Kapitalvolatilität noch nicht ausreichend berücksichtigen[1272].

(6) Genossenschaftsmodelle

Eine gewisse Anfeindung durch die moderne Marktkultur erfährt ähnlich wie die Stiftung auch die Genossenschaft[1273]. Alt ist dabei die Frage nach den kartellrechtlichen Schranken genossenschaftlicher Organisation[1274], vor allem soweit der Zusammenschluss zu Zentralgenossenschaften in Frage steht (z. B. Einkaufsgenossenschaften). Allerdings war in diesem Zusammenhang immer klar, dass mittelständische Unternehmen und Kleinunternehmen in vielen Branchen gegenüber Oligopolisten nicht überleben können, ohne selbst Verbandsmacht als Gegengewicht zu entwickeln, sodass die Rechtsprechung nicht die Verbindung an sich, sondern nur zusätzliche Ausschließlichkeitsansprüche (Gebiets- und Platzschutzklauseln, Andienungs- oder Benutzungspflichten) kartellrechtlichem Verdikt unterworfen hat[1275]. Man wird abzuwarten haben, wie lange diese Phase kartellrechtlichen Sonnenscheins unter der Ägide des EU-Wettbewerbsrechts dauern wird. IWF und Bundesverband Deutscher Banken sehen in der „dritten Säule" des deutschen Bankensystems, den Volks- und Raiffeisenbanken sowie allen Genossenschaftsbanken letztlich einen Störfaktor, weil nur die gewinnorientiert wirtschaftende Privatbank das Kapital optimal anlege und eine ausreichend stabilitätsfördernde Ertragslage gewährleiste. Immerhin runde 21 % deutscher Bankeinlagen sind vor diesen Maßstäben ineffizient verwaltet, weil Genossenschaftsbanken unter dem Topos regionaler Kapitalversorgung ihrer Mitglieder nicht der Gewinnmaximierung, sondern wechselseitiger Solidarität verpflichtet sind. Der Ruf nach Ersetzung dieser dritten Säule durch Privatbanken ist überdeutlich[1276]. Dabei sehen die Privatbanken auch in der engeren verbandsmäßigen Organisation der Genossenschaftsbanken mit ihrer stabilisierenden Funktion eher einen wettbewerblichen Störfaktor als einen deutschen Standortvorteil. Nun haben die Genossenschaftsbanken durch zu sehr in den Vordergrund gestellte Renditeerwägungen[1277], Konzentrationsmaßnahmen mit deutlicher Verschlechterung des Service vor Ort und häufig ebenso phantasielose wie ineffiziente Anpassung ihres Geschäftsmodells bei der Darlehensvergabe an den entpersönlichten Schematismus der Basel II-Regeln[1278] viel dazu beigetragen, dass ihre Unterscheidbarkeit von Geschäftsbanken in der Außendarstellung sehr gelitten hat. Sie haben es auch versäumt, für den Bereich kleiner und mittelständischer Unternehmen rechtzeitig Trägermodelle zu entwickeln, welche die positive Komponente der „Private Equitiy" – Unternehmensfortführung und Unternehmenssanierung durch Organisation von Risikokapital – in kultivierter und regionaldienlicher Form verwirklichen. Nichtsdestotrotz bleiben die Genossenschaftsbanken ein gewichtiger Stabilitätsfaktor bei der Kapitalbindung und Volatilitätsdämpfung. Sie verdienen gerade als ein solcher Stabilitätsfaktor rechtliche und politische Pflege bei der Stärkung und Fortentwicklung ihrer Geschäftsidee.

(7) *Die öffentliche Hand als Unternehmer und Bankier*

Die öffentlichen Sparkassen verwalten ca. 47 % der deutschen Spareinlagen und stehen dabei im Eigentum der Gemeinden, Landkreise, Zweckverbände oder Sparkassenverbände, wobei sie typischerweise öffentlichrechtlich organisiert sind[1279]. Ihre Unternehmenszwecke sind die regionale Versorgung der Bevölkerung, des Mittelstandes und der öffentlichen Hand mit geld- und kreditwirtschaftlichen Leistungen sowie die Sparförderung und die gemeinnützige Verwendung ausgeschütteter Gewinne. Wesentliches Element des öffentlichen Bankensystems sind die Landesbanken, meist ebenfalls öffentlichrechtlich organisiert in Händen der Länder, großer Städte und Sparkassenverbände als Träger[1280], bisher nur selten mit anteiligen privaten Kapitalgebern. Sie sind Universalbanken und internationale Geschäftsbanken, ihr Geschäftszweck gibt die Zweckwidmung der Sparkassen abgeschwächt wieder[1281]. Sie fungieren als Gewährträger und Stabilisator des Gesamtsystems, können weitere unselbständige Anstalten gründen und – wichtig – sich an Unternehmen beteiligen[1282]. Obwohl auf Druck der EU die Gewährträgerhaftung der öffentlichen Hand abgeschafft ist[1283] und öffentliche Banken wohl auch insolvenzfähig sein dürften[1284], erscheint ein Zahlungsversagen ähnlich wie bei Genossenschaftsbanken angesichts der Übernahmemöglichkeit der Sparkassenverbände eher unwahrscheinlich. Naturlich bleiben nicht rein gewinnorientierte Zweckwidmung und Trägerschaft unbegrenzt refinanzierungsfähiger öffentlicher Körperschaften der EU-Kommission und den Privatbanken mit ihrem marktpuristischen Grundansatz ein ständiger Stein des Anstoßes. Daraus erklärt sich z. B. der etwas kleinliche Streit um die Konsequenzen der Beihilfe des Landes Berlin für die Bankgesellschaft Berlin[1285] und die fortlaufenden Versuche, öffentliche Banken generell privaten Kapitaleignern zu öffnen. Die Absicht, das System deutscher öffentlicher Banken nach und nach voll aufzurollen, wird hier mehr als deutlich.

Noch stärker als bei Genossenschaftsbanken ist für die deutschen öffentlichen Banken ihre Funktion als Stabilisator des regionalen Kapitalmarktes zu betonen. Es liegt auf der Linie der Europäischen Union, hier wie überall im wirtschaftlichen Sektor nicht gewinnmaximierende Zwecksetzungen möglichst zu verdrängen und als marktstörend zu eliminieren, um dabei auch – worauf noch gleich zu kommen sein wird – den Bereich unangefochtener nicht gewinnorientierter staatlicher Aktivität möglichst eng zu definieren. Mischformen zwischen Gewinnmaximierung und regionaler Gemeinwohlbindung harmonieren aus dieser Sicht nicht mit den Grundsätzen der EU, und Integrationsmodelle zwischen dem wirtschaftlichen Bereich und dem Bereich der Daseinsvorsorge werden verunmöglicht. Die historische Gründungsidee der EU mit ihren Marktfreiheiten war nicht gegen die gewachsenen Strukturen nationaler Bankensysteme gerichtet. Die Eigendynamik eines durchaus ideologischen Neokapitalismus entwickelt die Neigung, die einzelnen Regionen der EU den volatilitätsgeprägten Aktionen internationaler Kapitaleigner voll auszuliefern, die weder der europäische noch der deutsche Gesetzgeber wirksam beeinflussen kann. Dieser Entwicklung ist voller politischer Widerstand entgegenzusetzen[1286]. Es war schon falsch, die Gewährträgerhaftung voll aufzuopfern, der Kampf um ihre Begrenzung auf die Anlagesicherungsfunktion der Sparkassen wäre lohnend gewesen. Für die Bundesrepublik bleibt auf absehbare Zeit das öffentliche Bankensystem zusammen mit den Genossenschaftsbanken der einzige verlässliche Kapitalbindungsmechanismus, der kontinuierliche Kapitalversorgung überhaupt erlaubt. Seine Verteidigung ist ungleich wichtiger als die Verteidigung öffentlicher Funkanstalten, der immerhin ein Protokoll zum EGV gewidmet ist. Manche deutsche Geschäftsbanken mit internationaler Kapitaleignerschaft sind für die deutsche wirtschaftliche Entwicklung als Kapitalgeber nur noch von relativer Bedeutung. Staaten und Volkswirtschaften ohne eigene Kapitalgeber sind wie Opfer eines Enthauptungsschlages ohne autonome Steuerungsfähigkeit und damit abhängig. Kapitaleignerschaft und Verfügungsgewalt über Kapital ist Machtfrage, ihr Fehlen macht innerhalb und außerhalb der EU politisch erpressbar. Der Kampf der Mitgliedstaaten um ein Mindestmaß an eigener Kapitalhoheit innerhalb eines Modells freien Kapitalverkehrs ist deshalb zutiefst legitim und Bestandteil sinnvoller europäischer Machtbalance.

Nicht zuletzt die Defensivposition der öffentlichen Banken, die von der Konzeptionslosigkeit der deutschen EU-Politik bei der Definition ausgewogener Machtverteilung zwischen EU und Mitgliedstaaten wesentlich mitverursacht ist, hat notwendige Aktivitäten der öffentlichen Banken behindert und gelähmt. Es war z.B. nicht notwendig, ausländischen Finanzinvestoren das Feld der Private Equity weithin zu überlassen. Soweit sie nicht gewinnmaximierender Ausplünderung („fat cat feast"), sondern sinnvoller Restrukturierung von Unternehmen dient, konnte und kann sie durchaus von Finanzinvestoren in (Teil-) Eignerschaft einer oder mehrerer Landesbanken erfolgen, die damit nur ihren gesetzlichen Auftrag erfüllen. Eine „Konsolidierung" der deutschen Bankenlandschaft im Sinne konkurrenzfähiger Größe und Kapitalkraft einzelner Institute ist in dem für die deutsche Wirtschaft wesentlichen Bereich regionaler Investitionsförderung in höherem Maße von den Landesbanken zu erwarten als von Privatbanken mit ihrem Shareholder-Value-Konzept einer Gewinnmaximierung für Eigner oft außerhalb Deutschlands und der EU. Bei all dem geht es nicht um törichte Abschirmung gegen fremdes Kapital – es ist willkommen. Aber es bedarf des Gegengewichts regional gebundenen Kapitals.

Die Kapitaleignerschaft bei produktiven Unternehmen spielt – sieht man einmal von VW ab – gegenwärtig eine eher geringere Rolle. Sie war auch in der Vergangenheit anders als in Frankreich oder England ohne prägende Bedeutung. Ihre Wiederbelebung ist ohnehin unrealistisch angesichts leerer öffentlicher Kassen. Allerdings sollte man sehen, dass öffentliche Teileignerschaft mit Sperrminorität ebenfalls ein markteingepasstes Instrument sinnvoller Kapitalbindung und Volatilitätsdämpfung sein kann. Es besteht wenig Grund, entsprechende maßvolle Strukturen in anderen Mitgliedstaaten anzufeinden oder gegenüber der Kommission deutsche Singulärphänomene wie z. B. das VW-Modell nicht mit voller Kraft zu verteidigen. Vielmehr liegt es im Interesse aller EU-Staaten, angemessene mitgliedstaatliche Kapitalbindungsstrukturen gegenüber der Kommission zu verteidigen und damit einem zerstörerischen Trend zu einem Teilmärkte unterschiedlicher Struktur nicht zulassenden, voll unitaristischen Binnenmarktkonzept Einhalt zu gebieten[1287].

4. Öffentliche Daseinsvorsorge durch die öffentliche Hand oder durch Private unter gewährleistender hoheitlicher Rahmung? – Gegen falsche Präferenzbildung

a) Die Gefahr marktideologisch verengten Spielraums

Die Bereiche der Daseinsvorsorge können in mannigfacher Form organisiert sein: klassische schlicht-hoheitliche Organisation (Beiträge, Gebühren, begünstigende Verwaltungsakte); schlicht-hoheitliche Organisation mit Wettbewerbselementen durch Einsatz konkurrierender öffentlichrechtlicher Akteure; Handeln in Formen des Privatrechts durch Unternehmen mit öffentlicher Kapitaleignerschaft, wobei typischerweise der Handlungsrahmen der Kompetenz der Trägerkörperschaft entspricht; Gesellschaften aller Art mit gemischter Beteiligung von öffentlichen Körperschaften und Privaten (institutionelle Public Private Partnership); Dauerübertragung oder projektbezogene Übertragung auf Unternehmen privater Kapitaleignerschaft (projektbezogene Public Private Partnership). Dabei handelt es sich nur um Grundtypen, die in vielerlei Mischformen begegnen[1288]. Eine Grundthese marktökonomischer Betrachtung ist die grundsätzliche Überlegenheit privater Organisation. Sie schafft mit ihrer Orientierung an Gewinnmaximierung mit Wettbewerb die besten Versorgungsangebote und bedarf auch im Rahmen der Daseinsvorsorge nur zurückhaltender staatlicher Steuerung, deren Notwendigkeit immerhin neben der Selbststeuerung durch den Markt anerkannt wird. Ausdruck dieser Vorstellung auf EU-Ebene ist Art. 86 Abs. 2 EGV bzw. Art. III-55 Verfassungsentwurf, die neben die Geltung von Wettbewerbsregeln die „Erfüllung" besonderer Aufgaben stellen, nämlich die Erfüllung von „Dienstleistungen von allgemeinem wirtschaftlichem Interesse". Die Präferenz für die Modelle marktmäßigen Wettbewerbs zeigt sich in der EU und national allerdings in vielfältiger Form, wird aber einer nüchternen Abwägung der Vor- und Nachteile nicht gerecht. Alles spricht im Ergebnis für die Erhaltung möglichst freier Wahlmöglichkeit der öffentlichen Hand der Mitgliedstaaten beim Einsatz der Mittel und für Pluralität ohne dogmatische Verengung.

b) Die ungerechtfertigte Präferenz für das Gewährleistungsmodell

(1) Die Grundstruktur des Gewährleistungsmodells

Das Modell stärkster Marktorientierung und ebenso zurückhaltender wie transparenter Steuerung ist ohne Zweifel die volle Übertragung auf Privateigner, deren Gewinnorientierung durch Mechanismen der Gewährleistungsverwaltung gemeinverträglich gerahmt erscheint. Der Übergang dieses Modells zum freien Markt mit regulierender Wettbewerbsbehörde ist fließend. Es ist in erster Linie das Regelwerk, das sich unterscheidet, indem es dem Anbieter im Bereich der Gewährleistungsverwaltung meist eine Mindesterfüllungsgarantie abverlangt und dafür monopolähnliche oder oligopolistische Strukturen schafft oder toleriert, wohingegen die Organisation der Verwaltung durch eine Regulierungsbehörde wettbewerbsbehördlicher Gebärde stark ähnelt[1289].

(2) *Ausgeglichene Bilanz von Vor- und Nachteilen*

Nicht nur nach der Konzeption der EU, sondern auch nach der nunmehr fast überwiegenden Meinung nationaler Protagonisten verbinden sich bei diesem Gestaltungsmittel die echten oder vermeintlichen Vorteile der Marktwirtschaft mit den unbedingt notwendigen staatlichen Mindestgarantien. Es ist – in militärischem Jargon – das „milchgebende Wollschwein“, poetisch formuliert die „blaue Blume“ der Verwaltungswissenschaft: Effizienz durch Gewinnstreben, Wettbewerb durch mehrere Anbieter, Kundenorientierung, Garantie eines Mindestleistungsniveaus, Kapitalschöpfung bei privaten Investoren, Beschränkung öffentlicher Investition auf eine „Auffangverantwortung“ im Falle privaten Versagens. Allerdings sind die Nachteile dieser Gestaltung beträchtlich und sollten nicht übersehen werden: Verdopplung des Verwaltungsaufwandes im weitesten Sinne; Oligopolisierung mit der Notwendigkeit fortlaufender künstlicher Marktbildung durch hoheitliche Eingriffe[1290]; Abhängigkeit vom privaten Kapitaleigner[1291]; Unterwerfung unter suprastaatliche Wettbewerbsregeln[1292] mit der Folge weiteren Gestaltungsverlusts für den demokratisch voll legitimierten Gesetzgeber[1293] und einer teilweisen Selbstabschaffung des traditionellen Verwaltungsrechts mit seinen bürgerschützenden Normen und seiner ausgefeilten Dogmatik[1294]. All dies spricht nicht völlig gegen Strukturen der Gewährleistungsverwaltung, wohl aber gegen übertriebene Präferenzbildung. Dies soll an einigen Beispielen kurz erläutert sein.

(3) *Telekommunikation als Beispiel überwiegend geglückter Gewährleistungsverwaltung*

Im Bereich der Telekommunikation ist das Verwaltungsmonopol der Bundespost durch eine Mehrzahl von Anbietern abgelöst[1295], wobei die Gefahr einer erneuten Monopolisierung nicht ganz gebannt, aber doch eher gering ist, weil die technische Dynamik dieses Sektors einen vollen Wettbewerb der Netze verschiedener Anbieter zulässt[1296]. Fallende Preise und bessere Kundenorientierung sowie raschere Innovation wiegen die Nachteile auf, wie sie in der preislichen Desinformation des Verbrauchers[1297] und der Dopplung rechtlicher Organisation beim Unternehmen und der Regulierungsbehörde liegen, die z. B. eine Abwehr missbräuchlicher Preisbildung schwierig gestalten. Die Gefahr einer Erpressbarkeit durch einen mächtigen privaten Investor ist eher gering, weil es ausreichend Investoren gibt[1298]. Immerhin könnten auch hier globale oder europäische Konzentrationsbewegungen – manche würden sie vielleicht zunächst sogar als „Konsolidierung" bezeichnen – das Bild ändern, sodass eine öffentliche Beteiligung z. B. an der Telekom empfehlenswert bliebe, um etwa auf eine europäische Monopolkontrolle allein nicht angewiesen zu sein. Insgesamt ist Gewährleistungsverwaltung in diesem Bereich aber eher vorteilhaft und gut vertretbar.

(4) *Fragwürdige Dogmatisierung im Bereich der Energieversorgung*

Ganz anders liegen die Dinge im Bereich Energie- und Wasserversorgung sowie Verkehr. Die Langfristigkeit der Investitionen, der Umweltverbrauch der Netze und teilweise der beschränkte Wettbewerb zwischen Inhabern der natürlichen Energieressourcen haben eine Tendenz zur Monopol- und Oligopolbildung zur Folge, die der Sachstruktur dieser Bereiche entspricht und sich nur schwer durch Regulierungsmaßnahmen aufbrechen lässt. In der Vergangenheit hat man auf die geschilderten Sachgesetzlichkeiten durch die Bildung unmittelbar oder mittelbar öffentlich verwalteter Gebietsmonopole reagiert[1299] und ihre Macht dabei politisch zu kontrollieren versucht, durch den Bund, die Länder und die Kommunen. Man hat unter dem Eindruck institutionenökonomischer Dogmenbildung politischer Kontrolle immer weniger vertraut und auf den Wettbewerb zwischen privaten Anbietern gesetzt in der Hoffnung auf bessere Effizienz[1300]. Vor allem im Bereich der Energieversorgung sind die Ergebnisse aber eher mäßig[1301]. Strom und Gas haben sich extrem verteuert, Endverbraucher und Energieversorger streiten sich ebenso um den „gerechten Preis" wie Netzmonopolisten und Energieversorger und Energieversorger und Inhaber natürlicher Ressourcen[1302]. Nicht zuletzt hängt die Preisbildung von der Rücklagenbildung zur Ermöglichung innovativer Investitionen und zur Gewährleistung von Versorgungssicherheit ab und ist damit in weiten Teilen auch eine spekulative politische Entscheidung[1303]. Die behördliche oder gerichtliche Regulierung der Preise setzt einen extrem aufwendigen Mechanismus in Gang[1304], der die Regulierungsbehörden mit ihren Mitarbeitern und Beiräten ebenso beschäftigt wie die Rechtsabteilungen der Unternehmen, die Anwaltschaft ins Brot setzt und streitbare Bürger verlangt, möglichst organisiert in Verbraucherorganisationen. So ist die Entscheidung des unmittelbar politisch verantwortlichen öffentlichen Kapitaleigners ersetzt durch ein Entscheidungsträgergeflecht, das ökonomischem Sachverstand zum Siege verhelfen soll, obwohl dessen Weisheit vieles offen lässt und er mehr als eine Vertretbarkeitskontrolle nicht leisten kann und soll. Wenn der Gedanke der Übernahme durch überregionale private Kapitaleigner voll verwirklicht wird, so verschärft sich der Konflikt, weil „der Markt" den „Shareholder Value" in Volatilitätsphasen sehr stark am kurzfristigen Gewinn misst und fallende Aktienwerte Regulierungsentscheidungen durchaus beeinflussen und zügeln können[1305]. Die Entflechtung von Netzbetreibern und Energieversorgern, die zwar keinen Wettbewerb zwischen Netzbetreibern herstellen kann, aber

Wettbewerb der Energieversorger „auf dem Netz“ stimulieren soll, vermag an konzernmäßiger Verbindung zwischen Netzbetreiber und Energieversorger nichts zu ändern und schafft schwer konkretisierbare Regeln zur Abwägung von Gesamtkonzerninteressen und objektivierten Netzbetreiberaufgaben[1306]. Das alles überwölbende Regime des Rechts der EU und seiner behördlichen Überwachung führt zu weiteren Komplizierungen und Unwägbarkeiten, sodass eher mit einer unübersichtlichen Gemengelage als mit der erstrebten besseren Transparenz[1307] zu rechnen sein wird. Dabei ist der Prozess gesamteuropäischer Oligopolisierung bis heute nicht abgeschlossen und wird – so der Fall Endesa, Spanien – von der Kommission unter dem Topos marktmäßiger „Konsolidierung“ eher wohlwollend verfolgt, obwohl gleichzeitig bei Preiserhöhungen Entflechtungsdrohungen im Raume stehen. War das alte Regime der Gebietsmonopole in öffentlichrechtlicher Eignerschaft mit seinen klaren politischen Verantwortlichkeiten wirklich so viel schlechter und intransparenter, dass sich die völlige Umorganisation mit ihren mageren und widersprüchlichen Ergebnissen, Verkomplizierungen und Machtverlagerungen wirklich gelohnt hat? Nirgends wird der unpragmatische und ideologische Charakter des neuen Marktdenkens, wie ihn gerade auch die EU mit ihren Organen fast missionarisch vertritt, deutlicher als auf diesem Gebiet[1308]. Den Bürgern der EU dient dies nicht, und ihre Bindung an die EU verbessert eine solche Form gesellschaftspolitischer Ideologisierung ebenso wenig. Ernüchterung ist absehbar. Den früheren öffentlichen Eignern von Gebietsmonopolen kann man nur empfehlen, unter dem Topos ihrer „Auffangverantwortung“ den finanzpolitischen Verlockungen voller Privatisierung zu widerstehen und ausreichende öffentliche Teileignerschaft aufrechtzuerhalten, um so nicht plötzlich mächtigen Fremdeignern gegenüberzustehen, deren Diktat nur erschwert zu begegnen sein wird. Die USA waren gut beraten, als sie Fremdübernahmen von Energieversorgern ablehnten[1309]. Anders als im Bereich der Telekommunikation[1310] ist die Liberalisierung der Energieversorgung nach dem Enron- und Kalifornien-Desaster eher verhalten vorangetrieben[1311] und kein Vorbild für Europa, was zu denken geben sollte. Der Versuch, Strompreise durch „competitive markets" zu senken, gilt als gescheitert. Traditionelle Gebietsmonopole in einzelnen Staaten stehen neben deregulierten Teilmärkten[1312].

(5) Präferenz für ausreichende öffentliche Teileignerschaft vor allem im Bereich des Verkehrs

Die Erfahrungen des Energiesektors ermutigen eigentlich nicht zur Umstrukturierung der Wasserversorgung und Abwasserwirtschaft, wo die gebietskörperschaftliche Struktur und Verbandsstruktur mit öffentlichrechtlicher Eignerschaft überwiegt[1313] und auch sicher nicht schlechtere Ergebnisse produziert als die neue Struktur des Energiesektors. Im Bahnbereich ist die Qualitätssteigerung auf dem Gebiet der IC- bzw. ICE-Verbindungen mit Preissteigerungen und Stilllegungen einhergegangen, die sich nunmehr in Gewinnen eines Monopolbetriebs widerzuspiegeln beginnen. Wettbewerb „auf dem Netz" setzt letztlich – wie im Energierecht – die Entflechtung von Netzbetrieb und Bahnverkehrsbetrieb voraus, die sich aber hier noch komplizierter und schwieriger gestaltet, weil Technik und Sicherheitsfragen völlig neue Antworten verlangen[1314]. Offen bleibt auch, ob sich tatsächlich ausreichend zuverlässige und leistungsstarke Wettbewerber etablieren, die den hohen Aufwand lohnend erscheinen lassen. Was in regionaler Nische eingeschränkt ordentliche Ergebnisse zeitigen mag, muss sich im Bereich dichten Hochleistungsfernverkehrs nicht bewähren. Wenn man umweltverbrauchende konkurrierende Netze – anders als zumindest ursprünglich in Japan – vermeiden will, wird es immer nur sehr beschränkten Schienenwettbewerb geben können, der den Aufwand einer Entflechtung schwerlich lohnt. Wer Bahnbetriebe privatisiert, sollte auch immer die historische Erfahrung beachten, dass eigentlich nur Staaten mit zumindest beträchtlicher öffentlicher Eignerschaft blühende und leistungsfähige Netze aufrechterhalten konnten, nämlich Frankreich, Deutschland und Japan[1315]. Das spricht für ausreichende öffentlichrechtliche Teileignerschaft, die den regulatorischen Aufwand klein hält und die öffentliche Hand mit ihrer „Auffangverantwortung" nicht erpressbar macht.

(6) *Begrenzte Möglichkeiten der „Public Private Partnership"*

Im Bereich projektbezogener „public private partnership" zeigt sich der Widerstreit zwischen dem Gewinnmaximierungskonzept des privaten Partners und dem auf Planungssicherheit und Kostenminimierung für den Bürger ausgerichteten Gewährleistungsauftrag der öffentlichen Verwaltung besonders deutlich[1316]. Der private Investor will und kann langfristige Risiken ohne Flexibilisierungsklauseln schwerlich übernehmen, die Parameter ausreichender Gewinnmaximierung sind nur zeitlich begrenzt kalkulierbar. Langzeitgarantien, welche die Verwaltung zur Bewältigung ihrer „Auffangverantwortung" benötigt, verteuern die Finanzierung. Man kann sich dies am Beispiel eines Müllentsorgungs-Projektes gut deutlich machen[1317]. Wenn der Verwaltungsträger Entwicklung und Einrichtung der Ausrüstung dem Partner ebenso überlässt wie die Entgelterhebung, so bleibt nicht nur die Frage zu beantworten, wer die Entwicklungsrisiken trägt; es muss auch geregelt sein, wie die Rück- und Übernahme bei wirtschaftlichem Versagen des Partners aussieht und inwieweit entsprechende Unkosten abgesichert sein sollen. Ob ein Projekt bei voller Zuverlässigkeit dann immer noch billiger ist als in schlichtem Hoheitshandeln, mag zweifelhaft erscheinen; denn die „Auffangverantwortung" der öffentlichen Hand bei schlicht-hoheitlichem Handeln veranlasst zunächst keine Risikoübernahmekosten, weil die Refinanzierbarkeit bei der öffentlichen Hand im Fall des Risikoeintritts gegeben ist und vorheriger Absicherung nicht bedarf. Wenn die öffentliche Hand selbst Betreiber bleiben will, so wird sie den privaten Partner aus dem Entgelt entschädigen bzw. bezahlen, wobei der Partner Kredit aufnehmen und dabei seine Forderungen gegen die öffentliche Hand als Kreditsicherheit einsetzen wird. Ob diese Arten der Abwicklung wirtschaftlich wirklich Vorteile bringen, ist vom Einzelfall abhängig. Bisherige Erfahrungen sind eher entmutigend[1318], sodass vor allem bei entsprechenden Fonds für Privatanleger Vorsicht angezeigt erscheint[1319]. Scherzhaft wird das PPP der „Public Private Partnership" oft gleichgesetzt mit „Pleiten, Pech und Pannen"[1320]. Auch wo im Mietwohnungsbau städtische Wohnungen an Finanzinvestoren oder Real Estate Investment Trusts (REITs) übertragen werden, bleibt selbst bei solider Gestaltung der Grundkonflikt zwischen Gewinnmaximierung und Bindung an eine „Sozialcharta" zum Mieterschutz, die zur Wirksamkeit langfristiger und deshalb teurer finanzieller Garantien bedürfe[1321].

So spricht vieles gegen den flächendeckenden Systemwechsel und für die pragmatische Entscheidung von Fall zu Fall – alles aber gegen eine EU-weite grundsätzliche Umstrukturierung unter dem Regime einer unflexiblen gesamteuropäischen Behörde.

c) Die Abkehr von hoheitlicher oder schlicht-hoheitlicher Organisation – nicht immer ein Königsweg

(1) Eingeschränkte Erfolgsbilanz im Bereich voller Kapitalprivatisierung

Die Entwicklung der letzten Jahre drängt auf weitere Kapitalprivatisierung in Bereichen, die traditionsgemäß hoheitlich oder schlicht-hoheitlich organisiert waren. Dabei ist der Erfolg nicht immer ermutigend. Die Abschaffung der öffentlichrechtlichen Pflicht- und Monopolversicherungsanstalten unter dem Regime des EU-Rechts und seiner – durchaus nicht zwingenden – Handhabung durch die Kommission[1322] hat dem Bürger zwar die Freiheit zur teilweisen Nichtversicherung gebracht, andererseits aber zu nicht unwesentlichen

Beitragserhöhungen geführt und den Versicherungsschutz für manche Risiken, wie z. B. das Erdbebenrisiko in Baden-Württemberg, stark beeinträchtigt, wenn nicht minimiert. Der versprochene Fortschritt ist schwer auszumachen[1323]. Im Bereich der Flugsicherung hat man die Bundesanstalt für Flugsicherung zunächst durch eine bundeseigene GmbH ersetzt. Offenbar scheint die Effizienzsteigerung so überzeugend nicht gewesen zu sein. Die EU verlangt die Trennung von hoheitlicher Aufsicht und Betrieb – wiederum eine ebenso dogmatisierende wie detailverliebte Regelung –, was den deutschen Gesetzgeber nunmehr eine Lösung im Sinne weitgehender Kapitalprivatisierung des Betriebsbereichs suchen ließ. Verfassungsrechtlich und sachlich ist dies ein Irrweg, weil diese Konstellation die notwendige Zuverlässigkeit und Sicherheit nicht garantieren kann[1324], wovon die Schweizer Luftüberwachung „Skyguide" mit ihren gemeingefährlichen rationalisierungsbedingten Organisationsmängeln beredt Zeugnis gibt.

(2) *Das Nebeneinander hoheitlicher und privatrechtlicher Gestaltung bei der Altersversorgung als insgesamt tragfähiger Kompromiss*

Im Kernbereich der Daseinsvorsorge, nämlich der Altersvorsorge und der Krankenversicherung, hat die schlicht-hoheitliche Organisationsform bisher eher standgehalten. Die Altersvorsorge bleibt – trotz deutlicher Bestrebungen der Banken und Versicherungen zur Markterweiterung – in öffentlichen Körperschaften nach dem solidarischen Umlagesystem organisiert[1325]. Bei ihrer Aufstockung („Riesterrente" etc.) setzt der Gesetzgeber allerdings auf private, marktwirtschaftliche Gestaltung unter öffentlichrechtlicher Rahmenvorgabe, das Aufstockungsangebot der öffentlichen Körperschaften gegen wahlweise erhöhten Beitrag, also die öffentlichrechtliche Flexibilisierung unter teilweiser Umstellung auf Kapitaldeckung, betrachtet er nicht als Zukunftsmodell[1326]. Ob damit dem redlichen Versicherungsschutz nicht besser gedient wäre als mit einem durchaus wirren und unübersichtlichen Angebot an privaten Zusatzversicherungen, bei denen „der Markt“ die Informationsasymmetrie zwischen Verbraucher und Unternehmer[1327] und die unbeherrschbare Informationsflut[1328] rücksichtslos, aber im Sinne des Marktdogmas in gewisser Weise durchaus marktkonform zur Gewinnmaximierung ausnützt, mag dahinstehen und ist – für die Gegenwart nicht untypisch – als echte Alternative ernsthaft nicht erwogen worden. Der Vorteil mag in einer Stabilisierung des Gesamtsystems durch die Kombination privatrechtlich und hoheitlich organisierter Teilsysteme bestehen und damit auch in einer Mischung der Risiken, die beim öffentlichen System in der regenerationsbedingten Gefährdung der umlagefinanzierten Basisrente und fehlender Erfahrung in Fragen sicherer und gewinnmaximierender Kapitalanlage liegen, beim privaten System in beschränkt kontrollierbarer Solidität und der Abhängigkeit vom internationalen Kapitalmarkt mit möglichen Zusammenbrüchen[1329]. Solange die Basisrente und die Zusatzrente in ausgewogenem Verhältnis stehen, mag die privatrechtliche Organiation der Zusatzrenten angehen, für die Hauptversorgung des Durchschnittsbürgers reicht ihr Sicherheitsstandard bei nüchterner Analyse ausländischer Erfahrungen indessen nicht aus. Die Vorgaben der EU (Wettbewerbsrecht, Beihilferecht) erfassen die privatrechtliche Rentenorganisation mit voller Strenge. Ob EU-Recht teilweise kapitalgedeckte öffentlichrechtliche Zusatzversicherungen überhaupt zuließe, erscheint fragwürdig, wenn man die geschilderte gegenwärtige Praxis zu Art. 86 EGV zugrundelegt – man sieht, wie stark der Gesetzgeber unter dem Binnenmarkttopos im Verständnis der Kommission schon entmachtet ist. Seine Wahlfreiheit ist gefährdet, wenn nicht bereits verloren. Die Frage, wer höhere Kosten trägt, Arbeitgeber und Arbeitnehmer zusammen oder nur Arbeitnehmer bzw. Versicherungsnehmer, ist von der Wahl der Gestaltungsform unabhängig. Es ist die einseitige Mehrkostentragung des Versicherungsnehmers bei öffentlichrechtlicher und privatrechtlicher Gestaltung denkbar. Die private Zusatzversicherung aber als Fortschritt im Sinne einer Verminderung der Staatsquote und Rückgewinnung von Eigenverantwortlichkeit und Gestaltungsfreiheit politisch zu vermarkten, ist in gewisser Weise Etikettenschwindel. Wer in der Warteschleife des Service-Centers eines Großversicherers für eine inkompetente und nichtssagende Auskunft lange genug gehangen hat, macht die unmittelbare Erfahrung, dass die Minderung der Staatsquote für ihn nicht dieselbe Bedeutung haben könnte wie für die Kapitaleigner privater Versicherungen.

(3) Gegenwärtig überwiegende Vorteile öffentlichrechtlicher Organisation des Krankenversicherungssystems

Im Bereich der Krankenversicherungen überwiegt die öffentlichrechtliche Organisation der Versicherten unter dem Prinzip solidarischer Lastenverteilung auch nach der Reform. Die Krankenversicherer bleiben Körperschaften des öffentlichen Rechts, wobei „Ersatzkassen" zwar privatrechtlich organisiert sind, aber im Gesamtgefüge wie öffentliche Kassen behandelt werden[1330]. Dieses System überlebt die anstehende Reform allerdings hier mit der Maßgabe einer Flexibilisierung durch mögliche Eigenbeteiligungsmodelle oder Zusatzversicherungen unter öffentlichrechtlichem Regime[1331]. Anders als bei der Rentenversicherung hat der Gesetzgeber nicht den Weg gewählt, neben die solidarische Grundsicherung nur die private kapitalgedeckte Zusatzversicherung zu stellen, die außerdem möglich bleibt. Dies mag damit zusammenhängen, dass solche Zusatzversicherungen der Krankenvorsorge auch ohne strenges Kapitaldeckungsprinzip im Rahmen von Umlagesystemen organisiert werden können, sodass ein voller Systemwechsel insoweit nicht notwendig war. Auch war der Drang privater Versicherer zur Eroberung dieses Marktsegments weniger deutlich als bei der Altersversorgung mit der ausgeprägten Bedeutung von Pensionsfonds für den Finanzmarkt. Eine Annäherung an das Kapitaldeckungssystem der Privatversicherer in Gestalt des einkommensunabhängigen

Beitrags, der sich am Pro-Kopf-Risiko misst und stärkeren steuerlichen Ausgleich verlangt hätte, hat der Gesetzgeber nicht vollzogen. Ob die angeblich bessere Transparenz der Höhe der Solidarleistung und die gerechtere Umverteilung über allgemeine Steuern diesen starken Eingriff in das System mit all seinen notwendigerweise auftretenden Kinderkrankheiten wirklich gerechtfertigt hätte, erscheint in der Tat fraglich. Vor allem aber hätte der Ausstieg aus dem versicherungsmäßigen Solidarprinzip die öffentlichen Kassen den Privatkassen so nahe gebracht, dass sich insgesamt vor dem Wettbewerbsrecht der EU die Frage nach der weiteren Berechtigung monopolistischer öffentlichrechtlicher Organisation gestellt hätte. Wo es um Zusatzleistungen geht, bei denen die öffentlichen Versicherer mit Privatversicherungen konkurrieren, wird sich ohnehin die Wettbewerbskontrolle der EU auf der Suche nach versteckten oder offenen Quersubventionierungen einschalten. In diesem Punkt erweiterter Wahlfreiheit im Rahmen der Pflichtversicherung bringt aber die Gesundheitsreform durchaus Effizienzfortschritte für den Bürger, und man sollte mit allen politischen Mitteln eine marktpuristische Bevormundung durch die EU abwehren, falls sie bei der Flexibilisierung des Angebots öffentlicher Kassen nach dem Muster der Transparenzrichtlinie[1332] jedwede Vermischung der solidarischen Grundsicherung mit marktmäßig zu beurteilenden Zusatzversicherungen ausschließen wollte (Verbot der Quersubventionierung). Inwieweit allerdings Versuche mit EU-Marktfreiheiten und der Verfassung vereinbar sind, bei Privatversicherungen zur Erleichterung des Wechsels die Altersrückstellung zu mobilisieren, zwangsweise Grundtarife abzuverlangen und dabei die Quersubventionierung durch verbleibende Patienten zu erzwingen, steht auf einem anderen Blatt[1333] – die Erschwerung voll privatversicherungsrechtlicher Gestaltung stellt sich in merkwürdigen Gegensatz zum sonst anzutreffenden Privatisierungstrend. Gerade auf dem Gebiet der Krankenversicherung spricht nichts oder wenig dafür, dass der Wechsel der

Gestaltungsform wirklich zu bemerkenswerten Kostenunterschieden für die einzelnen Verbrauchergruppen führt. Der Versicherungsnehmer ist der Preisgestaltung der großen privaten Monopolisten oder Oligopolisten nicht weniger ausgeliefert als der Beitragsfestsetzung durch die öffentliche Hand, und die Service-Angebote privater Anbieter sind häufig die ersten Opfer periodischer Gewinnmaximierungsmaßnahmen. Wie bei der Altersversorgung lässt jedes System – privat oder öffentlichrechtlich organisiert – gleichermaßen solidarische Kostenumverteilung zu – direkt über öffentlichrechtliche Beiträge oder mittelbar über Steuern. Altersversorgung und Krankenversicherung sind Bereiche mit nur eingeschränkt durchsetzbarer voller Eigenverantwortlichkeit und stark ausgeprägter Solidargestaltung, marktmäßige Organisation zeigt hier ihre Grenzen, nicht nur wegen der Ungleichgewichte zwischen Abnehmer und Anbieter, sondern weil die staatliche Gemeinschaft in beiden Fällen die letzte Konsequenz freien Marktes, nämlich das „Ausscheiden" des unfähigen Marktteilnehmers, nicht hinnehmen kann.

(4) Gefahren einer Selbstentmachtung der Öffentlichen Hand durch Privatisierung der Leistungserbringer

Auch auf der Ebene der Leistungserbringer, nämlich z. B. der Organisation des Krankenhauswesens, hat die Aufgabe schlicht-hoheitlichen Handelns zugunsten privatrechtlicher Gestaltungsformen (Klinikums-GmbH mit öffentlichen Eignern etc.) die Kostenlawine nicht bremsen können. Wo allerdings privatrechtlich organisierte Kliniken in öffentlicher Kapitaleignerschaft vermehrt neben Kliniken in privater Kapitaleignerschaft stehen[1334], droht wiederum das Regime des EU-Wettbewerbsrechts samt seinen Beihilferegeln die Gestaltungsfreiheit des öffentlichen Trägers zu beengen[1335] – von allen anderen Nachteilen des Gewährleistungsmodells ganz abgesehen[1336]. Ob sich die Privatisierer dieser Selbstentmachtung der öffentlichen Hand zugunsten rein ordnungspolitischer Mechanismen bewusst sind, darf eher bezweifelt werden. Vielfach überwiegt die reine Entschuldungserwägung als etwas kurzsichtiger Ratgeber mit dem Trend zum einfachsten Weg.

(5) Der Rückzug des Verwaltungsrechts mit seiner spezifischen Schutzfunktion für den Bürger

Die Wahl privatrechtlicher Gestaltungsformen führt natürlich für viele Bürger zu einem in seinen Auswirkungen nicht zu unterschätzenden Wechsel des rechtlichen Regimes. Private Lebensversicherungen und private Zusatzversicherungen im Krankheitsfalle unterliegen dem Privatrecht und der Rechtsprechung der ordentlichen Gerichte. Das Sozialrecht mit seiner verbandsdemokratischen Struktur[1337] und seiner bürgerschützenden Funktion[1338] würde ebenso verdrängt wie die Sozialgerichtsbarkeit mit ihrer laienrichterlichen Beteiligung. Man mag Schwächen auch dieser Gestaltung kritisieren. Nur müssten deutliche Effizienzgewinne zu erwarten sein, falls man – wie oft empfohlen – zum völligen privatrechtlichen „Neubau" der Sozialsysteme ansetzt. Ausländische Privatisierungsvorbilder sind in Zuverlässigkeit und Kostenvorteil wirklich nicht so überzeugend, dass sie zur Nachahmung einladen – in diesem Punkt am wenigsten die Modelle der USA. Man sollte deshalb die öffentlichrechtliche Grundorientierung und das grundsätzliche Festhalten der Reform am Gedanken solidarischer Sicherung nicht kritisieren, sondern sich Fragen systemimmanenter Reform zuwenden.

5. Marktwirtschaftliche Elemente im Bereich hoheitlicher und schlicht-hoheitlicher Organisation

a) Grundsätzliche Empfehlung

Die Anreicherung der Organisation staatlichen Handelns um marktwirtschaftliche Elemente ist überall empfehlenswert, wo sie angesichts der Dominanz des Dienstleistungscharakters und quantifizierbarer Leistungsinhalte sowie wünschenswerter Flexibilisierung klare Vorteile verspricht. Zurückhaltung ist aber in Bereichen geboten, in denen der Unabhängigkeit der Organwalter und der Gesetzesbindung staatlichen Handelns besondere Bedeutung zukommt.

b) Bleibende wettbewerbliche Defizite im Bereich der öffentlichen Krankenversicherung

Im Bereich der öffentlichen Krankenversicherung ist es durchaus zielführend, wenn die Reform nunmehr Tarife mit Eigenbeteiligung und Wahltarife einführt, um den Versicherten Spielraum für Eigengestaltung zu eröffnen[1339]. Die Gegenkontrolle spezifizierter ärztlicher Abrechnung durch den Patienten wäre ein nicht erreichter, aber gleichwohl nach wie vor wünschenswerter Fortschritt, den die Reform mit ihren Pauschalierungen eher konterkariert[1340]. Das Verbandssystem der Krankenversicherung (künftig Bundesverband der Krankenkassen, Landesverbände der Krankenkassen, Kassenärztliche Bundes- und Landesvereinigungen, Deutsche Krankenhausgesellschaft, Landeskrankenhausgesellschaft)[1341] ist von der Grundidee her auch dazu berufen, eine Machtbalance zwischen Leistungserbringern und Versicherungen herzustellen, um auf diese Weise ausgewogene Preisvereinbarungen zu erzielen. Trotz vielfacher Kritik ist es aber doch sehr die Frage, ob dies in der Vergangenheit wirklich so schlecht gelungen ist, wie teilweise behauptet wird, und ob die Auflösung der „Verbandsmacht" mit größerer Freiheit für die einzelnen abnehmenden Versicherungsträger zu preisgünstigeren Angeboten ohne Qualitätseinbußen tatsächlich führt. Die Reform wählt einen Mittelweg[1342]: Sie stärkt einerseits bei der Arzneimittelversorgung die Verbandsmacht und räumt den einzelnen Marktteilnehmern keinen Verhandlungsspielraum ein, gewährt aber andererseits im Verhältnis zu anderen Leistungserbringern Verhandlungsspielräume bei sog. „integrierter Versorgung". Der Preis- und Leistungswettbewerb unter den

Versicherern ist angesichts des Gesundheitsfonds mit seinen grundsätzlich gesetzlich festgelegten Beiträgen und seinem Umverteilungsmechanismus nur in ganz geringem Umfange möglich – für den Versicherungsnehmer kaum wahrnehmbar[1343]. Eine Verbesserung der Organisation der Qualitätskontrolle medizinischer Leistungen[1344] hat die Reform etwas aus den Augen verloren. So bleibt das Gesamtbild einer durchaus diffusen Reformgestaltung – „wer vieles bringt, wird manchem etwas bringen". Man hätte bei Versicherten und Kassen die Anreize zu kostengünstigerem Wirtschaften stärker ausbauen können, darin liegt ein bleibender Mangel der Gesundheitsreform.

c) *Erhöhte Transparenz künftiger Leistungsfähigkeit des Sozialsystems als positive Folge neuen Kostendenkens*

Eine grundsätzlich erfreuliche Konsequenz der öffentlichen Debatte um die sozialen Sicherungssysteme und der damit verbundenen vergleichenden Betrachtung von umlagefinanzierten und kapitalgedeckten Systemen ist die erhöhte Transparenz künftiger Leistungsfähigkeit, die in den vergangenen drei Jahrzehnten teilweise gelitten hat. Wenn man von durchaus wertlosen Geisterdebatten pseudowissenschaftlichen Charakters über die Leistungskoordinaten im Jahre 2040 absieht[1345], war und ist dieser heilsame Trend zu rechnerischer Transparenz für die Motivation notwendiger Eigenvorsorge dort hilfreich, wo diese Eigenvorsorge nötig und möglich ist, also vor allem in Teilen des Mittelstandes. Man muss aber im Auge behalten, dass ein nicht unbeträchtlicher Teil der Bevölkerung wirklich effiziente zusätzliche Eigenvorsorge finanziell kaum leisten kann, was vor allem für Familien mit Kindern im unteren Mittelstand und der einkommensmäßigen Unterschicht zutrifft. Die bereits getroffenen Maßnahmen zur Beitragslimitierung – Erhöhung der Lebensarbeitszeit, maßvolle Absenkung des Versorgungsniveaus – können deshalb nichts daran ändern, dass die Notwendigkeit umverteilender Subventionierung insoweit fortbesteht, und zwar völlig unabhängig von schlicht-hoheitlicher oder privatrechtlicher Organisation der Alters- und Krankenvorsorge. So nützt die verbesserte Transparenz zwar sinnvoller Motivation von Teilen der Gesellschaft, ändert aber nichts an der Notwendigkeit fortgesetzter staatlicher hoheitlicher Organisation umverteilender Solidarität über Beiträge und/oder Steuern. Immerhin trägt die verbesserte Transparenz jetzt dazu bei, den Selbsthilfeanteil zu verstärken und Maßnahmen solidarischer Umverteilung auf das notwendige Maß zu beschränken.

d) *Verzicht auf Feinsteuerung durch Gewährung von Wahlmöglichkeiten zwischen konkurrierenden Angeboten hoheitlich organisierten Verwaltungshandelns*

Auch im Bereich hoheitlich gestalteten Verwaltungshandelns können alternative Angebote Spielräume freier Eigenverantwortlichkeit bewahren und eine Pluralität schaffen, die einen gewissen Wettbewerb um die bessere Gestaltung erlaubt. Dieser Gedanke diversifizierender hoheitlicher Gestaltung kann in vielen Bereichen die Gefahren eines inflexiblen und dirigistischen Unitarismus vermeiden: bei der Planung und genauen Verwirklichung der Reduktion von industrieller Umweltverschmutzung; im Bildungsbereich durch Wahlmöglichkeit zwischen verschiedenen Institutionen mit unterschiedlichem inhaltlichen Angebot; im Bereich von Ehe und Familie durch Wahl zwischen staatlich geförderter Eigenorganisation (Kindergeld, Erziehungsgeld) und staatlich unmittelbar organisierter Kinderbetreuung (Kinderkrippen, Kinderbetreuungsplätze etc.). In all diesen Bereichen ist der natürliche, auf individuellen Egoismen basierende Marktmechanismus nicht in der Lage, langfristig tragbare Ergebnisse zu erzielen, vielmehr ist steuernder und fördernder Einfluss der staatlichen Gemeinschaft notwendig[1346]. Der Gefahr einer unitaristischen Fehlsteuerung durch künstlich gesetzte, aber nach späterer Erkenntnis nicht förderliche Anreizfaktoren kann hoheitliche oder schlicht hoheitliche Gestaltung nur entgehen, indem sie ausreichend Raum für Alternativen lässt und darauf vertraut, dass auf Dauer die Vorteile dieser Vielfalt ihre Kosten und Nachteile überwiegen. So ist es ein grober Fehler, bei der Umweltverschmutzungsbekämpfung gegen die Fortentwicklung der Kernkraft als mögliche Alternative zu votieren und den Weg zur Beschränkung fossiler Energieträger in Gestalt bestimmter sog. „erneuerbarer" Energieformen genau vorzugeben[1347]. Im Bildungsbereich mag der Staat die Neukonzeption von Ausbildungsmodellen fördern, die Festlegung auf einheitliche und strangulierende Ordnungsgrößen ist der falsche Weg (Bachelor-/Master-Schema unter rigoroser Verdrängung der Diplom- und Staatsexamensstudiengänge, flächendeckende Verdrängung der 9-jährigen Gymnasialzeit zugunsten achtjähriger Ausbildung etc.). Der Staat mag Exzellenzinitiativen und Exzellenzkommissionen initiieren, die Verabsolutierung ihrer Maßstäblichkeit als Voraussetzung jeder Wissenschaftsförderung wäre ein verhängnisvoller Verlust an individueller Kreativität. Familienförderung sollte sich nicht auf ein einziges Modell – Subventionierung eigenorganisierter Gestaltung[1348] oder staatlich organisierter Betreuung[1349] – festlegen, sondern die freie Wahl zwischen beiden Alternativen und ihrer kreativen Kombination zulassen[1350].

e) *Effizienzsicherung durch Entgelte und Kontingentierung?*

Das Marktmodell geht davon aus, dass Entgeltlichkeit oder wenigstens Kontingentierung effiziente Ressourcennutzung bewirken. Dieser Gedanke ist sicher nicht falsch, setzt aber voraus, dass der nachfragende Teil überhaupt zur Entgeltzahlung in der Lage oder dass die Beendigung kontingentierten Ressourcenverbrauchs durchsetzbar ist. Eine andere Form der Effizienzsicherung ist die fortlaufende Qualitätsevaluation.

Wenn man für hoheitliche Gestaltung Anregungen des Marktmodells folgt, so müsste die Verwaltungsleistung zu ihrer effizienten Nutzung immer nur gegen eine äquivalente Gegenleistung gewährt werden, auch z. B. im Bereich der Ausbildung und Bildung. Ausbildungs- und Familienförderung wären mit einem Guthabensystem zu kontingentieren[1351]. Man kann diese Form der Effizienzsicherung befürworten, müsste sie dann aber zunächst einmal konsequent durchhalten. Kostendeckenden Gebühren für Kinderbetreuung, Schulen und Universitäten müsste ein adäquates Förderungskontingent gegenüberstehen, das eine Familiengründung und Regeneration ohne sozialen Abstieg erlaubt[1352]. Diesen Einstieg in ein neues System hat der Gesetzgeber aber bisher nicht geleistet oder auch nur versucht, sondern er gibt widersprüchliche Signale: möglichst freie Kinderkrippen- und Kindergartenplätze, freie Schulausbildung, aber teilweise gebührenpflichtige Universitätsausbildung. Die Ausgaben für Kinder sind nicht ordnungsgemäß bilanziert und handwerklich überzeugend kalkuliert, ihre Finanzierung mit Fördermitteln erfolgt diffus und unübersichtlich aus vielerlei Töpfen und in vielerlei Förderungsformen. So wirkt die Einführung von Studiengebühren[1353] im Gesamtsystem etwas launisch und zufällig[1354], die Gegenfinanzierung durch Darlehen zu mehr oder weniger marktüblichen Zinsen reichlich unglücklich, weil die Rückzahlung zu einem Zeitpunkt fällig wird, in dem eigentlich Berufseinstieg und Familiengründung anstehen – und dies auf der Basis durchaus überschaubarer Gehälter von Jungakademikern. Das Ergebnis dürfte in aller Regel die stärkere Belastung der Eltern sein, die ihre Kinder nicht mit Schulden in die Zukunft entlassen wollen.

Die quantitative Limitierung staatlicher Förderung oder individueller Gestaltungsfreiheit durch ein „Guthabensystem" ist zunächst einmal ein sehr verführerisches Steuerungsinstrument, als alleiniges Gestaltungsmittel im Ergebnis aber wohl nicht weiterführend. Solche Systeme funktionieren nur voll ausreichend wenn – im Bereich der Sozialsicherungssysteme bereits angesprochen – die Gemeinschaft das „Ausscheiden" des gescheiterten Teilnehmers als Sanktion nicht wahrgenommener Eigenverantwortung tatsächlich verwirklichen kann. Wo diese Drohung an der Realität scheitert und die staatliche Gemeinschaft ihrer „Auffangverantwortung" auch beim Scheitern gerecht werden muss, erweisen sich Bonus- und Gutschriftensysteme als nur beschränkt wirksam und bleiben dabei doch sehr aufwendig[1355].

Den Energieversorger – hier ist das Guthabensystem in Gestalt der Umweltverschmutzungszertifikate bereits Realität[1356] –, der nach Ausschöpfung des erwerbbaren Zertifikatsvolumens sein Reduktionsziel nicht erreicht hat, kann man nicht einfach stilllegen oder mit energieverteuernden Sanktionen überziehen. Jugendliche, deren Ausbildung nach Verbrauch des Gutschriftenvolumens kein befriedigendes Ende erreicht hat, kann man nicht beliebig aus ihrem sozialen Netz ausscheiden. Diese abgeschwächte Sanktionsmöglichkeit lädt zum Missbrauch ein – ein Phänomen, das aus der insolvenzrechtlichen Sanierungs- und Entschuldungsdiskussion nur allzu gut bekannt ist[1357]. Auch Selbstverpflichtungsvereinbarungen – man denke nur an die Reduktionsverpflichtungen der Automobilbranche – leiden an ähnlichen Schwächen[1358]. Fortlaufende Evaluationen und Kontrollmechanismen laufen Gefahr, Schematisierung und Bürokratisierung zu fördern und dabei die Vorteile aufs Spiel zu setzen, welche diversifizierendes Verwaltungshandeln gerade bringen sollte.

Letztlich bleibt auch der öffentlichen Hand, die auf kreative Effekte individuellen Gestaltungsspielraums setzt, neben den beschränkten Mitteln fortlaufender Kontrolle nur die Möglichkeit einer sehr langfristigen Erfolgskontrolle, die in gewissem Umfang das Risiko einer Fehlinvestition oder Fehlsteuerung läuft. Welche Entwicklung beispielsweise des Energie- oder Verkehrssektors die Umweltverschmutzung tatsächlich dauerhaft minimiert, lässt sich erst sehr spät und mit großem Abstand beurteilen. Das gleiche gilt vom nachhaltigen Erfolg von Forschungs-, Ausbildungs- und Familienmodellen. Nicht selten ist es auch das Nebeneinander mehrerer Varianten, das dauerhaft überlebt. Wie die Privatwirtschaft muss der hoheitlich handelnde Staat die Bereitschaft zum kalkulierten Risiko zeigen. Die Fehlinvestitionen der Privatwirtschaft, die nicht selten ungeheure Dimensionen erreichen – man denke z. B. an Siemens oder DaimlerChrysler – sollten Anlass sein, die etwas beckmesserische Attitude zu überdenken, mit der man die Effizienz staatlichen Handelns beurteilt. So schlecht schneidet die Verfassung deutscher Staatlichkeit gar nicht ab. Immer wiederkehrende wirtschaftliche Erfolge spiegeln nicht nur die Leistungsfähigkeit der freien Wirtschaft wider, sondern auch des staatlichen Verwaltungssystems.

f) Teilprivatisierung zur Stärkung marktwirtschaftlicher Elemente – Plädoyer gegen die Selbstfesselung durch Kommission und EuGH

Die Anreicherung schlicht-hoheitlicher Verwaltung um marktwirtschaftliche Elemente kann sich in der Weise vollziehen, dass Verwaltungsleistungen durch eine privatrechtlich organisierte Körperschaft erfolgen (GmbH, AG, Stiftung), an der öffentliche und private Anteilseigner gleichermaßen beteiligt sind. Der Einfluss privater Anteilseigner, die sich zur Gewinnmaximierung beteiligen, fördert effizientes Wirtschaften, der öffentliche Anteilseigner kann ohne Bemühung externer staatlicher Aufsicht unmittelbar um die Wahrung öffentlicher Belange bemüht sein. Dieses Modell ist allerdings nur dann einigermaßen zielführend, wenn die öffentliche Hand ausreichende Mehrheiten hält, die nach den Regeln des privaten Körperschaftsrechts eine nach Auffassung der öffentlichen Hand gemeinwohlwidrige Willensbildung verhindern. Die Einräumung von Sonderrechten an den öffentlichen Eigner von Minderheitsbeteiligungen stößt ebenso auf die grundsätzliche Missbilligung durch Kommission und EuGH wie offene und versteckte Quersubventionierungen zur Förderung von Gemeinwohlinteressen, wie sie die regionale, demokratisch legitimierte Exekutive oder Legislative definieren[1359]. Im Ergebnis behindert die Enge des europäischen Rechts mit seinem marktideologischen Dogmatismus Privatisierungsbestrebungen, weil es von der öffentlichen Verwaltung den vollen Regimewechsel vom öffentlichen Recht zum Wettbewerbsrecht und die Selbstentmachtung verlangt. Das Verwaltungsrecht, das diese Formen flexibler Teilprivatisierung befürwortet, arbeitet letztlich an seiner Selbstabschaffung. Dies kann so nicht richtig sein. Das Entweder-Oder der EU bei der Organisation öffentlichen Unternehmertums führt zu einer Selbstfesselung bei der Flexibilisierung der schlicht-hoheitlichen Verwaltung. Eine sinnvolle Lösung kann nur darin bestehen, dass die EU ihren engen Kontrollmaßstab für rechtfertigende Gemeinwohlinteressen deutlich zurücknimmt. Wer sein Eigentum ganz behalten kann, um es nach eigener Zweckwidmung im Marktgeschehen einzusetzen, muss auch die Möglichkeit haben, über Anteil und Umfang einer Übertragung an andere zu entscheiden, sofern die Erwerber um diese Zweckwidmung wissen.

g) Die Teilprivatisierung des Medienbereiches

Das Nebeneinander von schlicht-hoheitlicher Gestaltung auf Zwangsgebührenbasis, werbefinanziertem Gratisfernsehen und bezahlten Mediendiensten lässt sich – wie bereits ausgeführt[1360] – ganz unabhängig von europarechtlichen Vorgaben durch Gemeinwohlerwägungen im bestehenden Umfang kaum rechtfertigen. Soweit die öffentlichen Funkmedien andere Aufgaben als die privaten Anbieter nicht erfüllen, steht ihre Teilprivatisierung mit der Folge eines deutlich herabgesetzten öffentlichen Gebührenanteils an. Allerdings wäre der Anteil werbefinanzierten Privatfunks im Rahmen gewährleistender öffentlichrechtlicher Rahmenvorschriften so niedrig zu halten, dass eine Abhängigkeit des programmsendenden Privatfunks vom Werbeaufkommen vermieden wird und neben dem geschrumpften öffentlichrechtlichen Segment ein funktionierender Markt auf privatrechtlicher Entgeltbasis entsteht[1361]. Auf diese Weise wäre auch eine dem Printmedienmarkt vergleichbare Struktur geschaffen, wo das Tabu zumindest vorübergehender öffentlicher Subventionierung zum Erhalt von lokalen Printmedien gebrochen ist[1362] und gebrochen bleiben sollte. Im Medienbereich wirkt sich die dogmatisierende und übertrieben enge Kontrolle des Verwaltungshandelns in Formen des Privatrechts durch die EU besonders verhängnisvoll aus. Falls die Mitgliedstaaten mit ihren öffentlichen bzw. dualen Rundfunksystemen bei einer weitergehenden Privatisierung die schwere und starke Hand europäischer Wettbewerbs- und Beihilfekontrolle weniger zu fürchten hätten, wären deutlich mehr Funkmedien zu privatrechtlichen Gesellschaften in öffentlicher (Teil-) Eignerschaft umgestaltet mit der Folge gesteigerten Wettbewerbs, dessen Gemeinverträglichkeit durch zumindest teilweise öffentliche Eignerschaft und Gewährleistungsverwaltung gewahrt bliebe. Nachdem aber die EU unter dem Topos der Kapitalverkehrsfreiheit jede Privatisierung zum vollen Einfallstor freier Erwerbsmöglichkeit zu machen geneigt ist und die Kontrolle rechtfertigenden Gemeinwohlinteresses bei Quersubventionen sehr eng handhabt, fürchten die EU-Staaten nicht ohne Grund um ihren Einfluss auf die Medienkultur und schotten sich durch hoheitliche Gestaltung und Ausnahmeprotokolle zum EGV ab – sehr zum Ärger der Kommission, die dem fahrenden Konvoi nationalstaatlicher Organisation mit eng begrenzten Kontrollmöglichkeiten hechelnd nachhinkt[1363]. Wiederum ein Lehrstück, wie verfehlte Ideologisierung sinnvolle marktwirtschaftliche Flexibilisierung verhindert und zur Selbstblockade führt.

h) Nur sehr eingeschränkte Übertragbarkeit marktwirtschaftlicher Methoden und Modelle auf hoheitliches Handeln

Während marktwirtschaftliche Methoden (Kosten-Nutzen-Analyse, kaufmännische Buchführung bzw. Bilanz, Personalführungsmethoden der freien Wirtschaft etc.) auf Verwaltungshandeln in Formen des Privatrechts wegen struktureller Ähnlichkeiten mit oft nur geringfügigen Modifikationen übertragbar sind, wirken entsprechende Versuche im Bereich hoheitlichen oder schlicht-hoheitlichen Handelns zu einem guten Teil merkwürdig verkrampft[1364]. Das Charakteristikum dieses hoheitlichen Handelns ist – eine Folge gewaltenteilender Rechtsstaatlichkeit – die Gesetzesbindung, in deren Dienst die unabhängige Entscheidung des Organwalters stehen soll. Dieser Ausgangspunkt macht nicht die „Kundenorientierung" oder die Erledigungszahl bzw. Produktionsmenge mit quantitativ messbarem Gewinn zum entscheidenden Kriterium, sondern zuvörderst die rechtliche Qualität einer Maßnahme im Sinne ihrer Orientierung an gesetzlichen und rechtlichen Vorgaben, die im Streitfalle unabhängige Gerichte zu beurteilen haben. Wenn man die positiven praktischen Effekte des „neuen Steuerungsmodells" für Verwaltung und öffentlichen Dienst nüchtern betrachtet, so bleiben letztlich Selbstverständlichkeiten[1365], die schon immer als richtig bekannt waren: Die Vorzüge rascher und kostengünstiger Erledigung unter Ausnutzung moderner technischer Mittel, der freundliche Umgang mit dem Bürger und die Bemühung um Qualität, der in Fortbildung und kollegialer Betreuung nachgeholfen werden kann. Die neue Steuerung bringt wenig sachlich Neues, läuft aber vor allem im Rahmen ihrer Budgetierungssysteme Gefahr, zur Überbewertung messbarer formaler Kriterien beizutragen und dabei entsprechend orientierte hierarchische Managementstrukturen zu begünstigen, die mit dem Gedanken unabhängiger rechts- und sachgebundener Entscheidung nicht immer harmonieren. Selbst im Bereich der Justiz macht sich bei Dienstzeugnissen über Richter oder Staatsanwälte immer stärker eine quantitative Orientierung bemerkbar, die erschrecken lässt und vor allem junge Richter oder Staatsanwälte vom Ideal und Ethos des Dienstes an der Gerechtigkeit zugunsten eines mengenmäßig orientierten Produkt- und Dienstleistungsverständnisses möglichst frühzeitig abzubringen geeignet scheint. Die Besoldung „nach Leistung“ ist – anders als in der umsatz- und gewinnorientierten freien Wirtschaft – in vielen Bereichen anhand einfach objektivierbarer Kriterien kaum möglich[1366], ihre fundierte Festlegung wäre deshalb im Einzelfall fachlich und personell sehr aufwendig und wird in der Praxis aus diesen Gründen meist einfach dem Vorgesetzen anvertraut, was dann wiederum Abhängigkeiten verstärkt und lokale Hackordnungen bestätigt. Nachdem es bisher wenig zu verteilen gegeben hat, sind die Fragwürdigkeiten der neuen gängigen Leistungsbeurteilungen bis jetzt wenig aufgefallen, wie überhaupt der materielle Leistungsanreiz ohnehin meist an der Kärglichkeit öffentlicher Mittel und fehlender effizienter Differenzierungsmöglickeit scheitert.

Die Angriffe auf das Berufsbeamtentum[1367] mit seinen besonderen Statusgarantien lassen in ihrer undifferenzierten Form die Vorzüge einer gewissen Unabhängigkeit zu sehr außer Acht und verkennen den Zusammenhang mit Gesetzesbindung, Rechtsstaatlichkeit und Freiheit zur sachgebundenen Entscheidung. Während Forderungen nach einer Beschränkung des Beamtenstatus in Bereichen streng gesetzesgebundener Verwaltung weniger Gehör finden, fallen sie vor allem für Lehrer und Professoren auf eher fruchtbaren Boden. Gerade aber auch im Bereich der Erziehung und Ausbildung sowie Wissenschaft und Forschung sollte man die Bedeutung einer Abschwächung hierarchischer Struktur zugunsten eines Freiraums nicht unterschätzen[1368]. Es ist die Auseinandersetzung mit Schülern und ihren Eltern oder mit forschenden Mitarbeitern und Kollegen, die diesen Freiraum sinnvoll und sachgebunden ausfüllt, nicht aber oder nur sehr eingeschränkt die Weisung eines Vorgesetzten. Die Hierarchisierung der Universitäten, wie sie etwa auch in Landeshochschulgesetzen durch die Anlehnung an die Strukturen und Begrifflichkeiten einer Aktiengesellschaft teilweise zum Ausdruck kommt, hat in der Wirklichkeit bereits zu einem deutlichen Anpassungsdruck vor allem auf jüngere Kollegen geführt, die z. B. im Präsidenten oder Rektor nicht mehr dem Kollegen als primus inter pares begegnen, sondern dem Vorgesetzten mit Sanktionspotential. Es reicht teilweise weiter als gegenüber einem U.S.-amerikanischen Professor mit tenure – ein durchaus beamtenähnlicher Status[1369] –, und es wird abzuwarten sein, wie es genutzt wird, wenn die Generation von Rektoren abtritt, die selbst noch vom Modell kollegialer Selbstverwaltung geprägt ist.

Mit dem Versuch, den Staat und die staatliche Organisation in erster Linie als Produktions- und Dienstleistungsgemeinschaft zur bestmöglichen Profitmaximierung für jeden einzelnen zu begreifen[1370] und den Marktmenschen[1371] zum idealen Bürger hochzustilisieren, verbindet sich ein stark reduziertes Staatsverständnis, das den menschlichen Bedürfnissen nach einem Grundbestand organisierter humaner Solidarität[1372] und Sicherheit[1373] nicht gerecht wird. Wenn man – wie hier vertreten – in kontinentaler Tradition die Organisation eines Ausgleichs zwischen Kapitalismus und Solidarität als wesentliches Merkmal moderner Staatlichkeit begreift, so verbietet sich auch eine verkürzte Betrachtung des Staates als Unternehmen. Solche Modelle können immer nur Teilaspekte der Staatlichkeit erfassen, ihr Aussagewert ist deshalb sehr begrenzt. Das hohe Bruttosozialprodukt mag einen Staat zur wichtigen Wirtschaftsmacht werden lassen, wie dies bei einem Unternehmen mit hohem Umsatz der Fall ist. Im Staaten-Ranking sollten indessen die Vermögensverteilung und die Realisierung von Menschenrechten nicht weniger gewichtige Bewertungskriterien sein. Wenn die Gegenwart z. B. China oder Indien als neue Großmächte bewundert, so gerät dieser Aspekt völliger sozialer Unausgewogenheit und unsicherer Menschenrechtssituation völlig aus dem Blickfeld. Wer Insolvenzregeln auf überschuldete Staaten anwenden will, bemüht ein letztlich untaugliches Modell, weil es so sehr der Modifikation bedarf, dass außer entfernter Ähnlichkeit mit der Unternehmensinsolvenz wenig übrig bleibt und der Erkenntniswert über herkömmliche Abwicklungs- und Sanierungsmodelle kaum hinausreicht[1374].

i) Empfehlung für eine begrenzte Privatisierung der Regelbildung und Rechtsdurchsetzung

Die Anreicherung der Regelbildung und Rechtsdurchsetzung um marktwirtschaftliche Elemente zeigt sich darin, dass neben den staatlichen Gesetzgeber der private Rechtssetzer und neben hoheitliche Rechtsdurchsetzung privatrechtlich organisierte Rechtsverwirklichungsmechanismen als Wettbewerber treten, die den staatlichen Organen ihr Monopol streitig machen und auf diese Weise einen Effizienz- und Qualitätswettbewerb eröffnen könnten[1375]. Neu ist diese Entwicklung im Grundsatz nicht, neu ist allenfalls ihre Stärke und die immer deutlicher artikulierte These von der Überlegenheit privater Regelbildung und Rechtsdurchsetzung.

(1) Private Regelbildung

Die private Regelbildung begegnet traditionsgemäß vor allem in verbandsmäßig empfohlenen und entwickelten AGB, wobei sich die Staaten der EU anders als etwa die USA jedoch sehr früh und kontinuierlich für eine relativ enge staatliche Regulierung dieser Form privater „Rechtssetzung“ entschieden haben, um auf diese Weise das letzte Wort des Staates mit seinem Rechtssetzungsmonopol zu wahren[1376]. Die neueren Formen „privater“ Regelbildung durch Kommissionen (Corporate Governance Kodex, International Accounting Standards, Basel-Richtlinien etc.) und Vereinigungen (Pressekodex insbesondere im Bereich des Persönlichkeitsschutzes, des Datenschutzes und neuerdings des Wertpapierhandelsschutzes) haben zwar den Vorteil fachmännischer Sachnähe, stehen jedoch häufig unter dem Einfluss durchaus interessierter Kreise oder wissenschaftlicher Mitglieder vorgeprägter Grundausrichtung: die Regierungskommission Deutscher Corporate Governance Kodex[1377] unter dem Einfluss der

„Shareholder Value“-Doktrin mit der Folge unausgewogener Ausblendung weitergehender sozialer Verantwortlichkeit[1378]; die International Accounting Standards unter dem Einfluss der Wirtschaftsprüfungsgesellschaften[1379] mit Folge einer Anpassung an die Geschäftspraxis angelsächsisch orientierter, weltweit arbeitender Auditor Firms[1380]; die Basel II-Risikobeurteilungsempfehlungen des Basel Committee on Banking Supervision unter dem originären Einfluss der U.S.-amerikanischen Bankenkultur mit ihren fragwürdigen Methoden schematisierter ökonometrischer Risikobewertung[1381], die der kontinentalen Bankenkultur weitreichende Umstellungen abverlangen und in den USA schon nicht mehr so richtig auf der Höhe der Zeit sind; der Pressekodex mit seinem hoffnungsvollen Ausgangspunkt einer selbstverwaltend entwickelten Berufsethik, der dann aber in seiner Umsetzung und Formulierung häufig allzu sehr im Banne medialer Interessenwahrung steht[1382]. Es ist fragwürdig, wenn der deutsche oder europäische Gesetzgeber ohne eigene intensive parlamentarische Befassung auf gesetzesersetzende Regelwerke nur verweist, ohne ihre Umsetzung intensiv mitzugestalten. Darin unterscheidet sich diese Form privater Regelbildung vom umzusetzenden Modellgesetz, gegen das solche Bedenken nicht oder weniger gelten[1383]. Soweit ein Regelwerk über das Gesetz hinaus – wie etwa der persönlichkeitsrechtliche Teil des Pressekodex – Berufsethik entwickelt, sollte der Gesetzgeber nicht eingreifen. Wo indessen ein gesetzlicher Freiraum ausgefüllt werden soll – wie etwa bei presserechtlichen Regeln zum Datenschutz oder zum Schutz der Integrität des Wertpapierhandels – ist die gesetzesersetzende Regelbildung allenfalls vertretbar, wenn alle Betroffenen in den Regelbildungsgremien repräsentiert sind, also z. B. in Pressesachen die Leser und Adressaten von Wirtschaftsnachrichten, was bisher nicht der Fall ist.

Es ist sicher richtig, dass auch die staatliche parlamentarische Gesetzgebung dem Ideal transparenter demokratischer Willensbildung nach sachlicher Erörterung nicht immer entspricht; nicht selten bestimmen im Hintergrund auch hier Interessenverbände und Gegengeschäfte das Tagesgeschehen, vor allem wenn es um Vorhaben hoher fachlicher Technizität geht und sich die Materie im Detail verständiger öffentlicher Diskussion und Kontrolle zu entziehen droht. In unserem Nachbarland Frankreich schafft die eigentliche „loi" ohnehin oft nur den Rahmen, das von internen Zirkeln beeinflusste „décret" regelt selbst bei wichtigen Gesetzeswerken das Detail. Nur ist die Umsetzungsschwäche eines im Ansatz richtigen Grundgedankens – Gesetzgebung und damit Regelbildung durch gewählte Vertreter in formalisierten, auf Transparenz angelegten Verfahren – kein Grund, die Not zur Tugend zu erheben und Schwächen zur Regel zu machen. Dieser Tendenz huldigt aber der Gedanke privatisierter Regelbildung mit seiner Neigung, private oder halböffentliche Kreise elitärer Exklusivität zum Gesetzgeber zu erheben. Über die Wirkung einer Modellgesetzgebung, die der Gesetzgeber im normalen Verfahren legislativ umsetzt oder auch modifiziert, sollte die staatliche Anerkennung gesetzgeberischer Privatinitiativen nicht hinausgehen. Insoweit ist die Entwicklung zur verstärkten privaten Regelbildung als Bereicherung des Wettbewerbs um die bessere Gestaltung ein begrüßenswertes Element einer gesellschaftlichen Enthierarchisierung, das die Verkrustung parlamentarischer Gesetzgebungsmechanismen verhüten hilft.

(2) Privatisierung der Rechtsdurchsetzung

Die Privatisierung der Rechtsdurchsetzung[1384] in Gestalt des Vordringens der Schiedsgerichtsbarkeit und der Mediation als Ausdruck individualisierter Form der Rechtswahrnehmung setzt stärker auf ausgehandelte, vom Parteiwillen abhängige Gestaltung als dies staatlicher Gerichtsbarkeit mit ihrer strengeren Normbindung entspricht. Das individuell angepasste Regelungsprodukt steht in Wettbewerb mit der gerichtlichen Verwirklichung einer Rechtsordnung, die sich gleichermaßen an öffentlichen Gemeinwohlinteressen wie an

Individualinteressen orientiert. Es wäre völlig verfehlt, der Schiedsgerichtsbarkeit[1385] oder gar der Mediation[1386] die größere Flexibilität absprechen zu wollen. Sie sind so besehen legitime Wettbewerber der staatlichen Gerichtsbarkeit und ihre sinnvolle Ergänzung. Allerdings stehen dem Grundvorteil individueller Anpassung und größerer Flexibilität auch gewichtige Nachteile gegenüber[1387]. Zunächst einmal setzen beide Konfliktlösungsverfahren viele in langer Tradition entwickelte Rechtsschutzgewährleistungsregeln außer Kraft. Die eingeschränkte Rechtsbindung der Verfahren, wie sie sich für die handelsrechtliche Schiedsgerichtsbarkeit in der „lex mercatoria"[1388] und für die Mediation im Gedanken der „interest based mediation"[1389] manifestiert, verdrängt die Funktion der Privatrechtsordnung als verbindliche Lebensordnung unter Privaten und lädt die Parteien dazu ein, zunächst einmal eigenen Interessen den Vorzug vor der Rechtsregel zu geben, um in nicht oder weniger rechtsgebundenen Verfahren notfalls einen günstigeren Ausgleich durchzusetzen. Vor allem in der Mediation ist die rechtskulturelle Errungenschaft des „audiatur et altera pars" weithin aufgegeben, wenn einseitige Gespräche des Mediators mit einer Partei zu einem vertraulichen Wissen des Mediators führen dürfen, das dem anderen Teil vorenthalten werden muss, auch wenn es auf seine Einigungsbereitschaft durchaus Einfluss haben könnte[1390]. Vor allem ausländische Schiedsgerichte wahren das Gehör nicht immer mit der konsequenten Schärfe, wie dies für staatliche Gerichte von höheren Instanzen überwacht deutschem Standard entspricht. Nachträgliche gerichtliche Kontrolle vermag nur grobe Fehlleistungen der Schiedsgerichtsbarkeit zu korrigieren. Die mediierte Einigung bindet wie jeder Vertrag, und versäumte Aufklärung bei Vergleichsschluss als Anfechtungsgrund stößt angesichts von Weigerungsrechten, bei späteren Beweisaufnahmen die Vertraulichkeit zu brechen und über die Umstände der Mediation Auskunft zu geben,[1391] auf extreme Schwierigkeiten. Zum anderen ist privatisierte Rechtspflege bei voller Kostenüberwälzung auf die Parteien nicht gerade billig, was für die Schiedsgerichtsbarkeit inzwischen allgemein bekannt ist, aber bei der Mediation angesichts ihrer zunächst noch vielfach öffentlich subventionierten Einführungsphase[1392] weniger dem Bewusstsein entspricht. Schließlich entziehen sich Schiedsgerichtsbarkeit und Mediation öffentlicher Kontrolle und Erörterung, sodass sich neben der „offiziellen" Rechtskultur eine geheime Subkultur herausbildet, deren Regeln sich allgemein-gesellschaftlicher Kenntnis und Kritik verschließen. Selbst bei einverständlicher Erledigung staatlicher Strafverfahren, die Züge einer Privatisierung in die Strafjustiz trägt, kann sich dieser Effekt eher unangenehm bemerkbar machen, weil sich hier die verlorene Kontrolle über die Gleichheit der Rechtsgeltung und Rechtsanwendung als fundamentale Forderung menschlicher Gerechtigkeit besonders deutlich manifestiert[1393]. Dies alles spricht nicht grundsätzlich gegen Schiedsgerichtsbarkeit und Mediation. Aber es sollte eine falsche Euphorie bremsen und vor der Abkehr von einer staatlichen Ordnung warnen, die in langer historischer Entwicklung aus guten Gründen die Rechtsprechung bei staatlichen Gerichten monopolisiert hat, um auf diese Weise besondere Garantien für richterliche Unabhängigkeit zu schaffen. Die Unabhängigkeit privater Schiedsrichter[1394] oder Mediatoren leidet – die Kehrseite der Flexibilität – unter ihrer Kundenorientierung, die Zuwendung zum „Wiederholungsspieler" und die offene oder versteckte Orientierung an seiner Zufriedenheit ist eine große Gefahr. Dies spricht auch gegen die volle Flexibilisierung der Justiz selbst, indem z. B. den Parteien das Recht zugestanden wird, sich Spruchkörper oder richterliche Mediatoren mit employinstanzlicher bindender Entscheidungskompetenz bei finanziellem Erledigungsanreiz auszuwählen. Denkbar bleibt dagegen die vorsichtige Teilflexibilisierung im Sinne einverständlicher Richterwahl unter instanziellem Verzicht ohne ihre Merkantilisierung, wobei immer nur ein beschränkter Kapazitätsanteil dieser Wahl unterliegen könnte, um Parteien ohne Einigungsmöglichkeit nicht zu benachteiligen[1395]. Man praktiziert dieses Modell teilweise bei richterlicher Mediation im Rahmen von justiziellen Modellversuchen.

Letztlich begegnet bei der Beurteilung von Versuchen, Rechtsprechung zu privatisieren oder im Sinne finanzieller Anreize zu flexibilisieren, das unterschiedliche Staatsverständnis wieder, wie es sich im verschiedenen Verständnis des Grades notwendiger Organisation menschlicher Solidarität und der Bedeutung eines beruflichen Ethos zeigt, das sich gerade nicht an Gewinnmaximierung orientiert. Schiedsrichter und privatvertragliche Mediatoren sind Dienstleister gegen Entgelt, wobei insbesondere Schiedsrichter aus einem gesunden Verhältnis zu Geld keinen Hehl zu machen pflegen. Richter sind keine entgeltlich arbeitenden Dienstleister und sollten es auch nicht sein, vielmehr sollten sie „Gesetz und Recht" dienen, die ihnen „anvertraut" sind. Eine Gesellschaft, die den Unterschied zwischen schlichtender Dienstleistung und Rechtsprechung verwischt, verliert auf Dauer Gerechtigkeit als ihr konstitutives Element. Privatisierte Schlichtung kann hoheitliche Rechtsprechung ergänzen, aber niemals im eigentlichen Sinne ersetzen[1396].

6. Schutz des Marktteilnehmers durch standardisierte inhaltliche Regulierung oder durch Information bei gestaltnerischer Freiheit des Anbieters?

a) Die Grundsatzfrage und ihre gegenwärtige Beantwortung

Wenn man erkannt hat, dass die traditionelle kontinentale Rechts- und Wirtschaftskultur und ihr gesellschaftliches Grundverständnis ursprünglich den Akzent stärker auf standardisierte inhaltliche Regulierung (Regulierungsmodell) als auf gestalterische Freiheit des Angebots an einen informierten Marktteilnehmer (Informationsmodell) gelegt hat, und gleichzeitig das Vordringen des Informationsmodells unter dem Topos des mündigen Marktteilnehmers beobachtet, so stellt sich für die Zukunft die Grundsatzfrage nach der richtigen Zuordnung beider Schutz- und Ordnungsmodelle. Soll man stärker auf Regulierung oder auf Information setzen oder gar auf beides? Lässt sich eine allgemeine Antwort überhaupt geben oder hängt sie nicht ganz einfach vom jeweiligen Gebiet und Markt ab? Es gibt sicher kein befriedigend arbeitendes „reines" System, jede Gesellschaft wird die Balance suchen, die auf einzelnen Gebieten abhängig vom Grad der Schutzbedürftigkeit der Marktteilnehmer sehr verschieden ausfallen kann. Der gestaltende Gesetzgeber muss sich aber des Grundproblems bewusst sein, um die sachgerechte Balance überhaupt zu suchen. Insoweit sind Bedarf und Möglichkeit einer Verbesserung durchaus gegeben.

b) Der europäische und nationale Gesetzgeber und die Fehleinschätzung präventiven Schutzes durch Information

Der europäische Gesetzgeber hat vor allem, aber nicht nur, zum Schutze des Verbrauchers eine Fülle von Richtlinien geschaffen, die sowohl inhaltliche Regulierungen betreffen als auch die Information des Verbrauchers. Der deutsche Gesetzgeber hat diese Entwicklung teilweise selbst autonom gefördert, teilweise nachvollzogen. Inhaltliche Regelungen betreffen z. B. im Bereich des Warenverkehrs die Produktsicherheit und den Schutz der Gesundheit[1397], aber auch den notwendigen Vertragsinhalt und die Ausgewogenheit des Vertrags[1398] sowie seiner Abschlussbedingungen[1399]. Informatorische Regelungen gelten technischen Bedingungen des Vertragsschlusses ebenso wie kalkulatorischen Grundlagen eines Vertrags und der Wirkung und Zulässigkeit von Information durch Werbung[1400]. Im Bereich der Finanz- und Dienstleistungsprodukte gibt es zwar durchaus inhaltliche Vorgaben – z. B. kein öffentlicher Vertrieb von Beteiligungen an Einzelhedgefonds an Einzelanleger[1401] oder Anlagebegrenzungen[1402] –, es überwiegt aber der Gedanke des Schutzes durch Information[1403].

Der Gedanke des Schutzes durch Information geht eigentlich davon aus, dass Information präventiven Schutz bewirkt, weil der Vertragspartner aufgrund der zutreffenden Information einen Vertrag entweder gar nicht schließt oder Risiken bewusst in Kauf nimmt. Es ist aber bereits dargelegt, dass diese am „idealen Marktmenschen“ orientierte Vorstellung der Realität nicht entspricht und so auch gar nicht entsprechen kann[1404], sondern – der abweichenden Wirklichkeit übergestülpt – sich nicht als Ausdruck der Wertschätzung von Marktregeln, vielmehr als Teil einer durchaus marktideologischen Sichtweise erweist[1405]. Die Folgerung, die daraus allgemein zu ziehen sein wird, ist eine teilweise Abwendung vom hypothetischen Wissen des Marktteilnehmers als Ausgangspunkt rechtlicher Regelung und eine stärkere Hinwendung zu inhaltlicher Qualitätsbestimmung und objektivierter Haftungsanknüpfung. Denn die Redlichkeit des Geschäftsverkehrs dient nicht nur dem Individualinteresse des einzelnen Marktteilnehmers, ihre Funktion erschöpft sich nicht im „volenti“ oder „scienti non fit iniuria“, sie hat auch Gemeinwohlfunktion, weil ohne sie die Stabilität einer auf ein Mindestmaß an Solidarität angelegten Gesellschaft gefährdet erscheint.

c) *Teilweiser Abschied vom Widerrufsdogma im Verbraucherschutz*

Vor dem Hintergrund der eher geringen oder doch abgeschwächten Bedeutung der individuellen vorvertraglichen Information für die Verhaltenssteuerung des Verbrauchers sollte man den Widerruf[1406] als Form des Schutzes vor übereiltem und unüberlegtem Vertragsschluss neu überdenken und dabei vor allem Regelungen sehr kritisch betrachten, die wegen fehlender Belehrung oder wegen Belehrungsfehlern eine „ewige“ Rückabwicklung erlauben. Die mit den Widerrufsrechten verbundenen Rückabwicklungsformen[1407] führen zu unübersichtlichen Komplizierungen des Zivilrechts, weil sie die Besonderheiten jeder Vertragsform zu integrieren versuchen. Die fehlende formale und sprachliche Ästhetik dieser Normen und ihre Geschwätzigkeit sind Ausdruck sachlicher Ungereimtheit.

Bei Haustürgeschäften und Telefonabschlüssen etc., wo es um Überrumpelung zum Vertragsschluss überhaupt und weniger um Informationsverarbeitung geht, wäre zum Schutze des Verbrauchers das schlichte Verbot häuslichen Vertragsschlusses mit Nichtigkeitsfolge empfehlenswert, falls der Verbraucher nicht seinerseits um den Besuch oder den Anruf gebeten hat. Unerbetene häusliche Besuche sollten wie Telefonanrufe klarem lauterkeitsrechtlichem Verdikt unterliegen[1408]. Zum Schutz des Verbrauchers wäre ein Bestätigungsrecht denkbar, das nach Aufforderung durch den Unternehmer bei Schweigen binnen bestimmter Frist endet[1409]. Man muss die Produktvermarktungsfreiheit schon sehr hoch einschätzen, wenn man dem in der Privatsphäre belästigten Verbraucher die Auflösungslast zuweist. Bei der Rückabwicklung nach allgemeinen Regeln des Bereicherungsrechtes wäre das Rückabwicklungsinteresse des Verbrauchers ausreichend geschützt, eines Sondermechanismus bedürfte es nicht.

Soweit Widerrufsrechte eine Überlegungsfrist anhand zugänglicher Informationen einräumen und dadurch die gefährdete Privatautonomie des Verbrauchers stärken sollen, spricht die geringe Widerrufsquote[1410] zusammen mit den Defiziten des Informationsmodells[1411], wie sie auch Erkenntnissen des „Financial Behaviourism" entsprechen, nicht gerade dafür, dem Widerrufsmechanismus mit seinen Rückabwicklungsfolgen allzu viel Aufwand zu widmen. Zu gering erscheint die Bedeutung der Information und ihrer Verarbeitung auf der Verbraucherseite für eine überlegt wahrgenommene Privatautonomie und allzu groß, verwirrend und verunstaltend ist vielfach der konstruktive Ballast als Folge der Widerrufsrechte. Die Realität würde sich kaum ändern, wollte man diese Widerrufsrechte ersatzlos streichen, auch um so die Klarheit des zivilrechtlichen Vertragsrechts wiederherzustellen und die Ernsthaftigkeit des Vertragsschlusses gegen die aufkommende, durchaus verhängnisvolle Mentalität zunächst bindungslosen Probierens und allmählichen Hineinschlitterns hochzuhalten.

Die Relativierung des Informationsdogmas muss zu keinem Purismus führen. Wo für verfehlte oder fehlende Information einfache Sanktionsmechanismen greifen, kann die Abwägung durchaus zugunsten einer besonderen zivilrechtlichen Sanktion ausfallen. Sinnvoll – weil kurz, klar und ohne Aufwand durchsetzbar – ist z. B. die Rechtsfolge eines an Gesetzesrecht oder Marktüblichkeit ausgerichteten oktroyierten Vertrags[1412] oder die Rechtsfolge einer an leicht kalkulierbaren Marktpreisen orientierten Rückabwicklung im Wertpapierbereich[1413].

d) *Die grundsätzliche Vorzugswürdigkeit inhaltlicher Vorgaben im Bereich des Verbraucherschutzes*

Wenn man dem Informationsmodell als dem angeblichen Fundament marktgerechten Verhaltens etwas kritisch gegenübersteht und vor allem seine Bedeutung als Basis einer „rational choice" durch den Verbraucher angemessen relativiert, so wird deutlich, dass für den Verbraucher inhaltliche Typisierung und inhaltliche Schutzvorgaben zunächst einmal wesentlicher sein dürften als eine Informationsflut aus Details. Der Verbraucher zahlt für die typische Markterwartung, mehr kann er häufig an Information nicht verarbeiten, und bei Enttäuschung seiner Erwartung sollte man die Informationsasymmetrie dadurch beheben, dass bei Minderwertigkeit des erworbenen Produkts die Position des Verbrauchers in ihrer Wertigkeit an die berechtigte Erwartung des Verbrauchers angepasst wird.

(1) *Güter- und Warenkauf*

Im Bereich des Güter- und Warenkaufs und der Produkthaftung wird das europäische und deutsche Recht diesen Anforderungen mit der stark objektivierten, sogar Werbeaussagen umfassenden und überwiegend obligatorischen Qualitätshaftung zunächst einmal weithin gerecht[1414]. Produktsicherheitsvorschriften entfalten ihre Schutzwirkung unmittelbar oder mittelbar auch in Gestalt schadensersatzrechtlicher Sanktion[1415]. Ähnlich liegt der Fall bei Immobilien (Grundstücke, Wohnungseigentum), wo notarielle Beurkundung mit Belehrung einen gewissen Schutz schafft[1416] und vor allem beim Neukauf ein allzu weitgehender Haftungsausschluss schwerlich möglich ist[1417]. Beim Kauf von „Schrottimmobilien" haftet sogar die finanzierende Bank, wenn sie in enger Verflechtung mit dem Initiator des Objekts als Hilfsperson die Darlehensvergabe betreibt[1418]. Auch bei Darlehensbedingungen hat die Rechtsprechung der Vertragsgestaltung insbesondere bei der Höhe des Zinssatzes klare Schranken gezogen[1419]. Wenn man allerdings die detailreichen Regelungen im Labyrinth der Widerrufsrückabwicklungen mit der inhaltlichen Enthaltsamkeit des Gesetzgebers vergleicht, so stellt sich schon die Frage, ob in manchen Bereichen nicht ein Mehr an deutlicher formalgesetzlich inhaltlicher Vorgabe sinnvoll gewesen wäre, die Unternehmen und Verbrauchern den langen Weg durch die Instanzen der Rechtsprechung erspart hätte[1420].

(2) Vermarktungsregeln

Auch die Aufgabe konkreter Lauterkeitsregeln für Rabatte und Preisbildung wird die Verbraucher und Verbraucherorganisationen verstärkt zwingen, konkretisierende Lauterkeitsregeln über die Rechtsprechung wieder zu erkämpfen[1421]. Es fehlen z. B. klare Regeln gegen den Lockvogelcharakter innerhalb eines Tages oder kurzer Zeiträume laufend wechselnder Preise (z. B. Tankstellen, Flugpreise, Lebensmittel etc.), die im Saldo den Verbraucher eher benachteiligen als begünstigen. Im Einzelhändlermarkt verbreiten sich undurchsichtige Bonuskartensysteme[1422]. Ob die Aufgabe der Preisbindung von Markenprodukten gepaart mit völlig liberalisierten Rabattregeln wirklich zugunsten des Verbrauchers ausgeschlagen hat

(z. B. Neuwagengeschäft), darf eher bezweifelt werden. Was an Flexibilität gewonnen wurde, hat an Transparenz und Planbarkeit für den Verbraucher gelitten. Der Informationsaufwand für den Verbraucher ist groß und der Weg zu seinem lauterkeitsrechtlichen Schutz lang und wenig lohnend[1423]. Ein Mehr an Regulierung im Sinne zeitlich verlässlicher Preisklarheit wäre durchaus empfehlenswert. Dies gilt auch im Bereich der Finanzprodukte, wo zwar durchaus Aufklärungspflichten über Entgeltberechnungen existieren[1424], diese Aufklärung aber dann wieder im Umfang vor allem bei „versteckten Entgelten" (z. B. sog. „Kick backs") so umstritten und kompliziert ist[1425], dass auf Dauer einfache inhaltliche Regelungen unerlässlich sind. Die Neuansätze in der „Markets in Financial Instruments Directive" mit deutscher Umsetzung sind insoweit grundsätzlich richtig[1426], die Reformgesetzgebung ist dann aber im Detail wieder – bewusst? – so verwirrend ausgestaltet, dass genügend Spielraum zu gewinnbringender Verschleierung bleibt[1427].

(3) Finanzprodukte

Im Bereich des Verkaufs von Finanzprodukten und der Haftung für die Qualität von Finanzprodukten ist das Gesamtbild letztlich weniger befriedigend. Zunächst einmal kann beim Kauf börsengehandelter Werte die kaufrechtliche Haftung für Qualität stark reduziert werden, weil Vorschriften über Unabdingbarkeit insoweit nicht existieren[1428]. Eine objektivierbare Qualität von Finanzprodukten gibt es angesichts der starken Diversifikation nur sehr eingeschränkt durch gesetzliche Regelungen, die Finanzprodukte typisieren oder bestimmte Gestaltungsformen ausschließen. So typisiert das Aktienrecht die Aktienarten, regelt Vorzugsaktien, Wandelschuldverschreibungen oder Gewinnschuldverschreibungen[1429]. Das BGB regelt Schuldverschreibungen[1430], das Pfandbriefgesetz öffentliche Pfandbriefe und Hypothekenpfandbriefe[1431], das Investmentgesetz die verschiedenen Fonds bzw. Sondervermögen und ihre rechtliche Organisation. Wie weit die zwingende Typisierung im Einzelnen reicht und inwieweit Hybridbildung oder freie rechtsgeschäftliche Konstruktion erlaubt sind, gestaltet sich sehr unterschiedlich. So ist z. B. der Pfandbrief ein stark typisiertes Produkt mit nur geringer Varianz[1432], bei Derivaten, Optionen[1433] oder Fonds überwiegt die Gestaltungsfreiheit, die der Gesetzgeber nur teilweise begrenzt, z. B. durch Anlagebeschränkungen bei Investmentfonds[1434] oder Regelung der Deckungsmassenbestandteile bei Pfandbriefen[1435]. Der spezielle Schutz des Verbrauchers durch inhaltliche Regulierung kann zunächst einmal dadurch erfolgen, dass besonders riskante Produkte im öffentlichen Handel bzw. amtlichen Markt nicht zugelassen werden und folglich im privaten Handel dem Verbraucher schwerer zugänglich sind. Ein Beispiel hierfür sind Anteile an risikoträchtigen Einzelhedgefonds[1436]. Hingegen dürfen aber Hedge-Fonds-Zertifikate, deren Wertentwicklung sich an Hedge-Fonds-Indizes orientiert, ebenso öffentlich gehandelt werden[1437] wie die sog. Dach-Hedge-Fonds[1438], weil in beiden Fällen die größere Risikostreuung als verbraucherverträglicher gilt. Zum anderen kann der Vertrieb von Anteilen an Sondervermögen von vorneherein auf institutionelle Anleger bzw. juristische Personen beschränkt sein[1439]. Denkbar ist es, in ähnlicher Form Anteile an riskanten Sondervermögen so hoch zu stückeln, dass private Anleger kaum zum Zuge kommen können, wie dies für Beteiligungen an Private-Equity-Fonds geplant ist[1440]. Ein gewisser inhaltlicher Schutz liegt in der Verpflichtung von Wertpapierdienstleistungsunternehmen, keine kundeninteressenwidrigen Kauf- oder Verkaufsempfehlungen zu geben – eine in der Realität allerdings wenig bedeutsame Schutznorm, weil der aufgeklärte Verbraucher seine Interessen zunächst einmal selbst zu beurteilen hat[1441]. Insgesamt ist der spezielle inhaltliche Verbraucherschutz eher schwach ausgeprägt[1442]. Das Recht setzt auf Information[1443] und lässt auch den Verkauf riskantester Produkte mit Lotto- und Spielbankcharakter letztlich zu (bestimmte Optionen, Derivate[1444],

Day-Trading auf Kreditbasis, Hedge-Fonds-Zertifikate). Vor allem in der Devisenspekulation engagieren sich dabei viele Privatanleger[1445]. EU und nationaler Gesetzgeber planen eher weitere Marktöffnung gerade auch für Verbraucher[1446] vor allem durch erleichterten Zugang zu sog. „sonstigen Sondervermögen", die Beteiligungen an nichtbörslichen Unternehmen, Edelmetallen oder unverbrieften Darlehensforderungen beinhalten[1447]. Bei Immobilienfonds mag man die geplante Einführung wahlweise eines sicherheits- oder renditeorientierten Modells[1448] als inhaltlich schützend oder risikoschärfend einordnen – letztlich liegt darin aber wiederum ein Rückgriff auf den Informationstopos.

So stellt sich bei der Risikoübernahme durch Verbraucher auf einfachen Nenner gebracht die Frage, wann es sich um „gute" oder „schlechte" Spekulation handelt und inwieweit sich die „schlechte" Spekulation geschäftstypisch festlegen lässt, wobei dem europäischen und internationalen Gesetzgeber ein gewisser Beurteilungsspielraum zuzugestehen sein wird. Man wird der Übernahme ungestreuter Risiken durch den Verbraucher wenig gesamtwirtschaftliche oder nachhaltige individuelle Vorteile abgewinnen können, die vor dem Hintergrund wirtschaftstheoretischer Betrachtung und Bewertung[1449] eine Einordnung in die „gute" Spekulation erlauben, vor allem wenn mit Umständen spekuliert wird, die sich „mit Sicherheit in nächster Zukunft aufklären"[1450]. Hier überwiegt der Spielkasinocharakter, der zu einer Kapitalverlagerung vom einfachen Verbraucher auf Kapitaleigner mit breiterer Spekulationsbasis führt und nur selten den individuellen spekulierenden Verbraucher begünstigt – der typische Fall einer Informationsasymmetrie. Denn würde – wie bei der Spielbank – der spekulierende Verbraucher mit Regelmäßigkeit Gewinne schöpfen, hätte sein professionelles Gegenüber genauso seinen Beruf verfehlt wie der Inhaber eines Spielkasinos, das fortlaufend gesprengt wird, weil die Risiken falsch kalkuliert sind. Es spricht deshalb alles dafür, bestimmte Risikoprodukte wie Optionsscheine und Derivate mit geringer Risikostreuung oder kreditfinanziertes Day-Trading für Verbraucher nicht zu erlauben und ein striktes Verbot der Beteiligung an Single-Hedge-Fonds[1451] ebenso durchzusetzen wie ein Verbot rein spekulativer, isolierter und unmittelbarer Beteiligung an Credit Default Swaps, Hybridanleihen, die Kapitalrückzahlung nur vorzutäuschen, oder Volatilitäts-, Zins- oder Währungszertifikaten. Ob und inwieweit solche Verbote mit dem Primärrecht der EU und verfassungsrechtlichen Vorgaben vereinbar sind, ob man sie als paternalistische Beschränkung individueller Freiheiten oder der Marktfreiheiten brandmarkt oder als sinnvolle Maßnahme gegen eine „Abzockermentalität", welche die begrenzte Wirkung der Information auf das Verbraucherverhalten kühl kalkuliert und rücksichtslos in eigenen Gewinn umsetzt, wird von der Gewichtung des Verbraucherschutzes[1452] abhängen und von der ideologiefreien Einsicht in die Realität menschlichen Entscheidungsverhaltens. Noch folgt die EU insoweit einem weithin illusionären, an „rational choice" orientierten Verbraucherbild, das im Finanzmarktbereich zum „Abzocken" geradezu einlädt[1453]. Opfer dieses Abzockens ist typischerweise der anlagewillige und -fähige Mittelstand, dessen Schrumpfen in Gesellschaften mit stark liberalisierten Kapitalmärkten nicht umsonst stärker ausfällt als in regulierten Märkten[1454] – ein sozialpolitisch auf Dauer eher bedenkliches Phänomen[1455].

(4) Dauernde Abschaffung steuerlicher Besserstellung risikoreicher Anlageformen des Verbrauchers und Subventionierung risikoaverser Anlageformen

Schwer nachvollziehbar ist es, dass der Steuergesetzgeber bisher risikoaverse Kapitalanlagen in Gestalt von Zinsen voll besteuert, hingegen risikoreiche Anlagen teilweise begünstigt hat, nämlich einmal rechtlich durch Steuerfreiheit privater Veräußerungsgewinne nach Fristablauf[1456], zum anderen faktisch während des Fristlaufs durch ein völlig unbrauchbares Erhebungsverfahren[1457]. Wenn man einmal vom schwer zu bestreitenden Verstoß gegen den Gleichheitssatz absieht, so liegt und lag in dieser Art der Besteuerung eine Subvention für Risikokapitalanlagen des Verbrauchers, deren Rechtfertigung vor dem Hintergrund ihrer volkswirtschaftlichen und sozialpolitischen Fragwürdigkeit eher schwer fallen dürfte. Es wird Zeit, dass es ab 2009 in Gestalt der Abgeltungssteuer wenigstens zu einer weithin gleichmäßigen Besteuerung in Höhe von 25 % kommen soll[1458]. Der Staat sollte sich nicht zum Zutreiber für Kapitalanlageformen machen, die das Kapital des anlegenden Verbrauchers eher gefährden als sichern und zur Spekulation ermuntern. Vielmehr ist es umgekehrt sachgerecht, wie in Gestalt der „Riesterrente" risikoaverse Anlageformen zu begünstigen und attraktiv zu gestalten, die dem Verbraucher sein Kapital erhalten und ohne Spielkasinoeffekte langsam, aber stetig mehren.

e) *Notwendigkeit beschränkter Risikosteuerung durch inhaltliche Vorgaben auf Unternehmensebene*

(1) *Die Funktion regulierter und flexibler Kapitalanlageformen*

Das Ausmaß notwendiger Risikosteuerung durch inhaltliche Vorgaben auf Unternehmensebene ist im Grundsatz ein ewiger Streitpunkt. Im Gesellschaftsrecht sind notwendiges Mindestkapital und organisationsrechtlicher Typenzwang zur Risikominimierung für den Geschäftspartner Grundsatzfragen, welche die kontinentale und die angloamerikanische Rechtskultur durchaus unterschiedlich beantworten[1459]. Es steht zwingender Gläubigerschutz gegen informationsbedingten, parteiautonomen Gläubigerschutz, und gerade im Gesellschaftsrecht ist in Europa der Kampf der Rechtskulturen in vollem Gange. Bestimmte inhaltliche Vorgaben als Soliditätskontrolle sollte das Recht dabei allerdings nicht aufgeben (Mindestkapital, Kontrollorgane etc.). Im Bankenbereich und Versicherungsbereich entspricht ein gewisser Grad inhaltlicher Regulierung eher gemeinsamer Tradition, wie sie sich in liquiditätssichernden Richtlinien[1460] und nationalem Bankenrecht[1461] deutlich niederschlägt. Das Banken- und Versicherungsrecht enthält im Grunde genommen den großangelegten Versuch, die Geschäftsrisiken von Banken und Versicherungen durch Regulierung der Kapitalstruktur und durch Proportionalitätsregeln zu minimieren. Dabei stützt sich die Regulierung auf Erfahrungswerte und schafft damit einen beschränkten Schutz vor unbeherrschbarem Risikoeintritt, der sich durchaus bewährt hat. Wie immer steht dem Vorteil der Regulierung, der höheren Sicherheit, der Nachteil geringerer Flexibilität und dadurch gebremster Innovationsfähigkeit gegenüber. So ist es grundsätzlich durchaus notwendig, das feste Standbein eines inhaltlich regulierten Banken- und Versicherungswesens um das Spielbein flexiblerer und risikoreicherer Kapitalanlageformen zu ergänzen und damit die Leistungsfähigkeit des Gesamtsystems insgesamt zu erhöhen. Allerdings müssen dabei drei Voraussetzungen beachtet sein. Einmal darf keine Schwerpunktverlagerung in der Weise stattfinden, dass regulierte und eher risikoaverse Kapitalanlageformen zu sehr an Breite verlieren und schon deshalb ihrer risikominimierenden Funktion nicht mehr gerecht werden können. Zum anderen muss eine Trennung risikoaverser und risikoreicher Anlageformen gewährleistet sein, die eine Aushöhlung der stabilisierenden Anlageformen verhindert. Endlich aber ist es unverantwortlich, auf effiziente Risikoverteilung durch den freien Markt der Spekulation mit Risiken zu vertrauen, weil letztlich nichts diese These ausreichend belegt; vielmehr ist auch im Bereich flexibler Kapitalanlage eine Mindestregulierung notwendig[1462].

(2) Das Gebot ausreichender Trennung risikoaverser und risikoreicher Anlageformen

Wenn risikoaverse Anlageformen bei Banken und Versicherungen ausreichende Kapitalmengen nicht mehr anziehen, muss sanft steuernde geldpolitische oder subventionspolitische Abhilfe geschaffen werden, wie das z. B. im Bereich der

Anlageformen zur Altersvorsorge teilweise durchaus zutreffend geschieht.

Das notwendige Maß an Trennung risikoaverser und risikoreicher Anlageformen kann nur durch Anlagebeschränkungen oder Kapitalunterlegungsvorschriften erreicht werden, die gesamteuropäisch und national umgesetzt durchaus existieren (z. B. Solvabilitätsrichtlinie, Eigenmittelrichtlinie, Großkreditrichtlinie, OGAW-Richtlinie, Richtlinien über Schadensversicherung oder Lebensversicherung etc.)[1463]. Einer gegenwärtigen Neigung zur Aufweichung der grundsätzlichen Trennung durch Lockerung von Anlagebeschränkungen in risikoreichen Anlageformen sollte tendenziell eher Widerstand entgegengesetzt werden, weil sie die Grenzen zwischen den Anlagebereichen in völlig unübersichtlicher Form verwischt. So ist z. B. Pfandbriefbanken im Rahmen des Pfandbriefgeschäfts das Derivat zur Absicherung von Zins- und Währungsrisiken zu Recht erlaubt, ein Schritt in die völlig falsche Richtung wäre es aber beispielsweise, wenn Deckungsmassen Investmentfondsanteile oder Anteile vom Mortgage Backed Securities oder synthetischen Produkten enthalten dürften[1464]. Ebensowenig sollten etwa Deckungsstöcke von Lebensversicherungen in großzügigerer Form für Anteile an hybriden Produkten geöffnet werden[1465]. Geschäftsbeschränkungen für Sparkassen oder Raiffeisenbanken sollte man nicht aufgeben oder weiter lockern, sondern konsequent durchhalten.

(3) Mindestregulierung flexibler Anlagebereiche und Ausweichen des Marktes

Die Regulierung im Bereich flexibler Anlage mag auf Unternehmensebene bzw. auf der Ebene institutioneller Investoren in einigen Bereichen ein ordentliches Niveau erreicht haben, z. B. überwiegend im Bereich des Investment, wo auch laufende Reformen zwar die bestehenden Anlagebeschränkungen nicht wesentlich verändern, aber doch die Regulierungsbefugnisse der Finanzdienstleistungsaufsicht deutlich verstärkt werden sollen[1466]. „Der Markt" beantwortet allerdings diesen Trend zur stärkeren inhaltlichen Regulierung mit dem Ausweichen auf unregulierte Gebiete[1467], insbesondere auf den Bereich von Hedge-Fonds und Beteiligungsgesellschaften, der sog. Private Equity.

(4) Hedge-Fonds und Mindestregulierung

Die Hedge-Fonds zeichnen sich durch ein eigenartiges Vertrauen auf Risikostreuungs- und Risikobalancetheorien aus, die weder empirisch noch durch wissenschaftliche Modellbildung[1468] so recht eigentlich in ihrer Richtigkeit erhärtbar sind[1469]. Vor allem fehlen zur Notwendigkeit einer numerischen Ausgewogenheit zwischen dem standardisierten, eher risikoaversen Kapitalanlagebereich, dem mäßig regulierten, flexiblen Bereich und dem praktisch unregulierten Marktsegment Erfahrungswerte und brauchbare theoretische Modelle. Vieles spricht deshalb für eine Verstärkung der Mindestregulierung zur Risikodämpfung insbesondere durch Meldepflichten[1470] sowie Anlage- und Darlehensbeschränkungen. Sie wird natürlich von Wirtschaftskulturen eher bejaht, die Darlehensgeber oder Anleger stellen, als von Wirtschaftskulturen, die auf diese Weise große Mengen von Risikokapital anziehen und dabei Hedge-Fonds mit guter Gewinnmöglichkeit für Finanzdienstleistungsunternehmen beherbergen, ohne im Falle der Risikoverwirklichung selbst unbedingt allzu hart betroffen zu sein[1471]. Obwohl einseitige Regulierungsversuche im internationalen Finanzmarkt zumindest zunächst nur geringe Effizienz zeigen, sollte die EU bei der Regulierung voranschreiten. Die Öffnung für unregulierte Hedge-Fonds zur besseren Partizipation am Risiken-Outsourcing könnte sich auf Dauer als Fehler erweisen, weil man sich dabei zu sehr in die Hand unberechenbaren und ungebändigten Zufalls begibt, ohne dass – so wenig wie in den USA oder Großbritannien – nachhaltiger volkswirtschaftlicher Nutzen für die breite Bevölkerung der EU nachweisbar wäre. Die Gefährlichkeit der Entwicklung steigert sich dadurch, dass Hedge-Fonds teilweise beginnen, Anleihen beim Publikum zu plazieren[1472].

(5) Private Equity und Mindestregulierung

Bei Private Equity-Beteiligungsgesellschaften, die auch mit nicht börsenzugelassenen oder anderweitig marktorganisierten Unternehmen handeln und sie kurz- oder mittelfristig als Eigner halten[1473], liegt das Problem in der Fixierung auf das reine Gewinninteresse, das bei solchen Beteiligungen nicht selten auf eine rasche Rentabilitätssteigerung und profitable Weiterveräußerung zielt. Auf rasches Geld ausgerichtete „Verschlankungsmaßnahmen" zu Lasten der Belegschaft und fragwürdige und gesteigerte Verschuldungsgrade als Hauptkritikpunkte[1474] weisen auf die diesem Modell immanente Tendenz, Risiken vom Investor auf Arbeitnehmer und andere Gläubiger überzuwälzen, um sich dadurch möglichst rasch zu bereichern („fat cat feast"). Dieser Vorbehalt entspricht auch der Beurteilung durch „den Markt" selbst, wenn nach Private Equity-Übernahmen Unternehmensanleihen ursprünglich hoher Bonität eine dramatische Abwertung erfahren[1475]. Andererseits liegt in den Beteiligungsgesellschaften ein Anreiz zu Kapitalzufuhr und Investitionen, vor allem wenn regionale Beteiligungsgesellschaften zu mittel- und längerfristigen Engagements befähigt werden sollten. Aus diesem Grunde könnte sich eine Regulierung empfehlen, welche diese Anlageform ähnlich wie REITs steuerlich begünstigt[1476], um dann aber gleichzeitig ausbeutende Beteiligungsformen mit einer Fehlverteilung der Risiken rechtlich zu unterbinden, z. B. keine Schuldenhöhe über die Regeln sorgfältiger kaufmännischer Geschäftsführung hinaus[1477], steuerlich sanktionierte Haltevorschriften etc. Angesichts der hohen Bedeutung kleinerer und mittlerer Unternehmen für die Wirtschaft der EU[1478] ist es kaum vertretbar, dem Zugriff unregulierter Beteiligungsfonds – oft kaum unterscheidbar von Hedge-Fonds – gerade auf diesen Unternehmensbereich einfach zuzusehen[1479]. Von reinen Transparenz- oder Informationsvorschriften ist so wenig ausreichende Abhilfe zu erwarten wie von einem freiwilligen Code of Conduct, der die Realität so wenig verändern könnte wie der Corporate Governance Kodex der Aktiengesellschaften, falls man wieder Profitmaximierung für die Unternehmenshändler „ungehedged" als alleinige Verhaltensrichtlinie stehen ließe[1480]. Es ist bereits darauf hingewiesen, das ein Engagement von Tochterunternehmen öffentlicher Landesbanken mit kapitalattrahierender und kapitalbindender Funktion wünschenswert erschiene[1481]. Auch ähnliche Initiativen großer Familienunternehmen sind begrüßenswert. Nur unter den Voraussetzungen ausreichender Regulierung erscheint ein angestrebtes Engagement von Versicherungen oder Pensionsfonds vertretbar – andernfalls wäre die notwendige Trennung zwischen risikoaversen und flexibleren, risikoreicheren Anlagen missachtet.

f) Fortbestehende Bedeutung präventiven Qualitäts- und Abnehmerschutzes durch berufsrechtliche Regelungen

Der Trend zum mehr oder weniger vollen Abbau berufsrechtlicher Regulierung sollte gebremst werden. In manchen Bereichen ist im Gegenteil ein „Mehr" an Regulierung durchaus notwendig. Die These, der informierte Abnehmer und Verbraucher könne selbst entscheiden, ob er für präventive Standards einen höheren Preis zu zahlen bereit sei oder sich mit einer niedrigeren abstrakten Qualitätsstufe begnügen wolle, leidet wie jede Berufung auf das markttheoretische Informationsmodell an dem geschilderten Realitätsverlust, der menschlichem Verhalten im Markt unbegrenzte Informationskapazität und „rational choice" zugrunde legt[1482]. Der Markt reagiert auf viele allmähliche Qualitätsverschlechterungen sehr verzögert, und oft erweisen sich Verschlechterungen als irreversibel, weil alte Strukturen völlig weggefallen sind und ihr Neuaufbau sehr kostenintensiv ist. Dem Abnehmer bleiben dann nur mühsam durchzusetzende repressive Rechtsbehelfe, deren Erfolg von der schwer vorhersehbaren ad-hoc-Beurteilung durch Sachverständige und Gerichte abhängt. Bestimmte Qualitätsstandards liegen auch im Gemeinwohlinteresse; ihr Verfall mag für Anbieter häufig wirtschaftlich zumindest kurzfristig lohnend sein, Abnehmer allein können ihn nicht aufhalten.

(1) Handwerksberufe

Nicht zuletzt unter dem Eindruck des Verständnisses von Marktfreiheiten, wie sie EuGH und EU-Kommission vertreten, aber auch im Gefolge eigener Deregulierungsbestrebungen hat der deutsche Gesetzgeber die Anzahl von Handwerken mit Meisterzwang reduziert, eine Vielzahl von Gleichstellungstatbeständen bei der Eintragung in die Handwerkerrolle geschaffen und die Zahl handwerksähnlicher oder zulassungsfreier Gewerbe vermehrt[1483]. Manche Liberalisierungsmaßnahmen verdienen ohne jeden Zweifel Zustimmung, wobei dahinstehen mag, ob die Abgrenzung von Handwerksberufen, handwerksähnlichen Berufen und zulassungsfreien Gewerben stets geglückt ist[1484]. Jedenfalls ist die deutsche Wirtschaft mit der Regulierung präventiver handwerklicher Standards in der Vergangenheit sehr gut gefahren, sie war für das Niveau handwerklicher Leistung und vor allem auch beruflicher Bildung prägend. Innungen und Handwerkskammern als Institutionen beruflicher Selbstverwaltung haben zur Wahrung der Qualitätsstandards und eines vom reinen Profitdenken unabhängigen Berufsethos[1485] ebenso beigetragen wie zum Erfolg des beruflichen Ausbildungsmodells. Deutschland als Platz besonders hochwertiger Produktion[1486] hat dieser Organisation handwerklicher Berufsausübung viel, wenn nicht alles zu verdanken. Es wäre auf lange Frist eine Torheit, dieses Modell hektisch abzubauen, um nach einigen Jahren zu entdecken, dass zwar alles zumindest gleich teuer geblieben ist, das Qualitätsniveau aber gelitten hat[1487].

(2) Die freien Berufe

In den freien Berufen sind die Signale für den Fortbestand präventiven Qualitäts- und Abnehmerschutzes sehr unterschiedlich. Im Bereich der Anwaltschaft und der Rechtsberatung hat der gesetzgeberische Abbau – wesentlich mit vorangetrieben durch das BVerfG und die EU-Kommission[1488] bei neuerlicher Mäßigung des EuGH[1489] – sein Endstadium noch nicht erreicht, nachdem die teilweise Öffnung der Rechtsberatung für Nichtanwälte und der noch weiterreichende Abschied von festen Gebühren anstehen. Das Notariat steht nach wie vor unter der skeptischen Sonderaufsicht der EU-Kommission, die es im Grunde genommen als Investitionshemmnis am liebsten ganz abschaffen würde, um dem Bürger und den Unternehmen die völlig freie Wahl billiger oder aufwendiger Rechtsvorsorge zu lassen. Wenn man die fortschreitende Orientierung rechtsanwaltlicher und rechtlicher Beratung am Profitdenken verhindern und institutionelle Vorkehrungen treffen will, um berufliches Ethos im Sinne unabhängiger Beratung auch gegenüber dem Mandanten[1490] zu erhalten, so wäre es notwendig, dem Trend zur freien Aushandelbarkeit der Bedingungen einer Erteilung rechtlichen Rats die notwendigen Grenzen zu setzen[1491]. Dazu gehören durch öffentliche Gewalt autorisierte Gebührenordnungen, die zumindest eine Leitlinie vorgeben, soweit abweichende Gestaltung erlaubt sein soll, und die ein Abgleiten in die bloß wettbewerbsrechtliche Kontrolle des Entgeltsystems verhindern[1492]; klare Inkompatibilitätsregeln bei Interessenkonflikten unabhängig von der Information der Parteien[1493]; unabhängigkeitswahrende Kanzleistrukturen mit entsprechenden Kontrollpflichten und Informationsrechten der Anwaltskammern vor allem auch gegenüber ausländisch beherrschten Anwaltskanzleien[1494]; berufliche Inkompatibilität zur Wahrung der Unabhängigkeit (z. B. organisatorische Trennung von Rechtsrat und Wirtschaftsprüfung[1495] etc.); weitgehende Aufrechterhaltung des Rechtsberatungsmonopols durch unabhängige Anwälte[1496]; Beschränkung der Anwaltszulassungszahlen durch geeignete objektive Zulassungsvoraussetzungen zur Verhinderung eines Verdrängungswettbewerbs[1497]. Wenn man freien Berufen bestimmte Pflichten in Abwicklung, Organisation und Bezahlung zur Wahrung voller Unabhängigkeit gegenüber dem Mandanten erspart, wie dies in teilweise sehr großzügiger Weise seit längerer Zeit bei Wirtschaftsprüfern letztlich der Fall war, kommt es angesichts bestehender Missstände (unzureichende Trennung von Beratung mit frei vereinbartem Entgelt und Pflichtprüfung[1498] mit geregeltem Entgelt[1499], Oligopolbildung, großzügige Zusammenarbeit mit anderen freien Berufen, schwindendes Vertrauen in Prüferintegrität etc.) dann plötzlich zu verstärkten Regulierungsversuchen: verschärfte Berufspflichten zur Qualitätssicherung und zur Sicherung unabhängiger Prüfung, Registrierungspflichten, Verschärfung der Berufsaufsicht[1500]. So beginnt man im Bereich der Wirtschaftsprüfung nach einer Phase der Liberalität plötzlich die Notwendigkeiten und Vorzüge einer Regulierung wiederzuentdecken, das Pendel schlägt angesichts starker Enttäuschungen mit einem deregulierten Berufsstand wieder zurück[1501]. Es wäre wünschenswert, im Bereich der Anwaltschaft nicht den Fehler einer Deregulierung ohne Bewusstsein um notwendige Grenzen zu begehen, um dann erst später nach deutlich bemerkbaren Schäden wieder zum vernünftigen Ausgleich zurückzukehren. Allerdings machen es die Rechtsprechung vor allem des BVerfG[1502] und die Konzeptionslosigkeit anwaltlicher Standespolitik[1503] sehr schwer, hierauf in absehbarer Zeit zu hoffen. Demgegenüber könnte das Notariat trotz des Drucks der EU vom Cannae fehlender ausreichender Regulierung im Bereich der Wirtschaftsprüfung profitieren, zumal sein standespolitisches Grundverständnis als Organ vorsorgender Rechtspflege stärker lebendig gehalten ist und bisher eine erhöhte Abwehrbereitschaft gegenüber deregulierenden Begehrlichkeiten sichtbar war, die sich auch auf das Bewusstsein gründen kann, zur Rechtssicherheit und zur Ausgewogenheit privatautonomer Gestaltung wesentlich beigetragen zu haben[1504]. Der Versuch, diese Verfassung vorsorgender Rechtspflege durch einen neutralen Dritten für überhöhte Kostenverursachung verantwortlich zu machen und sie zum Handelshemmnis zu erklären, wird scheitern. Das durch anwaltliche Beratung oder andere Formen einseitiger Rechtsberatung betreute Rechtsgeschäft ist nicht kostengünstiger[1505]. Das Notariat ist eine hochentwickelte Form der „Negotiation" oder auch „Mediation", welche die angloamerikanische Rechtskultur erst neu zu entdecken und entwickeln beginnt und für die sie geeignete Regeln erst allmählich zu schaffen hat. Die kontinentale Rechtskultur hat keinerlei Grund, im Bereich der Privatautonomie diese wohlentwickelte rechtssichernde und beratende Instanz in ihrer Unabhängigkeit zu beeinträchtigen, wie sie gerade auch in einem regulierten Kostenrecht gewährleistet erscheint[1506]. Nirgends wird der nimmersatte Charakter der Marktideologie und ihrer Protagonisten in der EU-Kommission deutlicher als auf dem Gebiet vorsorgender Rechtspflege. Die Schöpfer der europäischen Verträge haben nie daran gedacht, die Kultur vorsorgender Rechtspflege unter dem Topos der Marktfreiheiten zu stürzen; erst die Entfesselung des Marktdenkens zur allein selig machenden Ideologie vermag die Aggression gegen gewachsene Strukturen vorsorgender Rechtspflege zu erklären.

Es ist bereits an anderer Stelle dargelegt, wie sehr die freien Berufe des Gesundheitswesens, nämlich Arzt und Apotheker, einer Reglementierung unterliegen, weil sie Teil eines stark hoheitlich regulierten Gesamtsystems sind, das seinerseits eine Anreicherung um wettbewerbliche Elemente gut vertragen könnte[1507]. Wenn für den einzelnen Patienten stärkerer Anreiz zu kostengünstigem Wirtschaften geschaffen wäre, den die Versicherungen honorieren, dann würde sich dieses Streben nach besserer Effizienz in einer Weise auf Ärzte und Apotheker übertragen lassen, die stärkerer Patientenautonomie und breiterem Beratungsspielraum entspräche (Tarifauswahl, Leistungsauswahl, individualisierte Rechnungsstellung, Beratungsgespräch zwischen Arzt bzw. Apotheker und Patient über individuelle Gestaltung der Kosten-Nutzen-Relation). Einschneidende Veränderungen sollte man von solchen Maßnahmen nicht erwarten, eher kleinere Auflockerungen. Es ist unabdingbar, dass in freien Berufen existentieller Bedeutung die Dichte präventiver qualitäts- und kostensichernder Regelung steigt, weil die Voraussetzungen eines realen funktionierenden Marktes fehlen[1508] und simulierte wettbewerbliche Elemente – nicht ohne die Gefahr einer zusätzlichen Fehlsteuerung – allenfalls eine gewisse Auflockerung verkrustungsgefährdeter Strukturen bringen können[1509]. Aus diesen Gegebenheiten erhellt allerdings auch, dass gröbere Eingriffe in das Gesamtsystem unter Berufung auf Marktfreiheiten seitens der EU und des EuGH unterbleiben sollten[1510].

(3) Rating-Agenturen

Die Rating-Agenturen, die erst so recht eigentlich in den letzten 15 Jahren entstanden sind und ihre immense Marktmacht als Gegenspieler von Staaten, Konzernen und Investoren entwickelt haben[1511], bewegen sich berufsrechtlich weithin im rechtsfreien Raum, selbst haftungsrechtliche Regelbildung hat bisher nicht oder kaum eingesetzt[1512]. Ersten Versuchen präventiven Qualitätsschutzes durch Transparenzvorschriften über das Rating-Verfahren[1513] oder Anzeigepflichten über Beteiligungen an Rating-Agenturen[1514] war weder in den USA noch in Europa durchschlagender Erfolg beschieden. Teilweise legen die Agenturen ihre Rating-Leitlinien selbst offen, ein Code of Conduct für Agenturen entspricht der Intention der Akteure. Die Honorierung bleibt vertraulicher Vereinbarung vorbehalten. Letztlich besteht aber immer der unabänderliche grundlegende Interessenkonflikt zwischen objektivem Rating und dem Eigeninteresse an Markterweiterung, das z. B. aggressives oder zurückhaltendes Rating oder die Bevorzugung wenig standardisierter, diversifizierter Produktpaletten nahelegen kann. Nicht selten sind Rating-Agenturen bereits bei der Konzeption von Finanzprodukten beteiligt und begleiten das Produkt, dessen Risikomanagement sich an phasenweisem Rating ausrichtet; auch hier können Interessenkonflikte auftreten, wenn dieselbe Agentur die Stress-Phase des von ihr mitentworfenen Produkts zu bewerten hat. Was tun?

Gewisse Formen der Reglementierung zum präventiven Schutz erscheinen unvermeidbar: Transparenzvorschriften, Anzeigepflichten über Kapitaleigner, Offenlegung der Honorierung gegenüber der Finanzdienstleistungsaufsicht, Inkompatibilitätsvorschriften bei wiederholtem Rating zum Risikomanagement etc. Der grundlegende Interessenwiderstreit zwischen objektiver Bewertung, eigenem Marktschöpfungsinteresse und Kundenorientierung lässt sich nicht beseitigen. Dies muss zu keiner Verteufelung privatrechtlich organisierter Rating-Agenturen führen. Wettbewerb unter Rating-Agenturen fördert auch die Qualität des Ratings, viele Innovationen des Finanzmarktes hätten ohne die Rating-Agenturen nie ausreichende qualitative Reife erreicht. Es erschiene aber durchaus sinnvoll, stiftungsmäßig finanzierte Konkurrenz mit institutionell verankerter größerer Unabhängigkeit zu schaffen, wobei die „Stiftung Warentest“ Vorbild sein könnte. Nur auf diese Weise lässt sich eine überzeugende Rating-Struktur schaffen. Die Entwicklung des Rechts der Rating-Agenturen wie auch die Entwicklung des Rechts der Wirtschaftsprüfer zeigt, wie verfehlt bei allen Berufen rein marktmäßige Organisation ist, die Distanz zum Klienten verlangen. Es steht zu hoffen, dass sich diese Erkenntnis auch bei rechtsberatenden Berufen wieder stärker Raum schafft, auch wenn das BVerfG sich bisher voll im Banne marktideologischer Grundlegung zu bewegen scheint.

g) *Inhaltliche Regulierung und Schutzvorschriften im Arbeitsmarkt*

(1) *Der behauptete Flexibilisierungsbedarf*

Das Recht des Arbeitsmarktes gilt vielfach als inhaltlich überreguliert und der Flexibilisierung bedürftig. Diese Kritik richtet sich letztlich dagegen, dass Kapitaleigner und Arbeitgeber keine Angebote unterbreiten können, die ein hohes Schutzniveau unterschreiten. Dabei definiert sich dieses Schutzniveau gleichermaßen kollektivrechtlich wie individualvertraglich, und der nationale Gesetzgeber ist bei seiner Gestaltung bisher stärker beteiligt als der europäische Gesetzgeber[1515]. Natürlich liegt der Schwerpunkt der Kritik auf der nationalen Gesetzgebung, weil EU-Recht innerhalb der EU wettbewerbsneutral wirkt; immerhin können Schutznormen der EU den Wettbewerb gegenüber Ländern anderer Wirtschaftsregionen durchaus beeinträchtigen. Was sind die Hauptkritikpunkte[1516], die Kapitaleigner an der Schaffung von Arbeitsplatzangeboten hindern, zwischen denen der Arbeitnehmer als „mündiger" und „informierter" Marktteilnehmer auswählen kann? Man beklagt die Wirkung der Unternehmensmitbestimmung als Investitionshemmnis und hofft teilweise auf konkurrierende mitbestimmungslose bzw. auf betriebliche Mitbestimmung beschränkte Gestaltung bei Wahl ausländischen Gesellschaftsrechts unter der „Überseering"- und „Inspire Art"-Rechtsprechung des EuGH[1517]. Man kritisiert die uniformisierende Wirkung der Flächentarifverträge und fordert Öffnungsklauseln für konkurrierende regionale oder betriebliche Vereinbarungen oder individuelle Lösungen im Sinne von Optionen (z. B. Ertragsbeteiligung statt Lohnerhöhung, Bestandsschutz statt Lohnerhöhung, längere Arbeitszeit für Bestandsschutz etc.)[1518]. Man kämpft für die Rücknahme staatlicher, Arbeitslosigkeit subventionierender „Konkurrenzangebote" in Gestalt überhöhter Sozialleistungen, die für den „informierten" Arbeitnehmer Arbeit unrentabel werden lassen[1519]. Ein

„Dauerbrenner" ist dabei der Streit um ein sachgerechtes allgemeines[1520] Kombilohnmodell[1521]: es soll ohne falsche Subventionierung genügend Anreize für Arbeitnehmer zur Arbeitsaufnahme bieten und andererseits „Mitnahmeeffekte" bei Arbeitgebern (Gehaltssenkung) durch geeignete Maßnahmen (Mindestlohn[1522]) ausschließen. Im Rahmen der Gestaltung des Individualvertragsrechts setzt man sich teilweise für erhöhte zeitliche Flexibilität bei Befristung und Kündigungsschutz ein und fühlt sich dabei von der Rechtsprechung des EuGH und des Bundesarbeitsgerichts konterkariert[1523]. Das Recht der Leiharbeitsverhältnisse soll durch Lohnflexibilisierung für Unternehmen attraktiver gestaltet werden[1524]. Die Gleichstellungsgesetzgebung der EU und des nationalen Gesetzgebers wird vielfach nicht gerade als flexibilitätsfördernd betrachtet[1525].

(2) Flexibilisierung zum Bestehen des Angebotswettbewerbs oder zur Gewinnmaximierung der Kapitaleigner?

Man kann – wie dies leider nicht selten geschieht[1526] – die Probleme der Flexibilisierung des Arbeitsmarktes vor dem Hintergrund des Glaubens an die „unsichtbare Hand" eines europa- und weltweiten Marktes erörtern und sich mehr oder weniger uneingeschränkt seinen Regeln unterwerfen. Dann gilt, dass Kapital europa- und weltweit dorthin fließt, wo mit höchstem Gewinn produziert und Dienstleistung erbracht wird, und dass sich der Arbeitnehmer in das „Schicksal" zu fügen hat, vom Gewinn nur den Anteil zu bekommen, den der Kapitalinvestor im europa- und weltweiten Leistungswettbewerb der Arbeitnehmer zu bezahlen hat, und dass die „Chance" des Arbeitnehmers im „Bessersein" liegt, um sich dann entgeltmäßig besser zu stellen. Wenn man sich dieser Logik stellt, so steckt in der „Flexibilisierung" nichts anderes als der Nachvollzug dieser Marktgesetze mit der Folge, dass gar keine andere Wahl bleibt als Senkung der Arbeitskosten bis zum europa- oder gar weltweit von den Kapitalgebern akzeptierten Niveau für bessere Qualität – das aber sicher nicht so hoch liegt, wie dies heutigem deutschen Lohnniveau entspricht[1527]. Viele, vor allem jüngere Arbeitsrechtler haben sich in marktökonomischem Enthusiasmus dieser Vollzugsmentalität verschrieben und gefallen sich darin[1528]. Andere Arbeitsrechtler setzen die wissenschaftliche Diskussion so fort, als gäbe es diese neokapitalistischen Parameter nicht, und ermuntern zu Verteilungskämpfen über Kapital, das sich staatlichem und gesellschaftlichem Zugriff mehr und mehr entziehen könnte. Dem einheitlichen freien Kapitalmarkt in der EU steht kein einheitlicher Arbeitnehmermarkt gleicher inhaltlicher Mindestregulierung gegenüber[1529], und dasselbe gilt in gesteigerter Form vom weltweiten Arbeitnehmermarkt[1530]. Es ist bereits darauf hingewiesen, dass die Logik des „Besserseins" ihre völlige Berechtigung für den Angebotswettbewerb hat, es aber nicht angeht, sie einfach auf den Kapitalmarktwettbewerb zu übertragen mit der Folge, dass nationale Volkswirtschaften und Regionen jeden weiteren Einfluss auf die Gewinnverteilung verlieren[1531]. So hängt der Grad notwendiger und sinnvoller Flexibilisierung im Sinne einer Wettbewerbsanpassung stark davon ab, inwieweit neben die Qualität und Produktivität der Arbeitnehmerschaft weitere Kapitalbindungsfaktoren treten, die nicht *nur* vom Gewinnmaximierungsinteresse geleitet sind[1532]. Es ist deshalb legitim, wenn z. B. ein öffentliches Bankensystem die Bürger zu risikoaverser Geldanlage motiviert und das Kapital nicht möglichst gewinnbringend und risikoreich weltweit investiert, sondern bei stimmigen Parametern des Angebotswettbewerbs risikoavers regional. Beim „Fat Cat Feast" internationaler Finanzinvestoren wird in aller Regel – wenn überhaupt – Rentabilität im Sinne des Profits der Kapitaleigner auf Kosten der Belegschaft gesteigert, wobei häufig durchaus Unternehmen gekauft werden, die dem Angebotswettbewerb standhalten[1533]. Auf diese Weise wird den Regionen Kapital entzogen, weil der Gewinn nicht unbedingt in der Region reinvestiert wird, wie dies z. B. bei regional gebundenen Finanzinvestoren der Fall wäre. Wie stark der Kapitaltransfer durch weltweit tätige Finanzinvestoren sein kann, zeigt sich daran, dass z. B. das Privatvermögen des Gründers von Blackstone, Stephen Schwarzman, ohne seinen Anteil an Blackstone auf 10 Milliarden U.S.-Dollar geschätzt wird, wobei der potentielle Börsenwert von Blackstone bei einem Fonds-Volumen von 21 Milliarden Dollar bei ca. 40 Milliarden Dollar liegen dürfte[1534]. Wenn die Arbeitnehmerschaft einer Flexibilisierung zur Ermöglichung solchen Gewinntransfers, die kein Einzelfall ist, trotzt und eine erschreckende wirtschaftspolitische Fehlsteuerung durch die politische und wirtschaftliche Elite abmahnt, so geschieht dies nicht ohne Grund, weil die Entwicklung zu solchen Gewinnverteilungsstrukturen jeder Tradition kontinentaleuropäischer Gesittung in krasser Form widerspricht[1535]. Die Gestaltung des europäischen und deutschen Arbeitsrechts wird also wesentlich davon abhängen, inwieweit die Regionen nicht streng auf Gewinnmaximierung angelegte Kapitalbindungsmodelle entwickeln und behalten dürfen, die – fern jeden Purismus – neben die rein gewinnmaximierenden Anlageformen der Kapitalinvestoren treten[1536]. Jede arbeitsrechtliche Diskussion, die diese Parameter nicht beachtet, ist eine Geisterdiskussion, weil sie Werte verteilt, die es bei bestandenem Angebotswettbewerb zwar gibt, die aber nicht der rechtlichen Verfügbarkeit unterliegen, sondern der Willkür eines Kapitaleigners. Eine Gesellschaft, die sich der Notwendigkeit einer Kapitalbindung jenseits strenger Gewinnmaximierung nicht stellt, kann Arbeitsrecht nur als Vollstreckung der Gewinnmaximierungsregeln internationaler Investoren betreiben – und sie sollte dies dann wenigstens bemerken und ihren Konstrukten nicht falsche Spielräume zugrunde legen.

(3) Verbleibender Flexibilisierungsbedarf

Wenn man – mit guten Gründen – davon ausgeht, dass Deutschland neben rein gewinnmaximierend angelegtem Kapital immer noch ausreichend Kapital mit gemäßigter Gewinnerwartung bindet und künftig binden wird, so bleiben trotzdem Flexibilisierungsmaßnahmen sinnvoll, die den Angebotswettbewerb stärken und gleichzeitig den Kapitaleigner in seiner gemäßigten Gewinnerwartung nicht enttäuschen.

Inwieweit Unternehmensmitbestimmung und betriebliche Mitbestimmung wirklich wettbewerbschädigend wirken und inwieweit sie – verglichen etwa mit streikbelasteteren Staaten wie Italien oder Frankreich – nicht doch gerade im Krisenfall wesentlich zur Befriedung und Kooperationsbereitschaft der Arbeitnehmer beitragen, kann gültig schwer entschieden werden; insgesamt überwiegen im Kontext der deutschen, auf Kooperation und regionale Verbundenheit angelegten Wirtschaftsstrukturen sicherlich die Vorteile[1537], mag man auch eine Mäßigung der Unternehmensmitbestimmung für gut vertretbar halten[1538]. Eine wesentliche Änderung der Wettbewerbsparameter wird von Gesetzesänderungen allerdings schwerlich zu erwarten sein, ein lohnender Schwerpunkt möglicher Flexibilisierung ist die Mitbestimmungsfrage letztlich eher nicht, zumal sie in dieser ausgeprägten Form ohnehin unter europäischen Druck gerät.

Die Öffnung der Flächentarifverträge für unternehmensangepasste individuelle Lösungen[1539] ist durchaus unter Kooperation der Gewerkschaften faktische Realität, wobei viele Wünsche der Flexibilisierungsliste häufig bereits umgesetzt sind (längere Arbeitszeit für Bestandsschutz, Bestandsschutz statt Lohnerhöhung, Einmalzahlungen bei unsicherer wirtschaftlicher Entwicklung etc.). Dabei ist insbesondere die Rückkehr zu längeren Arbeitszeiten ohne (vollen) Lohnausgleich für die Gesellschaft ein richtiges Signal und eine wichtige Form der Produktivitätssteigerung. Im Übrigen sollte man aber die durchaus stabilisierende Wirkung der Tarifverträge mit ihrer Einigung zwischen Arbeitgeber- und Arbeitnehmerverbänden und die Vorteile zeitlich befristeter Fixierung der Preisgerechtigkeit nicht zu gering achten. Ob es wirklich so falsch ist, beim Günstigkeitsvergleich zwischen Tarifvertrag und individuellen Regelungsabreden im Zweifel die Mitwirkung der Tarifvertragsparteien – vor allem der Gewerkschaften – zu verlangen[1540], erscheint angesichts eines übertriebenen Gewinnstrebens mancher Kapitalinvestoren fragwürdig. Vielleicht schreckt „Heuschrecken" die Aussicht, bei rigorosen „Rentabilitätsmaßnahmen" auf ein starkes Gegenüber zu prallen, doch vom Erwerb ab. Dass die gewerkschaftliche Zustimmung bei Existenznot, also bei drohendem Versagen im Angebotswettbewerb, versagt würde, dürfte eher die Ausnahme sein. Wirtschaftliche Unvernunft kann man den deutschen Gewerkschaften generell sicher nicht vorwerfen, so wenig wie Arbeitgebern, trotz gelegentlicher krasser Fehlentscheidungen beider Seiten – auch der Arbeitgeber (DaimlerChrysler, Altana, Siemens/BenQ etc.).

Die sich mit dem „Kombilohn" und allen hiermit zusammenhängenden Fragen befassende politische Diskussion sollte den Vorschlag des Sachverständigenrats aufgreifen[1541]. Er vereint Elemente sozialen Mindestschutzes, des finanziellen Anreizes zur Arbeitsaufnahme (Beseitigung staatlicher Konkurrenz durch unangemessene Sozialleistungen), notwendiger Subventionierung und des maßvollen Einsatzes eines „zweiten Arbeitsmarktes" in durchaus geeigneter Form. Dabei fällt eine übertriebene Ängstlichkeit der deutschen Arbeitsmarktpolitik auf, wenn es um Eingliederungsmodelle für Langzeitarbeitslose oder andere Problemgruppen geht. Arbeitnehmer, an denen längerfristig kein Marktinteresse besteht, letztlich weil ihre Produktivität zu gering oder im gegenwärtigen freien Markt für absehbare Zeit nicht gefragt ist, müssen entweder über Umlagesysteme für Untätigkeit bezahlt werden – so die jetzige wenig befriedigende, überwiegende Situation in Deutschland – oder man versucht eine subventionierende Eingliederung in Unternehmen mit aller gebotenen Vorsicht. Die Technik subventionierender Eingliederung ist insoweit sicher vorzugswürdig, das Risiko selbst milliardenschweren Fehlschlags sollte man laufen. Auch Unternehmer, die „Weltkonzerne" aus wesentlich weniger gewichtiger Motivation konstruieren, setzen Risikokapital, und niemand stellt bei Fehlentscheidungen deshalb gleich das ganze System freier unternehmerischer Entscheidung in Frage. Was Experimentierfreudigkeit und Mut zum kalkulierten Risiko bei Eingliederungsproblemen angeht, kann Deutschland aus seiner Nachkriegsära lernen: man konnte in dieser Zeit nicht jede Maßnahme zerredend vor sich herschieben, und trotz mancher Mängel haben die meisten subventionierenden Eingliederungsgesetze letztlich doch erfreulich gut gegriffen. Deutschland fällt im internationalen Vergleich z. B. mit Frankreich, Japan oder selbst den USA dadurch auf, dass es am wenigsten darauf geachtet hat, in Unternehmen eingliedernde Arbeitsplätze geringer Produktivität zu schaffen oder auch nur zu erhalten, obwohl vor allem an gewissen zusätzlichen Dienstleistungen ein beschränktes Marktinteresse durchaus bestünde. Man rationalisiert und bezahlt im Umlageverfahren Untätigkeit – eine Situation, die sich als typisches Produkt marktideologischer Verengung und fehlender Pragmatik erweist.

Im Bereich der Befristung und des Kündigungsschutzes bleibt eine Flexibilisierung des Individualvertragsrechts in einigen Punkten empfehlenswert. Zutreffend ist der Hinweis, dass sich aus dem berechtigten Willkürschutz des Kündigungsschutzgesetzes unter der Ägide des BAG eine Art „Kündigungsschutzindustrie“[1542] entwickelt hat, wobei das Ergebnis praktisch stets nicht etwa die Fortsetzung des Arbeitsverhältnisses, sondern eine Abfindung ist, die entsprechend lokaler Vergleichs- und Spruchpraxis stark variiert[1543]. Gesetzliche Abfindungsregelungen nach dem Vorbild anderer EU-Staaten mögen hier durchaus Vorzüge haben[1544], wobei allerdings ein Kernbestand an Willkürschutz erhalten bleiben müsste. Ähnlich wie beim Kombilohn fällt auch hier auf, dass der deutsche Gesetzgeber große Hemmung gezeigt hat, wenigstens einmal einen Versuch zu wagen[1545]. Noch mehr Experimentierfreude wäre auch bei den vieldiskutierten Zeitarbeitsverträgen im Falle von Neueinstellungen oder Wiedereingliederung angezeigt[1546], obwohl hier bereits einiges geschehen ist. Persönlichkeitsbedingte Diskriminierungen (z. B. Alter etc.) sind dabei allerdings zu vermeiden, was sich als durchaus nicht immer einfach erweist, nachdem der Gleichstellungsgedanke vor allem von der EU teilweise in einer Weise vorangetrieben wird[1547], die durchaus geeignet erscheint, einzelne Gruppen sozusagen zu Tode zu schützen.

Insgesamt ist die „Flexibilisierungsbilanz" der letzten Jahre durchaus nicht so negativ, wie dies der IWF glaubt sehen zu müssen, wobei sein ungebremst neokapitalistischer Ausgangspunkt den klaren Blick für das richtige Maß etwas zu trüben scheint[1548]. Es sind kleine Schritte im Rahmen wirtschaftspolitischer Kontinuität, die nicht immer dem IWF-Modell entsprechen müssen und trotzdem oder gerade deshalb die deutsche Wirtschaft am zyklischen Aufschwung teilhaben lassen.

h) Ausbau der „Private Law Enforcement"[1549]?

Der Abbau inhaltlicher Regulierung schwächt die Möglichkeit präventiven Schutzes der Marktteilnehmer und erhöht das Risiko eines Schadenseintritts beim Marktteilnehmer. Man wird oft erst nach Schadenseintritt beurteilen können, ob die Risikoverwirklichung beim einzelnen Marktteilnehmer rechtswidrig war, weil sich die Verletzung konkretisierungsbedürftiger Verhaltens- oder Informationspflichten erst ex post verifizieren lässt. Dabei kann es sich typischerweise um Streuschäden handeln, die den einzelnen Marktteilnehmer wenig belasten, dem in rechtswidriger Weise risikoauslagernden Schädiger aber erheblichen wirtschaftlichen Vorteil verschaffen. Selbst bei existenziellen Schäden einzelner Marktteilnehmer kann der Anreiz zur individuellen Rechtsverfolgung gering sein, weil der Beweis einer Pflichtverletzung schwierig und das Prozessrisiko groß ist[1550]. Wenn man angesichts dieser ungünstigen Ausgangssituation für private Rechtsverfolgung nicht – wie Kontinentaleuropa bisher überwiegend – auf präventive Kontrolle und repressive Rechtsverfolgung durch Behörden setzt (Strafen und behördliche Gewinnabschöpfungsmaßnahmen), so muss das System privater Rechtsverfolgung und auch das System privatrechtlicher Sanktion ziemlich grundlegend umgebaut werden: Gruppenklagen oder Verbandsklagen zur Kollektivierung der Marktteilnehmer mit ihren Streuschäden oder prozessrisikobelasteten Schäden; neue materiellrechtliche Sanktionsformen, die sich vom individualrechtlichen Kompensationsgedanken weithin verabschieden (Strafschäden, Abschöpfungsmodelle[1551], pauschalierte flat-rate-Sanktionen); finanzielle Anreize für Verbände oder Anwälte (contingency fees); inquisitorische Elemente des Beweisrechts in Händen der Kläger bei aufwendigen Beweisaufnahmen[1552]. Der Aufwand eines solchen Rechtsschutzsystems ist groß, es stellt in vielen Bereichen eine Doppelung öffentlicher durchaus gleichlaufender Sanktionsmechanismen dar und sein Effekt, nämlich „deterrence" („wrongdoing shouldn't pay"), verwirklicht sich nicht nachweislich besser als bei Sanktionen öffentlichrechtlicher Organisation. Wo das Recht inhaltliche Vorgaben abbaut, um dem informierten Markt die Qualitätssicherung zu überlassen, schafft die Rechtsprechung auf Klage die Regeln, die mit wesentlich geringerem Aufwand präventiv hätten gesetzt werden können. Wo Risiken in unverträglicher Form gestreut und übergewälzt werden, führt eine Haftung zur wertmäßigen Rückführung, die man sich durch geeignete inhaltliche Gestaltung hätte ersparen können. Dazu einige Beispiele: Wenn Optionen, die an Endabnehmer verkauft werden, sozial unverträgliche Schäden anrichten, so wird die Rechtsprechung auf Klage der geschädigten Marktteilnehmer den Maßstab der Informationspflichten so hoch setzen, dass durch Haftung eine Kompensation dieser unverträglichen Risikoübertragung geschaffen wird. Ähnlich lassen sich bei Risiko-Aktien die Prospektpflichten so hoch setzen, dass die Risikoüberwälzung durch Schadensersatz nachträglich wieder kompensiert wird. In beiden Fällen wäre es wesentlich kostengünstiger, z. B. die spielkasinoähnliche Knock-Out-Option erst gar nicht zuzulassen oder dem Verkauf von Risiko-Aktien an Verbraucher dadurch einen Riegel vorzuschieben, dass man nur mittelbare Beteiligungen mit Kapitalrückzahlungsgarantien zulässt oder steuerlich fördert und damit dem Emittenten von Risikowerten Partner gegenüberstellt, die angesichts breiter und voller Risikoübernahme schwerer manipulierbar sind und im Konfliktfall ihre Rechte in sehr einfacher und wirksamer Form wahrzunehmen in der Lage sind. An der aufwendigen Gestaltung des Rechtsschutzes nach streuender Risikoauslagerung verdienen viele: Anwälte, Schutzvereinigungen, Wirtschaftsprüfer, Analysten bei Prospekterrichtung etc. Einmal etabliert, gewinnt dieses System so sehr an Eigengewicht, dass es kaum mehr zu bändigen ist, weil es sich selbst seinen Wachstumsmarkt schafft.

Empirisch lässt sich nicht nachweisen, dass „Private Law Enforcement" tatsächlich unangemessene Risikoauslagerungen oder Verstöße gegen Verhaltensregeln effizient verhindert. Weltkonzerne wie BASF, Thyssen-Krupp, Siemens, Microsoft etc. lassen sich vom Recht der USA als dem Land der „Private Law Enforcement" nicht wirksamer von Kartell-Verstößen abhalten als vom europäischen Recht, dessen bisherige administrative Mechanismen teilweise fast wirksamer greifen (Microsoft)[1553]. Zweifelhafte Kapitalgesellschaften oder Fonds treiben sogar ausgeprägter in den USA ihr Unwesen als in Europa. Skandale mit dem Ausmaß von Arthur Andersen, Enron, Worldcom, Refco, dem Long Term Capital Management Fund oder der Sparkassenkrise der 90er Jahre[1554] kennt etwa zumindest der deutsche Markt die letzten Jahrzehnte nicht. Man kann vielmehr eher die umgekehrte Regel aufstellen, dass in Gesellschaften mit vielen Skandalen, einem hohen Maß an Risikoauslagerung und Risikostreuung und großen sozialen Unterschieden auch die Industrie der „Private Law Enforcement" floriert – sie kämpft zwar gegen unkorrekte Risikoüberwälzungen, aber sie braucht sie und lebt mit ihnen in politisch duldsamer Symbiose.

Wer stärkerer inhaltlicher Gestaltung das Wort redet, wie dies hier geschieht, muss deshalb nicht das innere Gleichgewicht verlieren und blind sein gegen die Gefahren zu enger präventiver Steuerung, die zur Inflexibilität und Innovationsfeindlichkeit führt. Die richtige Mischung zwischen inhaltlicher Steuerung und individueller Flexibilisierung bei der Gestaltung ist gefragt und deshalb auch das richtige Maß privater Rechtsverfolgung. Sie mag zu strafrechtlichen und administrativen Maßnahmen aufsichtsrechtlicher oder wettbewerblicher und lauterkeitsrechtlicher Repression hinzutreten, die nur auf der Basis möglichst klarer inhaltlicher Vorgaben erfolgen können, sollte dabei aber eher komplementäre Funktion einnehmen und den Aufwand klein halten. Wenn z.B. beim Börsengang eines Großunternehmens eine mit gängigen Bewertungsregeln unvereinbare Bewertung von Grundstückswerten erfolgen sollte, so liegt darin zuvörderst ein Versagen der kontrollierenden Wirtschaftsprüfung. Konsequente Gestaltung von Imkompabilitäten und ein institutioneller Rahmen, der volle Unabhängigkeit vom Klienten weithin garantiert, können das Risiko einer rechtlich relevanten Fehleinschätzung weithin ausschließen. Die spätere „Private Law Enforcement“ mag – bereits mühsam und schwierig – Fehlbewertungen beweisen können; die Kausalität für Kursentwicklung und Einzelschäden wird stets schwer darzutun sein, sodass pauschalierende Kompensation notwendig ist, zu der das neue Kapitalanlegermusterklagegesetz wenig an Vereinfachung beiträgt[1555]. Immer bleibt schwer abzuwägen, ob es in solchen Prozessen nicht darum geht, Risikoauslagerungen rückgängig zu machen, die eigentlich besser nie erfolgt wären[1556]. Institutionelle Anleger hätten diese Risiken nüchterner beurteilt, den Ausgabekurs gedrückt und sie so leichter verdaut als kleine direkte Privatanleger, welche die Rechtsordnung durch geeignete Mechanismen besser auf Anlagenformen mit weitgehender Kapitalrückzahlungsgarantie lenken sollte[1557]. „Private Law Enforcement“ bleibt immer nur die allerletzte und glanzlose Notlösung.

Wo existentielle Massenschäden – eher seltene Fälle – im Arzneimittel- und Produkthaftungsbereich in Frage stehen, sind kontinentale Entschädigungsfonds-Modelle und ausreichende sozialversicherungsrechtliche oder privatversicherungsrechtliche Grundsicherung mit entsprechenden Anspruchsübergängen eindeutig einer „Private Law Enforcement“ überlegen, weil sie dem Schädiger einen sehr potenten und durchsetzungsfähigen Gegner gegenüberstellen. Restforderungen, die für eine gruppenmäßige „Private Law Enforcement“ bleiben, entsprechen ihrer komplementären Funktion. Dies ist schon so oft ausgeführt, dass sich breitere Erörterung verbietet. Auch hier bleibt aber der Hinweis, wie sehr gerade Gesellschaften schlechter Grundsicherung und großer sozialer Unterschiede sich der „Private Law Enforcement“ als einer Art gesellschaftlichen Placebos bedienen, ohne dass ein dauerhafterer verbesserter sozialer Ausgleich oder auch nur eine quantitativ bemerkenswerte Verbesserung der Situation der Unterschicht erreicht wäre[1558]. Man macht den sozialen Unterschied zum Geschäft einer „Private Law Enforcement“-Industrie – wahrlich keine in größerer Breite zur Übernahme empfehlenswerte Lösung[1559]!

i) Europäische Normenflut durch das Nebeneinander inhaltlicher Deregulierung und informationeller Regulierung auf EU-Ebene

(1) Normenflut und Bürokratisierung

Oft werden Normenflut und Bürokratisierung als Folge der EU beklagt. Man schätzt die Summe der EU-Rechtsmasse, die es zu beachten gilt, also den „acquis communautaire“ aus Verordnungen, Richtlinien und Entscheidungen vor allem des EuGH, auf ein Volumen von ca. 85 000 Druckseiten[1560]. Die Fülle des Sekundärrechts dient in erster Linie dem Abbau von Marktschranken, bei der Rechtsprechung des EuGH ist dies mehr oder weniger ausschließlich der Fall. Der binnenmarktorientierte, detailverliebte Übereifer der EU zeigt sich darin, dass der EuGH in den Jahren 2000–2005 immerhin ca. 500–600 Entscheidungen pro Jahr erlassen hat[1561], während der

U.S.-Supreme Court im Jahr nur zwischen 60 und 80[1562] Entscheidungen fällt. Zur Überproduktion von Verordnungen, Richtlinien und Entscheidungen[1563] tragen nicht nur die zentralen EU-Instanzen bei, sondern durchaus auch die Aktivitäten der Mitgliedstaaten und ihrer Bürger. Der Binnenmarkt mit seinen Freiheiten wird zum Hebel extensiver Veränderungsbestrebungen vorbei an den allein voll demokratisch legitimierten Parlamenten der Mitgliedstaaten[1564] – trotz des Plazebos des Protokolls über die Rolle der einzelstaatlichen Parlamente in der Union und der geplanten Aufwertung der Anhörung nationaler Parlamente in einem neuen Artikel des EU-Vertrags[1565]. Dabei sind schrankenabbauende Deregulierung und Festlegung inhaltlicher Mindestbedingungen für den sich frei bewegenden EU-Bürger und Marktteilnehmer nicht zu trennen. Man intendiert um des freien Wettbewerbs willen entweder Gleichheit oder freie Beweglichkeit für Ungleiches[1566] und erreicht bereits damit eine hohe Normdichte. Es treten dann zahlreiche Regeln über Informationspflichten hinzu, um dem Dogma der marktweiten „rational choice" als Fortschrittsmotor gerecht zu werden. Dieses bereits sehr dichte EU-Regelungsgeflecht wird schließlich durch nationale Rechtsordnungen komplettiert, sodass nicht selten ein Labyrinth entsteht, in dem sich auch Experten nur schwer zurecht finden, vor allem wenn das Recht des Herkunftslandes in anderen Mitgliedstaaten in Geltung gesetzt wird.

(2) Die Illusion eines allgemeinen Abbaus der Regulierungsdichte

Nach der hier vertretenen Grundauffassung hat inhaltliche Regulierung mit ausreichender Varianz in vielen Bereichen Vorzüge gegenüber voller inhaltlicher Offenheit, die dem informierten Markt die Ausbildung tragfähiger Inhalte überlässt, um dabei ein teilweise sehr komplexes System „informationeller Regulierung" zu errichten. Der Verweis auf die USA als dem stärker deregulierten Vorbild mit teilweise imponierenden Markterfolgen ist nicht nur wegen der langen

Tradition stärker staatlich organisierter Solidarität Kontinentaleuropas und sogar Großbritanniens wenig hilfreich, aus der ohne größere politische Verwerfungen auszusteigen weder politisch realistisch noch vor dem Hintergrund gewachsener gesellschaftlicher Ethik auch nur wünschenswert erscheint[1567]. Der Gedanke eines Gleichziehens scheitert auch an der räumlichen Enge und Ressourcenknappheit Europas, die zum Freiheitsschutz eine engere Regulierung schlicht erzwingen[1568]. Wer auf engem Raum lebt, braucht mehr Regulierung im Baurecht, Umweltrecht und sogar im sozialen Bereich. Wozu fehlende Regulierung in der Bauplanung führt, kann man teilweise in Japan analysieren, wo die Bauexplosion der Nachkriegszeit die traditionelle Charakteristik von Städten und ländlichen Gebieten völlig zerstörte. Die Folgen fehlender Umweltregulierung hat Deutschland während der Wirtschaftswunderphase in Gestalt zerstörter und vergifteter Natur mit nur schwer reversiblen Folgen selbst durchlebt, und weltweit wiederholt sich das Desaster unregulierter Emission im Rahmen der Klimaentwicklung. So ist der naive Ruf nach „Entbürokratisierung" letztlich stets blauäugig und populistisch[1569], zumal neue Technologien immer mehr in der Lage sind, irreversible Folgen zu schaffen. Das europäische Regulierungsniveau wird insgesamt immer höher liegen als das etwa der USA – und Europa ist damit die letzten 50 Jahre sehr gut gefahren, weil es trotz hoher Siedlungsdichte hohe Lebensqualität erhalten konnte.

(3) Lockerung des europäischen Regulierungsniveaus durch geänderte Verfassungspraxis und Verabschiedung verfehlter Binnenmarktideologie

Es ist nicht so sehr das notwendige Regulierungsniveau als solches, das die Bürger Europas beschwert. Es ist eher seine detaillierte Mehrschichtigkeit mit der Folge andauernder Veränderung. Hier hilft nur ein europäischer Rückzug auf grundsätzliche Regelungen und die Abkehr von der Vorstellung, jede variierende nationale Besonderheit mit Einfluss auf das

Marktgeschehen lasse den Binnenmarkt zusammenbrechen. Lasse man die Griechen gefrostete Bäckerwaren aufbacken, wie sie dies organisatorisch für richtig halten; die Luxemburger ihren Sprachausweis für ausländische voll niedergelassene Anwälte verlangen; den einen Staat die Unbilligkeit von AGB-Klauseln etwas anders beurteilen als den anderen; bei Umwandlungen in einem Staat Registergebühren erheben und im anderen nicht; Schornsteinfegermonopole ein Land für nötig halten, obwohl es andere nie hatten[1570] – muss hier wirklich gleich die EU mitregulieren? Hinter dieser Attitude steht die Perfektion eines Binnenmarktdenkens, das zur Ideologie erstarrt ist und mit seiner sturen Intoleranz immer neue, viel zu detaillierte EU-Regeln und Entscheidungen produziert[1571], auf die neue nationale Regeln und Entscheidungen antworten.

Kein Vertragstext und kein Verfassungstext und keine Politikerrede kann durch den Verweis auf das Subsidiaritätsprinzip, der in ausreichender Zahl und Häufigkeit erfolgt[1572], an dem Grundübel eines zentralistischen, zu kleiner Münze geschlagenen Binnenmarktverständnisses etwas ändern. Der Schlüssel liegt vor allem bei der Kommission und beim EuGH, der insoweit mehr souveränen Weitblick als europäischer Verfassungsgerichtshof zu entwickeln hätte[1573] und einen Mentalitätsumschwung in Politik und Rechtspflege sowie im Europaverständnis der Marktteilnehmer herbeiführen müsste. Europa ist nicht ungegliederter Binnenmarkt. Dieser Gedanke verbietet sich eigentlich von alleine, wenn man den einheitlichen Steuer- und Sozialstaat aus gutem Grunde ablehnt und an der Vielfalt der Wirtschaftskulturen festhält[1574]. Die Abgrenzung europäischer und nationaler Kompetenzen verlangt politischen Grundinstinkt, an dem es bisher fehlt, sehr zum Schaden Europas und seiner Verankerung im Bewusstsein der Bürger, die es zu sehr als Vorschriftenproduzent wahrnehmen. Der Gedanke eines Verfassungsgerichtshofs, der über der Binnenmarktideologie steht, drängt sich dabei förmlich auf[1575].

7. Der notwendige solidarische Grundbestand

a) Die beiden Grundmodelle kapitalistischer Gesellschaftsformen

Es gibt in der Welt des Kapitalismus keine Gesellschaft ohne ein Mindestmaß staatlich organisierter Solidarität. Das reine neokapitalistische Modell, wie es die U.S.-Gesellschaft nicht voll, aber am ehesten verwirklicht[1576], gewährt allenfalls „Hilfe zur Selbsthilfe", sonst nur „Pro Bono"-Unterstützung und möglichst keine staatliche Sozialhilfe. Der am Boden liegende Marktteilnehmer wird insoweit unterstützt, als dies zum Erreichen eines eigenen Rentabilitätsniveaus notwendig ist, um Quersubventionen zu vermeiden[1577] möglichst nur auf Darlehensbasis, eine Gestaltung, die einen genauen rechnerischen Überblick über das Ausmaß der Subvention erlaubt (Transparenzgebot). Der „verlorene" Zuschuss ist bei diesem Modell bereits ein Zugeständnis an ein Versagen, das nur zögerlich zu machen ist. „Last resort" ist die staatlich organisierte solidarische Finanzierung der Unfähigkeit zur Selbstbehauptung, die möglichst vermieden wird. Dieses Modell will Ungleichheit als Stimulus und vermeidet folglich „gleiche Lebensverhältnisse" für Staaten, Regionen und Menschen. Die Ergänzung minimaler staatlich organisierter Solidarität ist die Funktion privater Mildtätigkeit, die im Stiftungswesen eine gewisse Verrechtlichung erfährt, aber die Förderungsentscheidung letztlich privater Willkür – im guten wie im bösen Sinne – überlässt. Wer für Not kein Kapital ansammelt, soll dies in der Not auch spüren. Keine Gesellschaft verwirklicht dieses Modell in Reinform. Es schafft sich aber im Denken und Handeln immer wieder kräftig Bahn: in der Weltgesellschaft, wenn „armen" Staaten bloß Darlehen gegeben werden, die im Versagensfalle nur auf zögerlichen Erlass hoffen dürfen; in der Gesellschaft, wenn die Forderung nach kapitalgedeckter Notvorsorge dominant wird, Ausbildung auf Darlehensbasis finanziert werden soll und familiäre Förderung als Investition in zukünftige Unterhaltsschuldner und Schuldner öffentlicher Abgaben definiert wird. Solches Denken hält eigentliche Solidarität möglichst niedrig und macht Förderung zunächst einmal zum „Business".

Das Gegenmodell gibt dem einzelnen Marktteilnehmer letztlich mehr Vertrauensvorschuss. Es schafft ein Grundmaß an gleicher Teilhabe als Ausgangspunkt, das jedem unabhängig von seinem Leistungsprofil zusteht. Die Garantie dieses Grundmaßes an gleicher Teilhabe bedarf – natürlich – der verstärkten Umlage und Abschöpfung durch Abgaben und Steuern. Und dieses Grundmaß an gleicher Teilhabe liegt deutlich höher als beim Modell strikter Beschränkung auf „Hilfe zur Selbsthilfe". Es erlaubt zur Erhaltung eines Grundstandards die Quersubventionierung, der Wettbewerb beginnt erst oberhalb einer garantierten Mindestwohlstandsschwelle. Die Quersubventionierung ist insoweit kein Systemfehler, sondern konstitutives Element. Wiederum gibt es keine kapitalistische Gesellschaft, die dieses Modell in Reinform verwirklicht, aber die traditionelle deutsche oder auch kontinentaleuropäische Gesellschaftsform kommt ihm sehr nahe[1578], die deutsche Gesellschaft übrigens schon in ihrem Ausgangspunkt nach dem 2. Weltkrieg und nicht erst nach einer vermeintlichen Entgleisung in den letzten drei Jahrzehnten des 20. Jahrhunderts[1579]. Deutliche Züge dieses Modells eines Grundmaßes an gleicher Teilhabe zeigen sich beim ursprünglich breiten Angebot traditioneller Daseinsvorsorge in fast allen Bereichen, die unabhängig von Leistungsfähigkeit des Abnehmers und Rentabilität gewährt wird: vermögensunabhängiges Ausbildungsangebot von der Grundschule bis zur Hochschule; kulturelle Angebote in örtlichen Theatern, Opern, Konzerten mit einem hohen Subventionsanteil und „billigen" Karten; Umlageversicherungssysteme mit nur geringem kapitalisierenden Einschlag nicht nur bei Kranken-, Arbeitslosen- und Rentenversicherung, sondern ursprünglich auch bei Gebäudeelementarversicherung etc.; flächendeckende Energie-, Wasser-, Post- und Verkehrsversorgung jenseits individueller Rentabilität; relativer hoher Standard sozialer Hilfe bei „Vollversagen“; subventionierender Ausgleich zwischen deutschen Bundesländern[1580] und Regionen der EU[1581] zur Herstellung eines Mindestmaßes gleicher Lebensverhältnisse.

b) Kulturelle Revolution einer Rückführung der Solidarität?

Wenn man sich die Breite der Auswirkung des traditionellen Grundmaßes an gleicher Teilhabe klar gemacht hat, wird der kulturrevolutionäre Charakter einer konsequenten Umstellung auf das neokapitalistische Modell möglichst vermiedenen Solidaritätsbeitrags deutlich. Sie führt zu einer Veränderung der Lebensverhältnisse für den Großteil der Bevölkerung. Die Gefahr des häufigen Vergleichs zwischen den USA und Europa liegt darin, dass entweder Angehörige einer Oberschicht mit langer U.S.-Erfahrung vergleichen und dabei das Leben des „kleinen Mannes“ aus den Augen verlieren oder Urlaubseindrücke fern des gewöhnlichen Alltags Vergleichsbasis sind. Die Organe der EU, die in hohem Maße bewusst oder unbewusst zunächst im Ausgangspunkt das neokapitalistische Solidaritätsmodell privilegieren, um sich gegen Quersubventionierung und für subventionsverhindernde Transparenz als Garanten wettbewerbsbedingten Fortschritts einzusetzen[1582], stellen dabei die wesensimmanente Unvollkommenheit der Europäischen Union zu wenig in Rechnung. Dem angestrebten Europäischen Einheitsmarkt steht – von allen Mitgliedstaaten mitgetragen – weder ein Einheitssozialstaat noch ein Einheitssteuerstaat gegenüber[1583], was eigentlich dazu führen müsste, die Zügel der Binnenmarktregeln dort nicht zu stramm zu ziehen, wo es um die Kompetenz der Mitgliedstaaten geht, unmittelbar oder mittelbar ihr Grundmaß an gleicher Teilhabe ihrer Bürger festzulegen[1584]. Hierin fehlt trotz der Zugeständnisse an das Modell der Universaldienstleistung, die im Einzelfall immer strenger Rechtfertigung vor der europäischen Gouvernante bedarf, letztlich die Einsicht. Stattdessen schafft die EU dann – vor allem im Arbeitsrecht und Sozialrecht[1585] – teilweise einzelne Inseln eines Grundmaßes an unionsrechtlicher gleicher Teilhabe, die weder mit dem eigenen Marktkonzept noch mit den nationalen Konzepten notwendigen solidarischen Grundbestandes so richtig harmonieren.

Dabei besteht für eine kulturelle Revolution *grundlegender* Rückführung der Solidarität im Sinne eines Grundmaßes garantierter Gleichheit wenig Grund. Der Versuch einer Analyse, wie ihn die vorausgehenden Abschnitte präsentieren, weist deutlich auf Schwächen des neokapitalistischen Modells möglichst vermiedenen Solidaritätsbeitrags hin. Es sieht den Menschen nur halb, weil er nicht nur profitmaximierender Marktmensch[1586] ist, dessen Leistungsfähigkeit weltweiter Wettbewerb stimuliert. Es sind auch Sicherheit sowie regionale Bindung und Verankerung[1587], die seine Leistungsfähigkeit konstituieren. Und es ist auch ein berufliches und sittliches Ethos, das ohne das Zwischenglied einer geistlosen Profitmaximierung Freude und Befriedigung an einer Arbeit entwickelt, die nützliche und ästhetische Produkte schafft und dem Mitmenschen dient. Die Schizophrenie der Marktideologie mit ihrer Spaltung der Persönlichkeit in den profitmaximierenden Marktmenschen und den Ästheten, Wohltäter und Gefühlsmenschen im Non-Profit- und Privat-Bereich verfehlt die menschliche Realität[1588]. Wirtschaft im Dienste des Menschen gedeiht dauerhaft nur als voller Teil menschlicher Kultur. So rechtfertigt sich der Vertrauensvorschuss, wie er in gesellschaftlicher Solidarität im Sinne eines Grundmaßes garantierter Teilhabe und Gleichheit liegt, sowohl utilitaristisch als auch ideell. Er setzt durchaus Leistungsbereitschaft frei und wird gleichzeitig der Tatsache gerecht, dass Würde und Freiheit nur auf der Basis einer Teilhabe am Grundbestand materieller Güter denkbar sind. Die Wirtschaftsgeschichte der Bundesrepublik, deren Unternehmerpersönlichkeiten in Kooperation mit den Gewerkschaften auf diese Erfahrung über Jahrzehnte gesetzt haben, gibt keinen Anlass, von dieser Grundüberzeugung abzurücken und in jedem Abschwung die „Neugründung der Bundesrepublik“ oder den „Umbau des Sozialstaates“ zu diskutieren[1589]. Korrekturen zur Einschränkung von Missbräuchen und zur Anpassung an sich ändernde Parameter genügen.

c) Die Anpassung des solidarischen Grundbestandes und die Einschränkung von Missbräuchen

Die genaue Gestalt des solidarischen Grundbestandes lässt sich nicht ein für allemal festlegen, sie hängt von den wirtschaftlichen Parametern und damit von der Anzahl und Einkommenslage der Mitglieder ab, die den Solidarbeitrag zu finanzieren haben. Es ist bereits dargelegt[1590], dass man um diese Binsenweisheit allzu großes politisches oder gar wissenschaftliches Getöse nicht veranstalten sollte, sie ist – hart gesprochen – eher eine Frage der Grundrechenarten. Eine Frage der Grundrechenarten ist letztlich aber auch die Empfehlung von Politikern und Wissenschaftlern der Oberschicht oder oberen Mittelschicht zur Zusatzabsicherung auf Kapitaldeckungsbasis. Breite Bevölkerungskreise vor allem mit Kindern können sie in voll kompensierendem Umfang gar nicht leisten. Die Vorstellung eines teilweise kinderlosen, aber kapitalkräftigen Bevölkerungsteils, dass ihr angelegtes Kapital seinen Wert behalte oder gar vermehre, hofft entweder auf Zuwanderer in Europa oder bei schrumpfenden europäischen Volkswirtschaften auf die Bewohner von Drittstaaten und ihre wirtschaftliche Aktivität im Dienste ihrer Kapitalanlage. Die wirtschaftlichen und politischen Realitäten der Zukunft könnten diese Hoffnung durchaus enttäuschen[1591], in der auch – spitz formuliert – etwas das Kalkül eines neuen wirtschaftlichen Kolonialismus und Herrenmenschentums steckt. In vielen Staaten mit kapitalgedeckten Rentensystemen haben die Fonds der Kapitalmarktentwicklung nicht immer Stand gehalten. Was an Anpassung des solidarischen

Grundbestandes zu leisten ist, nämlich die Kombination aus Lebensarbeitszeitverlängerung[1592], maßvoller Kürzung der Altersversorgung und Krankenversicherungsleistungen sowie gegebenenfalls leichten Beitragsanhebungen, ist eingeleitet[1593]. Solange Alterspyramide und Regeneration sich nicht etwas erholen, ist eine gewisse Wohlstandseinbuße der breiten Bevölkerung unvermeidlich – sowohl der Abgabenzahler als auch der Leistungsempfänger. Sie ist unabänderlich und bewegt sich durchaus noch innerhalb der Toleranzgrenze[1594]. Die sinkende Nachfrage nach bestimmten Verbrauchsgütern und Dienstleistungen wird auch manche Leistungen und Angebote in fernerer Zukunft verbilligen.

Die Einschränkung von Missbräuchen ohne ein Abgleiten in die Rigidität des neokapitalistischen Minimalmodells und die Attitüde des Kontrollstaates gestaltet sich mühsam, und die Effizienz solcher Maßnahmen wird immer beschränkt bleiben. Echte Bürgergeldmodelle im Sinne eines bedingungslosen Grundeinkommens sind dabei ein eher verfehlter Ausgangspunkt[1595]. Kombilohnmodelle, wie sie der Sachverständigenrat vorgeschlagen hat und sie sich teilweise zu verwirklichen beginnen[1596], weisen hier aber ebenso in die richtige Richtung wie Wirtschaftlichkeitsanreize des Krankenversicherungssystems[1597]. Auch die dauernde Überprüfung und Anpassung des horizontalen Finanzausgleichs zwischen Bundesländern[1598] und Mitgliedstaaten der EU erlaubt die Kontrolle des richtigen Maßes, wobei vor allem beim „Aufbau Ost“ der Anreiz zu investiven Maßnahmen zu gering ist[1599].

Im Übrigen kann kein Modell – nicht einmal das neokapitalistische – die Missbrauchsform menschlicher Selbstaufgabe verhindern, ohne der Inhumanität zu verfallen. Man prallt damit auf ein Phänomen, das selbst die Marktideologie kapitulieren lässt, nämlich die Weigerung mitzuspielen. Sie ist ihrerseits eine Form der Entsolidarisierung, auf die Marktmechanismen keine Antwort wissen. Ein funktionierender Markt setzt Solidarität in Gestalt der Teilnahmewilligkeit voraus[1600]. Darauf wird zurückzukommen sein[1601].

d) Die Entsolidarisierung der Kapitaleigner im Steuer- und Abgabenrecht

Dem etwas absinkenden Niveau des solidarischen Grundbestandes, auf den abhängige Arbeitnehmer im Sinne einer Teilhabe vielfach angewiesen sind, entspricht eine starke Tendenz zur Entsolidarisierung der Kapitaleigner, die an der Erhöhung der Sozialabgaben nicht mehr voll hälftig teilhaben[1602] und deren Gewinne zum Investitionsanreiz durch Senkung der Unternehmensbesteuerung ansteigen sollen[1603], während die Steuerbelastung des abhängigen Arbeitnehmers trotz einkommensteuerlicher Erleichterungen wegen der erhöhten Umsatzsteuer zumindest nicht abnimmt. Natürlich ist im Einzelnen für alle Gruppen von Steuerschuldnern umstritten, inwieweit den Senkungen des Steuersatzes angesichts wegfallender Freibeträge und Abschreibungsmöglichkeiten oder geänderter steuerlicher Bilanzierung tatsächlich absolute Steuersenkungen entsprechen oder ob es sich um ein – die Besteuerung nicht einmal vereinfachendes – Nullsummenspiel handelt, das im Falle der Unternehmenssteuerreform zudem innerhalb von Unternehmen von starken auf schwache Marktteilnehmer umverteilt[1604]. Immerhin wird die Entlastung des Kapitals bei gleichzeitiger Verbreiterung der Arbeitnehmer- und Verbraucherbesteuerung zumindest intendiert. Diese Absicht manifestiert sich auch in der Einführung einer Abgeltungssteuer auf Kapitalerträge zu einem relativ niedrigen Steuersatz ohne Progression[1605], die bei gesenkten Freibeträgen vor allem für hohe Kapitalerträge und weniger für Normalanleger attraktiv erscheint.

Mit dieser fortschreitenden Entsolidarisierung des Kapitals zieht der Gesetzgeber die systemgerechten Folgerungen aus EU- und weltweiter Kapitalverkehrsfreiheit, die dem Kapital volle Volatilität zur Gewinnmaximierung erlaubt und seine Machtposition gegenüber dem Staat und dem Heer abhängiger Arbeitnehmer stärkt[1606]. Die Logik des ungesteuerten Marktes lautet, dass diesem Fluss des Kapitals sich wie einer Naturgesetzlichkeit niemand entgegenstellen kann und soll. Vielmehr sei möglichst viel investives Kapital dadurch zu attrahieren, dass man die Steuern und Arbeitskosten so niedrig hält, wie es internationaler und innereuropäischer Konkurrenzlage entspricht. Natürlich erzielt man dadurch ein Wachstum, das besser stellt als bei fehlender Investition und damit sowohl die Gesamtwirtschaft als auch die Arbeitnehmerschaft begünstigt, falls man den Zustand der Investitionslosigkeit als Vergleichsbasis wählt. Es ist an anderer Stelle bereits ausgeführt, dass es sich bei dieser Argumentation in Marktgesetzlichkeiten zwar um einen wesentlichen Aspekt wirtschaftspolitischer Befindlichkeit handelt, ein strenges Argumentieren innerhalb der Regeln überregionaler Marktsysteme aber zur Halbwahrheit wird, wenn man sowohl die irrationale Kurzatmigkeit überregionaler Kapitalanlage als auch das Fehlen eines europa- oder weltweit funktionierenden Arbeitnehmermarkts mit Vertragspartnern gleichen Gewichts vernachlässigt[1607]. Es ist deshalb Aufgabe der staatlichen Gesetzgebung, marktverträgliche Kapitalbindungsmechanismen zu entwickeln und zu fördern, um Kapital wenigstens teilweise auch dann in der Region zu halten, wenn bei bestandenem Angebotswettbewerb die Gewinnspanne der Kapitaleigner niedriger liegt als zumindest zunächst in anderen Regionen Europas oder der Welt[1608]. Bestrebungen der EU, auf dem Altar einer Marktideologie solche Kapitalbindungsmodelle zu opfern oder doch stark anzufeinden, begünstigen die Entsolidarisierung des Kapitals und führen zu einer Nivellierung der Sozialsysteme und des solidarischen Grundbestandes, der zunächst einmal eher eine Niveauverschlechterung für entwickelte Staaten zur Folge hätte. Das Verhältnis des Binnenmarktkonzepts zum solidarischen Grundbestand ist angesichts – aus gutem Grunde – fehlender europäischer Sozial- und Steuerstaatlichkeit diffus[1609], aber in der Grundtendenz seinen Marktgesetzlichkeiten folgend eher destruierend. Der Binnenmarkt, wie ihn Kommission und EuGH gegenwärtig überwiegend verstehen, neigt zur Aggression gegen solidarische Teilhabe mit ihren „Quersubventionen" und ist darauf angelegt, erst bei sehr niedrigem Niveau oder nach starkem Niveauabfall staatliche Steuerungsmaßnahmen zuzulassen, die in vermeintlich ausschließlich wohlstands- und fortschrittsfördernde Marktgesetze eingreifen. Auf diese Fahrt in den Verlust an solidarischem Grundbestand sollten sich Deutschland und andere entwickelte EU-Staaten nicht einlassen, zumal es völlig offen ist, ob die Entwicklung der EU eine Hebung des Gesamtniveaus in näherer Zukunft überhaupt zulassen wird. Der notwendige volkswirtschaftliche Spielraum ist auch deshalb gegenüber der EU energisch einzufordern und zu verteidigen – letztlich zu ihrem eigenen Gedeihen.

Der Entsolidarisierungstendenz des Kapitals entsprechen neuere rechtsethische Versuche, die steuerliche Abgabe nicht länger aus dem Gedanken der Solidarität zu rechtfertigen, sondern als Entgelt für den Beitrag der steuerstaatlichen Gemeinschaft zum Ertrag individueller wirtschaftlicher Aktivität[1610]. Die steuerstaatliche Gemeinschaft bietet nach diesem Erklärungsmodell ihren Beitrag auf dem europäischen und weltweiten Markt an, der Markt bestimmt seinen Wert und damit die Höhe der Steuern, die ein Staat verlangen kann. Dieser Versuch der Rechtfertigung und Beschränkung steuerlicher Belastung ist letztlich eine Erscheinungsform der Marktideologie, welche die gesamten gesellschaftlichen Aktivitäten und damit auch die Steuererhebung an ihrem Beitrag zu optimaler Gewinnmaximierung und Kostenallokation misst. Solidarisch motivierte Steuererhebung ist in diesem Weltbild Organisation schädlicher Quersubventionierung, das den Marktmenschen in seinem profitmaximierungsorientierten Handeln stört[1611]. So wenig wie der angebliche Gemeinnutzen ordnungspolitisch gebändigter Profitmaximierung eine neue gültige Ethik begründen kann, die Egoismus und Altruismus versöhnt, vielmehr bloß eine Halbwahrheit beschreibt, vermag eine steuerliche Ethik zu überzeugen, die in der Entsolidarisierung den Fortschritt zum Nutzen aller sieht.

e) *Die notwendige Solidarität mit der künftigen menschlichen Gesellschaft – Sinngebung statt Markt*

Der Abschied von einem Grundethos, das die gesellschaftliche Organisation prägt und über Gewinnmaximierung hinausreicht, müsste sich gerade in Bereichen als besonders kurzschlüssig erweisen, die gegenwärtig als die entscheidenden Lebensfragen menschlicher Gesellschaft zu betrachten sind, nämlich die Erhaltung der Umwelt und in entwickelten Gesellschaften die menschliche Regeneration für eine lebenswerte Zukunft. Beide Grundfragen verlangen ein hohes Maß an Solidarität der gegenwärtigen Generation mit zukünftigen Generationen und der belebten Schöpfung, sollen sie im Sinne des lebenswerten Fortbestehens der Menschheit und der Erhaltung der Schöpfung entschieden werden. Mechanismen des Marktdenkens greifen hier allenfalls als unterstützendes Instrumentarium, wenn man sich erst einmal dazu entschlossen hat, beide Fragen im Sinne der Zukunftsfähigkeit zu entscheiden und dann auch danach zu handeln[1612]. Ein Marktdenken, dessen Antrieb sich in individueller Profitmaximierung als Basis selbstdefinierten „Personal Well-Being" erschöpft, trägt nicht ohne weiteres einen zukunftsorientierten Ansatz in sich, der über das eigene Ego hinausreicht und sich eigene oder fremde Kinder mit einer lebenswerten Zukunft in einer bewahrten Umwelt wünscht und deshalb Bereitschaft weckt, dafür Aufwendungen und Opfer zu erbringen ohne jede Aussicht auf eigenen, noch erlebbaren Vorteil[1613]. Solche „Investitionen" persönlicher und materieller Art tätigt letztlich mit der erforderlichen Intensität nur eine Gesellschaft aus Individuen, die menschlichem Leben einen über die individuelle Existenz hinausgehenden Sinn abgewinnen können. Der Gedanke an die eigene Altersversorgung ist zu kleinlich und zu schmächtig, um die gesellschaftlichen Kräfte freizusetzen, die solche Aufgaben zu ihrer Bewältigung verlangen.

Vor diesem Hintergrund wird deutlich, weshalb die Gesellschaften westlicher Zivilisation sich so schwer tun, beide Fragen mit der notwendigen Intensität und Energie anzugehen. Besonders augenscheinlich ist eine teilweise Verweigerung beim globalen Umweltschutz[1614], wo vor allem die USA als Führungsmacht marktwirtschaftlichen Denkens wenig Energie entwickelt haben[1615] und vereinzelte Bemühungen der übrigen Staaten der westlichen Welt ebenfalls nicht so ganz überzeugen. Der Streit um die Einzelheiten des richtigen Wegs ist dabei eher vordergründig das wesentliche Hindernis, im Grunde genommen fehlt die zwingende Motivation zur Solidarität mit der Zukunft nach der lebenden Generation. Man kann sie auch nicht dadurch wecken, dass man – reichlich hilflos – ausrechnet, was die Passivität beim Klima- und Umweltschutz die Menschheit oder die einzelnen Staaten kostet[1616]; denn die fehlende Motivation beruht letztlich ja gerade darauf, dass die Unkostensteigerung den eigenen gegenwärtigen Gewinn nicht fühlbar schmälert und ein vom Gewinndenken unabhängiger Stimulus in ausreichender Intensität nicht existiert.

Wenig überraschende Parallelen ergeben sich beim Problem „ausreichender" Regeneration vor allem eines wesentlichen Teils der leistungsfähigen Elite einer Marktgesellschaft. Zwar trifft die Staaten westlicher Zivilisation der allgemeine Regenerationsrückgang sehr unterschiedlich[1617], jedoch sprechen viele Anzeichen dafür, dass die Regeneration gerade der „Elite" in ihrer vollen Breite in allen Staaten nicht im wünschenswerten Umfang gelingt. Die volle Entkoppelung von Sexualität und Regeneration – in äußerster Konsequenz durch Schwangerschaftsabbruch[1618] – macht die Regeneration stets zu einer mehr oder weniger bewussten Entscheidung. Weil sie persönlichen und materiellen Einsatz („Investitionen") verlangt, können nur Erwägungen des Nutzens oder der Sinngebung ausreichend motivieren. Der Versuch zur utilitaristischen Motivation, nämlich der Hinweis auf die Gefährdung der Volkswirtschaft und der solidarischen Altersversorgung, wird sich als wenig tragend erweisen[1619]. Der Slogan „Kinder für die Wirtschaft"[1620] ist durchaus geeignet, ungute Erinnerungen an das abgeschmackte und instrumentalisierende „Kinder für den Führer“ mit dem Mutterkreuz als Auszeichnung im Dienste der „Volksgemeinschaft“ zu wecken. Der menschliche Drang nach Überleben durch Nachkommenschaft eignet sich nicht in dieser Weise zur Instrumentalisierung, und der individuelle wirtschaftliche Nutzen am Kind wird sich volkswirtschaftlich finanzierbar nie so lohnend gestalten lassen, dass er als Motivation ausreicht. Dies soll auch gar nicht so sein. Denn eine bleibende Motivation, Kinder zu wollen, sie in vollem persönlichen Einsatz als Mutter zu gebären und dann als Eltern großzuziehen, bedarf vor allem der Überzeugung von der Sinnhaftigkeit menschlicher Existenz, die gesamtgesellschaftlich mitgetragen sein muss. Das Instrumentarium finanzieller Förderung und organisatorischer Erleichterung, das entstehende „Wettbewerbsnachteile“ innerhalb der Marktgesellschaft ausgleichen soll, kann die Furcht vor der Umsetzung einer Entscheidung zum persönlichen und materiellen Einsatz für Kinder nehmen und lindern, und man sollte es hierfür auch möglichst in einer Weise einsetzen, die dem Individuum die genaue Gestaltung überlässt[1621]. Die eigentliche Motivation zum Kind ersetzt es nicht, und entsprechende unbedachte Zumutungen in der öffentlichen Diskussion könnten die angesprochenen Bevölkerungskreise eher verprellen oder gar anwidern. Sie wirken kontraproduktiv, soweit sie versuchen, materielle Anreize zur „Kinderproduktion“ in den Vordergrund zu stellen[1622].

8. Immaterielle Sinngebung menschlicher Existenz und die dienende Funktion von Marktmechanismen

a) Zerstörerische Kraft einer Verselbständigung gewinnmaximierenden Marktdenkens

Die Erkenntnis eher instrumentaler Bedeutung und Funktion des Marktdenkens vor den großen Zukunftsaufgaben der Menschheit lässt sich durchaus verallgemeinern. Wettbewerb und Markt sind bloßes Instrumentarium im Dienste menschlicher Gestaltung, keine „unsichtbare Hand" mit Unfehlbarkeitscharakter und schon gar nicht sinnstiftende Institution[1623]. Sie können sich nur nutzbringend entfalten, wenn und soweit die menschliche Gesellschaft die sinnstiftenden Parameter setzt. Wenn sich das Individuum dieser Sinnstiftung durch Selbstaufgabe verweigert, vermag die im Marktdenken liegende Aufforderung zum Wettbewerb schlechterdings nichts. Wenn es einer Gesellschaft nicht gelingt, für die einzelnen Bürger in ausreichender Weise Formen der Sinnstiftung lebendig zu halten, die dem Marktdenken seine begrenzte instrumentale Funktion zuweisen, führt die aufkommende Verabsolutierung der Profitmaximierung zu einer materialistischen Klassengesellschaft, die ein beachtliches Potential zur Selbstzerstörung entwickeln könnte[1624]. Darin liegt die große Gefahr für den modernen Kapitalismus westlicher Zivilisation.

b) Der gesellschaftliche Grundkonsens über eine immaterielle Sinngebung menschlicher Existenz

Die traditionelle Sinnstiftung menschlicher Existenz leistet ohne Zweifel die Religion, die den einzelnen mit seinem Leben in eine Weltordnung einfügt und ihn und seine Nachkommen damit zum Teil eines göttlichen Schöpfungsplans macht[1625]. Nun ist in der modernen europäischen Gesellschaft diese Form religiöser Sinngebung im Sinne eines Grundkonsenses ohne Zweifel verunmöglicht, weil mit Aufklärung und Säkularisierung die religiöse Emanzipation des Individuums unwiderruflich vollzogen ist[1626]. Geblieben ist zumindest in der westlichen Zivilisation ein Wertekanon humanistisch-christlicher Tradition, der aber jedem Individuum seinen Deutungsspielraum lässt. Ein Anklang an göttliche Sinngebung findet sich noch in der Präambel des deutschen Grundgesetzes im Bezug auf die „Verantwortung vor Gott", der Verfassungstext selbst setzt jedoch mit der Menschenwürde einen homozentrischen Grundwert, der die Sinnhaftigkeit menschlicher Existenz axiomatisch festschreibt und zur unangreifbaren Grundlage staatlicher Ordnung erhebt, um damit jede Instrumentalisierung menschlicher Existenz zu verbieten, die den Menschen zum bloßen Objekt degradiert. Die Ablösung des gesellschaftlichen Wertekonsenses von religiöser Sinngebung zeigt der Streit um den Gottesbezug in einem europäischen Verfassungsvertragstext, in dem selbst das kleinste theozentrische Element nicht mehr kompromissfähig ist[1627]. Die Unabhängigkeitserklärung der USA leitet ihre Grundrechte immerhin noch aus der Geschöpflichkeit des Menschen und aus dem Glauben an einen Schöpfer ab[1628].

Die neuere Debatte um den Gottesbezug verdeutlicht, dass die Berufung auf menschliche Würde im Sinne bloßer axiomatischer Setzung menschliches Denken nicht befriedigt, vielmehr Würde nach einer Sinngebung menschlicher Existenz verlangt. Der plurale Staat überlässt aus guten Gründen diese Sinngebung individueller Entscheidung. Zu groß ist nach aller historischer Erfahrung die Gefahr, dass jeder Versuch zur staatlichen oder öffentlichen Organisation dieses Prozesses im Sinne inhaltlicher Einflussnahme zu totalitären Entgleisungen führt. Allerdings bedarf jedes Gemeinwesen einer gewissen Homogenität des Menschenbildes, und in den Menschenrechten[1629] oder Werten und Staatszielbestimmungen[1630] neuzeitlicher Verfassungen eröffnet die moderne Gesellschaft die Felder der Freiheit, die eben gerade nicht nur den „status oeconomicus“ des Menschen betreffen, sondern auch seinen „status spiritualis“: Glaubensfreiheit mit religiöser Organisationsfreiheit, Meinungsfreiheit und Informationsfreiheit sowie ihre medienmäßige Organisation, Freiheit der Kunst, Wissenschaft und Forschung etc. Natürlich formuliert kein Konventions- oder Verfassungstext eine Pflicht zur Wahrnehmung solcher Freiheiten, so wenig wie irgendwo eine Pflicht zur Wahrnehmung wirtschaftlicher Freiheiten niedergelegt ist. Das Menschenbild moderner Verfassungstexte unterstellt allerdings die Wahrnehmung solcher Freiheitsfelder als gesellschaftliche Realität und konstitutive Elemente menschlicher Existenz.

c) *Staatliche Verantwortung für den Primat immaterieller Sinngebung menschlicher Existenz*

Die staatliche Gemeinschaft kann nicht nur einen organisatorischen Rahmen für die Wahrnehmung wirtschaftlicher Freiheiten vorgeben, sondern auch in ihrer kulturellen Verfassung ohne eigentliche inhaltliche Präferenz die individuelle Gestaltung eines sinnstiftenden Freiheitsraumes fördern und pflegen[1631]. Sie kann dafür sorgen, dass die von Marktökonomie unabhängige Sinnfrage in Schulen, Medien, Universitäten, Volkshochschulen, Parteien, Vereinigungen, Jugendmusikschulen, Theatern, Konzerten etc. ihre individuelle theologische, philosophische, historische oder künstlerisch-ästhetische Behandlung und Beantwortung erfährt, um damit einem Menschbild gerecht zu werden, das menschliche Existenz mit ihrer individuellen Sinngebung über den Markterfolg im Wettbewerb stellt und dem gewinnmaximierenden Marktgeschehen die ihm zukommende dienende Funktion zuweist. Wo die Gesellschaft diese Hierarchie der Werte nicht lebendig hält und den Schwerpunkt ihrer Grundverfassung allein auf die Organisation gewinnorientierten Wettbewerbs legt, fördert sie die Zerstörung ihres eigenen Menschenbilds. Seine Pflege bedarf einer materiellen Basis staatlich organisierter Solidarität. Sie darf nicht dem Zufall kapitalkräftiger Privatinitiative überlassen bleiben. Dies aber bedeutet Verantwortung dafür, dass z. B. Philosophie, Literatur, Kunst oder Geschichte an Hochschulen noch ausreichende Pflege erfahren und dass ethischer und musischer Unterricht an Schulen – wiewohl von Pisa nicht abgeprüft[1632] – noch mit dem nötigen Gewicht stattfindet oder dass in möglichst vielen Städten Vortragsveranstaltungen, Kunstausstellungen, Opern oder Konzerte mit Niveau möglich sind. Von Zufall und Laune privaten Sponsorings oder auch privater Geschäftstüchtigkeit kann die Bewahrung solcher grundlegender Elemente menschlicher Sinnstiftung allein nicht abhängen. Die staatlich verfasste Gesellschaft darf sich nicht aus der Verantwortung für die Pflege immaterieller Sinngebung menschlicher Existenz stehlen.

d) Keine Instrumentalisierung von Bildung und Erziehung

Tendenzen zur Instrumentalisierung von Erziehung und Ausbildung für Zwecke wirtschaftlichen Wettbewerbs ist vor diesem Hintergrund Widerstand entgegenzusetzen[1633]. Es ist richtig, bereits im Vorschulalter auf die sprachliche Entwicklung von Kindern zu achten, aber zunächst einmal doch wohl zur zweckfreien Förderung ihrer eigenen Persönlichkeit und zur kindgerechten Entfaltung spielerischer Fähigkeiten in allen auch schöngeistigen und musischen Bereichen, um ihnen so die Möglichkeit zu geben, ihre eigene Individualität voll zu entdecken und ihre selbstbestimmte soziale Rolle wahrzunehmen[1634]. Es ist auch richtig, dieses Angebot vor allem an Kinder zu richten, deren sozialer Ausgangspunkt eher schlecht ist, um ihnen möglichst volle Chancengleichheit bei der Persönlichkeitsentwicklung zu gewähren, obwohl sich die deutsche Gesellschaft über die Möglichkeiten zur Stiftung ausgesprochener Begabungen durch kindliche Früherziehung Illusionen besser ersparen sollte und eine spätere Kosten-Nutzen-Analyse eher wenig ermutigend ausfallen könnte. Es ist aber zu widersprechen, wenn die Entwicklung von Kindern mit günstigerem sozialem Umfeld durch Vorschulpflichten gedrückt und dazu instrumentalisiert würde, anderen mit höchst zweifelhaften Erfolgsaussichten aufzuhelfen. Eine Art Zwangskolchosierung frühkindlicher Erziehung unter professionalisierter Betreuung sollte es nicht geben[1635]. Es muss Eltern frei stehen, den Weg teilweiser Fremdbetreuung zu wählen[1636]. Es muss aber ebenso Wahlfreiheit[1637] dazu geben, Kinder erleben zu lassen, wie ein anderer Mensch ganz für sie da ist und sich voll für sie einsetzt, ohne nach eigenen Vorteilen zu fragen. Dieses traditionell mütterliche menschliche Verhaltensmuster darf nicht utilitaristischen Erwägungen und wirtschaftlichen Zwängen geopfert werden, seiner Abwertung ist zu widersprechen und seine Wahrnehmung auch durch Väter sollte man fördern[1638]. Das Interesse gerade aus Kreisen der Wirtschaft an frühkindlicher Förderung neigt zur Instrumentalisierung, soweit es vorwiegend durch den Wunsch nach voller und übergangsloser Beschäftigung qualifizierter Eltern und nach früher Vermittlung umsetzbarer Fähigkeiten bestimmt ist. Der schon im Vorschulalter beginnende Wettbewerb um die Ausbildung geeigneten „Humankapitals" ist ein Übel und wird weder für die Gesellschaft noch für die Wirtschaft die gewünschten Ergebnisse zeitigen. Dem ist der Grundsatz einer erzieherischen Betreuung „vom Kinde her" entgegenzustellen, die jede Instrumentalisierung vermeidet und auch soziale und musische Kompetenzen ausreichend fördert, die kein Test abprüfen kann.

Die Schulausbildung in den einzelnen Schularten muss sicher abprüfbare Fertigkeiten vermitteln, wie sie die moderne Zivilisation verlangt. Die Qualität schulischer Erziehung und Ausbildung kann sich aber nicht in der Vermittlung solcher Fähigkeiten erschöpfen, die teilweise sehr zeitgebundenen handwerklichen Charakter haben und schon nicht mehr dem Entwicklungsstand entsprechen, wenn Studien- oder Berufsreife erreicht ist. Formen massenhaften Wettbewerbs, die notgedrungen formalisierbare Leistungsfähigkeit betreffen, laufen Gefahr, insoweit eine verfehlte Steuerungsfunktion zu entwickeln. Kreativität und soziale Kompetenz sind nur bedingt oder gar nicht quantifizierbar. Etwas schwer verständlich ist der stetig wiederkehrende Streit um das größere Gewicht formaler Tugenden wie Pünktlichkeit, Durchhaltevermögen, Disziplin, Sauberkeit etc. Ihre Erhebung zum Selbstzweck ist so verfehlt wie ihre Missachtung. Den angeblichen Widerspruch zur Pflege von Kreativität und persönlicher Entfaltung sollte man nicht zum Problem hochstilisieren, sondern das Gleichgewicht wahren[1639]. Auch in der

Schulausbildung ist aber der Gefahr einer verfehlten Betonung „verwertbarer", „nützlicher" Fächer auf Kosten allgemeinbildender und musischer Gebiete zu begegnen. Es ist bedenklich, wenn alte Sprachen mit ihrem humanistischen Bildungspotential in Bedrängnis geraten und musische Fächer wie Kunst und Musik ein Schattendasein zu führen beginnen. Auch eine Neigung, den Stoffkanon in Philosophie oder Religion sowie Literatur und Geschichte etwas kurzschlüssig an Gegenwartsfragen auszurichten und das Gesamtverständnis zu segmentieren, führt zu später schwer füllbaren Lücken. Die Reformen der Oberstufenausbildung mit der Anleitung zur selbständigen vertieften Arbeit in Fächern eigener Wahl hat in teilweise sehr ermutigender Weise Kreativität und Selbständigkeit gefördert. Ihr Verständnis als eine Art vorberufliche Ausbildung im Sinne fachlicher Spezialisierung wäre allerdings der Schritt in die falsche Richtung.

Volle Gegenwehr ist dem Versuch entgegenzustellen, die Qualität von Universitäten vorwiegend an quantifizierbaren Größen zu messen und ihre Aktivitäten an solchen Größen auszurichten (Anzahl gut verdienender Absolventen, Anzahl von Doktoranden und Habilitanden, Anzahl verwertbarer Patente, Anzahl von Drittmitteln vor allem aus Industrie und Wirtschaft etc.)[1640]. Es ist zwar nicht falsch, diese Daten zu erheben und differenziert nach der betroffenen Fakultät zu berücksichtigen. In der hochschulpolitischen Realität beginnt diese mehr und mehr ausschließliche Art der Bewertung aber, immer fragwürdigere Steuerungseffekte zu entwickeln[1641]. Sie führt zu einer Überbetonung unmittelbar umsetzbarer Wissenschaften (Slogan: „Wir müssen die Universitäten fit machen, damit Deutschland wieder Spitze ist und wir mehr Jobs haben") und fördert bei der Ausbildung in stofflich eng ausgelegten Bachelor-Master-Studiengängen eine Spezialisierung zugunsten von industriellen und wirtschaftlichen Bedürfnissen, die sehr rascher Änderung unterliegen und – geprägt von der Volatilität des dahinterstehenden Kapitals[1642] – mit den langfristigen Interessen der Studierenden und der Gesamtgesellschaft nicht unbedingt harmonieren. Solche enge Anlehnung und Ankopplung an laufende Bedürfnisse der Industrie und Wirtschaft mag Aufgabe und Funktion von Fachhochschulen oder Berufsakademien sein, obwohl auch dort die unmittelbare Anbindung an zyklisch bedingte Bedürfnisse zu Fehlsteuerungen führt, weil Marktbedürfnisse und Ausbildungszyklen häufig nicht harmonieren[1643]. Universitäten brauchen Freiraum und lange Leine der Investoren, um in Unabhängigkeit zu forschen und zu lehren. Vor allem für die jüngere Generation von Forschern fehlen Investitionsbereitschaft und der nötige Vertrauensvorschuss, deren wirklich innovative Leistung bedarf. Die gegenwärtige Abwertung von Geistes- und Gesellschaftswissenschaften[1644] ist eine Folge kurzschlüssiger Instrumentalisierung der Universitäten zu Zwecken wirtschaftlichen Wettbewerbs. So wenig wie menschliche Existenz sich in Marktfähigkeit erschöpft, kann dies für die Gesellschaft insgesamt und damit die Universitäten richtig sein. Die Entwicklung menschlicher Zivilisation ist nicht nur geprägt von vermarktungsfähiger naturwissenschaftlicher Erkenntnis, sondern auch von den großen geistesgeschichtlichen Strömungen der einzelnen Epochen. Dem muss Bildungspolitik in Universitäten Rechnung tragen. Der Streit um eine Milliarde mehr oder weniger für Universitäten ist beschämend vor dem Hintergrund riesiger Fehlinvestitionen in vielfacher Höhe in Politik und Wirtschaft[1645]. Hier ist intensives Umdenken angezeigt, das der Notwendigkeit marktfreien Raums in Universitäten genügend Tribut zollt.

E. Deutsche und Europäische Standortbestimmung

Eine Standortbestimmung muss alles in allem mit der Empfehlung enden, im Spannungsfeld zwischen notwendiger Wettbewerbsfähigkeit und sozialer Humanität das Extrem zu meiden. Dies ist eine Absage an weltverbesserische Gesellschaftsmodelle, wie sie sich aus Institutionenökonomie und Neoliberalismus mit seinen Kapitalismusformen entwickelt haben, und eine Hinwendung zum Kompromiss mit der Tradition im Sinne der Kontinuität. Dieses Ergebnis ist nicht aufregend und soll und will es auch gar nicht sein. Nur Ideologien versprechen die aufregende neue Welt, können aber solche Verheißungen dann auch nicht einlösen. Die Auseinandersetzung mit der Marktideologie neokapitalistischer Prägung ergibt allerdings einige gewichtige rechtspolitische und gesellschaftspolitische Konsequenzen, die gegenwärtiger Trendbildung teilweise widersprechen.

Die Europäische Union und ein geeintes Europa müssen dem fortbestehenden mitgliedstaatlichen wirtschafts- und sozialpolitischen Gestaltungsauftrag besser Rechnung tragen und die vor allem von Kommission und EuGH getragene Tendenz des allzu unitaristischen Binnenmarktkonzepts aufgeben, die Bedeutung kapitalistischer Gewinnmaximierung für Forschritt und Wohlstand zu verabsolutieren. Nur wenn der mitgliedstaatlich geprägten Steuer- und Sozialstaatlichkeit die eigene regionale Wirtschaftskultur und Kapitalismusform im Rahmen eines gelockerten Binnenmarktkonzepts entspricht, geht ein Europa der Mitgliedstaaten einer gedeihlichen und harmonischen Zukunft entgegen. In ähnlicher Weise ist eine behutsame Fortentwicklung des Welthandelsrechts durch ein Netzwerk fallangepasster Abkommen angezeigt und der Tendenz zu einem verdichteten Einheitsrecht des Welthandels für völlig ungleiche Handelspartner zu wehren. Die Volatilität des Kapitals als oft idealisierte Folge der Kapitalverkehrsfreiheit zeigt teilweise verhängnisvolle Wirkung auf notwendige unternehmerische Kontinuität, und sie sollte deshalb durch marktangepasste Maßnahmen zur regionalen Bindung von Kapital abgemildert und abgepuffert werden – ein grundlegendes Desideratum mit höchster Bedeutung für die Erhaltung regionaler Wirtschafts- und Sozialkultur. Öffentliche Daseinsvorsorge verlangt den ausgeglichenen Einsatz hoheitlicher und privater Organisationsformen; der übertriebenen Tendenz zur Privatisierung unter den Rahmenbedingungen bloßer Gewährleistungsverwaltung sollte Einhalt geboten werden, weil eine faktische Entmachtung der nach wie vor mit ihrer „Auffangverantwortung" belasteten öffentlichen Hand droht. Die Leistungsfähigkeit hoheitlicher Organisation kann durch Flexibilisierung der ihr eigenen Organisationsformen erhöht werden, wobei der verbreiteten Neigung zur schematisierenden Imitation privatwirtschaftlicher Handlungs- und Organisationsformen nicht zu folgen ist. Zur Bewältigung und Abwehr von Risiken für Marktteilnehmer und Verbraucher empfiehlt sich die Rückkehr zu verstärkter inhaltlicher Regulierung mit der Möglichkeit hoheitlich organisierten präventiven Schutzes, den Trend zur vielfach unbegrenzten Risikoauslagerung auf vermeintlich „informierte" Marktteilnehmer mit der Folge bloß repressiven Schutzes durch eine aufwendige „Private-Law-Enforcement"-Industrie sollte man deutlich mäßigen. Ausreichendem Qualitätsschutz durch regulierendes Berufsrecht sollte wieder mehr Raum gegeben werden, der gegenwärtige Abbau qualitätsschützender Normen mit dem Verweis auf repressiven Rechtsschutz im Schadensfall weist in die falsche Richtung, wobei sich in manchen Bereichen Tendenzen zur Umkehr bereits anzeigen (z. B. Wirtschaftsprüfung). Im Bereich des Arbeitsrechts erscheint eine maßvolle Flexibilisierung arbeitsrechtlicher Schutzvorschriften zur Erhaltung der Konkurrenzfähigkeit im Angebotswettbewerb empfehlenswert, die Tendenz zur arbeitsrechtlichen Unterwerfung abhängiger Arbeit unter die Gewinnmaximierungsbestrebungen mächtiger volatiler Kapitaleigner ohne regionale Indentifikation verdient aber keinen Beifall und muss durch Kapitalbindungsmodelle abgeschwächt werden. Ein angemessener solidarischer Grundbestand gleicher Teilhabe am wirtschaftlichen Erfolg unter Ausschluss von Missbräuchen ist gegen Forderungen zur Minimierung solidarischer Teilhabe und zur Entsolidarisierung von Kapitaleignern im Abgaben- und Steuerrecht zu verteidigen. Familien- und Umweltpolitik kann wirksam nur auf der Basis der Solidarität mit künftigen menschlichen Generationen erfolgen, die Beurteilung dieser Zukunftsfragen anhand marktmäßiger Rentabilitätserwägungen greift zu kurz und macht die Grenzen marktökonomischer Betrachtungsweise deutlicher als auf anderen Gebieten. Die staatliche Gemeinschaft muss ihre Verantwortung für den Primat immaterieller Sinngebung menschlicher Existenz wahrnehmen, und zwar in allen Lebensbereichen, zuvörderst aber in Bildung und Ausbildung an Schulen und Hochschulen, wo sich die Gefahr weitgehender Instrumentalisierung der Ausbildung für Zwecke wirtschaftlichen Wettbewerbs abzeichnet.

Grundlage dieser Folgerungen ist ein Menschenbild, das menschlicher Existenz immaterielle Sinngebung zuweist und materiellem Besitzstand dienende Funktion. Aus diesem Verständnis menschlicher Existenz folgt keine Geringschätzung der Bedeutung ihrer wirtschaftlichen Grundlagen und menschlichen Gewinnstrebens als eines wesentlichen Motors von Fortschritt und Innovation. Es folgt aber aus diesem Menschenbild ein staatlicher Gestaltungsauftrag, ihm in allen gesellschaftlichen Bereichen gerecht zu werden. Dieses Menschenbild ist nicht teilbar in dem Sinne, dass im Bereich des Wirtschaftslebens nur gewinnmaximierende „rational choice" den Menschen definiere und ihn nach dieser Fähigkeit zum gewinnmaximierenden Kapitaleigner oder produktiven Humangut mache, während im Privatleben oder „Pro-Bono-Bereich" seinen Bedürfnissen nach immaterieller Sinngebung, Selbstbescheidung und einem von Profitmaximierung unabhängigen Ethos, nach Sicherheit oder regionaler Verbundenheit und aktiver oder passiver Solidarität Rechnung getragen werden könne. Vielmehr bleibt in allen Lebensbereichen der Mensch immer dasselbe ganzheitlich zu betrachtende Individuum, mag auch die Dominanz der einen oder anderen Erscheinungsform menschlicher Natur in verschiedenen Lebensbereichen unterschiedlich stark sein. Diese menschliche Realität, auf welche die seitherige Entwicklung deutscher und kontinentaler Grundverfassung überwiegend aufbaut, steht einer monistischen Ausrichtung wichtiger Lebensbereiche an einzelnen Dimensionen menschlicher Natur entgegen. Wo dies versucht wird, beginnt die Ideologisierung der Gesellschaft. Vielen Vertretern der Institutionenökonomie oder des kapitalistischen Neoliberalismus fehlt es nicht an der Einsicht in die beschränkte Leistungsfähigkeit und Aussagekraft ihrer Modelle, deren logische, auf Gewinnmaximierung und Transaktionskostenersparnis angelegte Struktur laufender Anpassung an Erkenntnisse des „Financial Behaviourism" unterliegt. Das geschlossene System mancher Entwürfe übt gleichwohl auf viele Wissenschaftler, Ökonomen, Juristen und Gesellschaftswissenschaftler unwiderstehliche Faszination aus, sie verfallen der Attraktivität einer scheinbar objektiven und unbestechlichen Maßstäblichkeit, vor allem nachdem während der letzten Jahrzehnte viele andere traditionelle Wertesysteme zerbrochen sind. Der Einsatz mathematischer Modelle erhöht – trotz ihrer fragwürdigen und wenig exakten Ausgangsgrößen – den Eindruck naturwissenschaftlicher Gesetzlichkeit. Entscheidend aber sind weniger das wissenschaftliche Selbstverständnis und der ambivalente eigene Geltungsanspruch der neuen politischen Ökonomie und des neokapitalistischen Liberalismus, entscheidend ist die mediale und politische Umsetzung, die den Gedanken der ordnungspolitisch gebändigten Gewinnmaximierung im freien Markt zur wohl stärksten ideologischen Bewegung gegenwärtiger westlicher Zivilisation werden lässt. Niemand bestreitet die hohe Wertigkeit freien Wettbewerbs in freien Gesellschaften für die Fortentwicklung der Menschheit. Aber es gilt, die Grenzen der Leistungsfähigkeit des Modells einer europaweiten oder gar weltweiten kompetitiven Gesellschaft aufzuzeigen, vor allem nachdem die Europäische Union zuvörderst vom Gedanken eines einheitlichen Binnenmarktes und damit einer einzigen kompetitiven europäischen Gesellschaft geprägt ist, obwohl sie gleichzeitig der Vielfalt europäischer Kultur und damit notgedrungen auch Wirtschaftskultur gerecht werden will. Hier erscheint es unabdingbar notwendig, Fehlentwicklungen, wie sie sich in der technokratischen und unitaristischen Formel der „Vollendung des Binnenmarktes" manifestieren, nüchtern aufzuzeigen und zu vermeiden. Aber auch die eigene mitgliedstaatliche Wirtschafts-, Rechts- und Sozialpolitik sollte sich nicht zu sehr dem Modell einer Wettbewerbsgesellschaft verschreiben, das in fast allen Bereichen mit überkommenen Gestaltungsformen bricht. Zukunft braucht Mut zum Risiko – aber man muss hinzufügen: zum kalkulierten Risiko, und an dieser Bedachtsamkeit scheint es zu fehlen, wenn bewährte regulierende Institutionen in blindem Jubel einem Marktmodell geopfert werden, das rein verwirklicht mehr Verlierer als Gewinner hervorbringen wird.

Fur die deutsche gesellschaftliche und politische Befindlichkeit, die nach wie vor vom Alptraum des völligen Zusammenbruchs politischer Kultur in den zwölf Jahren der nationalsozialistischen Diktatur geprägt ist, erweist sich die Frage nach dem Verhältnis zur Wettbewerbsgesellschaft als besonders brisant. Eine volle Wendung von der real existierenden sozialen Marktwirtschaft mit ihrem Versuch zum goldenen Schnitt zwischen Kapitalismus und Sozialismus zur Wettbewerbsgesellschaft müsste das deutsche Selbstverständnis besonders tief erschüttern, weil es das letzte halbe Jahrhundert insgesamt geglückter Demokratie stark mit der sozialen Marktwirtschaft deutscher Prägung und der D-Mark als

Symbol verbindet. Der europäische Enthusiasmus der deutschen Gesellschaft mit seiner Hoffnung auf eine neue heile europäische Identität gründete sich nicht zuletzt auf die Vorstellung eines Europas der sozialen Marktwirtschaft. Der aufkommende Trend zur Wettbewerbsgesellschaft beginnt diesen Prozess neuer Identifikation empfindlich zu stören. Viele Vertreter der deutschen Wirtschaftskultur haben das in vielerlei Hinsicht andersartige U.S.-amerikanische Vorbild stets bewundert, aber das Bedürfnis nach Abgrenzung und Gestaltung eines eigenen Wegs ist geblieben. Vor dem Hintergrund der deutschen und kontinentaleuropäischen Geschichte ist dieser Wunsch durchaus berechtigt. Allein der U.S.-amerikanische Weg hat bisher eine demokratisch und wirtschaftlich dauerhaft stabile Gesellschaft geschaffen. Der Versuch einer deutschen und europäischen Imitation muss jedoch fehlschlagen. Der europäische Kontinent und Deutschland müssen mit genügendem Selbstbewusstsein an ihre eigenen demokratischen und gesellschaftlichen Traditionen anknüpfen, die es trotz aller Katastrophen durchaus gibt und deren Erinnerung besser zu pflegen um der eigenen Zukunftsfähigkeit willen lohnt. Das aber bedeutet, dass sich ein Ausstieg aus der gewachsenen Kultur eines vielfältigen europäischen Kapitalismus auch politisch nicht empfiehlt.

Anmerkungen

A. Die Bundesrepublik Deutschland unter Deregulierungsdruck – Analyse der jüngeren deutschen Rechtsentwicklung

I. Die Liberalisierung des Angebotswettbewerbs

[1] Zur Motivation der Beschränkung des Rabatts als Wettbewerbsmittel auf ein „erträgliches Maß" Amtl. Begründung, RAnz Nr. 284 v. 5. 12. 1933 und *von Godin,* Wettbewerbsrecht, 2. Aufl. 1974, S. 550ff.

[2] Grundlegend RG GRUR 1931, 1299 (Hellegold); BGHZ 3, 270, 280; 14, 163, 171; BGH NJW-RR 1996, 1190; 1997, 424; zur Geschichte *Emmerich,* Unlauterer Wettbewerb, 7. Aufl. 2004, § 7, I, S. 125ff. Einen Überblick über die europäische Entwicklung gibt *N. Dethloff,* Europäisierung des Wettbewerbsrechts, 2001.

[3] Vgl. § 16 GWB 1958; zur 2. GWB-Novelle 1973 und zur Geschichte der Lockerung und Abschaffung der Preisbindung im späteren § 14 GWB a. F. sowie zur Bedeutung des Art. 81 I a EGV der Überblick bei *Emmerich,* Kartellrecht, 9. Aufl. 2001, § 13 und § 37, 8 mNw. Den heutigen Rechtszustand beschreiben vor allem §§ 1ff. GWB 2005 und § 22 GWB 2005 iVm Art. 81 EGV und entsprechenden Verordnungen der EU; dazu *Bechtold/Buntscheck* NJW 2005, 2966.

[4] Zu Ausschließlichkeitsbindungen und insbesondere Fachhandelsbindungen und ihrer Geschichte insbesondere *Rittner,* Die Ausschließlichkeitsbindungen in dogmatischer und rechtspolitischer Betrachtung, 1957; *Ebenroth,* Absatzmittlungsverträge, 1980; *Fezer,* Vertriebsbindungen, GRUR 1990, 551; 1999, 99; *Schwintowski,* Festschrift Sandrock, 2000, S. 901ff.; guter Überblick zur jüngeren Geschichte und Bedeutung von § 16 GWB a. F. sowie Art. 81 I b EGV mit Freistellungsverordnungen bei *Emmerich,* Kartellrecht, § 15 und § 37, 8b, 9 mNw. Zum neuesten Rechtszustand wiederum §§ 1ff., 22 GWB 2005 sowie Art. 81 EGV; zum Abgesang des deutschen nationalen Kartellrechts *Bechtold/Buntscheck* NJW 2005, 2966.

[5] Dazu die Aufhebungsgesetze zum RabattG und zur ZugabeVO vom Juli 2001; ausführlich *Steinbeck* ZIP 2001, 1741 mit Hinweisen zu verbleibenden lauterkeitsrechtlichen Grenzen; zu EU-rechtlichen Implikationen die Darstellung des Kommissionsberichts durch *Kretschmer,* GRUR 1993, 805ff. und *Meyer* GRUR 2001, 98, 108.

[6] Hierzu ursprünglich § 2 UWG 2000; zur EU-Richtlinie über vergleichende Werbung und ihrer Umsetzung *Siems* ZEuP 2001, 686; EuGH, Urteil v. 8.4. 2003 – C-Rs. 44/01 (Pipping Augenoptik/Hartlauer) EWS 2003, 230; nunmehr § 4 Nr. 8, § 5 Abs. 3 und § 6 UWG 2004.

[7] Zulässig sollen dagegegen Preisempfehlungen des Herstellers in Vertriebssystemen sein; zum VW-Fall EuGH EWS 2006, 365 ff. und *Lange* EWS 2006, 486 ff.

[8] Beispielhaft die Neuregelung für Vertriebs- und Kundendienstvereinbarungen in der Gruppenfreistellungsverordnung EG Nr. 1400/2002 für die Automobilbranche; dazu *Pfeffer* NJW 2002, 2910; *Grams* RIW 2003, 327 ff. Die dämpfende Bedeutung des „Handelsvertreterprivilegs" vor allem für die Automobilbranche beschreiben *Pfeffer/Wegner* EWS 2006, 296 ff. (DaimlerChrysler vor dem EuG).

[9] Zum Einfluss der europarechtlichen Vorgaben (Art. 43 ff., 49 ff. EGV; EuGH vom 3. 10. 2000 – C-Rs. 58/98 [Corsten] DVBl. 2001, 114) auf den Handwerkssektor *Diefenbach* GewArch. 2001, 353, 354 f.; ferner das 3. Gesetz zur Änderung der Handwerksordnung vom 29. 12. 2003 (BGBl. I 2003, 2934) und das Gesetz zur Änderung der Handwerksordnung und zur Förderung von Kleinunternehmen vom 29. 12. 2003 (BGBl. I 2003, 2933).

[10] Dazu beispielhaft §§ 434 ff., 474 ff., BGB n. F. und die Richtlinie 1999/44/EG vom 25. 5. 1999 zu bestimmten Aspekten des Verbrauchsgüterkaufs und der Garantien für Verbrauchsgüter (ABl. L 171 vom 07. 07. 1999, S. 12–16).

[11] Hierzu § 434 Abs. 1 Satz 3 BGB und die EG-Verbrauchsgüterkaufrichtlinie (Beschaffenheitscharakter eines Kaufgegenstandes und Werbung); §§ 481 ff. BGB n. F. und Richtlinie 1994/47/EG vom 26. 10. 1994 zum Schutz der Erwerber im Hinblick auf bestimmte Aspekte von Verträgen über den Erwerb von Teilzeitnutzungsrechten an Immobilien; §§ 492 ff. BGB n. F. und Richtlinie 87/102/EWG idF der Richtlinie 98/7/EG vom 16. 2. 1998 zur Angleichung der Rechts- und Verwaltungsvorschriften der Mitgliedstaaten über den Verbraucherkredit. Dem Informationsschutz des Verbrauchers dienen auch Widerrufsrechte; §§ 312 ff., 355 ff. BGB n.F: und Richtlinien 85/577/EWG vom 20. 12. 1985 (Haustürwiderruf), 97/7/EG vom 20. 5. 1997 (Fernabsatz) und 2000/31/EG vom 8. 6. 2000 (elektronischer Geschäftsverkehr). Einen teilweise kritischen Überblick für das Recht der Kreditvergabe gibt *Blaurock*, FS Horn, 2006, S. 697 ff.

[12] Dazu das Unterlassungsklagengesetz idF vom 27. 08. 2002 und die Richtlinie 98/27/EG vom 19. 05. 1998 (Unterlassungsklagen zum Schutz der Verbraucherinteressen); ferner §§ 8 ff. UWG n. F., 32 ff. GWB n. F.; zu anstehenden schadensersatzrechtlichen Fortentwicklungen kollektiver Klagen *Koch*, Die Verbandsklage in Europa, ZZP 113 (2000), 413 ff., *Stadler*, Verh. d. 62. DJT 1998, S. I 35 mNw.; umfassend *Micklitz/Stad-*

ler, Das Verbandsklagerecht in der Informations- und Dienstleistungsgesellschaft, 2005.

II. Die Deregulierung der Finanz- und Kapitalmärkte und die Unternehmenskultur – Corporate Finance and Governance

[13] Von vielen Autoren auch als typisches Beispiel einer „Coordinated Market Economy" diskutiert; so etwa *Hall/Soskice,* Varieties of Capitalism. Introduction, 2001, S. 1ff., 21ff.; *G. Teubner,* Legal Irritants. How Unifying Law Ends up in New Divergences, in: Hall/Soskice, Varieties, S. 417ff., 433f.; ähnlich der Begriff des „Rhineland-Model" bei *R. Freeman,* Single-Peaked versus Diversified Capitalism: The Relation between Economic Institutions and Outcomes, in: J. Drèze, Advances in Macroeconomic Theory, 2001, S. 139ff., 140; siehe noch sub B II 2.

[14] Zur traditionellen deutschen Unternehmensstruktur und ihren Finanzierungsformen guter Überblick bei *Wiedemann,* Gesellschaftsrecht, Bd. I, 1980, § 2 II 2, S. 114ff., insbes. S. 121ff.; *Kübler,* Gesellschaftsrecht, 5. Aufl. 1998, § 14, S. 152ff., insbes. S. 158ff., 163ff.; *Mülbert,* Empfehlen sich gesetzliche Regelungen zur Einschränkung des Einflusses der Kreditinstitute auf Aktiengesellschaften?, Gutachten zum 61. DJT 1996, S. E 14ff., E 32ff. mNw. Die Wirtschaftsstruktur Japans zeigt insoweit bis heute Ähnlichkeit zum überkommenen deutschen Modell; dazu SZ vom 21.08.06, Nr. 191, S. 17; *Baum/Takahashi,* Commercial and Corporate Law in Japan, in: Röhl (Hg.), History of Law in Japan since 1868, S. 330ff., 387ff.

[15] Zu eher misstrauisch betrachteten Überresten der personellen Verflechtung F.A.Z. vom 19.08.06, Nr. 192, S. 9 mit Schaubild.

[16] Hierzu insbesondere *Kübler,* Gesellschaftsrecht, § 14 II 3 b, S. 162f.; *ders.,* Unternehmensstruktur und Kapitalmarktfunktion, AG 1981, 5ff.; Kommission „Zweiter Börsenmarkt", Börsenzugang für kleinere und mittlere Unternehmen, 1987.

[17] Hierzu §§ 13ff. KWG. Diese Vorgaben entsprechen heute der Baseler Eigenkapitalvereinbarung für international tätige Banken 1988 und der Richtlinie 2000/12/EG vom 20. 3. 2000 über die Aufnahme und Ausübung der Tätigkeit der Kreditinstitute.

[18] § 23a KWG, z.B. Einlagesicherungsfonds des Bundesverbandes Deutscher Banken; hierzu *M. Wagner,* Die Einlagensicherung bei Banken und Sparkassen nach dem Einlagensicherungs- und Anlegerentschädigungsgesetz, 2001; *Ricke/Rudolph,* Einlagensicherung, BKR 2002, 899ff.

[19] Dazu §§ 35 HBG a.F., 5f. ÖPG a.F., 70ff. VAG und nunmehr §§ 29ff. PBG.

[20] 47% der Bankeinlagen entfallen auf Sparkassen, 21% auf Kreditgenossenschaften (Statistik der Deutschen Bundesbank, F.A.Z. vom 04.03.04, Nr. 54, S. 14).

[21] *Buxbaum*, 57 Brook. L. Rev. 1, 19 (1991); *Mülbert*, Gutachten, S. E 54f., 60ff. Etwas nostalgischer Rückblick in SZ vom 26./27.08.06, Nr. 196, S. 21. Die größere Innovationskraft der Kapitalmarktfinanzierung vor allem über „Private Equity" (unten sub 2) betont eine Studie der Investment Bank Goldman Sachs, F.A.Z. vom 24.08.06, Nr. 196, S. 21.

[22] Zu den Topoi risikoaversen Verhaltens und höherer Bereitschaft zur Unternehmenssanierung insbesondere *Mülbert*, Gutachten, S. E 55f., 58f. mNw.

[23] Dazu *Saunders*, 18 J. Banking Finance 231 (1994); *Baums/Gruson* 19 Brook. J. Int'l L. 101 (1993); wiederum überblicksweise *Mülbert*, Gutachten, S. E 28ff. mNw.

[24] Dazu *Böhm*, Der Einfluss der Banken auf Großunternehmen, 1992, S. 32f.

[25] Zur vorausgehenden parallelen U.S.-amerikanischen Entwicklung der letzten Jahrzehnte eindrucksvoll *A.E. Wilmarth*, The Transformation of the U.S. Financial Services Industry, 1975–2000: Competition, Consolidation, and Increased Risks, 2002 U. Ill. L. Rev. 215.

[26] Dazu *Ertner*, Grundbesitz durch Beteiligung, 1971; guter Überblick bei *Zöllner*, Wertpapierrecht, 14. Aufl. 1987, § 31.

[27] Zur allmählichen Angleichung der Aktien- bzw. Aktienfondsquote an die USA und England im letzten Jahrzehnt *Merkt*, Gutachten 64. DJT 2002, S. G 38 mNw. („Retailwelle", „Aktienboom"). Danach besitzen heute etwa 21% der Deutschen unmittelbar oder mittelbar Aktien.

[28] Nach einer Schätzung des Generalsekretärs der European Fund and Asset Management Association beträgt das Anlagevermögen der klassischen Publikumsfonds Ende 2005 ca. 15 000 Milliarden Euro und Ende 2006 16,5 Billionen Euro, nachdem es 1995 auf ca. 5.300 Milliarden Euro zu schätzen war. Davon sind etwa 47% in Aktien angelegt. Dazu SZ vom 24.08.06, Nr. 194, S. 30 und F.A.Z. vom 20.04.07, Nr. 92, S. 23. Die Tendenz zu Aktiendachfonds zur besseren Risikostreuung hat sich verstärkt (F.A.Z. vom 02.06.06, Nr. 27, S. 19).

[29] Dazu die schwankende Entwicklung der Aktienfonds zwischen 1998 und 2004 mit der verführerischen Hausse 1999/2000; F.A.Z. vom 06.03.04, Nr. 56, S. 23; ferner für 2007 F.A.Z. vom 19.04.07, Nr. 91, S. 23. Die deutschen Anleger zeichnet nach wie vor verglichen mit anderen Europäern eine Zurückhaltung aus, F.A.Z. vom 20.04.07, Nr. 92, S. 23.

[30] Zu Asset Backed Securities und Verbriefung *Christoph Kern*, Die Sicherheit gedeckter Wertpapiere, 2004.

[31] Zu „Collateralized Loan Obligations" – zu deutsch: Verbriefung von Krediten hohen Rückzahlungsrisikos – F.A.Z. vom 09.03.06, Nr. 58, S. 20.

[32] Die unterschiedlichen Typen der Derivatgeschäfte beschreibt § 2 Abs. 2 WpHG 2002; guter Überblick bei *Baumbach/Hopt/Merkt*, HGB, 32. Aufl. 2006, Vor § 30 BörsG Rn. 1 ff.

[33] §§ 112, 113 InvG 2003. Bundesfinanzdienstleistungsaufsicht und der Verband der Fondsbranche (BVI) haben nach den „Single Hedge-Fonds" auch für sog. „Dachfonds", die für Privatanleger öffentlich beworben werden dürfen, Mustervertragsbedingungen entwickelt, die aber letztlich informativer und nicht inhaltlicher Gestaltung des Finanzprodukts gewidmet sind; dazu F.A.Z. vom 06.03.04, Nr. 56, S. 23.

[34] Zu Informationspflichten gegenüber dem Verbraucher nunmehr §§ 37d ff. WpHG. Einen durchaus nicht unparteiischen Überblick über Derivatgeschäfte gibt die Beilage der F.A.Z. vom 01.03.06, Nr. 51, mit zahlreichen Beiträgen von Repräsentanten der Branche. In Hedge-Fonds sind gegenwärtig ca. 1.300 Milliarden Euro angelegt; dazu SZ vom 24.08.06, Nr. 194, S. 30; F.A.Z. vom 25.04.07, Nr. 96, S. 19. Weltweit gibt es ca. 9.000 Hedge-Fonds, in Deutschland sind bisher nur 19 Single Hedge-Fonds und 14 Dachfonds zugelassen. Das verwaltete Kapital deutscher Hedge-Fonds beträgt 2 Milliarden Euro, das in Hedge-Fonds-Zertifikaten verwaltete Vermögen 14 Milliarden Euro (Bundesverband Alternative Investments, F.A.Z. vom 24.06.06, Nr. 71, S. 25).

[35] Zur Bedeutung der Aktienmärkte insbesondere für „junge und innovative Unternehmen durch Versorgung mit Risikokapital" *Merkt*, Gutachten 64. DJT 2002, S. G 10 mit Hinweisen auf Stellungnahmen der Deutschen Bundesbank und der EU-Kommission. Vor allem im Bereich des „Neuen Marktes" der Jahre 1999/2000 und im Bereich staatlicher Privatisierung hat sich das Risiko für den privaten Anleger überraschend schnell und deutlich realisiert, wobei vor allem bei staatlicher Privatisierung („Volksaktien") der schale Nachgeschmack staatlicher Bereicherung bleibt (F.A.Z. vom 11.08.06, Nr. 185, S. 14).

[36] Eine Aufstellung der ca. 20–25 deutschen Aktiengesellschaften an der New Yorker Börse geben *Kamann/Simpkins* RIW 2003, 183 ff., 184.

[37] Zum Vormarsch der Beteiligungsfonds beim Kauf von Chemie- und Pharmaunternehmen mittlerer Größe F.A.Z. vom 04.08.06, Nr. 179, S. 18; beim Kauf von Hotels durch Blackstone SZ vom 26.08.06, Nr. 197, S. 19. Auch Hedge-Fonds erwerben zunehmend mittelständische Unternehmen; dazu F.A.Z. vom 25.04.07, Nr. 96, S. 19.

[38] Zur abnehmenden Bedeutung der Kreditfinanzierung das differenzierte Gesamtbild bei *Mülbert*, Gutachten 61. DJT 1996, S. E 53 f. mNw. Zum Sonderfall kapitalabschöpfender Kreditfinanzierung durch Private Equity-Transaktionen insbes. C II 2 und D II 6e (5).

[39] § 20 Abs. 1 Nr. 7, Abs. 2, 4 EStG (Freibetrag 6.000 DM bis zum Jahr 2000, 3.000 DM ab dem Jahr 2000; 1.370 EUR ab dem Jahr 2003, 750 EUR ab 2007 [dazu F.A.Z. vom 08.09.06, Nr. 209, S. 21 und F.A.Z. vom 02.09.06, Nr. 204, S. 21]).

[40] § 23 Nr. 2 und 4 EStG.

[41] Dazu F.A.Z. vom 08.09.06, Nr. 209, S. 21.

[42] Dazu F.A.Z. vom 20.06.06, Nr. 140, S. 12 (1970–1990: 60%; 1990–2000: 46%; heute: 35%).

[43] Für das 1. Halbjahr 2006 F.A.Z. vom 07.07.06, Nr. 155, S. 23; ferner unter C II 2 b.

[44] Dazu F.A.Z. vom 08.07.06, Nr. 156, S. 23.

[45] Zur geplanten Abgeltungssteuer und der Stellung der Investmentfonds *Wenger,* F.A.Z. vom 20.07.06, Nr. 166, S. 21.

[46] Zu den Einsichten der Behavioral Finance über das Anlegerverhalten *Oehler* ÖBA 2000, 978; kurzer Überblick bei *Fleischer,* Gutachten 64. DJT 2002, S. F 29f. mNw.

[47] Zur sog. „Volatilität" der Finanzmärkte OECD, Securities Markets in OECD Countries – Organization and Regulation 1995; *Merkt,* Gutachten 64. DJT 2002, S. G 11.

[48] Statt vieler die kurze Analyse wiederum von *Merkt,* Gutachten 64. DJT 2002, S. G 38/39. Diese Entwicklung kommt äußerlich in der Entwicklung unternehmerischen Finanzierungsrechts (Corporate Finance) zu einer selbständigen Disziplin zum Ausdruck; z.B. *Tirole,* The Theory of Corporate Finance, 2006; *Ferran,* Company Law and Corporate Finance, 1999; *Eidenmüller* JZ 2007, 487ff.

[49] Dies wird etwas ausgeblendet, wenn man „absolute shareholder primacy" zwar zu Recht als extreme und ideologische Position erkennt, dann aber davon ausgeht, dass in der Wirklichkeit das Management zur Berücksichtigung von Gesichtspunkten des öffentlichen Wohls und humanitärer, erzieherischer und anderer menschenfreundlicher Zwecke ebenso in der Lage sei wie zur Beachtung langfristiger Wertsteigerung für die Aktionäre. So aber letztlich *Windbichler,* European Business Organization Law Review Vol. 6 (2005), 507ff., 513 mNw.

[50] Zum Zusammenhang zwischen Streubesitz von Aktien und feindlichen Übernahmen *Mülbert,* Gutachten 61. DJT 1996, S. E 60ff. mNw.; informativer Problemabriss bei *Kübler/Assmann,* Gesellschaftsrecht, 6. Aufl. 2006, § 32 VII, S. 506ff. mNw.

[51] Dazu *Hopt/Wymeersch/Kanda/Baum,* Corporate Governance in Context, 2005, Part 1 („Change of Governance in Historic Perspective: From State to Market"); zutreffend gesehen von *Eidenmüller,* JZ 2007, 487ff., 488 r. Sp. mwNw.

[52] Dazu *M. Goyer,* Corporate Governance under Stress: An Institutional Perspective on the Transformation of Corporate Governance in France and Germany, 2004; allgemein *Hall/Soskice,* Varieties of Capitalism, 2001, S. 60ff.

[53] Beispielhaft die Kosmetik der Chrysler Bilanz 2003; statt vieler Der Spiegel Nr. 10/04, S. 79.

[54] Nach der Statistik der Europäischen Investmentvereinigung Fefsi verwalteten deutsche Fonds im Jahre 2003 822 Milliarden Euro, F.A.Z. vom 06.03.04, Nr. 56, S. 25. Weltweit liegt der Betrag 2005 bei 15 000

Milliarden Euro, wobei wichtige Banken und Versicherer zu den Inhabern der größten Investmentfonds gehören: UBS, Crédit Suisse, Barclays, Deutsche Bank, Allianz, Axa etc.; siehe SZ vom 24.08.06, Nr. 194, S. 30.

[55] Beispielhaft die andauernde Fusions- und Übernahmediskussion um die Deutsche Bank im Frühjahr 2004; dazu F.A.Z. vom 06.03.04, Nr. 56, S. 13 und 25.

[56] Dazu beispielhaft der Bericht F.A.Z. vom 27.02.04, Nr. 49, S. 13 und S. 17; SZ vom 24.08.06, Nr. 194, S. 30 unter Hinweis auf die Datensammlung des Max-Planck-Instituts für Gesellschaftsforschung 1996–2004.

[57] Zur Formulierung einzelrisikoangepasster Eigenkapitalunterlegungs- und Kreditierungsgrundsätze durch „Basel II" insbesondere *Boos/Schulte-Mattler,* Die Bank 2001, 646; *Elsas/Krahnen,* Die Bank 2001, 298; *Wambach/Kirchmer* BB 2002, 400; *D. Schneider und Terberger* RIW 2002/Beil. Heft 4, S. 2ff, 12ff.; zur Folge gebremster Kreditvergabe für den Mittelstand F.A.Z. vom 11.03.04, Nr. 60, S. 15 und die Schilderung von Verbesserungsversuchen durch *Massenberg,* F.A.Z. vom 02.09.06, Nr. 204, S. 18.

[58] Zur Kritik an der teuren „Langfristkultur" der Kreditierung von Unternehmen der Bericht der Bundesbank, F.A.Z. vom 17.02.04, Nr. 40, S. 11.

[59] Die Kritik vor allem mittelständischer Maschinenbauindustrie an der restriktiven Kreditvergabepraxis der Deutschen Bank im April 2004 (F.A.Z. vom 20.04.04, Nr. 92, S. 17) spiegelt diese Entwicklung wider.

[60] Dazu Kronberger Kreis, Privatisierung von Landesbanken und Sparkassen, 2001; *Möschel* WM 2001, 1895–1897; angriffslustig IWF, Germany: Selected Issues, November 2003, Country Report Nō 03/342, insbes. Ziff. 34ff.

[61] § 1 Abs. 1 Nr. 1 GenG; dazu *Kübler/Assmann,* Gesellschaftsrecht, § 13 I 1 b, S. 143.

[62] Dazu *M. Lutter* ZIP 2003, 737ff.; nunmehr Regelungsversuch in Zif. 4.2 Deutscher Corporate Governance Kodex i. d. F. vom 21.05.03, ZIP 2003, 1316ff. Zur überkommenen deutschen Praxis der Aktienoptionen für Chefmanager *Pirchegger* RIW 2005, 349ff.; F.A.Z. vom 27.02.04, Nr. 49, S. 18; zu den USA kritisch *J.D. Cox,* Fair Pay for Chief Executive Officers, in: Carrington/Jones, Law and Class in America, 2006, S. 99ff.; ferner *Hasbargen/Schmitt* RIW 2005, 587ff., 2006, 101ff.

[63] Zu dieser Problematik aufschlussreich *Liebers/Hoefs* ZIP 2004, 97ff. mit Zahlenmaterial S. 101f. Ferner das Untreueverfahren im Falle K. Esser (Mannesmann), J. Ackermann (Deutsche Bank), J. Funk (Mannesmann), K. Zwickel (IG Metall): F.A.Z. vom 20.12.05, Nr. 296, S. 14; *Kort* und *Matt* NJW 2005, 333, 389; BGH NJW 2006, 522ff.

[64] Zu Verkaufsgesprächen des Vorstandsvorsitzenden der Deutschen Bank und Auswirkungen eines solchen Verkaufs auf die Bezüge des Ma-

nagements Der Spiegel Nr. 10/04, S. 80; F.A.Z. vom 06.03.04, Nr. 56, S. 13 („Wer will die Deutsche Bank?“).

[65] Die positive Bewertung des deutschen Aufsichtssystems durch den IWF, Germany: Financial System Stability Assessment 2003, Zif. 12, 60 vermag an dem grundsätzlichen Defizit aufsichtsrechtlicher Effektivität im raschen Marktgeschehen wenig zu ändern. Informativ insoweit F.A.Z. vom 01.09.06, Nr. 203, S. 25: „BaFin-Prüfung geschlossener Fonds kein Gütesiegel“.

[66] Guter Überblick bei *Fleischer,* Gutachten 64. DJT 2002, S. F 66f. (Wirtschaftsprüfer), S. F 129ff. (Finanzanalysten), S. F 132ff. (Rating-Agenturen).

[67] Zu U.S.-amerikanischen Gesetzesvorschlägen, Rating-Agenturen stärker durch Börsenaufsicht zu kontrollieren, F.A.Z. vom 04.08.06, Nr. 179, S. 19; ferner allgemein *Sanio,* F.A.Z. vom 02.03.04, Nr. 52, S. 27.

[68] Beispielhaft der Wirtschafts- und Finanzmarktteil der F.A.Z., wo häufig Finanzanalysten, Bankenvertreter oder Mitglieder von Wirtschaftsprüfungsgesellschaften zu Wort kommen. Ob die Offenlegung solcher Beziehungen zur Wahrung der Neutralität im redaktionellen Teil einer Zeitung immer ausreicht und nicht ein schleichender Übergang zur Marktwerbung zu verzeichnen ist, mag dahinstehen; dazu Pressekodex Zif. 6 und Richtlinie 6.1, Pressekodex Zif. 7 mit Richtlinien 7.1 und 7.2 und neuerdings Zif. 7.4 (Deutscher Presserat, Jahrbuch 2006, S. 258); ferner sub C II 1f.

[69] Grundlegender Ausgangspunkt der deutschen Diskussion sind die Arbeiten von *Hopt,* Der Kapitalanlegerschutz im Recht der Banken, 1975; *ders.,* Gutachten 51. DJT 1976; *Schwark,* Anlegerschutz durch Wirtschaftsrecht, 1979; *Assmann,* Prospekthaftung als Haftung für die Verletzung kapitalmarktbezogener Informationsverkehrspflichten nach deutschem und U.S.-amerikanischem Recht, 1985; *Hopt/Rudolph/Baum,* Börsenreform – Eine ökonomische, rechtsvergleichende und rechtspolitische Untersuchung, 1997; *Merkt,* Unternehmenspublizität – Offenlegung von Unternehmensdaten als Korrelat der Marktteilnahme, 2001. Guter neuester Überblick zum rasch wechselnden Recht im Einzelnen bei *Weber* NJW 2006, 3685ff.

[70] Zum Gesetz für „kleine Aktiengesellschaften und zur Deregulierung des Aktienrechts“ *Siebert* ZIP 1994, 914ff.; Dokumentation des Entwurfs in ZIP 1994, S. 247ff.

[71] Guter Überblick bei *Merkt,* Gutachten 64. DJT 2002, insbes. S. G 15ff.; *Baumbach/Hopt/Merkt,* 31. Aufl. 2003, Einl. BörsG Rn. 9ff. und 16 zum Stand der weiteren Rechtsentwicklung.

[72] Dazu §§ 22a–o. KWG i. d. F. des Gesetzes zur Änderung der Insolvenzordnung, des KWG und anderer Gesetze 2004.

[73] Zum Kredithandel F.A.Z. vom 07.09.06, Nr. 208, S. 22 (2006 ca. 40–45 Milliarden Euro).

[74] Guter Überblick zu den Intentionen der §§ 238 ff. HGB 1985, ihrer weiteren Reformgeschichte und europäischen und internationalen Rahmung bei *Baumbach/Hopt/Merkt,* HGB, Einl. vor § 238 Rn. 1 ff. mNw.

[75] Insbesondere zum Halbjahresbericht börsennotierter Aktiengesellschaften § 40 BörsenG, §§ 53 ff. BörsenzulassungsVO; ferner Mitteilungspflichten bei Stimmanteilsveränderungen, §§ 21 ff. WpHG; dazu *Hutter/Kaulamo* NJW 2007, 471 ff., 473 ff.

[76] Zur „Ad Hoc-Publizitätspflicht" §§ 15, 37c und d WpHG; zur Haftungsverschärfung durch jüngere Reformen *Fleischer,* Gutachten 64. DJT 2002, S. F 95 ff. mNw.

[77] Zur Transparenzrichtlinie der EU (Richtlinie 2004/109/EG, ABl. L 390 vom 31. 12. 2004, S. 38) und ihrer Umsetzung durch das TransparenzrichtlinienumsetzungsG 2007 (TUG) *Hutter/Kaulamo* NJW 2007, 471 und 550; *Nießen* NZG 2007, 41; kritisch zu den Informationspflichten *W. Wiedeking,* F.A.Z. vom 05. 07. 06, Nr. 153, S. 14.

[78] Zur EU-Prüferrichtlinie (Richtlinie 2006/43/EG über die Abschlussprüfungen von Jahresabschlüssen und konsolidierten Abschlüssen, ABl. L 157 vom 09. 06. 2006, S. 87–107) und ihre Umsetzung in Deutschland durch Einrichtung von Prüfungsausschüssen *Weber,* NJW 2006, 3685 ff., 3689; *Lanfermann/Maul* DB 2006, 1505 und F.A.Z. vom 12. 06. 06, Nr. 134, S. 20.

[79] §§ 319 Abs. 2 und 3 HGB (Fassung 2000); 43, 49 WPO. Zu Entstehungsgeschichte, Empfehlungen der EU und dem Einfluss des U.S.-amerikanischen Sarbanes Oxley Act *Baumbach/Hopt/Merkt,* § 319 Rn. 2 und *Buxbaum* IPRax 2003, 78; *Schwarz/Holland* ZIP 2002, 1661; *Kersting* ZIP 2003, 233.

[80] § 161 AktG; Deutscher Corporate Governance Kodex 2003 (abgedruckt ZIP 2003, 1316 ff.); hierzu *Schüppen* ZIP 2002, 1269 ff.; *Lutter* ZIP 2003, 737 ff.; *Weber* NJW 2006, 3691 (Neufassung 2006).

[81] Insbesondere §§ 30, 44 ff. BörsenG, 13 ff. BörsenzulassungsVO (amtlicher Markt); § 51 BörsenG (Unternehmensbericht im geregelten Markt); ausführlich *Fleischer,* Gutachten 64. DJT 2002, S. F 39 ff. mit Erörterung der wichtigsten Haftungsfragen.

[82] §§ 20a f. WpHG; dazu *Fleischer,* Gutachten 64. DJT 2002, S. F 118 ff.

[83] §§ 12 ff. WpHG; ausführlich *Hopt,* in: Schimansky/Bunte/Lwowski, Bankrechts-Handbuch, 2. Aufl. 2001, Band III, § 107 mNw.

[84] §§ 31 ff. WpHG.

[85] Zum Wertpapiererwerbs- und Übernahmegesetz 2001 (WpÜG) und seiner europarechtlichen Rahmung insbesondere *Hopt* ZHR 166 (2002), 375 ff.; *Krause* ZGR 2002, 500 ff.; *Weber* NJW 2006, 3685, 3689 mNw. Schon § 134 AktG i. d. F. vom 27. 04. 1998 hatte käuferabschreckende Höchst- und Mehrfachstimmrechte bei Aktiengesellschaften abgebaut.

[86] Dazu und zur Vorbereitung der deutschen Ausführungsgesetzgebung *Weber* NJW 2006, 3685ff., 3686 und F.A.Z. vom 15.09.06, Nr. 215, S. 25.

[87] Dazu umfassend *Fleischer,* Gutachten 64. DJT 2002, S. F 39ff., F 94ff.

[88] Immerhin scheint Zif. 4.1.1 des Corporate Governance Kodex 2003 noch davon auszugehen, dass es neben der „Steigerung des nachhaltigen Unternehmenswerts" auch andere „Unternehmensinteressen" geben könnte. Zum Konflikt zwischen „shareholder value" und „social responsibility" insbes. *Hansmann/Kraakman* 89 Geo. L. J. 439 (2001) und *Chen/Hanson* 103 Mich. L. Rev. 1, 64f. (2004).

[89] Dazu § 33 WpÜG; Zif. 3.7 Corporate Governance Kodex 2003.

[90] Vgl. § 27 Abs. 1 Nr. 2 WpÜG; guter Überblick zur Problematik der Abwehr feindlicher Übernahme bei *Winter/Horbath* ZIP 2002, 1ff. mNw.; zur neuen Übernahmerichtlinie mit ihrem Wahlmodell in Art. 11a *Wiesner* ZIP 2004, 343ff., 349.

[91] Zu Recht kritisch *Tichy,* Bitte bedienen Sie sich, Handelsblatt vom 06./07.02.04, Nr. 26, S. 9.

III. Die Deregulierung öffentlichen Unternehmertums

[92] Guter Überblick zum „New Public Management" im Bereich der Daseinsvorsorge bei *Voßkuhle,* Der Dienstleistungsstaat, Der Staat 40 (2001), 495ff., 512f. mit umfassenden Nw.

[93] *Eifert,* Grundversorgung mit Telekommunikationsleistungen im Gewährleistungsstaat, 1998, S. 139ff.

[94] Dazu den Überblick von *Pfeffermann* in Badura, PostG, 2. Aufl. 2004, Einleitung, S. 23–53. Nach Wegfall des Briefmonopols Ende 2007 planen private Anbieter wie TNT und Otto/Hermes den Einstieg in den Briefbeförderungsmarkt. Vorteile wird es allerdings überwiegend nur für gewerbliche Kunden geben; dazu SZ vom 28.08.06, Nr. 197, S. 21.

[95] *J.-P. Schneider,* Liberalisierung der Stromwirtschaft durch regulative Marktorganisation, 1999, S. 384ff.; *Kühne/Brodowski* NVwZ 2003, 769ff.; *Lecheler/Gundel* EuZW 2003, 621ff.; *Kühne/Scholtka* NJW 1998, 1902ff.; *Büdenbender* JZ 1999, 62ff.

[96] *Frotscher/Kramer* NVwZ 2001, 24ff.; *Fehling* DÖV 2002, 793ff.

[97] Zum Stand der Privatisierung F.A.Z. vom 06.02.06, Nr. 31, S. 11.

[98] Der Begriff wird hier trotz seiner Ambivalenz ohne nähere Definition verwendet; ausführlich *Ehlers,* Gutachten 64. DJT 2002, S. E 30ff.

[99] Dazu *Ehlers,* Gutachten 64. DJT 2002, S. E 56 mNw.

[100] Vgl. Europäische Kommission, Leistungen der Daseinsvorsorge in Europa, KOM (2000), 580 endg. ABl. EG 2001, Nr. C 17.

[101] Zusammenfassend *Ehlers,* Gutachten 64. DJT 2002, S. E 34, E 48ff.; *Voßkuhle* VVDStRL 62 (2003), 266ff., 286f.; *T. Helm,* Rechts-

pflicht zur Privatisierung, 1999, 82ff.; *Weiß*, Privatisierung und Staatsaufgaben, 2002, S. 390ff.

[102] *M. Schulte*, Rettungsdienst durch Private, 1999.

[103] *Uechtritz*, Mautfinanzierung des Albaufstiegs, VBlBW 2002, 317ff.; F.A.Z. vom 28.05.05, Nr. 49, S. 11 (Autobahnbau).

[104] *J. Pietzcker*, Der Vorhaben- und Erschließungsplan, 1993.

[105] *W. Gerstlberger*, Public Private Partnerships und Stadtentwicklung, 1999.

[106] Dazu *Ehlers*, Gutachten 64. DJT 2002, S. E 59.

[107] Dazu BVerfG, Urteil v. 28.03.06, 1BVR 1054/01 – staatl. Monopol für Sportwetten – Oddset – NJW 2006, 1261ff.; BKartA vom 23.08.06, B 10–92713-Kc-148/05 http://www.bundeskartellamt.de/WDeutsch/download/pdf/Kartell/KostellOb/B10–148–05.pdf (abgerufen am 16.11.06); dazu SZ vom 28.08.06, Nr. 197, S. 1 und 4.

[108] Vorzüglicher Überblick bei *Voßkuhle* VVDStRL 62 (2002), S. 275ff., mit umfassenden Nachweisen; speziell zur „Dienstleistungskonzession" *Nettesheim* EWS 2007, 145ff. Gegenwärtig sind Projekte der Public Private Partnership in Höhe von ca. 600 Millionen Euro in Vorbereitung; dazu F.A.Z. vom 07.07.06, Nr. 155, S. 23.

[109] Dazu *Schwarze* EuZW 2001, 334ff.; *Nettesheim* EWS 2002, 253; *Koenig* EuZW 2001, 481; *Schwarze* (Hg.), Daseinsvorsorge im Lichte des Wettbewerbsrechts, 2001; *Hrbek/Nettesheim* (Hg.), Europäische Union und mitgliedstaatliche Daseinsvorsorge, 2002; gute und konzise Gesamtdarstellung bei *Voßkuhle* VVDStRL 62 (2002), 286ff. mwNw.

[110] *Mestmäcker*, Daseinsvorsorge und Universaldienst im europäischen Kontext, FS Zacher, 1998, S. 635ff.

[111] Zu Einzelheiten *Voßkuhle* VVDStRL 62 (2002), 304ff. Den Kommissionsvorschlag zur Behandlung von Ausgleichsbeihilfen in der Daseinsvorsorge behandelt *Thyri* EWS 2004, 444ff.; zum Grundproblem *Schwarze* EuZW 2004, 135ff., 138.

[112] Hierzu z. B. § 6 SparkassenG BW.

[113] Z. B. § 8 SparkassenG BW.

[114] Z. B. § 2 LandesbankG BW 1998.

[115] Dazu insbesondere *Möschel* WM 2001, 1895, 1897; JZ 2003, 1021, 1023.

[116] Zur öffentlichen Diskussion um das Schicksal der öffentlichen Banken und der Genossenschaftsbanken insbesondere F.A.Z. vom 03.03.04, Nr. 53, S. 13 (Verkauf der Sparkasse Stralsund an privaten Investor); F.A.Z. vom 04.03.04, Nr. 54, S. 14 (internationaler Vergleich); ferner Handelsblatt Finanzzeitung vom 22.08.06, Nr. 161, S. 23 und F.A.Z. vom 22.06.06, Nr. 142, S. 16 und 18 (Verkauf der Berliner Bankgesellschaft mit ihrer Tochter „Berliner Sparkasse" als öffentliche Bank an Privatbanken; zum Kauf durch den Deutschen Sparkassen- und Giroverband und die Reaktion der EU-Kommission F.A.Z. vom 18.06.07, Nr. 138, S. 14). Allerdings scheinen die öffentlichen Landes-

banken den Wegfall der Staatsgarantie ordentlich bewältigt zu haben; dazu die Analyse der Halbjahresergebnisse 2006, Handelsblatt Finanzzeitung vom 22.08.06, Nr. 161, S. 23. Jedoch wird das geringe Wachstum der Betriebsergebnisse kritisiert (3 % verglichen mit über 10% bei der Deutschen Bank); zu Beteiligungsplänen der LBBW an der WestLB F.A.Z. vom 18.06.07, Nr. 138, S. 14; vom 16.06.07, Nr. 137, S. 13 und 17; vom 26.06.07, Nr. 145, S. 14.

117 Dazu F.A.Z. vom 28.06.06, Nr. 147, S. 11; vom 09.08.06, Nr. 183, S. 9 und 16. Für die Abschaffung des Dreisäulenmodells im deutschen Bankenbereich pointiert – wie immer, wenn es um wettbewerbssteigernde Privatisierung geht – F.A.Z. vom 11.08.06, Nr. 185, S. 11; grundlegend *Donges/Eekhoff/Möschel/Neumann/Sievert* (Kronberger Kreis), Privatisierung von Landesbanken und Sparkassen, 2001, mit einer Sammlung aller marktwirtschaftlich orientierten Argumente; ferner *Geschwandtner/Bach* NJW 2007, 129ff. Die verglichen mit dem Investmentgeschäft geringe Rendite des Sparanlage- und Darlehensgeschäftes beschreibt – etwas dramatisierend – F.A.Z. vom 14.06.07, Nr. 135, S. 15.

118 Siehe § 1 Abs. 1 Nr. 1 GenG; *Kübler*, Gesellschaftsrecht, § 13 I 1 b; S. 140/141.

119 Dies gilt vor allem auch für die DZ-Bank als Dachbank der Volksbanken; zu ihrem problematischen Verhältnis zu den Genossenschaftsbanken der Bericht F.A.Z. vom 02.03.04, Nr. 52, S. 22.

120 International Monetary Fund, Country Report Nō. 03/342, 2003, Staff Report Ziff. 34, 36; Financial System Stability Assessment, Ziff. 55ff.; angriffslustig Bundesverband Deutscher Banken, Das deutsche Bankensystem unter der Lupe des Internationalen Währungsfonds, Dez. 2003.

121 Z.B. Renault: 17%; Thomson: 21%; Bull: 16%; Thales: 32%; Snecma: 97,2%; Giat Industries: 99,9%; zur Ergänzung die Zahlen von Unternehmen der Daseinsvorsorge: Electricité de France: 100%; Gaz de France: 100%; Aéroport de Paris: 100%; Areva: 89,9%; France Télécom: 56,4%; Air France: 54,4%; Autoroutes du Sud: 50,5%. Quelle: Finanzministerium Paris; F.A.Z. vom 03.03.04, Nr. 53, S. 23; zu abnehmenden Beteiligungen nach dem Stand 2007 F.A.Z. vom 26.06.07, Nr. 145, S. 17. Mit einem Dekret vom Dezember 2005 hat Frankreich Sonderschutz vor Übernahmen für 11 verschiedene Industriezweige geschaffen; kritisch die EU-Kommission, F.A.Z. vom 13.10.06, Nr. 238, S. 11.

122 Zu Art. 15 GG statt vieler *Sachs/Wendt*, GG, 3. Aufl. 2003, Art. 15 Rn. 2.

123 Zum VW-Gesetz insoweit ausführlich *H. Krause* NJW 2002, 2747, 2748f. mNw.; für Rechtfertigung aufgrund strukturpolitischer Ziele *Voigt* EWS 2006, 343ff. unter Berufung auf EuGHE 1999, I-3099 (Konle/Österreich). Die Kommission hat inzwischen gegen Deutschland Klage erhoben und Verletzung der Kapitalverkehrsfreiheit (Art. 56

EGV) gerügt. Generalanwalt *Colomer* ist ihr darin gefolgt (ZIP 2007, 574ff.). Wenig einleuchtend ist es, wenn die Porsche AG Beteiligungen an der VW AG erwirbt, um dann die Abschaffung des VW-Gesetzes zu verlangen (Badische Zeitung vom 05.08.06, S. 4 [„Gesetz für die Mottenkiste"]). Sowohl „Überkreuzbeteiligungen" regionaler Unternehmen als auch öffentliche Beteiligungen dienen dem Ziel regionaler Thesaurierung von Produktivkapital im Sinne einer Standortsicherung. Dabei hat die VW AG nicht schlechter, sondern eher besser gewirtschaftet als DaimlerChrysler, Ford oder General Motors mit rein privaten Kapitalanlegern.

[124] EuGH NJW 2002, 2305 (Frankreich); NJW 2002, 2306 (Portugal), NJW 2002, 2303 (Belgien); EWS 2006, 510ff. (Niederlande). Wie Art. 56ff. EGV die Art. III-45ff. Verfassungsentwurf.

[125] Ausführlich *Krause* NJW 2002, 2747ff. mNw. Feindselig der neue Volkswagenaktionär Porsche (21,2%), F.A.Z. vom 03.08.06, Nr. 178, S. 9; später 27,4% und 30,94% gegenüber 20,8% des Landes Niedersachsen (F.A.Z. vom 14.02.07, Nr. 38, S. 11; vom 05.04.07, Nr. 81, S. 17).

[126] *Wiesner* ZIP 2004, 343ff., 349.

[127] 11. Gesetz zur Änderung des Außenwirtschaftsgesetzes, Regierungsentwurf vom 10.12.2003.

[128] Dazu statt vieler *Gitter/Schmitt*, Sozialrecht, 5. Aufl. 2001, §§ 5, 9, 14, 18; kritisch zur gesetzlichen Unfallversicherung *Gerken*, F.A.Z. vom 19.08.04, Nr. 192, S. 11.

[129] Dazu F.A.Z. vom 22.02.05, Nr. 44, S. 35; ferner sub B II 3 d.

[130] Dazu insbesondere das Gesetz vom 14.11.2003 zur Modernisierung der gesetzlichen Krankenversicherung (BGBl. I, 2190; *Hiddemann/Muckel* NJW 2004, 7ff.) und Rentenversicherungs-Nachhaltigkeitsgesetz 2004 (F.A.Z. vom 11.03.04, Nr. 60, S. 17).

[131] Zu den Vorschlägen vor der Wahl 2005 insbesondere *K.D. Henke*, Die Welt vom 15.08.05, S. 10 mit Tabellen zum Kosten- und Beitragsanstieg der gesetzlichen Versicherung (Beiträge 1993–2005 von 13,22% auf 14,22%; Ausgaben von 1993–2005 von 108 Milliarden Euro auf 140 Milliarden Euro).

[132] Beispielhaft die sog. „Riester-Rente"; dazu das Gesetz zur Reform der gesetzlichen Rentenversicherung und zur Förderung eines kapitalgedeckten Altersvorsorgevermögens (Altersvermögensgesetz – AVmG), vom 26.6.2001, BGBl I, 1310; Altersvermögensergänzungsgesetz (AVmEG) vom 21.3. 2001, BGBl I, 403; *Kreikebohm-Schmidt*, SGB VI, 2. Aufl. 2003, AVmG Rn. 1ff., 29–31; *Blomeyer*, Die „Riester-Rente" nach dem Altersvermögensgesetz, NZA 2001, 913–919.

[133] Zur Diskussion um die Bürgerversicherung insbesondere *Schmidt-Aßmann*, Grundrechtspositionen und Legitimationsfragen im öffentlichen Gesundheitswesen, 2001; *ders.* NJW 2004, 1689ff.; *F. Kirchhof*, Verfassungsrechtliche Probleme einer umfassenden Kranken- und

Renten-„Bürgerversicherung", NZS 2004, 1–7; *J. Isensee*, „Bürgerversicherung" im Koordinatensystem der Verfassung, NZS 2004, 393–401; *H. Sodan*, Die „Bürgerversicherung" als Bürgerzwangsversicherung, ZRP 2004, 217–221; *K.-J. Bieback*, Sozial- und verfassungsrechtliche Aspekte der Bürgerversicherung, 2005; *S. Fetzer/C. Hagist/B. Raffelhüschen*, Was bringen Bürgerversicherung und Gesundheitsprämie wirklich?, Diskussionsbeiträge, Institut für Finanzwissenschaft der Albert-Ludwigs-Universität Freiburg im Breisgau (120/04, v. 30.06. 2005), http://www.freidok.uni-freiburg.de/volltexte/1855/ (abgerufen am 13.07. 2006); *Bundesvorstand des DGB – Abteilung Sozialpolitik*, Eckpunkte des DGB für eine solidarische Bürgerversicherung, ISA – Informationen zur Arbeits- und Sozialmarktpolitik, Ausgabe 4/2004 – November 2004, http://www.dgb.de/themen/themen_a_z/abiszdb/abisz_search?kwd=Gesundheitspolitik&x=2&y=9 (abgerufen am 13.07. 2006). Eine kritische Bilanz der schweizerischen Kombination aus Bürgerversicherung und aufstockender Privatversicherung findet sich in F.A.Z. vom 03.07.06, Nr. 151, S. 15.

134 In diesem Modell F.A.Z. vom 10.06.06, Nr. 133, S. 11 und vom 05.07.06, Nr. 153, S. 13 mit Schaubild und vom 23.08.06, Nr. 195, S. 9.

135 Dazu *Sodan* NJW 2006, 3617ff.; ferner z.B. F.A.Z. vom 13.09.06, Nr. 213, S. 1/2.

136 Zu diesem System statt vieler *Gitter/Schmitt*, Sozialrecht, § 8 VII und § 10.

137 Immerhin hat die Kassenärztliche Vereinigung Nordrhein 2006 eine Liste mit 86 Medikamenten errichtet, die als Scheininnovation nicht verschrieben werden sollen. Dagegen haben 17 Pharmakonzerne Klage erhoben (SZ vom 26./27.08.06, Nr. 196, S. 23). In ähnliche Richtung geht eine Vereinbarung der Barmer Ersatzkasse mit der Pharmaindustrie über Arzneimittelrabatte (F.A.Z. vom 09.06.05, Nr. 131, S. 13). Es mag also weniger am System als solchem liegen, wenn bisher Kontrollpotential nicht ausgeschöpft worden ist, als an den Akteuren (dazu unten sub B II 3 b).

138 F.A.Z. vom 04.04.05, Nr. 77, S. 16; F.A.Z. vom 11.07.05, Nr. 158, S. 40; *Poll*, Die GmbH als Rechtsform für kommunale Krankenhäuser, LKV 1995, 176–178. Von den gegenwärtig 2.166 deutschen Kliniken haben 780 öffentliche Träger, 831 freigemeinnützige Träger und 555 private Träger (SZ vom 24.08.06, Nr. 194, S. 23). Soweit ersichtlich gibt es allerdings keine „Erfolgsstatistik", bei der Heilerfolg, Patientenzufriedenheit und Kosten in vergleichende Relation gesetzt wären; kritisch aber die Analyse von *W. Vogd*, Die Organisation Krankenhaus im Wandel. Eine dokumentarische Evaluation aus Sicht der ärztlichen Akteure, 2006; positiv der Bericht der Rhön-Klinikum AG, F.A.Z. vom 21.12.05, Nr. 297, S. 14. Der Kostendruck soll nach vielfacher Prognose vor allem kommunale Kliniken zur Aufgabe oder organisatorischen Umgestaltung zwingen.

[139] Guter Überblick zu den Vorstellungen der Privatversicherer im Gesundheitswesen Rheinischer Merkur vom 18.08.05, Nr. 33, S. 37ff. (Ausgliederung privater Unfälle, Zahnersatz, Kuren; steuerliche Finanzierung der Kindermitversicherung etc.). Die Vorstellung steigender Eigenkosten ist politisch schwer vermittelbar (z. B. Urlaubsverzicht für Gesundheitskosten, F.A.Z. vom 19.08.06, Nr. 192, S. 9.).

[140] Zur weitreichenden Ausnahme der auf dem Solidaritätsprinzip beruhenden sozialen Sicherungssysteme aus dem Wettbewerbs- und Beihilferecht der EU EuGH EWS 2004, 268 („Festbetragsurteil"); dazu *Krajewski* EWS 2004, 256ff.; ferner EuGHE 1993 I-637 (Rn. 18f.) (Poucet und Pistre). Anders, soweit über das Solidaritätsprinzip hinaus Leistungen angeboten werden, für die es konkurrierende private Anbieter gibt; EuGHE 1999 I-5751 (Rn. 71f.) (Albany); 2000 I-6451 (Rn. 110) (Pavlov), ähnlich für das Recht der WTO Art. 1 Abs. 3b und c GATS. Guter Überblick bei *Ehlers,* Gutachten 64. DJT 2002, S. E 25, E 26f.

[141] BVerfGE 93, 85, 95.

[142] Die Universität als Stätte zweckfreier Wahrheit ist ein uralter abendländischer Topos aufklärerischer Emanzipation. Die Inschrift der Alten Aula der Albert-Ludwigs-Universität Freiburg lautet: „Die Wahrheit wird Euch frei machen". Das Wappen der Harvard University trägt „Veritas" als einziges Wort.

[143] Dazu BVerfGE 93, 85, 96.

[144] Folgerichtig treten Fragen der Haftung für sachwidrige Evaluation auf; dazu aufschlussreich *H.-J. Ahrens,* Vergleichende Bewertung von Universitätsdienstleistungen, FS Ullmann, 2006, S. 565ff.

[145] Zweites Gesetz zur Änderung hochschulrechtlicher Vorschriften (2. Hochschulrechtsänderungsgesetz – 2. HRÄG) vom 05.01.2005, Gesetzblatt Nr. 1/2005, S. 1ff.

[146] Der bescheidene Anstoß des BVerfG (BVerfGE 112, 226ff.) zur Möglichkeit der Erhebung von Studiengebühren weckt die Vorstellung kostendeckender Gebühren (6.000–8.000 Euro im Jahr), die durch den Kreditmarkt finanziert werden; dazu – wieder einmal – an vorderster Front F.A.Z. vom 10.06.05, Nr. 132, S. 11.

[147] Nicht untypisch die durchaus selbstbewusste Vorstellung der Bucerius Law School durch *Pünder,* Rotary Magazin Februar 2004, S. 37ff. Bei der Präsentation und Vermarktung ist das Niveau amerikanischer Eliteuniversitäten bereits erreicht.

[148] Dazu GATS Art. 13b und c; EuGHE 1988, 5365 (Rn. 18, 20) (Belgien/Humbel); *Ehlers,* Gutachten 64. DJT, S. E 25 und E 26.

[149] Dazu *Ehlers,* Gutachten 64. DJT, S. E 27.

[150] Ausführlich *Stürner,* Medien zwischen Regulierung und Reglementierung – Sanktionen gegen Medien?, AfP 2002, 283ff.; zum neuen Telemediengesetz *Hoeren* NJW 2007, 801ff.

[151] Gute Gesamtdarstellung der Problematik bei *Kübler,* Legitimationsfragen der Medienregulierung, AfP 2002, 277ff.; umfassend *Schoch,*

Öffentlichrechtliche Rahmenbedingungen einer Informationsordnung, VVDStRL 57 (1998), 160ff.

[152] BVerfGE 73, 118, 158; 87; 181, 199; 90, 61, 90ff.; kritisch *Schoch* VVDStRL 57 (1998), 160ff., 203f.; *Stürner* AfP 2002, 283, 289.

[153] Zu Überlegungen der EU-Kommission die Nachweise bei *Hartstein/Ring/Kreile/Dörr/Stettner*, Rundfunkstaatsvertrag, Stand IV/2000, B 4 Rdnr. 16–19, 51–56; *Trafkowski*, Medienkartellrecht, 2002, S. 89; Meldung AfP 2001, 295; kritisch *Eberle* AfP 2001, 477ff. Zu neuen Kontrollen möglicher Quersubventionen durch die Kommission *Meyer* FWS 2007, 341; Südkurier/Handelsblatt vom 04.03.05, Nr. 52/G, S. 5.

[154] Das Protokoll zum EGV, das die Ausnahme des Rundfunks aus Art. 87 EGV begründet, findet sich bei *Hartstein/Ring/Kreile/Dörr/Stettner*, Rundfunkstaatsvertrag, Stand IV/2000, B 4 Rdnr. 19; dazu *Trafkowski*, Medienkartellrecht, 2002, S. 253ff.; *Möschel* JZ 2003, 1021, 1023.

[155] Zum Käufermarkt regionaler Zeitungen für Großverlage F.A.Z. vom 27.02.04, Nr. 49, S. 16 (Springer Konzern); zur Übernahme der FR durch die SPD-Medienholding DDVG (Deutsche Druck- und Verlagsgesellschaft) siehe F.A.Z. vom 12.03.04, Nr. 61, S. 42; F.A.Z. vom 05.05.04, Nr. 104, S. 42; F.A.Z. vom 14.05.04, Nr. 112, S. 44; zur weiteren Übernahme eines Mehrheitsanteils durch den großen Zeitungsverlag M. DuMont Schauberg im Juli 2006 SZ vom 28.08.06, Nr. 197, S. 15.

[156] Zur speziellen Konzentrationskontrolle für Medien §§ 25ff., 35 Rundfunkstaatsvertrag und § 38 Abs. 3 GWB; ferner *Kübler* ZRP 2000, 131ff.; AfP 2002, 277ff.; *Stürner* AfP 2002, 283, 290.

[157] Zur geplanten Novellierung der Konzentrations- und Fusionskontrolle bei Printmedien F.A.Z. vom 17.02.04, Nr. 40, S. 12; vom 28.02.04, Nr. 50, S. 15; zur überwiegenden Skepsis gegen einer Lockerung F.A.Z. vom 28.05.04, Nr. 123, S. 13.

[158] Zu diesem Tabu die Bürgschaft des CDU-regierten Landes Hessen für ein Stützungsdarlehen an die Frankfurter Rundschau vor ihrem Kauf durch die sozialdemokratische Medienholding DDVG, F.A.Z. vom 12.03.04, S. 51.

[159] Dazu *Stürner* AfP 2002, 283, 289; zum Gesamtproblem *Schricker* AfP 2001, 101, 106.

IV. Rechtsberatende Berufe und Wirtschaftsprüfer sowie andere freie Berufe

[160] Hierzu und zum folgenden ausführlich *Bormann* ZZPInt 8 (2003), 1ff.; *Murray/Stürner*, German Civil Justice, 2004, Ch. 4, S. 85ff.

[161] Dazu *Bruns* JZ 2000, 232ff.

[162] Zur Rolle des BVerfG insbesondere BVerfGE 76, 171; 80, 269; 87, 287; 93, 362; 103, 1ff.; dazu *Jäger* NJW 2004, 1ff.; kritischer *Stürner* JZ 2001, 699ff., 703; *Henssler* JZ 2001, 337ff.

[163] BVerfGE 76, 171, 185; *Jaeger* AnwBl. 2000, 475, 482; EU-Kommission, Der Stand des Binnenmarktes für Dienstleistungen, KOM (2002) 441 vom 30.07. 2002, S. 55; etwas mäßigend EU-Kommission, Bericht über den Wettbewerb bei freiberuflichen Dienstleistungen, KOM (2004) 83 vom 09.02. 2004; ganz dem Wettbewerb verpflichtet wiederum der Vorschlag einer „Richtlinie über Dienstleistungen im Binnenmarkt" vom 13.01. 2004.

[164] § 78 ZPO 1999 und 2002; BVerfGE 103, 1, 13 ff. (Nichtigerklärung des § 25 BRAO a. F.).

[165] §§ 59a BRAO, 9 BNotO; BVerfGE 98, 49 ff.

[166] §§ 59c ff. BRAO; BayObLGZ 2000, 83, 85 ff (AG).

[167] §§ 4, 29a, 206f BRAO 2000.

[168] §§ 6ff BORA; BVerfGE 94, 372, 398.

[169] § 4 RVG 2004; für weitere Liberalisierung ab 1.7. 2006 Art. 5 KostenmodernisierungsG (BT-Drucks. 15/1971); dazu F.A.Z. vom 01.07.06, Nr. 150, S. 16 („Anwälte müssen Honorar verhandeln").

[170] Zu Preisdumpingversuchen von Rechtsschutzversicherungen und drohenden Kartellrechtsstreitigkeiten Financial Times Deutschland vom 02.08.04, S. 3; zur Wettbewerbswidrigkeit einer Werbung mit Pauschaleingangspreisen von 20 Euro nunmehr LG Ravensburg, F.A.Z. vom 07.08.06, Nr. 181, S. 9.

[171] Dazu *Bruns* JZ 2000, 232 ff.

[172] So BVerfG NJW 2007, 979 ff., wobei der Topos des „informierten" Mandanten anklingt.

[173] Hierzu *Stoller*, Mega-lawyering in Europa, 2000.

[174] Dazu *Kleine-Cosack* NJ 2002, 57, 60.

[175] BVerfGE 97, 12, 28 f.; NJW 2002, 1190, 1191; 2002, 3531, 3532; zu entsprechenden Entwürfen BMJ Nr. 46/03 vom 30.05. 2003; F.A.Z. vom 08.03.04, Nr. 57, S. 13 und zum Entwurf des Rechtsberatungsgesetzes 2006 F.A.Z. vom 23.08.06, Nr. 195, S. 9 („Anwälte verlieren ihr Beratungsmonopol").

[176] Dazu *Fleischhauer* DNotZ 2002, 325 ff.; *Stürner* DNotZ 1995, 343 ff., 352 ff.

[177] Dazu für den anwaltlichen Bereich *Stürner/Bormann* NJW 2004, 1481 ff., 1489. Im Bereich der Wirtschaftsprüfer versucht man durchaus gegenläufig und trotz verschärfter Inkompatibilitätsvorschriften des Bilanzkontrollgesetzes 2004 eine selbstverwaltungsähnliche Aufsicht in Gestalt einer privatrechtlich organisierten Prüfstelle zu schaffen. Sie soll eine „Pre-Clearance" leisten, ehe die Finanzdienstleistungsaufsicht eingreift; zum AbschlussprüferaufsichtsG 2004, zur Abschlussprüferrichtlinie 2006 und zum BerufsaufsichtsreformG 2007 *Weber* NJW 2006, 3682, 3688; *Lanfermann/Maul* DB 2006, 1505; *Heininger/Bertram* DB 2006, 905; *Böcking/Wiederhold*, Mehr Sicherheit für die Rechnungsleger, F.A.Z. vom 31.07.06, Nr. 175, S. 16.

[178] Näheres bei *Stoller*, Mega-lawyering in Europa, 2000, S. 91 ff.

[179] Konzentration auf Ernst and Young, KPMG, Deloitte Touche Tohumatsu, Price Waterhouse Coopers; dazu die Auflistung F.A.Z. vom 22.01.07, Nr. 18,S. 21.

[180] Zu dieser Praxis *Shapiro* 69 Fordham L. Rev. 1139 (2000). Die strikte Regelung des § 3 Abs. 2 BORA mit ihrem Interessenkollisionsverbot für die ganze Sozietät hat wiederum das BVerfG aufgehoben (BVerfG NJW 2003, 2520, 2521).

[181] *De Lousanoff* ZZP 115 (2002), 357, 373.

[182] Dazu EuGH EWS 2004, 72 (Doc Morris) und *Koenig/Engelmann* EWS 2004, 65 ff.; ferner zur neueren innerdeutschen Entwicklung F.A.Z. vom 09.08.06, Nr. 183, S. 11 und vom 14.09.06, Nr. 214, S. 8 (Doc Morris in Saarbrücken); zu Verfahren der EU-Kommission gegen Österreich, Italien und Spanien F.A.Z. vom 11.08.06, Nr. 185, S. 12.

V. Die Entwicklung des Arbeitsrechts

[183] Dazu statt vieler *Brox/Rüthers*, Arbeitsrecht, 15. Aufl. 2002, Rn. 261 ff., insbes. 273 ff.

[184] Zum herkömmlichen System wiederum *Brox/Rüthers* Rn. 197 ff., 383 ff., 389 ff.; zu neuesten Änderungen *Rolfs* ZIP 2004, 333 ff.

[185] Zum Diskussionsstand teilweise kontrovers *Rüthers* NJW 2003, 546 ff., 551; *Thüsing* NJW 2003, 1989, 1991; *Möschel* JZ 2006, 113; *Rüthers* NJW 2006, 1640; *Löwisch*, Auswege aus dem Kündigungsschutzrisiko?, in: 50 Jahre Bundesarbeitsgericht, 2004, S. 423 ff.; zur rechtspolitischen Diskussion Bundeswirtschaftsminister *M. Glos* SZ vom 21.08.06, Nr. 191, S. 18.

[186] Kritisch zur Effizienz *Möschel*, Vom Regen in die Traufe, F.A.Z. vom 09.07.05, Nr. 157, S. 13.

[187] Dazu F.A.Z. vom 23.02.06, Nr. 46, S. 9; Die Zeit vom 16.09.04, Nr. 39, S. 26 f. (*Strüven*, Boston Consulting Deutschland: „Wir brauchen erfolgsabhängige Löhne").

[188] Viertes Gesetz für moderne Dienstleistungen am Arbeitsmarkt vom 19.12.2003; NJW 2004, Nr. 3, S. VIII.

[189] Dazu *Junker* NJW 2004, 728 ff.; *Windbichler*, Cheers and Boos for Employee Involvement: Co-Determination as Corporate Governance Conundrum, European Business Organization Law Review 6 (2005), 507 ff.; optimistischer *Thüsing* ZIP 2004, 381 ff.

[190] Zum Vergleich mit der Schweiz *B. Weder di Mauro/A. Brunetti*, Ein Markt mit spektakulärem Potential, F.A.Z. vom 02.09.06, Nr. 204, S. 13; dazu auch die Diskussion um längere Arbeitszeiten in Großbetrieben, z. B. DaimlerChrysler, F.A.Z. vom 17.07.04, Nr. 164, S. 11.

VI. Die steuerrechtliche Deregulierungsdiskussion

[191] Guter Überblick bei *Dümler,* Steuersysteme im Standortwettbewerb, 2000; *Weber-Grellert* ZRP 2003, 279ff.; dort auch Nachweise zur parallelen amerikanischen Diskussion.

[192] Von den einzelnen Modellen besonders erwähnenswert das „Flat Tax-Modell" (hierzu *Hall/Rabushka,* Flat Tax: Das Steuermodell der Zukunft, 1998) und an dieses Modell angelehnt das sog. Heidelberger Modell der Professoren *Lang, Petersen, Raffelhüschen* und *Rose* (dazu *Rose,* Reform der Einkommensbesteuerung in Deutschland, 2002). Durchaus verwandt der sog. Karlsruher Entwurf (*Kirchhof* StuW 2002, 3ff.; *ders.* AÖR 128 (2003), 1ff.). Guter neuester Überblick bei *Seiler* und *Spengel,* Gutachten 66. DJT, 2006, S. F 6ff., G 3ff. mNw.; ferner *J. Hey* JZ 2006, 851ff.

[193] Allgemein zu Fragen steuerlicher Lenkung mit skeptischer Grundtendenz *Trzaskalik,* Gutachten 63. DJT Leipzig, insbes. S. E 65ff. zur begünstigenden steuerlichen Lenkung.

[194] Nur kleinere Schritte finden sich im Haushaltsbegleitgesetz 2004 und zuletzt im SteueränderungsG 2007 (BGBl. I 2006, 2878); dazu die Übersicht NJW 2004, Nr. 3, S. VIII und *Stuhrmann* NJW 2006, 2513ff. Gezähmte Reformpläne der CDU/CSU (hierzu F.A.Z. vom 06.03.04, Nr. 56, S. 13) und geplante maßvolle Änderungen der Kapitalertragsbesteuerung (dazu D II 6d [4]) und der Unternehmensbesteuerung (dazu D II 7d) weisen auf eher vorsichtige Tendenzen ohne Totalumwälzungen.

[195] Siehe *Kirchhof* StuW 2002, 3ff.; *Tipke* StuW 2002, 148, 155; *Weber-Grellert* ZRP 2003, 279, 280.

VII. Ökonomisierung staatlichen Handelns

[196] Gute Sachverhaltswiedergabe bei BVerfGE 105, 185ff. Zur Höhe dieser Lizenzen, die sich teilweise als staatlich veranlasste Fehlinvestitionen erweisen, zu Recht kritisch *Schumacher* NJW 2000, 3096; F.A.Z. vom 18.08.05, Nr. 191, S. 16.

[197] Ausführlich *Burgi* NJW 2003, 2486ff. mNw. zum Diskussionsstand; insbesondere zu den U.S.A. *Voßkuhle* in Hendler (Hg.), Energie zwischen Umweltschutz und Wettbewerb, Umwelt- und TechnikR 61 (2002), 159ff., 170ff.; *Wasmeier* NUR 1992, 219, 223f.

[198] Zur Rahmung durch Völkerrecht und EU-Recht *Ehricke* EWS 2004, 155ff.; *Burgi* NJW 2003, 2486ff.; *Stewing,* Emissionshandel in der Europäischen Gemeinschaft, 2004; in der politischen Diskussion skeptisch z.B. Thyssen Krupp F.A.Z. vom 20.03.04, Nr. 68, S. 14; eher emphatisch *Böhringer/Lange/Moslener,* Am Emissionshandel führt

kein Weg vorbei, F.A.Z. vom 20.03.04, Nr. 68, S. 13; zurückhaltende Kritik an der Umsetzung im Handelsblatt vom 18.03.04, Nr. 55, S. 2; F.A.Z. vom 28.02.05, Nr. 49, S. 13 und vom 29.05.06, Nr. 123, S. 16 (Kritik britischer Energieunternehmen); zur Abwälzung der Kosten auf die Verbraucher *Ockenfels*, F.A.Z. vom 20.04.06, Nr. 92, S. 12. Insgesamt scheint die Effizienz wegen der Ausgabe eines zu hohen Zertifikatsvolumens eher gering zu sein (F.A.Z. vom 08.03.07, Nr. 57, S. 13).

199 Zum Modell der „Sozialsparkonten" ausführlich *Wilfried Prewo*, Vom Mündel zum mündigen Bürger. Wahlfreiheit und Sicherheit im Wandel. Eckpfeiler eines neuen europäischen Sozialmodells, 2006; für Kinderbetreuungsplätze F.A.Z. vom 18.06.07, Nr. 138, S. 11; ähnlich das Modell des kreditmarktsubventionierten Studiums, F.A.Z. vom 10.06.05, Nr. 132, S. 11.

200 *Damkowski/Precht*, Public Management, 1995, S. 14ff.; *Hill*, Politik und Gesetzgebung im Neuen Steuerungsmodell, 1998; *Voßkuhle*, Der Staat 40 (2001), 495ff., 514ff.; zur Justiz *Hoffmann-Riem*, Modernisierung von Recht und Justiz, 2001, S. 209ff.; *Kramer* ZZP 114 (2001), 267ff.; *Francken* NZA 2003, 457ff.; eher kritisch *Stürner* BRAK-Mitt 2003, 213–220ff.

201 Zur Umsetzung in Baden-Württemberg zusammenfassend *Kramer* ZZP 114 (2001), 271/272.

202 Dazu statt vieler *Voßkuhle*, Der Staat 40 (2001), 495ff., 516.

203 Z.B. §§ 6 Abs. 3, 33a HaushaltsgrundsätzeG; Erlass des Finanzministeriums Baden-Württemberg vom 30. 12. 1994 (dezentrale Budgetverantwortung kombiniert mit dem Einsatz der Kosten- und Leistungsrechnung sowie kostenorientierter Führungsinstrumente).

204 Dazu *Ellerich*, Die Kameralistik hat ausgedient, F.A.Z. vom 26.07.04, Nr. 171, S. 18, mit optimistischer Einschätzung der Folgen eines Wechsels der Buchhaltungsmethode.

205 Zum Zusammenhang von Rechtsstaatlichkeit und Berufsbeamtentum insbesondere *Merten*, in: K. Lüder, Staat und Verwaltung, 1997, S. 145ff.; für weitreichende Begrenzungsmöglichkeit z.B. *Di Fabio* JZ 1999, 585ff., 590ff. Erwogen wird eine stärker prämienorientierte Besoldung (F.A.Z. vom 13.09.06, Nr. 213, S. 12), wobei sich natürlich die Frage nach dem Verhältnis von Beurteilung und Unabhängigkeit stellt.

206 Zum sehr unterschiedlichen Niveau z.B. U.S.-amerikanischer Bildungsstätten siehe *Behrmann*, Das amerikanische Bildungswesen, in: Wasser (Hg.), USA – Grundwissen, Länderkunde – Wirtschaft – Gesellschaft – Politik, 4. Aufl. 2000, S. 271ff.; *Hadden*, Das Bildungswesen, in: Adams/Czempiel/Ostendorf/Shell/Spahn/Zöller (Hg.), Die Vereinigten Staaten von Amerika, Band 2, Außenpolitik – Gesellschaft, 2. Aufl. 1992, S. 598ff.

207 Zu diesem Thema schon *Wallerath* JZ 2001, 209ff.; ferner ökonomische Rankings von Staaten durch Forschergruppen (*La Porta/Lopez-de-Silanes/Viskhny*, Law and Finance, in: The Journal of Political Eco-

nomy 106 [1998], 1113ff.; The Fraser Institute mit seinen seit 1996 jährlich erscheinenden Berichten „Economic Freedom Of the World") und die Weltbank (The World Bank Group, Doing Business. Benchmarking Business Regulations, seit Januar 2004).

[208] Gutes aktuelles Beispiel der Art. IV-Bericht, die Selected Issues Papers und der FSAP-Bericht des Internationalen Währungsfonds vom 06.11. 2003 über die Bundesrepublik Deutschland (http://www.imf.org/external/country/deu/index.htm?pn=4, zuletzt besucht am 09.06. 2007).

[209] Zum Rating der Bonität der Bundesrepublik Deutschland mit „AAA" durch Standard & Poor's im Jahr 2005 F.A.Z. vom 13.12.05, Nr. 290, S. 12, kritische Töne dagegen teilweise im Jahre 2004, F.A.Z. vom 15.05.04, Nr. 113, S. 13.

[210] Hierzu der Überblick bei *Herdegen,* Internationales Wirtschaftsrecht, 6. Aufl. 2007, § 3, 2 c.

[211] Engagiert *Paulus* RIW 2003, 401ff.; *Steven L. Schwarcz,* „Idiot's Guide to Sovereign Debt Restructuring", 53 Emory L. J. 1189 (2004).

[212] Die deutsche Doktrin nähert sich dieser Materie unter der Rechtsprechung des BVerfG wesentlich zurückhaltender: BVerfGE 66, 1ff., 18ff.; 53, 164, 175ff.; *Baur/Stürner,* Zwangsvollstreckungs-, Konkurs- und Vergleichsrecht, Bd. II: Insolvenzrecht, 12. Aufl. 1990, Rn. 6.38ff.; ausführlich zur Geschichte der Insolvenz öffentlichrechtlicher Körperschaften insbesondere auch in den USA *Kratzmann* JZ 1982, 319ff.

VIII. Deregulierung des Rechts

[213] Ausführlich *Larenz/Wolf,* Allgemeiner Teil des Bürgerlichen Rechts, 9. Aufl. 2004, § 31.

[214] Zur Flexibilisierung völkerrechtlicher Verträge insbesondere Art. 17, 19ff. WVRK und *Graf Vitzthum* in Graf Vitzthum (Hg.), Völkerrecht, 3. Aufl. 2004, Rn. 121 (1. Abschnitt, III 1 a); Beispiele für schon im Vertrag vorgesehene Vorbehalte: Art. 13, 14, 15, 24 UStA (Haager Übereinkommen über das auf Unterhaltspflichten anzuwendende Recht); Art. 13 Abs. 3, 15 Abs. 1, 22 MSA (Haager Übereinkommen über die Zuständigkeit der Behörden und das anzuwendende Recht auf dem Gebiet des Schutzes Minderjähriger); Erklärungen, die der Staat abgeben kann: Art. 8 Abs. 2, 10, 11, 15 Abs. 2 HZÜ (Haager Übereinkommen über die Zustellung gerichtlicher und außergerichtlicher Schriftstücke im Ausland in Zivil- oder Handelssachen), Art. 8, 11 Abs. 2, 16 Abs. 2, 18 Abs. 1, 23 HBÜ (Haager Übereinkommen über die Beweisaufnahme im Ausland in Zivil- und Handelssachen); Opting-Out-Klauseln: Art 13 Abs. 3 Übereinkommen über Hilfeleistungen bei nuklearen Unfällen oder radiologischen Notfällen v. 26.9. 1986; Art 11 Abs. 3

Übereinkommen über die frühzeitige Benachrichtigung bei nuklearen Unfällen v. 26. 9. 1986.

215 Z. B. im Primärrecht Art. 69 EGV (Opt-out für UK und DK) oder Art. 122 EGV (Opt-out aus Währungsunion), etc.; im Sekundärrecht Art. 11a Übernahmerichtlinie 2004 (*Wiesner* ZIP 2004, 343 ff., 349) oder Art. 14, 15 ZustellungsVO, 2000.

216 Insbesondere Art. 3 EVÜ 1980.

217 Z. B. Europäische Wirtschaftliche Interessenvereinigung (EWIV), dazu *Jauernig/Stürner*, BGB, 12. Aufl. 2007, § 705 Rn. 10; Europäische Gesellschaft (SE): dazu *Götz* ZIP 2003, 1067.

218 Dazu EuGH JZ 2003, 947 (Überseering) und *Ebke* JZ 2003, 927 ff.; wichtige Überblickswerke *Eidenmüller* (Hg.), Ausländische Kapitalgesellschaften im deutschen Recht, 2004; *Lutter* (Hg.), Europäische Auslandsgesellschaften in Deutschland, 2005; *Eidenmüller* ZGR 2007, 168, 176 ff.

219 Zutreffend *Eidenmüller* JZ 2007, 487 ff., 488/489.

220 Dazu § 161 AktG und *Schüppen* ZIP 2002, 1269 ff., 1271 ff.; krit. *M. Wolf* ZRP 2002, 59 ff.

221 Dazu z. B. die Verpflichtungserklärung der Deutschen Automobilindustrie zur Verringerung des CO_2-Ausstoßes aus dem Jahre 1998/1999 mit ihrem allerdings ausbleibenden Erfolg; hierzu F.A.Z. vom 07. 02. 07, Nr. 32, S. 11 und D II 5e.

222 Dazu überblicksweise *Stürner* AfP 2002, 283 ff., 284 f.; *ders.*, Pressefreiheit und Persönlichkeitsschutz im Selbstverständnis der Printmedien. Bitburger Gespräche – Jahrbuch 1999/1, S. 105 ff.

223 Vgl. § 315a HGB und *P. Kirchhof* ZGR 2000, 681 ff.; *Hellermann* NZG 2000, 1097, 1100 ff.; *Adolphsen* RabelsZ 68 (2004), 154 ff.; zur Umsetzung der International Accounting Standards in der EU *Inwinkl/Schüle* RIW 2006, 807 ff.

224 Dazu insbesondere *Eidenmüller* JZ 2007, 487 ff., 489 mNw.

225 Dazu *Zumbansen* RabelsZ 67 (2003), 637 ff.

226 *Breidenbach*, Mediation, 1995; *Goldberg/Sander/Rogers*, Dispute Resolution, 4. Aufl. 2003; *Hager*, Konflikt und Konsens, 2001; *Eidenmüller* RIW 2002, 1 ff.; *Murray/Stürner*, German Civil Justice, 2004, S. 496 f.

B. Die Ursachen des Siegeszuges des Markt- und Wettbewerbsdenkens

I. Die U.S.-amerikanische politische Kultur und ihr emanzipatorisches Grundpostulat

[227] *Kant,* Beantwortung der Frage: Was ist Aufklärung?, Akademie Ausgabe, Bd. 8, S. 35.

[228] „... we hold these truths to be self-evident, that all Men are created equal, that they were endowed by their Creator with certain unalienable Rights, that among these are Life, Liberty and the Pursuit of Happiness – That to secure these Rights, Governments are instituted among Men ..."

[229] Zur Bedeutung des „pursuit of happiness" für das Selbstverständnis der amerikanischen Freiheitlichkeit *J.T. Adams,* The Epic of America, 1941, S. 404; *Alexis de Tocqueville,* De la Démocratie en Amérique, 1830, deutsche Ausgabe 1959, Bd. I, S. 469; *Münsterberg,* Die Amerikaner, 4. Aufl. 1912, Bd. I S. 59; *R.B. Perry,* Puritanism and Democracy, 1944; deutsche Ausgabe 1947, Bd. I, S. 138ff.

[230] Grundlegend *Coase,* The Problem of Social Costs, Journal of Law and Economics 3 (1960), 1ff.; *Posner,* Economic Analysis of Law, 1972 (nunmehr 7. Aufl. 2007); zur deutschen Diskussion *Fezer* JZ 1986, 817ff.; 1988, 223ff.; *Schäfer/Ott* JZ 1988, 213ff.; *Eidenmüller,* Effizienz als Rechtsprinzip, 3. Aufl. 2005; zur verwandten „neuen Institutionenökonomie" insbesondere *Wallerath* JZ 2001, 209ff., 211.

[231] Art. I § 8 U.S.-Verfassung mit dem X. Amendment; dazu *Farnsworth,* An Introduction to the Legal System of the United States, 3. Aufl. 1996.

[232] Zum folgenden insbesondere *Kagan,* Adversarial Legalism, 2001; *S.M. Lipset,* American Exceptionalism, 1996; ferner schon *Stürner,* Globale Wirtschaft – nationales Recht – Chancen, Risiken, Konflikte. Bitburger Gespräche Jahrbuch 2003, S. 16ff., ähnlich *ders.* AfP 2002, 283ff., 287f.

[233] Beginnend mit dem Ende des 19. Jahrhunderts, aber vor allem in der Roosevelt-Ära; dazu *Hawley,* The New Deal and the Problem of Monopoly, 1966; *Kagan,* Legalism, S. 41ff., 43f.; *Horst Ehmke,* Wirtschaft und Verfassung, 1961, S. 138ff.

[234] Überblicksweise *Hay,* US-amerikanisches Recht, 3. Aufl. 2005, S. 39ff. mNw.

[235] Dazu *Heideking,* Geschichte der USA, 3. Aufl. 2003, S. 217ff., 221; 4. Aufl. 2006, S. 217ff., 223; 273f.; 308f.; 448, 455 (2005: 12%); *R. Freeman,* in: Drèze, Advances in Macroeconomic Theory, 2001, S. 139ff., 159 (Statistiken 1980 und 1994); *S.M. Lipset/G. Marks,* It

didn't happen here. Why Socialism Failed in the United States, 2000; *S. M. Lipset,* Exceptionalism, S. 77ff.; *J.G. Getman,* Law at the Workplace. The Decline of Collective Bargaining, in: Carrington/Jones, Law and Class in America, 2006, S. 244ff.

[236] Ausführlich *Paul D. Carrington,* The Civil Jury and American Democracy, 13 Duke J. Comp. & Int'l L. 79 (Special Issue 2003); aus der Sicht des deutschen Immigranten lesenswert *Francis Lieber,* Civil Liberty and Self Government, 1852; 2. Aufl. 1874, S. 234ff.

[237] Dazu wiederum *Horst Ehmke,* Wirtschaft und Verfassung, insbes. S. 104; schöner neuerer Überblick bei *Carrington/Jones,* Law made in Skyboxes: An Evolution in American Law, in: Law and Class in America, 2006, S. 1ff.

[238] Insoweit zutreffend *Damaška,* The Faces of Justice and State Authority, 1986, S. 38ff., 44ff., 71ff. Gute Zusammenstellung von Vergleichszahlen bei *S.M. Lipset,* Exceptionalism, S. 31ff., 50, 64, 75f.

[239] Guter Überblick zur Blüte des letzten Jahrzehnts bei *Freeman,* in: Drèze, Advances in Macroeconomic Theory, insbes. S. 160ff.; ferner *Heideking,* Geschichte der USA, 3. Aufl. 2003, S. 528f.; *S.M. Lipset,* Exceptionalism, S. 53ff., 56. Bei der Arbeitslosenquote ist allerdings zu beachten, dass die Erfassung nach anderen Kriterien erfolgt als in Deutschland und auf diese Weise Gruppen „wirtschaftlich inaktiver" Personen aus der Statistik fallen, die z. B. in Deutschland mitgerechnet werden. Eine Vergleichbarkeit der Daten ist deshalb nur sehr eingeschränkt gegeben.

[240] Insbesondere zum Sarbanes-Oxley Act 2002 *Buxbaum* IPRax 2003, 78; *Schwarz/Holland* ZIP 2002, 1661; *Kersting* ZIP 2003, 233; *Stürner/Bormann* NJW 2004, 1481ff., 1487; *Steven L. Schwarcz,* Securitization Post-Enron, 25 Cardozo L. Rev. 1539, 1549ff. (2004). Allerdings bestehen bereits wieder Abbaubestrebungen, um Überbürokratisierung zu vermeiden; F.A.Z. vom 13.09.06, Nr. 213, S. 13.

[241] Zum Community Reinvestment Act 1977, der die regionale Kreditierung sichern soll, insbesondere *H.E. Jackson/E.L. Symons,* Regulation of Financial Institutions, 1999, S. 209ff.; *Overby,* The Community Reinvestment Act Reconsidered, 143 U. Pa. L. Rev. 1431 (1995); ferner *Stegman/Cochran/Faris,* Toward a more performance-driven service test: Strengthening Basic Banking Services under the Community Reinvestment Act, 9 Geo. J. on Poverty L. & Pol'y 405 (2002). Reformpläne der Bush-Administration sind beschrieben in Die Zeit vom 23.03.05, Nr. 13, S. 29.

[242] *Hobbes,* De cive. The Latin version. H. Warrender (Hg.), Oxford 1983, S. 133ff., 197ff. Zum grundlegenden Paradigmenwechsel in der Bestimmung des Gemeinwohls durch *Hobbes* insbesondere *Böckenförde,* Gemeinwohlvorstellungen bei Klassikern der Rechts- und Staatsphilosophie, in: Münkler/Fischer, Gemeinwohl und Gemeinsinn im Recht, 2002, S. 43ff., 56ff.

[243] *Jeremy Bentham,* An introduction to the principles of moral and legislation, 1789 (teilweise abgedruckt in: *J. Troyer,* Bentham and Mill, 2003, S. 8ff.); ausführliche Einordnung bei *Ellscheid,* in: Kaufmann/Hassemer/Neumann, Einführung in die Rechtsphilosophie der Gegenwart, 7. Aufl. 2004, S. 178ff.

[244] *David Hume,* Essays, moral and political, 1741/42; deutsch: Prinzipien der Moral, Leipzig 1929; *Adam Smith,* Theory of Emotions, 1759; deutsch: Theorie der ethischen Gefühle, Leipzig 1926; *ders.,* An Inquiry into the Nature and Causes of the Wealth of Nations, 1776, Nachdruck 1993.

[245] Dazu *Heideking,* Geschichte der USA, 3. Aufl. 2003, S. 38ff., 41.

[246] *Spencer,* Social Statistics, 1851; zum Einfluss der Gesellschaftsphilosophie *Spencers* insbesondere *Zweigert/Kötz,* Einführung in die Rechtsvergleichung, 3. Aufl. 1996, S. 238ff.; zur ambivalenten Rolle von *John Stuart Mill* (teilweise Wiedergabe seiner Werke „Utilitarism“ und „On Liberty“, sowie „Bentham's Principles of Morals and Legislation“ in: Troyer, Bentham and Mill, 2003, S. 95ff.) insbes. *Blümle/Goldschmidt,* Die Vielfalt des Fühlens und Wollens, F.A.Z. vom 13.05.06, Nr. 111, S. 13.

[247] *Holmes,* The Common Law, 1881, S. 1; *Pound,* The Need of Sociological Jurisprudence, Green Bag 19 (1907) 611f.; *Llewellyn,* The Bramble Bush, 1951, S. 12; zum Überblick *von Mehren/Murray,* Law in the United States, 2. Aufl. 2007, S. 35ff.

[248] *John Rawls,* Eine Theorie der Gerechtigkeit, 4. Aufl. 1988, S. 159ff., 336f.; zum Zusammenhang mit dem traditionellen Utilitarismus *Rüthers,* Rechtstheorie, 2. Aufl. 2004, Rn. 381/382.

[249] *Posner,* Economic Analysis of Law, 7. Aufl. 2007; auf neuestem Diskussionsstand *Shavell,* Foundations of Economic Analysis of Law, 2. Aufl. 2006.

[250] Es bleibt auch erhalten, wenn man mit *Kaplow/Shavell,* Fairness versus Welfare, 2002, S. 24ff., 409ff., das „individual's well-being“ gegenüber einem auf Gewinnmaximierung fokussierenden herkömmlichen Ansatz für weitere „preferences“ öffnet.

[251] Dazu *Kronstein/Leighton,* Cartel Control – A Record of Failure, 55 Yale L. J. 297 (1946); ausführlich *Gerber,* Heinrich Kronstein and U.S.-Antitrust Law, in: Lutter/Stiefel/Hoeflich, Der Einfluss deutscher Emigranten auf die Rechtsentwicklung in den USA und Deutschland, 1993, S. 155ff., 162ff.

[252] Zu den Zielkatalogen dieses Konzepts insbesondere *Clark* 45 Am. Econ. Rev. 450 (1955); *Sosnick* 72 Quart. J. Econ. 380 (1958); ferner *Kaysen/Turner,* Antitrust Policy, 1959/1965, S. 44, 82ff.

[253] *Bork,* The Antitrust Paradox, 1978; *Chandler,* The Visible Hand, 1977; *Posner,* The Chicago School of Antitrust Analysis, 127 U. Pa. L. Rev. 925 (1979); *Herdzina,* Wettbewerbspolitik, 5. Aufl. 1999, S. 111ff.; *P. Hay,* US-amerikanisches Recht, 3. Aufl. 2005, Rn. 627ff., S. 188ff.

mNw.; zur Geschichte der Chicago-Schule *J. May,* The Past and Future of Antitrust, 17 Miss. C. L. Rev. 43 (1996), der vor allem in der Arbeit von *Director/Levi,* Trade Regulation, 51 Nw. U. L. Rev. 281 (1956/1957) die Grundlegung dieser Schule sieht. Eine vorläufige Bilanz zieht *Th. E. Kauper,* The Antitrust „Revolution" and Small Business. On the Turnpike to Efficiencyville, in: Carrington/Jones, Law and Class in America, 2006, S. 120ff. mNw.

254 Dazu *Gellhorn,* 44 U. Chi. L. Rev. 6 (1976/77); *Maurizi* 82 J. P. E. 399 (1974).

255 Dazu Goldfarb v. Virginia State Bar, 421 U.S. 773, 786ff. (1975); zur Mäßigung dieses Ansatzes auf der Basis des Gedankens hoheitlicher Kontrolle Bates v. State Bar of Arizona, 433 U.S. 350, 359ff. (1977) und ausführlich *Bormann* ZZPInt 8 (2003), 1ff., 57f.

256 Zur Entwicklung von Mega-Law Firms jenseits traditioneller standesrechtlicher Kontrolle ausführlich *Stürner/Bormann* NJW 2004, 1481ff., 1483ff., 1485ff. mNw.

257 Dazu insbesondere *Robert Mundell,* A Theory of Optimum Currency Areas, 51 Am. Econ. Rev. 657 (1961). Guter Überblick zum unternehmensorientierten U.S.-Arbeitsrecht mit seinen beschränkten Schutzmechanismen bei *Hay,* U.S.-Amerikanisches Recht, 3. Aufl. 2005, Rn. 657ff., S. 201ff.; *M. Reimann,* Einführung in das U.S.-amerikanische Privatrecht, 2. Aufl. 2004, S. 287ff.; zum Einfluss des amerikanischen Arbeitgebers auf die Privatsphäre des Arbeitnehmers durch „Ethik-Richtlinien" ArbG Wuppertal NZA 2005, 1015ff. (Wal-Mart); nachgehend LAG Düsseldorf NZA 2006, 63ff.; F.A.Z. vom 17.06.05, Nr. 138, S. 11.

258 Dazu *Freeman,* in: Drèze, Advances, S. 162; *S.M. Lipset/Marks,* It didn't happen here, S. 283. Die „three tiers democracy" analysiert *B. Neuborne,* Money and American Democracy, in Carrington/Jones, Law and Class in America, 2006, S. 37ff. Typische Phänomene sind die Ausbildung privat organisierter besonderer Wohnbezirke für bemittelte Schichten (dazu *Callies/Franzese,* Residential Privilege. The Advent of the Guarded Subdivision, in: Carrington/Jones, Law and Class in America, 2006, S. 143ff.) und die schwer korrigierbare Verschuldung vor allem von Familien (dazu *E. Warren,* Congress and the Credit Industry: More Bad News for Families, in: Carrington/Jones, Law and Class in America, 2006, S. 279ff.).

259 Dazu ausführlich *R.L. Schmalbeck* und *L.A. Zelenak,* in Carrington/Jones, Law and Class in America 2006, S. 191ff. und 163ff.

260 Dazu *Merkt,* Gutachten 64. DJT 2002, S. G 38 mNw.

261 Guter Überblick bei *Heideking,* Geschichte der USA, 3. Aufl. 2003, S. 305ff.; *Badger,* The New Deal. The Depression Years, 1933–1940, 1989; *Biles,* A New Deal for the American People, 1991. Die Frage nach dem Unterschied zwischen demokratischen und republikanischen Richtern in ihrer Stellung zu ausgleichenden Eingriffen der Rechtspre-

chung behandelt *S. Levinson,* When (some) Republican Justices Exhibited Concern for the Plight of the Poor: An Essay in Historical Retrieval, in: Carrington/Jones, Law and Class in America, 2006, S. 21ff.

262 Selbst die besonders innovative Technologieregion Silicon Valley wäre nach Überzeugung des U.S.-amerikanischen Nobelpreisträgers *Paul Samuelson* ohne öffentliche Gelder nicht entstanden (F.A.Z. vom 23.05.06, Nr. 119, S. 13).

263 Zur entsprechenden Gesetzesinitiative, einen Entschädigungsfonds von 140 Milliarden Dollar zu schaffen, *Gelinsky,* F.A.Z. vom 09.02.05, Nr. 33, S. 34.

264 Dazu eindrucksvoll *Heideking,* Geschichte, S. 372f.; ferner zur Marktabschottung im Waffenmarkt der Gegenwart SZ vom 11.08.05, Nr. 184, S. 17 (Krauss-Maffei-Exportversuche). Deutschland hat erst sehr spät – nämlich 2004 – durch eine Änderung des Außenwirtschaftsgesetzes eine effiziente Rechtsgrundlage für ein Verbot des ausländischen Erwerbs von Rüstungsunternehmen geschaffen (dazu *Widder/Ziervogel* RIW 2005, 260ff. mNw.).

265 *Stevenson,* What I think, 1956, S. 24.

266 *Keynes,* The General Theory of Employment, Interest and Money, 1936.

267 Dazu neigt m. E. *Horst Ehmke,* Wirtschaft und Verfassung, 1961, S. 104, den die nachfolgende Entwicklung insoweit etwas widerlegt.

268 Allgemein *Heideking,* Geschichte, S. 206f., 401f.

269 In den USA stehen etwa 85 000 öffentliche oder überwiegend öffentlich geförderte Public Schools runden 27 000 Private Schools gegenüber, wobei – bemerkenswert – öffentliche Schulen etwa 45 Millionen Schüler und private Schulen etwa 5 Millionen Schüler besuchen; hierzu U.S.-Department of Education, NCES, Schools and Staffing Survey (SASS), 1999–2000, Tables 1.01, 2.01, 3.01, 4.01. Von den höheren Bildungsinstitutionen (Universitäten, Colleges, Professional Schools) sind etwa 2/3 öffentlich und 1/3 privat organisiert und finanziert (Statistical Abstract of the US, 2003, 123rd ed., Nō. 277 und Nō. 279). Die Problematik der Chancengleichheit diskutiert *G. Torres,* The Elusive Goal of Equal Educational Opportunity, in: Carrington/Jones, Law and Class in America, 2006, S. 331ff.

270 Neben den ausschließlich privaten Printmedien stehen die ganz überwiegend privaten Funkmedien: 10 000 kommerzielle und 1.400 öffentliche Hörsender sowie zu 90% private Fernsehsender mit ausgeprägten Oligopolen, deren Programme etwas über 300 öffentlich finanzierte Fernsehanstalten ergänzen; dazu *Clack u. a.* (Hg.), Portrait of the USA, 1997, Ch. 12; *H.J. Kleinsteuber,* Massenmedien in den USA, in: Wasser (Hg.), USA, 4. Aufl. 2000, S. 305ff., 311, 313, 314, 317, 328.

271 Dazu *Kagan,* Adversarial Legalism, 2001, S. 159ff. mNw.; *Wilke,* Sozialhilfe in den USA, 2002, S. 21ff.; kritisch *M.G. Bloche/L.O. Gostin,* Health Law and the Broken Promise of Equity, in: Carrington/Jones,

Law and Class in America, 2006, S. 310ff.; *J.F. Handler/D.S. Seiden,* Welfare Reform and Deform, daselbst, S. 364ff.; statistische Angaben in: Statistical Abstract of the United States: 2003, 123rd ed., Section 11, S. 353ff.; überblicksweise *Hay,* US-amerikanisches Recht, Rn. 667ff., S. 270ff. Zur finanziellen Schieflage der staatlichen U.S.-Rentenversicherung (Social Security) und Krankenversicherung für Senioren und Bedürftige (Medicare) F.A.Z. vom 25.04.07, Nr. 96, S. 12: 600 Milliarden Dollar Rentenversicherung und 438 Milliarden Dollar Krankenversicherung pro Jahr werden mit 7% des Steueraufkommens finanziert, die bis 2020 auf 26% ansteigen müssen.

[272] Dazu schon *Alexis de Toqueville,* De la Démocratie en Amérique, 1830; ferner *Marsden,* Fundamentalism and American Culture: The shaping of Twentieth Century Evangelicanism (1870–1925), 1980; ferner zu den einzelnen Wellen protestantischer Religiosität *Heideking,* Geschichte, S. 123f. (frühes 19. Jh.), S. 282f. (frühes 20. Jh.), S. 376f. (Erweckungsbewegungen Mitte des 20. Jh.), S. 442f. (New Christian Right and Moral Majority nach 1970); *S.M. Lipset,* Exceptionalism, S. 60ff.

[273] Insbesondere *Weber,* Die protestantische Ethik und der Geist des Kapitalismus, 3. Aufl. 2000 (Erstausgabe 1904/05); *Graves,* Calvinist ethics and business attitudes – traces in Switzerland, puritan England and the USA, 1992; eher zustimmend *S.M. Lipset,* Exceptionalism, S. 60; *R.P. Perry,* Puritanism and Democracy, 1944; deutsch 1947, Bd. I, S. 349ff.; m. E. allzu kritisch *Wilson,* Economics, Ethics and Religion, 1997, S. 85ff.; *Schellong,* Wie steht es um die „These" vom Zusammenhang von Calvinismus und „Geist des Kapitalismus"?, 1995; *M. Zöller,* Vom Geist des Kapitalismus, F.A.Z. vom 10.12.05, Nr. 288, S. 13.

[274] Zu diesem Unterschied zwischen Europa und den USA *Reid,* The United States of Europe, 2004, S. 214ff.; *S.M. Lipset,* Exceptionalism, S. 60ff., 278ff. mNw.

[275] Der These zum Zusammenhang zwischen Puritanismus und kapitalistischer Wirtschaftsform in der christlichen Tradition entspricht die These von der Nähe alttestamentarischer und jüdischer Ethik zur kapitalistischen Wirtschaftsform (dazu *W. Sombart,* Die Juden und das Wirtschaftsleben, 1911; kritisch *Weber,* Das antike Judentum, in: Gesammelte Aufsätze zur Religionssoziologie, Bd. III, 1921). Wenn man diese These von ihren teilweise durchaus antisemitischen und rassistischen Elementen (dazu *F. Raphael,* Judaisme et Capitalisme, 1982; *Wilson,* Economics, Ethics and Religion, 1997, S. 53ff.) – soweit überhaupt möglich – zu bereinigen versucht, so bleiben vor allem zwei erwähnenswerte, der kapitalistischen Wirtschaftsform günstige Gesichtspunkte, nämlich ein zuweilen ungebrochenes Verhältnis des alten Testaments zum erfolgreichen Wirtschaften und das Fehlen eines Zinsverbots gegenüber Nichtjuden. Beides ist aber alles andere als die Quintessenz einer reichhaltigen jüdischen Wirtschaftsethik, die wie die christliche Wirtschaftsethik kapitalistische und soziale Komponenten in sehr aus-

gewogener Weise kennt (zutreffend *Tamari,* With all your possessions – Jewish Ethics and Economic Life, 1987, S. 1 ff.). Immerhin erlaubte das eher offene Verhältnis zu kapitalistischem Wirtschaften ein zeitweises Überleben gegenüber christlicher Diskriminierung, Missbräuche unter Missachtung eigener Ethik sind nicht häufiger oder typischer als in späterer oder gleichzeitiger christlich-calvinistischer Tradition. Wenn *Weber* (Protestantische Ethik, S. 137 und Zusatz 386, S. 196) insoweit von „Paria-Kapitalismus" spricht, wird dies der Zukunftsträchtigkeit kapitalistischer Wirtschaftsformen nicht gerecht (zur Kritik *Lichtblau/Weiß,* in: Weber, Protestantische Ethik, Einleitung, S. XXII mNw. insbes. Fn. 46). Es steht dies auch in gewissem Widerspruch zu der richtigen Feststellung, dass die alttestamentarische Vorstellung vom Reichtum als göttlicher Segnung teilweise vom Puritanismus und Pietismus aufgenommen und integriert worden ist (*Weber,* Protestantische Ethik, S. 134f.).

[276] Dazu eindrucksvoll *Ben-Sasson,* A History of the Jewish People, 1969/1976, S. 462ff., 628ff.; *Ettinger,* daselbst, S. 727ff., 790ff., 859ff.; *Baron,* in: Economic History of the Jews. Herausgegeben von N. Gross, 1975, S. 35ff. mNw.

[277] Dazu in der Zeit vor dem 2. Weltkrieg die informative Darstellung bei *S.E. Eizenstat,* Imperfect Justice, 2004, S. 9/10.

[278] *Ettinger,* in: Ben-Sasson, History, S. 863, 864, 984; *Baron,* Economic History, S. 100ff., 104.

[279] Zur Bedeutung des amerikanischen Judentums wiederum *Ettinger,* in: Ben-Sasson, History, S. 1063ff., 1066f.; zum jüdischen Anteil am „American Exceptionalism" insbesondere *S.M. Lipset,* Exceptionalism, 1996, S. 151ff.

[280] Dazu die Daten bei *Heideking,* Geschichte der USA, S. 578.

[281] Zu diesem Begriff wiederum *J.T. Adams,* The Epic of America, 1941, S. 404: „... den Amerikanischen Traum, den Traum von einem Land, in welchem das Leben für jedermann besser, reicher und erfüllter ist, mit einer Lebenschance für jeden entsprechend seinen Fähigkeiten oder seiner Leistung ..."

[282] Dazu *A.C. Michalos,* Optimism in Thirty Countries Over a Decade, Social Indicators Research 20 (1988), S. 178f.

[283] Dazu *H. Birg,* F.A.Z. v. 22.02.05 Nr. 44, S. 35.

[284] U.S.-Bureau of the Census, National Population Projections, Summary Files, Projection of the Resident Population by Race, Hispanic Origin, and Nativity, Middle Series, 1999 to 2100.

[285] Zur Ehrenrührigkeit der Insolvenz in der kontinentaleuropäischen Tradition der italienischen Statutarrechte bis in die Neuzeit *Baur/Stürner,* Zwangsvollstreckungs- und Insolvenzrecht, Bd. II, Insolvenzrecht, 12. Aufl. 1990, Rn. 3.7, 8.2–8.4; literarisch verarbeitet bei *Theodor Storm,* In St. Jürgen, in: Sämtliche Werke, Herausgegeben von K.E. Lange und Dieter Lohmeier, Band 1, 2. Aufl. 1998, S. 694ff.; *Honoré de*

Balzac, Caesar Birotteaus Größe und Untergang – Histoire de la grandeur et de la décadence de César Birotteau, parfumeur, chevalier de la légion d'honneur, adjoint au maire du deuxième arrondissement de la ville de Paris, in: Oeuvres complètes, Band 22: La comédie humaine – Scènes de la vie parisienne, 1863.

286 Überblicksweise *Baur/Stürner,* Insolvenzrecht, Rn. 39.90, 39.91 ff., 39.93 ff.

287 Dass auch George Washington sich während des Unabhängigkeitskrieges von einem schwarzen Sklaven bedienen ließ und über hundert Sklaven hielt, entspricht weniger amerikanischer Allgemeinkenntnis und wird im öffentlichen Bewusstsein verdrängt; immerhin erwähnt bei *McCullough,* 1776, 2005, S. 42 und 47.

288 Plessy v. Ferguson, 163 U.S. 537 (1896).

289 347 U.S. 483 (1954). Zur Geltung von Rassengesetzen gegen Mischehen in 16 U.S.-Staaten noch 1967 z. B. Loving v. Virginia, 87 S. Ct. 1817 (1967).

290 Z. B. das American Law Institute, 81st Annual Meeting, Washington, May 17–19, 2004.

291 Sehr weitgehend *S.M. Lipset,* Exceptionalism, S. 113 ff., 118.

292 Deutlich sichtbar im „Katrina"-Debakel 2005 in New Orleans, das die arme schwarze Bevölkerung viel härter und sozial unabgesichert traf als andere Bevölkerungsgruppen; SZ vom 28.08.06, Nr. 197, S. 9. Dieses bis heute fortdauernde Integrationsdefizit hindert allerdings U.S.-amerikanische Autoren teilweise nicht daran, den Europäern die Integration islamischer Bevölkerungsteile in großem Umfang und die „multiethnische Gesellschaft" als Zukunftsmodell anzuempfehlen, ohne auf die insoweit missglückten eigenen Bemühungen und extremen Schwierigkeiten einzugehen (nicht untypisch *Charles Kupchan,* Georgetown University, Handelsblatt vom 22.08.06, Nr. 161, S. 9, „Baustelle Europa").

293 Dazu *Heideking,* Geschichte der USA, S. 137 ff.; Johnson and Graham's Lessee v. McIntosh, 8 Wheaton 543 (1823); Cherokee Nation v. State of Georgia, 5 Peters 1 (1831); *J.F. Smith,* John Marshall – Definer of a Nation, 1996, S. 515–517.

294 Dazu *Dee Brown,* Bury my Heart at Wounded Knee. An Indian History of the American West, 1970; *Heideking,* Geschichte der USA, S. 137 ff., 192 ff.

295 Snyder Act 1924.

296 Indian Civil Rights Act 1968; Indian Self Determination Act 1974; American Indian Religious Freedom Act 1978.

297 Dazu *S.E. Eizenstat,* Imperfect Justice, 2004, S. 365 ff., allerdings nicht ohne kritischen Unterton gegenüber Verhaltensformen der U.S.-Regierung in Fällen eigener Betroffenheit.

298 Zu internationalen Menschenrechtsklagen bereits der Alien Tort Claims Act 1789 und später der Torture Victim Protection Act 1992

und die Convention Against Torture and Other Cruel, Inhuman or Degrading Treatment or Punishment 1984 (International Legal Materials 23 (1984), 1027); ferner *Born,* International Civil Litigation in United States Courts, 3. Aufl. 1996, S. 36–49. Die Menschenrechtsberichte über andere Staaten der Erde sind veröffentlicht durch das U.S. Department of State. Bureau of Democracy, Human Rights, and Labor z. B. zum Human Rights Day 2004; www.state.gov/g/drl/rls/hrrpt/2003/29637.htm (abgerufen am 13. 07. 2006).

[299] Zur ambivalenten Verarbeitung des Konflikts mit Japan und des Einsatzes der Atombombe SZ vom 06./07. 08. 05, Nr. 180, S. 11 (Commander Tibbets: „Wir bedauern nichts"); zur Instrumentalisierung des Atombombenkriegs durch Japan im Sinne einer Flucht in die Opferrolle wiederum SZ vom 06./07. 08. 05, Nr. 180, S. 11. Zum etwas vergessenen kolonialen Imperialismus als Folge des „splendid little war" gegen Spanien (Eroberung von Kuba und Philippinen) *Klaus Schwabe,* Weltmacht und Weltordnung, 2006: zwischen Imperialismus und Völkerbund (1898–1920).

[300] Zu dieser Epoche statt vieler *Heideking,* Geschichte der USA, S. 402ff.; ferner *R.S. McNamara,* In Retrospect: The Tragedy and Lessons of Vietnam, 1995.

[301] Repräsentativ *Thomas L. Friedman,* The World Is Flat, 2005, S. 250ff. („The Quiet Crisis"), S. 276ff. („This is not a Test"), S. 305: „Americans are the ones who increasingly need to level the playing field – not by pulling others down, not by feeling sorry for ourselves, but by lifting ourselves up".

[302] Die Heroisierung des Unabhängigkeitskrieges als Revolution der Demokraten gegen die Monarchie wird den Realitäten der Kriegsjahre allerdings nur wenig gerecht; aufschlussreich *McCullough,* 1776, 2005.

[303] Eindrucksvoll *S.M. Lipset,* American Exceptionalism, 1996; ähnlich schon *Stürner,* Der Justizkonflikt zwischen USA und Europa, in: Habscheid, Der Justizkonflikt mit den Vereinigten Staaten von Amerika, 1986, S. 35ff.

[304] Dazu die Regierungserklärung von Präsident *George W. Bush,* Januar 2005, („Celebrating Freedom, Honoring Service"): http://www.whitehouse.gov/inaugural/ (abgerufen am 13. 07. 2006); ferner *David Frum,* The Right Man: The Surprise Presidency of George W. Bush, 2003; eindrucksvoll naiv insoweit der Ausgangspunkt von *Thomas L. Friedman,* The World Is Flat, 2005, S. 225ff., 371ff., 414ff.; F.A.Z. vom 08. 09. 06. Nr. 209, S. 42 verstärkt dieses Bild bis hin zu einer unreflektierten Arroganz.

[305] Dazu schon *Stürner,* Bitburger Gespräche 2003, S. 11ff., 18f., 146ff.

[306] Z. B. *Bob Woodward,* Bush at War, 2002; *Howard Zinn,* Terrorism and War, 2002; *P. Krugman,* Der große Ausverkauf: wie die Bush-Regierung Amerika ruiniert, 2004.

[307] Z.B. *M. Moore,* Stupid White Men, 2001/2002.

[308] Eindrucksvolle Darstellung bei *S.M. Lipset,* Exceptionalism, S. 176ff.

[309] Dazu *Heideking,* Geschichte der USA, S. 365ff.

[310] Auch Auswüchse der gegenwärtigen Bush-At-War Phase beginnen innerstaatlicher Kontrolle zugeführt zu werden; dazu die Guantanamo-Entscheidung Salim Ahmed Hamdan v. Donald Rumsfeld, 126 S. Ct. 2749 (2006) und *Brugger* DAJV-Newsletter 2006, 184ff., 186/187.

[311] Dies gesteht selbst *Carrington,* The Civil Jury and American Democracy, 13 Duke J. Comp. & Int'l L. 79, 92 (2003), zu, der ein überzeugter Verfechter der „jury" ist: „... the right to jury trial in civil cases has numerous implications for the role of lawyers in litigation, who *cast as champions for their clients in form of a combat.*"

[312] Dazu am Beispiel der „Principles of Transnational Civil Procedure" detailliert *Stürner,* The Principles of Transnational Civil Procedure. An Introduction to their Basic Conceptions, RabelsZ 69 (2005), 201–254.

[313] So hat die Ford Foundation zur Verbreitung amerikanischen Rechts in China für Übersetzungen amerikanischer Werke und Gastvorträge von Anwälten und Professoren hohe Beträge investiert, wohingegen z.B. Deutschland weder öffentlich noch privat zu wesentlichen Investitionen bereit war; zur Bedeutung des „law marketing" *Stürner,* Bitburger Gespräche 2003, S. 143ff., 150.

[314] Dazu *von Mehren/Murray,* Law in the United States, 2. Aufl. 2007, S. 280f.

[315] Für den Bereich der Asset Backed Securities hierzu etwa *Nasarre-Aznar,* Securitisation and mortgage bonds. Legal Aspects and Harmonization in Europe, 2004; *Christoph Kern,* Die Sicherheit gedeckter Wertpapiere, 2004. S. 37ff., 75ff., 504ff. Bei den Vorarbeiten zum deutschen Verbriefungsgesetz (§§ 22a ff. KWG n.F.) haben die deutschen Banken Änderungswünsche angemeldet, die eine volle Orientierung an U.S.-amerikanischen ABS-Konstruktionen intendieren, um den Rating-Agenturen entgegenzukommen, obwohl damit ein Mehr an Sicherheit nicht zu erreichen wäre.

[316] Zu den Ranking-Kriterien bei Law Schools und ihrer Manipulierbarkeit beispielsweise *Brian Leiter,* The *U.S. News* Law School Rankings: A Guide for the Perplexed, 2003, http://www.leiterrankings.com/usnews/guide.shtml (abgerufen am 13.07.2006).

[317] Hierzu etwa beispielhaft *S.M. Lipset,* Exceptionalism, S. 55ff mNw.

[318] Auch der Fragenkatalog bei *S.M. Lipset,* Exceptionalism, S. 293ff, insinuiert bereits eine Positivbewertung marktfreundlicher Fragestellung als solcher; gleich *V. Smith,* Kein Wohlstand ohne Handel, F.A.Z. vom 08.07.06, Nr. 156, S. 13 (höchster Grad wirtschaftlicher Freiheit bedingt höchstes Pro-Kopf-Einkommen).

[319] Dazu wiederum repräsentativ zu den U.S.-amerikanischen „unique innovation-generating machines – universities, public and private research labs, and retailers" *Thomas L. Friedman,* The World Is Flat, 2005, S. 237ff. („The Untouchables"), S. 245.

[320] Aus einem Prospekt der Harvard Law School 2003: „The unparalleled breadth of offerings at Harvard Law School provides not only the opportunity to study a wide range of subjects, but to study each subject in depth. The world's leading scholars in dozens of fields – from Islamic law to Supreme Court Practice – are ready to take you as far as you can go... In each of these fields, Harvard Law School has the country's top legal scholars on its faculty."

[321] Dazu ausführlich *M. Hartmann,* Mehr soziale Gerechtigkeit durch Studiengebühren?, Forschung und Lehre Nr. 1/2006, S. 8ff.

[322] Beispielhaft wiederum *S.M. Lipset,* Exceptionalism, S. 278f. Table 8.-1 und 8.-2.

[323] Zum „American Creed" (*S.P. Huntington,* American Politics. The Promise of Disharmony, 2. Aufl. 1982, S. 25) und zu „American Values" wiederum *S.M. Lipset,* Exceptionalism, S. 19ff.

[324] Dazu *Günther Franz,* Quellen zur Geschichte des Bauernkrieges, 1963, S. 59ff., 174ff. und unten sub B II 3f. Eine sehr frühe schriftliche Fixierung von Menschenrechten in der Neuzeit sind die Zwölf Artikel der Bauernschaft in Oberschwaben.

[325] *S.M. Lipset,* Exceptionalism, S. 39: „The American Constitution, the oldest in the world..."

[326] Dazu z. B. *Millar,* Civil Procedure of the Trial Court in Historical Perspective, 1952, S. 25; *Dawson,* A History of Lay Judges, 1960, S. 149ff.; *Langbein,* The Origins of Adversary Criminal Trial, 2003; *ders.,* Historical Foundations of the Law of Evidence, Columbia Law Review 96 1168 (1996); kritisch *Macnair,* The Law of Proof in Early Modern Equity, 1999; *Stürner* RabelsZ 69(2005), 201ff., 237ff.

[327] Deutlich auch bei der Analyse des deutsch-amerikanischen Verhältnisses durch *R. Cohen,* The America Complex. Germany's Quest for a Postwar Identity, The Berlin Journal No. 13, Fall 2006, S. 4ff.; eindrucksvoll ist die Sicht einer Identität der U.S.-amerikanischen Rolle beim Aufbau einer Demokratie in Deutschland 1945 und im Irak gegenwärtig.

[328] *Joyce Appleby,* Recovering America's Historic Diversity: Beyond Exceptionalism, 79 J. Am. Hist. 420 (1992), betrachtet den American Exceptionalism als „America's peculiar form of Eurocentrism".

[329] Inwieweit z. B. die angloamerikanische Kriegspropaganda des 1. Weltkriegs (dazu *Bremm,* Krieg der Welten, F.A.Z. vom 17.08.06, Nr. 190, S. 8) das Bild der amerikanischen Öffentlichkeit von den Ursachen dieser Auseinandersetzung und einer ausschließlich demokratieschützenden Rolle der USA bis heute prägt („Kultur v. Humanity", „Destroy this Mad Brute"), wäre einer differenzierteren Untersuchung

wert. Die deutsche Propaganda scheint stärker darauf angelegt gewesen zu sein, die Gegner als lächerlich und unterlegen darzustellen – eine Form der Propaganda, die der irrationalen deutschen Großmachtsattitude der Vorkriegszeit entsprach (dazu *M. Brechtken*, Scharnierzeit 1895–1907, 2006).

330 Dazu statt vieler *Ralf Michaels*, US-Gerichte als Weltgerichte – Die Avantgarde der Globalisierung, DAJV-Newsletter 2006, 46ff. mNw.; ähnlich *Paul D. Carrington*, Law and Transnational Corruption: The Need for Lincoln's Law Abroad, Manuskript Stand I/2007; wesentlich zurückhaltender die Bilanz bei *von Mehren/Murray*, Law in the United States, 2. Aufl. 2007, S. 294ff.

331 Dazu statt vieler *Heideking*, Geschichte der USA, S. 197ff., 277ff., 502ff.

332 Dazu die Statistiken bei *Heideking*, Geschichte der USA, S. 572/573, 575.

333 Die berühmte „Frontier-These" greift diesen Zusammenhang auf, der selbst heute noch gewisse Gültigkeit hat; dazu *F.J. Turner*, The Significance of the Frontier in American History (1893), in: Leon Fink (Hg.), Major Problems in the Gilded Age and the Progressive Era, 2001.

334 Auch vor dem Hintergrund ausreichender räumlicher Ressourcen ist die relative Untätigkeit verständlich, mit der die U.S.-amerikanische Politik die Aussiedlung von New Orleans und den Zerfall dieser Stadt nach der Katastrophe 2005 hinnimmt; dazu SZ vom 28.06.06, Nr. 197, S. 9.

335 Dazu *Wahl*, Der offene Staat und seine Rechtsgrundlagen, JuS 2003, 1145ff.

336 *Hobe*, Der offene Verfassungsstaat zwischen Souveränität und Interdependenz, 1998.

337 Für Deutschland insbesondere Art. 23–25 GG.

338 *Brugger* AöR 126 (2001), 337, 391ff.

339 Dazu *Hobe*, Offener Verfassungsstaat, S. 171.

340 Hierzu die brillanten Darstellungen bei *Hilpold*, Aktuelle Rechtsfragen zum WTO-Streitbeilegungsverfahren, IStR 2002, 31ff.; *G.N. Horlick*, Economic Sanctions in the GATT/WTO World Trading System, in: Bitburger Gespräche, Jahrbuch 2003, S. 111ff. mNw.; *R. Abbott*, The Role of the World Trade Organization, daselbst, S. 135ff.; ferner *Schroeder/Schonard* RIW 2001, 658, 663; *Feddersen*, Zur Zulässigkeit steuerrechtlicher Maßnahmen zur Förderung von Exporten im Rahmen der Welthandelsorganisation – Der Streit um die Foreign Sales Corporations, IStR 2001, 551ff.; zur neuerlichen Reaktion der EU bzw. des EuGH *Berg/Beck* RIW 2005, 401ff. (mit Besprechung der Entscheidungen Biret, Chiquita und van Parys zur unmittelbaren Geltung von WTO-Recht in der EU, die letztlich zu Recht abgelehnt wird); *Steinbach* EuZW 2005, 331ff. (van Parys); *Decker/Mildner*, Die USA und EU auf Kollisionskurs? Neue Entwicklungen in den transatlantischen

Handelsbeziehungen, in: T. Jäger/A. Höse/K. Oppermann (Hg.), Transatlantische Beziehungen, Sicherheit – Wirtschaft – Öffentlichkeit, 2005, S. 203–215; *Gartzke,* Die transatlantischen Wirtschaftsbeziehungen: Ein Pfeiler in der Krise?, in: T. Jäger/A. Höse/K. Oppermann (Hg.), Transatlantische Beziehungen, 2005, S. 173–185.

[341] Zur Bedeutung demokratischer Legitimation der Gerichtsbarkeit in den USA ausführlich *Stürner,* Europäische Justiz und Demokratie, FS Winfried Brohm, 2002, S. 153 ff.

[342] Dazu die Reaktion der USA auf die Feststellung des IGH, die USA hätten das Wiener Übereinkommen über konsularische Beziehungen bei Strafverfahren mit Todesstrafensanktion verletzt, F.A.Z. vom 11.03.05, Nr. 59, S. 7.

[343] Dazu *Maiwald,* Recht und Macht, JZ 2003, 1073, 1080; ausführlich *Nolte,* in: Malone/Khong, Unilateralism and US Foreign Policy. International Perspectives, 2003, S. 71 ff.

[344] *Von Mehren,* Drafting a Convention on International Jurisdiction and the Effects of Foreign Judgments Acceptable Worldwide: Can the Hague Conference Succeed?, 49 Am. J. Comp. L. 191 (2001).

[345] Guter Überblick bei *Hay,* US-amerikanisches Recht, Rn. 654 ff., S. 200 ff. mNw.

[346] Dazu *R. Michaels,* US-Gerichte als Weltgerichte – Die Avantgarde der Globalisierung, DAJV-Newsletter 2006, 46 ff.

[347] Zum Sarbanes-Oxley-Act 2002 insbesondere *Kersting* ZIP, 2003, 233 ff.

[348] Dazu insbesondere *Schulze-Osterloh* ZIP 2001, 1431 ff., 1436 ff.

[349] Dazu *Stürner/Bormann* NJW 2004, 1481 ff., 1487.

[350] Gutes Beispiel sind die weltweit wirkenden Handelsbeschränkungen des Cuban Liberty and Democratic Solidarity Act (Helms-Burton Act) 1996 und des Iran and Libya Sanctions Act 1996 und die Antiboykottverordnung der EU Nr. 2271/96.

[351] Selbst Gerüchte um staatliche Stützungskäufe am U.S.-amerikanischen Aktienmarkt zur nationalökonomisch orientierten Kurspflege wollen nicht verstummen; dazu F.A.Z. vom 19.04.07, Nr. 91, S. 21.

[352] Der Export von produktiven Arbeitsplätzen aus den USA in Drittländer, wie vor allem China, wird von den USA nur insoweit hingenommen, als er im augenblicklichen Gesamtkonzept von Vorteilen aufgewogen oder überwogen wird, nicht aber um des Glaubens an einen weltweiten Markt willen; dazu F.A.Z. vom 07.02.05, Nr. 31, S. 12; zur schwindenden Zustimmung zum Freihandel in der Bevölkerung F.A.Z. vom 26.02.04, Nr. 48, S. 15; Die Zeit vom 05.01.05, Nr. 2, S. 24. Viele U.S.-Staaten vergeben keine Aufträge an arbeitsplatzexportierende Unternehmen; F.A.Z. vom 29.03.04, Nr. 75, S. 13.

[353] Dazu z. B. das umstrittene, wohl WTO-rechtswidrige „Zeroing“ bei Antidumping-Zollmaßnahmen (*Lieber/Simon* RIW 2006, 521 ff.) oder die Abwehr chinesischer Investoren bei der Übernahme des Ener-

giekonzerns Unocal; F.A.Z. vom 15.07.05, Nr. 162, S. 11; ferner die Vorlage des Senators *Dorgan* zum Verbot dieses Erwerbs, 109th Congress, 1st Session, July 15, 2005, S. 1412; allgemein zur Überwachung ausländischer Direktinvestitionen durch die USA F.A.Z. vom 29.06.07, Nr. 149, S. 12.

354 So trotz aller Kritik an imperialen U.S.-amerikanischen Fehlleistungen *Josef Joffé,* Überpower. The Imperial Temptation of America, 2006.

355 Nicht untypisch die Entwicklung zu den Baseler International Standards for Capital Adequacy, die angloamerikanischem Gedankengut ihren Anstoß verdankt (*P. Cooke,* Bank Capital Adequacy, 1991), inzwischen aber von den Amerikanern eher als Fessel betrachtet wird; dazu *Crouhy/Galai/Mark,* The use of internal models: comparison of the new Basel credit proposals with available internal models for credit risk, in: H. Scott (Hg.), Capital Adequacy Beyond Basel, 2005; *H. Scott,* International Finance: Transactions, Policy, and Regulation, 10. Aufl. 2006, Ch. 7: „Capital Adequacy"; zur verzögerten Umsetzung Wall Street Journal Online, 03.10.05.

II. Die Krise der offenen deutschen Gesellschaft in einem heterogenen Europa

1. Die Ambivalenz des Staatszwecks in der europäischen und deutschen Geschichte

356 Hierzu und zum folgenden die treffliche Analyse von *Jacques Derrida/Jürgen Habermas,* F.A.Z. vom 31.05.03, Nr. 125, S. 33f. Ihre Ausführungen unterschätzen allerdings teilweise die gestaltende Wucht wirtschaftlicher Realitäten.

357 Dazu statt vieler *Willoweit,* Deutsche Verfassungsgeschichte, 5. Aufl. 2005, §§ 22 I, 23 II, 25 II 2 mNw.; *Maurer,* Staatsrecht I, 5. Aufl. 2007, § 2 Rn. 14.

358 Agreement of the People 1647 – Instrument of Government 1654 – Habeas Corpus Act 1679 – Bill of Rights 1688 – Act of Settlement 1700; Representation of Peoples Acts nach 1832; Parliament Acts 1911/1949; Minister of the Crown Act 1937; zum Ganzen *Loewenstein,* Verfassungslehre, 1959, S. 136f., 141.

359 Déclaration des Droits de l'Homme et du Citoyen 1789 – Verfassung 1791 (konstitutionelle Monarchie) – Verfassung 1793 (radikal-demokratische Verfassung) – Direktorialverfassung 1795 (repräsentative Demokratie) – Konsulatsverfassung 1799 (Übergang zu Alleinherrschaft und Kaisertum) – Charte Constitutionnelle 1814 (konstitutionelle Monarchie) – Verfassungen von 1830 und 1851/52 (konstitutionelle Monarchie) – Verfassungen 1848 und 1870 (repräsentative Demokratie) – Ver-

fassung 1944 (repräsentative Demokratie) – Verfassung 1958 (Präsidialdemokratie); ausführlich *P. Hartmann,* Französische Verfassungsgeschichte der Neuzeit (1450–1980), 1985.

360 Deutsche Bundesakte 1815 (Staatenbund, Bürgerrechte nach Art. 16, 17 DBA) – Paulskirchenverfassung 1849 (konstitutionelle Monarchie) – Deutsche Reichsverfassung 1871 (Bundesstaat mit konstitutioneller Monarchie beschränkter parlamentarischer Mitwirkung) – Verfassung 1919 (repräsentative Demokratie/Präsidialdemokratie) – Verfassung/Grundgesetz 1949 (repräsentative Demokratie).

361 Tübinger Vertrag 1514 für Württemberg und Verfassung für Württemberg 1819 (Verfassungsvertrag; konstitutionelle Monarchie); Verfassungen von Bayern und Baden 1818 (oktroyierte Verfassungen mit Zügen konstitutioneller Monarchie); später die mitteldeutschen Staaten (Hessen-Kassel 1831, Sachsen 1831, Braunschweig 1832, Hannover 1833) und ganz spät Preußen (1848/1850), Österreich (1849/1867). Zum Ganzen *Dürig/Rudolf,* Texte zur deutschen Verfassungsgeschichte, 3. Aufl. 1996; die wechselnde verfassungsrechtliche Realität der deutschen Entwicklung betont *Wahl,* Die Bewegung im labilen Dualismus des Konstitutionalismus in Deutschland, in: Manca/Lacchè, Parlamento e Costituzione, 2003, S. 95ff.

362 Zur Bedeutung dieser Thematik im Werk und Denken Montesquieus ausführlich *Th. Würtenberger,* Die Idee der Freiheit und ihre Sicherung bei Montesquieu, in: E. Klein (Hg.), Gewaltenteilung und Menschenrechte, 2006, S. 15ff.

363 Diesen gegensätzlichen geistesgeschichtlichen Ausgangspunkt lässt die moderne Diskussion, die sich stark an ökonomischem Utilitarismus orientiert, häufig außer Acht und beschränkt sich auf eine eher mechanistische Betrachtung der verschiedenen Funktionen unterschiedlicher Institutionen; beispielhaft *Hall/Soskice,* Varieties of Capitalism. Introduction 2001, S. 1ff., 21ff., 27ff. („Coordinated Market Economies" gegen „Liberal Market Economies").

364 Zum Wohlfahrtsstaatsgedanken zunächst im Preußen Friedrichs des Großen *V. Sellin,* Friedrich der Große und der aufgeklärte Absolutismus, in: U. Engelhard, Soziale Bewegung und politische Verfassung, 1976, S. 83ff.; zur Grundlegung des Sozialstaates durch Bismarck insbesondere *G.A. Ritter,* Der Sozialstaat: Entstehung und Entwicklung im internationalen Vergleich, 2. Aufl. 1991, S. 60ff.; ferner *H.A. Winkler,* Der lange Weg nach Westen. Deutsche Geschichte, Bd. I, 4. Aufl. 2002, S. 249ff.

365 Siehe zur „radikalen" Republik Frankreichs (1898–1914) etwa *W. Schmale,* Geschichte Frankreichs, 2000, S. 239ff.; zum französischen Nachkriegssozialismus etwa *C. Fohlen,* Frankreich von 1920 bis 1970, in: Cipolla/Borchardt (Hg.), Europäische Wirtschaftsgeschichte, Band 5: Die europäischen Volkswirtschaften im 20. Jahrhundert, 1980, S. 115ff.; *Fischer/Armengaud* (Hg.), Handbuch der europäischen Wirt-

schafts- und Sozialgeschichte, Band 6: Europäische Wirtschafts- und Sozialgeschichte vom ersten Weltkrieg bis zur Gegenwart, 1987, S. 358ff.; *Broder*, Histoire économique de la France au XXe siècle – 1914–1997, 1998 S. 119ff.; ferner *P.C. Hartmann*, Geschichte Frankreichs, 3. Aufl. 2003, S. 79–81 (radikale Republik), S. 96ff. (Vierte Republik); zum Nachkriegssozialismus Großbritanniens, Frankreichs und Italiens *W.A. Robson*, Nationalized Industries in Britain and France, American Political Science Review XLIV (1950), 200ff.; *Einaudi/Byé/Rossi*, Nationalization in France and Italy, 1955.

366 Zum Aufkommen des modernen deutschen Nationalismus insbesondere *H.A. Winkler*, Der lange Weg, Bd. I, S. 54ff.; ferner allgemein zum Nationalismus *H.A. Winkler* (Hg.), Nationalismus, 2. Aufl. 1985; *E.J. Hobsbawm*, Nationen und Nationalismus (engl. 1990), 2004.

367 Guter Überblick über die Entwicklung in Deutschland, Europa und insbesondere Osteuropa *W. Leonhard*, Die Dreispaltung des Marxismus. Ursprung und Entwicklung des Sowjetmarxismus, Marxismus und Reformkommunismus, 1970.

368 Dazu insbesondere *E. Nolte*, Der Faschismus in seiner Epoche. Die Action française. Der Italienische Faschismus. Der Nationalsozialismus, 1963.

369 Insbesondere zur nationalsozialistischen Epoche die zusammenfassende Darstellung von *Winkler*, Der lange Weg, Bd. II, S. 1ff. mNw.

370 Art. 136ff. EGV i.d. Fassung von Nizza (Sozialpolitik); ausführlicher Überblick bei *Streinz*, Europarecht, 7. Aufl. 2005, § 18, Rn. 1086ff., S. 425ff.

371 Dazu Teil III, Kap. III, Art. III-97ff. (Beschäftigungspolitik) und Art III-103ff. (Sozialpolitik). Zum insoweit fundamentalen Unterschied zwischen den USA und Europa schon *Loewenstein*, Verfassungslehre, 1959, S. 344ff.

372 Teil II, Titel IV: Solidarität; Art. II 27–38. Zur Genese und Bedeutung des Begriffs der Solidarität sehr lesenswert *J. Brand*, Solidarität und Identität, F.A.Z. vom 18.04.07, Nr. 90, S. 8. Die Sozialpolitische Agenda der EU 2006–2010 (*Junker* RIW 2006, 721ff.) soll den Gedanken der Solidarität europaweit umsetzen.

373 Damit einher geht das allenthalben zu beobachtende Sicherheitsbedürfnis, das die staatliche Gemeinschaft befriedigen soll; dazu die Umfragedaten bei *Petersen/Mayer*, Der Wert der Freiheit: Deutschland vor einem neuen Wertewandel?, 2005; ferner *Wolfgang Sofsky*, Das Prinzip Sicherheit, 2006.

2. *Die formierte kontinentaleuropäische und deutsche Gesellschaft*

374 Dazu überblicksweise *Willoweit,* Deutsche Verfassungsgeschichte, 5. Aufl. 2005, § 17, S. 149ff.; § 22 I, S. 195ff.; § 23 II 3, S. 208ff.; § 28, S. 265ff.

375 Dazu wiederum *Willoweit,* Verfassungsgeschichte, § 28 III 3, S. 274f.; § 33 II 2, S. 320f.

376 *Friedrich Franz Mayer,* Grundzüge des Verwaltungs-Rechts und -Rechtsverfahrens, 1857; unter französischem Einfluss *Otto Mayer,* Theorie des Französischen Verwaltungsrechts, 1886; guter Überblick bei *Maurer,* Allgemeines Verwaltungsrecht, 16. Aufl. 2006, S. 18ff.

377 *Rüfner,* Deutsche Verwaltungsgeschichte (herausgegeben von Jeserich/Pohl/von Unruh), Bd. III (1984), S. 909ff.; Bd. IV (1985), S. 639ff., 1100ff.

378 Dazu insbesondere *U. Scheuner,* Staatliche Verbandsbildung und Verbandsaufsicht in Deutschland im 19. Jahrhundert, Der Staat, Beil. 2 (1978), 97ff.; überblicksweise *Willoweit,* Verfassungsgeschichte, § 33 II 3, S. 321f.

379 Dazu den Überblick bei *Gitter/Schmitt,* Sozialrecht, 5. Aufl. 2001, § 2 III–VII.

380 Zu den öffentlichen Banken und den Raiffeisenbanken schon oben sub A III 2.

381 Dazu *Maurer,* Allgemeines Verwaltungsrecht, § 16, S. 424ff.

382 Prägend *Forsthoff,* Die Verwaltung als Leistungsträger, 1938; *ders.,* Rechtsfragen der leistenden Verwaltung, 1959.

383 Dazu die Umfragedaten bei *S.M. Lipset/Marks,* It didn't happen here, 2000, S. 289; gleich *G.G. Wagner/J. Schupp,* Leben in Deutschland, 2005; kritisch hierzu SZ vom 11.08.05, Nr. 184, S. 2; zum Topos der Hassliebe *Noelle/Petersen,* F.A.Z. vom 16.05.07, Nr. 113, S. 5.

384 Dazu *R. Freeman,* in: Drèze, Advances, S. 159; *S.M. Lipset/Marks,* It didn't happen here, 2000, S. 278–280 mNw.

385 Ob es richtig ist, mit *Hall/Soskice,* Varieties of Capitalism. Introduction, 2001, S. 1ff., 36ff., dem deutschen Modell der „Coordinated Market Economy" den Vorteil innovationssteigernder Fähigkeit zuzuschreiben, dem amerikanischen Model der „Liberal Market Economy" dagegen den Vorteil radikaler Innovationsfähigkeit, mag dahinstehen; in ähnlichem Sinn für den Mittelstand aber die Statistik F.A.Z. vom 07.07.06, Nr. 155, S. 12.

386 *Freeman,* in: Drèze, Advances, S. 163. Der Vergleich zwischen den USA und der EU bei Schaffung neuer Arbeitsplätze fällt auch in neuerer Zeit nicht unbedingt zugunsten der USA aus, wobei Streit darüber besteht, ob Einheitswährung und Deregulierung hierfür ursächlich

sind; dazu der Präsident der EZB *Claude Trichet,* F.A.Z. vom 24.04.07, Nr. 95, S. 13.

387 *Freeman,* in: Drèze, Advances, S. 164; zu Großbritannien im Verhältnis zu Deutschland in *Reid,* The United States of Europe, 2004, S. 249 (UK: 24 390 U.S.-Dollar), S. 259 (Deutschland: 26 600 U.S.-Dollar). Neuerlich ist in Großbritannien wieder ein leichter Anstieg der Arbeitslosigkeit zu registrieren; F.A.Z. vom 17.02.06, Nr. 41, S. 12.

388 S. dazu Statistisches Bundesamt, Gesamtentwicklung des deutschen Außenhandels, www.destatis.de/download/d/aussh/gesamtentwicklung.pdf (abgerufen am 13.07. 2006); F.A.Z. vom 23.12.05, Nr. 299, S. 12; F.A.Z. vom 20.01.04, Nr. 16, S. 12.

389 Die starken Schwankungen insbesondere der englischen Wirtschaftsverfassung verglichen mit Deutschland erklären sich auch daraus, dass die englische politische Verfassung der Einparteienregierung ungehemmte Eingriffsbefugnisse in das Wirtschafts- und Sozialwesen zugesteht, wohingegen in Deutschland Verhältniswahlrecht, Koalitionsregierungen, unabhängige Bundesbank, zwei Kammern des Parlaments und Bundesverfassungsgericht für kompromisshafte Ausgewogenheit sorgen; ausführlich *Wood,* Business, Government, and Patterns of Labor Market Policy in Britain and the Federal Republic of Germany, in: Hall/Soskice, Varieties of Capitalism, 2001, S. 247–274 mNw.

390 Zur Verstaatlichung von Unternehmen in England unter den Regierungen C.R. Attlee (Bergbau, Stahlindustrie, Eisenbahnen) Ende der 1950er Jahre und zum Nationalen Wirtschaftsrat insbesondere *Armengaud/Pollard/de Brabander,* Großbritannien, Irland, Frankreich, Belgien, die Niederlande, Luxemburg 1914–1980/83, in: Fischer/van Houtte/Kellenbenz/Mieck/Vittinghoff (Hg.), Handbuch der europäischen Wirtschafts- und Sozialgeschichte, Band 6: Europäische Wirtschafts- und Sozialgeschichte vom ersten Weltkrieg bis zur Gegenwart, 1987, S. 368ff., 376ff.; *Youngson,* Großbritannien, in: Cipolla/Borchardt (Hg.), Europäische Wirtschaftsgeschichte, Band 5: Die europäischen Volkswirtschaften im 20. Jahrhundert, 1980, S. 156ff.; *Tomlinson,* Democratic socialism and economic policy – The Attlee years, 1945–1951, Cambridge 1997, S. 94ff.; *Pearce,* Attlee's labour governments 1945–51, London/New York 1994, S. 53–60; *ders.,* Attlee, London/New York 1997, S. 146–149; *Jefferys,* The Attlee Governments 1945–1951, London/New York 1992, S. 18f.; *M. Maurer,* Geschichte Englands, Stuttgart 2000, S. 345f.; *O. Morgan,* Labour in Power 1945–1951, Oxford 1984, S. 94ff.; *Pelling,* The Labour Governments 1945–1951, London 1984, S. 75ff.; *Barnett,* The Audit of War – The Illusion & Reality of Britain as a Great Nation, London 1986; *Hennessy/Seldon* (Hg.), Ruling Performance, British Governments from Attlee to Thatcher, Oxford 1987, S. 28–62.

391 Zur Neuordnung der Sozialversicherung und des nationalen Gesundheitsdienstes unter der Regierung C.R. Attlee siehe *Tomlinson,* De-

mocratic socialism and economic policy – The Attlee years, 1945–1951, Cambridge 1997, S. 237ff.; *Pearce,* Attlee's labour governments 1945–51, London/New York 1994, S. 45–53; *ders.,* Attlee, London/New York 1997, S. 151–157; *Jefferys,* The Attlee Governments 1945–1951, London/New York 1992, S. 20ff.; *M. Maurer,* Geschichte Englands, Stuttgart 2000, S. 345f.; *Morgan,* Labour in Power 1945–1951, Oxford 1984, S. 142ff.; *Pelling,* The Labour Governments 1945–1951, London 1984, S. 97ff.; *Barnett,* The Audit of War, London 1986.

392 Zur Immunität der Gewerkschaften vor Haftung in England insbesondere der Trade Disputes Act 1906; zur starken Stellung der Gewerkschaften in Frankreich *Hübner/Constantinesco,* Einführung in das französische Recht, 4. Aufl. 2001, § 27, S. 229ff., 232ff.

393 Zur Zurückdrängung der Gewerkschaften insbesondere der Employment Act 1980. Einen Überblick über die Grundlinien der englischen Liberalisierung und ihre denkbare Fortführung gibt der Band *Ph. Booth* (Hg.), Towards a Liberal Utopia, 2005.

394 Zum heutigen Gesundheitswesen siehe *R.G. Hodgkinson,* The origins of the National Health Service, 1967; *Carrier/Kendall,* Health and the National Health Service, 2005; *Webster,* The National Health Service, 1998. Lange Wartezeiten im „National Health Service" lösen intensive Reformbestrebungen aus; F.A.Z. vom 28.06.06, Nr. 147, S. 12; F.A.Z. vom 19.04.02, Nr. 91, S. 6.

395 Inwieweit der „Thatcherism" der Tatsache Rechnung trägt, dass Großbritanniens Stärke im finanziell-kommerziellen Bereich liegt und weniger in vollständiger Industrialisierung, mag dahinstehen, hierzu einleuchtend *Wood,* The Pristine Culture of Capitalism, 1991, S. 165ff. (Präferenz der Gewinnmaximierung gegenüber der Produktion); *Rubinstein,* Capitalism, Culture, and Decline in Britain, 1750–1990, 1993; auf deutsch zusammenfassend *Schröder,* Englische Geschichte, 4. Aufl. 2003, S. 89, 90ff.

396 Zur „nationalisation" wichtiger Unternehmen 1982 *Burdeau,* Die französischen Verstaatlichungen, 1984.

397 Ausführlich zur Geschichte der Reprivatisierung *Bob Hancké,* Revisiting the French Model: Coordination and Restructuring in French Industry, in: Hall/Soskice, Varieties of Capitalism, 2001, S. 307–334.

398 Guter Überblick bei *Hübner/Constantinesco,* Einführung in das französische Recht, 4. Aufl. 2001, § 13, 3 S. 105f. und § 17, S. 125f.; ferner oben A III 3.

399 *Hancké,* Revisiting the French Model, S. 313 mNw.; beispielhaft die Berufskarriere des Suez-Chefs Mestrallet, F.A.Z. vom 27.02.06, Nr. 49, S. 19.

400 *R. Huntford,* Wohlfahrtsdiktatur: das schwedische Modell, 3. Aufl. 1973 (deutsche Übersetzung).

401 Zu den Erfolgsdaten Irlands *Reid,* The United States of Europe, 2004, S. 247f.; F.A.Z. vom 15.08.06, Nr. 188, S. 10.

[402] Zu den ansprechenden spanischen Grunddaten wiederum *Reid,* The United States of Europe, S. 251f.

[403] Die Daten dieser Staaten des „new Europe" sind zusammengestellt bei *Reid,* The United States of Europe, S. 262ff.

[404] Allerdings ist der deutschen Arbeitslosenstatistik besondere Vollständigkeit und Redlichkeit zu attestieren. Man kann die Arbeitslosenquote durch Ausscheiden einzelner Gruppen aus der Statistik durchaus manipulieren; zur Behindertenhilfe für „wirtschaftlich inaktive" Personen und ihrer statistischen Behandlung in Großbritannien (2,7 Millionen) Berliner Zeitung vom 11.05.07, Nr. 109, S. 11.

[405] Dazu das vergleichende Zahlenmaterial bei *Reid,* The United States of Europe, S. 249 (England), 252 (Frankreich), 259 (Deutschland).

[406] Dies gilt etwa für Irland, Luxemburg, die Schweiz, aber auch für Norwegen, die ihr relativ hohes Pro-Kopf-Einkommen bemerkenswerten Besonderheiten im Bankenbereich, Subventionsbereich oder bei Rohstoffvorkommen verdanken, weniger produktiver Wertschöpfung.

[407] Zum „European Social Model" durchaus vergröbernd *Reid,* The United States of Europe, 2004, S. 144ff.

[408] So überzeugend *A. Giddens,* Die Zukunft des europäischen Sozialmodells, 2006 (Reihe Internationale Politikanalyse Friedrich-Ebert-Stiftung); zutreffend SZ vom 11.08.05, Nr. 184, S. 18; ausführlich *D. Döhring,* Der verlorene Charme des Sozialstaats, F.A.Z. vom 05.08.06, Nr. 180, S. 13.

[409] So auch *J.H.H. Weiler,* The Constitution of Europe, 1999, S. 238ff., 245/246.

3. Ethische und soziologische Rahmenbedingungen der formierten Gesellschaft und ihrer rechtlichen Verfassung

[410] Zur Gemeinwohlvorstellung in der Geschichte der europäischen Philosophie insbesondere *E.-W. Böckenförde,* Gemeinwohlvorstellungen bei Klassikern der Rechts- und Staatsphilosophie, in: H. Münkler/K. Fischer (Hg.), Gemeinwohl und Gemeinsinn im Recht, 2002, S. 43ff.

[411] Dies lässt sich selbst bei Montesquieu nachweisen, wiewohl er als „Klassiker des politischen Liberalismus" beschlagnahmt wird; dazu *Th. Würtenberger,* Die Idee der Freiheit und ihre Sicherung bei Montesquieu, in: E. Klein (Hg.), Gewaltenteilung und Menschenrechte, 2006, S. 15ff.

[412] Dazu *Hegel,* Grundlinien der Philosophie des Rechts – oder Naturrecht und Staatswissenschaft im Grundrisse, Edition Suhrkamp Bd. 7. S. 24, 341, 398f., 406f.; *ders.,* Vorlesungen über die Philosophie der Geschichte, Edition Suhrkamp Bd. 12, S. 57.

[413] Dazu insbesondere *Paul Johann Anselm von Feuerbach,* Kritik des nationalen Rechts als Propädeutik zu einer Wissenschaft der natürlichen Rechte, 1796; später *Kelsen,* Reine Rechtslehre, 1934.

[414] Dazu *Kaufmann,* Problemgeschichte der Rechtsphilosophie, in: Kaufmann/Hassemer/Neumann, Einführung in die Rechtsphilosophie der Gegenwart, 7. Aufl. 2004, S. 1 ff., 79.

[415] Dazu *Friedrich Carl von Savigny,* Vom Beruf unsrer Zeit für Gesetzgebung und Rechtswissenschaft, 1814, in: Thibaut/Savigny, Ein programmatischer Rechtsstreit auf Grund ihrer Schriften, 1959, S. 72 ff.

[416] *Von Savigny* war denn auch nicht gerade ein mutiger Vorkämpfer demokratischer Entwicklung; zu seiner Haltung bei der Maßregelung der „Göttinger Sieben" insbesondere *I. Drewitz,* Bettine von Arnim, Ausgabe 1999, S. 210 ff.

[417] Z. B. die eingehende Beschreibung von „Authorities" bei *J. E. Smith,* John Marshall – Definer of a Nation, 1996; *Kaufmann,* Cardozo, 2003; *R. Kass* (ed.), Legal Chowder. Lawyering and Judging in Massachusetts, 2002, Ch. 4 (Notable Judges); Ch. 5 (Notable Lawyers).

[418] Dazu insbesondere der Überblick bei *Böckle/Böckenförde,* Naturrecht in der Kritik, 1973; *Rüthers,* Rechtstheorie, 3. Aufl. 2007, § 11, S. 253 ff.

[419] Insbesondere *Weinkauff,* Der Naturrechtsgedanke in der Rechtsprechung des Bundesgerichtshofes, NJW 1960, 1689 ff.; *G. Müller,* Naturrecht und Grundgesetz, 1967.

[420] Bizarr BGHSt 6, 46 (Sexualverkehr zwischen Verlobten als „Unzucht" auf vorrechtlicher Wertungsbasis).

[421] Dazu insbesondere *Karl Marx/F. Engels,* Die deutsche Ideologie, in: Marx/Engels, Werke, Bd. III, Berlin 1962, S. 9 ff., 63, 311; *Anton Menger,* Das bürgerliche Recht und die besitzlosen Volksklassen, 5. Aufl. 1927; *Lorenz von Stein,* Geschichte der sozialen Bewegung in Frankreich, Neudruck 1959; *ders.,* Gegenwart und Zukunft der Rechts- und Staatswissenschaft Deutschlands, Neudruck 1970.

[422] In Deutschland insbesondere *Ernst Bloch,* Naturrecht und menschliche Würde, 1961; dazu *Ch. Gramm,* Zur Rechtsphilosophie Ernst Blochs, 1987; aber auch letztlich die kritische Theorie der sog. Frankfurter Schule mit ihrer marxistischen Tradition; dazu *Horkheimer,* Kritische Theorie (Hg. A. Schmidt), 1968; *Habermas,* Zur Logik der Sozialwissenschaften, 5. Aufl. 1982; zusammenfassend *Rüthers,* Rechtstheorie, 3. Aufl. 2007, Rn. 582.

[423] *Oswald von Nell-Breuning,* Kapitalismus und gerechter Lohn, 1960.

[424] Insbesondere *Popper,* Die offene Gesellschaft, Bd. II, Falsche Propheten: Hegel, Marx und die Folgen, London 1945, 7. Aufl. 1992.

[425] Dazu *Apel,* Transformation der Philosophie, 1973; *Habermas,* Moralbewußtsein und kommunikatives Handeln, 6. Aufl. 1996.

[426] Zur Bewertung dieser Entwicklung *A. Kaufmann,* Problemgeschichte der Rechtsphilosophie, in: Kaufmann/Hassemer/Neumann (Hg.), Einführung in Rechtsphilosophie und Rechtstheorie der Gegen-

wart, 7. Aufl. 2004, S. 26ff., 137ff.; *A. Engländer,* Diskurs als Rechtsquelle?, 2002; skeptisch *Rüthers,* Rechtstheorie, Rn. 590ff., S. 394ff.

427 Dazu sub B I 3b mNw.

428 Dazu die Kartellrechtsnovelle vom 13.07.05 mit ihrer Erleichterung „legaler", kartellbildender Kooperationen; *Bechtold/Buntscheck* NJW 2005, 2966ff., 2967f.

429 Zur Bedeutung dieser traditionellen dritten Säule des Wettbewerbsrechts überblicksweise *Emmerich,* Kartellrecht, 9. Aufl. 2001, § 22ff., S. 248ff.

430 Insbesondere *v. Hayek,* Die Theorie komplexer Phänomene, 1972, S. 25ff.; *ders.;* Die Verfassung der Freiheit, 1971, S. 30ff.; *ders.,* Recht, Gesetzgebung und Freiheit, Bd. III, 1982, S. 97ff.; *Hoppmann* JNSt 179 (1966), 286ff.; JNSt 181 (1968), 251ff.; JNSt 184 (1971), 397ff.

431 In den USA wird allerdings die Rolle *v. Hayeks* bei der Entwicklung der Chicago-Schule eher ministrantisch gesehen; dazu *J. May,* The Past and Future of Antitrust, 17 Miss. C. L. Rev. 43ff., 64, Fn. 182, wo auf den Kontakt zwischen *Milton Friedman,* Capitalism and Freedom, 1962, und *v. Hayek* verwiesen ist. Grundsätzliche Unterschiede im theoretischen Ansatz *Posners* als eines wichtigen Vertreters der Chicago-Schule und *von Hayeks* behandelt neuerdings *Mestmäcker,* A Legal Theory without Law, 2007.

432 So nach wie vor der deutsche Ansatz der §§ 35, 36 GWB; dazu *Bechtold/Buntscheck* NJW 2005, 2966, 2970.

433 Überblicksweise zum alten EU-Kartellrecht *Emmerich,* Kartellrecht, §§ 40ff., S. 457ff.; zur Reform der Fusionskontrolle 2004 (VO EG Nr. 139/2004) ausführlich *Staebe/Denzel* EWS 2004, 194ff. mNw. Neuere Strömungen versuchen, wettbewerbspolitische Regeln an Effizienzgesichtspunkten auszurichten, wobei Effizienzgewinne strukturelle Veränderungen rechtfertigen sollen; zu dieser Diskussion der Band *P. Oberender* (Hg.), Effizienz und Wettbewerb, 2005. Einen Überblick zur europäischen Kartellrechtsprechung gibt *Berg* EWS 2006, 193ff. Eine bleibende Bedeutung der Fusionskontrolle könnte vor allem in der Impala-Entscheidung und der Honeywell-Entscheidung des EuG zum Ausdruck kommen; dazu *Bartosch* RIW 2006, 729ff.; *Weidenbach/Leupold* EWS 2006, 154ff., 433ff.; zum schwebenden Verfahren Ryanair/AerLingus F.A.Z. vom 28.06.07, Nr. 147, S. 14. Denkbar ist auch eine Untätigkeitsklage Dritter (*Schedl* EWS 2006, 257ff.).

434 Dazu schon oben sub A V 1, überblicksweise *Brox/Rüthers,* Arbeitsrecht, 15. Aufl. 2002, insbes. Rn. 858ff.

435 Dazu *Gitter/Schmitt,* Sozialrecht, §§ 8 VII, 10.

436 Dazu oben sub A III 4b und A V 2.

437 So ist z. B. eine kassenärztliche Vereinigung grundsätzlich durchaus in der Lage, der Marktmacht von pharmazeutischen Unternehmen bei der Vermarktung von scheininnovativen, teuren Medikamenten entgegenzutreten (dazu SZ vom 26./27.08.06, Nr. 196, S. 23, und oben sub

A III 4 b); ähnlich gesetzliche Kassen oder Ersatzkassen bei überhöhten Preisen (F.A.Z. vom 09.06.05, Nr. 131, S. 13). Es ist eher die Frage, ob die Wahrnehmung solcher Möglichkeiten der gesellschaftlichen Grundstimmung entspricht!

438 Dazu oben B I 3 b.

439 Dazu die AGB-Richtlinie der EU, Richtlinie 93/13/EWG des Rates vom 5. April 1993 über missbräuchliche Klauseln in Verbraucherverträgen (*Amtsblatt Nr. L 095 vom 21. 04. 1993 S. 29–34*), und die Richtlinie über die Verbandsklage, Richtlinie 98/27/EG des Europäischen Parlaments und des Rates vom 19. Mai 1998 über Unterlassungsklagen zum Schutz der Verbraucherinteressen (*Amtsblatt Nr. L 166 vom 11. 06. 1998 S. 5155*), sowie als deutsche Implementierung §§ 304ff. BGB und das VerbandsklageG 2002.

440 Zur Vertragskontrolle U.S.-amerikanischen Rechts typisch Carnival Cruise Lines v. Shute, 499 U.S. 585, 111 S.Ct. 1522: verbraucherwirksame forum selection clause auf der Rückseite einer Fahrkarte; ferner *Rakoff,* Contracts of Adhesion: An Essay in Reconstruction, 96 Harv. L. Rev. 1173 (1983); *Slawson,* Standard Form Contracts and Democratic Control of Law Making Power, 84 Harv. L. Rev. 529 (1971); aus neuerer Zeit *R.E. Speidel,* Consumers and the American Contract System: A Polemic, in: Carrington/Jones, Law and Class in America, 2006, S. 260ff.; ferner die zutreffende Analyse von *Bruns,* Die Vertragsfreiheit und ihre Grenzen in Europa und den USA – Movement from Contract to Status?, JZ 2007, 385ff., der allerdings auf die Schwächen amerikanischer Enthaltsamkeit weniger Gewicht legt.

441 Dazu oben A IV.

442 Für den Bereich der Rechtsberatung ausführlich *Stürner/Bormann* NJW 2004, 1481ff. Missverstanden von *Redeker* NJW 2004, 2799ff., der glaubt, man wolle aus dem *Begriff* des freien Berufs Ergebnisse ableiten. Es geht aber um die gesellschaftliche Funktion freier Berufe.

443 Dazu schon unter A I 1 mNw.; zur Vereinbarkeit subjektiver Zulassungsvoraussetzungen mit der Berufsfreiheit (Art. 12 GG) insbesondere BVerfGE 75, 240 (Rechtsberatung); 78, 179 (Heilpraktiker); 13, 97 (Meisterprüfung) etc.

444 Vgl. A III 1 und 2, 4f, 5, 6.

445 Dazu insbesondere A III 1.

446 Dazu wiederum *Freeman,* in Drèze, Advances, S. 162; *S.M. Lipset,* It didn't happen here, S. 283. Ähnlich die Darstellung für Deutschland, Frankreich, Niederlande etc. anhand des Gini-Koeffizienten in: Rheinischer Merkur Nr 31/2006, S. 11.

447 Typisch etwa Großbritannien nach der Thatcher-Ära; dazu *S.M. Lipset,* It didn't happen here, S. 283; für Deutschland SZ vom 23.08.04, Nr. 194, S. 21 („Zahl der wohlhabenden Deutschen steigt") und Rheinischer Merkur Nr. 31/2006, S. 11 sowie F.A.Z. vom 30.03.07, Nr. 76,

S. 16, mit Darstellung der Spreizung anhand des Gini-Koeffizienten; für die Staaten der EU F.A.Z. vom 07.03.07, Nr. 56, S. 13. In Deutschland existiert eine „Abstiegsangst" auch der Mittelschicht; dazu *Heitmeyer/Hüpping*, SZ vom 21./22.10.06, Nr. 243, S. 13.

448 Dazu wiederum *Max Weber*, Die protestantische Ethik und der „Geist" des Kapitalismus, 1904/05 bzw. 1920, herausgegeben von Lichtblau/Weiß, 3. Aufl. 2000, S. 1 ff., 6 ff., 34 ff.

449 Dazu neuerdings *Bruns*, Haftungsbeschränkung und Mindesthaftung, 2003, S. 25 ff.

450 Dazu *W. Lachmann*, Die soziale Marktwirtschaft aus der Sicht des christlichen Menschenbildes, in: Hermann/Voigt, Globalisierung und Ethik, 2005, S. 127 ff., 135 ff.

451 Dazu *Max Weber*, Protestantische Ethik, S. 34 ff.

452 Wiederum *Max Weber*, Protestantische Ethik, S. 53 ff.

453 Zur besonderen Adhäsion des Pietismus zum geschäftlichen Erfolg *Max Weber*, Protestantische Ethik, S. 9.

454 *Luther*, Von Kaufhandlung und Wucher, 1524; ausführlich zu den traditionell „katholischen" Aquin'schen Wurzeln dieser Grundhaltung *Max Weber*, Protestantische Ethik, S. 45 ff.

455 Zur Geschichte des § 764 BGB und seiner Aufhebung 2002 siehe MüKo-*Habersack* (3. Aufl. 1997), § 764 Rn. 1–6; BT-Drucks. 14/8017, S. 131; *M. Henssler*, Risiko als Vertragsgegenstand, Tübingen 1994, S. 529 ff.; *A. Nußbaum* in: V. Ehrenberg (Hg.), Handbuch des gesamten Handelsrechts, Leipzig 1918, Band IV-2, S. 626 ff.; zum völligen Umschwung *Fleckner*, Die Lücke im Recht des Devisenterminhandels, WM 2003, 169 ff.; *Schäfer/Lang*, Zur Reform des Rechts der Börsentermingeschäfte, BKR 2002, 197 ff.

456 Oben B II 1 und 2.

457 Zu den Grundgedanken der sozialen Marktwirtschaft *A. Müller-Armack*, Genealogie der Sozialen Marktwirtschaft, 1981; *H.F. Wünsche*, Ludwig Erhards Gesellschafts- und Wirtschaftskonzeption, 1986.

458 Dazu insbesondere *Lachmann*, Die soziale Marktwirtschaft aus der Sicht des christlichen Menschenbildes, in: Herrmann/Voigt, Globalisierung, S. 127 ff.

459 M.E. wird bei heutigen Einordnungsversuchen der sozialen Marktwirtschaft im Sinne einer „unvollendeten Revolution des Marktes" dieser gesellschaftspolitische Ausgangspunkt verkannt; entgegen *Starbatty*, Nach dem Untergang der Aufbruch, F.A.Z. vom 30.04.05, Nr. 100, S. 15, und *Plickert*, Der missverstandene Neoliberalismus, F.A.Z. vom 16.06.07, Nr. 137, S. 16, trug sie von Anfang an heute vielfach kritisierte „wohlfahrtsstaatliche" Züge.

460 Interessant insoweit die Analyse des Verhältnisses der deutschen Öffentlichkeit zum Vorsitzenden der Deutschen Bank, Josef Ackermann, und seinem Jahreseinkommen von 11,9 Millionen Euro (dazu F.A.Z. vom 24.03.06, Nr. 71, S. 24 und vom 03.02.06, Nr. 29, S. 14).

[461] Das Spendenaufkommen der USA verliert an Bewunderungswürdigkeit (2006: 295 Milliarden Dollar, F.A.Z. vom 26.06.07, Nr. 145, S. 11), wenn man berücksichtigt, dass hierunter viele Formen der Zweckwidmung fallen, die in Deutschland und Europa durch Abgaben abgedeckt sind.

[462] Dazu wiederum *Reid,* The United States of Europe, 2004, S. 24ff.; *S.M. Lipset,* American Exceptionalism, S. 60ff., 278ff. mNw.

[463] Zur „nivellierten Mittelstandsgesellschaft" (*Helmut Schelsky,* 1956) und ihrer wirtschaftlichen Bedeutung *Winkler,* Der lange Weg nach Westen, Bd. II, 4. Aufl. 2002, S. 160/161 mNw.

[464] Zur alltäglichen Bedeutung „bürgerlicher" Tugenden insbesondere *O.F. Bollnow,* Wesen und Wandel der Tugenden, 1958, S. 31ff., 50ff.; ausführlich *H. Schmidt,* Auf der Suche nach einer öffentlichen Moral – Deutschland vor dem neuen Jahrhundert, 1998, S. 197ff.

[465] Gute zusammenfassende Darstellung dieser Bewegung bei *Winkler,* Der lange Weg, Bd. II, 4. Aufl. 2002, S. 247ff.

[466] So die berühmte Kritik Oscar Lafontaines am Tugendkanon des damaligen Bundeskanzlers Schmidt; hierzu – ohne Namensnennung – *H. Schmidt,* Weggefährten. Erinnerungen und Reflexionen, 1996, S. 389/390.

[467] *Siegfried Lenz,* Deutschstunde, 1968; literarisch bedeutsam für diese Epoche aber auch *Dahrendorf,* Gesellschaft und Demokratie in Deutschland, 1965; *A. und M. Mitscherlich,* Die Unfähigkeit zu trauern, 1967.

[468] Zur Entstehung der „Protestkultur" in Deutschland und Frankreich wiederum *Winkler,* Der lange Weg, Bd. II. S. 252ff.

[469] Zur Bedeutung der „kritischen Theorie" und des Neomarxismus der Frankfurter Schule (Adorno, Horkheimer, H. Marcuse, Habermas) ausführlich *W. Kraushaar* (Hg.), Frankfurter Schule und Studentenbewegung. Von der Flaschenpost zum Molotowcocktail 1946–1995, 1998.

[470] Dazu sub B I 3 c.

[471] Von *Winkler,* Der lange Weg, Bd. II, S. 117 zu Recht als Menschenrechtsverletzungen charakterisiert, wobei allerdings – nicht untypisch für die deutsche Geschichtsbetreibung – das Ausmaß der Vertreibungen nicht näher beschrieben wird.

[472] Dazu *L. Wiegand,* Der Lastenausgleich in der Bundesrepublik Deutschland 1949 bis 1985, 1992; *D. Hoffmann u. a.* (Hg.), Vertriebene in Deutschland. Interdisziplinäre Ergebnisse und Forschungsperspektiven, 2000.

[473] Dazu zusammenfassend *Winkler,* Der lange Weg, Bd. II, S. 614ff.

[474] So etwa seit der guten Frühjahrsstimmung der deutschen Wirtschaft 2006; dazu F.A.Z. vom 15.02.06, Nr. 39, S. 11; SZ vom 24.08.06, Nr. 194, S. 22.

[475] Dazu Eurostat 2003 – Geburtenraten in Europa; F.A.Z. vom 22.02.05, Nr. 44, S. 35; vom 16.08.06, Nr. 189, S. 9; zur stärkeren Be-

troffenheit der neuen Bundesländer SZ vom 24.08.06, Nr. 194, S. 6. Streitig sind die sozialen und wirtschaftlichen Folgen; dazu *H. Birg* und *A. Müller,* Ist Deutschland noch zu retten?, F.A.Z. vom 28.08.06, Nr. 199, S. 32/33.

476 Zur Bilanz der Familienförderung über 100 Milliarden EUR im Jahr 2004 der Bericht der Bundesregierung, F.A.Z. vom 02.03.06, Nr. 52, S. 11. Die Förderung entspricht danach 4,5 % des Bruttosozialprodukts. 1992 waren es 3,9 % des Bruttoinlandprodukts. Allerdings sind dabei auch Steuerminderungen aufgrund von Steuerfreibeträgen eingerechnet (zusammen mit dem Kindergeld 36,1 Milliarden), die Bürgern mit gleichem Einkommen bei höherer Kopfzahl nur das lassen, was sie selbst erwirtschaften. Dies entspricht grundlegenden Regeln der Steuergerechtigkeit und hat mit Subventionierung eigentlich nichts zu tun.

477 Insoweit zutreffend die Analyse von *Di Fabio,* Grundrechte als Werteordnung, JZ 2004, 1 ff., 7/8; ausführlicher *ders.,* Die Kultur der Freiheit, 2005.

478 Eine andere Frage ist, ob Nachkriegsdeutschland in der Tat die nationale Last des Nationalsozialismus verdrängte und erst die Unruhen der „68er" ein Umdenken brachten, wie dies etablierter deutscher und internationaler Geschäftsschreibung überwiegend entspricht (statt vieler *Tony Judt,* Postwar. A History of Europe since 1945, 2005, S. 60/61, 271 f., 417 ff. und passim). Die Bürde der Verbrechen des Dritten Reiches war den Menschen des Nachkriegsdeutschland sehr wohl bewusst, und man kann nicht generell von einem Versuch des Totschweigens sprechen (dazu *Stürner,* Jahrbuch der Heidelberger Akademie der Wissenschaften 2004, S. 133/134). Der Vorwuf einer sich fortsetzenden nazistischen Grundstimmung oder Gefahr ist auch vor dem Hintergrund einer stets festgestellten Abneigung gegen die Wiederbewaffnung (*T. Judt,* Postwar, S. 272) nicht so recht überzeugend. Das spätere offenere Reden über deutsche Verantwortung und entsprechende Verfahren gegen Kriegsverbrecher erklären sich eher als Auflösung einer lähmenden Traumatisierung.

479 Dazu schon oben sub B II 3 c mNw.

480 Vielfach ist das persönliche psychologische Problem mancher sympathisierender Kritiker, nämlich die Verheimlichung eigener früher Verstrickung in Aktivitäten der NSDAP oder gar SS, erst sehr spät sichtbar geworden, was die Schärfe ihrer Kritik gleichzeitig erklärt und entwertet; zur Verstrickung von Günter Grass, Walter Höllerer, Peter Wapnewski oder Walter Jens zusammenfassend Der Spiegel Nr. 34/06, S. 46 ff., 64 f. Insbesondere bei *Günter Grass* erschüttert wie bei anderen eigentlich nicht die Verstrickung selbst, sondern die Selbstgerechtigkeit der Kritik an der NS-Vergangenheit anderer; zum Fall Karl Schiller/ Günter Grass insbesondere F.A.Z. vom 29.09.06, Nr. 227, S. 35; eher verlegene Episodik zum eigenen jugendlichen Lebensweg bei *Grass,* Beim Häuten der Zwiebel, 2006, S. 121 ff. Die großen literarischen Leis-

tungen dieser Autoren bleiben unangetastet, ihr persönliches Bild zeigt aber durchaus Menschliches.

481 Beide Leitfiguren, Bundeskanzler *Gerhard Schröder* und Bundesaußenminister *„Joschka" Fischer,* waren zur Vermittlung neuer gesellschaftlicher Perspektiven eher ungeeignet (so wohl letztlich auch *P. Sloterdijk,* Rheinischer Merkur Nr. 33/2005, S. 19). Das Jahr 1998 war nicht bloß ein gewöhnlicher Machtwechsel von der seitherigen Regierung zur Opposition, wie er parlamentarischer Regel entspricht. Erstmals in der Geschichte der Bundesrepublik kam es zur Machtübernahme durch Politiker, denen die eigene Selbstdarstellung wichtiger war als politische Inhalte. Die gesellschaftspolitische Ausstrahlung *„Joschka" Fischers* erschöpfte sich weithin in einem zu bürgerlichen Genussformen zurückkehrenden Selbstfindungsprozess eines früheren Berufsrevolutionärs. Während der Nato-Luftangriffe auf Serbien mit deutscher Beteiligung feierte der Bundesaußenminister und frühere militante Antimilitarist eine seiner zahlreicheren Hochzeiten mit einer jungen Frau in schlossgleichem Ambiente (dazu Welt Online vom 19. 04. 1999 und Frankfurter Allgemeine Sonntagszeitung vom 18. 04. 1999, Nr. 15, S. 1).

482 Die drängende Notwendigkeit zur sachlichen Politik mit gesellschaftsgestaltenden Reformen nach der Wiederwahl führte zur raschen Entzauberung des Führungsduos, dessen Ausstrahlung vorher auch weite Teile eines teilweise etwas hedonistischen Bürgertums erlegen waren – bis hin zur F.A.Z., die zeitweise zu einer Art Forum *„Joschka" Fischers* mutierte und z. B. seine europäischen Visionen publizierte (Rede in der Humboldt-Universität vom 12. Mai 2000, F.A.Z. vom 15. 05. 00, Nr. 112, S. 15; Interview „Die Rekonstruktion des Westens", F.A.Z. vom 06. 03. 04, Nr. 56, S. 9 mit einem Reigen von Photographien in staatsmännisch-philosophischer Pose).

483 Für den Teilbereich der Entwicklung des Rechts freier Berufe exemplarisch die gegensätzliche Analyse der Rechtsprechung des BVerfG durch *Stürner/Bormann* NJW 2004, 1481 ff. und *Jäger* NJW 2004, 1492 ff.; nochmals zusammenfassend *Stürner,* Festschrift Felix Busse, 2005, S. 297 ff.

484 Dazu schon *Stürner/Bormann* NJW 2004, 1481 ff., 1490.

485 Jüngstens z. B. *Di Fabio,* Die Kultur der Freiheit, 2005.

486 Typisch der Bestseller des Fernsehmoderators *Peter Hahne,* Schluss mit lustig. Das Ende der Spaßgesellschaft, 22. Aufl. 2005.

487 Insoweit sehr unbefriedigend *Di Fabio* JZ 2004, 1 ff., 7/8; eher evangelikal die Aufforderung zum bekehrenden Pfingsterlebnis bei *Peter Hahne,* Schluss mit lustig, 2004, 22. Aufl. 2005.

488 So etwa publizistisch *Starbatty,* F.A.Z. vom 30. 04. 05, Nr. 100, S. 15; *Schuller,* F.A.Z. vom 14. 05. 05, Nr. 111, S. 11; eher ausgleichend *Döring,* F.A.Z. vom 05. 08. 06, Nr. 180, S. 13.

489 Dies ist z. B. letztlich die Logik, wie sie wie viele andere Bundespräsident *Horst Köhler* in seiner Tübinger Ansprache 2005 – sozusagen

als höchste politische Instanz wirtschaftlichen Sachverstands – formuliert hat (F.A.Z. vom 06.12.05, Nr. 284, S. 12): „Wenn wir Arbeitsplätze in Deutschland sicherer machen wollen, müssen wir um so viel besser werden, wie wir teurer sind". Ähnlich die „Berliner Rede", F.A.Z. vom 16.03.05, Nr. 63, S. 6.

490 Dazu die Schließung des AEG-Werkes durch Elektrolux, Schweden, F.A.Z. vom 13.12.05, Nr. 290, S. 11; ferner die Schließung der Aluminium-Werke in Stade und Hamburg (HAW) durch Norsk Hydro, Norwegen, F.A.Z. vom 17.06.05, Nr. 138, S. 11; ferner der Abbau bei Bombardier, F.A.Z. vom 17.03.04, Nr. 65, S. 13.

491 Z. B. Deutsche Telekom (F.A.Z. vom 03.11.05, Nr. 256, S. 13 und vom 09.09.06, Nr. 210, S. 9: 32 000 Stellen); F.A.Z. vom 21.06.07, Nr. 141 (Auslagerung von 50 000 Stellen auf Untergesellschaften mit niedrigeren Löhnen und längerer Arbeitszeit); DaimlerChrysler (F.A.Z. vom 29.09.05, Nr. 227, S. 11: 8.500 Stellen); Siemens (F.A.Z. vom 20.09.05, Nr. 219, S 19: 2.400 Stellen); Opel (Handelsblatt vom 03.03.05, S. 19: 9.500 Stellen); Allianz und andere Versicherer (Handelsblatt Finanzzeitung vom 22.08.06, Nr. 161, S. 24/25 und F.A.Z. vom 23.06.06, Nr. 143, S. 13 und 16: über 7.500 Stellen bei allen Versicherern jährlich; zum Vollzug des Abbaus bei Allianz F.A.Z. vom 08.06.07, Nr. 130, S. 30); Verwaltungsstellen in Unternehmen im allgemeinen (SZ vom 21.08.06, Nr. 191, S. 17: bis zu 150 000 Stellen in den kommenden 5–10 Jahren). Inwieweit ausländische Produktionsstätten („Outsourcing", z. B. VW in Russland und Indien, SZ vom 28.08.06, Nr. 197, S. 21) vom Angebotswettbewerb oder überwiegend vom reinen Gewinninteresse der Kapitaleigner veranlasst sind, ist eine Frage sorgfältiger Einzelfallanalyse. Auslandsinvestitionen in entwickelten Ländern, die einen Großteil deutscher Auslandsinvestitionen ausmachen, schaffen Arbeitsplätze auf hohem Niveau auch in Deutschland, vor allem standardisierte Produktion wird ins billigere Ausland unter Arbeitsplatzverlust verlagert (Studie des Kieler Instituts für Weltwirtschaft Mai 2007, F.A.Z. vom 30.05.07, Nr. 123, S. 14). Man kann allerdings nicht davon ausgehen, dass Deutschland nur Beschäftigte mit ausreichend hohem Qualifikationsniveau stellen kann bzw. stellt!

492 So richtet sich die Kritik z. B. intensiv gegen den Abbau von 6.400 Stellen bei der Deutschen Bank nach einem Jahresgewinn von 2,5 Milliarden Euro; F.A.Z. vom 10.02.05, Nr. 34, S. 14; ähnlich der Fall der Commerzbank, F.A.Z. vom 01.06.06, Nr. 126, S. 13 (900 Stellen bei 1,2 Milliarden Euro Gewinn) oder der Allianz, F.A.Z. vom 23.06.06, Nr. 143, S. 16 (7.500 Stellen bei 4,5 Milliarden Euro Gewinn). Siemens erstrebt bei 20 Milliarden Umsatz einen operativen Gewinn von 1,8 Milliarden Euro, also knapp 10%; dazu F.A.Z. vom 20.04.07, Nr. 92, S. 20.

493 Dazu *Moishe Postone,* Zeit, Arbeit und gesellschaftliche Herrschaft. Eine neue Interpretation der kritischen Theorie von Marx, 2003.

[494] Zum Parallelismus zwischen Deutschland und Italien aufschlussreich der Band *Rusconi/Woller* (Hg.), Parallele Geschichte? Italien und Deutschland 1945–2000, 2006.

[495] Eurostat 2003: Portugal 1,44; Spanien: 1,29; Italien, 1,29; Griechenland: 1,27; Österreich: 1,39; ähnlich Eurostat 2004, SZ vom 24.08.06, Nr. 194, S. 6. Auffallend ist die gleiche Problematik in Japan.

[496] Zum durchaus hybriden modernen „Sozialmodell" Großbritanniens („Anglo-social model") und seinen Stärken und Schwächen F.A.Z. vom 22.10.05, Nr. 246, S. 13; ferner oben B II 2 zur wechselvollen britischen Wirtschafts- und Sozialgeschichte des 20. Jahrhunderts.

[497] Eurostat 2003: Frankreich: 1,89; Dänemark: 1,76; Schweden: 1,71; Niederlande: 1,75; Belgien: 1,61; Luxemburg: 1,63; Irland: 1,98; Finnland: 1,76; Großbritannien: 1,71; zur Alterspyramide in den Industriestaaten Die Zeit vom 16.09.04, Nr. 39, S. 28f. Unberücksichtigt ist dabei allerdings – wie bei den anderen Daten – der Anteil von Zuwanderern an der Regeneration.

[498] Dazu die Zusammenfassung bei *Tony Judt,* Postwar. A History of Europe since 1945, 2005, S. 278ff.

[499] So etwa im Bereich des Anwalts- und Rechtsberatungsmarktes: *Bormann* ZZPInt 8(2003), 3ff., 14ff., 20ff.; zur überlegenen englischen Strategie beim – eher stümperhaften – Versuch der Deutschen Börse zur Übernahme der englischen Börse, der dann in einer Übernahme der deutschen Börse durch britische Investoren endete, F.A.Z. vom 24.04.05, Nr. 99, S. 23.

[500] Nicht untypisch die französische Gegenwehr gegen europäische ausländische Übernahmen im Energiesektor durch staatsgelenkte nationale Fusionen; dazu F.A.Z. vom 06.03.06, Nr. 55, S. 13; siehe auch schon oben A III 3 mit Darstellung französischer Schutzmaßnahmen und Staatsbeteiligungen. Umgekehrt zur Übernahme von Aventis durch Sanofi Financial Times Deutschland vom 17.02.2004, S. 8.

[501] Allzu optimistisch die U.S.-amerikanische Sicht von *Reid,* The United States of Europe, 2004, inbes. S. 263ff.

[502] Aufschlussreich etwa die schwankende Wirtschafts- und Sozialpolitik Polens (17% Arbeitslose; 3,5% Wirtschaftswachstum; 7,9 Milliarden Euro Staatsdefizit 2005); dazu F.A.Z. vom 25.10.05, Nr. 248, S. 15.

[503] Zur Slowakei und zu Tschechien F.A.Z. vom 18.04.07, Nr. 90, S. 14.

[504] In diesem Sinne der Vorschlag der Amerikanischen Handelskammer für eine deutsche Unternehmenssteuerreform, F.A.Z. vom 23.08.05, Nr. 195, S. 11.

[505] Zur Steuerharmonisierungsdiskussion innerhalb der EU (Ministerrat, Kommission) insbesondere F.A.Z. vom 08.07.04, Nr. 156, S. 9.

[506] Zum Fehlen eines „europäischen" Sozialmodells die Konferenz der EU-Finanzminister im September 2005, F.A.Z. vom 12.09.05, Nr. 212, S. 13.

507 Nicht unzutreffender kurzer Versuch einer Charakterisierung durch *Reid,* The United States of Europe, 2004, S. 249f.

508 Dazu F.A.Z. vom 06.03.06, Nr. 55, S. 7 („Blair: Urteil [über den Irak-Krieg] wird von Gott gefällt").

509 Für diese Entwicklung typisch ist der relativ langsame Prozess vom Klassenwahlrecht zum gleichen Wahlrecht, der erst nach dem ersten Weltkrieg seinen völligen Abschluss fand. Insoweit war das Deutsche Kaiserreich von 1870 progressiver, die englische Entwicklung ähnelt eher dem preußischen Klassenwahlrecht und seiner Geschichte. Dazu *M. Pugh,* The Making of Modern British Politics 1867–1939, 1982; *R. McKibbin,* The Ideologies of Class. Social Relations in Britain 1880–1950, 1990; für die späte Phase *A.J.P. Taylor,* History of England 1914–1945, 1965, S. 120ff.; *G.A. Ritter,* Parlament und Demokratie in Großbritannien, 1972; *H.-C. Schröder,* Englische Geschichte, 4. Aufl. 2003, S. 64ff. Englisches Bewusstsein begreift diese Kontinuität als stabilisierenden Vorteil.

510 Eindrucksvoll etwa auch die Gleichsetzung beider Weltkriege mit dem Kampf für und dem Sieg der Freiheit, die so nur für den Zweiten Weltkrieg zutreffen dürfte; beispielhaft *W.L. McElwee,* History of England, 4. Aufl. 1966, S. 169ff. („The First Great Struggle for Freedom and its Aftermath") und S. 181ff. („The Second Great Struggle for Freedom and its Consequences").

511 Charakteristisch ist wie für die USA ein Verständnis von Demokratie, das demokratische und politische Stabilität stark an wirtschaftlichen Faktoren orientiert; beispielhaft *A.J.P. Taylor,* History of England, 1914–1945, 1965.

512 Hierzu *C. Younger,* Ireland's Civil War, 1969; *A.J.J. Großmann,* Irische Nationalbewegungen 1884–1915, 1979; *R.F. Foster,* Modern Ireland: 1600–1972, 1989; *A.J.P. Taylor,* History of England 1914–1945, 1965, S. 153–161.

513 Dazu *B. Porter,* A Short History of British Imperialism 1850–1970, 2. Aufl. 1984; *J. Darwin,* Britain and Decolonisation. The Retreat from Empire in the Post-War World, 1988; *J.M. MacKenzie,* Propaganda and Empire. The Manipulation of British Public Opinion 1880–1960, 1984. Noch 1966 beklagt *W.L. McElwee* den aufkommenden Nationalismus der Kolonialstaaten des „Empire", um dann festzustellen: „But this much can be said: that in the post-war world the British Commonwealth of Nations, with its sense of a common interest in peace and in establishing common equitable standards of living, and its habit of consultation and co-operation has been and is likely to remain an extremely powerful stabilising force" (History of England, 3. Aufl. 1966, S. 186).

514 Im Verhältnis zu Deutschland bleibt die Stellung zum Bombenkrieg gegen die Zivilbevölkerung mit ihren systematisch geplanten Folgen (dazu – etwas journalistisch – *Jörg Friedrich,* Der Brand, 2. Aufl.

2002; literarisch *Hochhut,* Soldaten. Nekrolog auf Genf, 1967) eher zwiespältig. Dass der englische Gegenschlag gegen vorausgehende deutsche politische Kriminalität und ihre sicherlich ungeheuerliche Barbarei bei allem Verständnis für die Situation des Verteidigers vielleicht so doch nicht voll gerechtfertigt gewesen sein könnte, entspricht bis heute weniger nationalem Selbstverständnis – trotz bemerkenswerter Gesten beim Wiederaufbau der Dresdener Frauenkirche.

515 Nicht untypisch sind Versuche, an eher bescheideneren „Siegen" in der Fußballweltmeisterschaft 2006 und neu aufkommender Flaggenbegeisterung Zeichen eines neu erwachenden Patriotismus erkennen zu wollen; dazu *Baring,* Zuversicht und Patriotismus, F.A.Z. vom 27.09.06, Nr. 225, S. 8.

516 Salopp, aber nicht unzutreffend *Reid,* The United States of Europe, 2004, S. 252. Charakteristisch ist der sorgsam gepflegte Mythos der Befreiung von Paris durch Franzosen; dazu *Willms* SZ vom 25.08.04, Nr. 196, S. 13.

517 Dazu und zum folgenden sehr klar *Ernst-Wolfgang Böckenförde,* Welchen Weg geht Europa, in: Staat, Nation, Europa, 1999, S. 68ff., 77ff.; *J.H.H. Weiler,* The Constitution of Europe, 1999, S. 324ff.

518 Art. 202ff., 205 EGV; Art. I-20ff., Art. III-244ff. Verfassungsentwurf mit Art. 2 Stimmengewichtungsprotokoll.

519 Art. 189ff., 190 EGV (Kontingente für Abgeordnete „der Völker der in der Gemeinschaft vereinigten Staaten"); Art. I-19, Art. III-232ff. Verfassungsentwurf mit Art. 1 Stimmengewichtungsprotokoll.

520 Art. 213 Abs. 2, 219 Abs. 1 EGV (Weisungsfreiheit, Kopfmehrheit); Art. I-25, Art. III-251, 255 Verfassungsentwurf.

521 Art. 213 Abs. 1; Art. I-25 Abs. 3 Verfassungsentwurf; zur Geschichte der Zusammensetzung *Koenig/Haratsch,* Europarecht, 4. Aufl. 2003, Rn. 171ff., S. 66ff.

522 Art. 221, 223 EGV; Art. III-260 Verfassungsentwurf; zur bemerkenswert schwachen demokratischen Legitimation ausführlich *Stürner,* FS Winfried Brohm, 2002, S. 153ff.

523 Dazu wiederum statt vieler *Böckenförde,* Welchen Weg geht Europa, in: Staat, Nation, Europa, 1999, S. 68ff., 89ff.; *J.H.H. Weiler,* The Constitution of Europe, 1999, S. 264ff., 348ff.

524 Sehr deutlich *Böckenförde,* Welchen Weg geht Europa, in: Staat, Nation, Europa, S. 72ff.; ausführliche Darstellung der Genese in der Aufsatzsammlung *E.J. Mestmäcker,* Wirtschaft und Verfassung in der Europäischen Union, 2003.

525 Ein gewisser Höhepunkt technokratisch-wirtschaftlicher Betrachtungsweise ist die Entscheidung des EuGH zum Wehrrecht der Frauen und damit zum Recht auf Tötung im kriegerischen Konfliktfall, die dieses rechtskulturelle Problem nicht im Kontext humanistischer Tradition, sondern kühl unter dem Aspekt der Gleichberechtigung der Geschlechter bei Dienstleistungen abhandelt; EuGH EuGRZ 2000,

155ff.; zu Recht kritisch *Scholz* DÖV 2000, 417ff., ähnlich *Stürner* AfP 2005, 213ff., 218.

526 Zum Rollenverständnis des EuGH als „Motor der Integration" statt vieler *Streinz,* Europarecht, 7. Aufl. 2005, Rn. 566, S. 212; *Eric Stein,* 75 Am. J. Int'l L. 1 (1981); *J.H.H. Weiler,* The Constitution of Europe, 1999, S. 224ff.; *H. Rasmussen,* On European Law and Policy in the European Court of Justice, 1986; *N. Reich,* The ‚November Revolution' of the European Court of Justice: Keck, Meng and Audi Revisited, Common Market Law Review 31 (1994), 459ff.; kritisch zur Rechtsprechung des EuGH im Bereich der Sozialleistungen auf der Basis der Freizügigkeit und Unionsbürgerschaft *Hailbronner* NJW 2004, 2185ff.

527 Art. 32ff. EGV; Art. I-13 Abs. 2, Art. III-121ff. Verfassungsentwurf; zur kritischen Darstellung statt vieler *Streinz,* Europarecht, § 17, Rn. 1064ff., S. 417ff.

528 Art. 158ff. EGV; Art. III-116ff. Verfassungsentwurf.

529 Ob man mit *J. Brand,* F.A.Z. vom 18.04.07, Nr. 90, S. 8, so weit gehen soll, in der bisherigen europäischen und deutschen Geschichte Solidarität mit völkischer Identität zu verknüpfen, ist eine andere Frage.

530 Dies wird auch bei den wirtschaftspolitischen Aktivitäten des früheren Kommissionspräsidenten *Romano Prodi* als italienischer Ministerpräsident deutlich. Er verhinderte die Übernahme des italienischen Autobahnbetreibers „Autostrade" durch den spanischen Konzern „Albertis", feierte dagegen die Fusion der Banken „Banca Intesa" und „Sanpaolo IMI" zur drittgrößten europäischen Bank als Stärkung „unseres Wirtschaftssystems"; dazu SZ vom 28.08.06, Nr. 197, S. 17/18. Ähnliche Phänomene finden sich in Frankreich (Financial Times Deutschland vom 17.02.04, S. 8 – Sanofi/Aventis; F.A.Z. vom 06.03.06, Nr. 55, S. 13 – Energiesektor) und Spanien (SZ vom 26./27.08.06, Nr. 196, S. 2 – Endesa/Eon). Zum Ganzen noch oben B II 2 und unten B II 4 d.

531 Zur historischen Kontinuität und Verbreitung des Common Law als – durchaus berechtigte – Quelle dieses Selbstbewusstseins statt vieler *Zweigert/Kötz,* Einführung in die Rechtsvergleichung, 3. Aufl. 1996, S. 177ff., 214ff.

532 Zu diesem Bild im Zusammenhang mit deutschen juristischen Emigranten *Großfeld/Winship,* Der Rechtsgelehrte in der Fremde, in: Lutter/Stiefel/Hoeflich, Der Einfluß deutscher Emigranten auf die Rechtsentwicklung in den USA und in Deutschland, 1993, S. 183ff., 200.

533 Dazu allgemein und zutreffend die kritische Analyse der Instrumentalisierung des Nationalsozialismus durch *John Langbein,* The Influence of German Emigrés on American Law: The Curious Case of Civil and Criminal Procedure, in: Lutter u. a., Einfluß, S. 321ff., 328ff, 329: „Before you go on telling me any more about German Civil Procedure, please explain why they had Hitler and we did not"; dazu auch *Lord Si-*

mon in D. v. National Society for the Prevention of Cruelty to Children [1977] 2 W.L.R. 201, 220; *Kötz,* Festschrift Zajtay, 1982, S. 277ff., 282; *Stürner* RabelsZ 69 (2005), 201ff., 225.

534 Zur präsentationsgewohnten U.S.-amerikanischen und englischen Anwaltschaft *P.D. Carrington,* The Civil Jury and American Democracy, 13 Duke J. Comp. & Int'l L. 79, 92 (2003); *Murray/Stürner,* German Civil Justice, 2004, S. 598.

535 Mit Recht kritisch insoweit *Ebke,* Festschrift Großfeld, 1999, 189; ähnlich *Chr. Schmid* JZ 2001, 674ff., 680f.; *Stürner* RabelsZ 69 (2005), 201 ff., 207f. Stattdessen zersplittert sich die Bewegung zur europäischen Rechtsvereinheitlichung in eine Vielzahl von Arbeitsgruppen oder begibt sich unter die technokratisch-administrative Organisationsträgerschaft der Kommission; dazu kritisch *Stefan Grundmann* JZ 2005, 860ff., 868.

536 Dieses traurige deutsche Defizit übersieht die deutsche Öffentlichkeit völlig; typisch *Müller,* „Exportschlager deutsches Recht", F.A.Z. vom 30.08.06, Nr. 201, S. 10. Wenn man zu den Rechtswissenschaftlern gehört, deren Werke ins Chinesische übersetzt werden (z. B. *Baur/Stürner,* Sachenrecht, Vol. I 2004, Vol. II 2006), oder die GTZ-Projekte in Osteuropa betrachtet, kann man ermessen, wie kleinlich, bürokratisch und organisatorisch desorientiert sich die deutsche Förderung ausnimmt verglichen mit amerikanischen Förderungsmaßnahmen (dazu B I 3 f), die selbst Europäern zu Gute kommen.

537 Dazu *Stürner,* Bitburger Gespräche 2003, S. 143ff., 150.

538 Zum faktischen Fortfall einer deutschen Anwaltschaft im oberen Marktsegment beim Export deutschen Rechts schon *Stürner/Bormann* NJW 2004, 1481ff., 1484 l. Sp.

539 Zum eher defensiven und wenig gestaltenden deutschen und sogar europäischen Einfluss auf die Entwicklung der International Accounting Standards und damit auch des Rating und der Rechnungslegung im Unternehmens- und Bankenbereich *Stürner/Bormann* NJW 2004, 1481ff., 1486 mNw.; ferner A II 3 b, A I 4. Die Stellungnahme des stellvertretenden Geschäftsführers des Bundesverbandes Deutscher Banken *H.J. Massenberg,* F.A.Z. vom 02.09.06, Nr. 204, S. 18, mit der Schilderung fortlaufender Nachbesserungsbemühungen bei den International Accounting Standards zur besseren Berücksichtigung deutscher Mittelständler ist letztlich das Eingeständnis ursprünglicher Fehlleistung deutscher Interessenartikulation. Der fatale Eindruck verstärkt sich, wenn man die fundamentale Bedeutung mittelständischer Betriebe für die deutsche Wirtschaft in Rechnung stellt (dazu F.A.Z. vom 29.08.06, Nr. 200, S. 17).

540 Nicht untypisch die völlig unkritische Hinnahme des sog. Shanghai-Rankings bei *Zechlin,* Forschung und Lehre Nr. 8/2006, S. 446/447, welche die deutsche und europäische Unterwerfungspose anschaulich verdeutlicht. Zur hohen Ausländerquote deutscher Universitäten, die

selten richtig berücksichtigt wird, Frankfurter Allgemeine Sonntagszeitung vom 03.04.05, Nr. 13, S. 35.

541 Über die Ausbildungsplätze von Nobelpreisträgern, die oft nicht in den USA als dem Staat der mit Abstand größten Anzahl von Nobelpreisträgern liegen, sondern häufig in Europa, gibt es keine verlässliche Statistik.

542 Typisch *Reid,* The United States of Europe, 2004, S. 245 ff.

543 Zu den Schwierigkeiten einer vergleichenden Leistungsbewertung von Staaten und Volkswirtschaften immerhin *B. Milanovic,* Worlds Apart. Measuring International and Global Inequality, 2005.

544 Dazu schon oben unter B II 3 e mNw.

545 Noch heute ist der 14. Juli, der Tag des Sturms auf die Bastille, Nationalfeiertag; zur Bedeutung *Labrousse,* Geburt der bürgerlichen Gesellschaft: 1789, Deutsche Fassung 1979; eher nüchtern *Furet/Richet,* Die französische Revolution, 1965, Deutsche Fassung 1968.

546 Diese Finalität wird sehr deutlich in dem hervorragenden Werk von *H.A. Winkler,* Der lange Weg nach Westen, 4. Aufl. 2002.

547 Dazu die völlig unterschiedliche Beurteilung bei *Hegel,* Vorlesungen über die Philosophie der Geschichte. Sämtliche Werke, Bd. 11, 3. Aufl. 1949, S. 519ff., und *Borkenau,* Luther: Ost und West, in: Drei Abhandlungen zur deutschen Geschichte, 1947, S. 45 ff.; eher kritisch im Sinne eines Vorboten teutonischen Geistes mit all seinen Entgleisungsmöglichkeiten *Winkler,* Der lange Weg, Bd. I, S. 13 ff., 17.

548 Zur frühen schriftlichen Fixierung von Menschenrechten als politische Forderung der Neuzeit in den Zwölf Artikeln der Bauernschaft in Oberschwaben insbesondere *Günther Franz,* Quellen zur Geschichte des Bauernkrieges, 1963, Kap. B: Kampf um das göttliche Recht, S. 59ff., 174ff.; *R. Kießling,* Der Bauernkrieg, in: François/Schulze (Hg.), Deutsche Erinnerungsorte, Bd. II, 2001, S. 137ff., 153.

549 Deutsche Geschichtsschreibung fokussiert bei der Analyse der Reichsverfassung von 1871 auf Einschränkungen der parlamentarischen Demokratie und die starke Position des Kaisers als Oberbefehlshaber des Heeres („Caesarismus"). Die allgemeine, *gleiche,* direkte und geheime Wahl zum Reichstag findet zunächst eher beiläufige Beachtung (z. B. *Willoweit,* Deutsche Verfassungsgeschichte, 5. Aufl. 2005, S. 326, 330ff., 334f.; *Winkler,* Der lange Weg, Bd. I, S. 178ff., 192ff.), obwohl sie verglichen z. B. mit England oder Preußen mit ihrem Klassenwahlrecht ein demokratischer Fortschritt war (dazu *H.-C. Schröder,* Englische Geschichte, 4. Aufl. 2003, S. 64ff.; *H.A. Winkler,* Weimar, 1918–1933, 1993, S. 15). In der „frühen Demokratisierung des Wahlrechts" und der „verspäteten Demokratisierung des Regierungswesens" sieht *Winkler,* Der lange Weg, Bd. I, S. 550, dann einen der Hauptgründe für das Scheitern der Weimarer Republik.

550 Hierzu *Willoweit,* Deutsche Verfassungsgeschichte, S. 352f.; *Winkler,* Der lange Weg, Bd. I, S. 249f. Beide Autoren betonen den part-

riarchalischen, staatssozialistischen Charakter und die Absicht politischer Befriedung der Arbeiter. Immerhin bestätigt *Winkler,* Der lange Weg, Bd. I, S. 250, dass Bismarck seine mit der Sozialgesetzgebung verfolgten „antiparlamentarischen" Nebenabsichten gegen den Reichstag nicht durchsetzen konnte. Zur weltweiten Ausbreitung noch vor dem ersten Weltkrieg *W. Abelshauser,* Deutsche Wirtschaftsgeschichte seit 1945, S. 37.

551 Zur Rezeptionsgeschichte des BGB etwas unterkühlt *Zweigert/Kötz,* Einführung in die Rechtsvergleichung, 3. Aufl. 1996, § 11 IV, S. 153 ff., welche – vor dem Hintergrund der neueren chinesischen und osteuropäischen Entwicklungen durchaus fragwürdig (zutreffend *von Mehren/Murray,* Law in the United States, 2. Aufl. 2007, S. 274 ff., 276) – die größere rezeptive Bedeutung des Code Civil hervorheben. Oft unbeachtet ist das große internationale Gewicht der deutschen ZPO und der deutschen Prozessdogmatik; davon – unter strikter Ablehnung eines prozessualen Nationalismus – *Stürner,* in: Habscheid, Das deutsche Zivilprozeßrecht und seine Ausstrahlung auf andere Rechtsordnungen, 1991, S. 3 ff., und die weiteren Beiträge zu Schweiz, Italien, Frankreich, Belgien, Schweden, Dänemark, Island, Norwegen, Finnland, Polen, Griechenland, Türkei, Spanien und Südamerika, Japan, Korea, Österreich; ferner *Stürner* RabelsZ 69 (2005), 201 ff., 223–225.

552 Von fragwürdiger Tendenz sind z. B. Versuche, *Richard Wagner* als Hitlers „ideologischen Lehrmeister" zu beschreiben; so aber *Joachim Fest,* Hitler, 6. Aufl. 1996, S. 84, ferner S. 43, 73 ff., 521 ff.; etwas ausgewogener *H.A. Winkler,* Der lange Weg, Bd. II, S. 114: Hitler als gescheiterter Künstler, „der die mythische Welt Richard Wagners nachbilden wollte und dabei verhunzte". Allerdings ist z. B. im „Ring des Nibelungen" die Geschichte des Dritten Reiches eigentlich geradezu seherisch vorweggenommen. Der Versuch, die „Welt zu gewinnen", scheitert im durch Machtwahn, Betrug, Habgier und organisiertem Verbrechen verursachten Untergang. Es gibt keine „Helden", die dabei letztlich irgendeine Vorbildfunktion entfalten könnten, um den Untergang mythisch zu verklären: Siegfried stirbt sehr unheldisch und mit sehr persönlich-menschlichen Gefühlen. Der Missbrauch *Wagner*'scher Musik durch den Nationalsozialismus vermag sie nicht zum Teil einer „Zwangsläufigkeitsthese" zu machen. Die Primitivität antisemitischer Ausfälligkeiten (Das Judentum in der Musik, 1850) teilt *Wagner* mit anderen berühmten Deutschen und Europäern. Trotzdem hatte er zeitlebens Kontakt zu jüdischen Künstlern und Förderern (dazu auch *Seligmann,* Hitler, 2. Aufl. 2004, S. 33/34). Einigkeit besteht darin, dass Hitlers Wagnerverehrung eher die Funktion einer künstlerischen Ersatzbefriedigung gehabt haben dürfte (*Kershaw,* Hitler, 1889–1936, 1998, S. 52 ff., 76 ff.), als dass sie zu einer tiefergehenden Auseinandersetzung mit der Musikkunst geführt hätte. Eher der „Zwangläufigkeitsthese" verpflichtet ist das neuere Werk *Gottfried Wagner/Abraham Peck,* Unsere Stunde Null, 2006, das

im Wagner'schen Erlösungsmythos antisemitische Implikationen analysiert und dann einen direkten Zusammenhang zu den antisemitischen Verirrungen des Wagner-Clans in der NS-Zeit herstellt.

553 Inwieweit auch deutsche Dichtung und Philosophie zumindest teilweise eine mythosgeneigte „deutsche Innerlichkeit" mit einem fragwürdigen Verhältnis zum freiheitlichen Staat und einer latenten Neigung zur „Teufelsverschreibung" und „Weltversklavung" spiegeln oder gar pflegen und damit zusammen mit anderen Faktoren die Verbrechen des Dritten Reiches zu einem deutschen Entgleisungsphänomen mit gewisser Zwangsläufigkeit werden lassen (so insbesondere *Thomas Mann*, Deutschland und die Deutschen, Gesammelte Werke, Bd. 11, 1990, S. 1126–1148; literarisch verarbeitet in Doktor Faustus, 1947), kann hier nicht ausführlich erörtert werden (bemerkenswert offen für diesen Gedankengang *Winkler*, Der lange Weg, Bd. II, S. 112–115; ähnlich *Mattenklott*, Faust, in: François/Schulze (Hg.), Deutsche Erinnerungsorte, Bd. III, 2001, S. 603 ff., 609, 615). Der Außenwahrnehmung durch andere Kulturen entspricht dies weniger oder doch nur sehr maßvoll. Eine solche „Zwangsläufigkeitstheorie" läuft etwas Gefahr, selbst Teil einer deutschen mythosgeneigten Innerlichkeit zu sein.

554 Zwischen 1948 und 2005 hat die Max-Planck-Gesellschaft in den Naturwissenschaften 16 Nobelpreisträger in ihren Reihen gehabt (http://www.mpg.de/ueberDieGesellschaft/profil/wissenschaftlichePreise; zuletzt abgerufen am 05. 09. 2006). Ihre Vorgänger-Institution, aus der sie hervorgegangen ist, die Kaiser-Wilhelm-Gesellschaft, konnte zwischen 1914 und 1948 15 Nobelpreisträger stellen. Man muss dabei einerseits zur Kenntnis nehmen, dass das Kaiserreich für die Wissenschaftsförderung mit der Gründung der Kaiser-Wilhelm-Gesellschaft zur Förderung der Wissenschaften e. V. (dazu *Nowak*, Die Kaiser-Wilhelm-Gesellschaft, in: François/Schulze (Hg.), Deutsche Erinnerungsorte, Bd. III, 2001, S. 55 ff.) bleibende Anstöße gegeben hat, die durchaus Erwähnung verdienen und das Kaiserreich überlebt haben (zutreffend *W. Abelshauser*, Deutsche Wirtschaftsgeschichte seit 1945, 2005, S. 30/31). Zum anderen sollte man sehen, dass die Kritik am Niveau der deutschen Wissenschaft verglichen mit der Vergangenheit teilweise übertreibt und deutsche Möglichkeiten in einer sich wissenschaftlich emanzipierenden Welt maßlos überschätzt. Zur Fragwürdigkeit des Vergleichs zwischen der Max-Planck-Gesellschaft und einzelnen U.S.-amerikanischen Institutionen wie z. B. der Harvard University *W.F. Richter*, Hochschulforschung im internationalen Vergleich, Forschung und Lehre Nr. 12/2003, S. 652 ff., 654.

555 Dazu F.A.Z. vom 09. 02. 06, Nr. 34, S. 11: „Deutschland zum dritten Mal Exportweltmeister".

556 Dazu *H.-U. Wehler*, Deutsche Gesellschaftsgeschichte 1849–1914, 1995, S. 1266; ausführlich *W. Abelshauser*, Deutsche Wirtschaftsgeschichte seit 1945, S. 28 ff. mNw.

557 Dazu treffend *H.A. Winkler,* Der lange Weg nach Westen, Bd. I, S. 213ff.

558 Wiederum *H.A. Winkler,* Der lange Weg, Bd. I, S. 227ff.

559 Zu Recht weist *Tony Judt,* Postwar. A History of Europe since 1945, 2005, S. 14, darauf hin, dass darin eine völlig neue, bisher in Europa nicht erlebte brutale Form des Machtkampfes lag.

560 So wohl auch im Ergebnis *H.A. Winkler,* Der lange Weg, Bd. II, S. 656. Eine zu starke Fokussierung allein auf die Überwindung der Folgen des Nationalsozialismus unter Vernachlässigung einer viel längeren deutschen Geschichte findet sich bei *R. Cohen,* The America Complex, The Berlin Journal Nr. 13, Fall 2006, S. 4ff., zutreffend *Leibinger,* daselbst, S. 10, 11.

561 Typisch die Unterwerfungspose der interviewenden Redakteure gegenüber *Thomas L. Friedman,* F.A.Z. vom 08.09.06, Nr. 209, S. 42, der dort das Selbstbewusstsein der U.S.-amerikanischen Ökonomie und politischen Kultur in auch für intellektuelle U.S.-Amerikaner ungewohnter Weise bis zur primitiven Arroganz zelebriert.

562 Immerhin hat sich die Attraktivität deutscher Universitäten in den letzten Jahren für ausländische Studenten (mehr als 10%) und Forscher (15% der Juniorprofessuren) erhöht; dazu F.A.Z. vom 02.06.05, Nr. 125, S. 11.

563 Hierzu *Vagts/Murray,* Entschädigungsklagen der Zwangsarbeiter unter nationalsozialistischer Herrschaft – der nicht beschrittene Weg. Deutsche Fassung von *Rolf Stürner* unter Mitarbeit von *Peggy Pfützner,* ZZPInt 7 (2002), 333ff. Die folgenden Ausführungen erstrecken sich nur auf Fragen der Sklavenarbeit. Die parallele Problematik versteckter Konten und Versicherungsguthaben sowie der Bereicherung an Mordgold mit ihren teilweise weltweiten Implikationen behandelt *S.E. Eizenstat,* Imperfect Justice, 2004. Hier stellt sich die berechtigte Haftungsfrage in völlig anderer Weise.

564 Zum Verhandlungsgang ausführlich *S.E. Eizenstat,* Imperfect Justice, 2004.

565 Burger-Fischer v. Degussa AG, F.Supp. 2d 248ff. (D.N.J. 1999).

566 *S.E. Eizenstat,* Imperfect Justice, S. 277.

567 Ob „Umsiedlungen", „Vertreibungen" oder in heutiger Terminologie „ethnische Säuberungen" heutigen Vorstellungen unverzichtbarer Menschenrechte widersprechen und ob die staatlich organisierte Kriminalität eines Volkes solche Gegenmaßnahmen völkerrechtlich im eigentlichen Sinne zu rechtfertigen vermögen, ist umstritten; dazu sehr aufschlussreich *T.W. Waters,* Remembering Sudetenland: On the Legal Construction of Ethnic Cleansing, 47 Virginia Journal of International Law 63–145 (2006). Falls man sie für gerechtfertigt hielte, müsste man die Frage nach künftiger Wiederholung als Reaktion auf ähnliche Staatskriminalität positiv beantworten – was zaudern lässt. Nicht jede ver-

ständliche Reaktion ist gerechtfertigt. Davon scharf zu trennen ist natürlich die klar zu verneinende Frage späterer Restitution.

568 *S.E. Eizenstat,* Imperfect Justice, S. 208.

569 Nicht untypisch *Winkler,* Der lange Weg, Bd. II, S. 117 mit nur kurzer Erwähnung der Vertreibung ohne nähere Darlegung. Erst später trat in der Öffentlichkeit ein Wandel ein; dafür beispielhaft die Thematik bei *Günter Grass,* Im Krebsgang, 2002, der seine Gustlow-Darstellung typischerweise mit der Parallelgeschichte junger Neonazis koppelt.

570 Guter neuerer, englischsprachiger Überblick über die Gesamtzusammenhänge und die Folgen der NS-Staatskriminalität bei *Tony Judt,* Postwar, 2005, S. 13–40.

571 Ob die Schweiz von einem völlig anderen Ausgangspunkt aus selbstbewusster und deshalb ausgewogener argumentiert hat, mag dahinstehen (dazu *P. Nobel,* Internationaler Druck auf die Schweiz, 1996–2002, Bitburger Gespräche 2003, S. 91 ff.); eher kritisch zur Schweiz *S.E. Eizenstat,* Imperfect Justice, S. 52 ff., 341.

572 Die Darstellung folgt *Otto Friedrich Bollnow,* Wesen und Wandel der Tugenden, 1958, S. 122 ff., 128 f.

573 Zur „Seelengröße" in der Nikomachischen Ethik des Aristoteles insbesondere *Vorländer/Forschner,* Geschichte der Philosophie, Bd. 1, 1996, S. 108 f.

574 *Vorländer/Bartuschat,* Geschichte der Philosophie, Bd. 3, 1990, S. 28 f.

575 *Lessing,* Nathan der Weise, Sämtliche Werke. Herausgegeben von Robert Petsch. Bd. 3 (Berliner Ausgabe), S. 239 ff., 252 (1. Aufzug, 2. Auftritt): Nathan zu Recha: „... Begreifst du aber, wie viel andächtig schwärmen leichter als gut handeln ist? ..."

576 Eindrucksvoll die Schilderung der Persönlichkeiten von Mönchen und Nonnen bei *Arno Borst,* Mönche am Bodensee: 610–1525, 1978.

577 Dazu *O.F. Bollnow,* Wesen und Wandel der Tugenden, 1958, S. 130 ff.

578 Hierzu *Ute Frevert,* Pflicht, in: François/Schulze (Hg.), Deutsche Erinnerungsorte, Bd. II, 2001, S. 269 ff.

579 Zutreffend *Bollnow,* Wesen und Wandel der Tugenden, S. 122.

580 Zu diesem Ausgangspunkt schon oben B I 2 c.

581 Typisch die numerische mediale Hit-Parade von Wissenschaftlern und Universitäten (zum Ranking des Center for Science and Technology Studies *W.F. Richter,* Hochschulforschung im internationalen Vergleich, Forschung und Lehre Nr. 12/2003, S. 652 ff.) oder die werbemäßige Vermarktung von prominenter Mandantschaft durch große Anwaltskanzleien (z. B. ZIP Umschlagseite IV nahezu jeder Nummer).

582 Es gibt kaum eine Ausgabe der F.A.Z. ohne Präsentation von Unternehmensführern oder Repräsentanten des Finanzmarktes, deren

Wechselbad allerdings an „Hosianna" und „Crucifice" erinnert; z.B. *Thomas Volk,* F.A.Z. vom 01.09.06, Nr. 203, S. 18 („Aus IDS Scheer soll eine Firma werden, die beim Umsatz in Richtung einer Milliarde EUR geht"); *K.-U. Ricke,* F.A.Z. vom 11.08.06, Nr. 185, S. 14 („Die paradiesischen Zeiten für die Wettbewerber sind vorbei"); NYSE-Chef *Thain,* F.A.Z. vom 11.08.06, Nr. 185, S. 21 („Es wird eine Handvoll großer globaler Börsenbetreiber geben … Wir haben vor, zu diesen zu gehören" …); *H.J. Körber,* Metro, F.A.Z. vom 10.08.06, Nr. 184, S. 14 („Wir haben große Kraft …"); *U. Herrmann,* Kluwer Verlag, F.A.Z. vom 15.08.06, Nr. 188, S. 14 („Wir haben einen viel breiteren Rücken als die mittelständischen Verlage") etc.

583 Die Parallele von der Hauptfigur der Josephs-Trilogie mit ihrer weltläufigen erfolgsorientierten Anpassungsfähigkeit zum Hochstapler Felix Krull zieht *Thomas Mann* selbst („… Felix von Joseph stark überhöht …"), dazu *H. Wysling/Y. Schmidlin,* Thomas Mann, 2. Aufl. 1994, S. 454.

584 Die größte Herausforderung der deutschen Wirtschaftsstruktur, die Ablösung des Bergbaus im Ruhrgebiet, ist deshalb durch aktive staatliche Anpassungsmaßnahmen in „sanfter" und gestreckter Weise relativ erfolgreich bewältigt worden; dazu *Abelshauser,* Deutsche Wirtschaftsgeschichte seit 1945, 2005, S. 200ff.; zur Endphase (1,83 statt 2,71 Mrd. Euro Subventionen pro Jahr zwischen 2005 und 2012) F.A.Z. vom 19.05.04, Nr. 116, S. 13, und zum Börsengang der RAG sowie der Gründung der Steinkohle-Stiftung F.A.Z. vom 15.06.07, Nr. 136, S. 16 und 20.

585 Zur „Labor Mobility" ausführlich *J. Mincer,* Human Capital: A Review, in: Kerr/Staudohar (Hg.), Labor Economics and Industrial Relations, 1994, S. 109ff., 123f.

586 Dazu oben unter B I 3 g.

587 Dazu als Reaktion das „Umweltprogramm" der Bundesregierung, 1971: *Abelshauser,* Deutsche Wirtschaftsgeschichte, S. 340f., 390f., 417.

588 Zutreffend *Bull* SZ vom 12.08.05, Nr. 185, S. 2; zur Arbeit am Bürokratieabbau in Deutschland SZ vom 18.08.06, Nr. 189, S. 17.

589 Zum europäischen Umweltrecht und Art. 2, 3 k, 174ff. EGV insbesondere *Sparwasser/Engel/Voßkuhle,* Umweltrecht, 5. Aufl. 2003, S. 31ff., Rn. 95ff.

590 Statistische, weltweite Vergleiche über den Regulierungsgrad als „wirtschaftliche Fessel" sind deshalb mit Vorsicht zu genießen, wenn sie – wie meist üblich – vereinfacht schematisierend vorgehen, oft unter U.S.-amerikanischem Denkmuster; so z.B. die Analyse *Gwartney/Lawson,* Economic Freedom of the World Report, 2006, oder der Bericht der Weltbanktochter International Finance Corporation, Doing Business 2006; etwas naiv die Wiedergabe und Besprechung F.A.Z. vom 07.09.06, Nr. 208, S. 12.

591 Eindrucksvoll nüchtern die Darstellung der militärischen Auseinandersetzung zwischen der Armee George Washingtons und den britischen Kolonialtruppen bei *David McCullough,* 1776, 2005.

592 So wäre es z. B. in Deutschland oder Europa schon rein räumlich undenkbar, eine Metropole wie New Orleans in der Weise untergehen zu lassen, wie dies U.S.-amerikanischer politischer Praxis durchaus entspricht; dazu SZ vom 28.08.06, Nr. 197, S. 9 („Ein Jahr danach").

4. *Der offene europäische Staatenverbund und das offene Deutschland*

593 Dazu ausführlich einige zusammenfassende Arbeiten in *Hall/Soskice,* Varieties of Capitalism, 2001; insbesondere *Fioretos,* The Domestic Sources of Multilateral Preferences: Varieties of Capitalism in the European Community, S. 213 ff.; *Thelen,* Varieties of Labor Politics in the Developed Democracies, S. 71 ff. (insbesondere Deutschland, Italien, Großbritannien); *Estevez-Abe/Iversen/Soskice,* Social Protection and The Formation of Skills: A Reinterpretation of the Welfare State, S. 145 ff., 162–180; für einzelne Staaten der EU *Wood,* Business, Government, and Patterns of Labor Market Policy in Britain and the Federal Republic of Germany, S. 247 ff.; *Culpepper,* Employers' Associatioons, Public Policy, and the Politics of Decentralized Cooperation in Germany and France, S. 275 ff.; *Vitols,* Varieties of Corporate Governance: Comparing German and the UK, S. 337 ff.; für einzelne Sachgebiete *Lehrer,* Macro-varieties of Capitalism and Micro-varieties of Strategic Management in European Airlines, S. 361 ff.; *Tate,* National Varieties of Standardization, S. 442 ff.

594 Art. 23, 25, 28, 29 EGV; Art. I-13 Abs. 2, Art. III-14 Abs. 2, III-36 ff., III-42 ff. Verfassungsentwurf.

595 Art. 49 EGV; Art. 39 ff.; 43 ff. EGV; Art. III-18 ff., III-22 ff., III-29 ff. Verfassungsentwurf.

596 Art. 56 ff. EGV; Art. III-45 ff. Verfassungsentwurf.

597 Den „Multisektoralen Regionalbeihilferahmen für große Investitionsvorhaben 2004", ABl. 2002 Nr. C 70 S. 8 beschreibt *Soltész* EWS 2004, 241 ff.; zur umstrittenen Kontrolle staatlicher Förderungsprogramme vor allem für den Mittelstand (Freistellungsverordnung für kleine und mittlere Unternehmen, Schwellenwerte, Bürgschaften) F.A.Z. vom 15.08.06, Nr. 188, S. 15. Einen Überblick über die bemerkenswerte Kontrolldichte der EU geben *Hakenberg/Erlbacher* EWS 2003, 201 ff. mit Tabelle S. 214 ff.

598 Art. 81 ff., 87 ff. EGV; Art. III-50 ff., III-56 ff. Verfassungsentwurf. Den engen Spielraum bei Berücksichtigung z. B. sozialer Belange beschreiben *Keßler/Ölcüm* EWS 2004, 337 ff.; zur geplanten Ausdehnung EU-weiter Ausschreibungen auf Kleinaufträge der Kommunen (EU-weit 1,5 Billionen Euro jährlich) F.A.Z. vom 25.07.06, Nr. 170, S. 9.

599 Art. 98 ff., 105 ff. EGV; Art. I-12 Abs. 1, III-92 ff. Verfassungsentwurf; dazu *L. Gerken,* Die Geldpolitik kann Deutschland nicht mehr helfen, Badische Zeitung vom 25.09.04, S. 4.

600 Art. 131 ff. EGV; Art. III-216 ff. Verfassungsentwurf.

601 Art. 61 ff., 94 ff. EGV und Art. III-64 ff. und III-158 ff. Verfassungsentwurf.

602 Dazu kritisch *Stadler* IPRax 2004, 2, 6 ff.; *Jayme/Kohler* IPRax 2004, 481, 483; *Baur/Stürner/Bruns,* Zwangsvollstreckungsrecht, 13. Aufl. 2006, Rn. 55.72, S. 695.

603 Dazu EuGH JZ 2003, 947 („Überseering"); JZ 1999, 669 („Centros"), JZ 2004, 37 („Inspire Art"). Zur Erweiterung auf U.S.-Gesellschaften BGH JZ 2005, 298 m. krit. Anm. *Ebke.*

604 Dazu EuGHE 1974, 837 (Dassonville); 1979, 649 (Cassis de Dijon); 1993, I-6097 (Keck); ausführlich *Koenig/Haratsch,* Europarecht, 4. Aufl. 2003, S. 202 ff.; zu Plänen der EU-Kommission für eine Warenverkehrsrichtlinie F.A.Z. vom 20.05.06, Nr. 117, S. 11.

605 Zur heftigen Diskussion um das Herkunftslandprinzip bei unternehmerischen Dienstleistungen z. B. *Lambrich,* Harmonisierung oder Konkurrenz der europäischen Arbeitsrechtsordnungen? – Der Vorschlag für eine Richtlinie über Dienstleistungen im Binnenmarkt, EWS 2005, 251 ff.; F.A.Z. vom 01.03.05, Nr. 15, S. 15, 24 („Im Kreuzfeuer der Demagogen"). Der nunmehr akzeptierte Entwurf einer Dienstleistungsrichtlinie geht nicht mehr vom Herkunftslandprinzip aus, sondern enthält im Kern nur noch ein Verbot örtlicher Diskriminierung; dazu die Richtlinie 2006/123/EG über Dienstleistungen im Binnenmarkt vom 12.12.06, ABl. L 376/50; zur vorausgehenden Diskussion insbesondere F.A.Z. vom 31.05.06, Nr. 125, S. 12. Die Dienstleistungsfreiheit im Sinne der Arbeitnehmerkondition regelt die Entsenderichtlinie vom 16.12.1996 (Richtlinie 96/81/EG über die Entsendung von Arbeitnehmern im Rahmen der Erbringung von Dienstleistungen, ABl. L 18 vom 21.01.1997, S. 1–6), die einen Kompromiss zwischen dem Herkunftslandprinzip und örtlichem Mindeststandard erlaubt; dazu und zur Rechtsprechung des EuGH *A. Junker* JZ 2005, 481 ff. mNw.

606 Zu den Folgen für das nationale Gesellschaftsrecht *Haas,* Reform des gesellschaftsrechtlichen Gläubigerschutzes, Gutachten 66. DJT 2006.

607 Zum eingeschränkten nationalen Spielraum deutlich *E.W. Böckenförde,* in: Staat, Nation, Europa, 1999, S. 68 ff., 72 ff., 77 ff. mNw.; ähnlich *Enderlein,* Nationale Wirtschaftspolitik in der europäischen Währungsunion, 2004.

608 Für das Steuerrecht mit seinen europarechtlichen Minimalvorschriften (Art. 90 ff. EGV und Art. III-59 ff. Verfassungsentwurf) schildern *Geibel* JZ 2007, 277 ff. und *Ettinger* RIW 2006, 94 ff. die entsprechenden teilweise weiterreichenden Entscheidungen des EuGH; zum

Außensteuerrecht in der EU *Kraft/Bron* RIW 2006, 209ff.; ferner *Albath/Wunderlich* EWS 2006, 205ff.

[609] Art. 104 EGV iVm dem „Protokoll über das Verfahren bei einem übermäßigen Defizit" von 1992 bzw. Art. III-76 Verfassungsentwurf; dazu *Straubhaar/Weinert,* Deutschland und der Euro, 2006, in: Wessels/Diedrichs, Die neue Europäische Union, 2006, S. 45ff., 63ff. Kritisch zum präventiven Effekt dieser Referenzwerte der Europäische Wirtschafts- und Währungskommissar *Joaquín Almunia* F.A.Z. vom 14.06.06, Nr. 136, S. 12 mNw.

[610] Das U.S.-amerikanische Haushaltsdefizit betrug 2005 2,6% des Bruttoinlandprodukts, 2004 3,6%; für 2009 sind 1,5% angepeilt (F.A.Z. vom 13.06.05, Nr. 134, S. 11 und vom 06.05.06, Nr. 105, S. 13).

[611] Aufschlussreich F.A.Z. vom 06.03.06, Nr. 55, S. 14: Haushaltsdefizit zwischen 2002 und 2006 beträgt trotz geschilderten Aufschwungs 7,9 – 6,2%; zur Abstützung des Exports durch Devisenmarktinterventionen der damalige IWF-Chef *Köhler* F.A.Z. vom 26.02.04, Nr. 48, S. 14.

[612] Zu diesem Fragenkreis *Enderlein,* Nationale Wirtschaftspolitik in der Europäischen Währungsunion, 2004.

[613] Art. 98ff., 125ff., 136ff. EGV; Art. III-70ff., III-97ff., III-103ff. Verfassungsentwurf. Soweit der – vorläufig abgelehnte – EU-Verfassungsentwurf für die Sozial- und Beschäftigungspolitik eine Stärkung zentraler Kompetenz vorsieht (dazu die Schlussfolgerungen des Vorsitzes der Tagung des Europäischen Rates in Brüssel, 21./22. Juni 2007, Doc. 11177/07, Zif. 38), bestehen von marktwirtschaftlicher Seite eher Bedenken; *Schick/Holtz,* Der neue europäische Verfassungsvertrag: Zentralisierungstendenzen in der Sozial- und Beschäftigungspolitik, Stiftung Marktwirtschaft 2004, Nr. 87.

[614] Zu ihrer relativen Wachstumskonvergenz der Staaten des Euro-Raumes, die in etwa gleich ist wie in den USA, F.A.Z. vom 18.05.05, Nr. 113, S. 17.

[615] Dazu vor allem wiederum *Fioretos,* The Domestic Sources of Multilateral Preferences: Varieties of Capitalism in the European Community, in: Hall/Soskice, Varieties of Capitalism, 2001, S. 213ff.; *Straubhaar/Weinert,* Deutschland und der Euro, in: Wessels/Diedrichs, Die neue Europäische Union, 2006, S. 45ff., 54ff.

[616] Überblicksweise *Reid,* The United States of Europe, 2004, S. 263 (Polen), S. 247f. (Irland), S. 259 (Deutschland).

[617] Dazu der Überblick *Straubhaar/Weinert,* Deutschland und der Euro: Die Bedeutung des einheitlichen Währungsraumes, in: Wessels/Diedrichs, Die neue Europäische Union: im vitalen Interesse Deutschlands?, 2006, S. 45ff. (Handelseffekte, Finanzmarkteffekte, Inflationstendenzen, verbleibender Spielraum für antizyklische Finanzpolitik).

[618] Zum Problem sog. „asymmetrischer Schocks" bei ungleicher Handelsstruktur insbes. *R. Mundell,* A Theory of Optimum Currency

Areas, 51 Am. Econ. Rev. 657 (1961); ferner allgemein *de Grauwe/Schnabl,* F.A.Z. vom 17.04.04, Nr. 90, S. 13, für die neuen EU Staaten der Osterweiterung („Wartesaal zum Euro").

619 Bedenklich deshalb die Bemühungen der EU um eine „Koordinierung der Systeme der sozialen Sicherheit", wie sie die Schlussfolgerungen des Vorsitzes der Tagung des Europäischen Rates in Brüssel 21./22. Juni 2007 Doc. 11177/07, Concl 2, Zif. 38 siederum erwähnen (siehe auch D II 6g [1]). Zweifelhaft erscheint vor diesem Hintergrund auch die sog. Lissabon-Strategie, die EU bis 2010 zum „wettbewerbsfähigsten wissensbasierten Wirtschaftsraum der Welt" zu machen; hierzu und zur damit verbundenen sozialpolitischen Agenda 2006–2010 *Junker* RIW 2006, 721 ff.; ferner allgemein F.A.Z. vom 21.02.06, Nr. 44, S. 23 und vom 31.01.06, Nr. 26, S. 19.

620 Dies gilt auch für den EuGH, soweit er im Bereich der Sozialleistungen, der Freizügigkeit und dem Gedanken der Unionsbürgschaft Geltung verschaffen will; zu Recht kritisch *Hailbronner* NJW 2004, 2185 ff.

621 Dazu die „Transparenzinitiative" der EU-Kommission, die ab 2007 die Strukturprogramme aus dem insgesamt 115 Milliarden Euro großen EU-Budget einer detaillierten Veröffentlichungspflicht unterwerfen will; F.A.Z. vom 14.08.06, Nr. 187, S. 11; F.A.Z. vom 19.06.06, Nr. 139, S. 13.

622 Dazu F.A.Z. vom 25.07.06, Nr. 170, S. 15.

623 Hierzu F.A.Z. vom 02.03.06, Nr. 52, S. 13; ablehnend zum Globalisierungsfonds der Deutsche Bundestag, F.A.Z. vom 08.04.06, Nr. 84, S. 12.

624 Ein gutes Beispiel großer Kompliziertheit ist die Förderung transeuropäischer Netzinfrastrukturen; dazu *Koenig/Scholz* EWS 2003, 223 ff.

625 Ausführlich zur aus Bürgersicht unübersichtlichen Kompetenzverteilung *J.H. Weiler,* The Constitution of Europe, 1999, S. 264 ff., 275.

626 Dazu *Böckenförde,* in: Staat, Nation, Europa, 1999, S. 68 ff., 89 ff.

627 Das „Endprodukt" beschreibt *J. Ipsen* NJW 2006, 2801 ff.; zur kritischen Beurteilung aus Sicht der Institutionenökonomie *R. Peffekoven,* Klare Verantwortlichkeiten, F.A.Z. vom 19.08.06, Nr. 192, S. 11; wohl übertrieben *J. Huber,* GG-Szenario. 159 Artikel für einen neuen Gesellschaftsvertrag, 2005; rechtsvergleichend *H.-P. Schneider,* Finanzautonomie von föderalen Gliedstaaten und Kommunen, 2006.

628 Zur Endphase des Entwurfs etwas emphatisch *von Bogdandy,* Konstitutionalisierung des europäischen öffentlichen Rechts in der europäischen Republik, JZ 2005, 529 ff.

629 Zu Plänen für Arbeitszeiterhöhungen mit Aktionsfolgen F.A.Z. vom 07.02.05, Nr. 31, S. 11; zur geplanten Lockerung des Kündigungsschutzes durch die Regierung des Premierministers Villepin, die bürgerkriegsähnliche Unruhen auslöste, F.A.Z. vom 06.02.06, Nr. 31, S. 11; vom 31.01.06, Nr. 26, S. 14.

[630] Guter Überblick zum Streik im öffentlichen Dienst in F.A.Z. vom 11.04.06, Nr. 86, S. 13; F.A.Z. vom 14.02.06, Nr. 38, S. 11; F.A.Z. vom 06.03.03, Nr. 55, S. 13.

[631] Gute Diskussion bei *Hall/Soskice*, Varieties of Capitalism, 2001, S. 54ff.; sehr wettbewerbsorientiert insoweit auch EU-Kommissar *McCreevy*, F.A.Z. vom 18.12.04, Nr. 296, S. 11 („Wachstum hat Priorität vor Sozialem").

[632] Zur bis heute fortlaufenden japanischen Abwehrtaktik der „Überkreuzbeteiligungen" an befreundeten Unternehmen, die einen Schutz vor feindlichen Übernahmen durch fremde Unternehmen erlaubt, SZ vom 21.08.06, Nr. 191, S. 17.

[633] Kritisch zum neuen russischen Energieimperialismus EU-Ratspräsident *Matti Vanhanen*, Der Spiegel Nr. 28/06, S. 92; *Claude Mandil*, Generalsekretär der Internationalen Energieagentur, F.A.Z. vom 01.04.06, Nr. 78, S. 12.

[634] Dazu *Heilmann*, Das politische System der Volksrepublik China, 2. Aufl. 2004; *W. Woyke* (Hg.), China – eine Weltmacht im Aufbruch?, 2005; *D. Fischer*, China in der Weltwirtschaft, in: Informationen zur politischen Bildung, Nr. 4/2005, S. 15–21; zur aktuellen Frage der Beachtung von gewerblichen Schutzrechten und rechtswidrigen Technologietransfers beispielhaft F.A.Z. vom 16.02.06, Nr. 40, S. 9 und vom 23.02.06, Nr. 46, S. 9 (Transrapid, Airbus); F.A.Z. vom 27.12.05, Nr. 301, S. 17 (Maschinenbau).

[635] Zum indischen Aufstieg trotz sozialer innerer Spannungen z. B. F.A.Z. vom 10.02.05, Nr. 34, S. 15; Rheinischer Merkur Nr. 33/2006, S. 6; Südkurier vom 08.09.06, Nr. 208, S. 6. Zur Bedeutung Indiens als Autoexportmarkt F.A.Z. vom 09.09.06, Nr. 210, S. 16.

[636] Zur schwankenden brasilianischen Entwicklung F.A.Z. vom 04.09.06, Nr. 205, S. 12 („Rohstofflager der Welt"); zum Versuch Brasiliens, im Bereich der Zucker- und Baumwollproduktion vor allem gegenüber der EU bzw. den USA den Hebel des WTO-Beihilferechts zu nutzen, eher skeptisch F.A.Z. vom 29.07.05, Nr. 174, S. 14.

[637] Dazu F.A.Z. vom 10.02.05, Nr. 34, S. 15.

[638] Zum U.S.-amerikanischen Vorwurf WTO-widriger steuerlicher Förderung der heimischen Halbleiterproduktion durch China siehe Handelsblatt vom 18.03.04, Nr. 55, S. 8.

[639] Z. B. China mit 1,1 Milliarden Dollar Exporthilfe für chinesische Netzausrüster, Financial Times Deutschland vom 17.02.04, S. 5.

[640] Gerade im Energiesektor bleibt die nationale Energiepolitik vor allem Frankreichs von diesem Grundgedanken bestimmt; dazu F.A.Z. vom 28.02.06, Nr. 50, S. 14.

[641] Hierzu F.A.Z. vom 19.04.04, Nr. 91, S. 12 (französische Abwehrmethoden gegen Übernahmen); F.A.Z. vom 06.03.06, Nr. 55, S. 13 (Kritik der französischen Gegenwehr gegen europäische Übernahmen im Energiesektor durch den Präsidenten des deutschen Bundeskartellamts

Ulf Böge); F.A.Z. vom 27.02.06, Nr. 49, S. 13 (Fusion von Suez und Gaz de France zur Abschottung des französischen Energiemarktes); Financial Times Deutschland, 17.02.04, S. 8 (Sanofi-Aventis Übernahme); F.A.Z. vom 25.02.06, Nr. 46, S. 12 (französische Gegenwehr gegen Übernahme der Pariser Börse Euronext durch deutsche Börse); F.A.Z. vom 01.03.05, Nr. 50, S. 27 und vom 29.04.05, Nr. 99, S. 23 (britische Gegenwehr gegen Übernahme der Stock Exchange durch Deutsche Börse); SZ vom 26./27.08.06, Nr. 196, S. 21 und F.A.Z. vom 27.03.07, Nr. 73, S. 11; vom 04.04.07, Nr. 80, S. 14 (spanische Gegenwehr gegen Übername von Endesa durch Eon und später Enel); F.A.Z. vom 10.02.05, Nr. 34, S. 22 (italienischer Bankenprotektionismus).

642 Der Streit um die Fusion der Pariser Euronext mit der New Yorker Börse unter Zurückweisung der Deutschen Börse hat natürlich für den Finanzplatz Paris auch nationale Implikationen (F.A.Z. vom 03.06.06, Nr. 128, S. 11).

5. Die Bilanz eingeschränkter Ausrichtung und Vorbereitung auf die Marktgesellschaft

643 Zum Identitätsverlust der CDU in dieser historischen Situation SZ vom 24.08.06, Nr. 194, S. 4 („Not der amputierten Volkspartei"); vom 21.08.06, Nr. 191, S. 6 („Lähmendes Schweigen der Vorsitzenden").

6. Die Offenheit reformierter Europäischer Verträge

644 Dazu die Schlussfolgerungen des Vorsitzes der Tagung des Europäischen Rates in Brüssel (21./22. Juni 2007) Doc. 11177/07 Concl 2, mit ihren Vorgaben, deren endgültige Verwirklichung offen bleibt. Im Text wird auf die laufenden Reformbemühungen fortlaufend eingegangen. Insbesondere der französische Präsident *Sarkozy* betont gegenüber der Kommission die Notwendigkeit größeren nationalen Spielraums und die Kritikwürdigkeit eines zu doktrinären und unitaristischen Wettbewerbsdenkens; dazu F.A.Z. vom 04.07.07, Nr. 152, S. 11.

C. Die Grenzen des Marktes

I. Marktidee und Marktideologie im Spannungsfeld von Freiheit und Gleichheit als den Grundantinomien menschlicher Gesellschaft

645 Zum Gesamtzusammenhang *Kriele,* Freiheit und Gleichheit, in: Benda/Maihofer/Vogel (Hg.), Handbuch des Verfassungsrechts, 1983,

S. 129ff., 133ff.; *Pieroth/Schlink*, Staatsrecht 2 – Grundrechte, 21. Aufl. 2005, S. 104, Rn. 430; *Zippelius/Würtenberger*, Deutsches Staatsrecht, 31. Aufl. 2005, § 17 I 1, S. 157; noch immer hervorragend *Dürig* in: Maunz/Dürig/Herzog/Scholz, Art. 3 Rn. 120ff., Stand März 2006 (*Scholz*); zur Entwicklung des Sozialstaates in Deutschland grundlegend *E.-W. Böckenförde*, Recht, Staat, Freiheit, 2. Aufl. 1991, S. 170ff. (Lorenz von Stein als Theoretiker der Bewegung von Staat und Gesellschaft zum Sozialstaat).

646 Deutlich in etwas plakativ wirkenden Medienbeiträgen aus dem Bereich der Institutionenökonomie bzw. philosophischen Ökonomik; z. B. *Carl Christian von Weizsäcker*, Eigennutz sei Dank. Warum sich Egoismus und Wohlstand für alle bedingen, Rheinischer Merkur Nr. 38/2004, S. 14; *Ch. Lütge*, Zum Vorteil aller. Die Marktwirtschaft verbindet Moral und Eigeninteresse. Eine Ethik der Mäßigung passt nicht in die moderne Welt, F.A.Z. vom 06.03.04, Nr. 56, S. 15.

II. Systemimmanente Schwächen und Fehlleistungen des Modells einer kompetitiven Marktgesellschaft

1. Das Informationsmodell: Risikoauslagerung und Information

647 Dazu sub A I–VIII.

648 Sehr kritisch zur Funktion von Investmentbanken *Ph. Augar*, The Greed Merchants. How the Investment Banks Played the Free Market Game, 2005.

649 Zur Information als Grundlage der „rational choice" in der ökonomischen Theorie *Korobkin/Ulen* 88 Cal. L. Rev. 1051, 1064ff. (2000); *Kaplow/Shavell*, Fairness versus Welfare, 2002, S. 410ff.; *Steven L. Schwarcz*, Rethinking the Disclosure Paradigm in a World of Complexity, 2004 U. Ill. L. Rev. 1 mNw.; in deutscher Sprache *Eidenmüller* JZ 2005, 216ff., 217; *Di Piazza/Eccles*, Vertrauen durch Transparenz. Die Zukunft der Unternehmensberichterstattung, 2003.

650 Dazu *Bydlinski* AcP 204 (2004), 309, 360ff.; *Eidenmüller* JZ 2005, 216ff., 221; *Grundmann*, Europäisches Schuldvertragsrecht, 1999, S. 197; für die USA *Steven L. Schwarcz* 2004 U. Ill. L. Rev. 1, 7ff. mNw.; zu Beispielen im deutschen Recht oben A I 2, A II 2, A II 6.

651 Die deutsche Literatur erkennt die Gleichheit der Information von Vertragsparteien als Voraussetzung der Vertragsgerechtigkeit und damit der ethischen Rechtfertigung vertraglicher Gestaltungsfreiheit, ohne allerdings der ökonomischen Analyse eine dem angloamerikanischen Rechtskreis vergleichbare Beachtung zu schenken; statt vieler *Larenz/Wolf*, Allgemeiner Teil des Bürgerlichen Rechts, 9. Aufl. 2004, § 42

II 2, S. 756; *Medicus,* Allgemeiner Teil des BGB, 9. Aufl. 2006, § 17 II, S. 75.

[652] Dazu nochmals *Carl Christian von Weizsäcker,* Eigennutz sei Dank. Warum sich Egoismus und Wohlstand für alle bedingen, Rheinischer Merkur Nr. 38/2004, S. 14; *Chr. Lütge,* Zum Vorteil aller. Die Marktwirtschaft verbindet Moral und Eigeninteresse. Eine Ethik der Mäßigung passt nicht in die moderne Welt, F.A.Z. vom 06.03.04, Nr. 56, S. 15.

[653] Letztlich ähnlich *John Rawls,* Eine Theorie der Gerechtigkeit, 4. Aufl. 1988, S. 159ff., 336f. (ethische Rechtfertigung des Eigennutzes bis zur Grenze mitwachsenden Lebensstandards der anderen).

[654] Dazu durchaus enthusiastisch *Thomas L. Friedman,* The World Is Flat, 2005, S. 71ff., 150ff.

[655] Darauf basiert das Richtlinienrecht der EU mit seinen nationalen Ausführungsvorschriften: Verbraucherkreditrichtlinie, Fernabsatzrichtlinie, Richtlinie zum Fernabsatz von Finanzdienstleistungen, Teilzeitnutzungsrechterichtlinie, Richtlinie über den elektronischen Geschäftsverkehr, Pauschalreisenrichtlinie, Richtlinie über grenzüberschreitende Überweisungen, Zahlungssicherungsrichtlinie 1998; §§ 482ff., 492f., 502, 651a ff., 676a ff. BGB; Art. 238–242 EGBGB, BGB-Informationspflichten-VO; International Standard Account Verordnung 2005, EU-Modernisierungsrichtlinie 2005, §§ 238ff. HGB; Prospektrichtlinie 2003, Marktmissbrauchsrichtlinie 2003, Märkte für Finanzinstrumente-Richtlinie 2003, Übernahmerichtlinie 2004, § 30 BörsenG, WertpapierprospektG, BörsenzulassungsVO, WertpapierhandelsG, Wertpapierhandelsverhaltensrichtlinien, Wertpapiererwerbs- und ÜbernahmeG; zum Ganzen noch unter A I 2 und A II 6.

[656] Bei privaten Anbietern von Finanzprodukten stehen z. B. neben den gesetzlichen Modellen des deutschen Pfandbriefs und der Obligationen (PfandbriefG, §§ 793ff. BGB, SchuldverschreibungenG etc.) die dem angloamerikanischen Raum entstammenden Asset Backed Securities und die Mortgage Backed Securities (dazu *Christoph Kern,* Die Sicherheit gedeckter Wertpapiere, 2004), die ihrerseits wiederum Flexibilisierungen von Übertragungsformen in §§ 22a ff. KWG zur Folge hatten (dazu *Stürner* NZI 2005, 597, 598). Auch der Import der englischen „limited" oder des U.S. Delaware-Gesellschaftsrechts (dazu B II 4a mNw.) erzwingt angleichende Reaktionen des deutschen Gesetzgebers; dazu *Haas,* Gutachten 66. DJT, 2006.

[657] Hierzu und zum folgenden *H. Simon* 69 Quart. J. Econ. 99 (1955); *Selten* JITE 146 (1990), 649ff., 651; *Festinger,* A Theory of Cognitive Dissonance, 1957; *Tversky/Kahneman* 5 Cogn. Psychol. 207 (1973); *Jacoby/Speller/Kohn* 11 Journal of Market. Res. 63 (1974); *Thaler* 1 J. Econ. Behav. Organ. 39, 44 (1980); *Kahneman/Knetsch/Thaler* 98 JPE 1325 (1990); *Posner* 50 Stan. L. Rev. 1551 (1998); *Farber* 68 U. Chi. L. Rev. 279 (2001); *Shleifer,* Inefficient Markets, 2000; *Kaplow/Shavell,*

Fairness versus Welfare, 2002, S. 410ff.; sehr guter deutschsprachiger Problemaufriss bei *Eidenmüller* JZ 2005, 216ff., 218ff. m. weiteren Nachweisen. Siehe ferner noch unten sub C II und III.

658 Zum „Information Overload" *Jacoby/Speller/Kohn* 11 Journal of Market. Res. 63 (1974); *Eidenmüller* JZ 2005, 216ff., 218, 221.

659 Zur Informationsverwirrung im Telekommunikationsmarkt z. B. die Übersicht der Badischen Zeitung vom 17.06. 2006, Nr. 137, S. 19 und www.badische-zeitung.de (Wirtschaft/Telefontarife). Die Übersicht endet mit der Bemerkung: „In der Tabelle sind nur Anbieter berücksichtigt, deren Netzkapazitäten nicht ständig überlastet sind und deren Preisgestaltung einigermaßen transparent und verlässlich ist." Zu optimistisch bezüglich der Effizienz von „Informationsintermediären" *Eidenmüller* JZ 2005, 216ff., 221.

660 Zum sog. „availability bias" schon sehr früh *Tversky/Kahneman* 5 Cogn. Psychol. 207 (1973). Ähnliche Effekte beschränken die Fähigkeit zu marktangepasstem Verhalten bei Fondsanteilsinhabern; dazu die Untersuchung des Centre of Financial Research der Universität Köln 2007 und F.A.Z. vom 17.04.07, Nr. 89, S. 21.

661 Allgemein zur selektiven, interessen- und persönlichkeitsgebundenen Selektion der Wahrnehmung *Festinger,* A Theory of Cognitive Dissonance, 1957; speziell zum „self-serving bias" *Miller/Ross* 82 Psychol. Bull. 213 (1975) und zum „overconfidence bias" *Fischhoff/Slovic/Lichtenstein* 3 J. Exp. Psychol.: Hum. Perc. Perf. 552 (1977); wiederum aufschlussreiche Darstellung des englischsprachigen Meinungsstandes bei *Eidenmüller* JZ 2005, 218 mit umfassenderen Nachweisen. Das „Lotteriespiel mit Halbwahrheiten" im Finanzmarkt vor allem durch Hedge-Fonds und Händler, die Übernahmephantasien wecken, beschreibt F.A.Z. vom 21.04.07, Nr. 93, S. 25; ferner *James Cramer,* „Gerüchte für die blöden Journalisten", F.A.Z. vom 22.03.07, Nr. 69, S. 23.

662 Ein gutes Beispiel ist das Rating des „Washington Mutual Covered Bond Program" durch Fitch Ratings, Presale Report vom 04.09.06. Obwohl der Cover Pool nur aus „security interests" eines Trustee an Deckungswerten zugunsten der Obligationengläubiger besteht, die in der Insolvenz der Bank als Träger des Pools volle Aussonderung nicht gewährleisten (*Stürner,* Deutsche öffentliche Pfandbriefe und Deckungswerte aus Darlehen an U.S.-amerikanische öffentliche Körperschaften, 2005, S. 50ff., 63ff.), wurde ein „Triple A" geratet und Vergleichbarkeit mit deutschen gesetzlichen Pfandbriefen postuliert (dazu z. B. F.A.Z. vom 30.08.06, Nr. 201, S. 19. Tatsächlich handelt es sich um einen „Pfandbrief zweiter Klasse"; dazu F.A.Z. vom 21.09.06, Nr. 220, S. 21.

663 Bestes Beispiel BGB-InformationspflichtenVO 2002.

664 Dazu *Heyd,* Internationale Rechnungslegung, 2003.

665 Z. B. Feri Rating and Research GmbH für Investmentfonds, F.A.Z. vom 22.06.06, Nr. 142, S. 25.

[666] Z. B. §§ 12ff., 21ff. WpHG.

[667] Zum Streit um die Regulierung von Hedge-Fonds durch die deutsche Bundesanstalt für Finanzdienstleistungsaufsicht und die Londoner Finanzaufsicht sowie um das Rating von Hedge-Fonds durch Agenturen etwa F.A.Z. vom 22.02.05, Nr. 44, S. 23 und vom 30.08.06, Nr. 201, S. 20. Die überraschende Insolvenz des „Long Term Capital Management“ schildert *N. Dunbar,* Inventing Money, 2000; dazu noch unten sub C II 4.

[668] Dazu aufschlussreich die Darstellung der Risikolage bei „Volatilitätszertifikaten“ als Bestandteile von Aktienfonds im Vergleich zu „Put“-Optionen durch *Müller/Weber,* F.A.Z. vom 22.02.05, Nr. 44, S. 23. Nachdem anhand von Kurven die statistische Sinnhaftigkeit von Volatilitätszertifikaten dargestellt ist, heißt es absichernd: „Eine echte Absicherung gegen einen Börsenkrach können die Volatilitätsinstrumente allerdings nicht liefern ...“. Ferner zur offenbar enttäuschenden Bilanz von „Return“-Produkten, F.A.Z. vom 31.08.06, Nr. 202, S. 21 und zum spekulativen Charakter von Volatilitätszertifikaten F.A.Z. vom 13.06.06, Nr. 135, S. 23.

[669] Dazu statt vieler allgemein *Jacoby/Speller/Kohn* 11 Journal of Market. Res. 63 (1974); sehr gute Aufarbeitung wiederum bei *Eidenmüller* JZ 2005, 216ff., 218. Dies erklärt auch, warum offenbar 75% der Bankberater davon ausgehen, dass Käufer von Zertifikaten meist ohne Preisvergleich kaufen; dazu F.A.Z. vom 13.04.07, Nr. 86, S. 25.

[670] Speziell zu Finanzmarktprodukten umfassend und auf neuestem Stand *Steven L. Schwarcz,* Rethinking the Disclosure Paradigm in a World of Complexity, 2004 Ill. L. Rev. 1 mit umfassenden Nachweisen.

[671] Dazu die an sich objektiv noch leicht überschaubare Schilderung des Angebots der Direktbank Advanzia, Luxemburg, Südkurier vom 04.08.06, Nr. 178, S. 6 (Tagesgeldkonto und Master-Card-Goldkarte vordergründiger Attraktivität).

[672] Dazu als Beispiele die Schaubilder eines Finanzproduktes bei *Steven L. Schwarcz* 2004 Ill. L. Rev. 1, 5 oder die Beschreibung der „Washington Mutual Covered Bonds“ im Herbst 2006 durch Fitch Ratings (Presale-Report vom 04.09.06) und Nomura International, London (04.09.06) mit trotz Vereinfachung schwer verständlichen Texten und Schaubildern. Zum Aufwand schwieriger Analyse allein der Sicherheit von Deckungsmassen bei „covered bonds“ noch *Stürner,* Die Sicherung der Pfandbrief- und Obligationengläubiger vor einer Insolvenz der Hypothekenbank, 1998 (Grundlagengutachten für das Pfandbriefmodell der geltenden gesetzlichen Regelung); *ders.,* Hypothekenpfandbriefe und Beleihung in Frankreich, 1994; *ders.,* Deutsche öffentliche Pfandbriefe und Deckungswerte aus Darlehen an U.S.-amerikanische öffentliche Körperschaften, 2005; *Stürner/Stadler,* Deutsche Pfandbriefe und Deckungswerte in den Niederlanden, 2000; *dies.,* Pfandbriefe und Beleihung in Spanien, 2002; *Stürner/Schumacher/Bruns,* Der deutsche Pfand-

brief und englische Deckungswerte, 2000; allgemein *Christoph Kern*, Die Sicherheit gedeckter Wertpapiere, 2004.

673 Viele Antworten von Anlageberatern enthalten aus Unwissenheit Behauptungen „ins Blaue", die man als Täuschung zu werten hätte, falls man die Maßstäbe der Rechtsprechung zum dolus eventualis anlegt (dazu BGH NJW 1998, 302) und das Gewinninteresse des „Anlagenberaters" an Wertpapierbewegungen berücksichtigt.

674 Dazu vor allem die Fehlprognosen über das wirtschaftliche Wachstum und die Gewinnlage deutscher Unternehmen während der letzten Jahre sowie die Überraschung über die gute Entwicklung 2005 (F.A.Z. vom 01.06.06, Nr. 126, S. 25: „Dividenden in Rekordhöhe") und 2006; F.A.Z. vom 15.08.06, Nr. 188, S. 9 („Stärkstes Wachstum seit fünf Jahren") und vom 08.09.06, Nr. 209, S. 11 („Mit der Konjunktur geht es weiter aufwärts").

675 Aufschlussreich *C. Gerschlager*, Deception in Markets. An Economic Analysis, 2005.

676 Völlig zutreffend die Kritik von *Eidenmüller* JZ 2005, 216 ff., 221 f., mit dem erwägenswerten Vorschlag, den Vertragsschluss von einer positiven Bestätigung abhängig zu machen.

677 Zur Aktienwerbung mit sog. Prominenten (Krug, Feldbusch, Gottschalk, Kerner) F.A.Z. vom 06.05.06, Nr. 105, S. 23: „Die Menschen wissen, dass es Verluste geben kann".

678 Zum emanzipierten Verbraucherbegriff des EuGH, der vom entscheidungsfähigen, wohlinformierten Abnehmer ausgeht, EuGH GRURInt 1998, 795, 797 (Gut Springenheide); GRUR 2000, 254 (Lifting); WRP 2003, 615, 620 (Pippig Augenoptik); gleichen Ausgangspunkt hat die Europäische Werberichtlinie 1984/1997; angeglichen das deutsche Recht insbesondere in §§ 5 und 6 UWG.

679 § 434 Abs. 1 Satz 3 BGB und Europäische Richtlinie über den Verbrauchsgüterkauf und Garantien für Verbrauchsgüter 1999 (Richtlinie 1999/44/EG zu bestimmten Aspekten des Verbrauchsgüterkaufs und der Garantien für Verbrauchsgüter, ABl. EG Nr. L 171 vom 07.07.99, S. 12–16); ausführlich *Grigoleit/Herresthal* JZ 2003, 233 ff., 236 f.

680 Lesenswert die Präsentation der Fondsgesellschaften Schroders, Invesco, Investmentbank Goldman Sachs nach einem Kursverfall ihrer Schwellenländerfonds (Brasilien, Russland, Indien, China – BRIC-Konzept) mit dem Ausblick auf die künftigen 20 Jahre; F.A.Z. vom 03.06.06, Nr. 128, S. 19 („Die Kunst des Verdrängens").

681 Dazu die Aufstellung unterschiedlicher Siebenjahreszyklen von Aktienfonds des Bundesverbandes für Investment und Asset Management, SZ vom 26./27.08.06, Nr. 196, S. 27.

682 Zu den „Schaufensterangeboten" für Ratenkredite überregionaler Banken, die von der individuellen Realität bedenklich abweichen, F.A.Z. vom 08.06.06, Nr. 131, S. 23.

683 Zu diesen „Informationsintermediären" und zur „private sector certification" statt vieler *Eidenmüller* JZ 2005, 216ff., 221; ausführlich *Steven L. Schwarcz,* Rethinking the Disclosure Paradigm, 2004 U. Ill. L. Rev. 1, 26ff., 28ff.

684 Zur Bedeutung des Informationsgefälles für den gestörten Markt neuerdings wieder statt vieler *J.E. Stiglitz,* Die Roaring Nineties, 2004. Als Entdecker der Bedeutsamkeit asymmetrischer Information zitiert die angloamerikanische Literatur vor allem *G.A. Akerlof,* The Market for „Lemons": Quality Uncertainty and the Market Mechanism, 84 Quart. J. Econ. 488, 489/490 (1970): „An asymmetry in available information has developed: for the sellers now have more knowledge about the quality of a car than the buyers. But [absent a solution] good and bad [used] cars must still sell at the same price – since it is impossible for a buyer to tell the difference between a good [used] car and a bad [used] car." Ob solche Erkenntnisse die Vergabe des Nobelpreises für Ökonomie (2001) rechtfertigen, mag dahinstehen. In der Rechtswissenschaft war die Bedeutung des Informationsgefälles für verfehlte Vertragsgerechtigkeit stets bekannt, z.B. als Grund für fehlenden Konditionenwettbewerb bei AGB; dazu schon *Ludwig Raiser,* Das Recht der Allgemeinen Geschäftsbedingungen, 1935, S. 284; *ders.,* Vertragsfreiheit heute, JZ 1957, 1ff., 7; *Kötz,* Gutachten 50. DJT 1974, S. A 31ff. (noch ohne Erwähnung U.S.-amerikanischer Autoren der „ökonomischen Analyse"); zur Rezeption des Transaktionskostentopos in Deutschland MünchKommBGB/*Basedow,* Einl. AGBG, 4. Aufl. 2001, Rn. 5 mNw.

685 Hierzu BGHZ 65, 325ff.; NJW 1997, 2593ff.

686 Hierzu z.B. die Verbrauchertestzeitschrift „FINANZtest", OLG Frankfurt NJW-RR 2002, 1697ff.

687 Dazu *Habersack,* Rechtsfragen des Emittenten-Ratings, ZHR 169 (2005), 185ff.; *Däubler* NJW 2003, 1096; *Großfeld* ZvglRWiss 101 (2002), 397; vollständiger Überblick bei *Blaurock,* Control and Responsibility of Credit Rating Agencies, in: Boele-Woelki/van Erp, General Reports of the XVIIth Congress of the International Academy of Comparative Law 2006, 2007, S. 481–521. Zur Notwendigkeit nationaler und supranationaler Regeln und Spruchkörper und zu Initiativen des europäischen und U.S.-amerikanischen Parlaments der Präsident der deutschen Finanzdienstleistungsaufsicht *Jochen Sanio* F.A.Z. vom 02.03.04, Nr. 52, S. 27; ferner F.A.Z. vom 04.08.06, Nr. 179, S. 19 (Aufsicht in den USA durch die SEC) und *Blaurock,* aaO., S. 511ff. mNw.

688 Dazu §§ 20a Abs. 6, 34b Abs. 4 WpHG; ferner die „Journalistischen Verhaltensgrundsätze des Presserats zu Insider- und anderen Informationen mit potentiellen Auswirkungen auf Wertpapierkurse" und die vorbereiteten „Presseratsrichtlinien zur Finanzmarktberichterstattung"; Deutscher Presserat, Jahrbuch 2006, S. 258 (Pressekodex Zif. 7.4).

689 So gibt es z.B. in der F.A.Z. Finanzmarktteile ganz ohne Fremdbeiträge (beispielhaft F.A.Z. vom 29.08.06, Nr. 200, S. 19ff.). In anderen sind

eine erhebliche Anzahl von Fremdbeiträgen zu finden, deren Hintergrund entsprechend der Klientel des Autors (unternehmensberatende Anwaltskanzlei, Insolvenzverwalterverband, Mitglieder von Kanzleien mit Anwälten und Wirtschaftsprüfern etc.) interessengeprägt sein muss (z. B. F.A.Z. vom 23.08.06, Nr. 195, S. 17ff., 19). Regelmäßig kommen Bankanalysten zu Wort, oft periodisch dieselben (z. B. F.A.Z. vom 18.08.06, Nr. 191, S. 20; vom 11.02.05, Nr. 35, S. 23). Die Kennzeichnung dieser Fremdbestimmung ist schwach in Gestalt einer Bemerkung bei der Autorenbezeichnung, eine spartenmäßige Kennzeichnung erfolgt trotz Zif. 6 und 7 Pressekodex (Jahrbuch 2006, S. 256ff.) nicht. Selbst bei Beilagen mit weithin interessengebundenen Autoren (z. B. zur F.A.Z. vom 01.03.06, Nr. 51 und vom 07.03.07, Nr. 56 – Derivatgeschäfte) ist die äußerliche Trennung vom normalen Redaktionsteil eher spärlich. Soweit F.A.Z.-Indices über Wertentwicklungen errichtet werden, geschieht dies teilweise in Zusammenarbeit mit Finanzmarktdienstleistern, deren Interessenlage der Leser nicht kennt (z. B. F.A.Z.-Feri-Fondsindex, F.A.Z. vom 11.02.05, Nr. 35, S. 23 oder vom 22.06.06, Nr. 142, S. 25).

690 Gegen eine öffentlichrechtliche Regulierung und Organisation der Bewertung von Finanzprodukten *Steven L. Schwarcz,* 2004 U. Ill. L. Rev. 1, 26ff. („blue sky law") mit dem Argument schlecht bezahlten Personals und schlechterer Kontrollqualität. Zum Verdacht großangelegter Kursmanipulation beim Handel der West-LB mit VW-Aktien und Aktivitäten der BaFin zur Untersuchung möglicher Manipulation F.A.Z. vom 12.04.07, Nr. 85, S. 11 und vom 14.04.07, Nr. 87, S. 11.

691 Durchaus problematisch, aber sehr einträglich das Rating völlig neuer Fonds und ihrer künftigen Entwicklung durch Feri Rating and Research, F.A.Z. vom 23.06.06, Nr. 143, S. 23.

692 Zur durchaus aggressiven Marktstrategie der Rating-Agentur Fitch der Konflikt mit dem Gesamtverband der deutschen Versicherungswirtschaft, F.A.Z. vom 17.06.06, Nr. 138, S. 23 (Aufdrängen durch unbestellte kritische Gutachten über Unternehmen und Staaten). Auch die periodische Änderung von Rating-Richtlinien kann nicht nur verbesserter Bewertung dienen, sondern auch als Marktschöpfungsstrategie eingesetzt werden; zur neuerlichen Änderung der Bewertungsmethoden für Banken durch Moody's F.A.Z. vom 04.04.07, Nr. 80, S. 19.

693 Dieses Defizit können Inkompatibilitätsvorschriften (so der Vorschlag von *Steven L. Schwarcz* 2004 U. Ill. L. Rev. 1, 31ff.) nicht ausgleichen. Zudem fallen auch die zuarbeitenden Wirtschaftsprüfer immer wieder selbst durch Skandale auf: Arthur Andersen im Zusammenhang mit Enron (*Stürner/Bormann* NJW 2004, 1481ff., 1486); neuerdings der japanische Price-Waterhouse-Coopers-Partner Chuo Aoyama, F.A.Z. vom 12.05.06, Nr. 110, S. 18.

694 Evaluationsaktionen bei Unternehmen verstärken nicht nur die Leistungsfähigkeit, sie führen natürlich auch zu einem Anpassungsdruck; F.A.Z. vom 15.12.06, Nr. 292, S. 15.

[695] Aufschlussreich zum Problem des „Herding" bei Analysten der Bericht F.A.Z. vom 24.02.07, Nr. 47, S. 23.

[696] Dazu besonders spektakulär der Fall Enron, bei dem erst wenige Tage vor dem Bankrott ein Downgrading verspätet und ineffektiv warnte; ausführlich „The Fall of Enron: How Could It Have Happened?": Hearings Before the Senate Comm. on Governmental Affairs, 107th Cong. (2002), S. 17; ferner zum Versagen beim Verfall des U.S.-amerikanischen Hypothekenmarktes 2006/2007 F.A.Z. vom 30.06.07, Nr. 149, S. 23.

[697] Es ist interessant, dass trotz des in law and economics hoch gehandelten Transaktionskostentopos auf diesem Gebiet Transaktionskostenrechnungen insoweit bisher nicht zu existieren scheinen; sehr vage insoweit *Steven L. Schwarcz* 2004 U. Ill. L. Rev. 1, 28ff.

[698] Eher zurückhaltend *Steven L. Schwarcz* 2004 U. Ill. L. Rev. 1, 25f., der für Finanzprodukte „guaranties" als inhaltliche obligatorische Gestaltung ablehnt, weil sie die Freiheit „guter" Kreativität einschränke; ähnlich *Eidenmüller* JZ 2005, 216ff., 222 („illegitime paternalistische Intervention"); im Ergebnis wohl interventionsfreudiger *J.E. Stiglitz,* Die Roaring Nineties, 2004.

[699] Zum Folgenden ausführlich *Stürner,* Duties of Disclosure and Burden of Proof in the Private Enforcement of European Competition Law, in: Basedow, Private Enforcement of EC Competition Law, 2007, S. 163ff.; *Paul D. Carrington,* The American Tradition of Private Law Enforcement, in: Bitburger Gespräche, Jahrbuch 2003, S. 33ff.; *Carl T. Bogus,* Why Lawsuits are Good for America: Disciplined Democracy, Big Business and the Common Law, 2001, S. 141ff.; ferner *Stürner,* Class Actions und Menschenrechte, Festschrift Georgiades, 2006, S. 1299ff. (brasilianische Fassung in Revista do Tribunal Regional Federal – Primeira Região Vol. 18 (2006)/No. 2, S. 17ff. [Übersetzung von *M.F. Mafra Leal*]).

[700] Neuerer Überblick zum Stand der Supreme Court-Rechtsprechung bei *Berger/Wilske* RIW 2007, 245ff.

[701] Zur amerikanischen Praxis insbesondere *Vagts/Murray* ZZPInt 7 (2002), 333ff., 353ff. mNw. (deutsche Fassung von *Stürner/Pfützner*); zuletzt *Röhm/Schütze* RIW 2007, 241ff. mNw.

[702] Das Green Paper der EU-Kommission zu Private Law Enforcement in Competition Law basiert auf der Hoffnung, not to import „a litigation culture with social costs outweighing the benefits of law enforcement" (Commission Staff Working Paper. Annex to the Green Paper. Damages Actions for Breach of the EC Antitrust Rules. COM (2005) 672 final, Section I B, S. 6ff.). Irgendeine Methode zur nachvollziehbaren Feststellung der Transaktionskosten ist aber nicht vorgezeichnet.

[703] Zur U.S.-amerikanischen Produkthaftung wegen „failure to warn" z.B. Moran v. Faberge, 332 A.2d 11 (Md. 1975); Liriano v. Hobart Corp., 170 F.3d 264 (2nd Cir. 1999); Restatement (Third) of Torts,

Product Liability § 2(c): „A product is defective because of inadequate instructions or warnings when the foreseeable risks of harm posed by the product could have been reduced or avoided by the provision of reasonable warnings or instructions by the seller or other distributor... and the omission of the instructions or warnings renders the product not reasonably safe". Übertreibungen kritisiert *M. Reimann,* Einführung in das U.S.-amerikanische Privatrecht, 2. Aufl. 2004, S. 118/119. Im Ergebnis insgesamt zurückhaltender die Europäische Produkthaftungsrichtlinie 1985 (Richtlinie 85/374/EWG zur Angleichung der Rechts- und Verwaltungsvorschriften der Mitgliedsstaaten über die Haftung für fehlerhafte Produkte, ABl. EG Nr. L 210, S. 29–33); Art. 6 Abs. 1a und § 3 Abs. 1a ProdHaftG; sehr weitgehend aber z.B. BGH NJW 1994, 932, 933; BGHZ 99, 167, 172ff. (Warnung eines Saugflaschenherstellers vor süßen Getränken oder eines Motorradherstellers vor fremdem Zubehör).

[704] Zur Kollektivierung des Rechtsschutzes als Kehrseite risikoauslagernder Individualisierung *Stürner,* Festschrift Georgiades, 2006, S. 1299ff.

[705] Es ist allerdings widersprüchlich, wenn die deutsche Wirtschaft inhaltliche Liberalisierung begrüßt und die sanktionellen Gegengewichte bekämpft; dazu F.A.Z. vom 29.08.06, Nr. 200, S. 17; vom 22.03.06, Nr. 69, S. 25.

[706] Dazu KapMuG 2005, *Lüke* ZZP 119 (2006), 131ff., *Gebauer* ZZP 119 (2006), 159ff.

[707] So etwa § 10 UWG 2004 und § 34a GWB 2005.

[708] Neuere Diskussion bei *Wagner,* Neue Perspektiven im Schadensersatzrecht – Kommerzialisierung, Strafschadensersatz, Kollektivschaden, 66. DJT, 2006; dazu *Medicus* JZ 2006, 805ff.

[709] Zur rechtstatsächlich geringen Bedeutung des Widerrufs MünchKommBGB-*Ulmer,* 4. Aufl. 2003, Vor §§ 312, 312a Rn. 13 mNw.; ähnlich *Eidenmüller* JZ 2005, 216ff., 221f.

2. Die Volatilität der Kapitalanlage und der Unternehmensstrategie im Marktmodell und ihre Folgen

[710] Dazu etwa *Englert/Scholich,* Unternehmensführung auf der Basis eines umfassenden Shareholder-Value-Management-Konzepts, BB 1998, 684ff.; ferner *Giersberg,* F.A.Z. vom 06.07.04, Nr. 154, S. U 1 („Deutsche Unternehmen sind auf der Ertragsseite vorangekommen. Die Kapitalmärkte wollen mehr").

[711] Hierzu die Untersuchung der Fondsgesellschaft der Deutschen Bank (DWS), F.A.Z. vom 25.02.04, Nr. 47, S. 21 (Verlust der vollen Interessenkongruenz von Eigentümer und Unternehmen).

[712] Schon die Terminologie ausländischer Investoren, die zum Aufkauf rüsten, macht diese Instrumentalisierung sichtbar; z.B. „Fat Cat

Feast" in „Germany's surprising economy", F.A.Z. vom 24.07.06, Nr. 169, S. 18.

713 Die Situation hat sich allerdings insofern verändert, als nunmehr der „Verfremdungseffekt" sich verstärken kann, wenn Finanzinvestoren selbst große Aktiengesellschaften übernehmen; dazu F.A.Z. vom 21.09.06, Nr. 220, S. 20.

714 Eine Darstellung verschiedener Organisationsmodelle geben *Diem,* Akquisitionsfinanzierungen, 2005; *Casey Cogut* (Hg.), Private Equity, 2006; *T.W. Kruse* RIW 2007, 256ff. (Russland). Zu Wachstum und Attraktivität der private equity F.A.Z. vom 26.02.05, Nr. 48, S. 27; vom 22.02.05, Nr. 44, S. 11 („Schnäppchenjagd in Deutschland"); vom 18.08.05, Nr. 191, S. 14 und 17 (Blackstone-Group); vom 17.06.06, Nr. 138, S. 23 (47 Mrd. Euro 2005 in Europa); vom 20.04.07, Nr. 92, S. 21 (500 Milliarden Dollar Neuinvestition weltweit im Jahre 2007).

715 Zum mittelständischen Unternehmen als Zielpunkt der Private Equity F.A.Z. vom 23.03.06, Nr. 70, S. 27 (Aufkauf des Anteils von 449 Familiengesellschaftern).

716 Der „Heuschrecken"-Vorwurf (F.A.Z. vom 08.06.05, Nr. 130, S. 15; 21.06.05, Nr. 141, S. 24; 01.08.06, Nr. 176, S. 11) betraf u.a. die Texas Pacific Group beim Armaturen-Hersteller Grohe und den Investor Blackstone beim Chemiehersteller Celanese AG. Nach Übernahme müssen übernommene Unternehmen den Kaufpreis u. U. selbst finanzieren und zur Gewinnmaximierung werden Mitarbeiter entlassen; dazu F.A.Z. vom 12.04.06, Nr. 87, S. 25; vom 09.06.06, Nr. 132, S. 17; vom 21.06.05, Nr. 141, S. 24; vom 27.05.05, Nr. 120, S. 22 und vom 30.04.05, Nr. 100, S. 13 (SPD-Liste der sog. „Heuschrecken"). Interessanterweise dem Heuschreckenvorwurf zustimmend *Wiedeking,* Der Spiegel Nr. 39/06, S. 96ff., 98.

717 Zum Verkauf der Wohnungsbaugesellschaft der Stadt Dresden an den Investor Fortress, USA, F.A.Z. vom 10.03.06, Nr. 59, S. 13.

718 Mit einer „Neidkampagne" gegen den Kapitalismus hat dies entgegen den Vorstellungen vor allem der englischen Finanzwelt (F.A.Z. vom 06.05.06, Nr. 104, S. 11: „Angelsachsen über Heuschrecken-Vergleich irritiert") wenig zu tun; es geht um den Einfluss auf nationale Wirtschafts- und Sozialstrukturen, die sich nicht alle am englischen Finanzdienstleistungsmodell mit geschrumpfter Warenproduktion orientieren können.

719 Nicht ohne Interesse stellt man fest, dass „private equity"-Unternehmen selbst die Volatilität der Kapitalanlage zu fürchten beginnen, wenn ihre kreditgebenden Banken Finanzierungsdarlehen an Hedge-Fonds verkaufen, die mit notleidenden Krediten spekulieren; F.A.Z. vom 07.09.06, Nr. 208, S. 22.

720 Zum Verdacht gewinnmaximierender Kurs-Sabotage bzw. Manipulation durch Hedge-Fonds bzw. Investmentfonds an der Wall-Street und in Deutschland F.A.Z. vom 22.04.06, Nr. 94, S. 23 und vom

20.05.05, Nr. 115, S. 13; F.A.Z. vom 14.04.07, Nr. 87, S. 21 (LBB-Aktien); zum Fusionsdruck durch kurzfristig gewinnmaximierende Hedge-Fonds in Europa F.A.Z. vom 12.04.07, Nr. 85, S. 19; vom 23.03.07, Nr. 70, S. 23.

721 Nüchterne Abwägung der Vor- und Nachteile bei *Behrens/Högemann/Seghers,* Denken und Handeln von Finanzinvestoren, F.A.Z. vom 04.07.05, Nr. 152, S. 20.

722 Beispielhaft InvestCorp. Bahrein, die seit 1982 in Nordamerika und Europa 25 Milliarden Dollar investiert hat; F.A.Z. vom 23.02.04, Nr. 45, S. 14.

723 Falls durch Sättigung der Abnehmermärkte bei Finanzinvestoren eine Notwendigkeit zu längerem Anteilsbesitz entstünde, was abzuwarten bleibt (F.A.Z. vom 25.07.06, Nr. 170, S. 17), könnte dies die Interessenlage verändern – allerdings eine Identifikation unter negativen Vorzeichen!

724 Es ist deshalb richtig, kontinuitätswahrende Familienunternehmen im Gesetz zur Sicherung der Unternehmensnachfolge erbschaftsteuerlich zu begünstigen; dazu F.A.Z. vom 27.06.06, Nr. 146, S. 23. Die ursprüngliche Missachtung ihrer Interessen beim Entwurf der International Financial Reporting Standards war ein schwerer Fehler; dazu F.A.Z. vom 20.01.06, Nr. 17, S. 11; vom 23.01.06, Nr. 19, S. 20; vom 07.02.06, Nr. 32, S. 12; siehe auch oben B II 3f.

725 Auch dort gibt es natürlich Managementversagen und Gewinnmitnahmewünsche; jüngere Beispiele liquidierender Familieneigner: Serono, Schweiz (F.A.Z. vom 04.06.05, Nr. 127, S. 18 und vom 12.09.06, Nr. 221, S. 11) und Altana (Südkurier vom 22.09.06, Nr. 220, S. 5 – Susanne Klatten geb. Quandt).

726 Dazu wiederum die Untersuchung der Fondsgesellschaft der Deutschen Bank (DWS), F.A.Z. vom 25.02.04, Nr. 47, S. 21 (BMW, Heineken, Henkel, Metro, Fielmann etc.). Das spezielle Problem der familiengetragenen Unternehmen liegt eher im Generationenwechsel (*Kirsten Baus,* Bloß keinen Krach, F.A.Z. vom 06.09.06, Nr. 207, Beilage, S. B 2 mit statistischen Daten).

727 Zur Langzeitstrategie der schwedischen Wallenberg-Unternehmen F.A.Z. vom 16.09.06, Nr. 216, S. 20; ähnlich *R. Friedman,* F.A.Z. vom 05.07.05, Nr. 153, S. 15 für die Würth-Gruppe; für Großunternehmen etwa Bosch GmbH (F.A.Z. vom 09.02.06, Nr. 34, S. 17); Bertelsmann AG (F.A.Z. vom 28.01.06, Nr. 24, S. 12) oder Porsche AG mit ihrem Einfluss auf VW (F.A.Z. vom 25.02.06, Nr. 48, S. 15); allgemeiner *Harold James,* Familienunternehmen in Europa. Homée, Wendel und Falck, 2005.

728 *Scherer/Kormann/Blanc/Groth/Wimmer,* Familienunternehmen. Erfolgsstrategien zur Unternehmenssicherung, 2005; ferner *Wieselhuber* F.A.Z. vom 20.03.06, Nr. 67, S. 22 (Familienmanagement); *Böckenholt* F.A.Z. vom 02.01.06, Nr. 1, S. 19 (Finanzmanagement); *A. Weissman*

F.A.Z. vom 29.05.06, Nr. 123, S. 22 (Innovationsfähigkeit); F.A.Z. vom 21.07.05, Nr. 167, S. 11 (soziales Engagement). Zur Unternehmenskultur der Familienunternehmen *P. May/A. Weissman,* „Lieber ein großer Fisch in einem kleinen Teich", F.A.Z. vom 28.02.05, Nr. 49, S. 20; zum Beispiel Vorwerk KG, Wuppertal, F.A.Z. vom 27.12.05, Nr. 301, S. 15; zur Merckle-Gruppe F.A.Z. vom 22.07.06, Nr. 168, S. 17; zur Quandt-Familie bei BMW (46,2 %) F.A.Z. vom 03.08.06, Nr. 178, S. 12.

729 Strategien zur Abwehr von Übernahmeversuchen, wozu auch die Kommanditgesellschaft auf Aktien und andere prophylaktische Maßnahmen gehören, können dem Vorstand etwas Luft für langfristige Planungen machen; dazu *Burgers,* Vorstände im Kreuzfeuer, F.A.Z. vom 24.07.06, Nr. 169, S. 18.

730 Zu diesen notwendigen Voraussetzungen lohnender Anlage in Aktien insbesondere F.A.Z. vom 01.03.05, Nr. 50, S. 27 („Aktiensparer brauchen einen langen Atem") und die Studien der Fondsgesellschaft „Fidelity", F.A.Z. vom 02.08.06, Nr. 177, S. 17. Ähnlich das Résumé des Bundesverbandes für Investment und Asset Management für vermögenswirksame Anlagen in Aktienfonds (SZ vom 26./27.08.06, Nr. 196, S. 27). Danach waren die Siebenjahreszyklen 1979–1985, 1980–1986, 1993–1999, 1994–2000, 1991–1997 sehr erfolgreich, die Siebenjahreszyklen 1967–1973, 1968–1974, 1996–2002, 1997–2993, 1998–2004 dagegen sehr schwach oder gar hoch verlustreich (z. B. 1996–2002 mit -10,85 %). Die Durchschnittsrendite aller Zyklen seit 1962 betrug 7,98 % und lag damit über der Sparrendite – sachgerechte Kontinuität immer vorausgesetzt.

731 Zum Trend der Dax-Unternehmen, notwendige Investitionen zugunsten übertriebener Ausschüttungen (2004: 15 Milliarden Euro, 2005: 17 Milliarden Euro; 2006: 28 Milliarden Euro von insgesamt 35 Milliarden aller AGs) zu vernachlässigen, Frankfurter Allgemeine Sonntagszeitung vom 03.04.05, Nr. 13, S. 53; F.A.Z. vom 30.05.07, Nr. 123, S. 21.

732 Nur besonders starke Weltchampions, wie etwa BASF Ludwigshafen (F.A.Z. vom 06.07.05, Nr. 154, S. 17), können Langfristigkeit der Unternehmensplanung mit überwiegend fremder Kapitaleignerschaft verbinden – falls nicht plötzliche Krisen Unruhe erzeugen.

733 Dazuhin mögen bei Kleinanlegern emotionale Ursachen, z. B. die „Drogenwirkung" günstiger Prognosen, eine noch stärkere Rolle spielen als bei völlig professionellen Anlegern, die fremdes Kapital verwalten; zur Irrationalität des Anlegerverhaltens, z. B. dem „Herdenverhalten" in Spekulationsphasen, und zu entsprechenden Erkenntnissen der „Behavioral Finance" F.A.Z. vom 06.03.04, Nr. 56, S. 23; ferner „Börsenpsychologe" *J. Goldberg* SZ vom 12.08.05, Nr. 185, S. 26.

734 Inwieweit Online-Handelssysteme von Banken mit hoher Kreditspanne für den Kunden („Hebel") die Volatilität zur Hektik entgleisen lassen können, weil sich der Kunde zu „verspielen" droht, wird abzuwarten sein; F.A.Z. vom 05.07.06, Nr. 153, S. 21.

[735] Eine „intelligente Kapitalmarktstrategie" des Managements (so *Nenning* F.A.Z. vom 19.06.06, Nr. 139, S. 20) wird an diesem Sachverhalt wenig ändern können.

[736] Zur Wohlinformiertheit der Fonds-Investoren z. B. F.A.Z. vom 07.03.06, Nr. 56, S. 23.

[737] Zu den hohen Gewinnerwartungen solcher Anteilseigner etwa das Beispiel Fortis NV: „enttäuschende" Gewinnsteigerung von 39%-45% im Geschäftsjahr 2005 (F.A.Z. vom 04.03.06, Nr. 54, S. 17).

[738] Beispielhaft der Druck der Fonds bzw. Finanzinvestoren auf Ahold NV, F.A.Z. vom 15.08.06, Nr. 188, S. 13, und deutsche Dax-Unternehmen, F.A.Z. vom 01.06.06, Nr. 126, S. 25; zur durchschlagenden Volatilität bei Zwischenschaltung von Hedge-Fonds, deren Aktivitäten gerade bei Übernahmen und Börsengängen immer wichtiger werden, F.A.Z. vom 06.07.06, Nr. 154, S. 21 und 22; vom 07.03.06, Nr. 56, S. 23.

[739] Dies kann gegen Fondsstatuten oder Wertpapierrecht verstoßen; zu U.S.-amerikanischen Verfahren gegen Fondstochtergesellschaften der Allianz und andere Fondsgesellschaften F.A.Z. vom 18.02.04, Nr. 41, S. 21.

[740] Dazu A II 1.

[741] §§ 253 Abs. 2 und 3, 266 Abs. 2 (A III 1 und B III 1), 277f. HGB.

[742] Zum Verkauf der Anteile an DaimlerChrysler durch die Deutsche Bank ab 2004 als Schlussakt der Lösung von Industriebeteiligungen Financial Times Deutschland vom 02.08.04, S. 11; F.A.Z. vom 29.07.05, Nr. 174, S. 16.

[743] Ob zeitliche Stimmrechtsbeschränkungen für intermediäre Unternehmen, wie z. B. Hedge-Fonds, geeignet sind, die Volatilitätskette zu unterbrechen, ist streitig; zu entsprechenden unverwirklichten gesetzgeberischen Erwägungen F.A.Z. vom 08.06.05, Nr. 130, S. 15; vom 18.05.05, Nr. 113, S. 23.

[744] Eindrucksvoll die Schilderung von *Karl Fickel*, einem der führenden deutschen Fondsmanager des „Neuen Marktes": „Wir waren alle Täter, Opfer und Getriebene zugleich", F.A.Z. vom 05.08.06, Nr. 180, S. 19; ferner die Strategie des neuen Siemens-Vorstandsvorsitzenden Kleinfeld, schnell höhere Renditen zu erzielen, F.A.Z. vom 21.12.05, Nr. 297, S. 14.

[745] Zur steigenden hohen Volatilität und Fluktuation von Unternehmensvorständen (15,3% jährlich) bei einer Durchschnittsamtszeit im deutschsprachigen Raum von 5 Jahren die Studie von Booz Allen Hamilton, F.A.Z. vom 23.05.06, Nr. 119, S. 16.

[746] Z. B. beim Stellenabbau trotz hohen Jahresgewinns bei der Deutschen Bank (6400 Stellen), F.A.Z. vom 10.02.05, Nr. 34, S. 14, oder der Allianz (75000 Stellen), F.A.Z. vom 23.06.06, Nr. 143, S. 13 und 16; vom 23.08.06, Nr. 195, S. 19; umfassender Überblick für 2005 in F.A.Z. vom 28.12.05, Nr. 302, S. 12/13.

[747] Die sorgfältige Wahrnehmung organschaftlicher Pflichten durch Vorstände und Aufsichtsräte unter der sog. „business judgment rule" (dazu *Hopt/Roth,* FS Peter Böckli, 2006, S. 414ff.) erlaubt zwar die Berücksichtigung des Gesichtspunkts nachhaltiger Profitmaximierung, der strukturelle Gegebenheiten reflexartig miterfassen kann. Der volatile Kapitaleigner ist im Zweifel aber stärker als das Management. Soweit Vertreter der deutschen Wirtschaft ein „Glaubwürdigkeitsproblem" bei der Öffentlichkeitsarbeit erkennen (F.A.Z. vom 23.08.06, Nr. 195, S. 19), spiegelt dies den Konflikt zwischen der Volatilität des Unternehmenskapitals und dem traditionellen Verständnis des Unternehmertums in der koordinierenden Wirtschaftsverfassung der „Deutschland AG" wider (dazu A II 1 und B II 2 und 3). Dabei zeigt das Glaubwürdigkeitsproblem, dass volatiles Kapital gesellschaftlichem Grundverständnis in unbeschränkter Form nicht entspricht.

[748] Auf rechtlicher Ebene wird der Konflikt zwischen Kapitalvolatilität und regionaler Sozialbindung im Kündigungsschutz sichtbar, ist dort aber schwer lösbar, wenn nicht tief in die unternehmerische Entscheidungsfreiheit eingegriffen werden soll; zutreffend *Bernd Feudner,* Kündigungsschutz sollte nicht vom Gewinn abhängen, F.A.Z. vom 23.08.06, Nr. 193, S. 19. Wie alles Recht, so wird auch das Arbeitsrecht vom Kapitalfluss überspielt, falls man volle Volatilität akzeptiert (dazu noch unten C II 3). Das Arbeitsrecht akzeptiert entweder diesen Ausgangspunkt in voller Anpassung oder hat das Problem in voller Schärfe nicht erkannt.

[749] Insoweit steht die an sich berechtigte Betonung von Planungssicherheit und Nachhaltigkeit im Deutschen Corporate Governance Kodex (Vorsitzender der Corporate Governance Kommission *G. Cromme,* F.A.Z. vom 23.06.06, Nr. 143, S. 14) auf etwas tönernen Füßen, weil die Volatilität des Kapitalmarktes das Ziel des „long term shareholder value" (*Hansmann/Kraakman* 89 Geo. L. J. 439 (2001)) konterkariert. Dies ist auch der Einwand gegen Versuche, die Konfrontation zwischen „Shareholder Value" und „Stake-Holder-Value" für unnötig ideologisiert und wirklichkeitsfremd zu erklären; so aber tendenziell *Windbichler* European Business Organization Law Review 6 (2005), 502ff., 513ff.; *Gourevitch* 112 Yale L.J. 1829ff. (2003); *Hopt,* in: Hopt/Wymeersch (Hg.), Capital Markets and Company Law, 2003, 289ff., 304ff. u. a.

[750] Kritisch zu Vernachlässigung der „social responsibility" von Unternehmen *Chen/Hanson* 103 Mich. L. Rev. 1, 64 (2004).

[751] Zutreffend sieht Ministerpräsident *Christian Wulff,* Niedersachsen, im VW-Gesetz mit seiner mittelbaren Staatsbeteiligung einen Garanten der Kontinuität und regionalen Bindung; F.A.Z. vom 31.06.05, Nr. 140, S. 15. Der Kapitalbildung der Dax-Unternehmen adäquat ist die Internationalisierung der Vorstandsmitglieder, die zwischen 2000 und 2006 deutlich zugenommen hat (F.A.Z. vom 14.08.06, Nr. 187,

S. 18). Sie hat die Marktstellung vieler Unternehmen gefestigt, aber ihre Regionalbindung sicher nicht gestärkt.

3. Der Kapitalmarktwettbewerb und die Verdrängung leistungsfähiger regionaler Anbieter: Zerstörung regionaler Wirtschafts- und Sozialstrukturen?

752 Aufschlussreich zu den Gefahren weltweit ungleichmäßiger Kapitalallokation *P.-R. Agénor,* Benefits and Costs of International Financial Integration: Theory and Facts, 26 The World Economy 1089–1118 (2003), der sich allerdings im Wesentlichen auf eine Kosten-Nutzenanalyse für Entwicklungs- und Schwellenländer beschränkt und Folgen für die regionale Gesamtkultur etwas vernachlässigt.

753 Soweit im Rahmen des Kündigungsschutzes Arbeitsgerichte über die Rechtfertigung von Entlassungen entscheiden, ist die Gefährdung der Angebotswettbewerbsfähigkeit und damit der Unternehmensexistenz legitimer Rechtfertigungsgrund; etwas undifferenziert die Kritik bei *Bernd Feudner,* Kündigungsschutz sollte nicht vom Gewinn abhängen, F.A.Z. vom 23.08.06, Nr. 195, S. 19.

754 Zu Arbeitszeitverlängerungen in der Autobranche F.A.Z. vom 12.06.06, Nr. 134, S. 16 (M.A.N., VW).

755 Insoweit berechtigt die Thesen des Bundespräsidenten *Horst Köhler* in seinen Berliner und Tübinger Reden; F.A.Z. vom 16.03.05, Nr. 63, S. 6 und vom 06.12.05, Nr. 284, S. 12.

756 Dieser Effekt ist in der öffentlichen Diskussion wie auch vom Bundespräsidenten in seinen Berliner und Tübinger Reden zu wenig berücksichtigt; F.A.Z. vom 16.03.05, Nr. 63, S. 6 und vom 06.12.05, Nr. 284, S. 12.

757 So z.B. die Logik der Produktionsverlagerung in die EU-Beitrittsländer mit ihrem niedrigeren Produktionskostenniveau; F.A.Z. vom 17.04.04, Nr. 90, S. 11f. (BDI-Präsident Michael Rogowski).

758 M.E. nicht überzeugend insoweit die Beiträge von *I. Kumpmann* und *W. Schäfer,* in: R. Ohr (Hg.), Globalisierung – Herausforderung an die Wirtschaftspolitik, 2004, S. 125ff., 97ff., die diesen Effekt geringer einschätzen.

759 Insoweit zutreffend die Analyse von *Bernd Feudner,* Kündigungsschutz sollte nicht vom Gewinn abhängen, F.A.Z. vom 23.08.06, Nr. 195, S. 19, der aber bei völlig volatilem Kapital die Brisanz seiner Thesen (Entlassungen zur Steigerung der Rendite von 20% auf 30%?) etwas unterschätzt.

760 Diese Wirkung verteidigt der neue Direktor des IWF, *Rodrigo de Rato,* in etwas undifferenzierter Form; F.A.Z. vom 11.02.05, Nr. 35, S. 12 („Das Soziale Netz ist für Deutschland zur Falle geworden“). Bemerkenswert seine Fehlprognose zum Wirtschaftswachstum Deutschlands, wenn man seine Prognosen von 2005 mit den Zahlen von

2006 vergleicht: F.A.Z. vom 15.08.06, Nr. 188, S. 9; siehe noch sub C II 1 d.

761 Zum finanzpolitischen Wettbewerb vor allem in der EU beispielhaft *Mutter* RIW 2005, 741 ff. (Medienbranche); *Diller/Stegbauer* RIW 2005, 750ff. (neue EU-Staaten), F.A.Z. vom 16.06.07, Nr. 137, S. 26 (Unternehmenssteuer Irland); vom 10.02.05, Nr. 34, S. 13/14 und vom 18.04.07, Nr. 90, S. 15 (Erbschaftsteuer); speziell bei REITs F.A.Z. vom 15.09.06, Nr. 215, S. 27; ferner grundlegend *Seiler* und *Sprengel*, Gutachten 66. DJT 2006, S. F 61 ff. und S. G 5 ff., G 7, G 11, G 15, G 21, G 24, G 26 (jeweils vergleichende Tabellen); zur Kritik der Politik am „Steuerdumping" F.A.Z. vom 19.04.04, Nr. 91, S. 11 (Steuerdumping der 10 Beitrittsländer der EU); Die Zeit vom 16.09.04, Nr. 39, S. 36. Richtig dürfte die Annahme sein, dass mobiles Kapital die Hauptsteuerlast auf Arbeitnehmer umverlagert (*O. Lorz,* in: H. Siebert, Global Governance, 2003).

762 Dies ist gerade die U.S.-amerikanische Erfahrung, wo die Flucht auswärtiger Anleger zur Korrektur des Sarbanes-Oxley-Act zwingen könnte, F.A.Z. vom 13.09.06, Nr. 213, S. 13; vom 05.04.07, Nr. 81, S. 25; siehe auch sub B I 2; gleich das englische Kapitalmarktrecht, wenn es für ausländische Börseneinführungen die Zulassungsanforderungen absenkt (F.A.Z. vom 09.06.06, Nr. 132, S. 25; zum Erfolg F.A.Z. vom 30.05.07, Nr. 123, S. 21: Verlagerung nach London). Ein ähnlicher Effekt zeigt sich bei der Erleichterung der Deregistrierung an der New Yorker Börse durch die U.S.-amerikanische Börsenaufsicht; dazu F.A.Z. vom 23.03.07, Nr. 70, S. 23.

763 Dazu eher im Sinne bejahenden Vollzugs *Windbichler* European Buisness Organization Law Review 6 (2005), 507ff. mit umfassenden Nachweisen zum internationalen Diskussionsstand. Diese Gefahr wird gesehen, aber m. E. verharmlost von *Hall/Soskice,* Varieties of Capitalism. Introduction, 2001, S. 1 ff., 53, 56ff. mNw. Manche Argumente des Jahres 2001 haben sich bereits jetzt als Fehlprognose erweisen (z. B. keine Schwächung der Gewerkschaften durch den Globalisierungsdruck etc.; dazu die Mitgliederzahlen, F.A.Z. vom 30.01.06, Nr. 25, S. 15).

764 Zu diesem Phänomen ausführlich *Th. Würtenberger,* Verfassungsrecht im Wettbewerb, FS Reiner Schmidt, 2006, S. 645 ff. mNw.; *Mehde,* Wettbewerb zwischen Staaten, 2005; *Gerken,* Der Wettbewerb der Staaten, 1999; *David Held,* Democracy and the Global Order, 1995; *Held/McGrew/Goldblatt/Perraton,* Global Transformations, 1999; klarsichtig *P. Sloterdijk,* Im Weltinnenraum des Kapitals, 2005; *ders.* Rheinischer Merkur Nr. 33/2005, S. 19f. Die Jahrzehnte nach dem 2. Weltkrieg waren durch einen Ausgleich zwischen demokratischer Selbstbestimmung und internationaler Öffnung gekennzeichnet; hierzu *J.G. Ruggie,* International Regimes, Transactions and Change: Embedded Liberalism in the Postwar Economic Order, 36 International Organization 379 (1982); *F.W. Scharpf,* Governing in Europe: Effective and

Democratic?, 1999, S. 36; zusammenfassend *M. Koenig-Archibugi*, Globalization and the Challenge to Governance, in: Held/Koenig-Archibugi, Taming Globalization, 2003, S. 1 ff., 3 ff.; ferner oben A II.

765 Man mag dies begrüßen (so z. B. *F. Zakaria*, Das Ende der Freiheit? Wieviel Demokratie verträgt der Mensch?, 2005) oder kritisieren (dazu *V. Vanberg* und *P. Kirchhof*, in: Ordo. Jahrbuch für die Ordnung von Wirtschaft und Gesellschaft. Bd. 56, 2005), ändern kann man es gegenwärtig sicher nicht. Ein Auswuchs des finanzpolitischen Wettbewerbs ist der Gedanke, „Investmentbankern" als Ansiedlungsanreiz Steuerrabatte zu gewähren; dazu F.A.Z. vom 28.02.04, Nr. 50, S. 14; so aber in nunmehr fast blamabler Weise Großbritannien seit 1998 (100%; dazu F.A.Z. vom 19.06.07, Nr. 139, S. 25).

766 Dazu *Hall/Soskice*, Varieties of Capitalism, 2001, S. 53; *Story/Walter*, Political Economy of Financial Integration in Europe, 1997.

767 Zur unterschiedlichen Auswirkung des EU-Binnenmarktes und der Osterweiterung für qualifizierte und gering qualifizierte Arbeitskräfte ausführlich *Sternberg*, Wirtschaftsstandort Deutschland, und *Schulz-Nieswandt/Sesselmeier*, Arbeitsmarkt Deutschland: Effekte der EU-Mitgliedschaft, in: Wessels/Diedrichs, Die neue Europäische Union, 2006, S. 21 ff., 28 ff., 31 ff. sowie S. 73 ff. Weltweit hat sich z. B. das Lohnniveau indischer Softwarespezialisten an das allgemeine Niveau angeglichen (F.A.Z. vom 27.12.04, Nr. 300, S. 23). Richtig dürfte auch die Feststellung einer Studie des Kieler Instituts für Weltwirtschaft vom Mai 2007 sein, dass deutsche Auslandsinvestitionen im Inland Arbeitsplätze hohen Qualitätsniveaus schaffen, wohingegen standardisierte Produktion eher ausgelagert wird (dazu F.A.Z. vom 30.05.07, Nr. 123, S. 14). Das numerische Gesamtergebnis vor allem für weniger qualifizierte Arbeitskräfte bleibt dabei allerdings letztlich etwas offen.

768 Dazu *Ehmann*, Ende der Gewerkschaften?, Die Neue Ordnung 58 (2004), 56 ff.; *Gerken*, Der Wettbewerb der Staaten, 1999, S. 70; *Würtenberger*, FS R. Schmidt, 2006, S. 656. Eine Ausnahme und vielleicht ein erster Beginn sind der gesamteuropäische Streik der Hafenarbeiter gegen die geplante EU-Richtlinie für den Marktzugang für Hafendienste (dazu *Kühling/Tigges* EWS 2007, 107 ff.; F.A.Z. vom 11.01.06, Nr. 9, S. 11) und der Solidaritätsvertrag der europäischen GM-Arbeiter (F.A.Z. vom 14.12.05, Nr. 291, S. 14). Inwieweit sich Pläne für transatlantische Gewerkschaften realisieren, die ein Gleichgewicht mit multinationalen Unternehmen herstellen könnten, ist offen; zu Absichtserklärungen von britischen und U.S.-amerikanischen Gewerkschaften F.A.Z. vom 19.04.07, Nr. 91, S. 12.

769 Eine andere Frage ist die Durchsetzung von Mindestbedingungen (Verbot unangemessener Kinderarbeit, Koalitionsfreiheit, Arbeitszeiten etc.) als Menschenrechtsgarantie, die aber vorläufig zumindest weltweit ebenfalls Illusion bleibt; dazu *K.A. Elliot/R.B. Freeman*, Can Labor Standards Improve Under Globalization?, 2003; *D.M. Trubek/L.*

Compa, Trade Law, Labor, and Global Inequality, in: Carrington/Jones, Law and Class in America, 2006, S. 217ff.

770 Nach Auffassung des Bundesfinanzministeriums verliert die Bundesrepublik durch Auslandsverlagerungen jährlich 65 Milliarden Euro Steuern; dazu F.A.Z. vom 15.08.06, Nr. 188, S. 19. Die Schwierigkeiten einer befriedigenden europäischen Lösung schildern *Seiler* und *Sprengel*, Gutachten 66. DJT 2006, S. F 61ff. und G 28ff.

771 Ob mit der Beteiligung der Porsche AG an der VW AG (letztendlich 30.94%) eine Wiederholung der „Deutschland AG" bereits gegeben ist (F.A.Z. vom 26.09.05, Nr. 224, S. 11; vom 03.08.06, Nr. 178, S. 9; vom 05.04.07, Nr. 81, S. 17), mag dahinstehen (eher in diesem Sinne *Wiedeking*, Der Spiegel Nr. 39/06, S. 96ff., 99ff.). Nicht untypisch ist die heftige Reaktion britischer Kommentatoren (Spiegel Online 25.09.05). Für eine stark auf Investmentbanking gestützte Wirtschaft sind Versuche regionaler Kapitalbindung eine Gefahr. Eine Abwehr fremder Übernahmen durch „Überkreuzbeteiligung" verfolgt neuerdings wieder Japan im Stahlproduktionsbereich; F.A.Z. vom 30.03.06, Nr. 76, S. 17; ähnlich die versuchte Blockade der Endesa-Übernahme durch Acciona in Spanien, F.A.Z. vom 27.09.06, Nr. 225, S. 13.

772 Guter Überblick bei *K.R. Wagner*, Mitarbeiterbeteiligung in Deutschland, NJW 2003, 3081ff. Zur Beteiligung der Arbeitnehmer am Produktivvermögen als Strategie zur Bewältigung der Globalisierung anregend der Geschäftsführer der Georgsmarienhütte Holding GmbH *Lang*, F.A.Z. vom 07.06.06, Nr. 130, S. 16; ferner die Mittelstands- und Wirtschaftsvereinigung der Union und die CDU-Arbeitsgruppe „Kapitalbildung von Arbeitnehmern", F.A.Z. vom 28.06.06, Nr. 147, S. 11 (Darlehen, stille Beteiligungen, Genussrechte, Belegschaftsaktien, Aktienoptionen, GmbH- und Genossenschaftsanteile) sowie der SPD-Vorschlag zur Beteiligung über einen „Deutschland-Fonds" und die Diskussion hierüber in der großen Koalition (F.A.Z. vom 27.06.07, Nr. 146, S. ½; vom 28.06.07, Nr. 147, S. 13). Interessant der Vergleich mit Frankreich, wo 23% der Arbeitnehmer am Kapital und 84% am Gewinn beteiligt sind, wohingegen in Deutschland die Quoten nur 10% bzw. 18% betragen (ähnlich F.A.Z. vom 04.03.06, Nr. 54, S. 14). Belegschaftsaktien in größerem Stil haben z.B. BASF, Siemens und Altana ausgegeben (F.A.Z. vom 25.04.06, Nr. 92, S. 14); insgesamt hat die deutsche Belegschaft 13 Milliarden Euro investiert. Unklarheit besteht über Sperrzeiten für den Verkauf, Rückkaufsrechte etc. Wohl nirgends erreichen Belegschaftsaktien gegenwärtig eine Sperrminorität (zweifelhaft).

773 Grundsätzlich a.A. *I. Kumpmann*, in: R. Ohr (Hg.), Globalisierung, Herausforderung an die Wirtschaftspolitik, 2004; nach seiner These braucht der fremde Investor den sozialen Frieden und ist deshalb weniger auf volle Durchsetzung seiner Gewinninteressen angelegt als der Warenhändler, dem dies gleichgültig ist. M.E. beachtet diese These

die gegenwärtige Volatilität des Kapitals zu wenig und setzt einen weltweit rational planenden Kapitalanleger voraus, der auf langfristige Anlage und den sozialen Frieden in einem einzelnen Staat überhaupt angewiesen ist. Davon ist die Gegenwart aber weit entfernt. Im übrigen müssten für die wünschenswerte Erhaltung des Warenabnehmermarktes gleiche Regeln gelten.

774 Die Feststellung von *J.E. Stiglitz,* Liberalisierung des Handels und Liberalisierung des Kapitalmarkts seien bei Schwellenländern in ihrer Auswirkung sehr verschieden zu beurteilen, die volle Öffnung des Kapitalmarktes sei – entgegen den Empfehlungen des IWF – nicht ohne weiteres empfehlenswert, erscheint in gewisser Weise verallgemeinerungsfähig; *Stiglitz,* Globalization and Development, in: Held/Koenig-Archibugi, Taming Globalization, 2003, S. 47ff., 51ff.; *ders.,* Die Roaring Nineties, 2004; ähnlich *H. Sander,* in: R. Ohr, Globalisierung, 2004; ferner *P.-R. Agénor,* 26 The World Economy, 1089–1118 (2003).

775 Deutsche Unternehmen schütten für 2006 35 Milliarden Euro Dividenden aus, davon die Dax-Unternehmen 28 Milliarden Euro, F.A.Z. vom 14.04.07, Nr. 87, S. 190. Ein hoher Anteil der Eigner von Aktien sind Fremdaktionäre. Insgesamt partizipieren Käufer von Aktienzertifikaten weniger an Dividenden.

776 Dazu *Koenig-Archibugi,* Globalization and the Challenge to Governance, in: Held/Koenig-Archibugi, Taming Globalization, 2003, S. 1ff., 6; *Phillippe van Parijs,* Real Feedom for All: What (If Anything) Can Justify Capitalism, 1995, S. 227.

777 Dies ist das gegenwärtige Modell der englischen Wirtschaft, für die – wie bei Spielern des Tennisturniers – nicht die britische Kapitaleignerschaft, sondern nur der britische Geschäftsplatz ausschlaggebend ist („Wimbledon-Effect"). Auslandsübernahmen gab es 2005 in Höhe von 95 Milliarden Euro, verglichen mit 53 Milliarden in Deutschland und 26 Milliarden in Frankreich. Allerdings ist die Epoche des „Wimbledon-Effects" für eine endgültige Erfolgsdiagnose zu kurz, was die Stabilität der Investitionen angeht. Das Risiko größerer Einkommensspreizung hat sich aber bereits voll verwirklicht. Darauf geht der positive Bericht F.A.Z. vom 26.06.06, Nr. 145, S. 14, nicht ein; hierzu aber die Daten bei *Freeman,* in Drèze, Advances, S. 162; *S.M. Lipset,* It didn't happen here, S. 283; ferner oben B II 3 b.

4. *Das Geschäft mit Risiken und seine beschränkte Beherrschbarkeit – Risikoauslagerung, Risikoübernahme und Risikostreuung*

778 Eindrucksvolle Analyse bei *A. Cardoso,* L'anarchie libérale, 2003, dessen Konsequenzen allerdings teilweise etwas illusionär wirken.

779 Zur „neuen Mathematik des Risikos" insbesondere *David X. Li,* On Default Correlation: A Copula Function Approach, 9 Journal of

Fixed Income 43–54 (2000) für Kreditderivate und *Fischer Black/Myron Scholes,* The Pricing of Options and Corporate Liabilities, 81 Journal of Political Economy 637–654 (1973) für Optionen; ferner *R. Merton,* Theory of Rational Option Pricing, 4 Bell Journal of Economics and Management Science 141–183 (1973). In deutscher Sprache insbesondere *W. Bühler,* Investitions- und Finanzplanung bei qualitativer Information, 1976; allgemeinverständliche Darstellung in: Jahrbuch der Heidelberger Akademie der Wissenschaften für 2003, S. 142ff., 144/145. Den neueren Stand finanzmathematischer Fortschritte schildert kurz zusammengefasst F.A.Z. vom 16.03.06, Nr. 64, S. 23 und vom 23.03.07, Nr. 70, S. 25. Kritisch zum Gebrauch durch Hedge-Fonds *M. Whitehouse,* Wall Street Journal vom 12.09.05, S. 1ff.

780 Nicht untypisch die Verluste der Deutschen Bank im Eigenhandel mit Aktien – also relativ harmlosen Wertpapieren – während des 2. Quartals 2006, dazu F.A.Z. vom 02.08.06, Nr. 177, S. 13: „Deutsche Bank verspekuliert sich an den Aktienmärkten"; ferner Handelsblatt Finanzzeitung vom 22.08.06, Nr. 161, S. 26; ähnlich die Fehlleistung der Allianz-Fondsgesellschaft dit bei Derivatkombinationen, F.A.Z. vom 07.09.06, Nr. 208, S. 22. Allgemein ist die Qualität von Aktienanalysen als eher zweifelhaft einzustufen (dazu *G. Copley,* Chef der globalen Aktienanalyse von HSBC, London, F.A.Z. vom 20.06.06, Nr. 140, S. 23). Nicht untypisch der analystische Erfolg eines Playboy-Models über Analysten bedeutender Fonds, F.A.Z. vom 08.07.06, Nr. 156, S. 23.

781 Dazu *Nicholas Dunbar,* Inventing Money: The story of the Long-Term Capital Management and the legends behind it, 2000; *Fenton-O'Creevy/Nicholson/Soane/Willman,* Traders – Risks, Decisions, and Management in Financial Markets, 2004; *R. Lowenstein,* When Genius Failed: The Rise and Fall of Long-Term Capital Management, 2002; *K. Dowd,* Too Big to Fail? Long Term Capital Management and the Federal Reserve, Cato Institute Briefing Papers vom 23.09.99, Nr. 52. Allgemein zu unliebsamen Überraschungseffekten für Derivate-Käufer in Deutschland angesichts nervöser Finanzmärkte im Frühjahr 2006, F.A.Z. vom 18.05.06, Nr. 115, S. 21. Dem wachsenden Markt von Kreditderivaten (25 Billionen US-Dollar 2006 gegenüber 2 Billionen US-Dollar 2002) ist deshalb Skepsis entgegenzubringen (dazu F.A.Z. vom 23.03.07, Nr. 70, S. 25).

782 Dies wird bei der Analyse von Derivatprodukten häufig zu wenig beachtet; dies auch gegen *Müller/Weber,* Investieren in Volatilität, F.A.Z. vom 22.02.05, Nr. 44, S. 23; zum Spekulationscharakter von Volatilitätszertifikaten F.A.Z. vom 13.06.06, Nr. 135, S. 23. Es gibt bis heute keine quantitative Möglichkeit, geballte Handelsstrategien von Hedge-Fonds („Crowded Trades") zu identifizieren und zuverlässig zu analysieren (dazu F.A.Z. vom 21.06.06, Nr. 141, S. 24).

783 Dieser Vorwurf mag auch gegen sog. Hybridanleihen greifen, die Kapitalrückzahlung vortäuschen, aber aktienähnliche Risiken überwäl-

zen bei u.U. geringer Risikoprämie; F.A.Z. vom 27.06.06, Nr. 146, S. 23. Er trifft auch Credit Default Swaps (CDS) ohne real existierende Kredite; dazu F.A.Z. vom 28.06.06, Nr. 147, S. 11, oder Online Handelssysteme mit hoher Kreditspanne (F.A.Z. vom 05.07.06, Nr. 153, S. 21), die eher Spielbankcharakter haben.

784 Zur Kritik der Schutzgemeinschaft der Kapitalanleger an Risikozertifikaten für Privatanleger F.A.Z. vom 02.08.06, Nr. 177, S. 17.

785 Richtig die Beobachtung, dass Finanzierungsfonds der Private Equity höhere Risiken tragen und übernehmen können als kreditierende Banken; dazu Goldman Sachs F.A.Z. vom 24.08.06, Nr. 196, S. 21. Eine andere Frage ist, ob dies die Nachteile der Volatilität (sub C II 2 und 3) ausgleicht.

786 Wenn z.B. Hedge-Fonds über Credit Default Swaps (CDS) als Versicherer auftreten oder Banken entsprechende Produkte abnehmen, kann sich auch bei mittelbarer Zugänglichkeit für Verbraucher z.B. über Dachfonds der Kreditrisikotransfer beim Endabnehmer realisieren mit schwer abschätzbaren Folgen bei gehäuften Kreditausfällen in Zeiten konjunktureller Abkühlung; zutreffend F.A.Z. vom 28.06.06, Nr. 147, S. 11.

787 Schöner Überblick bei *L. Klöhn,* Kapitalmarkt, Spekulation und Behavioral Finance, 2006, S. 25 ff.

788 *Keynes,* A Treatise on Money, 1930; *Hicks,* Value and Capital, 2nd ed. 1946, S. 137 ff.; *Aschinger,* Börsenkrach und Spekulation, 1995, S. 36: „Versicherungsfunktion der Spekulation".

789 *Grossman/Stiglitz* 70 Am. Econ. Rev. 393 (1980).

790 Grundlegend *Hirshleifer* 89 Q. J. Econ. 519 (1975); *Stout* 81 Va. L. Rev. 611, 751 (1995); *dies.* 48 Duke L. J. 701 (1999); ausführlich *Klöhn,* Kapitalmarkt, S. 29 ff.

791 *Dow/Gorton* 105 J. Pol. Econ. 1024 (1997).

792 Hilflos insoweit auch die Warnung EZB-Präsidenten *Claude Trichet* vor Risiken des rapide wachsenden Marktes für Kreditderivate; F.A.Z. vom 20.04.07, Nr. 92, S. 22.

793 Instruktiv *A.E. Wilmarth, Jr.,* The Transformation of the U.S. Financial Services Industry, 1975–2000: Competition, Consolidation, and Increased Risks, 2002 U. Ill. L. Rev. 215 (2002). Der Beitrag zieht folgende Bilanz: „The US financial services industry has been fundamentally restructured over the past quarter century, culminating in the emergence of big diversified banks and other large financial conglomerates ... [The legislature] has ratified this ongoing consolidation of the financial services industry by removing the traditional boundaries that separated banks from securities firms and insurance companies. Congress adopted the [new law] because it recognized that advances in information technology and the development of innovative financial instruments had subverted the prior legal barriers between banks and other financial firms. Unfortunately, regulatory policies have not advanced to meet the

challenges of supervising the new finanical conglomerates. These giant institutions present formidable risks to the federal safety net and are largely insulated from both market discipline and supervisory intervention ... It is time for regulators to acknowledge publicly that neither they nor the financial markets can adequately control the risk-taking incentives of large universal banks until credible steps are taken to resolve the problems of supervisory forbearance and moral hazard that the Too-Big-To-Fail-Doctrine has created ...".

794 Dazu §§ 13ff., 20 KWG; Grundsatz I (Eigenmittelgrundsatz) § 13 (Bonitätsgewichte) mit Verweisungsvorschriften (§§ 9–11).

795 Entgegen den Vorstellungen der Hedge Fonds-Branche und der EU-Kommission (zur zurückhaltenden Empfehlung des Banking Supervision Committee F.A.Z. vom 29.11.05, Nr. 278, S. 14) könnten deshalb Regulierungen dieses Bereichs (Obergrenzen für institutionelle Anleger, Zugangsregeln für private Anleger) durchaus empfehlenswert sein; dazu Die Zeit vom 20.04.06, Nr. 17, S. 37; F.A.Z. vom 05.07.06, Nr. 153, S. 21. Die amerikanische Rechtsprechung hat im Juni 2006 Regulierungsbestrebungen der Security and Exchange Commission verhindert (dazu *Bednarz* RIW 2007, 34ff. mNw.; F.A.Z. vom 26.06.06, Nr. 145, S. 17). Nachdem sich Milliardenskandale wie beim U.S.-amerikanischen Fonds Amaranth und den Bear Stearns Hedge Fonds weiter mehren (dazu F.A.Z. vom 21.09.06, Nr. 220, S. 21 sowie vom 22./28.06.07, Nr. 142/147, S. 21 und sogar Der Spiegel Nr. 39/06, S. 90ff.), wird die Regulierungsdiskussion neue Nahrung erhalten; dazu sub D II 6e (4) mNw.

5. *Der simulierte Wettbewerb – Umschlag in die Planwirtschaft?*

796 Fragwürdig der Versuch zur Preiskontrolle beim Medikamenthersteller; so aber gesetzgeberische Planungen der Gesundheitsreform, F.A.Z. vom 28.08.06, Nr. 199, S. 9. Besser wäre es, die in verbandsmäßiger Organisation schlummernden Marktpotentiale zu nutzen; dazu SZ vom 26./27.08.06, Nr. 196, S. 23 (Liste der Kassenärztlichen Vereinigung mit 86 überteuerten Scheininnovationen); dazu noch oben B II 3 b.

797 Die Debatte um den teilweisen Verkauf der Handschriftensammlung der Badischen Landesbibliothek offenbart die inzwischen sehr beschränkte staatliche Bereitschaft, in zweckfreie Geschichtswissenschaft zu investieren; Kulturgüter werden zu privaten Anlageobjekten und damit umgewidmet. Nicht untypisch die Äußerung des Baden-Württembergischen Ministerpräsidenten *Günther Oettinger,* die „... Kritik" komme „im Kulturteil der Zeitungen, nicht auf den Wirtschaftsseiten" (F.A.Z. vom 28.09.06, Nr. 226, S. 1). Man braucht in Deutschland bereits das Votum angloamerikanischer Kollegen – also das Urteil von Repräsentanten einer Marktkultur – um Chance auf Gehör zu haben

(F.A.Z. vom 28.09.06, Nr. 226, S. 44: „Deutschland verschleudert seine Vergangenheit").

798 Darin liegt m. E. letztlich die Schwäche des Plädoyers von *P. Oberender* und *J. Fleischmann*, Ordo. Jahrbuch für die Ordnung von Wirtschaft und Gesellschaft, Bd. 54, 2003, für weitgehende Privatisierung der Universitäten und Studiengebühren.

799 Das oft gehörte Argument, Stipendien könnten hier marktadäquates Verhalten bewirken, ist insoweit zweifelhaft, als sich der Trend zum Darlehen und damit zur Verschuldung sowohl in Deutschland bei Einführung der Studiengebühren von Anfang an, aber auch in den USA deutlich durchsetzt; dazu *M. Hartmann*, Mehr soziale Gerechtigkeit durch Studiengebühren?, Forschung und Lehre Nr. 1/2006, S. 8ff. mNw.

800 Wie der Nachfragemarkt aufgrund sehr kurzsichtiger unternehmerischer Planung hier versagen kann, zeigt der deutsche Ingenieurmangel 2004; dazu F.A.Z. vom 21.04.04, Nr. 93, S. 20.

801 Aufschlussreich, wenngleich sehr kritisch, *Hinrichs/Nowak*, Auf dem Rücken der Patienten. Selbstbedienungsladen Gesundheitssystem, 2005.

802 Diese Möglichkeit ist z. B. bei Preisbildung im Pharmaziebereich nicht ausgeschöpft; dazu SZ vom 26./27.08.06, Nr. 196, S. 23 (Liste der Kassenärztlichen Vereinigung mit 86 überteuerten Scheininnovationen, die nicht verschrieben werden sollen); F.A.Z. vom 09.06.05, Nr. 131, S. 13 (Rabattvereinbarungen zwischen Pharmaindustrie und Ersatzkassen); zum Marktgleichgewicht durch Verbandsorganisation oben B II 3b und A III 4a.

803 Zum simulierten Wettbewerb *Bräuning*, Öffentliche Verwaltung und Ressourcenbewirtschaftung, 2000, S. 93ff.

804 Dazu *Voßkuhle*, Der Staat 40 (2001), 495ff., 518ff. mwNw.

805 Dazu beispielhaft die Rankings von Professoren nach Zitathäufigkeit; z. B. http://www.utexas.edu/law/faculty/bleiter/rankings02/most-cited.html, aufgerufen am 27.05.05.

806 Beispielhaft der Fragenkatalog der Juristischen Fakultät der Universität Freiburg im SS 2000 oder 2006, der vor allem die Qualität der Arbeitspapiere und Materialien, die Kommunikation und den Motivationseffekt betrifft.

807 Zur fachlichen Kritik *Jahnke/Meyerhöfer*, PISA und Co, 2006; ferner *Jahnke*, Psychologie Heute 4/2007, S. 10. Zur „öffentlichen Meinungsbildung" über PISA und seine Bedeutung für die Bildungspolitik durchaus repräsentativ Der Spiegel Nr. 50/04, S. 174ff. mit Darstellung der Mathematikaufgaben und daraus abgeleiteten bildungspolitischen Forderungen.

808 Für die gegenwärtige bildungspolitische Situation nicht untypisch der Schulleiterbrief des Ministers für Kultur, Jugend und Sport eines deutschen Bundeslandes zum Schuljahresanfang Herbst 2006, der mit

dem Henry-Ford-Zitat endet: „Die Wettbewerbsfähigkeit eines Landes beginnt nicht in der Fabrikhalle oder im Forschungslabor. Sie beginnt im Klassenzimmer." Deutschland war erfolgreicher, als man Bildung im Primärbereich zweckfrei vermittelte, zum Bildungszweck eher Philosophen, Dichter oder Wissenschaftler zu Rate zog und den wirtschaftlichen Erfolg grundsätzlich als Reflex zweckfreier Grundausbildung begriff.

[809] Zur Idealisierung der Ganztagsschulen von Seiten interessierter wirtschaftlicher Kreise beispielhaft Financial Times Deutschland vom 17.02.04, S. 12, mit teilweise durchaus reißerischen Argumenten.

[810] Zutreffend *R. Müller*, Die Abschaffung der Hausfrauenehe, F.A.Z. vom 24.08.06, Nr. 196, S. 1. Mit der Hausfrauenehe wird auch die „Hausmannehe" – beide als durchaus erwägenswertes Modell vorübergehenden oder langfristigen familiären Rückzugs – erschwert oder verunmöglicht. Zur notwendigen Wahlfreiheit, die sich endgültig als Reformmodell durchsetzen sollte, ausführlicher unter D II 5 d und 7e.

[811] Kritisch zum neuen Steuerungsmodell in der Justiz *Stürner* BRAK-Mitt. 2003, 213ff.; *Papier* NJW 2001, 1089ff.; im Kern auch *Schilken* JZ 2006, 860ff., 867f.

6. *Regulierende Administration zur Deregulierung – Elemente notwendiger staatlicher Wirtschaftsplanung?*

[812] So lässt sich z. B. die Übernahme des spanischen Stromversorgers „Endesa" durch den deutschen Eon-Konzern (F.A.Z. vom 04.08.06, Nr. 179, S. 11) als Akt europäischer Marktbereinigung betrachten.

[813] Die Grundsätze der Regulierungsverwaltung behandelt umfassend *J. Masing*, Gutachten 66. DJT 2006; ferner *J. Kühling*, Sektorspezifische Regulierung in Netzwirtschaften, 2004.

[814] Dazu *J. Kühling*, Sektorspezifische Regulierung in den Netzwirtschaften, S. 337ff.

[815] Allgemein zur aufsichtsrechtlichen Preisbildung *Masing*, Gutachten 66. DJT, 2006, S. D 117–134 mNw. Zu deutschen Erwägungen, die Preisbildung bei Energiekonzernen zu kontrollieren, falls Oligopole einen „zu großen Abstand zwischen Entgelt und Erzeugungskosten" bewirken, F.A.Z. vom 09.09.06, Nr. 210, S. 9; Modelle eines regulierenden Systems vergleichenden Wettbewerbs für die Wasserwirtschaft nach englischem Vorbild schildert *M. Oelmann*, Zur Neuausrichtung der Preis- und Qualitätsregulierung in der deutschen Wasserwirtschaft, 2005.

[816] Zur kartellrechtlichen und energiewirtschaftsrechtlichen Prüfung der Nutzungsentgelte für Durchleitungsrechte unter Geltung alten Rechts grundlegend BGHZ 164, 336ff., 346.

[817] Dazu *Decker/Mildner*, Die USA und EU auf Kollisionskurs?, in: Jäger/Höse/Oppermann, Transatlantische Beziehungen, 2005, S. 203ff.,

205 f. mNw.; zum Nachklang dieses Konflikts in Gestalt der WTO-Klagen der USA und der EU auch F.A.Z. vom 10. 02. 05, Nr. 34, S. 14.

[818] Dazu *Wollenschläger,* Der Begriff des „öffentlichen Auftraggebers“ im Lichte der neuesten Rechtsprechung des EuGH, EWS 2005, 343 ff. mNw.; *Kalbe,* Der EuGH zieht die Grenzen einer freihändigen Vergabe von Dienstleistungsverträgen enger, EWS 2005, 116 ff.

[819] Dazu Art. 87 Abs. 3 a–c EGV.

[820] Dazu Bundeskartellamtspräsident *Ulf Böge,* „Wir haben den Markt überschätzt“, Rheinischer Merkur Nr. 30/2006, S. 11.

[821] Die „Savings and Loan Crisis“ in den USA um 1990 (Dazu *Schumer/Graham* 2 Stan. L. & Pol'y Rev. 69 [1990] und unten sub C II 7 mNw.) hatte auch in fehlsamer Regulierung und Aufsicht ihre Ursachen. Krisen dieses Umfangs sind dem deutschen öffentlichen Banksektor nicht bekannt.

[822] Den relativ hohen Personalaufwand der Bundesnetzagentur mit insgesamt nahezu 3.000 Stellen schildert *Masing,* 66. DJT 2006, S. D 21.

[823] Andeutungsweise *Voßkuhle,* Der Staat 40 (2001), 495 ff., 517. Die Deregulierung der Arbeitslosenvermittlung und die deutlichen Qualitätsmängel der Personal-Service-Agenturen schildert Die Zeit vom 04. 03. 04, Nr. 11, S. 25. Versagen kann es bei privater und öffentlicher Organisation geben, wie die Missorganisation des virtuellen Arbeitsmarktes durch die Bundesagentur für Arbeit zeigt (Die Zeit vom 04. 03. 04, Nr. 11, S. 25).

7. *Die Gewährleistungsverwaltung und die Volatilität privaten Kapitals*

[824] Die Infrastrukturinvestitionen von Investmentbanken und Beteiligungsfonds betragen allein im 1. Halbjahr 2006 weltweit 98,1 Milliarden Dollar; F.A.Z. vom 15. 08. 06, Nr. 188, S. 17.

[825] Der Verkauf der Bundesautobahnen würde einen Erlös von 100 Milliarden Euro ergeben, Autobahnen und Bundesstraßen zusammen ca. 210 Milliarden Euro; F.A.Z. vom 17. 10. 05, Nr. 241, S. 13.

[826] Zur Privatisierung der Flugsicherung durch das vorerst gescheiterte „Gesetz zur Neuregelung der Flugsicherung“, die dem Bund 1,4 Milliarden Euro einbringen sollte, und den öffentlichrechtlichen Rahmenbedingungen (hoheitliche Aufsicht, Rückgaberechte bezüglich der Geschäftsanteile, Sperrminorität des Bundes etc.), F.A.Z. vom 08. 04. 06, Nr. 84, S. 12.; ausführlich das Gutachten von *F. Schoch,* Vereinbarkeit des Gesetzes zur Neuregelung der Flugsicherung mit Art. 87d GG, Die Verwaltung 2006, Beiheft 6. Dieses Gutachten war die Grundlage für die Weigerung des Bundespräsidenten, das Gesetz auszufertigen.

[827] Zu dieser Problematik schon *Voßkuhle,* Der Staat 40 (2001), 495 ff., 517.

[828] So kann die Drohung einer Preiskontrolle bei Energieunternehmen (F.A.Z. vom 09.09.06, Nr. 210, S. 9) zum Rückzug fremder Eigner führen, falls die festgesetzten Preise „dem Markt" und seiner Gewinnerwartung nicht entsprechen; insoweit tendenziell richtig Eon-Vorstandsvorsitzender *Bernotat,* F.A.Z. vom 13.09.06, Nr. 213, S. 15.

[829] Diesen Effekt unterschätzen m. E. häufig öffentlichrechtliche Autoren, wenn sie die Pflichtigkeit des Unternehmens und ihre Durchsetzung schildern; so auch *Masing,* 66. DJT 2006, S. D 108ff.

[830] Z. B. WoBa Dresden und ihr Verkauf an eine Tochter des U.S.-amerikanischen Finanzinvestors Fortress, F.A.Z. vom 10.03.06, Nr. 59, S. 13. Beim Verkauf der gewerkschaftseigenen Immobilienholding Baubecon an den amerikanischen Finanzinvestor Cerberus war offensichtlich das Gewinninteresse höher als das Interesse an einer mieterschützenden „Sozialcharta"; F.A.Z. vom 11.11.05, Nr. 263, S. 11.

[831] Darin liegt auch ein Bedenken gegen die nunmehr initiierten Real Estate Investment Trusts (REITs); dazu *Pluskat/Rogall,* Steuerbegünstigte Immobilienaktiengesellschaften (REITs) in Deutschland, RIW 2005, 253ff.; *Fabry/Riha* RIW 2006, 528ff. (weltweite Gesetzgebung); *Dettmeier/Gemmel/Kaiser* RIW 2006, 833ff. (steuerliche Rahmenbedingungen); F.A.Z. vom 15.09.06, Nr. 215, S. 27. Zu Recht lässt deshalb das Gesetz zur Schaffung deutscher Immobilienaktiengesellschaften (Drucks. 16/4026) REITs an „Bestandsmietwohnimmobilien" nicht zu: § 1 Abs. 1 Nr. 1; Begründung sub II 8.

[832] Zur denkbaren langfristigen Ausplünderungs- und Ausstiegsstrategie des Finanzinvestors „Fortress", New York, im Bereich von Mietimmobilien, F.A.Z. vom 04.08.06, Nr. 179, S. 15. Die Strategie besteht in der Zwischenschaltung von Immobilienaktiengesellschaften (REITs), die nach Jahren hoher Gewinnausschüttung einen unauffälligen Rückzug des eigentlichen Investors erlauben. Für Deutschland ist dieses Problem wegen der hohen Mieter- und geringen Eigentümerquote virulenter als für andere Länder (England und USA: 70%; Deutschland: 40%; dazu F.A.Z. vom 18.08.06, Nr. 191, S. 39).

[833] Dazu *Rittner,* Wirtschaftsrecht, 2. Aufl. 1987, § 23 B I Rn. 14.

[834] So hat Argentinien Privatgläubiger in Höhe von 81,2 Milliarden US-Dollar, davon 4 Milliarden US-Dollar deutsche Anleger, die nicht befriedigt werden können; dazu F.A.Z. vom 25.04.07, Nr. 96, S. 19. Trotzdem boomen Fremdwährungsanleihen; F.A.Z. vom 12.04.07, Nr. 85, S. 19.

[835] Lesenswert *A. Becker,* Das Risiko der Privatvorsorge. Ein Leitfaden für sichere Altersvorsorge und Geldanlage, 2004.

[836] Dazu eher verführerisch *Loomann,* F.A.Z. vom 16.09.06, Nr. 216, S. 23 (private Rentenversicherung „langweilig und unflexibel" – höhere Erträge mit Hilfe von Aktien, Anleihen und Immobilien).

[837] Dazu F.A.Z. vom 29.04.05, Nr. 99, S. 33 (Absenkung von 3.25–4% auf 2,75–3%); F.A.Z. vom 22.02.05, Nr. 44, S. 21 („Versicherer im

Anlagenotstand"); vom 29.07.06, Nr. 174, S. 19; vom 18.08.06, Nr. 191, S. 19 („Teurer Fehlgriff"); vom 15.12.06, Nr. 292, S. 27; vom 30.05.07, Nr. 123, S. 22 („Zu viel versprochen" mit tabellarischer Darstellung der erwarteten Erträge).

838 Dazu der Bericht in: Die Presse vom 2. 11. 2000.

839 Aufschlußreich, aber allerdings schlecht dokumentiert der Bericht bei *Reimon/Felber*, Schwarzbuch Privatisierung, 2003, S. 135 ff.

840 Dazu *John B. Williamson*, Social Security Privatization: Lessons from the United Kingdom, Center for Retirement Research, Boston College, WP 2000–10. In Großbritannien sind rund 40% der Renten private Vorsorge. Der Staat muss viele Anleger für private Verluste entschädigen. Die privaten Versicherer geben wegen der Volatilität der Kapitalmärkte inzwischen keine Rentenniveaugarantie mehr ab (F.A.Z. vom 05.07.04, Nr. 153, S. 11). Die Regierung hat sich bei Angaben zur Summe der Anlagen um das Doppelte verschätzt (86 Milliarden Pfund jährlich statt real 41 Milliarden Pfund). Die unbefriedigende Kapitalbildung und -rückstellung bei deutschen Betriebsrenten ist bekannt (F.A.Z. vom 25.01.06, Nr. 21, S. 13: angebliche Lücke von 80 Milliarden Euro Rückstellungen); zur Verbesserung des Deckungsgrades im Jahre 2006 von 53% auf 62% F.A.Z. vom 19.04.07, Nr. 91, S. 22.

841 Auch soweit vermögenswirksame Leistungen zur betrieblichen Altersversorgung bei Privatversicherern in Gestalt kapitalgedeckter Lebensstandardversicherungen verwendet werden (SZ vom 26./27.08.06, Nr. 196, S. 27), schafft dies relative Sicherheit, was Vertreter der Versicherungswirtschaft gerne vernachlässigen, wenn sie in sachverständiger Rolle letztlich Werbung betreiben.

842 Vor allem bei risikoträchtigen Investitionen kann dies zu Konflikten führen (z. B. Toll Collect und seinem Schiedsverfahren über Verzögerungsschäden, F.A.Z. vom 12.01.05, Nr. 9, S. 21 und vom 15.08.05, Nr. 188, S. 6; oder Bilfinger-Berger mit seiner falschen Einschätzung des Risikoprofils von Tunnelprojekten, F.A.Z. vom 11.08.06, Nr. 185, S. 14).

843 Zur Insolvenz des Personal Service Agenturen-Betreibers Maatwerk und ihrer Bedeutung für die Arbeitsverwaltung und die Bundesagentur für Arbeit, Financial Times Deutschland vom 17.02.04, S. 1 („Pleite gefährdet Hartz-Reform"), F.A.Z. vom 18.02.04, Nr. 41, S. 11 (Forderung nach Qualitätskontrollen bei privaten Agenturen); Die Zeit vom 04.03.04, Nr. 11, S. 25.

844 Ein lehrreiches Beispiel ist die „Savings and Loan Crisis" in den USA um 1990 (dazu *Schumer/Graham* 2 Stan. L. & Pol'y Rev. 69 [1990]; *Breeden* 59 Fordham L. Rev. S71 [1991]; *Scott* 45 Bus. Law. 1883 [1990]; *Gray* 2 Stan. L. & Pol'y Rev. 138 [1990]). Die privatrechtlich organisierten Sparkassen hatten den Gesetzgeber und die Federal Home Loan Bank Board zu einer Änderung der gesetzlichen und administrativen Rahmenbindungen ihres zweckgewidmeten Bankgeschäfts

bewegt (sichere Geldanlage der Sparer – zinsgünstige langfristige Hypothekendarlehen), um die Gewinnsituation durch riskantere Geschäfte zu verbessern. Den Zusammenbruch musste letztlich die öffentliche Hand finanzieren (ca. 160 Milliarden Dollar), weil das Einlagensicherungssystem versagte. Ein solches Fiasko ist von deutschen öffentlichen Banken nicht bekannt.

[845] So der Vorstand der Deutschen Bank *Thomas Fischer,* Der Spiegel Nr. 32/00, S. 62.

[846] Immerhin aufschlussreich und durchaus informativ *Reimon/Felber,* Schwarzbuch Privatisierung, 2003.

[847] Die These der europäischen Zentralbank, eine höhere Staatsquote verhindere Wachstum, wirkt angesichts der Statistik der EU-Länder mit ihren völlig unterschiedlichen Ausgangspunkten viel zu pauschal; dazu die Wiedergabe F.A.Z. vom 22. 04. 06, Nr. 94, S. 14.

8. *Das Marktmodell und die verfehlte Realität: die Erotik der Macht und der unsteuerbare Machtmissbrauch*

[848] Dies scheint bei vielen Spitzenmanagern der Fall zu sein; dazu die jüngeren Vorfälle in den USA, wo trotz vergangener Skandale die Rückdatierung von Optionen (hierzu *Hasbargen/Schmitt* RIW 2005, 587ff., 2006, 101ff.) zur Bereicherung des Führungspersonals von 50 bzw. 1/3 der an der Wallstreet notierten Unternehmen vorgenommen worden ist; F.A.Z. vom 22. 06. 06, Nr. 142, S. 23; vom 20. 07. 06, Nr. 166, S. 19. Eine ähnliche Dimension wird im Falle Mannesmann/Vodafone in Deutschland sichtbar; BGH NJW 2006, 522ff. Bändigungsversuche bei überhöhten Abfindungen unternimmt die Neufassung des Corporate Governance Kodex, F.A.Z. vom 15. 06. 07, Nr. 136, S. 13.

[849] Zur „Bill & Melinda Gates Foundation" F.A.Z. vom 17. 06. 06, Nr. 138, S. 18. Der objektiv gute Zweck ist lobenswert. Ob es sich dabei, wie die F.A.Z. mit der Überschrift „Gute Samariter" insinuiert, wirklich um Samariterdienste handelt, mag dahinstehen; das Foto des Stifterehepaares mit Kleinkindern, die wie Trophäen hochgehalten werden, wirkt eher irritierend.

[850] Zur Spende in Höhe von 30 Milliarden Dollar von Warren Buffet an die „Bill & Melinda Gates Foundation", F.A.Z. vom 27. 06. 06, Nr. 146, S. 11.

[851] So das U.S.-amerikanische Kapitalistenmäzenatentum, das sich mit den Namen *Carnegie, Getty* und *Rockefeller* verbindet; F.A.Z. vom 27. 06. 06, Nr. 146, S. 16.

[852] Eindrucksvoll der führende Fondsmanager des „Neuen Marktes" *Karl Fickel:* „... da wollten mehr Leute den kleinen Portfoliomanager Fickel sehen statt des doch viel wichtigeren Politikers Jürgen Möllemann ... Taxifahrer wollten, dass ich mir Portfolioauszüge ansehe ...", F.A.Z. vom 05. 08. 06, Nr. 180, S. 19.

[853] Trotz des DaimlerChrysler-Weltkonzern-Debakels (F.A.Z. vom 29.07.05, Nr. 174, S. 16 und vom 24.04.04, Nr. 96, S. 17; zuletzt F.A.Z. vom 16.09.06, Nr. 216, S. 11: „Chrysler überrascht mit Milliardenverlust", ferner zu neueren Verkaufsplänen F.A.Z. vom 05.04.07, Nr. 81, S. 13) und des teuren Abenteuers GM/Fiat gab es Erwägungen zu einer transatlantischen Verbindung von Renault, Nissan und General Motors (dazu F.A.Z. vom 03./04.07.06, Nr. 151, 152, S. 13/16 bzw. 15), wobei Managereitelkeiten durchaus mit eine Rolle spielten. Ein Desaster war Jahrzehnte zuvor die Übernahme der AEG durch Daimler-Benz (dazu Handelsblatt vom 13.-15.10.06, Nr. 198, S. 12).

[854] Jüngstes Beispiel die Übernahmeschlacht Mittal/Arcelor, F.A.Z. vom 20.06.06, Nr. 140, S. 14; vom 27.06.06, Nr. 146, S. 11 und 14 (mit einem Ranking der weltgrößten Stahlproduzenten und dynastischen Familienfotos der Familie Lakshmi Mittal); teilweise sehr skeptisch zur Sinnhaftigkeit von Fusionen der Energieversorger *F. Tatò,* Vorstandsvorsitzender ENEL (1996–2002), F.A.Z. vom 21.03.06, Nr. 68, S. 13).

[855] Darin kann man den positiven Effekt der Kultur feindlicher Übernahme sehen; insoweit etwas euphorisch die Thünen-Rede 2006 von *Dennis Mueller,* wiedergegeben in F.A.Z. vom 29.09.06, Nr. 227, S. 13, die noch voll im Gefühl der Überlegenheit des neokapitalistischen U.S.-amerikanischen Wirtschaftsmodells gehalten ist.

[856] Zum „Übernahmefieber" europäischer Konzerne im Jahre 2006 (1. Halbjahr 697 Milliarden Euro in Europa), F.A.Z. vom 28.06.06, Nr. 147, S. 21; solche „Fieberstöße" verdanken nicht nur der Marktkonsolidierung und dem Geschäftsinteresse mergerbeteiligter Banken und law firms ihre Genese, sondern auch der ansteckenden Erotik der Macht. Auf den Unterschied zwischen Gewinnstreben und falschem „Marktanteilsdenken" fokussieren zu Recht *F. Bilstein/H. Simon,* Der gewinnorientierte Manager – Abschied vom Marktanteilsdenken, 2006. Der Übernahmeerfolg ist in vielen Fällen bilanziell nur unzureichend dokumentiert oder auch nur dokumentierbar; dazu eine Untersuchung der Universität Gießen zusammen mit Price Waterhouse Coopers für 2005, F.A.Z. vom 03.04.07, Nr. 79, S. 21; ferner die Auflistung der Misserfolge deutsch-amerikanischer Übernahmen, die wegen „kultureller Differenzen" wenig erfolgreich waren, F.A.Z. vom 17.02.07, Nr. 41, S. 14. Allgemein *W. Hoffmann/H. Jäger,* Übernahmen auf dem Prüfstand, F.A.Z. vom 02.10.06, Nr. 229, S. 22.

[857] Zur Auseinandersetzung zwischen der EU und Microsoft etwa *Bartosch* RIW 2005, 241ff.; ferner F.A.Z. vom 10.07.06, Nr. 157, S. 15.

[858] Zu Tendenzen zum Protektionismus selbst der USA *W. Werner,* in: R. Ohr (Hg.), Globalisierung. Herausforderung an die Wirtschaftspolitik, 2004; ferner oben B I 4 mNw.

[859] Zu chinesischen Investitionsförderungsmaßnahmen *Balmes/Mak* RIW 2005, 843ff.

[860] Zur abschottenden Gesetzgebung Russlands im Bereich „strategischer" Industrien F.A.Z. vom 17.10.06, Nr. 241, S. 13; vom 02.06.07, Nr. 126, S. 17 (Gasfelderschließung).

[861] Zum russischen Gasexportmonopolisten Gasprom und anderen russischen Energieproduzenten F.A.Z. vom 07.07.06, Nr. 155, S. 11; vom 10.07.06, Nr. 157, S. 14.

[862] Ein Dauerkonfliktpartner in Fragen des freien Welthandels ist China (ausführlich *Glück/Semler* RIW 2006, 436ff.): Verletzung gewerblicher Schutzrechte, staatliches Preisdumping (z. B. Textilienexporte, *Bender* RIW 2005, 411ff., oder Papierproduktion, F.A.Z. vom 02.04.07, Nr. 78, S. 9), Immobilienerwerbsverbote für Ausländer (F.A.Z. vom 25.07.06, Nr. 170, S. 11).

[863] Dazu die neue „Alarmliteratur" aus durchaus berechtigtem Anlass, aber mit fragwürdigen Ratschlägen: *Clyde Prestowitz,* Three Billion New Capitalists. The Great Shift of Wealth and Power to the East, 2005; *Thomas L. Friedman,* The World Is Flat, 2005, insbes. S. 251ff.; ähnlich Der Spiegel zu Russland (vom 10.07.06, Nr. 28, S. 84ff.) und China (vom 11.09.06, Nr. 37, S. 44ff.); F.A.Z. vom 12.06.06, Nr. 87, S. 14 (China als künftiger Exportweltmeister); F.A.Z. vom 02.06.07, Nr. 126, S. 13 (Erwerb von Beteiligungen an Blackstone durch China und Gründung eines staatlichen"Sovereign Wealth Fund" über 300 Milliarden Dollar).

[864] So nunmehr auch deutsche Überlegungen im Anschluss vor allem an das U.S.-amerikanische Vorbild; dazu F.A.Z. vom 26.06.07, Nr. 145, S. 11; vom 28.06.07, Nr. 147, S. 11/12; vom 29.06.07, Nr. 148, S. 11–13 und vom 04.07.07, Nr. 152, S. 9.

[865] Zum völlig anderen und verglichen mit der westlichen Zivilisation wesentlich geringeren Stellenwert des Rechts in der chinesischen Kultur eindrucksvoll *Harro von Senger,* Von der Vergleichung des Rechts zur Vergleichung der Gesellschaftsführung, ZfRV 2006/02, 43–62 mNw.

[866] Neuerdings selbst *M. Friedman,* Capitalism and Freedom, 3. Aufl. 2002, Vorwort 2002; zutreffend auch *S. Avineri,* Demokratie in Arabien: Gut gemeint – aber chancenlos, F.A.Z. vom 10.03.04, Nr. 59, S. 12.

[867] Zu dieser Problematik neuerdings *Chr. A. Conrad,* Die Notwendigkeit, die Möglichkeiten und die Grenzen einer internationalen Wettbewerbsordnung, 2005.

[868] Zum starken Staat als Entwicklungshelfer in Südkorea, Brasilien, Indien und Nigeria vergleichend *A. Kohli,* State Directed Development. Political Power and Industrialization in the Global Periphery, 2004. Optimistisch zum allmählichen Abbau des „Merkantilismus im Reich der Mitte" *E. Phelps/A. Bhidé,* F.A.Z. vom 22.07.06, Nr. 168, S. 13; für Indien und China wohl auch *Erich Weede,* „Riesen in der Weltwirtschaft", F.A.Z. vom 07.01.06, Nr. 6, S. 13.

[869] Zur chinesischen Entwicklung *Seelmann-Holzmann,* Der rote Drache ist kein Schmusetier. Strategien für langfristigen Erfolg in China,

2006. Jüngere Entwicklungen weisen auf Fehlspekulationen bei China-Aktien; F.A.Z. vom 20.04.07, Nr. 92, S. 21. Die Fehlplanung der Familienpolitik lässt künftige schwere innerwirtschaftliche Störungen erwarten (dazu Welt am Sonntag vom 08.10.06, Nr. 41, S. 35).

870 Dazu die spektakuläre Massenhysterie islamischer Staaten auf die von Papst Benedikt XVI in seiner Regensburger Vorlesung (F.A.Z. vom 13.09.06, Nr. 213, S. 8) angestoßene Diskussion um religiöse Gewalt und Heiligen Krieg (F.A.Z. vom 15.09.06, Nr. 215, S. 1/2). Zum islamischen Topos der Welteroberung ausführlich und engagiert *Egon Flaig*, F.A.Z. vom 16.09.06, Nr. 216, S. 35 und 37.

871 Ein jüngeres Beispiel ist die chinesische und indische Verschuldungspolitik gegenüber afrikanischen Rohstofflieferanten, welche die westliche Entschuldungspolitik konterkariert (F.A.Z. vom 18.09.06, Nr. 217, S. 14).

872 Ähnlich *J. Hambrecht* (Vorsitzender des Asien-Pazifik-Ausschusses der deutschen Wirtschaft – APA) für China und Indien, F.A.Z. vom 31.08.06, Nr. 202, S. 13; nicht untypisch die Unterwerfung ausländischer Firmen unter das chinesische innenpolitische Diktat (F.A.Z. vom 11.08.06, Nr. 185, S. 14: WalMart).

873 Eine völlige Fehleinschätzung liegt z.B. im Vergleich zwischen der rechtlichen Kriegsfolgenbewältigung in Deutschland und im Irak; so aber *S.E. Eizenstat*, Imperfect Justice, 2004, S. 366f.; *R. Cohen*, The America Complex. Germany's Quest for a Postwar Identity, The Berlin Journal No. 13, Fall 2006, S. 4ff.

874 Die Tätigkeit der Schiedsgerichte des International Centre for Settlement of Investment Disputes bei Verstößen gegen sog. Schirmklauseln in Investitionsschutzverträgen schildert mit reichhaltigem Fallmaterial *von Walter* RIW 2006, 815ff.

875 Insoweit ist die Einschätzung der Entwicklung einer „international governance" bei vielen Autoren weithin zu optimistisch und eher visionär, teilweise auch illusionär; dies gilt z.B. für die Beiträge von *Goodin* (Globalizing Justice), *Ruggie* (Taking Embedded Liberalism Global); *Keohane* (Global Governance and Democratic Accountability) und *Held* (From Executive to Cosmopolitan Multilateralism) in Held/Koenig-Archibugi, Taming Globalization, 2003, S. 68ff., 93ff., 130ff., 160ff.; ähnlich *M. Wolf*, Why Globalization Works, 2004; ferner die überwiegende Zahl der Beiträge im Band *Horst Siebert* (Hg.), Global Governance. An Architecture for the World Economy, 2003; *E. Weede*, Balance of Power, Globalization and the Capitalist Peace, 2005, der auf den Hegemonialismus kapitalistischer Länder mit ihrem Freihandel setzt.

876 Dazu F.A.Z. vom 18.09.06, Nr. 217, S. 14, zum Verhältnis IWF – Deutschland; ferner allgemeiner *A. Dreher*, Unter falschen Bedingungen, F.A.Z. vom 15.04.06, Nr. 89, S. 13.

9. *Die Spiegelung der Systemmängel im Modell der WTO*

877 Die hohe Bedeutung der WTO für die Entwicklung eines weltweiten freien Marktes spiegelt die gesteigerte Spruchpraxis der letzten Jahre wider; dazu die Berichte über die „WTO-Schiedsgerichtsbarkeit" („Dispute Solution Body") von *Hohmann/Burkert-Dresen/Strack* RIW 2005, 321ff.; *Hohmann* RIW 2004, 328ff.; 2003, 352ff.; 2001, 649ff.; ferner *WTO Appellate Body Secretariat* (Hg.), WTO Appellate Body Repertory of Reports and Awards 1995–2004, 2005; *Wenig/Müller* EWS 2003, 498ff., 544ff.; zur Stellung der WTO neuerdings monographisch *V. Zahrnt,* Die Zukunft globalen Regierens. Herausforderungen und Reformen am Beispiel der Welthandelsorganisation, 2005; *Hilf/Oeter,* WTO-Recht, 2005; *Matsushita,* The World Trade Organization: Law, Practice and Policy, 2004. Einen Vergleich der Marktzugangsrechtsprechung der EU und der WTO präsentiert *Weiss* RIW 2006, 170ff.

878 Nicht untypisch der bisher ungelöste Hormonfleischkonflikt zwischen der EU und den USA bzw. Nordamerika; dazu der Appellate Body der WTO EuZW 1998, 157ff.; *Eggers* EuZW 1998, 147ff.; *Lavranos* EWS 2004, 293ff. Die neue Richtlinie Nr. 74 vom 22. 09. 2003, ABl. 2003 L 262, 17 ermäßigt die EU-Importverbote, wobei der Konflikt aber weiterschwelt und auf Dauer auf die „Informationslösung" hinauslaufen könnte. Einen ähnlichen Konflikt erzeugt die Problematik der Gentechnikzulassung, dazu *Decker/Mildner,* Die USA und EU auf Kollisionskurs, in: Jäger/Höse/Oppermann, Transatlantische Beziehungen, 2005, S. 203ff., 210f.; *Gartzke,* Die transatlantischen Wirtschaftsbeziehungen, in: Jäger/Höse/Oppermann, Transatlantische Beziehungen, 2005, S. 173ff., S. 179f.; *Scherzberg* ZUR 2005, 1ff.; *Sander/Sasdi* EuZW 2006, 140ff.; ferner F.A.Z. vom 09. 02. 06, Nr. 34, S. 12.

879 Zum Verhältnis von freiem Welthandel und Gesundheits- und Sozialstandards ausführlich statt vieler *Blüthner,* Welthandel und Menschenrechte in der Arbeit, 2004; *Faßbender* JZ 2006, 1100ff. mNw.; *Petersmann* JIEL 7 (2004), 605ff.; *Thomas* JIEL 5 (2002), 791ff.; ferner der Band Kerr/Staudohar (Hg.), Labor Economics and Industrial Relations, 1994; zur Entwicklung landwirtschaftlicher Strukturen *Steinberg/Josling* JIEL 6 (2003), 369ff. Alle genannten Autoren sehen den Einfluss der WTO eher positiv.

880 Zur gemeinsamen weltweiten Wettbewerbspolitik *Weinrauch,* Competition Law in the WTO, 2004.

881 Dagegen richten sich die nicht immer sehr realistischen Hoffnungen auf eine „Konstitutionalisierung des Welthandels"; *Hilf/Benedek,* Die Konstitutionalisierung des Welthandels, Berichte der Deutschen Gesellschaft für Völkerrecht 2000, 2003; *Jackson* JIEL 4 (2001), 67ff. Dass hier allenfalls „Näherungswerte" erreicht werden können, zeigt der amerikanisch-europäische Machtkampf um Beihilfen für die oligo-

polisierte Luftfahrtindustrie vor den Gremien der WTO; F.A.Z. vom 15.06.05, Nr. 136, S. 9.

882 So kann z. B. Brasilien mit Hilfe der Entscheidungen des Dispute Settlement Body der WTO auf den Gebieten der Baumwoll- und Zuckerproduktion eine eigene Vormachtstellung im Weltmarkt ausbauen und die USA und EU an Beihilfen zur Erhaltung eigenen Anbaus hindern (F.A.Z. vom 29.07.05, Nr. 174, S. 14 mit allerdings skeptischem Unterton).

883 Dazu *Stürner/Bormann* NJW 2004, 1481 ff., 1484, 1491/1492.

884 Dazu F.A.Z. vom 03.07.06, Nr. 151, S. 13; vom 21.07.06, Nr. 167, S. 11 („Deutsche Industrie gibt Doha-Handelsrunde auf"); vom 25.07.06, Nr. 170, S. 1 (Vertagung auf unbestimmte Zeit).

885 Bilaterale Abkommen, die sich gegenwärtig stark ausbreiten (F.A.Z. vom 06.07.05, Nr. 154, S. 14: ca. 300), bescheren zwar verwirrende Unübersichtlichkeit, haben aber den Vorteil diversifizierender Anpassung an regionale oder staatliche Einzelbedürfnisse (dazu auch das Bundeswirtschaftsministerium für die Stellung der Bundesrepublik Deutschland F.A.Z. vom 27.03.06, Nr. 73, S. 15 im Falle eines Scheiterns der Doha-Runde).

III. Abschied des Marktmodells von den traditionellen Idealen der Humanität?

886 Hierzu und zum folgenden *Korobkin/Ulen* 88 Cal. L. Rev. 1051, 1061 ff. (2000); *Eidenmüller* JZ 2005, 216 ff., 217 und – noch immer überzeugt – JZ 2007, 487 ff., 491. Das vorgestellte Modell des „homo oeconomicus" ist anhand der geschilderten soziologischen Befunde näher spezifiziert.

887 Zum Verhältnis U.S.-amerikanischer pre-schools zur späteren Karriere und zum Auswahlverhalten der Eltern *Katja Gelinsky,* „Früh übt sich", F.A.Z. vom 04.09.06, Nr. 205, S. 9; für das englische private Schulsystem praktisch gleich *B. Schulz,* „Gute Lehrer und solvente Väter", F.A.Z. vom 25.03.06, Nr. 72, S. 13 („Englische Privatschulen stehen unter dem Leistungsdruck ehrgeiziger Eltern"). Die deutsche Diskussion nach „PISA" beginnt, sich in ähnlichen Bahnen zu bewegen, ohne allerdings die ausstattungsmäßigen Folgerungen zu ziehen.

888 Zur Corporate Social Responsibility von Großfirmen wie Deutsche Bank, BASF, Siemens etc. und ihrer eher zweckhaften Begründung F.A.Z. vom 06.07.04, Nr. 154, S. U 3.

889 Dazu und zum folgenden Eurostat, Statistisches Bundesamt, Stand 2004; SZ vom 24.08.06, Nr. 194, S. 6; ferner schon B II 3 d, bb.

890 Zum Topos der Förderung kindlicher Erziehung aus Gründen der Gewinnung weiblichen und elterlichen Humankapitals insbesondere F.A.Z. vom 03.04.06, Nr. 79, S. 20 (Hertie, adidas, Windwärts

Energie GmbH: „... was Familienfreundlichkeit dem Unternehmen bringt.“); F.A.Z. vom 08.03.06, Nr. 57, S. 15 (Studie der Europäischen Akademie für Frauen in Politik und Wirtschaft: „... gerade Mütter in Führungspositionen [können also] zentrale Akteurinnen ...“ zur Steigerung der Arbeitsproduktivität von Unternehmen sein); F.A.Z. vom 11.06.05, Nr. 133, S. 20 („Hausfrauenschicht bringt richtig Geld“).

[891] Ob dies der Hauptfaktor des französischen Erfolgsmodells ist (so der frühere französische Familienminister *Bas,* F.A.Z. vom 16.02.06, Nr. 40, S. 11), mag dahinstehen.

[892] Nahezu vordergründig primitiv die Empfehlung des Instituts der deutschen Wirtschaft (IW), Kindergartenplätze und Schulunterricht staatlich zu fördern, die Universitätsausbildungskosten aber auf die Akademiker abzuwälzen, die für die Vorteile besserer Beschäftigungschance zahlen sollen; F.A.Z. vom 08.09.06, Nr. 209, S. 14. In diesem Vorschlag wird die Regeneration mit Methoden marktmäßigen Kundenfangs stimuliert. Ähnlich instrumentalisierend die Arbeitgeberempfehlung, das neu eingeführte Elterngeld auch bei früher Rückkehr zur Arbeit zu zahlen, F.A.Z. vom 14.06.06, Nr. 136, S. 13, oder die skurril anmutende Rentabilitätsberechnung des Instituts der deutschen Wirtschaft über den volkswirtschaftlichen Nutzen frühkindlicher Pflichterziehung, F.A.Z. vom 16.02.07, Nr. 40, S. 6. Hier erreichen Instrumentalisierungsversuche kindlichen Lebens totalitäre Züge. Hat man Kinder, um die Volkswirtschaft zu füttern, so wie man in vergangenen Zeiten teilweise Kinder für „das deutsche Volk“ zeugte und großzog? Erstaunlich, dass denkende Wirtschaftsführer sich der makabren Parallelen nicht bewusst werden und innehalten. Nachdem die verfehlte Personalpolitik gerade von Unternehmen gegenüber Familien mit Kindern die Regenerationskatastrophe wesentlich mit herbeigeführt hat, erstaunt die dilettantische Selbstsicherheit, mit der Wirtschaftsführer nunmehr auch Bildungspolitik betreiben und dabei bezahlten erziehungswissenschaftlichen Rat einsetzen.

[893] Zur – vor allem aus rein menschlichen Erwägungen – begrüßenswerten Förderung durch Erziehungsgeld, Ganztagesschulen als Angebot, steuerliche und rentenmäßige Berücksichtigung *Scholz* FamRZ 2006, 737ff.; F.A.Z. vom 18.03.06, Nr. 66, S. 11; vom 17.03.06, Nr. 65, S. 15; vom 09.01.06, Nr. 7, S. 11.

[894] Auf diesen Effekt für die Familie setzt auch *Biedenkopf,* Die Ausbeutung der Enkel, 2006, wenn er ein Untergangsszenario für den gegenwärtigen Sozialstaat und seine Sicherungssysteme malt.

[895] Ausgesprochen anregend *Hefendehl* JZ 2006, 119ff.

[896] Dazu statt vieler pointiert *Hansmann/Kraakman,* The End of History for Corporate Law, 89 Geo. L. J. 439 (2001): „... there is no longer any serious competitor to the view that corporate law should principally strive to increase long-term shareholder value“; ferner *Baums* (Hg.), Bericht der Regierungskommission Corporate Governance, 2001;

Crane/Matten, Business Ethics, 2004; *Hommelhoff/Hopt/von Werder* (Hg.), Handbuch Corporate Governance, 2003; *Windbichler* European Business Organization Law Review 6 (2005), 507ff., 513ff.; zur utilitaristischen Begründung unternehmerischer Moral neuerdings insbes. *Dettman*, Mit Moral zum Erfolg, 2005; *Gazdar/Habisch/Kirchhoff/Vaseghi*, Erfolgsfaktor Verantwortung, 2006; *Sigrun Fritz*, Ökonomischer Nutzen „weicher" Kennzahlen, 2006. Allerdings weist die regelmäßige Größenordnung des „sozialen Engagements", die durchschnittlich unter 1‰ des Umsatzes liegt (Neue Züricher Zeitung vom 07.09.05, Nr. 208, S. 64), auf geringe Gewichtung innerhalb der Gewinnmaximierungsstrategie.

[897] Sehr kritisch zur „illegitimacy of social responsibility" im System moderner corporate governance *Chen/Hanson*, The Illusion of the Law: The Legitimation Schemes of Modern Policy and Corporate Law, 103 Mich. L. Rev. 1 (2004).

[898] *Gompers/Ishii/Metrick*, Corporate Governance and Equity Prices, 118 Quart. J. Econ. 107 (2003); *Pitelis*, (Corporate) Governance, (Shareholder) Value and (Sustainable) Economic Performance, Corporate Governance 12 (2004) 210–223; für Europa *Drobetz/Schillhofer/Zimmermann*, Zeitschrift für Betriebswirtschaft 74 (2004), 5ff.; für die Schweiz tendenziell ebenso *P. Forstmoser*, Profit – das Mass aller Dinge?, in: Individuum und Verband, Festgabe zum Schweizerischen Juristentag, 2006, S. 55ff.; für Deutschland F.A.Z. vom 06.07.04, Nr. 154, S. U 3 („Analysten fragen nach dem sozialen Engagement der Firmen"); F.A.Z. vom 04.07.06, Nr. 152, S. 11 und vom 18.08.05, Nr. 191, S. 12 („Gesellschaftliches Engagement erhöht Gewinn").

[899] Skeptisch *Schüppen* ZIP 2002, 1269, 1271; *Nowak/Rott/Mahr* ZGR 2005, 252–279.

[900] Treffend *Schünemann*, Brennpunkte des Strafrechts in der entwickelten Industriegesellschaft, in: Hefendehl, Empirische und dogmatische Fundamente, kriminalpolitischer Impetus, 2005, S. 349, 361.

[901] *Hefendehl* JZ 2006, 119ff., 124 unter Berufung auf *Bussmann*, Kriminalprävention durch Business Ethics – Ursachen von Wirtschaftskriminalität und die besondere Bedeutung von Werten, Zeitschrift für Wirtschafts- und Unternehmensethik 5/1 2004, 35, 46. Ein insoweit einschlägiges Beispiel bietet die Karriere des U.S.-Börsenstars *Frank Quattrone*, der vom bewunderten Bankmanager zum Betrugsangeklagten mutierte und jetzt nach einem vergleichsweisen Ende des Strafverfahrens wieder in die Geschäftsarena zurückkehrt; SZ vom 24.08.06, Nr. 194, S. 22. Aufschlussreich *H. Beck*, Spieler, Betrüger und Hasardeure an den Finanzmärkten, F.A.Z. vom 27.02.04, Nr. 49, S. 25.

[902] *Schünemann* aaO S. 361; ähnlich *Laufer*, Corporate Liability, Risk Shifting, and the Paradox of Compliance, 52 Vand. L. Rev. 1343 (1999); *Brickey*, From Enron to Worldcom and beyond: Life and Crime after Sarbanes-Oxley, 81 Wash. U. L. Q. 357 (2003); wiederum hilfreiche Hinweise bei *Hefendehl* JZ 2006, 119, 125.

903 Diesen Widerspruch lösen Vertreter der ökonomischen Theorie dadurch, dass sie uneigennütziges Verhalten (Altruismus, Fairness) zum Störfaktor erklären, den rational choice-Verhalten lernend überwindet; *Posner* 50 Stan. L. Rev. 1551 (1998); dazu und zur rein empirischen Kritik dieser Hypothese *Eidenmüller* JZ 2005, 216ff., 219f.; wichtig *Dawes/Thaler* 2 J. Econ. Perspect. 187 (1988).

904 Dazu *Vorländer/Schnädelbach,* Geschichte der Philosophie, Bd. 3, 1990, S. 542ff., 545.

905 Zutreffend vom Ausgangspunkt christlicher Religionen *Hans Nutzinger,* Im Reich Gottes geht es anders zu. Das Neue Testament eignet sich wenig zur Ableitung eines unmittelbaren ordnungspolitischen Anspruchs, F.A.Z. vom 24. 12. 05, Nr. 300, S. 13.

906 Zur fragwürdigen Entwicklung des Ethos im Bankenbereich eindrucksvoll *Ludwig Poullain* mit einer Rede, die er nicht halten durfte; F.A.Z. vom 12. 07. 04, Nr. 159, S. 11; allgemein *Wiedeking,* Der Spiegel Nr. 39/06, S. 96ff.

907 So in Abwandlung von *Molière,* L'Avare: „Manger pour vivre, pas vivre pour manger".

908 Das persönliche Berufsethos des Kreditnehmers lässt sich im mathematischen Rating-Verfahren, wie es Basel II entspricht, schwer berücksichtigen; dazu F.A.Z. vom 10. 02. 05, Nr. 34, S. 20; zur Berücksichtigung der Kritik *Massenberg,* F.A.Z. vom 02. 09. 06, Nr. 204, S. 18.

909 So m. E. in der Tat *Posner* 50 Stan. L. Rev. 1551 (1998); *John Rawls,* Eine Theorie der Gerechtigkeit, 4. Aufl. 1988, S. 159ff., 336f.; *Carl Christian von Weizsäcker,* Eigennutz sei Dank. Warum sich Egoismus und Wohlstand für alle bedingen, Rheinischer Merkur Nr. 38/2004, S. 14; *Chr. Lütge,* Zum Vorteil aller. Die Marktwirtschaft verbindet Moral und Eigeninteresse. Eine Ethik der Mäßigung passt nicht in die moderne Welt, F.A.Z. vom 06. 03. 04, Nr. 56, S. 15; zurückhaltend *Eidenmüller* JZ 2005, 670f.; eindeutig kritisch *Rittner* JZ 2005, 668ff.

910 Zur betrüblichen Rolle vor allem der Großunternehmen bei der Umverteilung der Kosten freigesetzter älterer Belegschaft auf die Allgemeinheit insbes. *Isabela Mares,* Firms and the Welfare State: When, Why and How Does Social Policy Matter to Employers?, in: Hall/Soskice, Varieties of Capitalism, 2001, S. 184ff., 208–211 mNw.; zu den jüngeren Fällen DaimlerChrysler und VW F.A.Z. vom 09. 09. 06, Nr. 210, S. 14; vom 04. 02. 06, Nr. 30, S. 15. Auch die – letztlich etwas dummpfiffige – BenQ-Strategie des Hauses Siemens (F.A.Z. vom 02. 10. 06, Nr. 229, S. 2) weist entweder auf bedenkliche intellektuelle Defizite oder auf einen Abschied von bisher geltenden Regeln eines unternehmerischen Ethos (dazu SZ vom 04. 10. 06, Nr. 228, S. 19). Die Korruptionsanfälligkeit der europäischen offenen Marktwirtschaft in der EU beschreibt *Hetzer* EWS 2006, 289ff.

911 Dazu *Bormann/Stürner* NJW 2004, 1481ff.

IV. Sicherheit und Regionalität als menschliche Grundbedürfnisse und ihr dialektisches Verhältnis zur Mobilität des Marktes

912 Die folgenden Ausführungen decken sich teilweise mit Erkenntnissen der „Behavioral Economics" zur Beeinflussung des Entscheidungsverhaltens, gehen aber über sie hinaus: sog. Besitzeffekte (endowment effects) nach *Kahneman/Knetsch/Thaler* 5 J. Econ. Perspect. 193 (1991); Durchhalteeffekte (sunk cost-fallacy) nach *Jolls/Sunstein/Thaler* 50 Stanford L. Rev. 1471, 1482f., 1492f. (1998). Sie machen diese Parameter menschlicher Befindlichkeit nämlich nicht einer Theorie ökonomischen Entscheidungsverhaltens dienstbar, um sie auf diese Weise wieder Effizienzerwägungen im Sinne einer verbesserten „rational choice" unterzuordnen (so aber letztlich alle Vertreter des Economic oder Financial Behaviorism; dazu z.B. *Eidenmüller* JZ 2005, 216ff., 221 und JZ 2007, 487ff., 491; *Edmund Phelps,* „Zum Herzen des Kapitalismus vordringen", F.A.Z. vom 13.06.06, Nr. 135, S. 14). Vielmehr begreifen sie solche Parameter *auch* als Schranke und Grenze legitimer Effizienzerwägungen. Zu Recht bemerkt der Nobelpreisträger *Finn Kydland,* F.A.Z. vom 21.08.06, Nr. 193, S. 12, dass vom „klassischen ökonomischen Ansatz mit seiner Rationalitätsannahme" wenig übrig bleibt, wenn man die Erkenntnisse des „Behaviorism" ernst nimmt. Dies spricht allerdings gegen den Geltungsanspruch des rationalen ökonomischen Systemdenkens; aufschlussreicher Überblick bei *Stephan Märkt,* Ordnung in einer arbeitsteiligen Wirtschaft. Reichweite und Grenzen von akteurzentrierten Ordnungstheorien, 2004.

913 Dazu *Vorländer,* Geschichte der Philosophie, Bd. 3, 1990, S. 497ff.

914 *H.E. Jacob,* Joseph Haydn, 1954, S. 104: „Niemand in meiner Nähe konnte mich an mir selbst irre machen oder quälen, und so musste ich original werden".

915 Zur Bedeutung des großherzoglichen Mäzenatentums für das künstlerische Werden Goethes *Emil Staiger,* Johann Wolfgang Goethe, in: Goethe-Werke, Band 1, herausgegeben von Walter Höllerer, 1966, S. VII ff., XI.

916 *Thomas Mann* hat in den USA unter der fehlenden Sicherheit eines echten finanziellen Mäzenatentums sehr gelitten; dazu sein Brief an Agnes Meyer vom 07.10. 1941 in: Wysling/Schmidlin, Thomas Mann, 2. Aufl. 1994, S. 384/385.

917 Dies ist auch der Ausgangspunkt des erfolgreichen finnischen Schulsystems, das gerade nicht berufsangepasst und wettbewerbsorientiert ausbildet; SZ vom 21.08.06, Nr. 191, S. 16.

918 Die Notwendigkeit sachgerechter Balance zwischen Freiheit und Sicherheit betont auch *Wolfgang Sofsky,* Das Prinzip Sicherheit, 2006,

fokussiert dann aber stark auf das gegenwärtig übersteigerte Sicherheitsstreben; für einen freiheitlichen Umbau mit höheren Individualrisiken auch *Petersen/Mayer*, Der Wert der Freiheit. Deutschland vor einem Wertewandel?, 2005.

[919] Zum Mobbing unter Mitarbeitern im Bankenbereich vor allem in London F.A.Z. vom 02.08.06, Nr. 177, S. 9, mit dem Bericht über die Verurteilung der Deutschen Bank durch den High Court vom 01.08.06, an eine Angestellte 800 000,- Britische Pfund Entschädigung zu zahlen.

[920] Dazu eindrucksvoll der Unternehmer *Adolf Merckle*, „Analysten und Rating Agenturen halten Vorstände vom Arbeiten ab", F.A.Z. vom 17.02.04, Nr. 40, S. 14.

[921] Nicht untypisch die Karriere einer Persönlichkeit wie *Lothar Späth* (F.A.Z. vom 04.05.05, Nr. 103, S. 17: „Rastloser Strippenzieher"), der sich in Talkshows und Zeitungen als erfolgreicher Unternehmer und Vorbild feiern lässt. Seine unternehmerischen Aktivitäten haben aber stets nur eher kurzfristige Blüten ohne Nachhaltigkeit produziert, wobei er die Kunst rechtzeitigen Abschieds voll beherrschte: Neue Heimat, Baresel, Jenoptik (zum letzteren F.A.Z. vom 17.06.06, Nr. 138, S. 15; vom 05.04.07, Nr. 81, S. 16).

[922] So noch etwa der Ausgangspunkt *Edzard Reuters* als Konstrukteur eines – im Ergebnis glücklosen und Milliarden vernichtenden – diversifizierten deutschen Daimler-Konzerns; nunmehr bei stockendem Umsatzwachstum wieder für modern erklärt z. B. durch Roland Berger, Strategy Consultants; dazu *von Daniels/Seeliger*, Diversifizieren – der neue Weg zu Wachstum?, F.A.Z. vom 15.05.06, Nr. 112, S. 24.

[923] So eher die gegenwärtige Unternehmensphilosophie; dazu *Thomas L. Friedman*, The World Is Flat, 2005; S. 103ff.; zur zurückhaltenden Realität des „Outsourcing" im Software-Bereich *U. Prieß*, F.A.Z. vom 30.08.06, Nr. 201, Beilage „Consulting", S. 6.

[924] Davon geht – angesichts seiner kapitalmarktmäßigen Ausrichtung etwas widersprüchlich – auch der Corporate Government Kodex aus (dazu der Vorsitzende der Corporate Government Kommission *Gerhard Cromme*, F.A.Z. vom 23.06.06, Nr. 143, S. 14). Zum Konzept der Langfristigkeit insbesondere *J.-C. Jarillo*, Strategische Logik. Die Quellen der langfristigen Unternehmensrentabilität, 2003; *H. Simon*, Think – Strategische Unternehmensführung statt Kurzfrist-Denke, 2004.

[925] Zur Diskussion um überhöhte Vorstands- und Aufsichtsratsbezüge und ihre Offenlegung zur Erhöhung der Transparenz F.A.Z. vom 25.06.05/27.06.05, Nr. 145/146, S. 11 und 20; zur Höhe der Gehälter der Siemens-Vorstände F.A.Z. vom 18.09.06, Nr. 217, S. 16.

[926] Zur Bedeutung der emotionalen Bindung von Arbeitnehmern die Studie des Beratungsunternehmens Gallup, Harvard Businessmanager 2006/Nr. 9. Allerdings erfolgt die Einordnung emotionaler Bindung dort fehlsam utilitarisch im Sinne unternehmerischer und gesellschaft-

licher Gewinnmaximierung ohne Gefühl für die Bedeutsamkeit ihres Eigenwertes für das Individuum als Bürger einer demokratischen Gesellschaft; ähnlich *Windbichler* European Business Organization Law Review 6 (2005), 507ff., 515ff. („Valuation of Human Resources") mwNw.; *Hinterhuber/Rothenberger,* F.A.Z. vom 06.02.06, Nr. 31, S. 20 (Identifikation der Mitarbeiter als „Zwischenziel" zum Shareholder Value).

927 Bezeichnende Folge der Verunsicherungswelle deutscher Arbeitnehmer im Allgemeinen ist das Ergebnis der Gallup-Erhebungen über die emotionale Bindung von Arbeitnehmern an ihr Unternehmen in Deutschland: nur 13% sind ihrem Unternehmen emotional verbunden (Harvard Businessmanager 2006/Nr. 9).

928 Es ist erstaunlich, wie spät Unternehmen diesen entscheidenden Nachteil des „Outsourcing" zu entdecken scheinen, um es teilweise unter hohen Kosten wieder rückgängig zu machen; dazu SZ vom 21.08.06, Nr. 191, S. 1; durchaus blauäugig *Thomas L. Friedman,* The World Is Flat, 2005, S. 103ff. Im Bankenbereich scheint die Outsourcing-Welle noch weiterzurollen; dazu die Studie des E-Finance Lab, Frankfurt, F.A.Z. vom 14.08.06, Nr. 187, S. 18.

929 Inwieweit bloße Gewinnbeteiligung der Arbeitnehmer insoweit ein Gegensteuern erlaubt, ohne dass die Belegschaft auch Geschäftsanteile hält, erscheint fraglich; positiv die Erfahrungen der Georgsmarienhütte GmbH und Holding GmbH, F.A.Z. vom 07.06.06, Nr. 130, S. 16.

930 Zur Bedeutung einer erfahrbaren vertrauensbildenden Umwelt für die kindliche und menschliche Entwicklung statt vieler *Bruno Bettelheim,* Ein Leben für Kinder, 5. Aufl. 1987, insbes. S. 161ff., 307ff.

931 Zur Verlustangst speziell der deutschen Befindlichkeit der Gegenwart *Wolfgang Schmidbauer,* Lebensgefühl Angst, 2005. Die gegenwärtige Angstwelle hat mit ihre Ursachen in einer spezifischen Globalisierungsangst. Ihre psychopathischen Züge als Allgemeinerscheinung sind immerhin so beachtlich, dass selbst „Der Spiegel" diesem Phänomen eine Titelgeschichte widmete (Der Spiegel Nr. 35/06, S. 148ff.; insbes. *E. Schmitter,* „Nicht mehr heimisch sein", S. 157).

932 Dieses Lebensgefühl entfaltet allerdings unreflektiert *Thomas L. Friedman,* The World Is Flat, 2005.

933 Das von *G.G. Wagner/J. Schupp,* Leben in Deutschland, 2005, konstatierte hohe Vertrauen auf die vertraute Umgebung und geringe Vertrauen auf Fremdes überrascht deshalb nicht. Ob daraus wirklich der Schluss auf fehlende Offenheit der Gesellschaft mit wirtschaftlich nachhaltigen Folgen zu ziehen ist (SZ vom 11.08.05, Nr. 184, S. 2), erscheint fraglich. Auch regional organisierte Gesellschaften können global wirtschaften.

934 Zu diesem Topos und dem Integrationsstreit der Jahrhundertwende *Heideking,* Geschichte der USA, 3. Aufl. 2003, S. 253ff.

[935] Dazu der Überblick F.A.Z. vom 08.08.06, Nr. 183, S. 12 (USA) und vom 05.08.06, Nr. 180, S. 12 (Deutschland).

[936] Es ist nicht untypisch, dass in Europa das stark kapitalmarktmäßig orientierte Großbritannien die Integrationsfrage erst mit dem Erwachen eines neuen Immigrantenradikalismus der zweiten Generation voll erkennt; F.A.Z. vom 11.08.06, Nr. 185, S. 35.

[937] Beispielhaft die Bereitschaft deutscher Adelsfamilien, frühere Besitztümer, die ihnen durch die Rechtsprechung des BVerfG nicht selten vorenthalten blieben, trotz ihres Verfalls aufzukaufen und zum Wohl der Region unternehmerisch tätig zu werden; dazu Der Spiegel Nr. 36/06, S. 48 ff.

[938] In gewisser Weise ist die Problematik einer Generation unentschlossener „Probierer", die zwischen einer Vielfalt möglicher Lebensformen konsumentisch hin- und hergerissen sind, thematisiert bei *Benjamin Kunkel*, „Unentschlossen", 2005 (aus dem Amerikanischen von Stefanie Röder).

[939] Zum Zusammenhang zwischen der Funktionsfähigkeit einer Demokratie und der Überschaubarkeit der Wirkung von Entscheidungen der gewählten Repräsentanten *N. Bobbio*, The future of democracy, 1987, S. 25; *Dani Rodrik*, Has Globalization Gone Too Far?, Institute for International Economics, 1997.

[940] Zu Transparenz und Vertrauen als Defizite des europäischen Entscheidungsprozesses ausführlich *H.H. Klein*, Zur Integrationsoffenheit des Modells eines Staatenverbundes, in: Bayerische Landeszentrale für politische Bildungsarbeit (Hg.), Legitimation, Transparenz, Demokratie: Fragen an die Europäische Union, 1999, S. 107 ff., 119 ff., 123 f.; *Roman Herzog*, Demokratische Legitimation in Europa, in den Nationalstaaten, in den Regionen, 2000 (Freiburger Universitätsreden Band 1), S. 13 ff.; *Böckenförde*, Welchen Weg geht Europa, in: Staat, Nation, Europa, 1999, S. 68 ff., 91 ff.; *von Bogdandy*, Supranationale Union als neuer Herrschaftstypus, Integration 16 (1993), S. 210 ff.; zu den widersprüchlichen Ergebnissen der „Eurobarometerumfrage" der EU-Kommission F.A.Z. vom 30.05.06, Nr. 124, S. 17 (Misstrauen bei gleichzeitigem Wunsch nach stärkerer Einheit).

[941] Dazu die teilweise neu formulierten Protokolle über die Rolle der nationalen Parlamente in der Europäischen Union und über die Anwendung der Grundsätze der Subsidiarität und Verhältnismäßigkeit im Anhang. Nach den Schlussfolgerungen des Vorsitzes des Europäischen Rats zur Tagung in Brüssel (21./22. Juni 2007) Doc. 11177/07 Concl 2, Anhang 1, Zif. 7, soll die verstärkte Information und Anhörung der nationalen Parlamente Gegenstand eines besonderen Artikels sein.

[942] *J. Brand*, F.A.Z. vom 18.04.07, Nr. 90, S. 8, beobachtet zutreffend, dass Solidarität Identität voraussetzt. Er nimmt aber m. E. zu Unrecht an, europäische und deutsche Identität sei bisher „völkisch" orientiert. Sie setzt Bindung an Regionen voraus.

943 Zutreffender Grundgedanke bei *Henrik Müller,* Wirtschaftsfaktor Patriotismus, 2006; ähnlich der Geschäftsführer der Georgsmarienhütte GmbH, F.A.Z. vom 07.06.06, Nr. 130, S. 16.

944 Insoweit m. E. zutreffend der Bericht der Kommission Mitbestimmung, herausgegeben von der Bertelsmann Stiftung, 1998, S. 15ff.; *Thomas Raiser,* Unternehmensmitbestimmung vor dem Hintergrund europarechtlicher Entwicklungen, Gutachten 66. DJT, 2006, S. B 51ff.; *di Fabio,* Rheinischer Merkur vom 16.03.06, Nr. 11, S. 13; zurückhaltender *Reichold* JZ 2006, 812ff., 820 („Übersetzung" demokratischer Werte in das System des Privatrechts durch Drittbeteiligung); auf ökonomische Funktionalität verkürzte Betrachtung bei *Vitols,* Varieties of European Governance: Comparing Germany and the UK, in: Hall/Soskice, Varieties of Capitalism, 2001, S. 337ff.; *Sadowski/Junkes/Lindenthal,* Labour Co-Determination in Germany: The Economic Impact of Marginal and Symbolic Rights, in: Schwalbach (Hg.), Corporate Governance. Essays in Honor of Horst Albach, 2. Aufl. 2003, S. 147ff.

945 Zur Bedeutung der „social responsibility" eines Unternehmens insbesondere *Chen/Hanson,* The Illusion of Law: The Legitimating Schemes of Modern Policy and Corporate Law, 103 Mich. L. Rev. 1, 64ff. (2004); ferner *P. Forstmoser,* Festgabe zum Schweizerischen Juristentag 2006, S. 55ff., der diesem Phänomen aber keinen Eigenwert zuerkennt, sondern es allzu sehr für den Gedanken der Gewinnmaximierung instrumentalisiert.

946 Die Voraussetzungen solcher „Cluster"-Bildung sind teilweise erkannt bei *Hall/Soskice,* Varieties of Capitalism, 2001, S. 36ff., – interessanterweise unter Erwähnung von Baden-Württemberg und Silicon Valley –, aber typischerweise unter Ausschluss oder geringer Gewichtung ihrer soziokulturellen Bedingungen. Deutlich *Wiedeking,* Der Spiegel Nr. 39/06, S. 96ff., 98ff.

947 So aber der Ausgangspunkt der EU-Kommissare *Kroes* und *McCreevy* als Reaktion auf neuerliche Übernahmeabwehrmaßnahmen in Frankreich, Spanien und Polen; F.A.Z. vom 30.03.06, Nr. 76, S. 15; zum Konflikt um die Gegenwehr der niederländischen Zentralbank gegen die Übernahme und Zerschlagung von ABN Amro durch Barclays plc oder ein Bankenkonsortium unter Führung der Royal Bank of Scotland F.A.Z. vom 20.04.07, Nr. 92, S. 14; vom 30.05.07, Nr. 123, S. 17.

948 Interessant etwa die Stellungnahme der Deutschen Bundesbank zugunsten eines starken deutschen Bankwesens ohne Übernahmen durch Auslandsinstitute; Financial Times Deutschland vom 24.03.04, S. 11.

949 Die Klage, dass die Zerstörung der „Deutschland AG" (dazu A II 1–3) zur Herrschaft „anonymer Märkte" geführt habe (SZ vom 26./27.8.06, Nr. 196, S. 21), sollte deshalb nicht nur unter negativen Vorzeichen gewürdigt werden.

[950] Dazu z. B. *Douglass North*, F.A.Z. vom 21.08.06, Nr. 193, S. 12.

[951] So m. E. auch *P. Seabright,* The Company of Strangers. A Natural History of Economic Life, 2004, wenn er von einem Vertrauensaufbau durch wiederholte Transaktionen ausgeht.

V. Der Schritt zur Marktideologie – Eifernde Protagonisten des Marktmodells zwischen Ersatzreligion und spießbürgerlichem Materialismus

[952] *Goethe,* Faust I, Studierzimmerszene (Mephistopheles zu Wagner), Werke Bd. 3, Insel Verlag 1966, S. 60.

[953] *Luhmann,* Einführung in die Systemtheorie, 2002.

[954] Dazu insbesondere *Guy Kirsch,* Neue Politische Ökonomie, 5. Aufl. 2004; *Buchanan,* Liberty, Market, and State, 1986.

[955] Dieser Grundansatz verdankt wesentliche Anstöße insbesondere *von Hayek,* Individualismus und wirtschaftliche Ordnung, 1948; Ausgabe Zürich 1952; 2. Aufl. 1976.

[956] Ob es wirklich hilfreich ist, statt von Egoismus von gemeinwohldienlichem „Tunnelblick" zu sprechen, um die krasse Gegensätzlichkeit traditioneller Begriffe zu glätten (so wohl *P. Seabright,* The Company of Strangers, 2004), mag dahinstehen.

[957] Dies ist letztlich der nicht ganz unberechtigte Vorwurf *Poppers* gegen die idealistischen Nachfahren *Kants: Popper,* Die offene Gesellschaft, Bd. II, Falsche Propheten: Hegel, Marx und die Folgen, 1945, 7. Aufl. 1992.

[958] In der Sprache der Ökonomie handelt es sich dabei um die Internalisierung oder Verhinderung unerwünschter externer Effekte im unvollkommenen oder fehlenden Markt, wenn z. B. Qualitätsrankings eine unvollkommene „Resourcenallokation" verhindern sollen; dazu statt vieler *Kirsch,* Neue Politische Ökonomie, S. 29ff., 31ff.

[959] Dazu statt vieler *Arrow,* Gifts and Exchanges, in: Phelps (Hg.), Altruism, Morality, and Economic Theory, 1975; *Kirsch,* Neue Politische Ökonomie, S. 76ff., 125ff., 127/128; *F.L. Sell,* Vertrauen: eine ökonomische Kategorie, in: Blümle u. a. (Hg.), Perspektiven einer kulturellen Ökonomik, 2004; neuere Diskussion bei *Held/Kubon-Gilke/Sturn* (Hg.), Reputation und Vertrauen, 2005.

[960] Dazu *Schumpeter,* Kapitalismus, Sozialismus und Demokratie, 1942, 7. Aufl. 1993, S. 428/433 („Die demokratische Methode ist diejenige Ordnung der Institutionen zur Erreichung politischer Entscheidungen, bei welcher einzelne die Entscheidungsbefugnisse vermittels eines Konkurrenzkampfs um die Stimmen des Volkes erwerben. [...] Das Prinzip der Demokratie bedeutet dann einfach, dass die Zügel der

Regierung jenen übergeben werden sollten, die über mehr Unterstützung verfügen als die andern in Konkurrenz stehenden Individuen oder Teams"); ähnlich *Downs,* An Economic Theory of Democracy, 1957; ausführlich wiederum *Kirsch,* Neue Politische Ökonomie, S. 207ff.

961 Dazu das Weltbankprojekt „Courts: The Lex Mundi Project", Djankov/La Porta/Lopez-de-Silanes/Shleifer, 118 Quart. J. Econ. 453 (2003); kritisch *Christoph Kern,* Justice between Simplification and Formalism, 2007.

962 Im Ergebnis sehr ausgewogen z. B. *Ch. B. Blankart,* Öffentliche Finanzen in der Demokratie, 6. Aufl. 2006; einen guten Überblick über den deutschen Diskussionsstand bietet der Band *M. Schmid/A. Maurer* (Hg.), Ökonomischer und soziologischer Institutionalismus. Interdisziplinäre Beiträge und Perspektiven der Institutionentheorie und -analyse, 2003.

963 *Kirsch,* Neue Politische Ökonomie, S. 2.

964 So ist im öffentlichen Bild der Wirtschaftswissenschaften der Führungsanspruch rationaler Systembildung in Gestalt der „Rational Choice" und der korrigierenden Verhaltensökonomie ziemlich unbestritten; typisch für die Haltung der Europäer *Eidenmüller* JZ 2005, 216ff.; F.A.Z. vom 09.09.06, Nr. 210, S. 11; kritisch *Rittner* JZ 2005, 668ff. Dazu noch die Stimmungsberichte aus wirtschaftswissenschaftlichen Tagungen oder Gremien: F.A.Z. vom 23.05.06, Nr. 119, S. 13 (Außenseiterrolle des keynesianischen Nobelpreisträgers Paul Samuelson); F.A.Z. vom 08.05.06, Nr. 106, S. 15 („Munich Economic Summit"); F.A.Z. vom 16.05.06, Nr. 113, S. 14 (Symposium Herbert Giersch); Die Zeit vom 04.03.04, Nr. 11, S. 32 (Jürgen Kromphardt und Peter Bofinger als „allerletzte Keynesianer"); F.A.Z. vom 10.02.06, Nr. 35, S. 14 (Rettung der Heidelberger Wirtschaftswissenschaften durch die – wenig originelle – Übernahme institutionen- und verhaltensökonomischer Forschungsansätze).

965 Zutreffend wird der Wirtschaftsnobelpreis als sehr umstrittene Auszeichnung betrachtet (F.A.Z. vom 12.10.04, Nr. 238, S. 13 mit einer Auflistung aller Preisträger).

966 *Von Hayek,* Individualismus und wirtschaftliche Ordnung, 1952.

967 *Arrow,* Social Choice and Individual Values, 1951; Nachdruck 1963.

968 *Becker,* The Economic Approach to Human Behavior, 1976.

969 *Coase,* The Problem of Social Cost, 3 J. L. & Econ. 1 (1960).

970 *Buchanan,* Foundational Concerns: A Criticism of Public Choice Theory, in: J. Casas Pardo (Hg.), Current Issues in Public Choice, 1996, S. 1ff.

971 *Rawls,* Theory of Justice, 1972; *ders.,* Justice as Fairness, 2001.

972 *Nozick,* Anarchy, State and Utopia, 1974; *ders.,* The Nature of Rationality, 1993.

973 *Coleman,* Foundations of Social Theory, 1990.

974 Z. B. *Schäfer/Ott,* Lehrbuch der ökonomischen Analyse des Zivilrechts, 4. Aufl. 2005; *Minda,* Postmodern Legal Movements, 1995, S. 83 ff.; *Polinsky,* An Introduction to Law and Economics, 2. Aufl. 1989.

975 Z. B. *Gauthier,* Morals by Agreement, 1986.

976 Dies dokumentiert sehr gut *von Prollius,* Deutsche Wirtschaftsgeschichte nach 1945, 2006, S. 301 ff., 308; zum Einfluss auf die europäische Kommission insbesondere während der Ära Monti *Stürner/Bormann* NJW 2004, 1481 ff., 1489 f.

977 Der Reigen älterer Ökonomie-Nobelpreisträger auf der Lindauer Tagung (F.A.Z. vom 21.08.06, Nr. 193, S. 12) hinterlässt insoweit einen zwiespältigen Eindruck. Einerseits sind die meisten ausgezeichneten Ökonomen an spieltheoretischen mikro-ökonomischen Modellen (*Nash, Selten, Mirrlees, Kydland*) oder anderen Formen rationalen Systemdenkens (*Mundell*) ausgerichtet, deren Realitätsbezug mit Formen statistischer Daten erhärtet werden soll (*Granger*). Andererseits erkennen sie den Realitätsverlust (*North, Selten, Kydland, Engle*), ohne daraus immer die volle Konsequenz zu ziehen.

978 Wiederum typisch *von Prollius,* Deutsche Wirtschaftsgeschichte nach 1945, 2006, S. 223 ff.; tendenziell ähnlich die Beiträge von *Leschke* und *Vollmer* in: Eger (Hg.), Institutionen und wirtschaftliche Entwicklung, 2003.

979 Wohltuend pragmatisch und für die Fortentwicklung des europäischen Modells der neue Präsident des Kieler Weltwirtschaftsinstituts *Dennis Snower,* Die neoklassische Theorie lässt uns oft im Stich, Handelsblatt vom 18.03.04, Nr. 55, S. 8; ähnlich SZ vom 18.08.05, Nr. 189, S. 19; etwas reißerisch *D. Kalff,* Europas Wirtschaft wird gewinnen. Was wir Amerika voraus haben, 2005; pragmatisch *G. Rommel,* Zukunftsmodell Deutschland. Was wir von Amerika und Japan lernen können, 2005. Den durchaus ordentlichen Ruf Deutschlands als Investitionsland bestätigt die Umfrage der Beratungsgesellschaft Ernst & Young, F.A.Z. vom 08.06.06, Nr. 131, S. 12, bei allerdings nachhinkenden tatsächlichen Investitionen.

980 Financial Times Deutschland vom 21.10.05, S. 25.

981 Quartalswert 2006 war 208 Milliarden Dollar, F.A.Z. vom 19.06.06, Nr. 139, S. 15; Endwert dann aber 856,7 Milliarden US-Dollar verglichen mit 791,5 Milliarden US-Dollar 2005; F.A.Z. vom 15.03.07, Nr. 63, S. 13. Dabei sind die Defizite der öffentlichen Haushalte durchaus beachtlich (F.A.Z. vom 16.06.07, Nr. 137, S. 16: 150 Milliarden Dollar 2007 beim Bund).

982 Dazu F.A.Z. vom 31.08.06, Nr. 202, S. 13; vom 11.05.06, Nr. 109, S. 16; nunmehr sogar vom neuen Chef der Federal Reserve Bank *Ben Bernanke* thematisiert; F.A.Z. vom 14.02.07, Nr. 38, S. 13.

983 Dazu zusammenfassend *Heideking,* Geschichte der USA, 3. Aufl. 2003, S. 527 ff.; F.A.Z. vom 05.08.06, Nr. 180, S. 11 (Arbeitsmarkt); zum neuerlichen Zurückfallen gegenüber Europa SZ vom 22.08.06, Nr. 192,

S. 19: „Verschiebung der Kräfte. Euroland wächst stärker als USA und Japan"; zu amerikanischen Rezessionsängsten noch F.A.Z. vom 16.08.06, Nr. 189, S. 19 und vom 17.08.06, Nr. 190, S. 21; ähnlich der IWF-Bericht September 2006, F.A.Z. vom 15.09.06, Nr. 215, S. 13, und vom April 2007, F.A.Z. vom 05.04.07, Nr. 81, S. 14 und 23; zu langsamen Erholungstendenzen F.A.Z. vom 15.06.07, Nr. 136, S. 13.

984 So *Reid,* The United States of Europe, 2004; *Thomas L. Friedman,* The World Is Flat, 2005, S. 256ff. Zum der EU günstigen Vergleich mit den USA insbesondere der Arbeitsmarktbericht des Präsidenten der EZB *Claude Trichet,* F.A.Z. vom 24.04.07, Nr. 95, S. 13; zum Pessimismus der Wallstreet Investoren im Mai 2007 („Wetten auf fallende Kurse") F.A.Z. vom 30.05.07, Nr. 123, S. 21.

985 Dazu F.A.Z. vom 16.03.07, Nr. 64, S. 21; vom 14.03.07, Nr. 62, S. 21 (drohende Insolvenz der New Century Financial Corporation); vom 15.06.07, Nr. 136, S. 21 (Belastung des Kapitalmarktes).

986 Zutreffend beobachtet und kritisiert von *Martin Hochhuth,* Staatsräson – Geldräson – Menschenräson, in: Calliess/Mahlmann, Der Staat der Zukunft, 2002, S. 85ff., 104/105.

987 Zur Vergütung und Tantieme sowie Altersversorgung von deutschen Vorstandsvorsitzenden im Jahre 2006 die Aufstellung F.A.Z. vom 30.03.07, Nr. 76, S. 13 (durchschnittliche Grundvergütung 995 000,– Euro; Tantieme 1 972 000,– Euro; langfristige Vergütungsbestandteile 967 000,– Euro; Altersversorgung 738 000,– Euro; Gesamtvergütung 4 731 000,– Euro). Das Parallelphänomen in den USA behandelt *J.D. Cox,* Fair Pay for Chief Executive Officers, in: Carrington/Jones, Law and Class in America, 2006, S. 99ff.

988 Dazu der „World Wealth Report" von Capgemini und Merrill Lynch, F.A.Z. vom 21.06.06, Nr. 141, S. 24, bei dem Deutschland hinter den USA als dem Spitzenreiter immerhin auf Platz 3 steht (767 000 Millionäre); oder Frankfurter Allgemeine Sonntagszeitung vom 03.09.06, Nr. 35, S. 47: Reich und erfolgreich – von Gurus lernen (Bruce Wasserstein, Warren Buffet, George Soros, Marc Mobius, Richard Olsen, Marc Faber); ferner die Forbes-Milliardärsliste, Südkurier/Handelsblatt vom 10.03.06, Nr. 58, S. 6 („... 452 der 793 ... sind Self-Made-Milliardäre – sie haben ihr Vermögen mit eigener Arbeit geschaffen ..."); F.A.Z. vom 28.02.04, Nr. 50, S. 19 (Milliardärsliste mit den Deutschen Karl und Theo Albrecht, Susanne Klatten, Michael Otto, Rudolf August Oetker).

989 Der Beamte oder Offizier, der den Regeln preußischer Etikette entgegen eigenem menschlichen Fühlen folgt, ist ein wichtiger Topos in vielen Werken; dazu *Theodor Fontane,* Effie Briest, in: Werke, Schriften, Briefe. Herausgegeben von Walter Keitel und Helmuth Nürnberger, Abt. I, Bd. 4, 2. Aufl. 1974, insbes. S. 230ff., 286ff., 295; ähnlich Irrungen, Wirrungen, Abt. I, Bd. 2, S. 319ff., insbes. S. 475.

990 *Siegfried Lenz,* Deutschstunde, dtv, 3. Aufl. 1974.

991 *Bert Brecht,* Die heilige Johanna der Schlachthöfe, Gesammelte Werke, 1967, Bd. 2, S. 668ff., S. 686 (Fleischkönig Mauler: „... Ich habe vor, dies blutige Geschäft baldmöglichst aufzugeben: ganz neulich nämlich, das wird euch interessieren, sah ich einen Ochsen sterben und war so erschüttert, dass ich Alles aufgeben will ...“).

992 *Bert Brecht,* Herr Puntilla und sein Knecht Matti, Gesammelte Werke, 1967, Bd. 4, S. 1611ff.

993 Hierzu die Analyse von *Daniel Gilbert,* „Ins Glück stolpern“. Deutsche Übersetzung von Burkhard Hickisch, 2006.

994 Dazu *B. Helmig/R. Purtschert* (Hg.), Nonprofit-Management. Beispiele für Best Practices im Dritten Sektor, 2005; 2. Aufl. 2006.

995 *Georg Büchner,* Dantons Tod. Ausgabe Reclam 1958, 1. Aufzug, 6. Szene, S. 25, Danton: „... Es gibt nur Epikureer, und zwar grobe und feine; Christus war der feinste; das ist der einzige Unterschied, den ich zwischen den Menschen herausbringen kann. Jeder handelt seiner Natur gemäß, das heißt, er tut was ihm wohltut.“

D. Folgerungen für die Zukunft

I. Falsches Prophetentum

996 Dazu insbesondere C II–V mNw. Nicht untypisch die Attitude eines Berliner Ökonomen: „... die Ökonomie ist die Königin der Sozialwissenschaften ...“. Wirklich?

997 So etwa geschehen beim „überraschenden“ Wirtschaftsaufschwung des Eurolandes 2006; dazu SZ vom 22. 08. 06, Nr. 192, S. 19.

998 Zur Diskussion um das Gesundheitswesen A III 4.

999 Dazu insbesondere C II 7 mNw.

1000 Ähnlich denn auch im Ergebnis *Zweigert/Kötz,* Einführung in die Rechtsvergleichung, 3. Aufl. 1996, § 17 II, S. 244 zur Bewertung der ökonomischen Analyse des Rechts.

1001 Dazu das berühmte Zitat von *Holmes,* The Common Law, 1881: „The life of the law has not been logic: it has been experience. The felt necessities of the time, the prevalent moral and political theories, institutions or public policy, avowed or unconscious, even the prejudices which judges share with their fellow men, have a good deal more to do than the syllogism in determining the rules by which men should be governed.“

1002 Dafür stehen Namen wie *Hegel,* Grundlinien der Philosophie des Rechts – oder Naturrecht und Staatswissenschaft im Grundrisse, Edition Suhrkamp, Bd. 7; *Puchta,* Das Gewohnheitsrecht, 1828/1837; *von Savigny,* System des heutigen römischen Rechts I–VIII, 1840–1849; *Windscheid,* Lehrbuch des Pandektenrechts I–III (1862–1870),

7. Aufl. 1891; *von Jhering,* Geist des Römischen Rechts, 1858, insbes. Band II 2; aufschlussreicher kurzer Überblick bei *Kroeschell,* Deutsche Rechtsgeschichte, Bd. 3, 3. Aufl. 2001, S. 124ff. mNw.

[1003] Dazu *von Jhering,* Im juristischen Begriffshimmel, in: ders., Scherz und Ernst in der Jurisprudenz, 13. Aufl. 1924 (Nachdruck 1988); *Ph. Heck,* Gesetzesauslegung und Interessenjurisprudenz, AcP 112 (1914), 1ff.; guter Überblick bei *Rüthers,* Rechtstheorie, 2. Aufl. 2005, S. 313ff., Rn. 462ff.

[1004] M. E. viel zu wenig in Rechnung gestellt von *Eidenmüller* JZ 2007, 487ff., 491f., der angloamerikanischen Erkenntnisgewinn konstatiert, ohne seine relative Brauchbarkeit ausreichend zu würdigen.

[1005] Dazu F.A.Z. vom 21. 08. 06, Nr. 193, S. 12 (Bericht über die Lindauer Tagung 2006).

[1006] Führende Rechtsfakultäten der USA betreiben noch gegenwärtig eine stark auf „Law and Economics" fokussierende Berufungspolitik; dazu z. B. die Kataloge der Professoren an der Harvard Law School 2003/2004 und 2005/2006.

[1007] F.A.Z. vom 10. 02. 06, Nr. 35, S. 14 (Umwidmung einer Vielzahl von Lehrstühlen im Sinne der Institutionen- und Verhaltensökonomie).

[1008] Dazu insbesondere C II 4 mNw.

[1009] Dazu C IV mNw.

[1010] Dieser Einwand gilt auch gegen *Eidenmüller* JZ 2007, 487ff., 491ff.

[1011] Zu diesem Anspruch, der sich vor allem aus Marktfreiheitsregeln ableitet, insbesondere C II 3 mNw.; wichtig *F. Zakaria,* Das Ende der Freiheit? Wieviel Demokratie verträgt der Mensch?, 2005; sehr kritisch zu Recht *P. Kirchhof* JZ 2004, 981ff., 984ff.

[1012] Dazu C II 8 und C III und IV mNw.

[1013] Dazu B II 4 und C II 8 und 9 mNw.

[1014] Vgl. C V 1.

[1015] Vgl. B I 3b und 4.

[1016] Vgl. B I 2 und 3.

[1017] Zu diesem Ausgangspunkt wirtschaftswissenschaftlicher und politologischer Diskussion insbes. *P.A.Hall/D. Soskice,* Varieties of Capitalism, 2001; *R. Freeman,* Single-Peaked Versus Diversified Capitalism, in: Drèze, Advances in Macroeconomic Theory, 2001, S. 139ff.; ausführlicher auch unter A II 1; B I 2 und B II 2.

[1018] So auch neuerdings wieder – allerdings etwas unkritisch – *Eidenmüller* JZ 2007, 487ff., 490; zu den allgemeinen Ursachen schon *Stürner,* Der Justizkonflikt zwischen USA und Europa, in: Habscheid (Hg.), Der Justizkonflikt mit den Vereinigten Staaten von Amerika, 1986, S. 1ff., 35ff. mNw.

[1019] Dazu B II 2 und 3 d, aa.

[1020] So zutreffend *Wood,* The Pristine Culture of Capitalism, 1991, S. 165ff.

1021 Dazu C V 1.

1022 Dazu A II 1.

1023 Ausführlich B II 2.

1024 Vgl. B II 3 a.

1025 Dazu B II 3 c.

1026 Ausführlicher B II 3 d und f.

1027 Siehe B II 3 g.

1028 Dazu A III 5 und C II 5.

1029 Siehe C II 3.

1030 Dazu B II 3 c. Zum Topos der Entartung der ursprünglich marktwirtschaftlich orientierten Bundesrepublik zum Versorgungsstaat F.A.Z. vom 16.06.07, Nr. 137, S. 13 und 16.

1031 Dazu die Statistik der weltweit größten Aktiengesellschaften, F.A.Z. vom 05.04.07, Nr. 81, S. 23 (Eon auf Platz 54); ferner F.A.Z. vom 02.06.07, Nr. 126, S. 13 (Beteiligungen von Russland und China an Unternehmen in den USA und in Europa). Zur Gegenwehr „offener" Marktwirtschaften wie Deutschland und USA F.A.Z. vom 26.06.07, Nr. 145, S. 11 und vom 28.06.07, Nr. 147, S. 11/12.

1032 Zum „Wimbledon-Effekt" und seiner Gedankenwelt ausführlich C II 2 und 3, insbesondere 3 d mNw.

1033 Dazu schon *Friedrich Schiller,* Epigramme: „Würde des Menschen: Nichts mehr davon, ich bitt' Euch. Zu essen gebt ihm, zu wohnen. Habt ihr die Blöße bedeckt, gibt sich die Würde von selbst."

1034 Zur Bedeutung der volkswirtschaftlichen Betrachtungsweise schon A II 1, B I 4, B II 2 und 4, C II 3, C IV 2.

1035 Man stellt als Nichtwirtschaftswissenschaftler etwas überrascht fest, wie wenig gesichert theoretische und empirische Erkenntnisse der Wirtschaftswissenschaften im Bereich ökonomischer Wirkungen wirtschaftlicher Integrationsprozesse auf Volks- und Regionalwirtschaften sind; aufschlussreich der Versuch einer theoretischen und empirischen Bilanz bei *Sternberg,* Wirtschaftsstandort Deutschland: Auswirkungen des EU-Binnenmarktes auf die deutsche Wirtschaft, in: Wessels/Diedrich, Die neue Europäische Union, 2006, S. 22ff. mNw. Die Kunst sinnvoller Wirtschaftspolitik mag darin bestehen, die unzweifelhaften Vorteile einer Integration mit den fortbestehenden Vorteilen stimmiger regionaler Struktur zu paaren und in keinen Integrationsfetischismus zu verfallen.

1036 Pauschale Bekenntnisse von nationalen Finanzministern der EU gegen Protektionismus bei Übernahmen (F.A.Z. vom 10.06.06, Nr. 133, S. 11) wirken auch vor diesem Hintergrund undifferenziert und unglaubwürdig. Neuerdings eher im hier vertretenen Sinne der französische Präsident *Sarkozy* sowie der deutsche Finanzminister *Steinbrück* gegen Kommission und EuGH; F.A.Z. vom 04.07.07, Nr. 152, S. 11.

1037 Dazu ausführlich A III mNw.

1038 Dazu A III 4, 5 (Deutschland, Europa, WTO) sowie B I 3 b (USA).

[1039] Dazu *A.S. Markovits*, Amerika, dich hasst sich's besser – Antiamerikanismus und Antisemitismus in Europa, 2004. Interessante rechtliche Thematisierung dieses Topos bei *A.F. Peter*, Antiamericanism in the German Legal Profession, DAJV-Newsletter 2006, 80–82 mNw.

[1040] Aufschlussreich die Sicht eines U.S.-Amerikaners auf Ursachen und Wurzeln eines modernen Antiamerikanismus bei *R. Cohen*, The America Complex, The Berlin Journal No. 13, Fall 2006, S. 4ff.

[1041] Dazu B I 1–4.

[1042] Dazu z. B. *Roman Herzog*, Berliner Rede vom 26. 04. 1997, dazu F.A.Z. vom 07. 04. 07, Nr. 82, S. 2; *Horst Köhler*, F.A.Z. vom 16. 03. 05, Nr. 63, S. 6, und vom 06. 12. 05, Nr. 284, S. 12.

[1043] Dazu schon B II 3 d aa mNw.

[1044] Besonders unglücklich wirkt bei der Diskussion familiärer Themen die deutliche Dominanz kinderloser weiblicher politischer Leitfiguren, deren Lebensweg und familiale Sozialisation Vorbildfunktion für junge Frauen und Männer schwerlich entfalten kann. Der Einsatz vereinzelter eher überkompensatorischer mütterlicher Leitfiguren vermag dieses Dilemma nicht zu beheben. Der Versuch zur bürgerlichen Integration der Feministin *Alice Schwarzer* durch die F.A.Z. in Gestalt des Abdrucks ihres Werkes „Die Antwort", 2007, in langen Folgen dokumentiert auch auf publizistischer Ebene insoweit einen gewissen Mangel an Persönlichkeiten mit überzeugender gesellschaftlicher Leitbildfunktion.

[1045] *Friedrich Schiller*, Wallensteins Tod, Zweiter Aufzug, Zweiter Auftritt, Werke in Drei Bänden, Band III, Hanser 1966, S. 148.

II. Parameter und Eckpunkte praktischer politischer Vernunft in Europa und Deutschland und ihre Folgen für das Recht

1. Die Tradition staatlich organisierten Ausgleichs zwischen Kapitalismus und Solidarität und das europäische und deutsche Zukunftsmodell

[1046] Dazu wiederum B II 1 und 2.

[1047] Dazu C II 3.

[1048] Dazu insbesondere C II 1 d und C II 8.

[1049] Dazu C I und C III 3.

[1050] Dazu B II 3 e und B II 4, sowie C IV 2.

[1051] Dazu die Schlussfolgerungen des Vorsitzes der Tagung des Europäischen Rates in Brüssel (21./22. Juni 2007) Doc. 11177/07 Concl 2, Anlage 1, Zif. 3 mit Fn. 16.

[1052] Dazu z. B. Art. III-14ff., III-17, III-50ff. Verfassungsentwurf.

[1053] Amendment V.

[1054] BVerfGE 50, 290ff., 339f.

[1055] Zum Defizit fehlender „social responsibility“ A II 6.

[1056] Z. B. *Jarass/Pieroth,* GG, 8. Aufl. 2006, Art. 14 Rn. 42; *Wieland* in Dreier, GG, 1996, Art. 14 Rn. 23; *Sachs/Wendt,* GG, 2003, Art. 14 Rn. 85ff.

[1057] Dazu *Karl Marx,* Zur Kritik der politischen Ökonomie, 1859; §§ 17ff. ZGB DDR (Sozialistisches Eigentum).

[1058] Repräsentativ *W. Leisner,* Der Sozialisierungsartikel als Eigentumsgarantie, JZ 1975, 272ff.; *Papier,* Handbuch des Verfassungsrechts der Bundesrepublik Deutschland (herausgegeben von Benda, Maihofer, Vogel), § 18 Rn. 17, 18.

[1059] Dazu die Rechtsprechung des EuGH zu „goldenen Aktien“ nach Teilprivatisierung, EuGH NJW 2002, 2303, 2305, 2306; ausführlich unter A III 3.

[1060] Dazu EuGHE 1979, 3727, 3743ff.; 1980, 907, 1010ff.; 1982, 4261, 4280; 1991, I-415 Rn. 53; 1994, I-4973 Rn. 78ff.; *R. Steinz,* Bundesverfassungsgerichtlicher Grundrechtsschutz und Europäisches Gemeinschaftsrecht, 1989.

[1061] Insbesondere Art. 295 EGV und Art. III-331 Verfassungsentwurf.

[1062] Richtig gesehen von *Ohler,* Der Schutz privaten Eigentums als Grundlage der internationalen Wirtschaftsordnung, JZ 2006, 875ff., der aber dann die Frage nach universellen Regeln der Eigentumsbindung etwas vernachlässigt.

[1063] Dazu BVerfGE 24, 367, 389; 102, 1, 15/17.

[1064] Dazu BVerfGE 50, 290, 347ff.; weitere Nachweise auf neuestem Stand bei *Jarass/Pieroth,* GG, 8. Aufl. 2006, Art. 14 Rn. 42ff.

[1065] Ausführlich *I. Kant,* Metaphysik der Sitten, 1797, Rechtslehre § 5; *Böckenförde,* Eigentum, Sozialbindung des Eigentums, Enteignung, 1976; gute Zusammenfassung bei *Wieland,* in Dreier, GG, Bd. 1, 1996, Art. 13 Rn. 1 mNw.

[1066] So tendenziell z. B. *Wieland,* in Dreier, GG, Bd. 1, 1996, Art. 15 Rn. 18; *Jarass/Pieroth,* GG, 8. Aufl. 2006, Art. 15 Rn. 1.

[1067] Z. B. *Wendt,* Eigentum und Gesetzgebung, 1985, S. 183ff.; *Papier,* Handbuch, § 18 Rn. 18.

[1068] Dazu B II 2 mNw.

[1069] Zum neueren Stand der Verfassungslehre insbesondere *Calliess,* Die grundrechtliche Schutzpflicht im mehrpoligen Verfassungsrechtsverhältnis, JZ 2006, 321ff.

[1070] Dazu unten D II 2.

[1071] Statt vieler *Abelshauser,* Deutsche Wirtschaftsgeschichte seit 1945, insbes. S. 275ff.; *R. Freeman,* Single-Peaked Versus Diversified Capitalism: The Relation between Economic Institutions and Outcomes, in: Drèze, Advances in Macroeconomic Theory, 2001, S. 139ff.;

Hall/Soskice, Varieties of Capitalism. Introduction, 2001, S. 1ff.; schon früh *Albert,* Kapitalismus contra Kapitalismus, 1992.

1072 Zum Wachstum 2006 und den Prognosen 2007 und 2008 F.A.Z. vom 15.12.06, Nr. 292, S. 15 und vom 29.11.06, Nr. 278, S. 11; ferner die Einschätzung des Frühjahrsgutachtens der fünf Forschungsinstitute, F.A.Z. vom 19.04.07, Nr. 91, S. 11 und die Grundstimmung der Finanzmärkte (F.A.Z. vom 27.06.07, Nr. 146, S. 21) und Verbraucher (F.A.Z. vom 22.06.07, Nr. 142, S. 12).

1073 Siehe sub A.

1074 Zur zögerlichen Rückkehr zum Aktienmarkt und zum risikoträchtigen Anleihemarkt F.A.Z. vom 14.12.06, Nr. 291, S. 23 und vom 08.12.06, Nr. 286, S. 23.

1075 Beispielhaft die deutsche Telekom (F.A.Z. vom 29.11.06, Nr. 278, S. 11) und die Deutsche Bahn AG (F.A.Z. vom 10.11.06, Nr. 262, S. 13).

1076 Zur vorläufigen Einigung mit der Kommission im Streit um die Führung des Namens „Sparkasse" Die Welt vom 07.12.06, S. 11 und vom 05.12.06, S. 11.

1077 Zum ansteigenden Krankenversicherungsbeitrag 2007 um ca. 0,5–0,7 Punkte F.A.Z. vom 09.12.06, Nr. 287, S. 13; zum steigenden Rentenversicherungsbeitrag F.A.Z. vom 03.11.06, Nr. 256, S. 13.

1078 Zur unverdrossenen Dauerkritik des IWF an den „Verkrustungen" des deutschen Arbeitsmarktes F.A.Z. vom 15.12.06, Nr. 292, S. 15.

1079 Eine Totalreform ist nicht angegangen; dazu die Langzeitstudie der EU-Kommission 2006, F.A.Z. vom 23.11.06, Nr. 273, S. 14; die Entlastungswirkung der Unternehmenssteuerreform 2006 ist beschränkt; F.A.Z. vom 14.12.06, Nr. 291, S. 23.

1080 Dazu der – insgesamt eher fragwürdige – „Global Competitiveness Report" 2006 des World Economic Forums in Genf; F.A.Z. vom 27.09.06, Nr. 225, S. 14: „Es (Deutschland) steht keinem Land nach im Blick auf den Schutz der Eigentumsrechte und die Qualität der Rechtsprechung". Ferner *La Porta/Lopez-de-Silanes/Vishny,* The Journal of Political Economy 106 (1998), 1113ff., 1140ff.

1081 Dazu die Angaben des OECD-Berichtes mit Daten 2006–2008, F.A.Z. vom 29.11.06, Nr. 278, S. 11; ferner F.A.Z. vom 01.12.06, Nr. 280, S. 13 mit Vergleichszahlen 2001–2006 und vom 30.03.07, Nr. 76, S. 1 und 13 mit Vorjahresvergleich; letztendlich F.A.Z. vom 29.06.07, Nr. 148, S. 11 (Stand VI/07).

1082 F.A.Z. vom 09.12.06, Nr. 287, S. 13 („Wieder auf dem Weg zum Exportweltmeister"); das Jahr 2006 brachte mit 162 Milliarden Euro den größten Überschuss im Außenhandel (F.A.Z. vom 09.02.07, Nr. 34, S. 13).

1083 Die Welt vom 24.11.06, S. 11 („Privater Konsum stützt Aufschwung"); zum Ansteigen der Kurse deutscher Aktien F.A.Z. vom 30.06.07, Nr. 149, S. 23.

[1084] F.A.Z. vom 29.11.06, Nr. 298, S. 11.

[1085] Zur Theorie der Konjunkturzyklen ausführlich *W. Assenmacher*, Konjunkturtheorie, 8. Aufl. 1998; *K.-G. Zinn*, Konjunktur und Wachstum, 5. Aufl. 2002; speziell zu den Konjunkturzyklen der deutschen Wirtschaft *W. Abelshauser*, Deutsche Wirtschaftsgeschichte seit 1945, S. 275 ff. mNw.

[1086] Zu entsprechenden Prognosen und Daten z. B. F.A.Z. vom 02.04.07, Nr. 78, S. 19.

[1087] In diesem Sinne auch das Fazit des Wirtschaftshistorikers *Abelshauser*, Deutsche Wirtschaftsgeschichte seit 1945, 2005, S. 446 ff.; *ders.* F.A.Z. vom 27.03.05, Nr. 12, S. 42 ff.

[1088] F.A.Z. vom 15.12.06, Nr. 292, S. 15.

2. *Die Bedeutung demokratisch legitimierter Organisationsgewalt für die Ausgestaltung von Marktfreiheiten*

[1089] Art. I-9 Verfassungsentwurf mit Protokollen über die Anwendung der Grundsätze der Subsidiarität und der Verhältnismäßigkeit und die Rolle der nationalen Parlamente (Neufassung); zum geplanten neuen Artikel über die Anhörungs- und Äußerungsrechte der nationalen Parlamente die Schlussfolgerungen des Vorsitzes der Tagung des Europäischen Rates in Brüssel (21./22. Juni 2007) Doc. 11177/07 Concl 2, Anl. 1, sub 7.

[1090] EuGHE 1988, 5483 („Daily Mail").

[1091] EuGHE 2002, I-9919 („Überseering").

[1092] EuGHE 1999, I-1459 („Centros"); bestätigend EuGH NJW 2003, 3331 („Inspire Art"); zum Ganzen *Ebke* JZ 2003, 927 ff.; *Eidenmüller* JZ 2007, 487 ff., 489. Ohne Not hat BGHZ 153, 353 dieses Herkunftslandprinzip auf US-Gesellschaften ausgedehnt (*Ebke* JZ 2003, 927 ff.), sodass man heute z. B. auch das Recht des Staates Delaware nutzen kann; hierzu ausführlich *Reiss/Schneider* RIW 2007, 10 ff.; *Fleischer* RIW 2005, 92 ff.

[1093] Zur Qual der Rechtswahl *Wegen/Schlichte* RIW 2006, 801 ff.

[1094] Guter Überblick zur europäischen Rechtsentwicklung und zu gemeineuropäischen Gesellschaftsformen bei *Hueck/Windbichler*, Gesellschaftsrecht, 20. Aufl. 2003, § 1 Rn. 15 ff.; § 2 Rn. 27 u. 28.

[1095] Zur Problematik statt vieler *Altmeppen* NJW 2004, 97 ff.; *Behrens* IPRax 2003, 193 ff.; *Eidenmüller* JZ 2003, 526 ff.; *Horn* NJW 2004, 893 ff.; *Hirte* EWS 2003, 521 ff.; *Sandrock* BB 2004, 897 ff.; *Spindler/Berner* RIW 2003, 949 ff.; *Jara/Schlichte* RIW 2006, 106 ff. (Polen); *Sandrock* RIW 2006, 658 ff. (Spanien).

[1096] EuGHE 1974, 837 („Dassonville").

[1097] EuGHE 1993, I-6097 („Keck"); 1993, I-6787 („Hünermund").

[1098] EuGHE 1974, 631 („Reyners"); EuGHE 2002, I-1577 („Wouters").

[1099] Dazu ausführlich *Stürner/Bormann* NJW 2004, 1481ff. mNw.

[1100] Dazu EuGHE 1991, I-2357 („Vlassopoulou"); EuGHE 2002, I-663 („Dreessen"); Anerkennungsrichtlinie 89/48/EG vom 21. 12. 1988 über eine allgemeine Regelung zur Anerkennung der Hochschuldiplome, die eine mindestens dreijährige Berufsausbildung abschließen, ABl. Nr. L 19, S. 16–23.

[1101] Dazu EuGHE 1974, 1299ff.(„van Binsbergen"); EuGHE 2000, I-7919 („Corsten"); EuGHE 2004, I-9289 („Private Sicherheitsdienste").

[1102] Richtlinie 2006/123/EG über Dienstleistungen im Binnenmarkt vom 12. 12. 2006, ABl. Nr. L 376, S. 50.

[1103] Art. 5 Kommissionsvorschlag KOM(2005) 650 endg./2005/0261 (COD); dazu *Bitterich* RIW 2006, 262ff. und die Diskussion F.A.Z. vom 17. 04. 07, Nr. 89, S. 19; vor diesem Hintergrund verfehlt BGH RIW 2006, 389ff. m. Bespr. *Mankowski* RIW 2006, 321ff.

[1104] Dazu kritisch *Stadler* IPRax 2004, 2, 6ff.; s. auch unter B II 4a.

[1105] In diesem Sinne der Vorschlag des Deutschen Rates für Internationales Privatrecht für eine Regelung des Internationalen Gesellschaftsrechts auf europäischer/nationaler Ebene; dazu *Sonnenberger/Bauer* RIW 2006, Beil. 1 zu Heft 4.

[1106] Das englische Gesellschaftsrecht will seine Marktchancen, wie sie der EuGH geöffnet hat, bereits durch neue Vereinfachungen bei Gründung und Führung verbessern („Think Small Approach") und die Rechtsetzung zur rascheren Anpassung flexibilisieren (sekundäre Rechtsetzung); zur Company Law Reform Bill 2006 *Jänig* RIW 2006, 270ff. Hier wird der vom EuGH initiierte „Run to the Bottom" besonders deutlich. Deutschland beginnt im GmbH-Recht nachzuziehen; zu Recht sehr kritisch *Wulf Götte* F.A.Z. vom 22. 06. 07, Nr. 142, S. 11, dessen BGH-Senat allerdings zur Auflösung des deutschen Gesellschaftsrechts mit beigetragen hat.

[1107] Dabei ist auf Dauer allerdings das Modellgesetz dem wirren und kostenträchtigen Nebeneinander europäischer und nationaler Gestaltungsformen vorzuziehen; zum sog. „26. Regime" *Zeitler/Kolling* EWS 2006, 97ff.

[1108] Dazu Art. 159ff.; Art. 34 Abs. 3, 146 EGV; Art. III-117ff., III-124 Abs. 3, III-113ff. Verfassungsentwurf; guter Überblick bei *Koenig/Haratsch,* Europarecht, 4. Aufl. 2003, Rn. 784ff.

[1109] Art. 151 Abs. 5, Art. 152 Abs. 4 lit. c, Art. 166 Abs. 3, Art. 175 Abs. 5 EGV; Art. III-181 Abs. 5, III-179 Abs. 5, III-149 Abs. 3; III-130 Abs. 5 Verfassungsentwurf; zu den EU-Direktsubventionen für Forschung und Entwicklung der Jahre 2007–2013 *Kiethe* EWS 2007, 1ff.; 2006, 246ff.

[1110] Art. 87ff. EGV bzw. Art. III-56ff. Verfassungsentwurf mit den neuen Regionalbeihilferichtlinien 2007–2013 (ABl. 2006 C 54/13); dazu *Frenz/Kühl* EWS 2006, 536 mNw. Die Leitlinien zur Rettung von Unternehmen in Schwierigkeiten (ABl. EU 2004 Nr. C 244 vom 01. 10. 04) beschreiben *Wetterkamp/Kaufmann* EWS 2006, 164ff.

1111 Gutes Beispiel sind die Leitlinien für die Finanzierung von Flughäfen; dazu *Soltész/Seidl* EWS 2006, 211.

1112 Guter Überblick bei *Koenig/Kühling* NJW 2000, 1065ff.; ferner *Streinz,* Europarecht, 7. Aufl. 2005, Rn. 1016ff., S. 399ff.; *Ehricke* EWS 2006, 241ff.

1113 Weißbuch über die Modernisierung der Vorschriften zur Anwendung der Art. 85, 86 EGV vom 28. 04. 99, ABl. 1999, Nr. C 132, S. 1ff.; nunmehr VO Nr. 1/2003, ABl. 2003 L 1/1; *Weitbrecht* EuZW 2003, 69ff.

1114 Ausführlich *Bartosch* NJW 2001, 921ff.; *Ludwigs* EWS 2007, 7ff.

1115 Hoffnungsvoll insoweit EuGH vom 20. 10. 05 – Rs. C-88/03 (Portugal/Kommission), wo eine automatische Selektivität regionaler erleichternder Steuermaßnahmen verneint ist (dazu *Jaeger* RIW 2007, 120ff.).

1116 Dazu *Schulze-Fielitz,* Grundmodi der Aufgabenwahrnehmung, in: Hoffmann-Riem/Schmidt-Aßmann/Vosskuhle, Grundlagen des Verwaltungsrechts, Bd. I, 2006, § 12 Rn. 139, 142 mNw.

1117 Zur Anwendbarkeit der Grundsätze des EG-Vertrages auf Vergabeverfahren unterhalb der Schwellenwerte EuGH EWS 2006, 223 mNw. (Commune di Bari; dazu *Frenz* EWS 2006, 347ff.); zum schwebenden Kompetenzstreit um entsprechende „Mitteilungen" der Kommission *Endler,* F.A.Z. vom 04. 10. 06, Nr. 230, S. 27.

1118 Dazu § 98 Nr. 4 GWB.

1119 Maßgeblich sind gegenwärtig vor allem die Richtlinien 2004/18/EG, ABl. Nr. L 134, S. 114 und 2004/17/EG und die zugehörigen deutschen Ausführungsvorschriften in §§ 97ff. GWB; *Schulze-Fielitz,* Aufgabenwahrnehmung, Rn. 142/143 mNw.

1120 Dazu *Christoph Benedict,* Sekundärzwecke im Vergabeverfahren, 2000; *P.F. Bultmann,* Beihilfenrecht und Vergaberecht, 2004, S. 94ff.; *A. Schäfer,* Öffentliche Belange im Auftragswesen und Europarecht, 2003, S. 48ff.

1121 Dazu z. B. EuGHE 2001, I-7725 (SIAC); 2002, I-7213 (Concordia); 2003, I-14527 (Wienstrom) etc.; ausführlicher Überblick wiederum bei *Schulze-Fielitz,* Aufgabenwahrnehmung, Rn. 145–147.

1122 EuGHE 1988, 4635ff. (Beentjes); 2000, I-7445 (Calais).

1123 Z. B. § 2 VOB Teil A Nr. 1: „angemessener Preis" im Sinne verbotenen Preisdumpings regionaler Unternehmen; Nr. 3: ganzjährige Bautätigkeit; dazu *Siegfried Broß* NZBau 2004, 465ff.

1124 Art 3 lit. c und g, Art. 4 Abs. 1, 87ff. EGV; im Verfassungsentwurf Art. I-3 Abs. 2, I-4 Abs. 1, III-14 Abs. 2, III-56ff.

1125 Die EU-Verordnung über öffentliche Personennahverkehrsdienste will zwischen erlaubter örtlicher Organisation durch die öffentlichen Regionaleinheiten selbst („Inhouse-Geschäfte") und EU-weit vergabepflichtiger Fremdbeauftragung unterscheiden, wobei dann aber Inhouse-Unternehmen und ihre Töchter sich nicht an anderen Ausschreibungen beteiligen dürfen; dazu und zur schon jetzt gleichlaufenden Rechtsprechung des BVerwG *Lenz* NJW 2007, 1181ff., 1183; zur Diskussion im Europäischen Parlament insbesondere über die Schwellenwerte F.A.Z. vom 17.04.07, Nr. 89, S. 19.

[1126] Zur Auslegung der Art. 16, 86 EGV bzw. Art. III-6 und III-55 Verfassungsentwurf z. B. *Koenig/Kühling* ZHR 166 (2002), 656ff.; *Schwarze* EuZW 2000, 613ff.; *Koenig/Haratsch,* Europarecht, 4. Aufl. 2003, Rn. 872–893 mNw; *Streinz,* Europarecht, 7. Aufl. 2005, Rn. 1011ff., S. 356ff.

[1127] Dazu die alte sog. Transparenzrichtlinie (*Koenig/Haratsch,* Europarecht, Rn. 889) und nunmehr die Entscheidung der Kommission 2005/842/EG vom 28. 11. 2005, ABl. 2005, L 312/67, sowie der Gemeinschaftsrahmen für staatliche Beihilfen, die als Ausgleich für die Erbringung öffentlicher Dienstleistungen gewährt werden, ABl. 2005, C 297/4; ferner EuGHE 2003, I-7747 (Altmark) und 2006, I-6295 (Fenin) sowie *Frenz* EWS 2007, 211ff.; zum „Private Investor Test“ *Sühnel* EWS 2007, 115ff. und die Kommissionsentscheidung zur Landesbank Hessen-Thüringen vom 20. 10. 2004, ABl. vom 07. 11. 2006 L 307, S. 159, Rz. 119.

[1128] Dazu EuGH NJW 2002, 2305 (Frankreich) und 2306 (Portugal); noch toleriert die belgische Gestaltung: EuGH NJW 2002, 2303; ausführlicher A III 3. Ähnlich im Bereich postalischer Versorgung EuGH EWS 2006, 510 (Niederlande).

[1129] Dazu A III 2 a.

[1130] Vgl. A III 6 a.

[1131] Dazu Art. 3 Abs. 1 (p), 152 EGV und Art. I-16 Abs. 2, III-179 Verfassugnsentwurf. Zur Bedeutung des EU-Wettbewerbsrechts bei Krankenhausprivatisierung trotz Art. 152 Abs. 5 EGV bzw. Art. III-179 Abs. 7 Verfassungentwurf *Soltész* EWS 2006, 438ff.; siehe ferner A III 4 b.

[1132] Dazu A III 5 b; ferner Art. 3 Abs. 1 (q), 149 EGV bzw. Art. I-16 Abs. 2, III-182f. Verfassungsentwurf.

[1133] Zur Diskussion um das VW-Gesetz A III 3.

[1134] Dies spricht auch gegen die EU-Verordnung über öffentliche Nahverkehrsdienste 2007 mit ihrer Wahlmöglichkeit zwischen „Inhouse“-Organisation und ausschreibungspflichtiger Fremdvergabe; dazu F.A.Z. vom 17.04.07, Nr. 89, S. 19.

[1135] Dies scheinen einige Mitgliedstaaten auch erkannt zu haben, wenn sie auf ein Protokoll zu Art. 16 EGV drängen, das den organisatorischen Ermessensspielraum der Mitgliedstaaten wenigstens bei der Gestaltung von Diensten im allgemeinen wirtschaftlichen Interesse stärker betonen soll; dazu die Schlussfolgerungen des Vorsitzes der Tagung des Europäischen Rates in Brüssel (21./22. Juni 2007) Doc. 11177/07,

Concl 2, Anl. I, Zif. 19j mit Fn. 12. Ob sich dieser Vorschlag durchsetzt und welche Folgen seine Verwirklichung hätte, bleibt abzuwarten.

[1136] Dazu *Stürner* AfP 2002, 283ff.; siehe schon sub A III 6a und unten D II 5 g.

[1137] Hierzu allgemein A IV; ferner *Stürner/Bormann* NJW 2004, 1481ff.; *Bormann* ZZPInt 8 (2003), 1ff.

[1138] Dazu sub A I 1 mNw.

[1139] Die Dienstleistungsrichtlinie enthält zwar eine Ausnahme für das Notariat. Gleichwohl intendiert die EU-Kommission eine Deregulierung des Grundstücksmarktes und seiner Gebühren mit deutlicher Präferenz für weitgehende Privatisierung; eine gutachtliche Auseinandersetzung hierüber steht an.

[1140] Z.B. einerseits EuGH NJW 2006, 3697 („Wilson"): Unvereinbarkeit der vorherigen Überprüfung der Beherrschung der Sprache des Aufnahmestaates vor Eintragung als Rechtsanwalt mit EU-Richtlinienrecht und andererseits EuGHE 2000, I-7919 („Corsten") sowie EuZW 2004, 94 („Schnitzer"): Möglichkeit einer eingeschränkten Aufrechterhaltung der Handwerksrolle und Meisterprüfung und EuGH NJW 2007, 281ff. = EWS 2007, 25ff. (Cipolla): Mindestgebühren für Rechtsanwälte u. U. gerechtfertigt.

[1141] Dazu Art. 61 lit. c, 65 EGV sowie Art. III-170 Verfassungsentwurf und die Verordnung (EG) Nr. 2201/2003 (EheVO II) über die Anerkennung von Entscheidungen in Ehesachen mit ihrer eher skurrilen Begründung der Erforderlichkeit (sic!) für ein „reibungsloses Funktionieren des Binnenmarktes" in Nō. 1 der Begründung; zur Verordnung *Helms* FamRZ 2002, 1593ff.

[1142] Zum sog. Tampere-Programm und anstehenden Vorhaben des IPR und IZPR informativ *Werwigk-Hertneck/Mauch* FamRZ 2004, 574ff. mNw. Allerdings will die EU im Bereich des Familienrechts den nationalen Parlamenten künftig eine besonders starke Rolle einräumen; dazu die Schlussfolgerungen des Vorsitzes der Tagung des Europäischen Rates in Brüssel (21./22. Juni 2007) Doc. 11177/07, Concl 2, Zif. 19k und Anl. 2 Zif. 2b.

[1143] Durchaus enthusiastisch zum Vorhaben der Angleichung auf dem Gebiet des Familien- und Erbrechts *Werwigk-Hertneck/Mauch* FamRZ 2004, 574ff. mNw.

[1144] Zu Recht kritisch zum Bologna-Prozess im juristischen Bereich *Kilian* JZ 2006, 209ff.; *Klamaris* ZZPInt 10 (2005), 181ff.; ferner die Rechtswissenschaftlichen Fakultäten in Baden-Württemberg, F.A.Z. vom 10.04.07, Nr. 83, S. 4.

[1145] Gleich bei abweichender Terminologie Art. I-32 Abs. 1 Satz 2 und 3 EU-Verfassungsentwurf (Gesetz und Rahmengesetz).

[1146] Hierzu und allgemein zur Problematik der EU-Gesetzgebungsqualität *von Danwitz* JZ 2006, 1ff.; zur sog. „überschießenden Umsetzung" von EU-Richtlinien im Besonderen *Riehm* JZ 2006, 1035ff.

1147 Ausführlich *Stürner/Bruns,* Die Umsetzung der Verbraucherschutzrichtlinien und ihre Auswirkungen im nationalen Recht, in: Neues europäisches Vertragsrecht und Verbraucherschutz. Herausgegeben von der Europäischen Rechtsakademie Trier, 1999, S. 81ff.

1148 Vorbildlich insoweit EuGHE 2004, I-3403 (Freiburger Kommunalbauten) zur allgemeinen Billigkeitskontrolle nach Art. 3 AGB-Richtlinie; enger EuGHE 2002, I-10875 (Cofidis); zum Ganzen *W.-H. Roth,* FS Drobnig, 1998, S. 137; *Ch. Schmid,* Die Instrumentalisierung des Privatrechts durch die Europäische Union, 2007; *ders.* RabelsZ 71 (2007), 147ff., 155ff.

1149 EuGH NJW 2006, 3697 („Wilson").

1150 EuGH NJW 2006, 2972 („Badischer Winzerkeller eG"). Immerhin überlässt dann der EuGH die Prüfung der Gleichartigkeit der Gebühr mit anderen nationalen Gebühren den nationalen Gerichten; gewichtiger sind Fragen zulässiger Verschmelzung und Umwandlung innerhalb Europas (EuGH RIW 2006, 140ff. – Sevic), die nunmehr in einer Verschmelzungsrichtlinie gelöst scheinen; dazu *Leible/Hoffmann* RIW 2006, 161ff.

1151 EuGH 14.09.06 – C-158 und 159/04 („Vassilopoulos"); dazu *Kingreen* EWS 2006, 488ff.; zur Warenvertriebsrechtsprechung schon sub D II 2 b, aa mNw.

1152 Dazu C III 2.

1153 Zur Arbeit der National Conference of Commissioners on Uniform State Laws *Day,* 8 Florida L. Rev. 267 (1955); *Hay,* US-amerikanisches Recht, Rn. 18, S. 5f. Häufig wird die Arbeit der Commissioners durch Vorschläge des American Law Institute begleitet oder vorbereitet.

1154 Zu diesem Bedürfnis *Koch,* Die Einheit der nationalen Rechtsordnung und die europäische Privatrechtsangleichung, JZ 2006, 277f.

1155 Hierzu die Produkthaftungsrichtlinie vom 25.07. 1985 und das deutsche Produkthaftungsgesetz vom 15. 12. 1989.

1156 Zum Produkthaftungsrecht *Hay,* US-amerikanisches Recht, Rn. 394ff. Die Unterschiede betreffen vor allem die Rechtsfolgen (z.B. punitive damages, Begrenzung, Versicherbarkeit etc.); dazu schon *Stiefel/Stürner* VersR 1987, 829ff.

1157 Dazu die Mitteilung der Kommission „Ein kohärentes Europäisches Vertragsrecht – Ein Aktionsplan" (KOM 2003/0068 endg. ABl EU Nr. 63 vom 15.03.03, S. 1ff.) und überblicksweise *Stefan Grundmann* JZ 2005, 860ff.; *Jansen* JZ 2006, 536ff. Ähnlich die Förderung der Ausarbeitung EU-weiter Mustergeschäftsbedingungen; *Atzpodien/Müller* RIW 2006, 331ff.

1158 So schon *Stürner/Bruns,* Neues Europäisches Vertragsrecht und Verbraucherschutz, herausgegeben von der Europäischen Rechtsakademie Trier, 1999, S. 81ff., 89; *Stürner* RabelsZ 69 (2005), 201ff., 207; *Ebke,* FS Großfeld, 1999, S. 189; *Chr. Schmid* JZ 2001, 674ff., 680f.

[1159] Zu diesem Grundverständnis des EuGH *Streinz,* Europarecht, 7. Aufl. 2005, Rn. 566, S. 212; *J.H.H. Weiler,* The Constitution of Europe, 1999, S. 224ff.; *Hirsch,* Die Rolle des EuGH bei der Europäischen Integration, JÖR N.F. 49 (2001), 79ff., 83.

[1160] Dazu *Streinz,* Der „Effet utile" in der Rechtsprechung des Gerichtshofs der Europäischen Gemeinschaften, FS Everling, Bd. II, 1995, S. 1491ff.; *Koenig/Haratsch,* Europarecht, 4. Aufl. 2003, Rn. 75.

[1161] EuGHE 1970, 825, 837ff. („Leberpfennig"); EuGHE 1995, I-2189 („Großkrotzenburg"); EuGHE 2000, I-7535 („Unilever Italia"); guter Überblick bei *Koenig/Haratsch,* Europarecht, Rn. 284ff.

[1162] EuGHE 1991, I-5357ff. („Francovich"); EuGHE 1996 I, 1029ff., („Brasserie du Pêcheur"); ausführliche Würdigung bei *Koenig/Haratsch,* Europarecht, Rn. 287f., 469ff. Wie weit das Selbstbewusstsein des EuGH reicht, zeigt die Tatsache, dass er sich inzwischen auch über die Grundsätze des Richterprivilegs, wie es in vielen Staaten gilt, einfach hinwegsetzt; dazu EuGHE 2003, I-2039 (Köbler) und nunmehr EuGH EWS 2006, 314ff. („Traghetti del Mediterraneo"); ausführlich *Tietjen* EWS 2007, 15ff.

[1163] Ansatzweiser Widerstand in EuR 1979, 292ff. („Cohn-Bendit").

[1164] BVerfGE 37, 271ff.; 73, 339ff.; 75, 223ff.; 89, 155ff.; 102, 147ff.; dazu die Darstellung bei *Schwarze* JZ 1999, 637ff.; *Koenig* DÖV 1998, 268ff.; wiederum guter Überblick bei *Koenig/Haratsch,* Europarecht, Rn. 99ff.

[1165] Dazu insbesondere EuGHE 2001, I-7079 („Biopatent"); ferner das „Protokoll über die Anwendung der Grundsätze der Subsidiarität und Verhältnismäßigkeit" zum Vertrag von Amsterdam (ABl. EG 1997 Nr. C 340, S. 105).

[1166] EuGHE 1956, 297ff., 311 („Fédération Charbonnière de Belgique"); 1989, 2237 („Schräder"); EuGH EWS 2006, 73ff. (Mischfuttermittelrichtlinie); dazu *Gundel* EWS 2006, 65ff.; monographisch *G. Hirsch,* Die Auswirkungen des Subsidiaritätsprinzips auf die Rechtssetzungsbefugnis der Europäischen Gemeinschaften, 1995; *ders.,* Das Verhältnismäßigkeitsprinzip im Gemeinschaftsrecht, 1997.

[1167] EuGHE 2000, I-8419ff. („Tabakwerberichtlinie"); dazu *Callies* Jura 2001, 311; zum Nachfolgeversuch einer Regulierung *Koenig/Kühling* EWS 2002, 12ff. und nunmehr EuGH JZ 2007, 458ff. m. abl. Anm. *Maierhöfer.*

[1168] Zu Recht kritisch zur fast „grenzenlosen Definition des binnenmarktregelnden Rechtsaktes" *Chr. Maierhöfer* JZ 2007, 463ff.

[1169] Dazu *Broß* VerwArch 92 (2001), 425 ff.

[1170] Zu diesem Defizit ausführlich *Stürner,* FS Brohm, 2002, S. 153ff.

[1171] Hierzu die Analyse unter A und B II 3 d sowie 4.

[1172] Zur Kritik siehe Teil C.

[1173] Siehe schon B I 1 einerseits (USA) und B II 1 andererseits (Europa und Deutschland).

[1174] Zum Vergleich inbesondere *von Mehren/Murray,* Law in the United States, 2. Aufl. 2007, S. 103ff., 131ff.

[1175] Dazu Art. 70ff. GG in ihrer nunmehrigen Gestalt nach missglückter Reform 2006; zur Reform *Häde* JZ 2006, 930ff.; *Degenhart* und *Knopp* NVwZ 2006, 1209ff., 1216ff. Einen neueren Überblick zur Bundesstaatstheorie gibt *L. Michel,* Der experimentelle Bundesstaat, JZ 2006, 884ff.; ferner zur Bundesstaatlichkeit in der Europäischen Union zuletzt *Kadelbach* und *Tietje* (Rechtsetzung), *Pache/Groß* (Mehrebenenverwaltung), *Waldhoff/Heu* (Finanzverfassung) und *Oeter/Merli* (Rechtsprechungskonkurrenz) VVDStRL 66 (2006) mNw.

[1176] Zur unitaristischen Ausrichtung der Gesetzgebung und ihrer rechtspolitischen Bedeutung *Stürner,* Der hundertste Geburtstag des BGB – nationale Kodifikation im Greisenalter?, JZ 1996, 741ff.

[1177] Dazu Art. II § 2; Art. I § 8 (4) und Art. IV § 4.

[1178] Zur „Wiederholungsthese" statt vieler *Wahl* JZ 2005, 917ff., 918 mNw. Die Unterscheidung zwischen Verordnungen und Richtlinien (Art. 249 EGV) entspricht der deutschen Unterscheidung zwischen Bundesgesetzen und den alten – inzwischen aufgegebenen – Rahmengesetzen; terminologisch deutlich im deutschen Text des Europäischen Verfassungsvertrages in Art. I-32 (Europäisches Rahmengesetz), der insoweit allerdings nicht Vertragsbestandteil werden soll (dazu die Schlussfolgerungen des Vorsitzes der Tagung des Europäischen Rates in Brüssel (21./22. Juni 2007) Doc. 11177/07, Concl 2, Zif. 19v.

[1179] Auch die Feststellung, es handele sich um einen „Bund" im Sinne der Verfassungslehre *Carl Schmitts* (Verfassungslehre, 1928; hierzu *H.-P. Folz,* Die Verfassungslehre des Bundes von Carl Schmitt und die Europäische Union, in: I. Villinger, Carl Schmitt in der Diskussion, 2006, S. 69ff.), beschreibt nur den „Dualismus der politischen Existenz" zwischen Bund und Gliedstaaten, welcher die Frage der Souveränität offen lässt, um so in einer Gleichgewichtslage relative Stabilität zu schaffen. Eine politische Zielvorgabe folgt aus dieser Analyse nicht.

[1180] BVerfGE 75, 223ff.; 89, 155ff.; dazu *Wahl,* Erklären staatstheoretische Leitbegriffe die Europälische Union?, JZ 2005, 916ff. mNw.

[1181] *Goethe,* Faust Teil 1, Studierzimmer, Zeile 1995/1996, in: Goethes Werke. Herausgegeben von Erich Trunz, Hamburger Ausgabe, 16. Aufl. 1996, S. 65.

[1182] Art. 11–28 EUV.

[1183] Art. 105–124 EGV.

[1184] Dazu insbesondere Art. I-11 Abs. 2 und 3, Art. I-12–14 und Art. I-15 Europäischer Verfassungsvertrag. Typischerweise ist eine Außenhandelspolitikkompetenz für die EU vorgesehen, aber eine nur unterentwickelte außenpolitische Kompetenz, die bis zur modifizierten Verabschiedung als reformiertes Vertragswerk eher noch leiden dürfte; allzu unkritisch *Krenzler/Pitschas* RIW 2005, 801ff.

[1185] Dies ist das berechtigte Kernanliegen des französischen Präsidenten *Sarkozy* gegenüber dem Marktrigorismus der Kommission; dazu B II 6 und D I 3 sowie F.A.Z. vom 04. 07. 07, Nr. 152, S. 11.

[1186] Zum Folgenden bereits B I 4, B II 4d und C II 9.

[1187] Interessant der Vergleich zwischen der Marktzugangsrechtsprechung der EU und der WTO (Art. 28 EGV und Art. III GATT bzw. Art. XVI f. GATS) bei *Weiss* RIW 2006, 170ff.

[1188] Sie setzen ausreichende kartellrechtliche Konvergenz der beteiligten Staaten voraus; dazu *Sester/Cárdenas* RIW 2006, 179ff.

[1189] Volle Darstellung des Welthandelsrechts bei *Weiß/Herrmann*, Welthandelsrecht, 2003; *Prieß/Berrisch*, WTO-Handbuch, 2003.

[1190] Die gegenüber gewöhnlichem Völkerrecht erhöhte Festigkeit betont *Wahl*, Festschrift Hollerbach, 2001, S. 193ff., 203ff.

[1191] Dem Übereinkommen zur Errichtung der WTO (ÜWTO 1995) stehen zwei wichtige Abkommen an der Seite, das Übereinkommen über den „Trade Policy Mechanism" und das „Dispute Settlement Understanding (DSU)". Die fehlende Vollstreckungsgewalt der WTO ersetzen Art. 21, 22 DSU durch Ansprüche auf Entschädigungszahlungen und Befugnisse zu Handelssanktionen, zum Ganzen *Hilf* NVwZ 2000, 481ff., 489; *Ohloff*, in: Prieß/Berrisch, WTO-Handbuch, C I 2 Rn. 112ff.

[1192] Die späte europäische und deutsche Vernunft nach Preisanstiegen vor allem chinesischer Kohle für die Stahlproduktion schildert *Busse* F.A.Z. vom 10. 01. 07, Nr. 8, S. 3 (Wiedereröffnung von Hatfield, England, und der Zeche Donar, Deutschland); zum vertagenden Kohlekompromiss (Ende 2018, Neuüberlegung 2012) der Regierungskoalition F.A.Z. vom 30. 01. 07, Nr. 25, S. 1/2 und 4).

[1193] Zur späten europäischen und deutschen Vernunft bei der Kernkraftdiskussion angesichts deutlicher energiepolitischer Abhängigkeiten F.A.Z. vom 11. 01. 07, Nr. 9, S. 1/2 und 5.

[1194] Beim Scheitern der „Doha-Runde" (F.A.Z. vom 21. 07. 06, Nr. 167, S. 11; vom 25. 07. 06, Nr. 170, S. 1) spielte die Subventionierung der Landwirtschaft in der EU und den USA in der öffentlichen Diskussion nur die Rolle des lästigen Bremsklotzes, ohne dass die Bedeutung eigener Agrarproduktion für die Unabhängigkeit richtig gewürdigt worden wäre.

[1195] Zum außereuropäischen und europäischen Finanzpoker um Pro Sieben Sat.1, der noch nicht zu Ende sein dürfte, F.A.Z. vom 15. 12. 06, Nr. 292, S. 15 und 22.

[1196] Zu diesen Gefahren durch ein zu straffes WTO-Regime *Stürner/Bormann* NJW 2004, 1481ff., 1491.

[1197] Dazu neuerdings umfassend *Weiß*, Die Gewährleistung der Produktsicherheit, Diss. Freiburg 2007, § 5 mit umfassenden Nachweisen zum Einfluss des Welthandelsrechts.

[1198] Dazu schon sub C II 9 mNw.

1199 Obwohl sich die WTO durchaus um differenzierte Vereinbarungen bemüht, schon weil die Realität hierzu auch zwingt, ist doch der „single undertaking approach" (Art. XII ÜWTO) mit seiner Übernahmepflicht für multilaterale Übereinkommen (*Weiß/Herrmann*, Welthandelsrecht, § 7 Rn. 106) ein stark unitaristisches Element. Zur Differenzierung bei Entwicklungsländern neuerdings *Jessen*, WTO-Recht und „Entwicklungsländer", 2006; ferner für den Technologietransfer *Werner* RIW 2006, 187ff.

1200 Zu dieser sich etwas anbahnenden Entwicklung nach dem Scheitern der Doha-Runde F.A.Z. vom 06.07.05, Nr. 154, S. 14 (ca. 300 Einzelverträge) und vom 27.03.06, Nr. 73, S. 15 sowie der Überblick über bilaterale Aktivitäten der USA, der EU, asiatischer Staaten und der Entwicklungsländer in F.A.Z. vom 29.09.06, Nr. 227, S. 15. Beispielhaft zum Assoziationsvertrag zwischen der EU und Chile *Sester/Cárdenas* RIW 2006, 179ff.

1201 Inzwischen bestehen etwas diffuse Bestrebungen zur Wiederaufnahme der Gespräche zur Doha-Runde; F.A.Z. vom 29.01.07, Nr. 24, S. 11.

3. Regionale Bindung und Widmung des Kapitals

1202 Dazu oben C III und V 1; ferner D II 1.

1203 D II 2.

1204 Wiederum D II 2.

1205 Insbesondere C II 3.

1206 Dazu C II 8.

1207 Dazu C II 1.

1208 Dazu C II 3.

1209 Dazu C II 2.

1210 Zur grundlegenden Bedeutung regional organisierter Selbstbestimmung für die menschliche Zivilisation sub C IV.

1211 Dazu C II 3 a und b.

1212 Zum Volumen russischer und chinesischer Staatsunternehmen F.A.Z. vom 30.06.07, Nr. 149, S. 25.

1213 Insoweit zutreffend die Überlegungen der Bundesregierung zur Erweiterung der Investitionskontrolle nach dem Außenwirtschaftsgesetz, F.A.Z. vom 04.07.07, Nr. 152, S. 9; etwas blauäugig einige deutsche Ökonomen, F.A.Z. vom 29.06.07, Nr. 148, S. 13.

1214 Dazu B I 4 und F.A.Z. vom 29.06.07, Nr. 148, S. 11–13 (USA, Frankreich, Spanien, Russland, China).

1215 Dazu ausführlicher C II 3 c.

1216 Wo „internationale Konkurrenzfähigkeit" als Schlüsselbegriff gesellschaftlicher und verfassungsrechtlicher Konstitution begriffen wird (dazu *Würtenberger*, FS R. Schmidt, 2006, S. 645ff., 650ff.), sollte die Notwendigkeit solcher Kapitalbindungsmodelle mitbedacht sein.

[1217] Interessant *Eigendorf,* Deutsche Manager warnen vor Ausverkauf, Die Welt vom 27.11.06, S. 9.

[1218] So wohl Allianz-Vorstand *Achleiter,* Die Welt vom 27.11.06, S. 9.

[1219] So in der Tat der Stahlunternehmer *Jürgen Großmann,* Die Welt vom 27.11.06, S. 9.

[1220] Dazu *von Pierer,* Die Welt vom 27.11.06, S. 9 und *Graf von Krockow,* daselbst: „Wir müssen aufpassen, dass wir Deutschen und Europäer bei der anstehenden Konsolidierung nicht leer ausgehen." – „Die deutsche Industriepolitik wird zunehmend in Spanien, Frankreich und New York gemacht. Dort sitzen die großen Banken."

[1221] Dazu C III 1.

[1222] Vgl. C IV 2.

[1223] Dazu A I 4 und 5 und C III 3.

[1224] Vgl. C V 3.

[1225] Dazu ausführlicher D I 3.

[1226] Zur Volatilität und ihren Folgen C II 2.

[1227] Dazu insbesondere § 100 Abs. 2 AktG.

[1228] Dazu A II 1; F.A.Z. vom 19.08.06, Nr. 192, S. 9 mit Schaubild zum gegenwärtigen Stand.

[1229] Dazu vor allem der Fall des Bundeskanzlers *Gerhard Schröder,* der nach Ende seines Amtes dem Aufsichtsrat einer Gasprom-Tochter (Pipeline-Bau) angehört.

[1230] Deutscher Corporate Governance Kodex Nr. 5.4 (hinreichende Unabhängigkeit, Berücksichtigung potentieller Interessenkonflikte).

[1231] Zur Diskussion gesetzlicher Regelungen zur Vermeidung von personeller Verflechtung bei der Stimmrechtsabgabe *Baums/Fraune* AG 1995, 97 ff.; *Baums/v. Randow* AG 1995, 145 ff.

[1232] Dazu *Bob Hancké,* Revisiting the French Model: Coordination and Restructuring in French Industry, in: Hall/Soskice, Varieties of Capitalism, 2001, S. 307 ff., 313 mNw.; speziell zur Ecole Polytechnique *Schubert,* F.A.Z. vom 10.02.07, Nr. 35, S. 13, siehe auch sub B II 2.

[1233] Ausführlicher unter B II 3 e und f. Inwieweit in der Nachkriegszeit frühere NS-Eliten ihre Personengeflechte mit Erfolg fortführen konnten (dazu *Grunenberg,* Die Wundertäter. Netzwerke der deutschen Wirtschaft 1942–1966, 2006), ist in Einzelheiten umstritten.

[1234] Zur Bedeutung regionaler Identifikation mit politischer und wirtschaftlicher Kultur allgemein C IV 2.

[1235] *K.R. Wagner* NJW 2003, 3081 ff.; ferner F.A.Z. vom 27.06.07, Nr. 146, S. 1/2 sowie vom 28.06.07, Nr. 147, S. 13 („Deutschlandfonds") und schon C II 3 c mNw. zur politischen Diskussion.

[1236] Gegenwärtig ist nur jeder 13. Arbeitnehmer am Unternehmensgewinn beteiligt; zur Untersuchung des WSI Stand 2005 F.A.Z. vom 24.04.07, Nr. 95, S. 11.

1237 Der Weg führt bei einer AG entweder über eigene Aktien (§ 71 Abs. 1 Nr. 2 AktG) oder Bezugsrechte bei Kapitalerhöhung (§ 186 AktG).

1238 §§ 139ff., 179 AktG.

1239 § 68 Abs. 2 AktG.

1240 Dazu schon *Wagner/Loritz,* in: Wagner, Management Buy Out, Führungskräftebeteiligung, Arbeitnehmerbeteiligung, 1993, S. 214ff.

1241 Vor allem *Sinn,* in: Arentz/Stihl, Vermögensbildung in Arbeitnehmerhand – Wege zu einer Gesellschaft von Teilhabern, 1998, S. 9ff.

1242 Dazu schon oben sub A V.

1243 Dazu F.A.Z. vom 27.06.07, Nr. 146, S. 1/2 und vom 28.06.07, Nr. 147, S. 13; zu einer möglichen unspektakulären Einigung der Großen Koalition F.A.Z. vom 30.06.07, Nr. 149, S. 11.

1244 Dazu A III 3 und D II 2b bb (2) mNw.

1245 Art. 43ff., 56ff. EGV einerseits und Art. 136ff. EGV andererseits.

1246 Dazu A II 1 sowie III 3 und C II 2 c; ferner zum Überblick *Emmerich/Sonnenschein/Habersack,* Konzernrecht, 8. Aufl. 2005, § 5 mNw.; grundlegend *Adams* AG 1994, 148ff.; *Th. Baums* ZBB 1994, 86ff., 99f.

1247 Dazu nochmals unter C II 2 c.

1248 So z.B. *Emmerich* NZG 1998, 622ff.; *Th. Raiser*' Recht der Kapitalgesellschaften, 2. Aufl. 1992, § 52 Rn. 33ff.; *K. Schmidt,* Gesellschaftsrecht, 3. Aufl. 1997, § 31 III 3 d; *H. Winter,* Die wechselseitige Beteiligung von Aktiengesellschaften, 1960, S. 19, 58ff.; *Mestmäcker,* Verwaltung, Konzerngewalt und Rechte der Aktionäre, 1958, S. 113ff., 147ff.

1249 Insbesondere §§ 71ff. AktG; dazu *Sonnenschein/Emmerich/Habersack,* Konzernrecht, § 5 IV mNw.

1250 Dazu § 328 AktG und §§ 21ff. WpHG.

1251 Zum partiellen Versagen des Informationsmodells, auf dem die Verabsolutierung der Werteverwirklichung für Anteilseigner als primären Unternehmenszweck beruht, ausführlicher unter C II 1 und 2 mNw.

1252 Dazu unter C II 2c und III 3 sowie IV. Ferner für Japan *Takahashi,* Japanese Corporate Groups, Yesterday and Tomorrow, 9 J. Interdisciplinary Econ. 5 (1998).

1253 Ausführlicher siehe C II 3c und IV 2.

1254 Dazu insbesondere *Blaurock* und *Merkt,* in: Verbände und Organisationen im japanischen und deutschen Recht, 2006, S. 61ff., 101ff.

1255 Die Bemühungen der Porsche AG als Familienunternehmen um eine deutsche Sperrminorität oder gar Mehrheit für den VW Konzern (F.A.Z. vom 03.08.06, Nr. 178, S. 9; vom 05.04.07, Nr. 81, S. 17) sollte man deshalb nicht unter negativen Vorzeichen sehen; sie nützt der Verteidigung des Standorts Deutschland in der Automobilproduktion, zumal die Porsche AG selbst durchaus regionale Identität und Solidarität mit ihren Arbeitnehmern als Unternehmensgrundsätze gleichberechtigt neben die langfristigen Kapitalinteressen der Anteilseigner stellt (dazu *Wiedeking*, Der Spiegel Nr. 39/06, S. 96ff.). Ursprünglich favorisierte auch die Deutsche Bundesbank bei der sog. Konsolidierung des deutschen Bankenwesens die Präponderanz deutscher Kapitalgeber; dazu Financial Times Deutschland vom 23. 04. 04, S. 11; skeptisch zur Entflechtung der Deutschland AG auch der Vorstandsvorsitzende der Landesbank Baden-Württemberg *Siegfried Jaschinski*, F.A.Z. vom 13. 02. 06, Nr. 37, S. 16.

1256 Zur Kritik der EU-Kommission an Übernahmeabwehrmaßnahmen insbesondere Frankreichs und Spaniens gegen fremdes Kapital unter Einsatz nationalen Kapitals F.A.Z. vom 30. 03. 06, Nr. 76, S. 15; ferner B II 4d und C II 2c und IV 2. Neuerdings stellt sich der französische Staatspräsident *Sarkozy* offen gegen eine allzu unitaristische Marktkonzeption der EU; dazu F.A.Z. vom 04. 07. 07, Nr. 152, S. 11.

1257 Dazu *Takahashi*, in: Leipold, Verbände und Organisationen, 2006, S. 81ff., 83 (Keiretsu-System); siehe noch SZ vom 21. 08. 06, Nr. 191, S. 17 und F.A.Z. vom 30. 03. 06, Nr. 76, S. 17.

1258 Dazu ausführlich Nachweise unter C II 2a für Unternehmensgruppen wie BMW, Heinecken, Henkel, Metro, Fielmann, Wallenberg, Bosch GmbH, Bertelsmann AG, Würth, Porsche AG etc. Die besonders hohe Bedeutung von Familienunternehmen für Deutschland schildert *Giersberg* F.A.Z. vom 03. 07. 07, Nr. 151, S. U5 mit einer Auflistung der wichtigsten Familienunternehmen.

1259 Zum geplanten Gesetz zur Erleichterung der Unternehmensnachfolge (BR-Dr. 778/06) *Bäuml* ZEV 2006, 525; *J. Melchior* DStR 2006/Nr. 45; F.A.Z. vom 27. 06. 06, Nr. 146, S. 23

1260 Auch Pläne zur rechtsformneutralen Besteuerung von Unternehmen (ausführlich *Seiler/Sprengel*, Gutachten 66. DJT 2006, S. F 7ff. und G 4ff.) müssen die Lage personal geprägter mittelständischer Familienunternehmen berücksichtigen (dazu *Hey* DStJG 24 (2001), 155ff., 216ff.; *Seiler*, Gutachten 66 DJT 2006, S. F 47), was eine rein betriebssteuerliche Betrachtung ausschließen sollte.

1261 Eindrucksvoll die Auflistung steuerrechtlicher Entscheidungen bei *Seiler*, Gutachten 66. DJT 2006, S. F 17ff.; letztlich für die Aufgabe des steuerstaatlichen Modells zugunsten des EU-Marktes *Schön* IStR 2004, 289ff.

1262 Dazu ausführlich *Muscheler*, Stiftungsrecht, Gesammelte Beiträge, 2005; *K. Schmidt* ZHR 166 (2002), 145ff.; *Hüttemann* ZHR 167 (2003), 35ff.; *Rawert*, Non Profit Law Yearbook 2003, S. 1ff.; MünchKommBGB/*Reuter*, 5. Aufl. 2006, §§ 80, 81 Rn. 88ff. mNw.

1263 Dazu MünchKommBGB/*Reuter*, §§ 80, 81 Rn. 89 und 99.

1264 Dazu bereits oben C V 3 und D I 2.

1265 Dazu EuGH EuZW 2006, 306; *Hüttemann* DB 2006, 914ff.; wohl zustimmend MünchKommBGB/*Reuter*, §§ 80, 81 Rn. 101. Allgemein zur EU-beihilferechtlichen Vereinbarkeit von gemeinnützigkeitsabhängigen Steuervergünstigungen *Helios* EWS 2006, 61ff., 108ff. mNw.

1266 Dazu die Darstellung bei MünchKommBGB/*Reuter*, §§ 80, 81 Rn. 88ff.

1267 Dazu die Erhöhung des Anteils der Alfried Krupp von Bohlen und Halbach-Stiftung an der Thyssen Krupp AG von 24% auf 25% und der Bericht „Appetit verderben" in Focus vom 08.01.07, Nr. 2, S. 134.

1268 Dazu die Übersicht bei *Neuhoff*, Die Stiftung als Trägerin von Produktivvermögen, Die Bank 1978, 312ff., 319.

1269 Dazu unter C IV 1.

1270 Hierzu die Darstellung unter C III 1.

1271 Dazu die Mehrheitsmeinung im Bericht der Studienkommission des DJT, 1968, S. 43ff., 45ff.; *Kronke*, Stiftungstypus und Unternehmensträgerstiftung, 1988; sehr ausgewogen *Schwintowski*, Die Stiftung als Konzernspitze?, NJW 1991, 2736ff.

1272 Deutlich bei der vorbildlichen Darstellung von *Kübler*, Gesellschaftsrecht, 4. Aufl. 1994, § 12 III, S. 131ff.

1273 Zur traditionellen Diskussion *Boettcher/Großfeld/Wagner*, Die Genossenschaftsidee im Widerstreit der Meinungen, 1984.

1274 Dazu *Sandrock*, Kartellrecht und Genossenschaften, 1976; *Wiedemann*, Gesellschaftsrecht, Band I, 1980, S. 736ff.; *Kübler*, Gesellschaftsrecht, § 13 IV, S. 144ff.

1275 Hierzu die Nachweise bei *Kübler*, § 13 IV, S. 145; *Grunewald*, Gesellschaftsrecht, 6. Aufl. 2005, S. 405ff.

1276 Dazu schon A III 2 b; International Monetary Fund, Country Report No. 03/342, 2003, Staff Report Ziff. 34, 36; Bundesverband Deutscher Banken, Das Deutsche Bankensystem unter der Lupe des Internationalen Währungsfonds, Dez. 2003.

1277 Meist ist der Anteilserwerb ohnehin beschränkt, sodass beim Genossen einer Bank Renditeerwägungen (6%, 8% oder 10%) nicht die ausschlaggebende Rolle spielen.

1278 Das Geschäftsmodell der Genossenschaftsbanken funktioniert nur bei persönlicher Kundenkenntnis und hieraus resultierender Anpassung des Angebots. Anonymisierung und Zentralisierung in jedweder Form ist das Ende dieser Bankform; fehlsam deshalb m.E. *W. Kirsch*, F.A.Z. vom 26.06.07, Nr. 145, S. 14.

1279 Dazu beispielhaft §§ 1, 2, 35 SparkassenG BW.

1280 Dazu wiederum beispielhaft §§ 4, 5, LandesbankG BW.

1281 Vgl. z. B. § 2 Abs. 2 und 4 LandesbankG BW.

1282 § 2 Abs. 6 LandesbankG BW.

1283 Z. B. § 4 Abs. 2 Satz 2 und Abs. 5 Satz 2 LandesbankG BW sowie § 8 Abs. 4 Satz 2 und Abs. 5 SparkassenG; ferner ausführlich A III 2a mNw.

1284 Dazu BGHZ 90, 161, 168ff.; BVerwG NJW-RR 1987, 1313; MünchKommInsO/*Ott* § 12 Rn. 17; *Baur/Stürner*, Zwangsvollstreckungs-, Konkurs- und Vergleichsrecht, Bd. II Insolvenzrecht, 12. Aufl. 1990, Rn. 6.42.

1285 Zum Kauf durch den Deutschen Sparkassen- und Giroverband F.A.Z. vom 18.06.07, Nr. 138, S. 14; vom 16.06.07, Nr. 137, S. 17; zur Konsolidierung der Landesbanken (SachsenLB, WestLB und LBBW) *Haasis*, Der Spiegel Nr. 36/2007, S. 88 ff.

1286 Typisch die Übernahmeschlacht um die niederländische ABN Amro zwischen Barclays und Royal Bank of Scotland mit Konsortium; dazu F.A.Z. vom 24.04.07, Nr. 95, S. 14 und vom 26.04.07, Nr. 97, S. 11.

1287 Typisch Generalanwalt *Colomer* in seinem Schlussantrag zum VW Verfahren vor dem EuGH, ZIP 2007, 574 ff.; zum Ganzen schon A II 3.

4. *Öffentliche Daseinsvorsorge durch die öffentliche Hand oder durch Private unter gewährleistender hoheitlicher Rahmung? – Gegen falsche Präferenzbildung*

1288 Guter Überblick bei *Voßkuhle* und *Schulze-Fielitz*, in: Hoffmann-Riem/Schmidt-Aßmann/Voßkuhle, Grundlagen des Verwaltungsrechts, Bd. I, 2006, § 1 Rn. 48 ff. und § 12 Rn. 91 ff.

1289 Dazu eindrucksvoll *J. Masing*, Soll das Recht der Regulierungsverwaltung übergreifend geregelt werden?, Gutachten 66. DJT 2006.

1290 Siehe schon C II 6.

1291 Dazu C II 7.

1292 Guter Beispielsfall ist der Fall „London Underground"; dazu *Koenig/Wetzel* EWS 2006, 145 ff.

1293 Dazu D II 2 b bb.

1294 Zum Topos der „Flexibilisierung" rechtsstaatlicher Grundsätze zusammenfassend *Würtenberger*, FS R. Schmidt, 2006, S. 645 ff., 657 f.

1295 2006 waren die Umsätze neuer Anbieter im Bereich der Telekommunikationsdienste höher als die der deutschen Telekom; F.A.Z. vom 02.10.06, Nr. 229, S. 21.

1296 Zutreffend *Masing*, Gutachten 66. DJT 2006, S. D 19; zur beschränkten Sinnhaftigkeit regulierender Maßnahmen in diesem Bereich siehe Monopolkommission, Wettbewerbsentwicklung bei der Telekommunikation, 2005, Rn. 164, 185. Immerhin scheint die Netzagentur die Nutzung von Kabelkanälen der Telekom zur Verlegung eigener Netze durch Konkurrenten zu erzwingen; F.A.Z. vom 05.04.07, Nr. 81, S. 13.

1297 Dazu C II 1.

1298 Die Konkurrenzlage drückt bereits sehr stark auf die Rentabilität des einstigen Monopolisten Telekom, dazu F.A.Z. vom 18.04.07, Nr. 90, S. 13.

1299 Dazu statt vieler *Sharkey*, The Theory of natural monopoly, 1982. Es mag voreilig sein, ihr Ende einzuläuten; so aber wie viele *Grossman/Cole* (Hg.), The End of a Natural Monopoly, 2003.

[1300] Dazu schon A III 1.

[1301] Zum neuen Recht im Verhältnis zum Anschlussnutzer *Groß* NJW 2007, 1030ff.

[1302] Hierzu *J.F. Baur/Henk-Merten*, Preisaufsicht über Netznutzungsentgelte, Recht der Energiewirtschaft 2002, 193ff.; *Braband*, Strompreise zwischen Privatautonomie und staatlicher Kontrolle, 2003; ferner C II 6; zur neuerlichen Preiserhöhung zum 01.07.07 F.A.Z. vom 30.06.07, Nr. 149, S. 11.

[1303] Dies bleibt entgegen den m. E. zu optimistischen ökonomischen und prozeduralen Determinierungsversuchen (dazu zusammenfassend *Masing*, Gutachten 66. DJT 2006, S. D 117ff.) als grundsätzlicher Einwand.

[1304] Zusammenfassend und überblicksweise wiederum *Masing*, Gutachten 66. DJT 2006, insbes. S. D 13ff., 63ff., 141ff., 161ff. Neuere Beispielsfälle sind die Netzentgeltfestsetzungen der Bundesnetzagentur für Strom und Gas (F.A.Z. vom 28.02.07, Nr. 50, S. 13) und die Vorwürfe einer Manipulation der Leipziger Strombörse (F.A.Z. vom 13.03.07, Nr. 61, S. 11).

[1305] Dazu schon C II 7.

[1306] Hilflos idealisierend z. B. § 8 Abs. 4 und 5 EnWG 2005. Ähnlich dogmatisierend und nahezu planwirtschaftlich die neue Kartellrechtsnovelle mit „Netzanschlussverordnung" und „Anreizregulierungsverordnung", dazu teilweise kritisch F.A.Z. vom 26.04.07, Nr. 97, S. 12, und vom 18.06.07, Nr. 138, S. 11.

[1307] Zu diesem Topos *Masing*, Gutachten 66. DJT 2006, S. D 180ff.; ferner allgemein C II 1.

[1308] Hilflos der Versuch, übernationale „treuhänderische" Netzbetreiber zu installieren, wie ihn EU-Energiekommissar *Piebalgs* erwägt; dazu F.A.Z. vom 05.03.07, Nr. 54, S. 11. Neue Monster einer zentralen EU-Bürokratie? Hier lassen weltfremde Lehrbuchweisheiten grüßen, nach denen man die Welt modellieren will! Der Verfassungsentwurf beschreibt in Art. III-157 eine beschränkte, aber doch weitergehende und vor dem Hintergrund solcher Überlegungen nicht unkritisch zu sehende Zuständigkeit der EU.

[1309] Dazu B I 4 a. E.

[1310] Zum Telecommunication Act 1996 *Hirte/Otte* DAJV-Newsletter 1997, 75, 83.

[1311] Zur gemischt öffentlich- und privatrechtlich organisierten Struktur der Einzelstaaten und den beschränkten Kompetenzen der Federal Energy Regulatory Commission ausführlich *Kelliher* 26 Energy L.J. 1ff. (2005); abschreckend für weitere Privatisierung das „Enron Debacle": *Day* 1 Bus. L. Brief (Am. U.) 54ff. (2005).

[1312] Dazu ausführlich und mit Übersichtskarte *Johnston*, Competitive Era fails to shrink electric bills, The New York Times vom 15.10.06, S. 1 und 27.

[1313] Dazu *Breuer,* Wasserrecht, in: Schmidt-Aßmann, Besonderes Verwaltungsrecht, 12. Aufl. 2003, Kap. V Rn. 127ff., S. 592ff.; 618ff.; s. aber C II 6 und *M. Oelmann,* Zur Neuausrichtung der Preis- und Qualitätsregulierung in der deutschen Wasserwirtschaft, 2005; marktenthusiastisch auch *F. Forster,* Privatisierung und Regulierung der Wasserversorgung in Deutschland und den Vereinigten Staaten von Amerika, 2007.

[1314] Zur bisher nicht ohne Grund eher steckengebliebenen Umstrukturierung *Masing,* Gutachten 66. DJT 2006, S. D 15ff., 20ff. mNw. Das Sondergutachten der Monopolkommission zum Wettbewerb im Eisenbahnverkehr (F.A.Z. vom 25.04.07, Nr. 96, S. 11) wird diesen Realitäten m. E. zu wenig gerecht und neigt zu einem eigenartigen Dirigismus der Netzagentur – ein gutes Beispiel für den fragwürdigen Versuch einer Marktsimulation. Die Zuständigkeit der EU umfasst neben dem allgemeinen wettbewerblichen Regime noch weitergehende besondere Befugnisse (Art. 70ff. EGV und Art. III-133ff. Verfassungsentwurf).

[1315] Zum Niedergang der britischen Bahn nach der Netzprivatisierung 1995–1997 und der Notwendigkeit einer teilweisen Wiederverstaatlichung 2002 etwas polemisch, aber gleichwohl aufschlussreich *Reimon/Felber,* Schwarzbuch Privatisierung, 2003, S. 11–27.

[1316] Dazu *Tettinger,* Public Private Partnership – Möglichkeiten und Grenzen – ein Sachstandsbericht, NWVBl. 2005, 1ff., 7.

[1317] Zur Vielfalt einzelner Modelle *Schulze-Fielitz,* in: Hoffmann-Riem/Schmidt-Aßmann/Voßkuhle, Grundlagen des Verwaltungsrechts, Bd. 1, 2006, S. 761ff., 814, § 12 Rn. 121.

[1318] Dazu schon C II 7; zum neueren Stand geplanter Projekte F.A.Z. vom 05.04.07, Nr. 81, S. 15; 126 PPP-Projekte mit einem Volumen von 6 Milliarden Euro in Vorbereitung.

[1319] Das InvestmentG 2007 sieht Infrastrukturfonds vor, die Beteiligungen an PPP-Projektgesellschaften erwerben und Endverbrauchern zugänglich sein sollen (§§ 90a ff. InvestmentG 2007). Bisher sind weltweit im Jahre 2006 ca. 160 Milliarden Euro in Infrastrukturprojekten angelegt, überwiegend bisher durch institutionelle Anleger. Privatanleger sind aber über Aktien, Dachfonds und vor allem Zertifikate in wachsendem Umfang beteiligt; F.A.Z. vom 07.04.07, Nr. 82, S. 23.

[1320] F.A.Z. vom 26.01.07, Nr. 22, S. 45.

[1321] Dazu schon sub II 7 mNw. Nach § 1 Abs. 1 Nr. 1 des Gesetzes zur Schaffung deutscher Immobiliengesellschaften (BT Drucks. 16/4026) sollen bestehende Mietwohnungsbestände zu Recht ausgeschlossen bleiben.

[1322] Ausführlich zu Art. 86 Abs. 1 und 2, 12, 81–89 EGV *Hailbronner,* Rechtsstellung und Tätigkeitsbereich der öffentlichrechtlichen Pflicht- und Monopolversicherungsanstalten in der Europäischen Gemeinschaft, 1991.

[1323] Zutreffend *Broß* NZBau 2004, 465ff., 467/468.

[1324] Zum Ganzen *Schoch,* Vereinbarkeit des Gesetzes zur Neuregelung der Flugsicherung mit Art. 87d GG, Die Verwaltung, Beiheft 6/2006. Zu Recht hat der Bundespräsident bestärkt durch dieses Gutachten die Gesetzesänderung nicht ausgefertigt.

[1325] Guter Überblick bei *Köbl,* Die Funktion der Verbände in der deutschen Arbeits- und Sozialordnung, in: Leipold, Verbände und Organisationen im japanischen und deutschen Recht, 2006, S. 167ff., 191 mNw. Der gestaltende Einfluss der EU ist insoweit eher gering (Art. 9 Abs. 1 j, 136ff. EGV), wird aber künftig uU etwas stärker sein; dazu Art. III-103ff., III-104 Abs. 1 (k) Verfassungsentwurf.

[1326] Dazu schon A III 4 mNw.; *Blomeyer* NZA 2001, 913ff.

[1327] Dazu C II 1 b und d.

[1328] Insbesondere C II 1 d.

[1329] Ausführlicher C II 7.

[1330] Schöner Überblick mit Schaubildern wiederum bei *Köbl,* Funktion der Verbände, in: Leipold, Verbände und Organisationen, S. 167ff., 194ff.

[1331] Zum Inhalt des sog. GKV-Wettbewerbsstärkungsgesetzes (BT-Drucks. 16/3100; BGBl. I 2007, 378) *Sodan* NJW 2006, 3617 und 2007, 1313ff. und allgemein verständlich F.A.Z. vom 31.03.07, Nr. 77, S. 12 sowie Rheinischer Merkur vom 01.02.07, Nr. 5. S. 11.

[1332] Dazu D II 2 b bb (2).

[1333] Insbesondere *Sodan,* Private Krankenversicherung und Gesundheitsreform 2007: Verfassungs- und europarechtliche Probleme des GKV-Wettbewerbsstärkungsgesetzes, 2006; *ders.* NJW 2007, 1313, 1318–1320.

[1334] Die Krankenhausträger in Deutschland sind zu 35% öffentlich, 38% freigemeinnützig und bereits zu 27% privat (F.A.Z. vom 12.04.07, Nr. 85, S. 11). Weitere Privatisierungen stehen an. So verkauft das Land Niedersachsen derzeit acht Landeskliniken an private Betreiber – „die größte Privatisierung in Mitteleuropa im Gesundheitswesen"; F.A.Z. vom 19.02.07, Nr. 42, S. 3. Der Pflegeheimbetreiber Curanum, München, macht bei einem Umsatz von 215 Millionen Euro in 62 Einrichtungen 29,5 Millionen Euro Rohgewinn. Das Rhön-Klinikum erwirtschaftet bei einem Umsatz von ca. 2 Milliarden Euro 100–110 Millionen Euro Gewinn; F.A.Z. vom 20.04.07, Nr. 92, S. 14.

[1335] Dazu schon D II 2 b bb (2); ferner *Soltész* EWS 2006, 438ff.; zum bisher nationalen Konflikt zwischen Wettbewerbskontrolle und der gesundheitspolitisch wünschenswerten Schwerpunktbildung F.A.Z. vom 12.04.07, Nr. 85, S. 11; vom 18.04.07, Nr. 90, S. 15; vom 25.04.07, Nr. 94, S. 11 (Rhön-Klinikum).

[1336] Ausführlich für andere Bereiche D II 4 b und C II 6 und 7. Die Kollision von Gemeinwohlverpflichtung und Qualitätssicherung mit Gewinnstreben wird deutlich, wenn etwa Privatkliniken an Anästhesisten sparen und sie durch schlechter ausgebildete „Fachkräfte" ersetzen; dazu F.A.Z. vom 19.02.07, 23.03.07 und 12.03.07, Nr. 60, S. 8.

1337 Dazu und zur Kritik sehr ausgewogen *Köbl,* Funktion der Verbände, in: Leipold, Verbände und Organisationen, S. 167, 184ff.

1338 Zur abgeschwächten Bindung des privatrechtlich handelnden Hoheitsträgers ausführlich *Schulze-Fielitz,* Grundmodi der Aufgabenwahrnehmung, in: Hoffmann-Riem/Schmidt-Aßmann/Voßkuhle, Grundlagen des Verwaltungsrechts, 2006, Bd. 1, S. 761ff., 819ff., Rn. 130.

5. *Marktwirtschaftliche Elemente im Bereich hoheitlicher und schlicht-hoheitlicher Organisation*

1339 Allgemeinverständlicher Überblick bei *Sodan* NJW 2007, 1313, 1315 und in F.A.Z. vom 31.03.07, Nr. 77, S. 12. Zur bisher eher geringen Aktivität der gesetzlichen Kassen und zum Problem der Quersubventionierung BVA-Präsident *Daubenbüchel,* F.A.Z. vom 25.04.07, Nr. 96, S. 12. Insgesamt kritisch das Ergebnis einer Diskussion der Hayek-Stiftung, F.A.Z. vom 15.06.07, Nr. 136, S. 14.

1340 Die für 2007–2011 geplante Honorarreform schildert *Sodan* NJW 2007, 1313, 1317f. und allgemein verständlich *Muriel Büsser,* Rheinischer Merkur vom 01.02.07, Nr. 5, S. 11.

1341 Zum nur leicht korrigierten alten System *Köbl,* in: Leipold, Verbände und Organisationen, S. 167ff., 194ff.; zur Reform *Sodan* NJW 2007, 1313ff., 1316.

1342 Zum Gesetz zur Verbesserung der Wirtschaftlichkeit in der Arzneimittelversorgung *Sodan* NJW 2006, 3617, und zum geplanten Festpreissystem einerseits und zur integrierten Versorgung andererseits *Sodan* NJW 2007, 1313, 1315 sowie *M. Büsser,* Rheinischer Merkur vom 01.02.07, Nr. 5 S. 11.

1343 Zur gesetzlichen Endfassung dieses Modells *Sodan* NJW 2007, 1313, 1316f. und F.A.Z. vom 17.02.07, Nr. 41, S. 2.

1344 Dazu grundlegend *Beatrix Beyerle,* Rechtsfragen medizinischer Qualitätskontrolle, 2004, mNw.

1345 Dazu schon D I 1 b.

1346 Dazu ausführlicher C II 5 mNw und D II 7 e.

1347 Zur berechtigten erneuten Diskussion um die Fortnutzung der Kernenergie beispielsweise Rheinischer Merkur vom 11.01.07, Nr. 2, S. 1.

1348 So der Ansatz des Elterngeldgesetzes; dazu *Brosius-Gersdorf* NJW 2007, 177ff.

1349 So die nunmehr geplante 2. Säule der Familienförderung durch Vermehrung der Krippenplätze; dazu F.A.Z. vom 03.04.07, Nr. 79, S. 1 und 2.

1350 Dazu auf rechtswissenschaftlicher Grundlage *Seiler,* Freiheits- und gleichheitsgerechte Förderung der Vereinbarkeit von Familie und

Beruf, FamRZ 2006, 1717ff. mNw.; *Brosius-Gersdorf* JZ 2007, 326ff. (Gleichbehandlung beider Modelle der Kindererziehung); *S. und A. Rödder* F.A.Z. vom 03.04.07, Nr. 79, S. 33. Zur rechtspolitischen Diskussion um das Familienmodell z. B. F.A.Z. vom 23.02.07, Nr. 46, S. 31 (Kommentar zum „Gebärmaschinenvorwurf" des Augsburger Bischofs Mixa gegen das diskutierte Frühbetreuungsmodell); ferner Rheinischer Merkur vom 22.02.07, Nr. 8, S. 1.

1351 Dazu A VII 1 mNw.

1352 Zur – allerdings begrenzten – verfassungsrechtlichen Pflicht des Gesetzgebers, kinderbedingte Benachteiligungen zu vermeiden, insbesondere BVerfGE 87, 1ff., 35ff.; 99, 216ff. (Kinderfreibetrag und Kindergeld).

1353 Zur Vereinbarkeit mit dem UN-Sozialpakt die sehr zur restriktiven Interpretation neigenden Ausführungen von *Riedel/Söllner* JZ 2006, 270ff.

1354 Die Rolle des Bundesverfassungsgerichts bei der Kapazitätssteuerung deutscher Universitäten muss leider als unglücklich bezeichnet werden, weil das Gericht etwas unreflektiert allen zeitgenössischen Versuchungen zur Umformung der Universitäten mit erlegen ist. Seine Rechtsprechung zur Kapazitätsauslastung (BVerfGE 66, 155, 179; 33, 303, 338ff.) hat in sozialistischem Geiste wesentlich die Entwicklung zur Massenuniversität beschleunigt. Ihre unglückseligen Auswirkungen versucht man heute mit dem neokapitalistischen Instrument der Verteuerung knapper Ressourcen (Studiengebühren) wieder etwas einzudämmen – wiederum unter dem Beifall des BVerfG in seinen obiter dicta anlässlich der Entscheidung über die gesetzgeberische Kompetenz des Bundes (BVerfGE 112, 226ff.).

1355 Darin liegt auch die Schwäche des von *Snower/Brown/Orszag* entwickelten Guthabenmodells in Gestalt von Beschäftigungskonten zur Bekämpfung der Arbeitslosigkeit, F.A.Z. vom 10.04.06, Nr. 85, S. 11.

1356 Dazu A VII 1 mNw. Es bestehen weitgehende Kompetenzen der EU (dazu Art. 174ff. EGV und Art. III-129ff. Verfassungsentwurf mit implementierendem EU-Richtlinien-Sekundärrecht). Das System der Umweltverschmutzungszertifikate ist allerdings ein betrübliches Beispiel administrativer Fehlplanung, weil zu viele Zertifikate zugeteilt worden sind (F.A.Z. vom 08.03.07, Nr. 57, S. 13). Es ist dann schwieriger, ein solch kompliziertes System zu korrigieren, als dies bei Einsatz normaler Instrumente der Ordnungsverwaltung der Fall wäre; zur neuerlichen Verknappung und teilweisen Versteigerung F.A.Z. vom 23.06.07, Nr. 143, S. 9.

1357 Ausführlich *Baur/Stürner*, Zwangsvollstreckungs-, Konkurs- und Vergleichsrecht, Bd. II, Insolvenzrecht, 1990, Rn. 5.56ff., 39.85ff.

1358 Zur Diskussion im Bereich der Abgasminderung durch die Automobilbranche, die ihre Selbstverpflichtung von 1998/1999 nicht eingehalten hat, insbesondere F.A.Z. vom 07.02.07, Nr. 32, S. 11.

[1359] Ausführlich D II 2b bb (2) mNw.

[1360] Ausführlich bereits A III 6 mNw.

[1361] So schon *Stürner* AfP 2002, 283ff., 286ff.

[1362] Zur Bürgschaft der Landesregierung Hessen für die FR im Jahre 2004 der Bericht F.A.Z. vom 12.03.04, Nr. 61, S. 51.

[1363] Zur Kontrolle von Quersubventionen deutscher Öffentlicher Rundfunkanstalten *Meyer* EWS 2007, 341; Südkurier/Handelsblatt vom 04.03.05, Nr. 52/G, S. 5 oder F.A.Z. vom 21.06.07, Nr. 141, S. 14 („gebührenfinanzierte Zeitungen im Internet").

[1364] Zum Diskussionsstand bereits ausführlich A VII 2.

[1365] Die Einführung des Neuen Steuerungsmodells in Baden-Württemberg mit einem Einführungsaufwand von ca. 300 Millionen Euro wird vom Landesrechnungshof in seiner Effizienz eher kritisch und zurückhaltend beurteilt; dazu seine Beratende Äußerung nach § 88 Abs. 2 Landeshaushaltsordnung – Az. IV – 2000 W 20 – 04.70 – vom März 2007.

[1366] Das übliche oberflächliche und unreflektierte Klischée pflegt *Dietrich Budäus,* Hamburg, in F.A.Z. vom 31.03.07, Nr. 77, S. C 1 in seinem Beitrag: „Wenn keiner mehr verwalten will." Sein Verweis auf England insinuiert eine Überlegenheit der dortigen Verwaltungsleistung, die eine völlig unbewiesene These bleibt. Fällt es so schwer, den Anteil der traditionellen Verwaltung am deutschen wirtschaftlichen Erfolg zu würdigen oder dies auch nur zu versuchen?

[1367] Wiederum A VII 2 mNw.

[1368] Hierzu A III 5 mNw.

[1369] Zum Zusammenhang zwischen beruflichem Ethos und Sicherheit gerade im universitären Bereich schon C IV 1.

[1370] Dazu A VII 3 mNw.

[1371] Siehe C III 1.

[1372] Vgl. C III 3.

[1373] Vgl. C IV.

[1374] Die aktuelle Diskussion um ein gesetzliches Verschuldungsverbot für die öffentliche Hand (dazu aufschlussreich *H. Zimmermann,* F.A.Z. vom 14.04.07, Nr. 87, S. 13) erkennt zwar zutreffend die Notwendigkeit einer Reduktion der Neuverschuldung, beruht aber in ihrer radikalen Version auf der Vorstellung eines Staates ohne jede kreditierte Aktivität, die ihrerseits unflexibel doktrinär wirkt und das Modell des wirtschaftlich weithin passiven Staates voll verinnerlicht. Es gibt keinen Staat, der dieser Weisheit folgt, was zu denken geben müsste. Ausgewogen die Vorschläge von *Kohns/Wiegard,* Staatsverschuldung wirksam begrenzen, F.A.Z. vom 13.03.07, Nr. 61, S. 12.

[1375] Zu dieser Entwicklung schon A VIII.

[1376] Dazu B II 3b mNw.

[1377] Zu ähnlichen „Codes of Conduct" (OECD-Leitsätze, Global Compact-Initiative der UN, ICC-Verhaltensrichtlinien, Empfehlungen des BDI, Geschäftsgrundsätze von Transparency International und Social Accountability International, US Corporate Compliance Program etc.) ausführlich *Scherer* RIW 2006, 363ff.

[1378] § 161 AktG; dazu kritisch (unter Angabe der Namen ursprünglicher Mitglieder der sog. Cromme-Kommission) *M. Wolf* ZRP 2002, 59ff., ferner bereits A VIII 1 und D II 1 b.

[1379] Gute Darstellung der Entstehungsgeschichte bei *Baumbach/Hopt/Merkt,* HGB, 32. Aufl. 2006, Einl. § 238 Rn. 92ff., 99ff.; zur Umsetzung in der EU inbesondere *Inwinkl/Schüle* RIW 2006, 806ff.

[1380] Zur Konzentration in diesem Bereich A IV 2 mNw.

[1381] Ausführlich *Schneider,* Wettbewerbswidrige Regulierung durch Basel II, RIW 2002, Beil. Heft 4, S. 2ff. mNw.; siehe schon A II 3b mNw.

[1382] Zum Ganzen *Stürner,* Pressefreiheit und Persönlichkeitsschutz im Selbstverständnis der Printmedien. Bitburger Gespräche, Jahrbuch 1999/1, 1999, S. 105–122; eher kritisch *Wallenhorst,* Medienpersönlichkeitsrecht und Selbstkontrolle der Presse – Eine vergleichende Untersuchung zum deutschen und englischen Recht, 2007.

[1383] Hierzu D II 2b bb (5).

[1384] Man sollte sie nicht mit privater Rechtsdurchsetzung im öffentlichen Interesse vor staatlichen Gerichten verwechseln; dazu D II 6h.

[1385] Hierzu *Rosenberg/Schwab/Gottwald,* Zivilprozessrecht, 16. Aufl. 2004, § 173 I 4 Rn. 6.

[1386] Zur Mediation und ihren Vorteilen eher enthusiastisch z. B. *P. Francken* NJW 2006, 1103, 1107 mNw.

[1387] Vom U.S.-amerikanischen Standpunkt ausführlich *Peter L. Murray,* Die Flucht aus der Ziviljustiz – Vorbild für Europa und Deutschland?, ZZPInt 11 (2006), im Erscheinen; *Judith Resnik,* Contracting Civil Procedure, in: Carrington/Jones, Law and Class in America, 2006, S. 60ff.

[1388] Zu diesem Topos umfassend und durchaus kritisch *von Bar/Mankowski,* Internationales Privatrecht, Bd. I, 2. Aufl. 2003, § 2 III, S. 75ff. mNw.; ferner *Blaurock,* in: Das selbstgeschaffene Recht der Wirtschaft, 2005, S. 57ff., 73ff.; *ders.,* Lex Mercatoria und Common Frame of Reference, ZEuP 15 (2007), 118ff.

[1389] Dazu *Murray/Stürner,* German Civil Justice, 2004, S. 496/497.

[1390] Gute Zusammenfassung auch dieser Problematik bei *Eidenmüller,* Vertrags- und verfahrensrechtliche Grundfragen der Mediation, in: Breidenbach u. a. (Hg.), Konsensuale Streitbeilegung, 2001, S. 45ff., 76/77 mNw.

[1391] Dazu wiederum *Eidenmüller,* in: Konsensuale Streitbeilegung, S. 64ff. mNw.

[1392] Zum experimentellen „Multi-Door-Courthouse“ in verschiedenen deutschen Gerichten der Überblick bei *Francken* NJW 2006, 1103, 1104 r. Sp.mNw.

[1393] Zu Recht kritisch *H. Götz* NJW 2007, 419ff. in einer Stellungnahme zum berühmten Mannesmann-Strafverfahren.

[1394] *Rosenberg/Schwab/Gottwald*, Zivilprozessrecht, § 173 Rn. 7, S. 1248.

[1395] Zu dieser möglichen Flexibilisierung z. B. *Lüke*, Unorthodoxe Gedanken zur Verkürzung der Prozessdauer und Entlastung der Zivilgerichte, FS Baumgärtel, 1990, S. 349–361 mNw.

[1396] Fragwürdig sind deshalb alle Formen der Druckübung auf Parteien, von privatisierter Schlichtung Gebrauch zu machen; dazu *Althammer* JZ 2006, 69ff.

6. *Schutz des Marktteilnehmers durch standardisierte inhaltliche Regulierung oder durch Information bei gestaltnerischer Freiheit des Anbieters?*

[1397] Wohl derzeit bester Überblick bei *H.T. Weiß*, Die Gewährleistung der Produktsicherheit, Dissertation Freiburg 2007, insbesondere § 3.

[1398] Z. B. §§ 305 ff.; 486; 492; 493; 496–498; 499ff. BGB mit zugehörigen EU-Richtlinien. Die Kompetenz der EU folgt gleichermaßen aus ihren markt- und wettbewerbsrechtlichen Zuständigkeiten (Art. 3 Abs. 1 c, g, h, 23ff., 49ff., 56ff., 81ff. EGV bzw. Art. I-3 Abs. 2 und 3, I-4 Abs. 1, III-29ff., III-36ff., III-45ff., III-50ff. Verfassungsentwurf) wie aus ihrer Verbraucherschutzzuständigkeit (Art. 3 Abs. 1 t, 153 EGV bzw. Art. I-13 Abs. 2, III-132 Verfassungsentwurf).

[1399] Z. B. §§ 305 Abs. 2, 305 b und c, 312 c, 312 e BGB mit zugehörigen EU-Richtlinien.

[1400] §§ 434 Abs. 1 Satz 3, 481 f., 492 f., 499–501 BGB; dazu schon unter A I 2 mNw.

[1401] § 112 Abs. 2 InvG 2003.

[1402] Z. B. § 112 Abs. 1, 113 Abs. 2 InvG 2003.

[1403] Ausführlich A II 2 und 6.

[1404] Hierzu C II 1 d.

[1405] Hierzu C V 1.

[1406] Dazu §§ 312, 312 d, 485, 495, 499–501, 505 BGB; § 126 InvG.

[1407] Abschreckend die wirren detailreichen Differenzierungen und die Verweissysteme der §§ 357 f., 485 Abs. 5, 499–501, 506 BGB; wiederum anders § 126 InvG.

[1408] Begrüßenswert § 7 Abs. 2 Nr. 2 UWG (dazu *Ekey/Klippel/Kotthoff/Meckel/Plaß*, Wettbewerbsrecht, 2. Aufl. 2005, § 7 Rn. 38 mNw.); unerbetene Hausbesuche sollten als noch wesentlich eingriffsintensiver ebenfalls verboten sein (zutreffend *Ekey/Klippel/Kotthoff/Meckel/Plaß*, § 7 Rn. 24ff. mNw.).

[1409] Muster der §§ 108 Abs. 2, 177 Abs. 2 BGB.

[1410] Sie liegt im Bereich des Warenkaufs bei aller Fragwürdigkeit statistischer Erhebung wohl unter 2% aller Bestellungen (*Eidenmüller* JZ 2005, 221 mNw.).

[1411] Hierzu C II 1 d.

[1412] Z. B. §§ 306 Abs. 1 und 2, 494 Abs. 2 und 3, 502 Abs. 3 BGB.

[1413] Hierzu z. B. § 127 InvG 2003.

[1414] §§ 434, 475 BGB.

[1415] Dazu (§ 823 Abs. 2 BGB mit ProduktsicherheitsG sowie GerätesicherheitsG und nunmehr GPSG § 4) BGH NJW 1980, 1219; ferner ProdHaftG § 1 Abs. 2 Nr. 4 und 5 sowie § 3.

[1416] Dazu § 311 b BGB und § 17 BeurkG.

[1417] Vgl. § 444 BGB und § 309 Nr. 7b und 8b BGB.

[1418] Z. B. BGH NJW 2001, 358; 2000, 3559; 2006, 2099; *Oechsler* NJW 2006, 2451; zuvor EuGH NJW 2005, 3551 und 3555.

[1419] BGHZ 104, 105; 110, 338: Übersteigen des Marktzinses um 100% oder absolut 12% mehr.

[1420] Zum Beitrag der ökonomischen Analyse zu dieser Fragestellung noch unten (2).

[1421] Zutreffend beobachtet ist die folgerichtige Entwicklung zur Vermischung von Lauterkeitsrecht und Verbraucherprivatrecht; dazu *M. Schmidt* JZ 2007, 78 ff.

[1422] Dazu F.A.Z. vom 07. 04. 07, Nr. 82, S. 25.

[1423] Eine ökonomische Analyse würde versuchen, die höheren „specification costs" inhaltlich strenger Normen mit den höheren „compliance costs" und „adjudication costs" bloßer Standards zu vergleichen, um so die Präferenz zu beurteilen. Dazu statt vieler *Posner,* Economic Analysis of Law 602–03 (2002); *Diver,* The Optimal Precision of Administrative Rules, 93 Yale L.J. 65, 72–74 (1983); *Kaplow,* Rules Versus Standards: An Economic Analysis, 42 Duke L.J. 557 (1992); auf neuestem Stand *G. Rühl,* Methods and Approaches in Choice of Law: An Economic Perspective, 24 Berkeley Journal of International Law 801, 831 ff. (2006). Im Ergebnis angesichts vieler Unsicherheitsfaktoren allerdings – wie so oft – wenig weiterführend.

[1424] Z. B. § 41 InvG.

[1425] Guter Beispielsfall nunmehr BGH ZIP 2007, 518 ff.

[1426] Dazu z. B. *Fleischer* BKR 2006, 389 und § 31 d WpHG E 2007.

[1427] Wegweisend insoweit *Lang/Balzer* ZIP 2007, 524/525; zur Statistik der Kosten eines Aktienfonds F.A.Z. vom 18. 04. 07, Nr. 90, S. 25 (Einmalige Gebühr beim Kauf: 5%; veröffentlichte Kosten 1,56%; Depotgebühren: 0–0,2%; wertentwicklungsabhängige Gebühr: 0–1,3%; unsichtbare Handelskosten: 0,87%).

[1428] §§ 309 Nr. 8, 475 BGB sind unanwendbar, sodass als Grenze nur §§ 307, 309 Nr. 7b, 444 BGB bleiben.

[1429] § 8 ff., 139 ff., 221 AktG.

[1430] §§ 793 ff. BGB.

[1431] PfandbriefG 2005 mit BarwertVO und Beleihungswertermittlungs VO; Textausgabe des Verbands Deutscher Pfandbriefbanken 2005.

[1432] §§ 1, 4ff., 6 PfandbriefG. Insbesondere § 6 Abs. 3 PfandbriefG verbietet Hybridpfandbriefe: „Die Ausgabe von Pfandbriefen, deren Einlösungswert nicht bekannt ist, ist nicht gestattet."

[1433] Dazu § 2 Abs. 2 und 3 WpHG. Zu Turbulenzen bei Eurex im Aktienoptionshandel nach Sonderausschüttungen bei Altana F.A.Z. vom 02.06.07, Nr. 126, S. 35.

[1434] Z. B. §§ 46ff., 67f., 84ff., 88f., 112 Abs. 1 Satz 3, 113 Abs. 2 und 4 InvG.

[1435] §§ 16–19, 20 PfandbriefG.

[1436] § 112 Abs. 2 InvG.

[1437] Dazu *Einsele,* Bank- und Kapitalmarktrecht, 2006, § 10 Rn. 6 und 7, S. 453f.; *Köndgen/Schmies* WM 2004, Beil. Nr. 1, S. 14.

[1438] § 113 InvG.

[1439] § 2 Abs. 3 InvG (Spezial-Sondervermögen).

[1440] So das Gutachten der Expertengruppe des Center for Enterpreneurial and Financial Studies, der Sozietät White and Case und der European Business School zum Thema „Erwerb und Übernahme von Firmen durch Finanzinvestoren" für das Bundesfinanzministerium, F.A.Z. vom 05.03.07, Nr. 54, S. 11.

[1441] § 32 Abs. 1 Nr. 1 WpHG; aufschlussreich BGHZ 142, 345ff. (Verkauf von Optionsscheinen der „Knock-out"- und „Hamster"-Variante durch Discount Broker).

[1442] Nicht untypisch die Strafverfahren gegen die Verantwortlichen von Film- und Medienfonds wegen Schädigung der Anleger; F.A.Z. vom 07.04.07, Nr. 82, S. 23.

[1443] Dazu die Wertpapierhandelsverhaltensrichtlinie zu §§ 31, 32, 35 Abs. 6 WpHG; abgedruckt bei *Baumbach/Hopt,* Nebengesetze Nr. 17.

[1444] Zu sog. Knock-Out-Produkten inbes. F.A.Z. vom 03.03.07, Nr. 53, S. 21. Geschätztes Volumen für Deutschland ca. 1 Milliarde Euro, davon 50% auf Commerzbank, 8,6% auf die Deutsche Bank, Rest auf Auslandsbanken verteilt.

[1445] F.A.Z. vom 09.03.07, Nr. 58, S. 25.

[1446] Dazu der Gesetzentwurf des Bundesministeriums der Finanzen zur Änderung des Investmentgesetzes und anderer Gesetze vom 18.01. 2007 (Referat VII B 2) unter Verweis auf die Richtlinie 2007 der EU zur Durchführung der Richtlinie 85/611/EWG (OGAW) und die amtliche Begründung, Allgemeiner Teil sub II.

[1447] Vgl. §§ 90j ff. E-InvG 2007. Weltweit haben Beteiligungsfonds bereits einen Marktanteil von 4% am gesamten Fonds-Volumen; dazu F.A.Z. vom 24.03.07, Nr. 71, S. 19.

[1448] Dazu §§ 67ff. E-InvG 2007.

[1449] Dazu C I 4 mNw.

[1450] So ein Fazit für „schlechte" Spekulation bei *Klöhn,* Kapitalmarkt, Spekulation und Behavioral Finance, 2006, S. 259.

[1451] Gerade gegenläufig die Entscheidung der London Stock Exchange, Single Hedge-Fonds im öffentlichen Markt zuzulassen; F.A.Z. vom 10. 03. 2007, Nr. 59, S. 20.

[1452] Dazu Art. 3 Abs. 1 lit. t, 153 EGV.

[1453] Hierzu A I 2, C II 1.

[1454] Für die USA siehe B I 3b; für Großbritannien B II 3b am Ende.

[1455] Diesen Spielkasinoeffekt nützen selbst Kommunen in privatrechtlich organisierten Versorgungsunternehmen aus, wenn sie dem Bürger Tarifwahl anbieten, um dann an der Wahl des ungünstigeren Tarifs zu verdienen. Bisher entsprach der „automatische" Ansatz nach dem günstigeren Tarif am Jahresende guter rechts- und sozialstaatlicher Praxis.

[1456] § 23 Abs. 1 Nr. 2 EStG; dazu kritisch *Fehrenbacher,* Steuerrecht, 2005, § 2 Rn. 169, S. 108; ferner schon A II 2.

[1457] Dazu BVerfG NJW 2004, 1022ff.

[1458] Dazu der Referentenentwurf des BMF und das zugehörige Eckpunktepapier vom 02. 11. 2006. Es wäre zielführend, Kapital-Lebensversicherungen adäquat einzubeziehen, um diese wichtige Anlageform auf diese Weise zu fördern (F.A.Z. vom 21.02.07, Nr. 44, S. 21); zur Wirkung auf Aktiendepots F.A.Z. vom 02.06.07, Nr. 126, S. 35.

[1459] Dazu insbesondere *A. Bruns,* Haftungsbeschränkung und Mindesthaftung, 2003; *Haas,* Reform des gesellschaftsrechtlichen Gläubigerschutzes, Gutachten 66. DJT, 2006; *Spindler* JZ 2006, 839ff.

[1460] Dazu insbesondere die Richtliniensammlung *Winkel u. a.* (Hg.), Europäisches Wirtschaftsrecht, 2006.

[1461] Insbesondere KreditwesenG, PfandbriefG, VersicherungsaufsichtsG etc.

[1462] Inwieweit das Volumen der Kreditderivate (2006: 20,2 Billionen US-Dollar, F.A.Z. vom 23. 10. 06, Nr. 246, S. 26) eine Beherrschbarkeit damit verbundener Risiken ausschließt, ist hochumstritten („Zeitbomben"; „finanzielle Massenvernichtungswaffen").

[1463] Dazu die Zusammenstellung in: Hypothekenverband bei der EG (Hg.), Die Hypothekenbanken und der Pfandbrief in Europa, 1. Aufl. 1993ff., Kap. III, EG-Bankrecht.

[1464] Grenzwertig der Vorschlag, darlehensähnliche Swap-Geschäfte als Basis öffentlicher Pfandbriefdeckungswerte zuzulassen; dazu *Fragos/Lindemann* RIW 2006, 593ff.

[1465] Insgesamt eher begrüßenswert ist die vorsichtige Aktienquote bei den deutschen Lebensversicherern, die auch bei starken Unternehmen kaum über 20% liegt; dazu F.A.Z. vom 24.04.07, Nr. 95, S. 21. Deshalb sollten die geplanten neuen EU-Aufsichtsregeln („Solvency II") Aktien, Beteiligungskapital und Immobilienanlagen wie geplant nur eingeschränkt zulassen; zur Diskussion F.A.Z. vom 27.03.07, Nr. 73, S. 25 und vom 27.09.06, Nr. 225, S. 26.

[1466] Z.B. § 2a InvGE 2006 (bedeutende Beteiligungen); §§ 7, 7a InvGE 2006 (Präzisierung der Erlaubnisversagung); §§ 17a ff., 19i ff. InvGE 2006 (Eingriffsbefugnisse zum Krisenmanagement).

[1467] Zur Innovationsgeschwindigkeit unregulierter Finanzprodukte insbesondere Financial Times vom 20.10.06, S. 29 („equity default swaps", „tranchelets" etc.).

[1468] Dazu C II 4 mNw.; ferner der 6,6 Milliarden-Verlust des Hedge-Fonds Amaranth, Greenwich, im September 2006; zur Schieflage zweier Hedge-Fonds von Bear Stearns (Volumen: 20 Milliarden US-Dollar) neuerdings F.A.Z. vom 22.06.07, Nr. 142, S. 21 und vom 28.06.07, Nr. 147, S. 21.

[1469] Zur Gefährlichkeit und dem spekulativen Charakter von Hedge-Fonds deutlich *Einsele,* Bank- und Kapitalmarktrecht, 2006, § 10 Rn. 6 und 7, S. 453 f. mNw. Aus Sicht der Finanzvorstände der Unternehmen des BDI besteht ähnliche Skepsis, F.A.Z. vom 09.03.07, Nr. 58, S. 15.

[1470] Erste Anläufe zu einer Regulierung in den USA hat ein Gericht an mangelnder Kompetenz der Security and Exchange Commission scheitern lassen (Goldstein v. SEC, 451 F.3d 873 [2006]); dazu *Bednarz* RIW 2007, 34 ff.

[1471] Dies – und nicht nur ungeklärte Kompetenzfragen – erklärt die Zurückhaltung des U.S.-Finanzministers und einer U.S.-Arbeitsgruppe gegenüber Regulierungsforderungen der Europäer (EZB Monatsbericht 2006, S. 71 ff.) und des Generalstaatsanwalts von Connecticut *R. Blumenthal;* dazu F.A.Z. vom 12.02.07, Nr. 36, S. 11 und 13 sowie vom 24.02.07, Nr. 47, S. 21; zum britischen Überwachungsvorschlag im Konflikt zwischen den USA und Europa F.A.Z. vom 24.04.07, Nr. 95, S. 21. Inzwischen scheinen Hedge-Fonds durch Wahlkampfspenden auf die Politik Einfluss nehmen zu wollen; F.A.Z. vom 16.06.07, Nr. 137, S. 27 (USA).

[1472] Zu Plänen der Citadel Investment Group LLC F.A.Z. vom 17.04.07, Nr. 89, S. 21. Ob ein Rating durch Rating-Agenturen ausreichende Sicherheit schafft, darf eher bezweifelt werden.

[1473] Zum fließenden Übergang zu Hedge-Fonds und dem Abgrenzungszweck des § 112 Abs. 1 Satz 3 InvG insbesondere *Einsele,* Bank- und Kapitalmarktrecht, 2006, § 10 Rn. 7, S. 454. Die Kritik an der Verschuldungspraxis typischer Private Equity-Transaktionen gilt auch für Hedge-Fonds, die Beteiligungen halten und durch Verschuldungspolitik die Bonität von Unternehmen zerstören (F.A.Z. vom 14.06.07, Nr. 135, S. 28).

[1474] Dazu C II 2 insbesondere sub a. Zur Gefahrenlage durch Übernahmekredite („Leveraged Buy Outs") *Steven L. Schwarcz,* Collapsing Corporate Structures, 60 Bus. Lawyer 109 ff., 116 ff., 140 ff. (2004) (insolvenzrechtliche Anfechtung); eher beschwichtigend der Bericht 2006 des Banking Supervision Committee, F.A.Z. vom 19.04.07, Nr. 91, S. 23; kritisch dagegen zu Recht die Deutsche Bundesbank, F.A.Z. vom

24.04.07, Nr. 95, S. 23 und der IWF, F.A.Z. vom 11.04.07, Nr. 84, S. 20, und die Bank für Internationalen Zahlungsausgleich (F.A.Z. vom 14.06.07, Nr. 135, S. 15); F.A.Z. vom 22.06.07, Nr. 142, S. 21: 132 Milliarden Dollar Kreditvolumen im 1. Hj. 2007; vom 04.07.07, Nr. 152, S. 20 (mit Modell eines LBO-Kredits).

1475 Dazu der Bericht F.A.Z. vom 12.10.06, Nr. 237, S. 25.

1476 Das Gutachten der Expertengruppe des Münchener Center of Entrepreneurial and Financial Studies, der Sozietät White and Case und der European Business School für das Bundesfinanzministerium vom Februar 2007 (F.A.Z. vom 05.03.07, Nr. 54, S. 11) macht insoweit richtige und überlegenswerte Vorschläge, obgleich es – durch die Zusammensetzung der Gruppe bedingt – zur Verharmlosung von Gefahren neigt. Eher halbherzig die bisherigen Pläne der Regierungskoalition; F.A.Z. vom 26.06.07, Nr. 145, S. 13.

1477 Das italienische Recht ordnet in seinem neuen Art. 2501 bis C.c. bei einem „Leveraged Buy Out" die entsprechende Anwendung verschmelzungsrechtlichen Instrumentariums an; dazu *Magrini* RIW 2005, 764ff.

1478 Dazu der Bericht über die 4. EU-Handwerkskonferenz mit Daten der Europäischen Union und Eurostat, F.A.Z. vom 24.04.07, Nr. 95, S. 19.

1479 Gegenwärtig halten Private Equity Fonds Beteiligungen an ca. 6.000 kleineren und mittleren Unternehmen in Deutschland, die einen Gesamtumsatz von 23 Milliarden Euro haben – also etwa die Umsatzstärke von Siemens entwickeln. Dazu der Bericht der Initiative Finanzplatz Deutschland, www.finanzstandort.de; F.A.Z. vom 17.04.07, Nr. 89, S. 21. 2006 investierten Private Equity-Investoren in 7.500 europäische Firmen ca. 112 Milliarden Euro; dazu Spiegel Online vom 12.06.07.

1480 So aber letztlich der Vorschlag der Expertengruppe Private Equity im Gefolge der Vorschläge des Europäischen Bankenverbandes (EVCA) und des britischen BVCA, F.A.Z. vom 05.03. 2007, Nr. 54, S. 11.

1481 Dazu D II 3d (7). Ob sich hingegen ein „Fat Cat Feast" durch ausländisches volatiles Kapital auf dieses Segment volkswirtschaftlich segensreich auswirken wird, ist eher kritisch zu sehen.

1482 Dazu insbesondere unter C II 1 mNw.

1483 Dazu schon A I 1 und B II 3b; guter Überblick bei *Badura,* in: Schmidt-Aßmann, Besonderes Verwaltungsrecht, 12. Aufl. 2003, Kap. 3 Rn. 142ff., S. 358ff.; zum EuGH schon D II 2b bb (3).

1484 Dazu § 1 HandwerksO mit Anlage A und § 18 HandwerksO mit Anlage B.

1485 Zur fortbestehenden Bedeutung eines nicht nur an Profitmaximierung orientierten beruflichen Ethos siehe C III 3 und IV 1.

1486 Dazu *Hall/Soskice,* Varieties of Capitalism, 2001, S. 36ff.

[1487] Bedenklich erscheint es, wenn drei selbstbewusste Verfassungsrichter des Ersten Senats in einer Kammerentscheidung den Trend gegen den handwerklichen Befähigungsnachweis verstärken und Ausnahmeregelungen aufgrund zweifelhafter verfassungsrechtlicher Erwägungen überstrapazieren (BVerfG JZ 2007, 354ff.); gegen diesen Dienst am deregulierenden Zeitgeist, wie ihn vor allem die EU verkörpert, zu Recht *W. Frenz* JZ 2007, 343ff.

[1488] Ausführlich unter A IV 2 mNw. Rechtspolitisch fehlsam BVerfG NJW 2007, 979ff., wo sich das BVerfG als Türöffner des frei vereinbarten Honorars im forensischen Bereich betätigt; voll und grundsätzlich zustimmend *Kleine-Cosack* NJW 2007, 1405ff.

[1489] Dazu EuGHE 1974, 631 („Reyners"); 2002, I-1577 („Wouters"); NJW 2006, 3697 („Wilson") und mäßigend EuGH NJW 2007, 281ff. = EWS 2007, 25ff. („Cipolla") mit zustimmendem Kommentar von *Mailänder* NJW 2007, 883ff.; siehe auch unter D II 2 b, aa und bb (3).

[1490] Zu diesem unbestrittenen Erfordernis *Hazard/Dondi,* Legal Ethics, 2004, S. 158ff., die daraus allerdings organisatorische Folgerungen nicht ableiten.

[1491] Zum folgenden ausführlich *Stürner/Bormann* NJW 2004, 1481ff. mNw.

[1492] Dazu EuGH NJW 2002, 882ff. (Manuele Arduino); *Stürner/Bormann* NJW 2004, 1488.

[1493] Fehlsam BVerfG NJW 2003, 2520, 2521; dazu *Stürner/Bormann* NJW 2004, 1481, 1485f.

[1494] Wenn Sozietäten sich in größerer Breite auch unter ausländischem Gesellschaftsrecht organisieren könnten (dazu *Henssler/Mansel* NJW 2007, 1393ff.; *Knöfel* RIW 2006, 87ff.), hätte die Situation an Transparenz nicht gerade gewonnen.

[1495] Zur europarechtlichen Zulässigkeit EuGH NJW 2002, 877ff.; zur U.S.-amerikanischen Lösung *Stürner/Bormann* NJW 2004, 1481, 1487; teilweise verfehlt m.E. § 59a BRAO und das geplante Rechtsdienstleistungsgesetz (dazu F.A.Z. vom 27.06.07, Nr. 146, S. 23).

[1496] Zu weitgehend deshalb der Entwurf eines Rechtsdienstleistungsgesetzes, dazu NJW-aktuell Heft 9/2007.

[1497] Zur drohenden Proletarisierung des unteren Anwaltssegments bei steigenden Einkünften des „High End"-Bereichs insbesondere die Studie des Nürnberger Instituts für Freie Berufe, 2004, F.A.Z. vom 27.03.07, Nr. 73, S. 11. Die Klassenbildung in der Anwaltschaft spiegelt sich bei der prozessualen Vertretung von Firmen und Einzelpersonen wieder, was die prozessuale Chancengleichheit durchaus zu stören geeignet ist; dazu für die USA *Galanter,* Skybox Lawyering, in: Carrington/Jones, Law and Class in America, 2006, S. 87ff.

[1498] Letztlich unzureichend §§ 319, 319a HGB 2004; dazu *Baumbach/Hopt/Merkt,* HGB, 32. Aufl. 2006, WPO Einl (2c) Rn. 3 mNw.

[1499] Dazu § 55 WPO.

1500 Dazu schon A IV 2 und zusammenfassend *M. Weber* NJW 2006, 3685, 3689 mNw.

1501 Man scheint auch zu bemerken, dass die Haftungssanktion bei drohender Insolvenz leer läuft. Die EU-Kommission erwägt deshalb eine Haftungsbegrenzung (F.A.Z. vom 19.01.07, Nr. 16, S. 11), die in Deutschland und anderen EU-Staaten bereits realisiert ist.

1502 Unnötig die Gängelung des Gesetzgebers in der Entscheidung NJW 2007, 979ff. zum Erfolgshonorar, die auf Dauer auch die Mindestgebühr im Gerichtsverfahren kippen wird.

1503 Dazu *Stürner*, Festschrift Felix Busse, 2005, S. 297ff.

1504 Dazu *Stürner*, Liber amicorum Walter F. Lindacher, 2007, S. 175ff.

1505 Gutachtliche Vergleiche, wie sie das Europäische Notariat in Auftrag gegeben hat, belegen entgegen Verdächtigungen der Kommission diese These.

1506 Dazu wiederum *Stürner*, Liber amicorum Walter F. Lindacher, 2007, S. 175ff.

1507 Dazu D II 5 b.

1508 Dazu ausführlich unter C II 5.

1509 Allgemein D II 5 b.

1510 Dies auch gegen Versuche, das Apothekerwesen ohne Rücksicht auf das Gesamtsystem sozusagen „von außen" aufzubrechen und umzugestalten. So aber EuGH EWS 2004, 72 (Doc Morris) mit zustimmendem Kommentar von *Koenig/Engelmann* EWS 2004, 65ff. für den EU-weiten Arzneimittelversand. Diese Entscheidung degradiert den freien Beruf des Apothekers zum Warenverkäufer, und der deutsche Gesetzgeber hat dem Druck der EU dann auf breitester Front für alle Medikamente, gleich ob verschreibungspflichtig oder nicht, nachgegeben. Inzwischen droht eine starke Oligopolisierung, wenn der Großhändler Celesio „Doc Morris" aufkauft: F.A.Z. vom 27.04.07, Nr. 98, S. 13. Beim EuGH ist eine Vorlage des OVG Saarland wegen des Verbots von Apothekerketten in einheitlicher Kapitaleignerschaft anhängig; dazu F.A.Z. vom 03.04.07, Nr. 79, S. 13.

1511 Zu den Rating-Agenturen bereits A II 5 und kritisch C II 1f.

1512 Zur neueren Diskussion über die Anwendbarkeit der §§ 34b ff. WpHG 2004 mit zugehörigen EU-Richtlinien auf Rating-Agenturen *Holzborn/Israel* WM 2004, 1948, 1955; *Spindler* NJW 2004, 3449, 3453 r. Sp.; allgemein *Blaurock*, in: Boele-Woelki/van Erp, General Reports of the XVIIth World Congress of the International Academy of Comparative Law 2006, 2007, S. 481ff., 498ff.; *Hennrichs*, FS Hadding, 2004, S. 875ff.

1513 *Däubler* NJW 2003, 1097.

1514 Fraglich ist, ob § 34b Abs. 1 Satz 2, Abs. 5 WpHG mit seinen allerdings sehr weichen Vorschriften zum Schutz vor Interessenkollision anwendbar ist.

[1515] Die Kompetenzen der EU beschreiben Art. 3 Abs. 1 i und j, 39ff., 136ff. EGV und Art. I-3 Abs. 3, I-13 Abs. 2, II-15, II-26, II-27ff., III-97ff., III-103ff. Verfassungsentwurf, wobei eine Tendenz zur Kompetenzenerweiterung trotz des eher programmatischen Wortlauts unverkennbar ist. Überblick zum bisherigen Einfluss der EU bei *Brox/Rüthers/Henssler,* Arbeitsrecht, 16. Aufl. 2004, S. 31ff., Rn. 104ff.; *Eichenhofer* JZ 2007, 425ff.; *Junker/Aldea* RIW 2007, 1ff.; 2006, 1ff.; *Junker* RIW 2006, 721ff. (sozialpolitische Agenda 2006–2010); neuerdings treten vor allem die Gleichstellungsrichtlinien – umgesetzt durch das Allgemeine GleichbehandlungsG (AGG) – hinzu; *Maier-Reimer* NJW 2006, 2577; *Willemsen/Schweibert* NJW 2006, 2583ff. Die EU-Kommission hat zwischenzeitlich ein Grünbuch zum Arbeitsrecht errichtet, das Instrumente für Flexibilität und Sicherheit („flexicurity") diskutiert; zur Kritik bereits *Junker* RIW 2006, 721, 724f., und der Tagungsbericht F.A.Z. vom 17.03.07, Nr. 65, S. 10; ferner der Streit um EU-weite Betriebsrentenportabilität im Europäischen Parlament (F.A.Z. vom 21.06.07, Nr. 141, S. 15).

[1516] Guter Überblick bei *Rüthers* NJW 2003, 546ff.; zum Ganzen schon unter A V mNw.

[1517] Dazu *Löwisch,* Bitburger Gespräche, Jahrbuch 2006/I, S. 19ff., 20; *Windbichler* European Business Organization Law Review 6 (2005), 507ff.; ausführlich *Braun,* Die Sicherung der Unternehmensmitbestimmung im Lichte des europäischen Rechts, 2005, S. 173ff.

[1518] Z. B. *Kleinhenz,* Gutachten 63. DJT 2000, S. B 72.

[1519] Zu entsprechenden Gegenmaßnahmen durch Änderungen des SGB II („Hartz IV") ausführlich *Spellbrink* JZ 2007, 28ff.

[1520] Zum Kombilohn für ältere Arbeitnehmer bereits § 421 j SGG III 2003 und *Bauer/Krets* NJW 2003, 537, 543.

[1521] Zum Meinungsstand der Vorschlag des Sachverständigenrats (*Franz, Kohns, Rürup, di Mauro, Wiegard*) F.A.Z. vom 13.09.06, Nr. 213, S. 17 und die Diskussion S. 16; ferner bereits F.A.Z. vom 16.03.2005, Nr. 63, S. 13 (Bundespräsident Horst Köhler) und SZ vom 10.08.2005, Nr. 183, S. 18 sowie F.A.Z. vom 19.02.07, Nr. 42, S. 11 (US-Earned Income Tax Credit-Modell). Ein allgemeines Modell war bisher in der Koalition nicht konsensfähig; F.A.Z. vom 28.03.07, Nr. 74, S. 1/2. Ob tatsächlich 50% der Arbeitslosen schwarz arbeitet (F.A.Z. vom 02.06.07, Nr. 126, S. 13) mag dahinstehen, sollte aber durch geeignete Kontrollmaßnahmen verhindert werden!

[1522] Obwohl viele Staaten der EU und sogar die USA einen gesetzlichen Mindestlohn kennen (dazu die tabellarische Auflistung F.A.Z. vom 28.03.07, Nr. 74, S. 2 und vom 30.06.07, Nr. 140, S. 12), war seine allgemeine Einführung in Deutschland bisher nicht durchsetzbar, vielmehr denkt man an branchentypische flexible Lösungen, z. B. Allgemeinverbindlicherklärung von Tariflöhnen oder Verbot der Unterschreitung von Mindestlöhnen um mehr als 30% etc. Die Rechtsprechung zu § 138

Abs. 1 BGB ist dabei unklar und uneinheitlich (zuletzt BAG EWiR § 138 BGB 4/02, 419 m. Anm. *Hanau; Reinecke* NZA 2000, Beil. H 3, S. 23ff.). Hinzu kommt, dass Tarifverträge oft Mindestlöhne vorsehen, die deutlich unter einem denkbaren allgemeinen Mindestlohn im Sinne des Existenzminimums liegen. Übertrieben die Warnung von *Raddatz/Wolf*, Irrglaube Mindestlöhne, Stiftung Marktwirtschaft. Argumente zu Marktwirtschaft und Politik Nr. 99, 2007; zur andauernden Diskussion F.A.Z. vom 18.06.07, Nr. 138, S. 11, und zum Modell einer verstärkten Allgemeinverbindlichkeitserklärung als Koalitionslösung F.A.Z. vom 20.06.07, Nr. 140, S. 12.

1523 Dazu *Möschel* JZ 2006, 113ff.; *Rüthers* NJW 2006, 1640ff.; EuGH NJW 2005, 3695 (Mangold); krit. *Bauer/Arnold* NJW 2006, 6.

1524 Dazu *Bauer/Krets* NJW 2003, 537, 538.

1525 Zur Kritik *Willemsen/Schweibert* NJW 2006, 2583ff.

1526 So im Endeffekt der Kronberger Kreis (*Donges, Eekhoff, Hamm, Moeschel, Neumann, Sievert*), Globalisierter Wettbewerb – Schicksal und Chance, 1998 (Schriftenreihe der Stiftung Marktwirtschaft und Politik Bd. 32).

1527 So letztlich für qualitativ geringwertigere Arbeitsleistung die wirtschaftswissenschaftliche Logik bei *Schulz-Nieswandt/Sesselmeier*, Arbeitsmarkt Deutschland: Effekte der EU-Mitgliedschaft, in: Wessels/Diedrich, Die neue Europäische Union, 2006, S. 74ff. mNw.

1528 Zu Recht weist *Bernd Rüthers*, F.A.Z. vom 28.04.07, Nr. 99, S. 11 darauf hin, dass die Schaffung von „An-Instituten" an Universitäten, die von Arbeitgeberseite gesponsert sind, stärker als bisher auch schon den bloßen Anschein parteilicher Einflussnahme auf die Wissenschaft scheuen sollte.

1529 Es ist schon problematisch, mit der sog. Entsenderichtlinie und den nationalen Ausführungsvorschriften für den deutschen Teilmarkt gleiche Mindestregulierung durchzusetzen, sofern ausländische Unternehmer ihre Arbeitskräfte in Deutschland einsetzen; dazu *Cornelissen* RdA 1996, 329; *Brox/Rüthers/Henssler*, Arbeitsrecht, Rn. 117, S. 37f.

1530 Zum Arbeitsvölkerrecht der Überblick bei *D.M. Trubek/L. Compa*, Trade Law, Labor, and Global Inequality, in: Carrington/Jones, Law and Class in America, 2006, S. 217ff.; ferner sehr kurz auflistend *Brox/Rüthers/Henssler*, Arbeitsrecht, Rn. 99ff., S. 29ff.

1531 Dazu schon ausführlich B II 3 d aa und C II 3 c.

1532 Dazu D II 3 a und insbesondere d mit einer Darstellung marktverträglicher Kapitalbindungsmodelle.

1533 Zur Bewertung der Kapitalinvestoren der Private Equity insbesondere schon unter C II 2 und D II 6 e (5).

1534 F.A.Z. vom 28.02.07, Nr. 50, S. 21 (mit dem Bild eines Geschäftsmannes, dessen Witz jeden Geschäftspartner zur Vorsicht zu mahnen geeignet sein sollte); vom 19.03.07, Nr. 66, S. 11, wo darauf spekuliert wird, dass der Börsengang (F.A.Z. vom 23.06.07, Nr. 143, S. 19) die günstige Versilberung von Anteilen vor dem Ende des „Fat Cat Feast" erlauben soll; zu weiteren Spekulationen Spiegel Online vom 11.06.07 (Jahresgehalt von 400 Millionen U.S.-Dollar).

1535 Dazu schon B II 3 a–c und C III und IV.

1536 Der Versuch, über die Marktfreiheiten das Streikrecht der Belegschaften gegen Standortverlagerungen innerhalb der EU zu beschränken, ist bemerkenswert; dazu der Fall „Rosella" (Viking Line ABP v. International Transport Workers Union, Times 22 June 2005, Queen's Bench Division, Commercial Court, 16.06. 2005) mit der EuGH-Vorlage und der ambivalenten Stellungnahme von *Junker* EWS 2007, 49ff.

1537 Dazu schon *Thüsing* ZIP 2004, 381ff.; *Thomas Raiser*, 66. DJT 2006, S. B 51ff.; ferner schon B II 2 und C IV 2.

1538 Das deutsche MitbestimmungsG 1976 hat – wie sich aus der Entscheidung des BVerfG ergibt (BVerfGE 50, 290) – die verfassungsmäßigen Möglichkeiten ohnehin bis an die Grenze ausgeschöpft; dazu *Brox/Rüthers/Henssler*, Arbeitsrecht, Rn. 1074.

1539 Dazu allgemein *Rüthers* (Hg.), Der Konflikt zwischen Kollektivautonomie und Privatautonomie im Arbeitsleben, 2002.

1540 So z.B. BAG NZA 1999, 887 („Burda"); sehr kritisch *Rüthers* NJW 2003, 551; *Buchner* NZA 1999, 901f.; *Brox/Rüthers/Henssler*, Arbeitsrecht, Rn. 711ff.

1541 Dazu F.A.Z. vom 13.09.06, Nr. 213, S. 17 und vom 05.09.06, Nr. 206, S. 11.

1542 *Rüthers* NJW 2003, 549.

1543 *Brox/Rüthers/Henssler*, Arbeitsrecht, Rn. 481ff.

1544 *Hromadka* NZA 2002, 783; *Rüthers* NJW 2003, 549.

1545 Einen gewissen Fortschritt bringt insoweit § 1a KSchG n.F. 2004 mit seiner Abfindungsoption; *Löwisch* BB 2004, 154, 157f.

1546 Zum Teilzeit- und BefristungsG und seinen jüngeren Auflockerungen ausführlicher *Brox/Rüthers/Henssler*, Arbeitsrecht, Rn. 596ff.

1547 Symptomatisch EuGH NJW 2005, 3695 (Mangold) und die Gleichstellungsrichtlinie; zur Diskussion der EuGH-Rechtsprechung ausführlich *Krebber*, The Social Rights Approach of the European Court of Justice to Enforce European Employment Law, 27 Comparative Labor Law and Policy Journal 377ff. (2006).

1548 F.A.Z. vom 15.12.06, Nr. 292, S. 15; dazu schon D II 1 d.

1549 Siehe schon unter A I 2 und C II 1 g mit Nachweisen.

1550 Neuere Zusammenfassung dieser Problematik bei Basedow, Private Enforcement of EC Competition Law, 2007 mit Beiträgen von *Basedow, Boege, Buxbaum, Castonovo, Hellwig, Idot, Paulis, W.H. Roth, Stadler, Stürner* und *van Gerven*. Ein Beispiel schwer nachweisbarer Pflichtverletzung im Falle aktionärsrechtlicher Anlegerklage bietet der Streit um den Zeitpunkt der Mitteilung des Rücktritts des Daimler-Chrysler Vorstands Schrempp; F.A.Z. vom 16.02.07, Nr. 40, S. 11.

1551 Dazu *Alexander* JZ 2006, 890ff.

[1552] Dazu die Zusammenstellung bei *Stürner,* in: Basedow, Private Law Enforcement, S. 163ff.; ferner bereits unter C II 1 g mNw.

[1553] Dazu US v. Microsoft Corporation, 253 F.3d 34 (D.C. Cir. 2001); *A. Bartosch* RIW 2005, 241ff. mNw.; Massachussetts v. Microsoft Corporation, 373 F.3d 1199 (D.C. Cir. 2004); zum Vergleich der Effektivität U.S.-amerikanischer und europäischer Kartellverfahren *Körber* RIW 2004, 568 und 881.

[1554] Dazu C II 4 und 7 sowie C V 1.

[1555] *Lüke* ZZP 119 (2006), 131ff.; *Gebauer* ZZP 119 (2006), 159ff.

[1556] Ausführlich D II 6d (3).

[1557] Zum steuerlichen Lenkungspotential D II 6d (4) und schon A II 2.

[1558] Dies – nicht die technische Verwirklichung – ist auch der Einwand gegen die Class Action in Brasilien; zu ihr *A. Gidi* 51 American Journal of Comparative Law 312ff. (2003).

[1559] Gleichwohl wird die Class Action in breiter Front als Waffe gegen massenhafte Ungerechtigkeit angepriesen; insbesondere *A. Gidi,* The Class Action Code: A Model for Civil Law Countries, 23 Ariz. J. Int'l & Comp. L. 37ff. (2005); kritisch *Stürner,* Festschrift Georgiades, 2006, 1299ff.

[1560] Dazu F.A.Z. vom 24.03.07, Nr. 71, S. 9.

[1561] Dazu der Jahresbericht des Europäischen Gerichtshofs 2005, S. 204f. (http://curia.europa.eu/de/instit/presentationfr/rapport/stat/st05cr.pdf; zuletzt besucht am 01.03.2007).

[1562] Dazu Chief Justice's 2006 Year End Report on the Federal Judiciary, Stand Januar 2007 (http://www.supremecourtus.gov/publicinfo/year-end/2006year-endreport.pdf; zuletzt besucht am 01.03.2007).

[1563] Dazu schon D II 2 b, insbesondere sub bb (4).

[1564] Ausführlicher unter D II 2b und B II 4c.

[1565] Dazu die Schlussfolgerungen des Vorsitzes der Tagung des Europäischen Rates in Brüssel (21./22. Juni 2007) doc. 11177/07 Concl 2, Anl. 1 sub 7.

[1566] Dazu die Gegenüberstellung unter D II 2b aa und bb.

[1567] Ausführlich B II 1–3a und b; C III und IV; D II 1.

[1568] Dazu schon B II 3g.

[1569] So aber wie viele *U. van Suntum,* Masterplan Deutschland. Mit dem Prinzip Einfachheit zurück zum Erfolg, 2006.

[1570] Zum Stand des Verfahrens der EU-Kommission gegen Deutschland F.A.Z. vom 13.10.06, Nr. 238, S. 11.

[1571] Dazu D II 2b mNw. Es ist richtig, dass die angeführten Beispiele vom EuGH sehr unterschiedlich entschieden worden sind. Aber schon die Notwendigkeit ausführlicher Befassung auf Initiative von Kommission, Mitgliedstaaten, Konkurrenten oder Betroffener sowie nationalstaatlicher Gerichte offenbart einen kleinlichen und bürokratischen Ungeist im europäischen Grundverständnis.

[1572] Dazu Art. 5 EGV mit den Protokollen über die Anwendung der Grundsätze der Subsidiarität und Verhältnismäßigkeit und über die Rolle der einzelstaatlichen Parlamente sowie Art. I-9 Verfassungsentwurf mit geänderten Protokollen sowie dem Plan der Einfügung eines neuen Artikels zur Kontrolle der Einhaltung der Subsidiarität durch nationale Parlamente (EU Doc. 11177/07 Concl 2, Anh. 1, Zif. 7). Besonders erwähnt ist die Subsidiarität auch in der „Berliner Erklärung" der Regierungschefs der EU-Mitgliedstaaten zum 50. Jahrestag der Unterzeichnung der Römischen Verträge; dazu der Text F.A.Z. vom 24.03.07, Nr. 71, S. 2.

[1573] Ermutigend insoweit die Analyse des deutschen EuGH-Richters *von Danwitz*, Wächter der Gemeinschaft, F.A.Z. vom 27.03.07, Nr. 73, S. 8, der mit der hier vertretenen Grundauffassung teilweise übereinstimmt.

[1574] Zur denkbaren Tendenz zu einer Stärkung sozialstaatlicher Kompetenz der EU siehe B II 4b und D II 6g (1). *Rolf Hasse*, Europa in der Wagenburg, F.A.Z. vom 31.03.07, Nr. 77, S. 13, sieht im Entwurf eines Verfassungsvertrages zutreffend die Gefahr eines unitaristischen europäischen Sozialstaates heraufdämmern. Er zieht daraus aber nicht die notwendigen Folgerungen für ein aufgelockertes Binnenmarktkonzept.

[1575] Zum Ganzen schon D II 2b aa und bb, insbesondere bb (6)

7. *Der notwendige solidarische Grundbestand*

[1576] Dazu unter B I 2 und 3.

[1577] Zu diesem Topos der Marktgesellschaft und ihrer Protagonisten C II 1.

[1578] Dazu B II 2 und 3.

[1579] Dazu B II 3b a. E. und 3 c.

[1580] Art. 107 GG; zu diesem Problemkreis ausführlich BVerfGE 101, 158ff.

[1581] Dazu Art. 87 Abs. 2c und Abs. 3a und b und Art. 99 Abs. 3 sowie Art. 158 Abs. 2 EGV.

[1582] Dazu D II 2 b.

[1583] Siehe schon B II 4.

[1584] Vgl. D II 2 b. Dieses Grundproblem wird von Vertretern rein marktökonomischer Ansätze entweder nicht gesehen oder unterschätzt. Der Gedanke eines europäischen Sozial- oder Steuerstaates hat eher abschreckende Implikationen; wenn man aber nationalstaatlich vielfältige Wirtschaftskultur insoweit zu Recht für wünschenswert hält, verbietet sich der Gedanke eines völlig ungegliederten einheitlichen Binnenmarktes eigentlich von selbst – falls man Sozialstaatlichkeit nicht nur als Marktfunktion definiert; insoweit m. E. widersprüchlich *M. Wohlgemuth*, F.A.Z. vom 17.03.07, Nr. 65, S. 11, als typischer Vertreter der modernen Freiburger Schule.

1585 Zum Arbeitsrecht der Überblick bei *Brox/Rüthers/Henssler,* Arbeitsrecht, 16. Aufl. 2004, S. 31ff., Rn. 104ff. und das Grünbuch: „Ein modernes Arbeitsrecht für die Herausforderungen des 21. Jh." (KOM 2006, 708 mit seinem „Flexicurity-Konzept"); zum Sozialrecht *Hailbronner* NJW 2004, 2185ff.

1586 Dazu C III 1.

1587 Dazu C IV.

1588 Dazu oben C V.

1589 Zur notwendigen Kontinuität schon D II 1 d.

1590 Hierzu D I 1 b und II 4c (2).

1591 Ausführlicher C II 7 und D II 4c (2).

1592 Zum gegenwärtigen Stand, nach dem nur 45 % der 55–64-jährigen berufstätig sind, Bundesagentur für Arbeit mit ihren Statistiken F.A.Z. vom 18. 04. 07, Nr. 90, S. 13. Dass es sich dabei nicht um ein spezifisch deutsches Problem handelt, sondern um einen allgemein zivilisatorischen Schwachpunkt, zeigen umfassende Ländervergleiche; Die Zeit vom 16. 09. 04, Nr. 39, S. 28 mit statistischem Material.

1593 D I 1 b und II 4c (2) und (3).

1594 Dazu die Studie der Postbank und des Allensbacher Instituts, Bericht F.A.Z. vom 27. 02. 07, Nr. 49, S. 10. Es besteht allerdings die Gefahr des Geschäftemachens mit der Angst vor der Rentenlücke durch Banken und Versicherer; dazu F.A.Z. vom 01. 04. 06, Nr. 78, S. 21.

1595 Dazu der Tagungsband Stiftung Marktwirtschaft (Hg.), Bürgergeld und Grundeinkommen, 2007, mit Beiträgen insbesondere von *G. W. Werner, H. Siebert* und *C. Fuest; Siebert,* F.A.Z. vom 27. 06. 07, Nr. 146, S. 12.

1596 Dazu D II 6 g.

1597 Im Einzelnen D II 5 b und d.

1598 Zur Balance von Wettbewerb und Solidarität zwischen Bundesländern *Bertelsmann Stiftung* (Hg.), Die Bundesländer im Standortwettbewerb, 2003; *Würtenberger,* FS R. Schmidt, 2006, S. 645ff., 654f.; *Apolte,* Die ökonomische Konstitution eines föderalen Systems, 1999; *Wieland* JZ 2006, 751ff., 755f.

1599 Zur nichtinvestiven Anlage von ca. 50% der Bundeszuweisungen F.A.Z. vom 05. 04. 07, Nr. 81, S. 13.

1600 Aufschlussreich die „Ausscheidungsquote" in Großbritannien: 2,7 Millionen beziehen Behindertenhilfe, davon 1 Million wegen Depressionen und anderen psychischen Erkrankungen; Berliner Zeitung vom 11. 05. 07, Nr. 109, S 11.

1601 Dazu noch unter D II 7e und 8.

1602 Zur Teilprivatisierung der Altersversorgung im Rahmen der sog. Riesterrente ohne Arbeitgeberbeteiligung siehe A III 4 und D II 4c (2). Die Unfallkassenreform soll die Arbeitgeber von Beiträgen, die sie bisher alleine zahlen, stärker entlasten; zu den Reformforderungen der Arbeitgeber F.A.Z. vom 30. 05. 07, Nr. 123, S. 15.

1603 Zum geplanten UnternehmenssteuerG 2007 insbesondere F.A.Z. vom 15.03.07, Nr. 63, S. 1/2. Ob der Durchschnittssteuersatz von gegenwärtig 39% (Körperschaftsteuer und Gewerbesteuer) die tatsächliche Besteuerung auch nur entfernt widerspiegelt, ist hochumstritten. Manche Experten behaupten eine durchschnittliche tatsächliche Besteuerung von 16%, zuverlässige Statistiken scheinen nicht zu existieren!

1604 Für die Unternehmenssteuerreform insbesondere *Wolfgang Schön*, Eine Steuerreform für Siegertypen, F.A.Z. vom 15.03.07, Nr. 63, S. 12.

1605 Dazu D II 6d (4).

1606 Dazu C II 2 und 3.

1607 Dazu C II 2b–d und 3c.

1608 Ausführlicher D II 3.

1609 Oben unter 7b.

1610 Dazu A VI mNw.

1611 Vor allem unter C III–V.

1612 Zum allerdings zweifelhaften Versuch, die Klimaprobleme durch Verschmutzungszertifikate zu lösen, ausführlicher A VII 1 und D II 5 e.

1613 Der uralte biblische Topos „Lasset uns essen und trinken, denn morgen sind wir tot" (1. Kor. 15, 32).

1614 Dazu der letzte Bericht des Weltklimarats IPCC vom 06.04.07, F.A.Z. vom 07.04.07, Nr. 82, S. 1 und 2 sowie 10, der trotz fragwürdiger politischer Einflussnahme gewisse Grundwahrheiten enthalten dürfte.

1615 Dazu *Heideking*, Geschichte der USA, 3. Aufl. 2003, S. 514ff., 534; zum neuerlichen Druck auf die USA, die „Kyoto-Straße" zu betreten, und zur – durchaus unbestimmten – Konzession auf dem G8-Gipfel 2007 F.A.Z. vom 07.04.07, Nr. 82, S. 12; vom 02.06.07, Nr. 126, S. 4; bereits früher *Al Gore*, F.A.Z. vom 13.10.06, Nr. 238, S. 42.

1616 Dazu die Simulationsrechnung des DIW, Berlin, nach der allein Deutschland der Klimawandel bis 2050 ca. 800 Milliarden Euro kosten soll; F.A.Z. vom 15.03.07, Nr. 63, S. 11.

1617 Ausführlich die Angaben unter B II 3b aa und bb (Deutschland und Europa) sowie B I 3d (USA).

1618 So deutlich im Sinne einer Rechtfertigung die Verfassungsrichter *Mahrenholz* und *Sommer* in ihrem Sondervotum BVerfGE 88, 338ff.; dazu kritisch *Stürner*, Der straffreie Schwangerschaftsabbruch in der Gesamtrechtsordnung, 1994, S. 29ff. mit dem Hinweis auf die Notwendigkeit einer Unterscheidung zwischen Rechtfertigung und bloßer staatlicher Toleranz.

1619 Dazu schon die Kritik unter C III 1 und V 3.

1620 Wenn der „Kinderexperte" bei der OECD die Bedeutung der Kinderbetreuung betont und dabei eine Tendenz zum betrieblichen Kindergarten privilegiert scheint, so entsteht ein etwas unglücklicher Zusammenhang, wobei die Kombination von Arbeitsplatz und Kinderbetreuung die Abhängigkeit der Arbeitnehmer vom Arbeitgeber ohne

Zweifel erhöht; dazu der Bericht F.A.Z. vom 17.03.07, Nr. 65, S. 12; zu den USA F.A.Z. vom 16.03.07, Nr. 64, S. 12.

1621 Hierzu schon die Nachweise C III 1 und V 3 sowie D II 5d mNw. Darin liegt das berechtigte Anliegen von *Ursula von der Leyen*, Wir müssen unser Land für die Frauen verändern, 2007 (die wirtschaftlichen Aspekte überbetonend die Besprechung F.A.Z. vom 17.03.07, Nr. 65, S. 35). Die große Mehrheit der deutschen Gesellschaft begrüßt die Erweiterung der Wahlmöglichkeit und neigt zum Kompromiss der Teilzeitarbeit für Mütter; dazu die Umfrageergebnisse von *Renate Köcher* F.A.Z. vom 18.04.07, Nr. 90, S. 5.

1622 Dies ist gegen alle Kritik der berechtigte Kern der etwas missverständlichen Aussage des katholischen Bischofs *Mixa*, der auf die Gefahr verwies, Frauen zu Gebärmaschinen zu degradieren; F.A.Z. vom 23.02.07 Nr. 46, S. 31; ferner D II 5d mNw.

8. *Immaterielle Sinngebung menschlicher Existenz und die dienende Funktion von Marktmechanismen*

1623 Es ist deshalb vor diesem Hintergrund ein unbedingter Fortschritt, wenn der „Binnenmarkt mit freiem und unverfälschtem Wettbewerb" (Art. I-3 Verfassungsentwurf) – wohl auf Drängen Frankreichs – nicht mehr Staatsziel ist, sondern nur noch Gegenstand einer Protokollerklärung, also als Instrument zur Verwirklichung von Staatszielen erkannt zu werden scheint (dazu die Schlussfolgerungen des Vorsitzes der Tagung des Europäischen Rates in Brüssel (21./22. Juni 2007) doc. 11177/07 Concl 2, Anl. 1, Zif. 3. Der Begriff des „Systems, das den Wettbewerb vor Verfälschungen schützt", weist gleichwohl auf eine für eine Grundverfassung inadäquate Systemgläubigkeit.

1624 Zur Eigendynamik der Entwicklung immer größerer Einkommensspreizung in Marktgesellschaften ausführlicher B I 3b (USA); ferner B II 3b a.E. (Deutschland und Kontinentaleuropa, England); C I 3d.

1625 Dabei kann in diesem Zusammenhang die Frage einer Abgrenzung von Religion und Weltanschauung im juristischen Sinne dahinstehen; dazu statt vieler *Zippelius/Würtenberger*, Deutsches Staatsrecht, 31. Aufl. 2005, § 26 I 1, S. 234 mNw.

1626 Dazu und zu folgendem insbesondere *J. Hruschka*, Die Würde des Menschen bei Kant, ARSP 88 (2002), 463ff.

1627 Dazu *Calliess* JZ 2004, 1033ff., 1037.

1628 „... we hold these truths to be self-evident that all Men are created equal, that they are endowed by their creator with certain unalienable Rights ..."

1629 Dazu und zum Folgenden insbesondere Art. 8ff. EMRK, Art. 2 Zusatzprotokoll 1952 mit Art. 6 Abs. 2 EUV bzw. Art. I-7 Abs. 2 Verfassungsentwurf; Art. II-1, II-6ff. Verfassungsentwurf (Grundrechtscharta), deren Inkorporation in die EU-Verträge wahrscheinlich durch

Verweis erfolgen wird (Schlussfolgerungen des Vorsitzes der Tagung des Europäischen Rates in Brüssel (21./22. Juni 2007) doc. 11177/07, Anl. 1 Zif. 5); ferner Art. 1, 4, 5, 7ff. GG. Zum Wertcharakter der Grundrechte der Europäischen Grundrechtscharta insbesondere *v. Bogdandy* JZ 2004, 53ff., 58f.; *Calliess* JZ 2004, 1033ff.; für das Grundgesetz aus neuerer Zeit *Di Fabio* JZ 2004, 1ff.

1630 Art. I-2 Verfassungsentwurf (Menschenwürde, Freiheit, Demokratie, Gleichheit, Rechtsstaatlichkeit, Menschenrechte, Pluralismus, Toleranz, Gerechtigkeit, Solidarität, Nichtdiskriminierung). Bemerkenswert ist, dass Art. I-3 Abs. 2 Verfassungsentwurf mit seinem Verweis auf einen „Binnenmarkt mit freiem und unverfälschtem Wettbewerb" nicht mehr Staatsziel sein soll, sondern zum Protokoll abgestuft werden soll (dazu Schlussfolgerungen des Vorsitzes der Tagung des Europäischen Rates in Brüssel (21./22. Juni 2007) doc. 11177/07, Anl. 1 Zif. 3 mit Fn. 16).

1631 Dazu *Steiner* und *Grimm,* Kulturauftrag im staatlichen Gemeinwesen, VVDStRL 42 (1984), 7ff., 46ff.; *Evers* NJW 1983, 2161ff.; ferner *Ladeur/Augsberg,* Der Mythos vom neutralen Staat, JZ 2007, 12ff. Völlig zu Recht weist *Nettesheim,* Das Kulturverfassungsrecht der Europäischen Union, JZ 2002, 157ff., darauf hin, dass die Europäische Union diesen Auftrag nur komplementär erfüllen kann, sollen Pluralität und Spontanität gewahrt bleiben (dazu Art. I-2, I-3 Abs. 3 Satz 4, III-181ff. Verfassungsentwurf). Er erkennt auch die Gefahr, dass Kulturförderung vom Marktdenken instrumentalisiert wird, betont aber m. E. wenig die Bedeutung regionalen marktmäßigen Spielraums für regionale Kultur und kulturelle Pluralität und verharmlost damit den tiefen Widerspruch zwischen einem konsequenten Binnenmarktkonzept und kultureller Vielfalt.

1632 Zur technokratischen Begrenztheit der PISA Studien schon C II 5.

1633 Dazu schon C III 1 und D II 5 d.

1634 Zu den sinnvollen Koordinaten kindlicher Entwicklung statt vieler *B. Bettelheim,* Ein Leben für Kinder. Erziehung in unserer Zeit, 5. Aufl. 1987, insbes. S. 161ff.

1635 Dies ist ein Einwand gegen eine pflichtweise Vorschulerziehung nach dem Vorbild der französischen Ecole maternelle. Es besteht kein Grund zu übertriebener Kritik, aber auch kein Anlass zur Idealisierung (so aber F.A.Z. vom 19.03.07, Nr. 66, S. 4: „Schule für kleine Staatsbürger"). Die Integrationsschwierigkeiten in Frankreich weisen nicht auf eine durchgängige Überlegenheit dieses Modells.

1636 Die Ergebnisse bisheriger empirischer Studien zu den sozialen Auswirkungen einer Ganztagsbetreuung erlauben in Gutem wie in Bösem keine Dramatisierung; dazu die Studie zur Entwicklung der Ganztagesschulen des Deutschen Instituts für Internationale Pädagogische Forschung, Frankfurt 2007; F.A.Z. vom 20.03.07, Nr. 67, S. 4.

[1637] Zu den verfassungsmäßigen Grenzen staatlicher Eingriffsmöglichkeiten in die Gestaltung der familiären Sphäre *Müller-Terpitz* JZ 2006, 991 ff.

[1638] Dazu schon C II 5, III 1, D II 5 d.

[1639] Unnötig und wenig weiterführend der Streit zwischen *Bueb* (Lob der Disziplin, 2006) und *Brumlik* (Vom Missbrauch der Disziplin, 2007); ausgewogen *B. Bettelheim,* Ein Leben für Kinder, S. 110ff.; zum Ganzen noch die Kontroverse *Lafontaine/H. Schmidt* unter B II 3c mNw.

[1640] Dazu als Grundlegung schon A III 5; B II3b; C II 5 und C III 1.

[1641] In gleichem Sinne *Häberle,* Die deutsche Universität darf nicht sterben, JZ 2007, 183 ff.

[1642] Dazu C II 2.

[1643] Wenn gegenwärtig Wirtschaftsforschungsinstitute den Mangel an Ingenieuren und Naturwissenschaftlern beklagen (F.A.Z. vom 21.06.07, Nr. 141, S. 14), so ist dies auch die Folge einer Ausbildung in die Arbeitslosigkeit während vergangener Phasen konjunktureller Depression.

[1644] Sowohl die DFG als auch die laufende Exzellenzinitiative richten ihre Förderungskriterien fast ausschließlich an Naturwissenschaften mit ihren Team-Großprojekten aus. Dahinter steht der instrumentalisierende Einfluss der Politik.

[1645] Deutsche Großunternehmen wie z. B. DaimlerChrysler oder Telekom haben milliardenschwere Fehlinvestitionen getätigt; dazu F.A.Z. vom 05.04.07, Nr. 81, S. 13 (anstehender verlustreicher Verkauf von Chrysler); Der Spiegel vom 07.04.07, Nr. 15, S. 20ff. (Telekom); zum Kartellbußgeld in Höhe von 418 Millionen Euro bei Siemens F.A.Z. vom 25.01.07, Nr. 21, S. 1 und zum Einsatz hoher Beträge zur Korruption bei DaimlerChrysler und Siemens und ihren Folgen *Schulte/Görts* RIW 2006, 561 ff. und F.A.Z. vom 27.04.07, Nr. 98, S. 18–19.

Sachverzeichnis

Die Angaben beziehen sich auf Seitenzahlen.
Der Inhalt von Fußnoten ist mit der Seitenzahl
des zitierenden Textes erfasst.

N